目　录

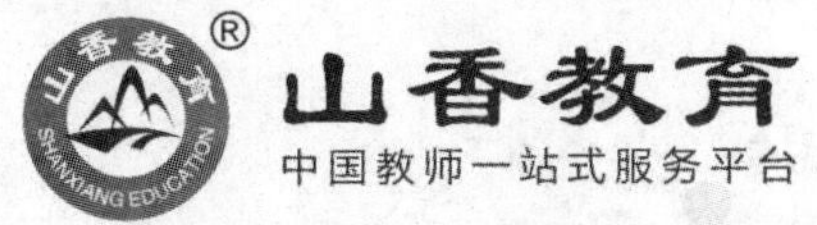

教师招聘考试

公共基础知识高分题库 精编 2200题

参考答案及解析

山香教师招聘考试命题研究中心　主编

教师招聘考试

公共基础知识高分题库精编

2200题

山香教师招聘考试命题研究中心　主编

扫码免费领取：
①精选20套教育理论历年真题(带答案解析)
②山香独家内部讲义
③考试资讯第一时间获悉，从容准备，不错失每一次机会
④备考交流群，山香专业老师互动答疑，打卡督促学习

免费领取方式：
①扫码关注公众号
②回复备考省份

图书在版编目(CIP)数据

教师招聘考试．公共基础知识．高分题库精编／山香教师招聘考试命题研究中心主编．—北京：首都师范大学出版社，2016.6(2021.8重印)

ISBN 978-7-5656-3023-1

Ⅰ．①教…　Ⅱ．①山…　Ⅲ．①教师—聘用—资格考试—习题集　Ⅳ．①G451.1

中国版本图书馆CIP数据核字(2016)第145395号

教师招聘考试
GONGGONG JICHU ZHISHI GAOFEN TIKU JINGBIAN
公共基础知识高分题库精编
山香教师招聘考试命题研究中心　主编

策划编辑　张文强
责任编辑　曹亮亮　王慕飞　　　封面设计　山香教育
首都师范大学出版社出版发行
地　址　北京市西三环北路105号
邮　编　100048
电　话　010-68418523(总编室)　　010-68982468(发行部)
网　址　http://cnupn.cnu.edu.cn
印　刷　河南黎阳印务有限公司
经　销　全国新华书店
版　次　2016年7月第1版
印　次　2021年8月第21次印刷
开　本　787mm×1092mm　1/8
印　张　23
字　数　585千
定　价　42.00元

前 言

近年来，国家扩大和补充教师队伍的政策力度不断加大，教育部《关于进一步做好中小学教师补充工作的通知》中指出：深化教师队伍补充机制改革，确保教师聘用质量。全面推行教师公开招聘制度，形成长效机制。这意味着教师招聘考试的各方面将日益规范和深入。这对每一位立志成为人民教师的考生来说，既是新的契机，也将是巨大的挑战。教师招聘考试（教师入编考试，简称招教）是我国公开招聘教师的选拔性考试，其目的是为教育行政部门录用优秀教师提供参考。各地依据考生笔试成绩，结合面试情况，按已确定的招聘计划择优录取。

教师招聘考试的形式主要有两种：一种注重考查考生对教育理论基础知识与学科专业知识的掌握程度，有的地区也会单考教育理论基础知识。其中，教育理论基础知识包括教育学、心理学、教育心理学、教育政策法规、新课程改革、教师职业道德等。学科专业知识主要涉及教学技能、教案编制与本学科的专业基础知识。另一种考试形式注重考查考生对公共基础知识与学科专业知识的掌握程度。其中有的地区所考查的公共基础知识指的是教育理论基础知识，有的地区则是指文史、科技、法律、政治、写作、时事等综合知识或职业能力测试知识，有的地区则全部包括。

为配合各省市教师招聘考试的积极进行，帮助广大有志于投身教师行业的考生在最短时间内，高效通过此类考试，我们特组织相关专家学者在认真研究分析全国各地历年教师招聘考试真题的基础上，本着为考生负责的态度，精心编写了这套《教师招聘考试.公共基础知识.高分题库精编》，期望能为广大考生的复习带来实质性的帮助。

由于时间和水平有限，本套题库难免有疏漏之处，敬请各位专家、学者及读者朋友们批评指正。

编 者

目 录

参考答案及解析单独成册

第一部分　政治常识

专题一　马克思主义哲学

命题分析

本专题主要以单选、多选、判断、简答等形式考查。本专题需要重点掌握的知识包括：

1.区分主要哲学派别的基本主张、代表人物和代表观点；

2.识记体现辩证唯物论和唯物辩证法原理及其方法论的例子。

一、单项选择题

1.思维和存在有无同一性的问题是指(　　)

A.思维和存在能否在一定条件下等同起来　　B.思维能否正确认识存在的问题

C.划分唯物论和唯心论的标准　　D.思维的至上性和非至上性的问题

2.下列选项中，属于哲学基本问题的是(　　)

A.物质世界是否普遍联系的问题　　B.思维和存在何者为第一性的问题

C.物质世界能否被人们认识的问题　　D.运动是不是物质的根本属性的问题

3.一朵花在那里开着。A说："因为花在那里开着，所以我看到一朵花。"B说："因为我认为那里有一朵花，所以那里有一朵花。"从哲学的角度看，A属于________，B属于________。(　　)

A.唯物主义者 唯心主义者　　B.怀疑论者 不可知论者

C.唯心主义者 唯物主义者　　D.不可知论者 怀疑论者

4.唯物辩证法和形而上学的焦点集中在是否承认(　　)(常考)

A.事物是普遍联系的　　B.事物是永恒发展的

C.事物的内部矛盾　　D.事物的外部矛盾

5.儒家音乐理论专著《乐记》，开篇就阐明了音乐产生的根源："音之起，由人心生也。人心之动，物使之然也。感于物而动，故形于声。"这是一种(　　)

A.主观唯心主义观点　　B.客观唯心主义观点

C.朴素唯物主义观点　　D.感觉对知觉的能动反映

6.只要"锦鲤附身"，人生便可"躺赢"。这种观点在哲学上属于(　　)

A.客观唯心主义　　B.主观唯心主义

C.朴素唯物主义　　D.机械唯物主义

7."古之天下，亦今之天下；今之天下，亦古之天下"属于(　　)(易错)

A.形而上学的观点　　B.唯物主义观点

C.辩证法观点　　D.唯心主义观点

8."凡可状皆有也；凡有皆象也；凡象皆气也"。这是(　　)

A.客观唯心主义的观点　　B.主观唯心主义的观点

C.形而上学的观点　　D.唯物主义的观点

9.下列选项中，属于辩证法观点的是(　　)

A."人的感官是人认识外界事物的天然屏障"　　B."存在就是被感知"

C."人不能两次踏进同一条河流"　　D."人一次也不能踏进同一条河流"

10.老子曾说过："祸兮福所倚，福兮祸所伏。"这句话体现了(　　)

A.折中主义思想　　B.朴素辩证法思想

C.诡辩论思想　　D.二元论思想

11.宋代陆象山说"宇宙便是吾心，吾心便是宇宙"，这句话体现了(　　)观点。

A.辩证唯物主义　　B.主观唯心主义　　C.客观唯心主义　　D.机械唯物主义

12."心诚则灵，心不诚则不灵"的说法是(　　)

A.主张物质和意识具有统一性的辩证唯物主义观点

B.主张思想就是物质的庸俗唯物主义观点

C.认为世界是绝对精神外化的客观唯心主义观点

D.夸大了意识能动作用的唯心主义观点

13."假定一切物质都具有在本质上跟感觉相近的特性"的观点属于(　　)(易错)

A.主观唯心主义　　B.辩证唯物主义　　C.客观唯心主义　　D.庸俗唯物主义

14.正是(　　)这"两个伟大的发现"，奠定了科学社会主义的坚实基础。

A.唯物史观和辩证法　　B.唯物史观和剩余价值学说

C.辩证法和剩余价值学说　　D.唯物史观和矛盾论

15.近年来，人们开始越来越多地关注大自然，如何正确处理好人与自然的关系成为热议的主题。围绕这一主题，下列相关说法正确的是(　　)

(1)世界的真正统一性就在于它的物质性

(2)自然生态与人类发展的矛盾不可协调

(3)人存在于自然系统之中并给予其重大影响

A.仅(1)　　B.(1)(2)(3)　　C.仅(3)　　D.仅(1)(3)

16.《坛经》中记载："时有风吹幡动，一僧曰风动，一僧曰幡动，议论不已。惠能进曰：非风动，非幡动，仁者心动。"这段话表明惠能关于运动的基本观点是(　　)

A.运动是物质的根本属性　　B.运动与物质是不可分割的

C.精神运动是物质运动的一种形式　　D.精神是运动的主体

17.物质的根本属性是(　　)

A.静止性　　B.可知性　　C.运动　　D.永恒性

18. 俗话说“稳如泰山”，这种说法忽视了(　　)

A. 静止是相对的　B. 运动是绝对的　C. 静止是绝对的　D. 运动是相对的

19. 要建设文明之中国，先进之政党，必须具有“治天下者先治己，治己者先治心”的理念，必须把修身立德、治心养性作为立身之本、从政之基。从辩证唯物论角度看，以上论述中蕴含的哲理是(　　)

A. 意识活动具有直接现实性　B. 意识对人们改造客观世界具有能动作用

C. 人的主观精神是改造客观世界的可靠保证　D. 意识对人的实践活动具有绝对的控制作用

20. 下列关于辩证唯物主义对运动的理解，不正确的是(　　)

A. 物质的根本属性　B. 物质的存在方式

C. 思维领域以外的一切变化　D. 宇宙中发生的一切变化和过程

21. “坐地日行八万里，巡天遥看一千河”的诗句蕴含的哲学原理是(　　)

A. 物质运动的客观性和时空的主观性的统一

B. 物质运动的多样性和静止的单一性的统一

C. 物质运动的无限性和时空的有限性的统一

D. 物质运动的绝对性和静止的相对性的统一

22. 2020年抗疫期间，“文博文创热”成为文化产业和文化消费的新增长点，这表明(　　)

A. 文化的力量可以转变为物质的力量　B. 精神是第一性的，精神是物质的产物

C. 精神活动对物质活动有能动的反作用　D. 精神是客观事物在人脑中的反映

23. 教育部下发通知，要求切实减轻中小学生过重课外负担，严肃查处超标超前培训行为。从哲学上看，这一规定是基于(　　)

A. 发挥主观能动性就能利用规律　B. 人能根据规律作用的条件改造规律

C. 规律具有普遍性和客观性　D. 人可以改变规律起作用的前提条件

24. “心晴的时候，雨也是晴；心雨的时候，晴也是雨。”这是汪国真散文集中的经典名句。下列选项中，与这句话蕴含的哲理相一致的是(　　)

A. 春风得意马蹄疾，一日看尽长安花　B. 天若有情天亦老，人间正道是沧桑

C. 试玉要烧三日满，辨材须待七年期　D. 自古逢秋悲寂寥，我言秋日胜春朝

25. 主张“世界上除了运动着的物质之外，什么也没有”的观点，属于(　　)

A. 否认人的意识存在的自然唯物主义

B. 主张世界统一于物质的辩证唯物主义

C. 否认时间与空间存在性的唯心主义

D. 把人的意识理解成某种特殊的“精细物质”的机械唯物主义

26. 在新冠肺炎疫情防控的关键阶段，党中央要求各级党委政府在抓好疫情防控的基础上，不误农时，抓好春耕备耕。对我国绝大多数地区的农民来说，一旦错过了春耕，就很难有好的收成了。这给我们的启示是(　　)

A. 在工作中，要具体问题具体分析

B. 要用全面的、一分为二的观点看问题

C. 尊重客观规律是发挥主观能动性的前提

D. 要善于把握机遇，不失时机促成事物的质变

27. 《镜花缘》中描写过一个“自诛阵”，此阵不设一兵一卒，仅以“贝、才、刀、巴、水、酉”(即财、色、酒)布之。凡人此阵者，“一念之欲不能制，就会踏进地狱之门”，但遇到头脑清醒之人，却会杀伤力尽失。这蕴含的哲理是(　　)

A. 外因是事物变化发展的决定性因素

B. 外因是事物变化的根本原因

C. 内因是事物变化发展的根据，外因通过内因起作用

D. 外因是事物变化发展的条件，内因通过外因起作用

28. “京、津、冀三地要打破‘一亩三分地’的传统格局，协同发展。”这是因为(　　)

A. 整体功能总是大于部分功能之和

B. 立足关键部分有利于实现整体的最优目标

C. 整体居于主导地位，具有部分所不具有的功能

D. 关键的部分有时甚至起决定作用

29. 城市设计需要从整体平面和立体空间上统筹城市建筑布局，协调城市景观风貌，体现城市地域特征、民族特色和时代风貌，防止片面追求建筑外观形象。这带给我们的启示是(　　)

A. 在实践中要坚持检验真理

B. 要正确认识和处理整体与部分的辩证关系

C. 联系是事物本身所固有的，不以人的意志为转移

D. 要正确处理矛盾的主要方面和次要方面的关系

30. “一带一路”是中国提出的合作倡议，所谓“一路”是指建设21世纪海上丝绸之路，中国将进入海洋、拥抱海洋，多方向增进中国与沿线国家的联系；所谓“一带”，是指丝绸之路经济带，中国将通过陆上丝绸之路进入中亚、东南亚、俄罗斯、中东欧和西欧。“一带一路”将会让中国与各国的联系更为密切，促进世界和谐发展，这段话说明(　　)

A. 要善于抓住事物的主要矛盾　B. 要抓住时机，促进质的飞越

C. 整体功能大于局部功能之和　D. 事物的相互联系构成了事物的变化和发展

31. 在推动我国经济社会发展的过程中，必须推进收入分配制度的改革，正确处理好效率与公平的关系。这体现了(　　)

A. 实现目标需要充分把握机遇　B. 解决问题需要重视事物之间的联系

C. 分析问题需要改进理论指导　D. 办好事情需要重视过程

32. “苍蝇不叮没缝的蛋”这一说法直接表达的哲学思想是(　　)

A. 内因是变化的根据，外因是变化的条件，外因通过内因起作用

B. 矛盾是事物发展的动力

C. 事物的运动是外力推动的结果
D. 运动是物质的根本属性

33. 白居易在《大林寺桃花》中描述道:"人间四月芳菲尽,山寺桃花始盛开。"这两句诗所蕴含的哲学寓意是(　　)

A. 不同的事物有不同的特点　B. 事物的发展变化主要是外因起作用
C. 外因是事物变化发展不可缺少的条件　D. 内因是变化发展的根据,外因通过内因起作用

34. 我国把增强自主创新能力作为发展科学技术的战略基点,其哲学依据是(　　)

A. 意识决定物质　B. 量变是质变的必然结果
C. 内因是事物发展的根据　D. 外因是事物发展的决定因素

35. 在全球化趋势下,国际社会越来越成为一个不可分割的整体。一国安全问题解决得好可以惠及别国,反之,则会殃及他国。国家安全在一定程度上显现出"一荣俱荣,一损俱损"的特点。下列选项中与上述特点无关的哲学道理是(　　)

A. 事物之间相互影响、相互制约　B. 内因是事物变化发展的根据
C. 外因是事物变化发展的条件　D. 事物处于因果联系的链条之中

36. 马克思主义唯物辩证法认为,事物发展的根本规律是(　　)

A. 物质决定意识,意识反作用于物质的规律
B. 对立统一规律
C. 质量互变规律
D. 生产力决定生产关系,经济基础决定上层建筑的规律

37. 对立统一规律揭示了(　　)

A. 事物发展变化的程度和趋势　B. 事物发展变化的动力和源泉
C. 事物发展变化的状态和形式　D. 事物发展变化的方向和道路

38. "事情有大道理,有小道理,小道理都归大道理管着,服从和服务于社会主义现代化建设这个中心,就是大道理"。这句话体现的哲理是(　　)

A. 要抓矛盾的主要方面　B. 要抓事物的主要矛盾
C. 要尊重客观规律性　D. 要发挥主观能动性

39. 事物内部的肯定方面和否定方面的对立统一运动,从表现形式上看(　　)

A. 是事物自我完善和发展的过程　B. 是新事物战胜旧事物的过程
C. 是螺旋式上升或波浪式前进的过程　D. 是不断周而复始的循环过程

40. "重新排列的词句有了不同的意思,重新摆弄的思想产生新的思想"。这表明(　　)

A. 量变必然引起质变　B. 事物结构的变化能够引起质变
C. 运动、变化就是发展　D. 质变只是新的排列组合

41. 人们常说"前途是光明的,道路是曲折的"。这句话体现的最主要的辩证法原理是(　　)(常考)

A. 世界是永恒发展的原理　B. 事物是普遍联系的原理
C. 质量互变规律原理　D. 否定之否定规律原理

42. "任何个别(无论怎样)都是一般"。这句话的含义是(　　)

A. 特殊性就是普遍性　B. 特殊性存在于普遍性之中
C. 普遍性是特殊性的总和　D. 特殊性中包含着普遍性

43. "平凡的脚步可以走完伟大的行程",这句话体现的哲学道理是(　　)

A. 质量互变规律　B. 否定之否定规律
C. 运动与静止的规律　D. 事物发展的曲折性

44. "千仓万箱,非一耕所得;干天之木,非旬日所长"所反映的哲学原理与下列选项中的(　　)相似。

A. 牵一发而动全身　B. 忍一时风平浪静,退一步海阔天空
C. 寄言持重者,微物莫全轻　D. 欲穷千里目,更上一层楼

45. 在工作中防止"过"或"不及"的关键在于(　　)(常考)

A. 抓住事物的主要矛盾　B. 认识事物的量
C. 确定事物的质　D. 把握事物的度

46. 习近平总书记在其所著的《之江新语·小事小节是一面镜子》中提到"堤溃蚁孔,气泄针芒",这句话所蕴含的哲学道理是(　　)

A. 量变和质变的辩证关系　B. 联系具有普遍性
C. 规律具有客观性　D. 事物对立统一

47. "政绩广告"多是华而不实、投机取巧、沽名钓誉之词,这种"政绩广告"(　　)

A. 夸大了物质的决定作用
B. 忽视了意识对改造客观世界具有的指导作用
C. 违背了一切从实际出发、实事求是的要求
D. 否认了意识活动具有的主动创造性

48. "草萤有耀终非火,荷露虽团岂是珠"这句古诗启示我们,观察事物要善于(　　)

A. 区分整体与部分　B. 分析与综合相结合
C. 从普遍性中把握特殊性　D. 透过现象把握事物的本质

49. 俗话说"退一步海阔天空",可俗话又说"往前一步是幸福,退后一步是孤独"。这给我们的哲学启示是(　　)

A. 要用发展的观点看问题　B. 矛盾双方在一定条件下相互转化
C. 要坚持具体问题具体分析　D. 两点论和重点论是统一的

50. 古人云:"思所以危则安矣,思所以乱则治矣,思所以亡则存矣。"其中的哲学道理是(　　)(常考)

A. 矛盾双方在一定条件下向自己相反的方向转化
B. 矛盾双方互相排斥、互相斗争
C. 一切事物的变化发展都首先从量变开始的
D. 事物是普遍联系的

51. 贪图无所不能，只能一无所能；试图无所不知，只能一无所知；企图无所不有，只能一无所有。这给我们的哲学启示是(　　)

①要坚持两点论和重点论的统一

②事物的性质主要由矛盾的主要方面决定

③要抓住时机促成事物质的飞跃

④矛盾双方在一定条件下可以相互转化

A. ①②　　B. ①④　　C. ②③　　D. ③④

52. 著名数学家华罗庚在一次报告中以"一支粉笔多长为好"为题来讲解他的优选法。对此，他解释道："每支粉笔都要丢掉一段一定长的粉笔头，单就这一点来说，愈长愈好。但太长了，使用起来很不方便，而且容易折断，每断一次，必然多浪费一个粉笔头，反而不合适。因而就出现了粉笔多长最合适的问题——这就是一个优选问题。"所谓优选问题，从辩证法的角度看，就是要(　　)

A. 注重量的积累　　B. 保持物质的稳定性

C. 坚持适度原则　　D. 全面考虑事物属性的多样性

53. 经济全球化，密切了各国之间的联系，促进了国际合作。经济全球化在促进各国经济和文化交流的同时，也使得原来区域性的传染病成为全球性灾难的风险大大提高。这说明(　　)(易错)

A. 矛盾具有普遍性，事物都是一分为二的

B. 矛盾具有对抗性，防止传染病就要遏制全球化

C. 矛盾具有客观性，要区分内因与外因

D. 矛盾双方相互转化，要注意分析转化的条件

54. 中国的诗词歌赋、名言警句常常蕴含着丰富的哲理。下列组合选项中，两者都蕴含量变引起质变哲理的是(　　)

A. ①乱花渐欲迷人眼，浅草才能没马蹄　②读书百遍，其义自见

B. ①两句三年得，一吟双泪流　②浮云游子意，落日故人情

C. ①文章千古事，得失寸心知　②读书破万卷，下笔如有神

D. ①千淘万漉虽辛苦，吹尽狂沙始到金　②锲而不舍，金石可镂

55. 毛泽东在《矛盾论》中指出："我们的教条主义者在这个问题上的错误，就是，一方面，不懂得必须研究矛盾的特殊性，只有认识各别事物的特殊的本质，才有可能充分地认识矛盾的普遍性，充分地认识诸种事物的共同的本质；另一方面，不懂得在我们认识了事物的共同的本质以后，还必须继续研究那些尚未深入地研究过的或者新冒出来的具体的事物。"这表明(　　)

①矛盾特殊性与普遍性相互区别，认识了特殊性不等于认识了普遍性，反之亦然

②随着时空的变化，矛盾特殊性与普遍性相互转化

③矛盾普遍性寓于特殊性之中，认识了矛盾特殊性也就认识了普遍性

④认识事物要遵循由特殊到一般，再由一般到特殊的认识秩序

A. ①③　　B. ②④　　C. ①④　　D. ②③

56. 近年中美贸易战硝烟弥漫，祸起美国的贸易保护主义。中国商务部发言人曾经说过"在国际经贸领域，我们不赞成把经贸关系简单地看作此消彼长的竞争，或是你输我赢的零和游戏"。美国将中国定位为"竞争对手"，中国将美国视为"合作者"，从哲学上看(　　)

A. "竞争"注重同一性，"合作"更加强调斗争性

B. 中美间的"斗争"是暂时的，"同一"是相对的

C. 中美间的"斗争"以中美之间的"同一"为前提

D. 中美间既"同一"又"斗争"，推动中美关系的发展

57. "一个时代有一个时代的主题，一代人有一代人的使命。中国特色社会主义进入新时代，新的历史方位、新的社会主要矛盾、新的现代化时间表……新征程上，向高处登攀、向远方前行，还有一道道山梁需要翻越，一个个险滩必须跋涉。"上述材料蕴含的哲理是(　　)

A. 矛盾无处不在无时不有　　B. 发展的方向和道路是曲折的

C. 同一事物在不同阶段有不同的矛盾　　D. 不同的事物有不同的矛盾

58. 尽管电灯在发明后的一段时间里遇到了前所未有的阻力，大多数人都持观望态度而继续使用油灯。但是到了19世纪中后期，电灯最终还是战胜了油灯，成为欧美诸国主要的照明工具。电灯必然取代油灯的哲学依据是(　　)

A. 质量互变规律　　B. 对立统一规律

C. 内外因相互作用规律　　D. 否定之否定规律

59. 关于偶然性在事物发展中的地位，下列说法中不正确的是(　　)

A. 对事物的发展起影响作用　　B. 对事物的发展不起作用

C. 对事物的发展起加速或延缓作用　　D. 使事物的发展过程呈现出具体特点

60. 在发现黑天鹅之前，人们认为天鹅总是白的。但随着17世纪黑天鹅的发现，这个不可动摇的信念崩塌了。黑天鹅的存在寓意着不可预测的重大稀有事件，它在意料之外，却又是客观事实。这给我们的哲学启示是(　　)

A. 要坚信人类已有的认识　　B. 要深刻认识事物的相对稳定性

C. 新事物代替旧事物是必然规律　　D. 任何偶然事物背后都存在必然

61. 恩格斯指出：社会一旦有技术上的需要，这种需要就会比十所大学更能把科学推向前进。整个流体静力学就是由于16世纪和17世纪意大利治理山区河流的需要而产生的。这说明(　　)

A. 实践是认识的目的和归宿　　B. 实践是检验认识的唯一标准

C. 所有科学的成果都直接来源于实践的需要　　D. 实践是认识发展的动力

62. 20世纪美国旅行家保罗·泰鲁在《游历中国》一书中写道："有昆仑山脉在，铁路就永远到不了拉萨。"翻越昆仑山，穿越唐古拉，在被称为"世界第三极"的世界屋脊上，今天已腾跃起一条钢铁巨龙。这表明(　　)

A. 自然界完全打上了人的烙印　　B. 人的主观能动性是无所不能的

C. 人的主观能动性受客观条件制约，无能为力　　D. 在改造世界的活动中人的主观能动性是巨大的

63. 拔苗助长往往事与愿违,而庖丁解牛则往往事半功倍。这表明拔苗助长(　　)(易错)
A. 夸大了客观环境对主观能动性的制约作用
B. 忽视了人的主观能动性
C. 夸大了人的主观能动性
D. 否认了人的主观能动性

64. “故不登高山,不知天之高也;不临深溪,不知地之厚也”强调(　　)
A. 先知后行,重在知　　B. 没有知就没有行
C. 先行后知,重在行　　D. 知对行具有指导作用

65. 真理和谬误在一定条件下可以相互转化的论断是(　　)(常考)
A. 辩证唯物主义的观点　　B. 相对主义的观点
C. 诡辩论的观点　　D. 经验论的观点

66. 绝对真理和相对真理是(　　)
A. 互相割裂的　　B. 两种真理
C. 同一真理的两重属性　　D. 共性与个性的关系

67. “眼见不一定为实”,这主要是因为(　　)
A. 认识包括感性认识和理性认识　　B. 现象包括真象和假象
C. 经验有直接经验与间接经验　　D. 本质是眼睛看不见的东西

68. 义利之辩是我国古代伦理学上争论激烈的一个问题,争论的实质是把什么作为判断事物价值的标准,下列选项中主张以“利”作为判断事物价值标准的是(　　)(易错)
A. 君子谋道不谋食,君子忧道不忧贫　　B. 仓廪实则知礼节,衣食足则知荣辱
C. 君子喻于义,小人喻于利　　D. 己欲立而立人,己欲达而达人

69. 德国著名诗人歌德曾说:“你若要喜爱你自己的价值,你就得给世界创造价值。”这句话表明人生价值的基本内容是(　　)
A. 个体的实践活动对社会所具有的价值
B. 个体的实践活动对自己发展所具有的价值
C. 对自身精神需求的满足程度
D. 每个人只有达到自己的目的才能实现应有的价值

70. 幸福都是奋斗出来的。把蓝图变为现实,将改革进行到底,无不呼唤不驰于空想、不骛于虚声的奋斗精神,无不需要一步一个脚印踏踏实实干好工作。这主要表明实践具有(　　)
A. 直接现实性　　B. 社会历史性
C. 客观物质性　　D. 主观能动性

71. 实践对认识的决定作用不包括(　　)
A. 实践是认识的来源　　B. 实践是认识发展的动力
C. 实践是认识的目的　　D. 实践是获得认识的唯一途径

72. 下列选项中,不能体现实践决定认识的是(　　)
A. 春江水暖鸭先知　　B. 不入虎穴,焉得虎子
C. 近水知鱼性,近山识鸟音　　D. 学习的敌人是自己的满足

73. “从个别到一般,从一般到个别”的思维方法是(　　)
A. 归纳与演绎　　B. 分析与综合
C. 抽象到具体　　D. 实践到认识

74. “地理环境是人类社会赖以存在和发展的必要前提”,这个观点(　　)
A. 是地理环境决定论的错误观点　　B. 是旧唯物主义的错误观点
C. 是唯物史观的正确观点　　D. 是机械决定论的错误观点

75. 列宁说:“意识到自己的奴隶地位而与之作斗争的奴隶,是革命家。没有意识到自己的奴隶地位而过着默默无言、浑浑噩噩、忍气吞声的奴隶生活的奴隶,是十足的奴隶。对奴隶生活的各种好处津津乐道并对和善的好主人感激不尽以至垂涎欲滴的奴隶是奴才,是无耻之徒。”这三种奴隶的思想意识之所以有如此巨大的差异,是由于(　　)
A. 人的社会意识并不都是社会存在的反映　　B. 人的社会意识与社会存在具有不一致性
C. 人的社会意识中的各种形式之间相互作用　　D. 人的社会意识具有历史继承性

76. 在社会观念结构或思想上层建筑中起核心作用的是(　　)
A. 宗教　　B. 哲学　　C. 政治法律思想　　D. 道德

77. 判断一种生产关系是否先进的根本标志在于它是(　　)(常考)
A. 生产资料公有制还是生产资料私有制　　B. 社会化大生产还是个体小生产
C. 促进生产力发展还是阻碍生产力发展　　D. 封闭的自然经济还是开放的市场经济

78. 习近平总书记曾引用中国古语“治国有常,而利民为本”来说明当前我国要着力实现共享发展、绿色发展、增进人民福祉的必要性。下列与此古语蕴含的哲理相一致的是(　　)
A. 君者仪也,民者景也,仪正而景正　　B. 道之以政,齐之以刑
C. 志不立,天下无可成之事　　D. 天下之治乱,不在一姓之兴亡,而在万民之忧乐

79. 下列不属于唯物史观的是(　　)
A. 人们自己创造自己的历史
B. 人既是历史的“剧中人”,又是“剧作者”
C. 人们在创造历史的过程中要受到客观规律的制约
D. 自然界因人而存在

80. 2018年秋分时节,我们迎来了首个中国农民丰收节。亿万农民用辛勤的汗水,浇灌出丰硕的果实,为国家的繁荣富强作出了巨大贡献。设立中国农民丰收节,就是要用节日的形式为农民呐喊、为农民加油、为农民点赞。从唯物史观看,设立中国农民丰收节体现了(　　)
A. 劳动者的生产活动是社会存在和发展的基础
B. 劳动者就是从事物质资料生产的劳动群众

C. 劳动者的精神面貌决定着社会的性质和面貌

D. 劳动者的实践活动是认识的来源和发展动力

二、多项选择题

1. 哲学的基本问题是思维和存在即精神和物质的关系问题,这个问题包括两个方面,下列选项中对第二方面的表述,正确的有(　　)(易混)

A. 思维和存在的同一性问题

B. 思维能否认识世界或能否彻底认识世界的问题

C. 对这个问题的不同回答,把一切哲学区分为唯物主义和唯心主义

D. 对这个问题的不同回答,把一切哲学区分为可知论和不可知论

2. 在思维能否正确认识存在的问题上,(　　)

A. 唯心主义回答都是否定的　　B. 唯物主义回答都是肯定的

C. 有些唯心主义回答是肯定的　　D. 不可知论者的回答都是否定的

3. 下列选项中,正确表述世界观和方法论关系的有(　　)

A. 有什么样的世界观就有什么样的方法论　　B. 世界观和方法论是一致的

C. 一定的方法论体现着一定的世界观　　D. 世界观和方法论没有直接联系

4. 哲学分为唯物主义和唯心主义两个对立的基本派别。下列观点中,属于同一个哲学基本派别的是(　　)

A. 中国古代的五行学说　　B. 自然界由数目无穷、性质不同的异质元素构成

C. 万物皆备于我　　D. 形存则神存,形谢则神灭

5. 下列命题中,属于唯心主义的有(　　)(易错)

A. 人的认识不仅反映客观世界,而且能通过实践改变世界

B. 客观世界是人的认识的创造物

C. 数学和逻辑是人的理性的自由创造

D. 意识是客观世界的主观映象

6. 下列命题中,属于客观唯心主义的是(　　)(易错)

A. "万物都在运动,但只在概念中运动"

B. "理在事先""未有天地万物,已有天地万物之理"

C. "物质世界"是永恒的"理念世界"的不完全的复制品

D. "道生一,一生二,二生三,三生万物"

7. 下列观点中,属于主观唯心主义的是(　　)

A. 存在就是被感知　　B. 上帝创造世界

C. 人是万物的尺度　　D. 理念是事物存在的根据和摹仿的原型

8. 下列选项中,与"我思故我在"观点一致的是(　　)

A. 存在就是被感知　　B. 物是感觉的集合

C. 天地万物皆在我心中　　D. 绝对观念是世界本原

9. 下列属于唯物主义的代表人物的有(　　)

A. 罗素　　B. 黑格尔　　C. 墨子　　D. 王守仁

10. 马克思主义哲学的根本特征是(　　)(常考)

A. 实践性　　B. 革命性　　C. 科学性　　D. 民主性

11. 马克思主义哲学的产生实现了哲学史上的伟大变革。它第一次实现了(　　)

A. 唯物主义与辩证法的有机统一

B. 唯物辩证的自然观与唯物辩证的历史观的有机统一

C. 世界观和方法论的统一

D. 实践基础上的科学性和革命性的统一

12. 春节本质上是一种文化需求,集中体现在各种年俗活动中。以往,"吃顿好的""走走亲戚""拜拜年";如今,人们过年的方式呈现多样化,有人"北上赏雪",有人"南下避寒",有人过"健身年"……新年俗的出现折射出(　　)

A. 传统春节文化的根本性质发生了变化

B. 年俗的变化呈现出阶段性的特点

C. 事物的现象是多变的,本质是稳定的

D. 事物的现象与其本质都是直接统一的

13. 下列俗语与所反映的哲学道理对应正确的是(　　)

A. 堤溃蚁孔,气泄针芒—反映了矛盾的同一性和斗争性的关系

B. 望梅止渴,心灵手巧—意识对物质具有能动作用

C. 因地制宜,因材施教—坚持一切从实际出发

D. 和实生物,同则不继—说明了量变达到一定程度会引发质变

14. "巧妇难为无米之炊"包含的哲学寓意有(　　)(常考)

A. 主观能动性不能代替客观条件　　B. 客观条件决定主观能动性

C. 发挥主观能动性须以客观条件为基础　　D. 主观能动性受客观条件的制约

15. 从马克思主义对意识和物质关系的观点来判断,以下说法中正确的是(　　)

A. 纸上谈兵　　B. 水中捞月　　C. 望梅止渴　　D. 实事求是

16. 哲学上把未经人类改造的自然称为"第一自然",把经过人类改造的自然称为"第二自然"。关于二者的哲学判断正确的是(　　)(易错)

A. 第一自然是物质的,第二自然部分是物质,部分是意识

B. 第一自然是脱离人的物质世界,第二自然是人的意识的产物

C. 第一自然与第二自然都是物质自然,第二自然是人类实践创造的物质新形态

D. 第一自然与第二自然都是物质自然界,都是人类认识与改造的对象

17. 马克思说:"蜘蛛的活动与织工的活动相似,蜜蜂建筑蜂房的本领使人间的许多建筑师感到惭愧。

但是，最蹩脚的建筑师从一开始就比最灵巧的蜜蜂高明的地方，是他在用蜂蜡建筑蜂房以前，已经在自己的头脑中把它建成了。”这段话蕴涵的哲学原理是(　　)

A. 人的意识不仅反映客观世界，并且创造客观世界

B. 意识是人脑的产物

C. 生命都具有意识

D. 意识体现了主观形式和客观内容的对立统一

18. “飞花两岸照船红，百里榆堤半日风。卧看满天云不动，不知云与我俱东”。这首诗蕴含的哲理有(　　)

A. 静止是运动的特殊状态　　B. 运动是绝对的，静止是相对的

C. 运动是静止的特殊状态　　D. 运动是相对的，静止是绝对的

19. 每一个复杂的生物个体都是由各种不同的细胞构成的系统，其中每个细胞中的DNA都包含了该生物个体所有性状的遗传信息。这段话蕴涵的哲理有(　　)

A. 整体和部分是相互渗透的　　B. 整体和部分在一定条件下相互转化

C. 整体等于部分之和　　D. 整体具有部分所不具有的特性

20. 联系是多种多样的，从不同角度可以对联系作出不同划分。以下对联系的分类正确的是(　　)

A. 直接联系和间接联系　　B. 必然联系和偶然联系

C. 真实联系和虚假联系　　D. 本质联系和非本质联系

21. 中国古代的哲学家公孙龙提出的“白马非马”的命题，其错误是割裂了事物的(　　)(易错)

A. 一般和个别的关系　　B. 共性和个性的关系

C. 整体和部分的关系　　D. 普遍和特殊的关系

22. 当事物处在量变状态时，(　　)

A. 事物处在数量上的增减变化　　B. 事物表现为平衡和静止

C. 事物从一种质转化为另一种质　　D. 事物矛盾的双方只有统一没有斗争

23. 矛盾的基本属性有(　　)

A. 绝对性　　B. 相对性　　C. 斗争性　　D. 同一性

24. 矛盾解决的形式主要有(　　)

A. 矛盾一方克服另一方　　B. 矛盾双方同归于尽

C. 矛盾的调和　　D. 矛盾双方融合成一个新事物

25. “率先基本实现现代化，必须坚持因地制宜、分类指导”。这句话体现的哲理有(　　)

A. 一切从实际出发　　B. 矛盾特殊性原理

C. 矛盾普遍性原理　　D. 具体问题具体分析

26. 矛盾的普遍性与特殊性的关系是(　　)

A. 一般与个别的关系　　B. 整体与局部的关系

C. 绝对与相对的关系　　D. 可以相互转化的关系

27. 下列说法中，体现正确对待矛盾特殊性原理的有(　　)

A. 物极必反，相反相成　　B. 绳锯木断，水滴石穿

C. 因时制宜，因地制宜　　D. 对症下药，量体裁衣

28. 下列选项中，包含矛盾双方相互依存和相互转化的辩证法思想的有(　　)

A. 千里之堤，毁于蚁穴　　B. 有无相生，难易相成

C. 月晕而风，础润而雨　　D. 物极必反，乐极生悲

29. 针对要用“幸福指数”替代GDP统计的说法，国家统计局负责人强调，只有GDP，可能不一定幸福；但如果没有GDP，一定不会幸福。我们需要的是超越GDP，而非抛弃GDP。这一观点表明(　　)

A. 辩证的否定包括联系的环节和发展的环节

B. 发展的实质是新事物彻底取代旧事物

C. 事物发展的方向是前进的，道路是曲折的

D. 改革创新应该是对现存事物的“扬弃”

30. 越来越多的城郊农民发现，脚下的土地不仅能生产农产品，还能生产田园风光，生产农家情趣等。“种这种那，不如综合开发”，这一观念的更新帮助农民们在原有土地上创造出了更多的财富，这从一个侧面表明(　　)

A. 掌握系统化方法有利于实现整体最优目标　　B. 辩证的否定是事物的自我完善和发展

C. 生产关系的变革一定会促进生产力的发展　　D. 要用发展的观点看问题

31. “原因和结果是我们思维的创造物”“在自然界中，既没有原因，也没有结果”，对这两句话理解正确的有(　　)(易错)

A. 符合唯物辩证法的基本观点　　B. 是唯心主义的非决定论

C. 否定了原因和结果的客观性　　D. 否认了科学认识的客观依据

32. “社会生活在本质上是实践的”，这一命题的含义包括(　　)

A. 实践是社会历史的主体　　B. 在社会历史中，精神、观念的作用十分微小

C. 实践是人类社会的存在和运动方式　　D. 实践是社会生活的本质内容

33. 感性认识向理性认识飞跃的条件有(　　)

A. 要占有十分丰富的材料　　B. 要有合乎实际的感性材料

C. 要对感性材料进行加工　　D. 要有天赋的聪明才智

34. 抗生素的发明和使用，使病菌一度不再是人类的致命威胁。但是，在人类使用抗生素治疗疾病的同时，病菌的耐药性也在增加，由于滥用抗生素，出现了难以控制的“超级病菌”。上述事实表明(　　)

A. 量变达到一定程度会引起质变　　B. 发挥主观能动性受客观规律的制约

C. 事物始终处于从低级到高级的发展过程中　　D. 事物经过辩证的否定实现了向自身的回归

35. 主观世界和客观世界的关系是(　　)

A. 客观世界制约和决定主观世界　　B. 主观世界能动地反映和改造客观世界

C. 主观世界派生客观世界　　D. 实践是主观世界和客观世界辩证统一的基础

36. 马克思主义哲学物质观的意义是(　　)

A. 指出物质的唯一特性是客观实在性,批判了唯心论和二元论

B. 坚持了物质世界的可知性,体现了本体论和认识论的统一

C. 坚持了世界的多样性物质统一,克服了旧唯物主义物质观的缺陷,体现了唯物论和辩证法的统一

D. 坚持了自然界和人类社会的物质统一性,体现了自然观和历史观的统一

37. 下列说法中不利于人们正确地发挥主观能动性作用的有(　　)

A. "思想有多远,我们就能走多远"　　B. "只要有梦想,就会有收获"

C. "要从实际出发,不要从可能出发"　　D. "世上没有不可能的事"

38. "没有革命的理论就不会有革命的运动"的观点(　　)

A. 颠倒了理论和实践的关系　　B. 把理论当成实践的来源和动力

C. 揭示了理论对实践的指导作用　　D. 肯定了理论对实践的反作用

39. 马克思曾在《关于费尔巴哈的提纲》中指出"全部社会生活在本质上是实践的",强调哲学的重要使命在于指导实践、改造世界。实践的基本特征包括(　　)

A. 客观物质性　　B. 统一性　　C. 自觉能动性　　D. 社会历史性

40. 人们发现和掌握真理的能力要受到(　　)的限制。

A. 社会实践水平　　B. 历史条件　　C. 主体认识水平　　D. 客体无限性

41. 众多国家和国际组织同中方签署了共建"一带一路"合作文件,一大批合作项目落地生根并开花结果,个别项目遇到暂时的困难和问题,但并不能改变"一带一路"受到广泛欢迎的客观事实。"一带一路"的发展现状印证了(　　)

A. 认识事物的时候需要坚持两点论和重点论的统一

B. 事物的性质主要是由主要矛盾的主要方面决定的

C. 主要矛盾在事物发展中处于支配地位起决定作用

D. 主要方面与次要方面在一定条件下可以相互转化

42. 关于真理与价值,以下说法中正确的是(　　)

A. 有价值的东西一定符合真理　　B. 真理与价值相互渗透、相互引导

C. 真理与价值是具体的、历史的统一　　D. 真理侧重于认识论,价值侧重于有用性

43. 真理具有客观性,真理的客观性是指(　　)

A. 真理是不依赖于意识的客观存在　　B. 真理是不以人的意志为转移的客观规律

C. 真理中包含着不依赖于人的客观内容　　D. 真理的检验标准是客观的社会实践

44. 孔子曰:德之不存,行之不远。在当前社会转型期,存在很多为了一己私利践踏职业道德和社会公德等各种道德的失范现象。因此,提倡"厚德"具有重要的意义和价值。这说明(　　)

A. 价值观是正确的社会意识　　B. 正确的价值观有助于引导社会良性运行

C. 社会发展的规律是客观的　　D. 社会存在的变化决定社会意识的变化

45. 下列事物中,属于历史唯物主义"社会存在"范畴的有(　　)(易错)

A. 人们的物质生产实践活动　　B. 人们在实践活动中所利用的自然资源

C. 人们在实践活动中所创造的生产力　　D. 人们在实践活动中所形成的各种社会关系

46. 关于经济基础和上层建筑关系的论述,下列说法中正确的是(　　)(常考)

A. 经济基础的需要决定上层建筑的产生

B. 经济基础的性质决定上层建筑的性质

C. 上层建筑适应经济基础的需要就能推动社会的进步和发展

D. 上层建筑通过法律、政治制度等手段的调控来为经济基础服务

47. 以下对"时势造英雄"和"英雄造时势"的理解错误的有(　　)

A. 是唯心史观和唯物史观在历史创造者问题上的主要分歧

B. 是唯心史观和机械唯物主义在历史创造者问题上的主要分歧

C. 是唯心史观和唯物史观在世界本原问题上的主要分歧

D. 是唯物论和辩证法在世界本原问题上的主要分歧

48. 要实现人的全面发展,必须正确处理的三个关系是(　　)(易混)

A. 社会财富的积累和人的劳动能力发展的关系

B. 劳动者自身的发展和劳动者对社会财富占有的关系

C. 生产力的发展和人的发展的关系

D. 社会的发展和自然的发展的关系

49. 历史唯物主义认为人民群众是历史的创造者,这是因为(　　)

A. 人民群众的一切活动都推动社会历史的发展

B. 人民群众是物质财富的创造者

C. 人民群众是社会变革的决定力量

D. 人民群众是精神财富的创造者

50. 关于作为历史创造者的人民群众,下列表述中正确的是(　　)

A. 有个人和集体之分

B. 个人是有自觉能动性的、具有独特的肉体生命的社会存在

C. 个人是社会的一员,分属于大大小小的群众集体

D. 集体具有整体性和统一性,并不是单个人的简单相加

三、判断题

1. 真理是人们对客观事物及其规律的正确反映,因此真理最基本的属性是主观性。(　　)

2. "人性自私"观点的错误在于违背了"人的本质在其现实性上是一切社会关系的总和"的科学论断。(　　)

3. 钟南山院士满腔责任为国为民,奔波在战疫第一线,说明实现人生价值需要正确价值观的指引。(　　)

4. 马克思根据人的发展状况把人类历史划分为三大社会形态，分别是人的依赖性社会、人的独立性社会和个人全面发展的社会。（　）
5. 运动、变化和发展是同等程度的概念，它们彼此之间无实质区别。（　）
6. “吹毛求疵”的错误在于混淆了矛盾的主次方面，看问题抓不住主流。（　）
7. “观念的东西不外是移入人的头脑并在人的头脑中改造过的物质的东西而已”，这句话表明观念的东西和物质的东西没有本质区别。（　）
8. 俗话说：“花在树则生，离枝则死；鸟在林则乐，离群则悲。”这句话的哲学寓意是：局部性质和意义的体现离不开整体。（　）
9. 人们可以发现、认识和利用规律，也可以改变规律。（易错）（　）
10. “一切具体事物和现象的存在、发展都是有条件的”是外因论的观点。（　）
11. “尽信书，不如无书”这句话体现了矛盾的双方是可以相互转化的。（　）
12. 事物运动全过程的辩证图景是：否定—肯定—否定之否定。（　）
13. 港珠澳大桥的贯通，说明人们有时可以根据需要建立新的具体联系。（　）
14. 唯物辩证法的总特征是对立统一的观点。（　）
15. 否定之否定是普遍存在的事物周期性发展过程。否定之否定的整个进程，是一个“循环往复”“原地踏步”的过程。（常考）（　）
16. “金无足赤，人无完人”说明人的优点和缺点各占一半。（　）
17. 矛盾贯穿于每一事物发展过程的始终，每一事物从产生到灭亡都存在着自始至终的矛盾运动。（　）
18. 马克思主义认识论首要的、基本的观点是联系的、发展的观点。（常考）（　）
19. 实践是检验真理的唯一标准，因此实践标准只有确定性，而不能有不确定性。（　）
20. 人们可以通过自己的努力“梦想成真”，这说明意识活动具有直接现实性。（　）
21. 不同的矛盾只能用不同的方法去解决。（　）
22. 真理既是相对的，又是绝对的，这是真理问题上的二元论。（　）
23. 假象不能等同于错觉。（　）
24. 历史唯物主义的社会形态范畴是指同一定的生产力水平相适应的经济基础和上层建筑的统一体。（　）
25. 在社会运动的两对基本矛盾中，生产力和生产关系的矛盾起决定作用。（　）
26. 物质资料的生产方式是社会存在和发展的物质基础，它体现的是主体与客体的关系。（　）
27. 社会意识是对社会存在的反映，主要是对统治阶级意识的反映。（　）
28. 上层建筑的核心是政治、法律思想。（　）
29. 人民群众是历史的缔造者，是真正的英雄，也是社会发展的根本动力。（　）
30. 在历史的创造者问题上，两种对立的历史观分别是唯心主义的英雄史观和唯物主义的群众史观。（　）

专题二　马克思主义中国化理论

命题分析

本专题主要以单选、多选、判断、简答、论述等形式考查。本专题需要重点掌握的知识包括：

1. 区分毛泽东思想在不同发展时期的代表作及其重要观点；
2. 在把握中国特色社会主义理论体系发展历程的基础上，识记习近平新时代中国特色社会主义思想。

一、单项选择题

1. 毛泽东思想初步形成于（　）
   A. 中国共产党建立初期　B. 20世纪20年代后期到30年代前期
   C. 土地革命战争后期　D. 抗日战争时期
2. 毛泽东思想走向成熟的标志是（　）
   A. 人民战争思想的形成　B. 中国革命基本问题的提出
   C. 新民主主义革命理论的完整论述　D. 农村包围城市、武装夺取政权道路理论的产生
3. 在中国共产党的历史上第一次提出“毛泽东思想”这个概念的是（　）
   A. 刘少奇　B. 朱德　C. 邓小平　D. 王稼祥
4. 中国共产党把毛泽东思想确立为党的指导思想的会议是（　）（易混）
   A. 中共六届六中全会　B. 遵义会议
   C. 中共六届七中全会　D. 中共七大
5. 以毛泽东同志为核心的党的第一代中央领导集体，带领全党全国各族人民完成了新民主主义革命，进行了社会主义改造，确立了社会主义基本制度。下列选项中，与这一基本制度的确立不相符的是（　）
   A. 为当代中国的一切发展进步奠定了根本政治前提和制度基础
   B. 是中国历史上最深刻最伟大的社会变革
   C. 使广大劳动人民真正成为国家的主人
   D. 标志着马克思主义同中国实际“第二次结合”的完成
6. 中国共产党在新民主主义革命领导权问题上有着深刻认识，党认为实现对革命的领导权的根本保证是（　）（常考）
   A. 动员全民开展武装斗争　B. 建立最广泛的人民统一战线
   C. 加强中国共产党的建设　D. 扩大革命的影响力和控制力
7. 毛泽东早在民主革命时期就提出，认清中国一切革命问题的基本的根据是（　）
   A. 中国社会的特殊国情　B. 中国社会的经济状况
   C. 中国社会的阶级状况　D. 中国社会的政治状况

8. 毛泽东实际上否定了“城市中心论”，确立了“以乡村为中心”的思想的文章是(　　)

A.《反对本本主义》　B.《井冈山的斗争》

C.《星星之火，可以燎原》　D.《怎样分析农村阶级》

9. 新民主主义社会是一个过渡性质的社会，而不是一个独立的社会形态。这一时期社会的主要矛盾是(　　)

A. 人民大众与资产阶级的矛盾　B. 落后的生产力与先进的生产关系的矛盾

C. 社会主义和资本主义的矛盾　D. 中国人民同国民党残余势力和地主阶级的矛盾

10. 毛泽东首次明确提出“新民主主义革命”这一科学概念的著作是(　　)

A.《〈共产党人〉发刊词》　B.《中国革命和中国共产党》

C.《新民主主义论》　D.《论联合政府》

11. 毛泽东在下列哪部著作中对“实事求是”的科学内涵作了马克思主义的界定(　　)

A.《反对本本主义》　B.《实践论》　C.《改造我们的学习》　D.《矛盾论》

12. 中国共产党始终是中国工人阶级的先锋队，同时是(　　)的先锋队，是中国特色社会主义事业的领导核心。

A. 广大农民和各阶层群众　B. 劳动人民和各族人民

C. 广大劳动者和全体工商业者　D. 中国人民和中华民族

13. 对党在过渡时期总路线的表述错误的是(　　)(易错)

A. 总路线可概括为“一化三改”　B. 对资本主义工商业的社会主义改造是主体

C. 总路线可概括为“一体两翼”　D. 实现国家的社会主义工业化是主体

14. 毛泽东在《关于正确处理人民内部矛盾的问题》的讲话中指出，社会主义社会的基本矛盾是(　　)

A. 人民内部的非对抗性的矛盾

B. 生产关系和生产力之间、上层建筑和经济基础之间的矛盾

C. 无产阶级和资产阶级之间、社会主义和资本主义之间的矛盾

D. 人民日益增长的物质文化需要同落后的社会生产之间的矛盾

15. 毛泽东在《〈共产党人〉发刊词》中所说的“伟大的工程”是指(　　)

A. 走农村包围城市的道路，夺取全国胜利　B. 建立并巩固抗日民族统一战线

C. 建设广大群众性的马克思主义政党　D. 建立新民主主义的新国家、新社会

16. 毛泽东思想的精髓是(　　)

A. 实事求是　B. 群众路线　C. 独立自主　D. 自力更生

17. 中国共产党的根本宗旨和一切工作的根本出发点是(　　)

A. 一切为了群众，全心全意为人民服务　B. 实事求是

C. 批评与自我批评　D. 理论联系实际

18. “工农武装割据”的中心内容是(　　)(易混)

A. 军队建设　B. 土地革命　C. 政权建设　D. 党的领导

19. 1941年5月，毛泽东同志在延安高级干部会议上做了(　　)的报告，标志着整风运动的开始。

A.《反对本本主义》　B.《反对主观主义和宗派主义》

C.《改造我们的学习》　D.《关于整顿三风》

20. 几位同学在评价毛泽东思想时发生了争执，下列关于毛泽东思想的说法中不正确的是(　　)(易错)

A. 是中国人民取得民主革命胜利的理论武器

B. 是中国特色社会主义理论体系的思想根源之一

C. 是确定社会主义基本制度的指导思想

D. 毛泽东思想活的灵魂是实事求是、群众路线、艰苦奋斗

21. “一个中心，两个基本点”是对社会主义初级阶段基本路线的简明概括。“一个中心”主要是指(　　)

A. 以经济建设为中心　B. 以构建和谐社会为中心

C. 以改革开放为中心　D. 以坚持以人为本为中心

22. “邓小平理论是指导中国人民在改革开放中胜利实现社会主义现代化的正确理论，只有邓小平理论能够解决社会主义的前途和命运问题”。这句话最根本的依据是(　　)

A. 马列主义、毛泽东思想已经过时，不能解决中国所面临的实际问题

B. 邓小平理论是发展着的科学理论，它揭示了我国社会主义建设的规律性

C. 邓小平理论的精髓是解放思想、实事求是

D. 邓小平理论的首要的基本的理论问题是“什么是社会主义、怎样建设社会主义”

23. 实现“一国两制”的前提是(　　)(常考)

A. 港、澳、台享有高度自治权　B. 国家的主体坚持社会主义制度

C. 国家主权统一于中华人民共和国　D. 港、澳、台保持原有的资本主义制度长期不变

24. 邓小平提出以是否有利于发展社会主义社会的生产力，是否有利于增强社会主义国家的综合国力，是否有利于提高人民的生活水平作为判断各方面工作是非得失的根本标准。对“三个有利于”的判断标准理解不正确的是(　　)

A. 充分体现了解放思想、实事求是、与时俱进的思想路线

B. 是对生产力标准的深化和发展

C. 本质上是判断姓“资”姓“社”的标准

D. 是由社会主义本质和根本任务决定的

25. 马列主义与中国实际相结合的第二次历史性飞跃的理论成果是(　　)(常考)

A. 毛泽东思想　B. 中国特色社会主义理论体系

C. “三个代表”重要思想　D. 市场经济理论

26. 建立社会主义市场经济体制是在党的(　　)上提出的。

A. 十三大　B. 十四大

C. 十五大　D. 十六大

27. 邓小平指出:"解决民族问题,中国采取的不是民族共和国联邦的制度,而是民族区域自治的制度。我们认为这个制度比较好,适合中国的情况。"我国实行民族区域自治的历史依据是(　　)

A. 各民族聚居区发展的不平衡性

B. 统一的多民族国家的长期存在和发展

C. 各民族大杂居、小聚居的人口分布格局

D. 近代以来各民族在共同反抗外来侵略斗争中形成的爱国主义精神

28. 下列有关邓小平理论的重要内容,按照先后顺序排序正确的一项为(　　)

①重新确立了"解放思想,实事求是"的思想路线

②完整提出社会主义本质理论

③通过党的会议确定"三步走"发展战略构想

④提出坚持"四项基本原则"

A. ①②③④　B. ③①②④　C. ①④③②　D. ③①④②

29. 邓小平指出:"改革是中国的第二次革命。"下列选项中对这一论断的基本意义表述错误的是(　　)

A. 改革是社会主义制度的自我完善和发展　B. 改革是对原有经济体制的根本性变革

C. 改革引起社会各方面的深刻变化　D. 改革与第一次革命具有相同的内容

30. 中国共产党的最大政治优势是(　　)(常考)

A. 一切从实际出发　B. 加强思想理论建设

C. 密切联系群众　D. 坚持对外开放

31. "三个代表"重要思想依据改革开放和现代化建设新的实践,紧紧把握我国社会生活和社会结构的深刻变化,对(　　)做出了科学判断。

A. 建设中国特色社会主义的依靠力量　B. 党的历史地位

C. 中国特色社会主义发展阶段　D. 世界政治经济趋势

32. 科学发展观创造性地回答了(　　)的问题。

A. 什么是社会主义,怎样建设社会主义　B. 建设什么样的党,怎样建设党

C. 实现什么样的发展,怎样发展　D. 什么是和谐社会,怎样实现和谐社会

33. 科学发展观的第一要义是(　　)(常考)

A. 以人为本　B. 发展　C. 改革　D. 稳定

34. 科学发展观的核心是(　　)

A. 科学发展　B. 全面发展

C. 可持续发展　D. 以人为本

35. 系统回答新时代坚持和发展什么样的中国特色社会主义,怎样坚持和发展中国特色社会主义这一重大时代课题,我们党形成的重大理论创新成果是(　　)

A. 邓小平理论　B. "三个代表"重要思想

C. 科学发展观　D. 习近平新时代中国特色社会主义思想

36. 下列不属于习近平新时代中国特色社会主义思想科学体系的"八个明确"的丰富内涵的是(　　)

A. 明确中国特色社会主义事业总体布局是"五位一体"、战略布局是"四个全面"

B. 明确全面深化改革总目标是完善和发展中国特色社会主义制度、推进国家治理体系和治理能力现代化

C. 明确中国特色社会主义最本质的特征是中国共产党领导

D. 明确在发展中保障和改善民生

37. 下列不属于习近平新时代中国特色社会主义思想的基本方略的是(　　)

A. 坚持新发展理念　B. 坚持全面深化改革

C. 坚持全面从严治党　D. 坚持全体国家安全观

38. 习近平总书记强调的"承认矛盾、分析矛盾、解决矛盾,善于抓住关键、找准重点、洞察事物发展规律的能力"指的是(　　)能力。

A. 辩证思维　B. 历史思维　C. 战略思维　D. 底线思维

39. 下列说法中属于习近平新时代中国特色社会主义思想中新发展理念的是(　　)

①发展,是解决我国一切问题的基础和关键

②必须坚定不移贯彻创新、协调、绿色、开放、共享的发展理念

③主动参与和推动经济全球化进程,发展更高层次的开放型经济

④鼓励、支持、引导非公有制经济发展,使政府在资源配置中起决定性作用

A. ①②③　B. ①②④　C. ②③④　D. ①②③④

40. 习近平新时代中国特色社会主义思想,明确了中国特色社会主义事业战略布局是(　　)(易混)

A. "五位一体"　B. "四个自信"

C. "四个全面"　D. "三个代表"

41. 中国特色社会主义进入新时代,我国社会主要矛盾已经转化为(　　)(常考)

A. 人民日益增长的经济文化需要同当前经济文化不能满足人民需要的状况之间的矛盾

B. 人民对建立先进的工业国的要求和落后的农业国的现实之间的矛盾

C. 人民日益增长的物质文化需要和落后的社会生产之间的矛盾

D. 人民日益增长的美好生活需要和不平衡不充分的发展之间的矛盾

42. (　　)是习近平新时代中国特色社会主义思想的核心要义。

A. 坚持马克思主义　B. 坚持和发展中国特色社会主义

C. 全面深化改革　D. 全面依法治国

43. 中国特色社会主义的总布局是(　　)(易混)

A. "一个中心,两个基本点"

B. "两个文明,两手抓"

C. 经济、政治、文化、社会、生态文明建设"五位一体"

D. 基本理论、基本实践、基本纲领、基本经验、基本制度"五基本"

44. 中国特色社会主义制度，是当代中国发展进步的根本制度保障，集中体现了中国特色社会主义的特点和优势，其最大的优势是( )

A. 中国共产党领导　B. 坚持以人民为中心的思想

C. 坚持马克思主义的思想理论　D. 坚持依法治国

45. 习近平总书记指出："在当前复杂的环境中，保持理论的清醒，增强政治上的定力是很要紧的。"保持战略上的定力，从根本上说，就是要( )

A. 毫不动摇地坚持社会主义初级阶段路线　B. 毫不动摇地坚持四项基本原则

C. 毫不动摇地坚持改革开放　D. 毫不动摇地坚持和发展中国特色社会主义

46. 党的( )是党的根本性建设，决定党的建设方向和效果。

A. 思想建设　B. 政治建设　C. 纪律建设　D. 廉政建设

47. 2019年1月1日，( )学习平台上线仪式在京举行，中共中央政治局常委、中央书记处书记王沪宁出席仪式并宣布平台正式上线。

A. "学习思想"　B. "学习历史"　C. "学习发展"　D. "学习强国"

48. 改革开放40多年来，中国人民在富起来、强起来的征程上迈出了决定性的步伐，一些经济指标已处于世界前列。下列指标中我国处于世界首位的是( )

A. 货物贸易额　B. 商品消费额　C. 外资流入额　D. 黄金储备量

49. "四个全面"战略布局是以习近平同志为核心的党中央治国理政战略思想的重要内容。其中，"全面深化改革"的总目标是完善和发展中国特色社会主义制度、推进( )现代化。

A. 治理能力　B. 国家治理体系

C. 社会综合治理体系　D. 国家治理体系和治理能力

50. 加强供给侧结构性改革，需要实施与其相互配合的政策支柱，下列哪项政策与之不符( )

A. 积极的财政政策要加大力度，稳健的货币政策要灵活适度

B. 推进农业、制造业、服务业等快速发展，推动形成新的增长点

C. 制定相应制度、政策来营造严格的企业准入环境，确保市场行为合法性

D. 要更好发挥社会保障的社会稳定器作用，把重点放在兜底上

51. 党的十九大报告指出，保持土地承包关系稳定并长久不变，第二轮土地承包到期后再延长( )年。

A. 20　B. 30　C. 40　D. 50

52. 实现中国梦必须弘扬中国精神。这就是以爱国主义为核心的民族精神，以( )为核心的时代精神。

A. 开放改革　B. 开放创新　C. 改革开放　D. 改革创新

53. 某乡镇在发展中痛定思痛，关停并转高耗能、高污染企业，复原古色古香的老街、开发生态茶园及果蔬基地，打造文化小镇、生态小镇。这种"腾笼换鸟"式的发展理念属于( )

A. 绿色发展　B. 创新发展　C. 区域发展　D. 和谐发展

54. 党的十九届四中全会提出：必须加强和创新社会治理，完善党委领导、政府负责、民主协商、社会协同、公众参与、法治保障、科技支撑的社会治理体系，建设人人有责、人人尽责、人人享有的( )，确保人民安居乐业、社会安定有序，建设更高水平的平安中国。

A. 国家治理共同体　B. 国家治理统一体

C. 社会治理统一体　D. 社会治理共同体

55. 人才是实施乡村振兴战略的关键因素。以下举措中不属于推动乡村人才振兴的是( )

A. 大力支持乡村休闲旅游　B. 实施新乡贤返乡工程

C. 扩大"三支一扶"计划人员招募规模　D. 完善农村劳动力技能培训补贴机制

56. 就业是最大的民生工程，是社会稳定的重要保障。在错综复杂的国内外形势下，我国把稳就业列为"六稳"之首，并以一系列实招、硬招为稳就业工作提供强力支撑。下列稳就业举措中，做法不正确的是( )

A. 明确政府兜底，保证就业数量　B. 加强技能培训，提高就业质量

C. 发力减税降费，稳企业利就业　D. 拓展就业新渠道，开辟就业新空间

57. 下列关于中国特色社会主义进入新时代的说法，不正确的是( )

A. 中国特色社会主义进入新时代，是中国共产党从事业发展全局的高度在十九大作出的重大政治论断

B. 中国特色社会主义进入新时代，这一论断科学把握了当代中国发展新的历史方位，精辟概括了我国发展变革的阶段性特征

C. 中国特色社会主义进入新时代，与一般历史学意义上时代划分概念一致

D. 坚持和发展新时代中国特色社会主义，需要用发展着的理论指导发展着的实践

58. 我国提出"创新、协调、绿色、开放、共享"五大发展理念。下列措施中体现五大发展理念的是( )

①建设粤港澳大湾区　②强化知识产权创造与保护　③"一带一路"建设

④降低农村学生辍学率　⑤淘汰黄标车和老旧车　⑥精准扶贫

A. ①③⑤　B. ②④⑤⑥

C. ②③④⑤⑥　D. ①②③④⑤⑥

59. 党的十九届四中全会提出，( )是党和人民在长期实践探索中形成的科学制度体系，我国国家治理一切工作和活动都依照其展开。

A. 中国特色社会主义制度　B. 民族区域自治制度

C. 共产党领导的多党合作和政治协商制度　D. 人民代表大会制度

60. 关于中国特色社会主义制度和国家治理体系，下列哪项说法是错误的( )

A. 是以马克思主义为指导、植根中国大地、具有深厚中华文化根基、深得人民拥护的制度和治理体系

B. 是实行立法权、行政权、司法权"三权分立"的制度和治理体系

C. 是具有强大生命力和巨大优越性的制度和治理体系

D. 是能够持续推动拥有近十四亿人口大国进步和发展、确保拥有五千多年文明史的中华民族实现"两个一百年"奋斗目标进而实现伟大复兴的制度和治理体系

61. 党的十九届四中全会强调，着力固根基、扬优势、补短板、强弱项，构建系统完备、科学规范、运行有效的制度体系，加强系统治理、依法治理、综合治理、源头治理，把我国制度优势更好转化为(　　)

A. 经济发展优势　B. 国际竞争优势　C. 国家治理效能　D. 人民群众获得感

62. 党的十九大提出实施乡村振兴战略，是以习近平同志为核心的党中央着眼党和国家事业全局，深刻把握现代化建设规律和城乡关系变化特征，顺应亿万农民对美好生活的向往，对"三农"工作作出的重大决策部署，是新时代做好"三农"工作的总抓手。实施乡村振兴战略的根本目的是(　　)

A. 转移农村剩余劳动力　B. 推进城乡一体化发展

C. 确保精准脱贫　D. 推进农业农村现代化

63. 习近平总书记告诫党员，不忘初心，牢记使命，就不要忘记我们是共产党人，我们是革命者，不要丧失了革命精神。时代是出卷人，我们是答卷人，人民是阅卷人。作为新时代的"答卷人"，就必须(　　)

A. 把党的政治建设放在首位，落实全面从严治党

B. 放管结合，优化服务，提高行政管理水平和能力

C. 推进国家治理体系和治理能力现代化

D. 始终坚持以人民为中心，坚持全面依法治国

64. 下列与我国军事国防相关的说法中错误的是(　　)

A. 大力发展军民融合是维护国家主权和安全的战略基石

B. 新形势下我军的军事战略方针是积极防御

C. 中国位于海洋地缘战略区和欧亚大陆地缘战略区的交接处

D. 维护地区和世界和平是我国军队担负的主要战略任务之一

65. 十九大报告指出，中国共产党一经成立，就把实现(　　)作为党的最高理想和最终目标，团结带领人民进行了艰苦卓绝的斗争，谱写了气吞山河的壮丽史诗。

A. 共产主义　B. 中华民族伟大复兴

C. 大同社会　D. 世界和平

66. 中国特色社会主义的本质属性是(　　)

A. 实现现代化　B. 解放和发展生产力

C. 促进社会和谐　D. 坚持中国共产党的领导

67. 新时代中国特色社会主义思想，明确了中国特色社会主义最本质的特征是(　　)

A. "五位一体"总体布局　B. 建设中国特色社会主义法治体系

C. 以人民利益为根本出发点　D. 中国共产党的领导

68. 中国共产党坚持独立自主的和平外交政策，坚持和平发展道路，坚持(　　)的开放战略。

A. 互利共赢　B. 互信互利　C. 包容互信　D. 包容共赢

69. 培养担当民族复兴大任的时代新人，坚持以社会主义核心价值观为引领，将国家、社会、个人层面的价值要求贯穿到道德建设各个方面。下面属于公民个人层面的价值准则是(　　)

A. 民主　B. 自由　C. 平等　D. 爱国

70. 习近平总书记曾提到"四个自信"，其中更基础、更广泛、更深厚的自信是指(　　)

A. 道路自信　B. 理论自信

C. 制度自信　D. 文化自信

71. 伟大斗争、伟大工程、伟大事业、伟大梦想紧密联系、相互作用，其中起决定性作用的是(　　)

A. 中国特色社会主义伟大事业　B. 中华民族伟大复兴梦想

C. 具有许多新的历史特点的伟大斗争　D. 党的建设新的伟大工程

72. "推进马克思主义中国化，从而更好地指导中国革命"成为全党的共识是在(　　)

A. 延安整风运动以后　B. 遵义会议上

C. 中共一大上　D. 中共十一届三中全会上

73. 毛泽东思想和中国特色社会主义理论体系是马克思主义中国化的两大理论成果。贯穿这两大理论成果始终，并体现在两大成果各个基本观点中的世界观和方法论基础的是(　　)

A. 群众路线　B. 实事求是

C. 与时俱进　D. 实干担当

74. 党员队伍中的四大危险是指精神懈怠、能力不足、消极腐败和(　　)

A. 贪污腐败　B. 思想堕落

C. 尸位素餐　D. 脱离群众

75. 十九大报告指出，坚持反腐败无禁区、全覆盖、零容忍，坚定不移"打虎""拍蝇""猎狐"，________的目标初步实现，________的笼子越扎越牢，________的堤坝正在构筑，反腐败斗争压倒性态势已经形成并巩固发展。(　　)

A. 不敢腐；不能腐；不想腐　B. 不能腐；不想腐；不敢腐

C. 不想腐；不敢腐；不能腐　D. 不敢腐；不想腐；不能腐

76. 习近平在十九大报告中说："有事好商量，众人的事情由众人商量，是人民民主的真谛。"这反映在民主政治建设方面(　　)

A. 积极推进全民民主　B. 全面推进全民参与的基层民主政治

C. 积极推进协商民主制度　D. 倡导代议制民主

77. 习近平总书记曾指出，(　　)是一个民族进步的灵魂，是一个国家兴旺发达的不竭源泉，也是中华民族最鲜明的民族禀赋。

A. 创新　B. 自强　C. 自立　D. 道德

78. 在"既要金山银山，又要绿水青山，绿水青山就是金山银山"的理念引导下，绿色发展已成为当下各级政府和全国人民的广泛共识。这是因为绿色发展(　　)

A. 注重的是解决发展动力问题

B. 注重的是解决人与自然和谐共生问题

C. 是我国财富创造的根本源泉

D. 是始终关系着国计民生的根本性问题

79. “各种风险我们都要防控，但重点要防控那些可能迟滞或中断中华民族伟大复兴进程的全局性风险。”这是习近平总书记强调的(　　)的根本所在。

A. 战略思维　　B. 创新思维　　C. 底线思维　　D. 辩证思维

80. 以下有关全面从严治党的名词解释错误的是(　　)

A. “四风”——形式主义、官僚主义、享乐主义、奢靡之风

B. “三实”——谋事要实、学习要实、做人要实

C. “两学”——学党章党规、学系列讲话

D. “三严”——严以修身、严以用权、严以律己

二、多项选择题

1. 毛泽东思想产生的社会历史条件是(　　)

A. 近代中国社会和革命运动发展的客观需要和必然要求

B. 新的社会生产力的增长和工人运动的发展

C. 新文化运动的兴起和马克思列宁主义的传入和传播

D. 中国共产党领导的人民革命

2. 毛泽东思想萌芽的代表作是(　　)(易混)

A.《中国社会各阶级的分析》　　B.《湖南农民运动考察报告》

C.《井冈山的斗争》　　D.《星星之火，可以燎原》

3. 中国共产党领导的新民主主义革命的直接目标是推翻帝国主义、封建主义和官僚资本主义的统治，建立新民主主义的人民共和国。直接目标实现的重大意义是(　　)

A. 为实现新民主主义革命的根本目的创造了必要的条件

B. 是检验新民主主义革命最后胜利的唯一标准

C. 从根本上解放了被束缚的生产力

D. 改变了买办的封建的生产关系以及建立在此基础上的政治上层建筑

4. 新中国成立后，中国共产党把独立自主、自力更生运用到外交领域和经济建设方面，形成的方针、政策是(　　)

A. 既反保守又反冒进，坚持在综合平衡中稳步前进

B. 独立自主的和平外交政策

C. 自力更生为主，争取外援为辅的方针

D. 以农业为基础，以工业为主导的总方针

5. 下列属于毛泽东思想的有(　　)

A. 枪杆子里出政权　　B. 星星之火，可以燎原

C. 一切反动派都是纸老虎　　D. 改革是中国发展生产力的必由之路

6. 下列关于新民主主义革命总路线的说法，正确的是(　　)

A. 新民主主义革命的领导阶级是工人阶级

B. 新民主主义革命的动力是人民大众，包括工人阶级、农民阶级、小资产阶级和民族资产阶级

C. 反帝、反封建是新民主主义革命的任务

D. 新民主主义革命胜利后建立的是新民主主义社会，而终极前途是社会主义和共产主义

7. 农业互助合作的基本形式包括(　　)

A. 农业生产互助组　　B. 初级农业生产合作社

C. 中级农业生产合作社　　D. 高级农业生产合作社

8. “总之，我们不要四面出击。四面出击，全国紧张，很不好。我们绝不可树敌太多，必须在一个方面有所让步，有所缓和，集中力量向另一方面进攻。我们一定要做好工作，使工人、农民、小手工业者都拥护我们，使民族资产阶级和知识分子中的绝大多数人不反对我们。这样一来，国民党残余、特务、土匪就孤立了，地主阶级就孤立了，台湾、西藏的反动派就孤立了，帝国主义在我国人民中间就孤立了。”对这段话分析正确的有(　　)

A. 这段话是对党的统一战线法宝的集中概括

B. 这段话的时代背景是中国正处于国民经济恢复时期

C. 这段话反映的主要思想后来成为我国经济建设的指导方针

D. 这段话提到的孤立对象是新民主主义革命的主要对象

9. 中国共产党在中国革命中战胜敌人的三个法宝是(　　)(常考)

A. 统一战线　　B. 独立自主　　C. 武装斗争　　D. 党的建设

10. 新民主主义革命时期，以国共合作为基础所建立的统一战线有(　　)

A. 国民革命联合战线　　B. 工农民主统一战线

C. 抗日民族统一战线　　D. 人民民主统一战线

11. 从新民主主义向社会主义过渡的“三大改造”主要针对(　　)

A. 重工业　　B. 个体农业　　C. 手工业　　D. 资本主义工商业

12. 下列关于毛泽东思想的相关说法，正确的有(　　)

A. 毛泽东关于“两个务必”的重要讲话是在党的七届二中全会上作出的

B. 毛泽东在八七会议上提出了“枪杆子里出政权”这一著名论断

C. 1956年4月，毛泽东在中共中央政治局扩大会议上作了《论十大关系》的报告

D. 毛泽东在《关于正确处理人民内部矛盾的问题》中提出敌我之间的矛盾和人民内部的矛盾是两类不同性质的矛盾

13. 土地革命战争时期，毛泽东同志以马克思主义为指导，发表了《中国的红色政权为什么能够存在?》《井冈山的斗争》《星星之火，可以燎原》《反对本本主义》等重要著作，这些著作(　　)

A. 是毛泽东思想形成阶段的主要成果

B. 分清了革命斗争中的敌友问题

C. 概括了新民主主义革命的总路线和基本纲领

D. 提出了农村包围城市、最后夺取城市的革命道路理论

14. 在中国共产党的历史上，对毛泽东思想作出系统概括和阐述的党的文献有（　　）（易混）

A.《关于若干历史问题的决议》

B. 刘少奇在七大上所作的《关于修改党的章程的报告》

C. 邓小平在八大上所作的《关于修改党的章程的报告》

D.《关于建国以来党的若干历史问题的决议》

15. 在《论十大关系》中，毛泽东提出要处理好若干关系，表明他实际上思考了如何开辟一条与苏联不同的中国工业化道路。这些关系主要有（　　）

A. 重工业和轻工业、农业的关系　　B. 沿海工业和内地工业的关系

C. 国家、生产单位和生产者个人的关系　　D. 经济建设和国防建设的关系

16. 延安整风运动的主要内容有（　　）

A. 反对主观主义以整顿学风　　B. 反对宗派主义以整顿党风

C. 反对党八股以整顿文风　　D. 反对官僚主义以整顿作风

17. 以毛泽东同志为核心的党的第一代中央领导集体带领全党、全国和各族人民完成了新民主主义革命，进行了社会主义改造，确立了社会主义基本制度，这一基本制度的确立（　　）

A. 为当代中国一切发展进步奠定了根本政治前提和制度基础

B. 是中国历史上最深刻、最伟大的社会变革

C. 标志着马克思主义同中国实际第二次结合的完成

D. 使广大劳动人民真正成为国家的主人

18. 我国对资本主义工商业社会主义改造采取的国家资本主义过渡形式有（　　）

A. 加工订货　　B. 统购包销　　C. 经销代销　　D. 公私合营

19. 毛泽东思想的活的灵魂之一“实事求是”的基本要求是（　　）

A. 理论与实际相统一　　B. 调查研究

C. 反对教条主义、经验主义　　D. 解放思想

20. 1945年4月，毛泽东在党的七大所作的《论联合政府》的书面政治报告中，概括了中国共产党的三大优良作风。毛泽东指出：以马克思列宁主义的理论思想武装起来的中国共产党，在中国人民中产生了新的工作作风，这主要的就是（　　）

A. 理论和实践相结合的作风　　B. 和人民群众紧密地联系在一起的作风

C. 谦虚、谨慎、不骄、不躁的作风　　D. 自我批评的作风

21. 在当代中国，马列主义、毛泽东思想、邓小平理论是一脉相承的科学体系，这是因为它们在（　　）上高度统一。

A. 理论基础　　B. 原则立场　　C. 思想方法　　D. 历史使命

22.《关于建国以来党的若干历史问题的决议》的主要内容是（　　）

A. 科学地总结了建国32年的历史并评价了毛泽东思想

B. 实事求是地评价了毛泽东的历史地位

C. 高度评价了关于真理标准问题的讨论

D. 肯定了十一届三中全会以来确立的社会主义现代化建设的正确道路

23. 邓小平理论的主要内容有（　　）（常考）

A. 社会主义本质理论　　B. 社会主义初级阶段理论

C. 社会主义改革开放理论　　D. 社会主义市场经济理论

24. 邓小平理论形成的客观条件有（　　）

A. 和平与发展成为时代主题　　B. 我国社会主义建设的历史经验

C. 其他社会主义国家兴衰成败的历史经验　　D. 我国改革开放和现代化建设的实践

25. 邓小平同志关于我国发展的“三步走”战略是（　　）

A. 从1981年到1990年国民生产总值翻一番，实现温饱

B. 从1991年到二十世纪末再翻一番，达到小康

C. 到二十一世纪中叶再翻两番，达到中等发达国家水平

D. 到二十一世纪中叶再翻两番，达到发达国家水平

26. “一国两制”构想中高度自治的内容主要包括（　　）

A. 外交权　　B. 行政管理权

C. 独立的司法权和终审权　　D. 立法权

27. 从党的十三大到十四大，是邓小平理论形成科学体系的时期，这一时期提出了（　　）（易混）

A. 社会主义市场经济理论　　B. 社会主义本质理论

C. “三个有利于”标准的讨论　　D. 社会主义初级阶段的基本纲领

28. 之所以说改革是中国的第二次革命，是因为（　　）

A. 改革的目的与过去革命的目标一样，都是为了扫除发展社会生产力的障碍，使中国摆脱贫穷落后的状态

B. 改革必然会涉及和引起政治、文化、教育、科技等社会生活的各个领域的深刻变化

C. 社会主义改革是在坚持社会主义的基本制度的基础上对旧体制的根本性变革

D. 从改革引起的社会变革的广度和深度来说，改革是一场新的革命

29. 改革、发展、稳定三者相互依存、相互促进，必须把（　　）统一起来。

A. 改革的力度　　B. 发展的速度

C. 稳定的强度　　D. 社会可以承受的程度

30. “三个代表”重要思想的科学内涵包括（　　）（常考）

A. 始终代表中国先进生产力的发展要求　　B. 始终代表中国先进文化的前进方向

C. 始终代表中国最广大人民的根本利益　　D. 始终代表中国无产阶级的根本利益

31. “三个代表”重要思想形成的社会历史条件有( )

A. 当代世界的新变化是“三个代表”重要思想形成的时代背景

B. 社会主义兴衰成败的经验教训是“三个代表”重要思想形成的历史依据

C. 国情和党情的新变化是“三个代表”重要思想形成的现实依据

D. 反映了当代世界和中国的发展变化对党和国家工作的新要求

32. 始终代表中国最广大人民的根本利益的思想主要是指( )

A. 无产阶级政党一切权益属于人民，坚持致力于实现最广大人民的根本利益的鲜明政治立场

B. 一切以符合最广大人民的根本利益为最高衡量标准

C. 注重从人民群众的实践中吸取养分，以最广大人民的实践为理论创新的源泉，以实现最广大人民的根本利益为理论创新的目的

D. 建设中国特色社会主义的根本目的是维护好、实现好、发展好最广大人民的根本利益

33. 要坚持中国共产党的领导，必须加强和改进党的领导。加强和改进党的领导，一定要以科学理论作指导。“三个代表”重要思想之所以成为加强和改进党的建设的根本指导思想是因为( )(易错)

A. 它为如何加强和改进党的领导指明了方向

B. 它为全面建设小康社会指明了方向

C. 它为党的建设提出了新的更高要求

D. 它指出了加强和改进党的建设的衡量标准

34. 贯彻“三个代表”重要思想的要求，我们必须坚持党的工人阶级先锋队的性质，始终保持党的先进性，同时还要根据经济发展和社会进步的实际，做到( )

A. 不断增强党的阶级基础　　B. 不断扩大党的群众基础

C. 不断提高党的社会影响力　　D. 加强廉政建设

35. 共产党员应按照党章履行义务，( )

A. 坚持党和人民的利益高于一切　　B. 自觉遵守党的纪律

C. 维护党的团结和统一　　D. 切实开展批评和自我批评

36. 党的基层组织的基本任务主要是( )

A. 宣传和执行党的路线　　B. 发挥党员和群众的创造性

C. 做好发展党员的工作　　D. 密切联系群众

37. 坚持以人为本，树立全面、协调、可持续的发展观，是我们党以邓小平理论和“三个代表”重要思想为指导，从新世纪、新阶段党和国家事业发展全局出发提出的重大战略思想。树立和落实科学发展观，要注意把握好的几个问题是( )

A. 必须始终坚持以经济建设为中心，聚精会神搞建设，一心一意谋发展

B. 必须在经济发展的基础上，推动社会全面进步和人的全面发展，促进社会主义物质文明、政治文明、精神文明协调发展

C. 树立和落实科学发展观，必须着力提高经济增长的质量和效益，努力实现速度和结构、质量、效益相统一，经济发展和人口、资源、环境相协调，不断保护和增强发展的可持续性

D. 树立和落实科学发展观，必须坚持理论和实际相结合，因地制宜、因时制宜地把科学发展观的要求贯穿于各方面的工作

38. 科学发展观是指( )(易错)

A. 坚持以人为本和实现经济社会全面、协调、可持续发展的统一

B. 按照“五个统筹”的要求推进改革和发展

C. 迅速提高人民的物质生活和文化生活水平

D. 着力解决经济社会发展中突出的问题

39. 习近平总书记指出，将改革进行到底，要勇于突破利益固化藩篱，坚决清除妨碍生产力发展的体制机制障碍。这表明( )

A. 改革中面对的社会基本矛盾是对抗性的　　B. 改革是社会主义制度的自我完善和发展

C. 改革决定了社会的性质和总体面貌　　D. 改革必须坚持以人民为中心的发展思想

40. 在习近平新时代中国特色社会主义思想指导下，中国共产党领导全国各族人民，统揽( )，推动中国特色社会主义进入了新时代。

A. 伟大斗争　　B. 伟大工程　　C. 伟大事业　　D. 伟大梦想

41. 近年来，中国在全球治理中不断贡献中国智慧和中国方案，为全球治理不断提供引领性的新理念和新思想，这些新理念和新思想包括( )

A. “善、和、惠、容”的周边外交理念　　B. 面向未来的人类命运共同体思想

C. 结盟而不结伴的国家间伙伴关系　　D. 以义为先的正确义利观

42. 党的十八大以来，习近平总书记直面坚持和发展中国特色社会主义过程中面临的许多片面认识甚至错误论调，并在新时代中国特色社会主义思想中系统回答了坚持和发展什么样的中国特色社会主义。关于中国特色社会主义，下列说法中正确的有( )

A. 中国特色社会主义制度的最大优势是中国共产党的领导

B. 中国特色社会主义进入新时代是我国发展新的历史方位

C. 改革开放40年，中国特色社会主义迎来了从创立、发展到完善的伟大飞跃

D. 新时代中国特色社会主义总任务是实现“第一个一百年”奋斗目标

43. 习近平新时代中国特色社会主义思想，是( )，必须长期坚持并不断发展。(常考)

A. 对马克思列宁主义、毛泽东思想、邓小平理论、“三个代表”重要思想、科学发展观的继承和发展

B. 马克思主义中国化最新成果

C. 党和人民实践经验和集体智慧的结晶

D. 全党全国人民为实现中华民族伟大复兴而奋斗的行动指南

44. 新时代党的建设总要求是( )

A. 坚持和加强党的全面领导，坚持党要管党、全面从严治党

B. 以加强党的长期执政能力建设、先进性和纯洁性建设为主线，以党的政治建设为统领，以坚定理想信念宗旨为根基，以调动全党积极性、主动性、创造性为着力点

C. 全面推进党的政治建设、思想建设、组织建设、作风建设、纪律建设，把制度建设贯穿其中，深入推进反腐败斗争，不断提高党的建设质量

D. 把党建设成为始终走在时代前列、人民衷心拥护、勇于自我革命、经得起各种风浪考验、朝气蓬勃的马克思主义执政党

45. 今天，我们党面对着十分复杂的国内外环境，肩负着繁重的执政使命，因此必须提高(　　)、创新思维、法治思维、底线思维能力。

A. 战略思维　　B. 历史思维　　C. 辩证思维　　D. 科学思维

46. 习近平总书记强调，要围绕农民群众最关心、最直接、最现实的利益问题，加快补齐农村发展和民生短板，让亿万农民有更多实实在在的(　　)

A. 获得感　　B. 幸福感　　C. 公平感　　D. 安全感

47. 十九大报告指出，全党同志一定要永远与人民(　　)，永远把人民对美好生活的向往作为奋斗目标，以永不懈怠的精神状态和一往无前的奋斗姿态，继续朝着实现中华民族伟大复兴的宏伟目标奋勇前进。

A. 同呼吸　　B. 共命运　　C. 手牵手　　D. 心连心

48. 十九大报告指出，党政军民学，东西南北中，党是领导一切的。必须增强(　　)，自觉维护党中央权威和集中统一领导，自觉在思想上政治上行动上同党中央保持高度一致。

A. 政治意识　　B. 大局意识　　C. 核心意识　　D. 看齐意识

49. 中国特色社会主义进入新时代，社会主要矛盾已经转化，这是关系全局的历史性变化，对党和国家工作提出了许多新要求。但我们也必须认识到，没有改变的是(　　)

A. 我们对我国社会主义所处历史阶段的判断

B. 中华民族的面貌

C. 我国仍处于并将长期处于社会主义初级阶段的基本国情

D. 我国是世界最大发展中国家的国际地位

50. 十九大报告指出，要深刻认识党面临的(　　)的长期性和复杂性。

A. 执政考验　　B. 改革开放考验

C. 市场经济考验　　D. 外部环境考验

51. 十九大报告指出，全党同志特别是高级干部要加强党性锻炼，不断提高政治觉悟和政治能力，把(　　)作为根本政治担当，永葆共产党人政治本色。

A. 对党忠诚　　B. 为党分忧　　C. 为党尽职　　D. 为民造福

52. 十九大报告指出，建设一支(　　)的人民军队，是实现"两个一百年"奋斗目标、实现中华民族伟大复兴的战略支撑。

A. 听党指挥　　B. 骁勇善战　　C. 能打胜仗　　D. 作风优良

53. 十九大报告指出，加强社会保障体系建设。坚持房子是用来住的、不是用来炒的定位，加快建立(　　)的住房制度，让全体人民住有所居。

A. 多主体供给　　B. 多渠道保障　　C. 租购并举　　D. 多部门监管

54. 十九大报告指出，要按照兜底线、织密网、建机制的要求，全面建成(　　)可持续的多层次社会保障体系。

A. 覆盖全民　　B. 城乡统筹　　C. 权责清晰　　D. 保障适度

55. 必须坚持中国特色社会主义政治发展道路，坚持和完善(　　)，巩固和发展最广泛的爱国统一战线。

A. 人民代表大会制度

B. 中国共产党领导的多党合作和政治协商制度

C. 民族区域自治制度

D. 基层群众自治制度

三、判断题

1. 毛泽东思想就是毛泽东著作里的思想观点。(　　)
2. 中共二大在中国近现代历史上第一次明确提出了反帝反封建的民主革命纲领。(　　)
3. 在中国共产党的历史上第一次提出"毛泽东思想"这个概念的是邓小平。(　　)
4. 我党第一次独立自主地解决党内重大问题的会议是遵义会议。(　　)
5. 新旧民主主义革命的根本区别是革命领导阶级不同。(　　)
6. 五四运动是民主革命由旧民主主义革命转变为新民主主义革命的主要标志。(　　)
7. 实事求是，是毛泽东思想活的灵魂的三个基本方面中最具特色、最重要、最基本的方面，是毛泽东思想的根本点。(　　)
8. 新民主主义基本思想的提出是毛泽东思想成熟的重要标志。(常考)(　　)
9. 毛泽东曾指出，不打无准备之仗，不打无把握之仗，每战都应力求有准备，力求在敌我条件对比下有胜利的把握。(　　)
10. 对"实事求是"的内涵做马克思主义的解释并把它确立为中国共产党的思想路线的是邓小平。(　　)
11. 毛泽东首次提出中国共产党的三大优良作风的会议是党的七届二中全会。(　　)
12. "房子应该是经常打扫的，不打扫就会积满了灰尘，脸是应该经常洗的，不洗也就会灰尘满面。我们同志的思想、我们党的工作，也是会沾染灰尘的，也应该打扫和洗涤"，这段话形象地反映了中国共产党在长期革命实践中形成的理论联系实际的优良作风。(　　)
13. 社会主义的本质是解放生产力，发展生产力，消灭剥削，消除两极分化，最终达到同步富裕。(　　)
14. 邓小平理论的精髓是"三个有利于"标准。(　　)
15. 党的十四大把邓小平理论确立为党的指导思想并载入党章。(　　)

16. 我国社会主义初级阶段是指从新中国成立到社会主义制度建立的历史阶段。（　）
17. 解决我国社会主义初级阶段主要矛盾的根本途径是对外开放。（　）
18. 一国两制，是一个国家两种制度的简称，指的是中华人民共和国境内，国家的主体实行社会主义，香港、澳门和台湾实行资本主义。（　）
19. 在党的十一届三中全会上，全面系统地阐述了社会主义初级阶段的理论。（　）
20. 消灭剥削、消除两极分化的根本条件是坚持社会主义制度。（　）
21. 看一个政党是否先进，主要应看它的理论和纲领是不是马克思主义的，是不是代表社会发展的正确方向，是不是代表最广大人民的根本利益。（　）
22. 执政为民就是要做到权为民所用，情为民所系，利为民所谋。（　）
23. 实施乡村振兴战略的总要求是“生产发展、生活宽裕、乡风文明、村容整洁、管理民主”。（　）
24. 建设现代化经济体系，必须把发展经济的着力点放在实体经济上，把提高供给体系质量作为主攻方向，显著增强我国经济质量优势。（　）
25. 从群众中来，到群众中去，是我党的工作路线。能否始终做到这一点，决定着党和国家的前途命运。（易错）（　）
26. 加强党的执政能力建设的核心是建设高素质的干部队伍。（　）
27. 科学发展观的基本要求是统筹兼顾。（易混）（　）
28. 党的基本路线是党和国家的生命线，是实现科学发展的政治保证。（　）
29. 中国共产党人的初心和使命，就是为中国人民谋幸福，为中华民族谋复兴。（常考）（　）
30. 社会主义核心价值体系的基础是集体主义。（　）
31. 十九届四中全会强调，突出坚持和完善支撑中国特色社会主义制度的根本制度、基本制度、特殊制度。（　）
32. 改革开放是富民之路，是解决我国所有问题的关键。（易混）（　）
33. 全面深化改革的总目标是完善和发展中国特色社会主义制度、推进国家治理体系和治理能力现代化。（　）
34. 中国特色社会主义理论体系，就是指毛泽东思想、邓小平理论和“三个代表”重要思想。（　）
35. 依法治国是党领导人民治理国家的根本保证。（　）
36. 中共十八大把习近平新时代中国特色社会主义思想确立为中国共产党必须长期坚持的指导思想并写入党章。（　）
37. 习近平新时代中国特色社会主义思想是当代中国的马克思主义。（　）
38. 就业是最大的民生工程、民心工程、根基工程。要把扩大就业摆在突出位置，实施就业优先政策，实现更高质量和更充分就业。（　）
39. 被习近平总书记喻为“鸟之两翼，车之两轮”的是改革和法治。（　）
40. 党的十九届四中全会提出，要鼓励勤劳致富，保护合法收入，增加低收入者收入，缩小中等收入群体，调节过高收入，清理规范隐性收入，取缔非法收入。（　）

专题三　时政热点与重大方针政策

命题分析

本专题主要以单选、多选等形式考查。本专题需要重点掌握的知识包括：

1. 理解我国教育政策热点和最新文件精神；

2. 识记《中华人民共和国国民经济和社会发展第十四个五年规划和2035年远景目标纲要》中的战略导向、主要目标、重点任务等；

3. 关注和积累考试年度的国内外时政热点，包括但不限于：党和国家重大会议和纪念活动，重大国防和科技成就，重要国际时事等 。

一、单项选择题

1. 2021年，教育部办公厅印发了《关于进一步加强中小学生睡眠管理工作的通知》。《通知》要求，小学生每天睡眠时间应达到______小时，初中生应达到______小时，高中生应达到______小时。（　）

A. 11;10;9　　B. 10;9;8　　C. 9;8;8　　D. 9;8;7

2. 《大中小学劳动教育指导纲要（试行）》指出，在大中小学设立劳动教育必修课程。中小学劳动教育课平均每周不少于________课时；职业院校开设劳动专题教育必修课，不少于________学时。（　）

A. 1;15　　B. 2;15　　C. 1;16　　D. 2;16

3. 《国家综合立体交通网规划纲要》是为加快建设交通强国，构建现代化高质量国家综合立体交通网，支撑现代化经济体系和社会主义现代化强国建设而编制的规划纲要。规划期为2021至2035年，远景展望到本世纪中叶。以下不属于《国家综合立体交通网规划纲要》规划的国际性综合交通枢纽集群的是（　）

A. 成渝地区双城经济圈　　B. 长株潭城市群

C. 粤港澳大湾区　　D. 长三角

4. 我国第七次全国人口普查结果显示，全国人口共________人，与2010年第六次全国人口普查数据相比，增加7206万人，增长5.38%，年平均增长率为0.53%，比2000年到2010年的年平均增长率0.57%下降0.04个百分点。国务院第七次全国人口普查领导小组副组长、国家统计局局长宁吉喆表示，数据表明，我国人口10年来继续保持________态势。（　）

A. 133281万；匀速增长　　B. 141178万；匀速增长

C. 133281万；低速增长　　D. 141178万；低速增长

5. 我国第七次全国人口普查结果显示，全国人口继续保持增长，仍然存在（　），发展动力依旧强劲。

A. 人口红利和发展红利　　B. 人口红利和性别红利

C. 性别红利和人才红利　　D. 人口红利和人才红利

6. “十四五”规划强调，推动（　），实现更高质量、更有效率、更加公平、更可持续、更为安全的发展。

A. 质量变革、效率变革、动力变革　　B. 质量变革、速率变革、动力变革

C. 安全变革、效度变革、格局变革　　D. 安全变革、速率变革、格局变革

7.《中华人民共和国国民经济和社会发展第十四个五年规划和2035年远景目标纲要》提出，坚持党的全面领导，健全规划实施保障机制，更好履行政府职责，最大程度激发各类主体的活力和创造力，形成(　　)的强大合力。

A. 全面深化改革　　B. 全面建设社会主义现代化强国

C. 全面建设现代化经济体系　　D. 全面建设社会主义现代化国家

8. 在"十四五"时期经济社会发展六大"新"目标中，居首的是(　　)

A. 改革开放迈出新步伐　　B. 社会文明程度得到新提高

C. 生态文明建设实现新进步　　D. 经济发展取得新成就

9.《中华人民共和国国民经济和社会发展第十四个五年规划和2035年远景目标纲要》指出要"坚持创新驱动发展，全面塑造发展新优势"，下列内容不符合该目标的是(　　)

A. 组建一批国家实验室，重组国家重点实验室

B. 完善外国人在华永久居留制度，探索建立技术移民制度

C. 健全知识产权侵权惩罚性赔偿制度，加大损害赔偿力度

D. 强化企业创新主体地位，促进各类创新要素向政府集聚

10. 依据"十四五"规划和2035年远景目标纲要，我国基础研究经费投入占研发经费投入的比重提高到(　　)以上。

A. 6%　　B. 5%　　C. 10%　　D. 8%

11.《中共中央关于制定国民经济和社会发展第十四个五年规划和二〇三五年远景目标的建议》提出，要构建以国内大循环为主体、国内国际双循环相互促进的新发展格局，并把(　　)作为首要任务。

A. 科教兴国　　B. 改革开放

C. 科技创新　　D. 经济建设

12.《中华人民共和国国民经济和社会发展第十四个五年规划和2035年远景目标纲要》指出，要形成强大国内市场，构建新发展格局，必须坚持的战略基本点是(　　)

A. 拉动消费　　B. 增加出口

C. 加大投资　　D. 扩大内需

13. 党的十九届五中全会指出，"十四五"时期，民生福祉达到新水平。实现更加充分更高质量就业，(　　)基本同步，分配结构明显改善。

A. 居民支出增长和经济增长　　B. 农民收入增长和经济增长

C. 农民支出增长和经济增长　　D. 居民收入增长和经济增长

14. "十四五"规划提出，贯彻尊重劳动、尊重知识、尊重人才、尊重创造方针，深化(　　)改革，全方位培养、引进、用好人才。

A. 人才培养体制机制　　B. 人才引进体制机制

C. 人才发展体制机制　　D. 人才建设体制机制

15. "十四五"规划强调，加强(　　)人才培养，实施知识更新工程、技能提升行动，壮大高水平工程师和高技能人才队伍。

A. 创新型、应用型、技能型　　B. 创新型、实用型、技能型

C. 创造型、应用型、技能型　　D. 创新型、应用型、技术型

16. 习近平总书记在全国脱贫攻坚总结表彰大会上庄严宣告："我国脱贫攻坚战取得了全面胜利。"下列关于脱贫攻坚的观点及举措，按提出的时间先后排序，正确的是(　　)

①提出精准扶贫理念，创新扶贫工作机制

②把精准脱贫攻坚目标作为三大攻坚战之一进行全面部署

③强调"小康不小康，关键看老乡，关键在贫困的老乡能不能脱贫"

④提出实行发展生产、异地搬迁、生态补偿、发展教育、社会保障兜底"五个一批"脱贫措施

A. ①②③④　　B. ②③①④

C. ③①④②　　D. ④③②①

17. 习近平总书记在全国脱贫攻坚总结表彰大会上指出，事实充分证明，(　　)是打赢脱贫攻坚战的制胜法宝，(　　)是中国特色减贫道路的鲜明特征。

A. 普惠扶贫 开发式扶贫方针　　B. 精准扶贫 开发式扶贫方针

C. 普惠扶贫 救济式扶贫方针　　D. 精准扶贫 救济式扶贫方针

18. 国务院新闻办公室于2021年发布的《人类减贫的中国实践》白皮书指出，中国减贫人口占同期全球减贫人口(　　)以上。

A. 75%　　B. 50%　　C. 70%　　D. 90%

19. 十三届全国人大四次会议举行第二场"部长通道"采访活动。科学技术部部长王志刚接受采访时表示，基础研究是整个科学体系的源头，是所有技术问题的总机关。我们要想实现科技的自主自强，(　　)方面必须过硬。

A. 科技创新能力　　B. 应用创新能力

C. 技术创新能力　　D. 基础创新能力

20. 习近平主席在第七十五届联合国大会一般性辩论上的讲话中宣告，中国二氧化碳排放力争于2030年前达到峰值，努力争取2060年前实现碳中和。下列选项中理解不正确的是(　　)

A. 在碳达峰、碳中和的目标下，我国能源结构亟待调整

B. 实现碳达峰、碳中和是一场广泛而深刻的经济社会系统性变革

C. 在经济增长的同时实现碳排放的减少，需大幅提高能源效率

D. 2060年以后中国工业、交通、能源等将不再向环境中排碳

21. 2021年，国家医保局会同国家卫健委出台《关于建立完善国家医保谈判药品"双通道"管理机制的指导意见》。意见首次从国家层面，将(　　)纳入医保谈判药品的供应保障范围。

A. 医疗机构　　B. 定点医疗机构

C. 零售药店　　D. 定点零售药店

22. 国家疾病预防控制局的成立意味着从顶层设计上下功夫，标志着疾控机构职能从单纯预防控制疾病向(　　)转变。

A. 全面维护和促进全人群健康　　B. 健全卫生健康综合监督体系

C. 全面推进健康中国建设　　D. 提高应对传染病疫情的能力

23. 2021年6月16日出版的第12期《求是》杂志发表习近平总书记的重要文章《以史为镜、以史明志，知史爱党、知史爱国》。文章指出，在(　　)这个重大原则问题上，我们脑子要特别清醒、眼睛要特别明亮、立场要特别坚定，绝不能有任何含糊和动摇。

A. 坚持改革创新　　B. 坚持稳中求进

C. 坚持党的领导　　D. 坚持人与自然和谐共生

24. 2021年，中共中央印发了《中国共产党组织工作条例》，并发出通知，要求各地区各部门认真遵照执行。通知指出，党的力量来自组织，组织严密是党的光荣传统和独特优势。在组织制度中，强调建立健全以(　　)为核心的组织制度体系。

A. "两个维护"　　B. 民主集中制

C. "四个服从"　　D. 主体责任制

25. 2021年4月，国家主席习近平在北京以视频方式出席领导人气候峰会，首次提出(　　)重要理念。

A. 人与社会命运共同体　　B. 人与自然生命共同体

C. 人与环境命运共同体　　D. 人与生态生命共同体

二、多项选择题

1. 新修订的《中华人民共和国未成年人保护法》的创新和亮点体现在(　　)

A. 增加了网络保护和政府保护两个专章

B. 第一次将"国家保障"写入条文中，规定了国家保障未成年人享有生存权、发展权和参与权

C. 规定了协调机制的具体工作由县级以上人民政府的民政部门承担

D. 强化、细化了家庭的监护制度

2. 在同新冠肺炎疫情的殊死较量中，中国共产党领导中国人民以大无畏的气概，敢于斗争、敢于胜利，铸就了生命至上、(　　)、命运与共的伟大抗疫精神。

A. 百折不挠　　B. 举国同心

C. 舍生忘死　　D. 尊重科学

3. 在全国脱贫攻坚总结表彰大会上，习近平总书记深刻总结脱贫攻坚光辉历程，深情回顾脱贫攻坚英模感人事迹，强调全党全国全社会都要大力弘扬脱贫攻坚精神，团结一心，英勇奋斗，坚决战胜前进道路上的一切困难和风险，不断夺取坚持和发展中国特色社会主义新的更大的胜利。脱贫攻坚精神的内涵包括：上下同心、(　　)、攻坚克难、不负人民。

A. 尽锐出战　　B. 精锐出战

C. 精准务实　　D. 开拓创新

4. 党的一大后期在嘉兴南湖的一条船上进行，这被称为"红船精神的诞生"。对此解读正确的有(　　)

A. "红船精神"是爱国主义精神的源头

B. "红船精神"是中国革命精神之源

C. "红船精神"具有鲜明的时代性和先进性

D. "红船精神"包括开天辟地、敢为人先的首创精神

5. 中央全面依法治国工作会议于2020年11月16日至17日在北京召开。会议强调，习近平法治思想内涵丰富、论述深刻、逻辑严密、系统完备，从(　　)上深刻回答了新时代为什么实行全面依法治国、怎样实行全面依法治国等一系列重大问题。

A. 民主和法治相结合　　B. 历史和现实相贯通

C. 国际和国内相关联　　D. 理论和实际相结合

6. 习近平总书记在党史学习教育动员大会上的讲话中指出："在庆祝我们党百年华诞的重大时刻，在'两个一百年'奋斗目标历史交汇的关键节点，在全党集中开展党史学习教育，正当其时，十分必要。"在全党开展党史学习教育的重大意义包括(　　)

A. 是推进党的自我革命、永葆党的生机活力的必然要求

B. 是感悟思想伟力、用党的创新理论武装全党的必然要求

C. 是牢记初心使命、推进中华民族伟大复兴历史伟业的必然要求

D. 是坚定信仰信念、在新时代坚持和发展中国特色社会主义的必然要求

7. 2021年4月29日，由航天科技集团五院抓总研制的空间站核心舱在海南文昌发射场成功发射。这标志着我国载人航天工程"三步走"成功迈出第三步。下列说法中不正确的有(　　)

A. 这个核心舱名为"天问"

B. 这个核心舱是中国空间站"天舟"的组成部分

C. 这个核心舱是中国空间站发射入轨的首个舱段，不具备长期自主飞行能力

D. 我国载人航天工程"三步走"的第三步是建造空间站，解决有较大规模的、长期有人照料的空间应用问题

8. 2020年10月26日至29日，党的第十九届五中全会在北京举行，全会审议通过了《中共中央关于制定国民经济和社会发展第十四个五年规划和二〇三五年远景目标的建议》。该建议的核心要义体现的几个"新"是(　　)

A. 进入新发展阶段　　B. 追求新发展速度

C. 贯彻新发展理念　　D. 构建新发展格局

9. 2021年出版的第9期《求是》杂志发表了习近平的重要文章《把握新发展阶段，贯彻新发展理念，构建新发展格局》。文章指出，作出我国进入新发展阶段的战略判断，有着深刻的理论依据、历史依据、现实依据。以下关于新发展阶段的说法正确的有(　　)

A. 新发展阶段是社会主义初级阶段中的一个阶段

B. 新发展阶段是经过几十年积累、站到了新的起点上的一个阶段

C. 新发展阶段是我们党带领人民迎来从站起来、富起来到强起来历史性跨越的新阶段

D. 新发展阶段是我国社会主义发展进程中的一个重要阶段

10.《中华人民共和国国民经济和社会发展第十四个五年规划和2035年远景目标纲要》提出，要强化国家战略科技力量，支持几个地方形成国际科技创新中心。这几个地方包括(　　)

A. 北京　　B. 上海　　C. 成渝地区　　D. 粤港澳大湾区

主观题

一、简答题

1. 简述整体与部分的辩证关系。

2. 简述习近平新时代中国特色社会主义思想的历史贡献。

二、论述题

1. 试论述全面推进依法治国为什么要坚持中国共产党的领导。

2. 只有增强社会主义核心价值观的政治认同，才能使社会主义核心价值观成为中华民族的主流意识形态，才能为全体人民奠定坚实的思想基础、提供强大的精神动力。请你谈谈，如何增强社会主义核心价值观的政治认同。

3. 试论述我国国家制度和国家治理体系的显著优势。

4. 校外培训机构本应是学校教育的有效补充，如今在城市里却几乎覆盖所有学生，人人趋之若鹜，大有再造一个"教育体系"之势。校外培训乱象已成为社会各界关注的焦点难题。
请你谈谈校外培训乱象的危害及解决办法。

三、材料分析题

1. 结合材料回答问题：

自20世纪以来，人类对自然界能量最小的单位——量子的认知，开始突破瓶颈达到新的高度，催生了量子信息科学。1996年，潘建伟留学奥地利时，大胆地提出了"我要在中国建立一个世界一流的量子实验室"的梦想。

2001年，潘建伟回国组建实验室。2002年，他又萌生了把量子卫星送上天，利用天地之间的链路做量子科学实验的想法。2003年，潘建伟团队提出了利用卫星实现星地间量子通信，构建覆盖全球的量子保密通信的方案。该团队唯实、求真、协力，经过多年艰苦攻关，克服种种困难，最终成功研制出"墨子号"量子科学实验卫星，并于2016年8月16日发射升空。

“墨子号”开启了全球化量子通信、空间量子物理学和量子引力实验检验的大门，为中国在国际上抢占了量子科技创新的制高点，成为国际同行的标杆，实现了从“跟跑者”到“领跑者”的转变。2017年9月29日，世界首条量子保密通信干线“京沪干线”正式开通，结合“京沪干线”与“墨子号”的天地链路，潘建伟与奥地利科学院院长塞林格教授进行了世界首次洲际量子保密通信视频通话。

结合材料，运用意识能动作用的知识分析潘建伟团队是如何实现量子科技从“跟跑者”到“领跑者”的转变的。

2. 结合材料回答问题：

材料1

由此可知，任何过程如果有多数矛盾存在的话，其中必定有一种是主要的，起着领导的、决定的作用，其他则处于次要和服从的地位。因此，研究任何过程，如果是存在着两个以上矛盾的复杂过程的话，就要用全力找出它的主要矛盾。捉住了这个主要矛盾，一切问题就迎刃而解了。

……

矛盾着的两方面中，必有一方面是主要的，他方面是次要的。其主要的方面，即所谓矛盾起主导作用的方面。事物的性质，主要地是由取得支配地位的矛盾的主要方面所规定的。

……

对于矛盾的各种不平衡情况的研究，对于主要的矛盾和非主要的矛盾、主要的矛盾方面和非主要的矛盾方面的研究，成为革命政党正确地决定其政治上和军事上的战略战术方针的重要方法之一，是一切共产党人都应当注意的。

摘自《毛泽东选集》第一卷

材料2

中国特色社会主义进入新时代，我国社会主要矛盾已经转化为人民日益增长的美好生活需要和不平衡不充分的发展之间的矛盾。我国稳定解决了十几亿人的温饱问题，总体上实现小康，不久将全面建成小康社会，人民美好生活需要日益广泛，不仅对物质文化生活提出了更高要求，而且在民主、法治、公平、正义、安全、环境等方面的要求日益增长。同时，我国社会生产力水平总体上显著提高，社会生产能力在很多方面进入世界前列，更加突出的问题是发展不平衡不充分，这已经成为满足人民日益增长的美好生活需要的主要制约因素。

必须认识到，我国社会主要矛盾的变化是关系全局的历史性变化，对党和国家工作提出了许多新要求。我们要在继续推动发展的基础上，着力解决好发展不平衡不充分问题，大力提升发展质量和效益，更好满足人民在经济、政治、文化、社会、生态等方面日益增长的需要，更好推动人的全面发展，社会全面进步。

……

发展是解决我国一切问题的基础和关键。发展必须是科学发展，必须坚定不移贯彻创新、协调、绿色、开放、共享的发展理念。

摘自习近平《决胜全面建成小康社会　夺取新时代中国特色社会主义伟大胜利——在中国共产党第十九次全国代表大会上的报告》

(1)如何理解“捉住了这个主要矛盾，一切问题就迎刃而解了”。

(2)根据矛盾主要方面在事物发展中的地位和作用原理，说明为什么“发展是解决我国一切问题的基础和关键”。

3. 结合材料回答问题：

党的十九大从国际、国内两个大局出发，在对世情、国情、农情深刻研判的基础上，提出了乡村振兴战略。中央农村工作会议对实施乡村振兴战略进行了全面部署。会议强调，实施乡村振兴战略是解决人民日益增长的美好生活需要和不平衡不充分的发展之间矛盾的必然要求，是实现“两个一百年”奋斗目标的必然要求，是实现全体人民共同富裕的必然要求。会议提出了实施乡村振兴战略的目标任务：到2020年，乡村振兴取得重要进展，制度框架和政策体系基本形成；到2035年，乡村振兴取得决定性进展，农业、农村现代化基本实现。到2050年，乡村全面振兴，农业强、农村美、农民富全面实现。

结合材料，运用历史唯物主义关于“社会发展规律”的知识，分析实施乡村振兴战略的原因。

4. 结合材料回答问题：

习近平总书记在十九大报告中指出，中国特色社会主义文化，源自于中华民族五千多年文明历史所孕育的中华优秀传统文化，熔铸于党领导人民在革命、建设、改革中创造的革命文化和社会主义先进文化，植根于中国特色社会主义伟大实践。发展中国特色社会主义文化，就是以马克思主义为指导，坚守中华文化立场，立足当代中国现实，结合当今时代条件，发展面向现代化、面向世界、面向未来的，民族的科学的大众的社会主义文化，推动社会主义精神文明和物质文明协调发展。要坚持为人民服务、为社会主义服务，坚持百花齐放、百家争鸣，坚持创造性转化、创新性发展，不断铸就中华文化新辉煌。要坚定文化自信，推动社会主义文化繁荣兴盛。没有高度的文化自信，没有文化的繁荣兴盛，就没有中华民族的伟大复兴。要坚持中国特色社会主义发展道路，激发全民族文化创新创造活力，建设社会主义文化强国。

结合材料，分析说明我们"坚定文化自信，推动社会主义文化繁荣兴盛"的原因。

5. 结合材料回答问题：

材料1

2008年国际金融危机以来，经济增长动能不足，贫富分化日益严重，地区热点问题此起彼伏，恐怖主义、网络安全、重大传染性疾病、气候变化等非传统安全威胁持续蔓延，世界面临的不稳定性、不确定性突出。一些人把世界乱象归咎于经济全球化，以致民粹主义、孤立主义和贸易保护主义等逆经济全球化思潮涌动。曾经的经济全球化"推手"美国，不仅反对多边贸易体系，而且主张以"美国主义"替代"全球主义"；曾经的区域一体化"标杆"欧盟，不但遭遇英国"脱欧"，而且其他几个老牌发达国家也接连上演"投票箱大戏"……曾被人们当成"阿里巴巴的山洞"的经济全球化，历时久远，促成了贸易大繁荣、投资大便利、人员大流动、技术大发展，现在何以被不少人视为"潘多拉的盒子"？处于质疑声中的经济全球化将何去何从，成为各方关注的焦点。而如何引导经济全球化释放出更多正面效应，则是对大国智慧与责任担当的考验。

摘编自《经济日报》(2017年5月12日)

材料2

中国是经济全球化的积极参与者和推动者，"一带一路"倡议即是最好佐证。"一带一路"倡议提出四年多来，习近平主席在多个场合强调，"'一带一路'以打造人类命运共同体和利益共同体为合作目标""'一带一路'不是中国一家的独奏，而是沿线国家的合唱"。这不但使"一带一路"共商、共建、共享的理念深入人心，而且取得超出预期的成果。全球100多个国家和国际组织积极响应；50多个国家和国际组织同中国签署合作协议；"一带一路"倡议先后被载入联合国大会、联合国安理会的重要决议。2014年至2016年，中国同"一带一路"沿线国家贸易总额超过3万亿美元；中国对"一带一路"沿线国家投资累计超过500亿美元；中国企业在20多个国家建设56个经贸合作区，为有关国家创造11亿美元税收和18万个就业岗位。

2017年5月14日，举世瞩目的"一带一路"国际合作高峰论坛在北京隆重开幕，30位国家元首、政府首脑和联合国、世界银行、国际货币基金组织三大国际机构负责人以及来自130多个国家的约1500名各界贵宾出席。习近平主席在开幕式上的演讲中表示：中国将加强对"一带一路"建设的资金支持，将向参与"一带一路"建设的发展中国家和国际组织提供更多的资金援助……中国正以十足的诚意和坚定的行动，落实着"一带一路"倡议，为经济全球化注入强劲动力。

联合国秘书长古特雷斯表示，习近平主席提出的"一带一路"倡议，为世界发展带来了中国方案，有功于推动经济全球化更加平衡、包容、和谐发展，对于通过国际合作解决当代世界面临的诸多挑战具有重大意义。

摘编自《习近平谈治国理政》第二卷、《人民日报》(2017年4月11日)

(1)为何要引导经济全球化释放出更多"正面效应"？

(2)如何理解"'一带一路'不是中国一家的独奏，而是沿线国家的合唱"？

第二部分　经济常识

专题一　政治经济学

命题分析

本专题主要以单选、多选、判断等形式考查。本专题需要重点掌握的知识包括：
1. 识记商品经济、商品的二因素、劳动二重性、货币等基本概念；
2. 理解价值与价格的关系，利润与剩余价值的关系；
3. 区分不同的货币职能；
4. 识记我国的基本经济制度。

一、单项选择题

1. 2020年年初，武汉市受新型冠状病毒肺炎影响，医疗物资紧缺，国家紧急调动医疗物资予以援助。这里的“医疗物资”(　　)
A. 是商品，因为它是劳动产品　　B. 是商品，因为它是供人们消费的
C. 不是商品，因为它没有用于交换　　D. 不是商品，因为它不具有使用价值和价值

2. 凝结在商品中无差别的一般人类劳动是(　　)(常考)
A. 体力劳动　　B. 脑力劳动　　C. 具体劳动　　D. 抽象劳动

3. 价值是商品所特有的(　　)
A. 一般属性　　B. 自然属性　　C. 物质属性　　D. 社会属性

4. 我国古代言论体现的经济思想与现代经济学理论的对应，错误的是(　　)
A. 黄金刀币，民之通施也—货币具有流通手段职能
B. 论其有余不足，则知贵贱—供需关系影响商品价格
C. 无财作力，少有斗智，既饶争时—社会必要劳动时间决定商品价值量
D. 天下熙熙皆为利来，天下攘攘皆为利往—利己主义是经济行为的动机

5. 货币转化为资本的决定性条件是(　　)
A. 劳动力成为商品　　B. 生产资料成为资本
C. 技术的垄断　　D. 资本家积累了大量的货币

6. 消费者总是希望“质优价廉”，而经营者则强调“优质优价”，两者都强调了(　　)
A. 商品是用于交换的劳动产品　　B. 商品是使用价值与价值的统一体
C. 商品消耗了无差别的人类劳动　　D. 商品只有通过交换才有使用价值

7. 纸币的发行量取决于(　　)
A. 市场购买力　　B. 流通中所需要的金属货币量
C. 商品价格总额　　D. 商品的供求状况

8. 在生产过程中劳动力所创造的新价值是(　　)
A. 商品价值　　B. 劳动力自身的价值
C. 剩余价值　　D. 劳动力价值和剩余价值之和

9. 商品生产中，有一系列经济规律，而其中最基本的规律是(　　)
A. 竞争规律　　B. 供求规律　　C. 货币流通规律　　D. 价值规律

10. 网上团购作为一种新型的网络购物模式，受到消费者的热捧。网上团购的盛行(　　)
A. 使货币职能发生了本质性的变化　　B. 使商品交换的本质发生了改变
C. 使商品交换的方式发生了变化　　D. 表明纸币已经被电子货币取代

11. 作为商品的计算机软件，其价值的物质承担者是(　　)
A. 软件磁盘本身　　B. 软件的有用性
C. 购买软件的货币　　D. 应用软件的计算机

12. 人们常说：“产品卖出去才是硬道理。”这主要是因为(　　)
A. 产品的使用价值就是价值　　B. 使用价值和价值不可分
C. 滞销的商品没有价值　　D. 商品只有实现使用价值才能实现价值

13. 马克思指出：“如果物没有用，那么其中包含的劳动也就没有用，不能算作劳动，因此不形成价值。”这段话说明(　　)(易错)
A. 价值的存在以物的有用性为前提　　B. 价值的存在与物的有用性互为前提
C. 只要物是有用的，它就有价值　　D. 物越是有用就越有价值

14. 刚领到8000元工资的小李在商场中看到了一款标价为2998元的平板，在和卖家讨价还价后，最终以2898元成交。这里涉及的货币职能依次是(　　)
①价值尺度　②世界货币　③流通手段　④支付手段
A. ①③④　　B. ②①③　　C. ③①④　　D. ④①③

15. 剩余价值产生的唯一源泉是(　　)
A. 必要劳动　　B. 社会劳动　　C. 剩余劳动　　D. 复杂劳动

16. 资本主义经济危机的实质是(　　)
A. 生产相对短缺　　B. 生产绝对短缺　　C. 生产相对过剩　　D. 生产绝对过剩

17. 在市场经济条件下，同行企业之间常常存在着激烈的竞争。各生产企业要想在这种激烈的竞争中取胜，获得较多的利益，就必须努力使企业生产商品的个别劳动时间(　　)
A. 低于社会必要劳动时间　　B. 高于社会必要劳动时间
C. 高于必要劳动时间　　D. 低于必要劳动时间

18. 保证工作日的长度不变,通过缩短必要劳动时间来相对延长剩余劳动时间的是(　　)

A. 绝对剩余价值　　B. 相对剩余价值

C. 超额剩余价值　　D. 剩余价值

19. 资本有机构成的提高意味着在不变资本和可变资本的比例中(　　)

A. 不变资本增大　　B. 可变资本增大

C. 不变资本和可变资本同时增大　　D. 不变资本和可变资本同时减小

20. 社会主义市场经济理论认为,计划经济和市场经济属于(　　)

A. 不同的资源配置方式　　B. 不同的经济增长方式

C. 不同经济制度的范畴　　D. 不同生产关系的范畴

21. 处于新型冠状病毒疫情中心的武汉市,用10天时间建造了一座拥有1000张病床的火神山医院。外国人感慨说:"上帝花了7天时间造就了天地万物,我觉得上帝应该是中国人。"火神山医院的建造,再次向世人展示了社会主义市场经济(　　)

A. 坚持公有制的主体地位　　B. 能够实行科学的宏观调控

C. 以共同富裕为基本标志　　D. 能够有效地克服市场弊端

22. 要实现我国基本经济制度中公有制主体地位必须(　　)

A. 使公有资产的绝对数量增加

B. 使公有制经济控制国民经济命脉,对经济发展起主导作用

C. 使国有资产在社会总资产中占优势

D. 使公有资产在社会总资产中占优势,国有经济在国民经济中发挥主导作用

23. 下列不属于非公有制经济的是(　　)

A. 个体经济　　B. 私营经济　　C. 外资经济　　D. 股份制经济

24. 2020年3月,习近平总书记在浙江考察期间指出,党中央已经出台了一套政策组合拳,帮助民营企业渡过难关,不让这些企业受到根本性、伤元气的影响,并能尽快恢复到好的状态且有新的发展。党中央帮助民营企业渡过难关说明(　　)

A. 民营企业是我国国民经济的主体

B. 非公有制经济是我国经济社会发展的重要基础

C. 民营资产在社会总资产中占优势

D. 非公有制经济是我国社会主义经济的重要组成部分

25. 国民收入分配包括初次分配、再分配和第三次分配。下列选项中,属于再分配的是(　　)

A. 个人所得税　　B. 民间捐赠　　C. 慈善捐助　　D. 社会救助

26. 从2020年1月1日起,某市大幅提高困难残疾人生活补贴和重度残疾人护理补贴标准,全市约有3.2万名残疾人受益。这一举措(　　)

A. 落实平均主义,实现共同富裕　　B. 是通过初次分配提高经济效率

C. 消除了城乡收入差距　　D. 是运用再分配手段促进社会公平

27. 我国社会保障制度的基本目标是(　　)

A. 保证人们最基本的生活需要　　B. 使劳动者生活水平不断提高

C. 保证劳动者充分就业　　D. 实现共同富裕

28. 刷一下脸就能取钱或住酒店、扫一下码就能付费……各种各样的高科技产品正在改变着我们的生活。这说明(　　)

A. 生产为消费创造动力　　B. 消费对生产具有反作用

C. 生产决定消费的方式　　D. 消费是生产的最终目的

29. 在生活中,明星广告潜移默化地影响着广大消费者的选择,这主要抓住了消费者的(　　)

A. 攀比心理　　B. 从众心理　　C. 求异心理　　D. 求实心理

30. 为了参加2021年某市组织的教师招聘考试,赵刚使用自己的信用卡透支128元购买了相关的考试用书。按消费目的划分,这笔消费属于(　　)

A. 生存资料消费　　B. 发展资料消费

C. 享受资料消费　　D. 贷款消费

二、多项选择题

1. 社会必要劳动时间决定商品价值量,决定社会必要劳动时间的因素有(　　)

A. 现有的社会正常生产条件　　B. 劳动者所需要的教育培训费用

C. 平均的劳动熟练程度　　D. 平均的劳动强度

2. 商品经济存在的基本前提有(　　)

A. 生产资料和产品为不同的所有者拥有　　B. 资源和要素配置市场化

C. 生产力发展水平较高　　D. 社会分工

3. 马克思在《资本论》中把虚拟资本概括为独立于现实资本运动之外,以有价证券的形式存在的,能给持有者带来一定收入的资本。马克思所论述的虚拟资本范围主要包括以下哪几种形式(　　)

A. 汇票　　B. 银行券　　C. 债券　　D. 股票

4. 价值规律发挥作用的表现形式有(　　)(常考)

A. 价格围绕价值上下波动　　B. 价格围绕交换价值上下波动

C. 价格围绕成本价格上下波动　　D. 市场价格围绕生产价格上下波动

5. 价格受供求的影响,围绕价值上下波动,不是对价值规律的否定,而是价值规律作用的表现形式。这是因为(　　)

A. 各种商品价格的变动,是以各自的价值为基础的

B. 价格变化不会无限脱离价值,说明价格归根结底受价值制约

C. 从商品交换的总体看,价格总额与价值总额是相等的

D. 从商品交换的较长时间看,价格与价值是趋于一致的

6. 货币最基本的职能有(　　)(常考)

A. 价值尺度　B. 流通手段　C. 支付手段　D. 贮藏手段

7. 商品流通公式与资本流通公式相比较,其区别有(　　)

A. 流通的目的不同　B. 价值规律的作用形式不同

C. 流通的起点和终点不同　D. 流通中的媒介不同

8. 无论你的味觉器官如何灵敏,你都品尝不出这块从商店买来的面包是社会主义国家生产的还是资本主义国家生产的。这说明(　　)

A. 商品仅仅是一种物品

B. 商品的使用价值只是商品的自然属性

C. 商品的价值虽然反映人与人的关系,但商品的使用价值只反映人与自然的关系

D. 生产商品的劳动只具有自然属性

9. 关于马克思主义政治经济学中的利润率,下列解释正确的是(　　)

A. 是剩余价值与全部预付资本的比率　B. 反映资本家对工人的剥削程度

C. 是剩余价值率的转化形式　D. 反映资本增殖及资本家盈利的程度

10. 人们往往将汉语中的"价""值"二字与金银财宝等联系起来,而这两字的偏旁却都是"人",示意价值在"人"。马克思劳动价值论透过商品交换的物与物的关系,揭示了商品价值的科学内涵,其主要观点有(　　)

A. 劳动是社会财富的唯一源泉　B. 具体劳动是商品价值的实体

C. 价值是凝结在商品中的一般人类劳动　D. 价值在本质上体现了生产者之间的社会关系

11. 以机器设备形式存在的资本,属于(　　)

A. 不变资本　B. 可变资本　C. 固定资本　D. 流动资本

12. 资本周转速度的加快对剩余价值生产的影响表现为(　　)

A. 每个生产过程剩余价值量的增加　B. 年剩余价值量的增加

C. 年剩余价值率的提高　D. 剩余价值率的提高

13. 下列对公有制的理解正确的有(　　)(常考)

A. 公有制就是指混合所有制经济中的国有成分和集体成分

B. 公有制形式是多元化的,股份制是主要形式

C. 国有经济对经济发展起主导作用,这主要体现在控制力和引导作用上

D. 在任何地方、领域和产业中都需要有由国有资本控股的企业

14. 某市受台风影响,饭店等都提前关门。市民王先生在某平台上点了一份外卖,但店家要求自取,如要配送,配送费用比平时高2倍。根据材料信息,下列说法正确的是(　　)

A. "自取"或"配送"交易都符合自愿交易原则

B. 天气因素对商品价格的影响是通过改变该商品供求关系实现的

C. 在特定条件下,天气因素可以影响商品价格

D. 商家上涨配送费用符合市场规律

15. 党的十九届四中全会对社会主义基本经济制度作出了新的概括。下列属于我国基本经济制度的有(　　)

A. 公有制为主体,多种所有制经济共同发展　B. 按劳分配为主体,多种分配方式并存

C. 充分发挥市场在资源配置中的决定性作用　D. 社会主义市场经济体制

三、判断题

1. 私人劳动与社会劳动的矛盾是私有制商品经济的基本矛盾。(　　)

2. 货币是固定地充当一般等价物的商品。(常考)(　　)

3. 商品生产过程既是活劳动创造新价值的过程,又是劳动者把过去的物化劳动(生产资料的价值)转移到新商品上的过程。(　　)

4. 企业之间"共享员工",这一新型的合作模式改变了现阶段劳动的性质和特点。(　　)

5. 发展、壮大国有经济,对我国来说既是经济问题,也是政治问题。(　　)

6. 收入分配的公平,主要表现在收入分配的相对平等,即努力消除社会成员之间收入的差距。(　　)

7. 建立社会主义市场经济体制,就是要使市场在国家宏观调控下对社会资源的配置起到决定性作用。(　　)

8. 在市场经济条件下,价格完全由企业自己制定,国家任何时候、任何情况下都不能干预。(　　)

9. 市场主体包括自然人、以一定组织形式出现的法人和营利性机构,不包括非营利性机构。(　　)

10. 公有制的主体地位,并不排除在个别部门、个别地区非公有资产占数量优势。(　　)

专题二　西方经济学

命题分析

本专题主要以单选、多选、判断等形式考查。本专题需要重点掌握的知识包括:

1. 区分市场调节的不同局限性;
2. 识记重要的宏观经济指标的内涵和衡量标准;
3. 区分具体的财政政策与货币政策工具;
4. 理解通货膨胀的衡量指标、经济效应和治理。

一、单项选择题

1. 市场机制是市场运行的实现机制,是市场内的供求、价格、竞争、风险等联系及作用机理,其核心是(　　)

A. 供求机制　B. 价格机制

C. 竞争机制　D. 风险机制

2. 人们常说的“多多益善”，从经济学的角度来说，是指随着所消费的商品数量增多，(　　)

A. 总效用递增　　B. 边际效用递增

C. 总效用递减　　D. 边际效用递减

3. 甲、乙两地居民的恩格尔系数分别是28%和30%，这可能表明(　　)

A. 从生活水平看，甲地居民略高于乙地居民

B. 从生活水平看，乙地居民略高于甲地居民

C. 从收入水平看，甲地居民略高于乙地居民

D. 从收入水平看，乙地居民略高于甲地居民

4. 下列关于基尼系数的说法中错误的是(　　)(常考)

A. 基尼系数最大为1，最小为0

B. 0.4以上的基尼系数表示收入差距较大

C. 基尼系数小，收入差距大

D. 是指在全部居民收入中，用于进行不平均分配的那部分收入占总收入的百分比

5. 市场经济中，在其他条件不变的情况下，商品的价格越高，则(　　)(易错)

A. 供给量将越大　　B. 供给量将越小

C. 供给越大　　D. 供给越小

6. 两种互补品中的一种商品的价格下降，将导致另一种商品的(　　)

A. 需求下降　　B. 需求上升

C. 价格上升　　D. 均衡价格

7. 需求定理表明(　　)

A. 随着汽油的价格提高，对小汽车的需求量下降

B. 药品的价格上涨会使药品的质量得到提高

C. 计算机的价格下降会引起其需求量增加

D. 随着乒乓球价格下降，对球拍的需求量会增加

8. 下列选项中，最接近垄断竞争市场的是(　　)

A. 啤酒行业　　B. 电力行业

C. 石油行业　　D. 汽车行业

9. 现代企业制度以(　　)为核心。(常考)

A. 公司制　　B. 股份制　　C. 股份合作制　　D. 代理制

10. 公司制是现代企业制度的一种有效组织形式，公司制的核心是(　　)

A. 产权清晰　　B. 权责明确

C. 政企分开　　D. 企业法人治理结构

11. 某化肥厂在其生产过程中，向附近的河流排放了大量的污水，导致附近地区粮食产量大幅下降，但该厂却没有对附近种粮农民进行相应的赔偿。这种现象通常被称为(　　)

A. 生产的外部不经济　　B. 生产的外部经济

C. 消费的外部经济　　D. 消费的外部不经济

12. 价格变动会引起需求量变动。在日常生活中，价格变动对需求量影响较小的一组商品是(　　)

A. 电视机、食用油、禽蛋　　B. 蔬菜、米面、日用调味品

C. 金银首饰、液化气、家用摄像机　　D. 海鲜产品、电脑、轿车

13. 如果某商品的需求收入弹性大于1，则该商品属于(　　)

A. 高档品　　B. 必需品

C. 低档品　　D. 生活用品

14. 当一种商品的价格升高导致另一种商品的需求增加，那么这两种商品之间存在替代关系，互为替代品。下列各项中的两种商品互为替代品的是(　　)(常考)

A. 羊肉与牛肉　　B. 大米与糖果

C. 电脑与手机　　D. 手表与时钟

15. “曲高和寡”出自战国宋玉的《对楚王问》，这一成语的本义是曲调高深，能跟着唱的人就少，多指知音难得。引申义是言论或作品不通俗，能了解的人很少。如果从经济学的角度来理解，它所体现出的道理是(　　)

A. 价格应定在边际成本上　　B. 价格应定在消费者的需求线上

C. 价格应该由政府整合调控好　　D. 价格应定在社会实际需求上

16. 同样的一瓶饮料，十年前价格为0.5元，现在价格为2元，则这瓶饮料的通货膨胀率为(　　)

A. 100%　　B. 200%　　C. 300%　　D. 400%

17. “房子是用来住的，不是用来炒的”，我国多个城市出台楼市限购政策，遏制房产价格异常上涨。下列做法中无法实现该政策目标的是(　　)

A. 缓征土地增值税　　B. 加快公租房建设

C. 停止公积金个人住房贷款　　D. 实行差别化住房信贷政策

18. 随着新冠肺炎病毒在全球的爆炸性蔓延，各国对抗疫物资的需求急剧增加，口罩、呼吸机等物资的价格大涨。虽然各国都加大了生产规模，但很多国家仍然“一罩”难求。从材料可知，市场调节资源具有(　　)

A. 自发性　　B. 盲目性　　C. 滞后性　　D. 强制性

19. 大数据时代，企业可以通过对大数据的搜集与分析全面了解市场供求变化的信息，这有助于减少市场调节的(　　)

A. 自发性　　B. 盲目性

C. 滞后性　　D. 不平衡性

20. 为了帮助企业应对疫情冲击，顺利复工复产，各级政府出台了一系列含金量高且可操作性强的支持政策。下列属于财政支持政策的是(　　)

A. 对疫情防控重点企业的贷款给予补贴并免收担保费

B. 降低暂时性生产经营困难企业复工复产申请的审批门槛

C. 下调工业生产的水价、气价和打折收取企业物流的货车通行费

D. 鼓励业主对承租房产从事生产经营的企业免收三个月的租金

21. 下列有关需求的表述，不正确的是(　　)

A. 对消费者需求量影响最大的是消费者的偏好

B. 奢侈品的需求较富有弹性，而低档商品的需求较缺乏弹性

C. 替代商品的价格越高，数量越少，消费者对本商品的需求量就越大

D. 互补商品的价格越高，数量越少，消费者购买本商品的数量就越少

22. 2020年中央经济工作会议指出，要继续实施积极的财政政策和稳健的货币政策，积极的财政政策要提质增效、更可持续，稳健的货币政策要灵活精准、合理适度。上述举措体现了宏观调控的(　　)

A. 经济手段　　B. 货币手段　　C. 行政手段　　D. 法律手段

23. 一般来说，在发生通货膨胀时，靠固定工资生活的人(　　)(易错)

A. 生活水平会下降　　B. 生活水平会提高

C. 没有变化　　D. 幸福感会增强

24. 产生"寻租"的根源在于(　　)

A. 经济不发达　　B. 监督体制不完善

C. 部分官僚的素质太差　　D. 政府干预过多

25. 第二次世界大战后，新发展起来的国际垄断组织的形式是(　　)

A. 托拉斯　　B. 卡特尔　　C. 辛迪加　　D. 跨国公司

26. 刘某自退休后在自己的院子里种植了许多盆景，由于造型别致，路过他家的人总会驻足观赏。刘某的行为所产生的外部影响可称为(　　)

A. 生产的外部经济　　B. 消费的外部经济

C. 消费的外部不经济　　D. 生产的外部不经济

27. 当社会总需求小于社会总供给时，一般不宜采取(　　)

A. 均衡的货币政策　　B. 紧缩的货币政策

C. 扩张的货币政策　　D. 松散的货币政策

28. 如果政府把经济增长作为宏观调控的正常目标，通常要实行扩张性的财政政策和货币政策，以刺激总需求，一般情况下，这会导致(　　)

A. 物价水平下降或通货紧缩　　B. 物价水平上升或通货膨胀

C. 就业机会减少或失业率提高　　D. 通货紧缩和就业机会增加

29. 当社会总供给小于社会总需求时，要保持社会总供给与社会总需求的基本平衡，政府应采取的货币政策是(　　)

A. 均衡的货币政策　　B. 紧缩的货币政策

C. 宽松的货币政策　　D. 松紧搭配的货币政策

30. 下列不计入国民生产总值的是(　　)(易错)

A. 私营企业产值　　B. 中外合资企业产值

C. 外资企业产值　　D. 股份制企业产值

31. 中国人民银行上调金融机构存款准备金率0.5%，这一政策属于(　　)

A. 紧缩性财政政策　　B. 紧缩性货币政策

C. 扩张性财政政策　　D. 扩张性货币政策

32. 宏观经济政策的首要目标是(　　)

A. 物价稳定　　B. 经济增长　　C. 充分就业　　D. 国际收支平衡

33. 国家开发银行属于(　　)

A. 民间信贷机构　　B. 营利性银行

C. 政策性银行　　D. 银行的银行

34. 经济学领域所谓的"看不见的手"的最初提出者是(　　)

A. 亚当·斯密　　B. 凯恩斯　　C. 大卫·李嘉图　　D. 萨缪尔森

35. 摩擦性失业是指由于(　　)引起的失业。(易混)

A. 市场信息不完全和工作变换　　B. 经济衰退和萧条导致需求不足

C. 产业结构变动　　D. 季节变化

36. 市场不能向公众提供纯粹的公共物品是因为(　　)

A. 公共物品具有非排他性　　B. 公共物品具有非竞争性

C. 消费者都想"免费乘车"　　D. 以上三种情况都有

37. 当经济发展中出现有效需求不足时，需要(　　)，以刺激经济增长，增加就业。

A. 增发国债，增加税收，增加转移支付　　B. 降低存款准备金率

C. 在公开市场上卖出有价证券　　D. 提高再贴现率

38. 下列政策中，不属于宽松的货币政策的是(　　)

A. 大幅度调降法定存款准备金率　　B. 大幅度调降央行再贴现利率

C. 提高银行贷款利率　　D. 放松信贷条件和规模

39. 银行发放贷款要收取一定的手续费和利息。收取手续费是因为银行提供了一定的服务(如记账、账户管理等)。收取贷款利息的理由是(　　)(易错)

A. 银行居于垄断地位　　B. 银行信用高于商业信用

C. 银行提供的资本是一种生产要素　　D. 银行是再生产顺利进行的枢纽

40. 南昌市市场监管局对某公司开具处罚告知书，对其囤积口罩等防护用品、哄抬物价等违法行为顶格罚款300万元。对于这一事件，认识正确的是(　　)

A. 说明市场调节具有盲目性　　B. 体现了政府运用行政手段进行宏观调控

C. 形成行业规范是治本之策　　D. 哄抬物价的做法违反了市场准入规则

41. 下列俗语描述的现象与经济学名词对应错误的是(　　)

A. 覆水难收—机会成本

B. 一山不容二虎—完全垄断

C. 入芝兰之室，久而不闻其香—边际效用递减

D. 城门失火，殃及池鱼—负外部效应

42. 政府为了扶持和保护某种产品的生产，对该产品制定了高于市场均衡价格的价格。关于政府的这一做法，下列选项中说法不正确的是(　　)

A. 在实施时需有较强的指令性，具有一定的代价

B. 可以降低政府财政开支，缓解经济压力

C. 会导致被保护企业在市场中缺乏竞争性

D. 会扰乱市场中的贸易秩序，打破贸易运行的规律

43. 实现充分就业是国家宏观经济调控的主要目标之一，关于"失业"，下列说法正确的一项是(　　)

A. 机器人大量投入使用可能会造成结构性失业

B. 通过调控可实现充分就业目标即失业率为零

C. 经济萧条时期因供给不足会造成周期性失业

D. 采取宏观调控手段可以完全避免季节性失业

44. 下列对CPI(居民消费价格指数)的认识正确的是(　　)

A. CPI反映一定时期内居民所购生活消费品的价格变动趋势和程度的绝对数

B. CPI用来分析消费品非零售价对居民生活费用支出的影响程度

C. CPI反映居民所购生活消费品和服务项目价格水平的变动趋势

D. CPI是采用指数商品加权平均的方法算出来的

45. 杠杆化是指通过借债进行投资运营，以较少的本金获取高收益。适度的杠杆对经济有益，但如果杠杆率过高，债务增长过快反而会拖累经济发展。去杠杆政策是防范化解金融风险的一个重要的途径。下列有助于"去杠杆"的传导措施是(　　)

①实施企业破产结算—取消企业债务—降低资产负债率—企业依法破产

②债权转为股权—减轻企业债务负担—降低企业经营成本—提高经济效益

③推动兼并重组—扩大优势企业规模—提高资源利用率—有效化解过剩产能

④发展股权融资—完善股权资本市场—拓宽融资渠道—引导储蓄转为股本投资

A. ①③　　B. ①④　　C. ②③　　D. ②④

46. 2019年2月，中国人民银行等五部门联合印发《关于金融服务乡村振兴的指导意见》。意见要求：到2020年，新增金融资源要向深度贫困地区倾斜，深度贫困地区贷款增速力争每年高于所在省份贷款平均增速。这一指导意见对经济运行的影响是(　　)(易错)

①推进农业供给侧结构性改革→加快培育新型农业经营主体→推动农村产业融合发展

②资金上为农业发展注入活水→推进农业提质增效→对农民持续增收发挥重要作用

③实施积极财政政策→增加市场货币流通量→扩大消费拉动经济增长

④优化农业产业结构→增强农业内生活力→提高农业在GDP中的比重

A. ①②　　B. ②③　　C. ①④　　D. ③④

47. 今年我国在多数省、市、区扩大水资源税改革试点。扩大水资源税改革试点(　　)

①是为了优化税种结构，拓宽财政收入来源

②意在加强税收调节，促进水资源合理开发利用

③能够抑制用水需求，促进水资源节约保护

④有利于促进企业加快技术创新，提高用水效率

A. ①③　　B. ①④　　C. ②③　　D. ②④

48. 一般来说，在其他条件相同的情况下，恩格尔系数较高，作为家庭来说，表明收入较(　　)，作为国家来说，则表明该国较(　　)(常考)

A. 低、穷　　B. 低、富　　C. 高、穷　　D. 高、富

49. 下列选项中关于边际效用递减规律表述正确的是(　　)

A. 消费数量少，边际效用低

B. 边际效用的大小，与欲望的强弱负相关

C. 边际效用的大小，与消费数量的多少正向变动

D. 边际效用是特定时间内的效用，具有时间性

50. 我国实施大规模的减税降费，减轻企业税收和社保缴费负担近2万亿元，有力促进了企业发展。若不考虑其他因素，大规模减税降费的影响路径是(　　)

①激发企业活力　②国家减税降费　③减轻企业负担　④促进企业发展

A. ①④③②　　B. ④②③①

C. ②③①④　　D. ②①③④

二、多项选择题

1. 下列关于生产者物价指数(PPI)和消费者物价指数(CPI)的说法错误的有(　　)

A. 我国CPI的统计范围包括食物、交通通讯、居民购房消费等八大类

B. 当PPI指数增幅很大而且持续加速上升时，该国央行应该采取减息对策

C. 消费者物价指数(CPI)是一个滞后性数据

D. 根据价格传导规律，CPI不会对PPI产生影响

2. 通货膨胀是指在货币流通条件下，因货币发行量超过了流通中实际需要的量，现实购买力大于产出供给，导致货币贬值而引起的一段时间内物价持续而普遍上涨的现象。通货膨胀的衡量指标包括(　　)

A. 消费者物价指数　B. 生产者价格指数

C. 商品价格指数　D. 国民生产总值价格折算指数

3. 市场失灵的主要表现有(　　)

A. 主体行为的自发性　B. 市场势力的垄断性

C. 经济活动的外部性　D. 收入分配的不平等性

4. 下列属于要素市场的有(　　)

A. 劳动力市场　B. 资本市场　C. 信息市场　D. 商品市场

5. 供给侧结构性改革的重点是(　　)

A. 解放和发展社会生产力，用改革的办法推进结构调整

B. 减少无效和低效供给，扩大有效和中高端供给

C. 增强供给结构对需求变化的适应性和灵活性

D. 提高全要素生产率

6. 下列关于恩格尔系数的说法正确的是(　　)

A. 它是反映各类消费支出在消费总支出中所占的比重

B. 恩格尔系数减小，表明人们的生活水平降低

C. 我国农村居民的恩格尔系数平均高于城市居民

D. 恩格尔系数过大，必然限制消费层次和消费质量的提高

7. 价格机制的功能有(　　)

A. 分配功能　B. 竞争工具　C. 调节功能　D. 信息功能

8. 下列关于边际效用递减规律表述不正确的选项是(　　)(易混)

A. 消费数量少，边际效用低

B. 边际效用的大小，与欲望的强弱成负相关

C. 边际效用的大小，与消费数量的多少正向变动

D. 边际效用是特定时间内的效用，具有时间性

9. 合伙制是厂商经常采用的一种组织形式，相较于个人企业而言，合伙制企业的特点包括(　　)

A. 资金较少　B. 规模较大

C. 多人所有和参与管理　D. 分工和专业化较强

10. 下列属于完全垄断市场的情形是(　　)

A. 市场上只有一个企业生产和销售某一种商品

B. 产业集中度极高，市场被极少数大企业垄断

C. 不存在任何相近的替代产品

D. 其他任何企业进入该市场极为困难，或者是根本不可能的

11. 对国家宏观调控认识错误的是(　　)

A. 市场调节必然排斥国家宏观调控

B. 国家宏观调控是市场经济发挥作用的基础

C. 资本主义国家也有宏观调控

D. 完善的宏观调控体系有利于发挥市场经济的作用

12. 寡头垄断市场是介于完全竞争与完全垄断之间的另一种比较现实的市场，其特征有(　　)

A. 相互分离　B. 企业极少　C. 产品相同　D. 进出不易

13. 下列属于宏观调控措施的有(　　)

A. 国家发改委发布产业政策指导计划　B. 商业银行在基准利率上实施利率浮动

C. 中央银行实行有选择的信贷管制　D. 企业要求海关加快出口退税

14. 在经济萧条时，财政可以通过(　　)来扩大需求，刺激经济发展。

A. 减少福利补贴支出　B. 增加政府采购

C. 降低税率　D. 提高财政补贴

15. 下列收入应计入我国GDP的有(　　)(易错)

A. 面粉厂出售给面包厂的面粉　B. 在上海的英国人工资

C. 面包厂出售给中学生的面包　D. 在纽约的中国人工资

三、判断题

1. 反垄断调查能消除市场调节自发性的弊端。(　　)

2. 国有经济的"三驾马车"是投资、消费、进口，它们是拉动经济增长的最主要力量。(　　)

3. 虚拟经济是市场经济高度发达的产物，其特征主要表现为高度流动性、高度稳定性、低风险性、低投机性四个方面。(　　)

4. 只有不存在任何失业时，经济才实现了充分的就业。(　　)

5. 在买卖双方存在信息不对称的情况下，质量差的商品往往将质量好的商品驱逐出市场，这种现象称为外部不经济。(　　)

6. 在完全开放的市场中，替代品的价格上升，本品的需求会下降。(　　)

7. 商品供大于求，价格下降，是通货膨胀的重要表现。(易混)(　　)

8. 一般来说，通货膨胀对债权人有利。(　　)

9. 在经济萧条时期，降低利率有利于刺激总需求，促进经济发展。(　　)

10. 一个国家在一定时期内用于生产的各种生产要素所得全部收入的总和就是国内生产总值。(　　)

11. 恩格尔系数是反映人们消费结构与消费水平的一个参数，其数值越大越好。(　　)

12. GNP的计算包括一切国民经济、劳务活动,如旧车买卖、家务劳动等都算在内。(易错)　(　)

13. 国家使用经济手段通过市场机制来实现宏观调控,这属于宏观调控中的直接调控。　(　)

14. 为了抑制通货膨胀,国家宏观调控部门可以采取降低央行基准利率措施。　(　)

15. 教育部要求教育APP不得向学生及家长收取任何费用,是运用经济手段对教育市场进行调控。　(　)

专题三　国际经济学与财政学

命题分析

本专题主要以单选、多选、判断等形式考查。本专题需要重点掌握的知识包括:

1. 识记主要国际经济组织的性质和职能;
2. 了解国际收支和国际经济形势下我国的对外经济政策;
3. 理解汇率及其标价方法;
4. 识记税收的特征、作用以及税收违法行为。

一、单项选择题

1. 经济全球化本质上是(　)

A. 资本主义基本矛盾发展的客观趋势　B. 生产社会化发展的客观趋势

C. 垄断资本主义发展的客观趋势　D. 发达资本主义国家进行资本输出的客观趋势

2. 国际社会为协调相互间的货币政策和加强合作所建立的政府间金融机构是(　)

A. 世界银行　B. 国际货币基金组织

C. 国际金融公司　D. 国际清算组织

3. 在某国,同样一杯咖啡对本国顾客的售价是0.5美元,但对别国旅游者的售价是1.2美元。这种情况违背的WTO原则是(　)(易混)

A. 国民待遇原则　B. 知识产权保护原则

C. 公平竞争原则　D. 特惠制原则

4. 以下有关世贸组织(WTO)的表述中,不正确的是(　)

A. WTO前身是关贸总协定,WTO于1995年1月1日成立

B. 2001年12月11日,中国以新成员身份正式加入WTO

C. 部长会议是WTO的最高权力机构和决策机构

D. WTO总干事在部长会议休息期间,行使部长会议的职权

5. 芯片设计的研发离不开光刻机,因美国的阻挠,荷兰阿斯麦公司的先进光刻机无法顺利进入我国,这意味着在未来的芯片竞争中我们将落后于对手。这警示我们在全球化中需要(　)

A. 认清形势,防范经济风险　B. 趋利避害,发挥比较优势

C. 细化分工,深化国际合作　D. 自力更生,加强技术创新

6. 2018年7月,美国开始对340亿美元的中国产品加征25%关税,发动了经济史上最大规模的贸易战。关于关税,下列说法不正确的是(　)

A. 海关根据本国法律规定,对通过其关境的进出口货物课征的一种税收

B. 对于对外贸易发达的国家而言,关税是国家税收乃至国家财政的主要收入之一

C. 提高关税会减少所有出口商品的收益

D. 关税会提高进口国相应商品的价格

7. 影响人民币汇率的长期的、最主要的因素是(　)

A. 国际收支　B. 外汇储备

C. 通货膨胀　D. 经济增长

8. 下列关于汇率的叙述,不正确的是(　)

A. 汇率是两种不同货币之间的兑换价格

B. 汇率实际上是把一种货币单位表示的价格"翻译"成另一种货币表示的价格

C. 国际上各国一般都用美元当做制定汇率的主要货币

D. 在自由外汇市场上买卖外汇的实际汇率被称作股东汇率

9. 中国人民银行外汇牌价显示:2019年1月18日,100美元=677.35元人民币;2019年2月14日,100美元=675.83元人民币。这一变化表明(　)

A. 人民币汇率跌落,美元贬值　B. 人民币汇率升高,美元升值

C. 美元汇率跌落,人民币升值　D. 美元汇率升高,人民币贬值

10. "您要发票吗?如果不要发票,我们可以免费提供饮料。"王老师和朋友在一家饭店吃饭时,服务员提出了这样的建议。该饭店的行为(　)

A. 涉嫌骗税　B. 尊重了消费者的选择权

C. 涉嫌偷税　D. 反映了市场调节具有盲目性

11. 一则宣传语说道:"国是篱笆税是桩,拆了桩子篱散光。你添饭来我加桩,国富民强世代昌。""国是篱笆税是桩,拆了桩子篱散光"说明(　)

A. 税法是税收的法律依据和保障　B. 税收具有固定性的特点

C. 税收是国家存在和发展的物质保障　D. 我国税收取之于民,用之于民

12. 税收的基本特征不包括(　)

A. 自觉性　B. 强制性　C. 无偿性　D. 固定性

13. 从全面"营改增"到"取消或停征行政事业性收费",再到"适当降低社保费率"。近年来,我国实施的减税降费政策力度空前,2018年达到1.3万亿元。上述举措旨在(　)

A. 减少财政收入,推进供给侧结构性改革,实现财政收支平衡

B. 减轻企业负担,降低企业生产经营成本,激发市场主体活力

C. 消除收入差距，实现社会公平，推动社会主要矛盾的解决
D. 增加居民可支配收入，缩小贫富差距，保持经济健康、有序发展

14. 国家预算要反映全年的财政收支活动，同时不允许将不属于本年度财政收支的内容列入本年度的政府预算之中，这体现了国家预算(　　)原则的要求。
A. 完整性　B. 公开性　C. 可靠性　D. 年度性

15. 2020年国务院政府工作报告提出，"今年赤字率拟按3.6%以上安排，财政赤字规模比去年增加1万亿元，同时发行1万亿元抗疫特别国债"。该举措是基于(　　)
A. 财政有促进经济结构优化升级的作用　B. 财政赤字是提高财政收入的基本形式
C. 财政有促进国民经济平稳运行的作用　D. 财政赤字有促进资源合理配置的作用

二、多项选择题

1. 世界经济的三大支柱性组织是(　　)
A. 世界银行　B. 国际货币基金组织
C. 世界贸易组织　D. 粮农组织

2. 对外贸易往来是一国国际收支平衡的主要来源。下列关于对外贸易政策的表述不正确的是(　　)
A. 进口贸易大于出口贸易会造成贸易顺差　B. 贸易逆差会造成一国商品国际竞争力强
C. 一国的贸易赤字表明该国外汇储备增加　D. 提高本国关税是希望减少外国商品进入

3. 下列关于经济全球化的说法中，正确的是(　　)
A. 其主导力量是技术进步
B. 其主要表现形式是贸易、投资和金融的全球化
C. 其内容不仅涉及生产领域，还包括流通、金融、科技和文化领域
D. 其核心是各国社会再生产过程的交叉渗透形成全球社会再生产

4. 时下全球共享经济处于高速发展期，参与共享经济的人口不断增多，下列关于共享经济的说法正确的有(　　)
A. 共享经济涉及商品或服务的需求方、供给方和共享经济平台三大主体
B. 共享经济是基于陌生人且存在物品使用权暂时转移的一种商业模式
C. 共享经济需要具有闲置资源、使用权、连接、信息四个要素
D. "钱"的共享能够提高社会财富的循环效率，因此，共享经济将激活金融业

5. 下列协定中，目前中国参与其中的有(　　)
A. 亚太贸易协定　B. 区域全面经济伙伴关系协定(RCEP)
C. 大湄公河次区域经济合作(GMS)　D. 全面与进步跨太平洋伙伴关系协定(CPTPP)

6. "中国制造"要想攀登全球产业链高峰，关键在于激发创新动力，实现产业转型升级与结构调整，从"世界工厂"走向"世界品牌"。为此必须(　　)
A. 提高自主创新能力，走新型工业化道路
B. 加快经济发展方式转变，提高企业核心竞争力
C. 实施"走出去"战略，积极参与国际经济竞争与合作
D. 提高出口商品价格，争取更多利润

7. 2020年6月1日，中共中央、国务院印发了《海南自由贸易港建设总体方案》，推动海南自由贸易港建设加快发展、创新发展，把海南建设成为中国新时代全面深化改革开放的新标杆。下列不属于该方案对海南的战略定位的是(　　)
A. 全面深化改革开放试验区　B. 国家生态文明试验区
C. 国际旅游消费中心　D. 国家重大战略服务保障区

8. 下列各项财政支出中，不属于购买性支出的是(　　)
A. 行政经费支出　B. 社会保障支出
C. 救济支出　D. 补贴支出

9. 2019年年初以来，受美联储暂停加息、短期资本流入等因素影响，人民币对美元汇率中间价由687.55走低至671.01。不考虑其他因素，这对出境游和商品出口的影响有(　　)
A. 中国居民赴境外旅游热情高涨　B. 中国居民赴境外旅游热情减退
C. 中国商品在美国市场价格上升　D. 中国商品在美国市场价格下降

10. 财政的基本职能是(　　)
A. 资源配置职能　B. 调节收入分配职能
C. 组织生产和销售职能　D. 经济稳定与发展职能

三、判断题

1. 外汇是用外币表示的用于国际间结算的支付手段。(　　)
2. 税收是政府用来改变收入分配状况的一个重要手段。(　　)
3. 当用直接标价法表示外汇汇价时，数值越大，意味着本币价值越高。(　　)
4. 重商主义者认为每个国家应该努力实现出口等于进口的平衡贸易。(　　)
5. 国际收支发生顺差的一种可能的原因是因为本国资金流出超过外部资金流入。(　　)

第三部分　管理常识

专题一　管理与公共管理

命题分析

本专题主要以单选、多选、判断等形式考查。本专题需要重点掌握的知识包括：

1. 识记管理的基本特性；
2. 了解主要的管理理论、管理的基本原理；
3. 识记管理职能的基本内容；
4. 区分公共政策执行偏差。

一、单项选择题

1. 管理的两重性是指(　　)

A. 管理的目标性和阶段性　　B. 管理的自然属性和社会属性

C. 管理的先进性和可行性　　D. 管理的组织性和行为性

2. 俗话说："一山不容二虎"。从管理的角度来看，对这句话最合适的解释是(　　)

A. 组织需要集中统一管理，不能"政出多门"

B. 组织中的领导个性不一致，必将导致不团结

C. 组织中的能人太多，必然造成困扰

D. 组织目标需要达成共识，不能有不同的意见

3. 下列人员中，其所从事的管理工作的量占全部工作量的比重最高的是(　　)

A. 教员　　B. 教研组长　　C. 系主任　　D. 校长

4. "万事开头难"体现的是(　　)

A. 聚光灯效应　　B. 毛毛虫效应

C. 野马结局　　D. 飞轮效应

5. 某单位制定了非常完善的规章制度，并在相当长的时间内发挥了重大的作用。但是最近，违背制度的现象时有发生，并且呈现出越来越多的趋势。针对这种情况，管理者应该采取(　　)措施。

A. 增加制度检查的次数，并赋予制度检查人员更大的权利

B. 加大对违背制度人员的处罚，使人们遵守制度

C. 检查违背制度的原因，适当修改制度

D. 开展思想教育工作，加强制度重要性的宣传

6. 管理学中的木桶原理给人最大的启发是在管理工作中要注重(　　)

A. 团队协作的整体性　　B. 扬长避短的优越性

C. 机动灵活的程序性　　D. 严密完整的制度性

7. (　　)是实现管理效率和效果的灵魂，是管理过程的核心环节。

A. 计划职能　　B. 领导职能

C. 控制职能　　D. 组织职能

8. 在组织的运行过程中，遇到冲突或问题时，管理者必须善于处理冲突和解决问题。这时，管理者扮演的角色是(　　)

A. 决策角色　　B. 信息角色

C. 人际角色　　D. 联络角色

9. "首长制"的特点是(　　)

A. 能集思广益，合乎民主精神，彼此监督，利于克服滥用权力

B. 职权集中，责任明确，行动迅速，减少权力冲突和摩擦

C. 能够兼容各种领导体制的长处

D. 能够消除集权制和分权制的短处

10. 评价管理者的领导能力和影响能力，有关信息的获得来源于(　　)

A. 上级人员　　B. 下属人员

C. 高层领导　　D. 协作部门

11. 上级领导者将自己不愿意处理的烦琐事务交给下属处理，其中也可能包括领导者本身也弄不清楚该如何处理的事务。这种授权被称为(　　)

A. 刚性授权　　B. 柔性授权

C. 惰性授权　　D. 模糊授权

12. 公共危机管理是指为解决政府在对外交往和对内管理中处于危险和困难境地时遇到的问题，而直接采取的对策或进行的管理活动，其特征不包括(　　)

A. 手段的自发性　　B. 过程的阶段性

C. 处置的时效性　　D. 主体的整合性

13. 从管理活动发生的时间顺序来看，下列四种管理职能的排列方式，哪一种更符合逻辑(　　)

A. 计划、控制、组织、领导　　B. 计划、领导、控制、组织

C. 计划、控制、领导、组织　　D. 计划、组织、领导、控制

14. 公共政策实施偏差的表现形式多种多样，阳奉阴违、前紧后松、敷衍塞责属于(　　)的表现。

A. 替代式实施偏差　　B. 黏附式实施偏差

C. 选择式实施偏差　　D. 象征式实施偏差

15. 法约尔将管理活动分为计划、组织、指挥、协调和控制等五大管理职能，其中(　　)能使各职能机构与资源之间保持一定的比例，收入与支出保持平衡，协调材料与消耗成一定的比例。

A. 计划　　B. 组织

C. 协调　　D. 控制

16. “治病不如防病，防病不如讲卫生。”根据这一说法，最适合的控制方式是(　　)

A. 前馈控制　　B. 实时控制

C. 反馈控制　　D. 现场控制

17.《红楼梦》第十四回讲到王熙凤协理宁国府，凤姐年纪轻轻，却能依靠“奖罚分明”把宁国府管理得井井有条。从管理学上看，王熙凤管理宁国府主要基于(　　)

A. “经济人”假说　　B. “社会人”假说

C. “自我实现人”假说　　D. “复杂人”假说

18. 中国企业引入奖金机制的目的是发挥奖金的激励作用，但目前许多企业的奖金已经成为工资的一部分，奖金变成了保健因素。这说明(　　)(易错)

A. 双因素理论在中国不怎么适用

B. 保健和激励因素的具体内容在不同国家是不一致的

C. 防止激励因素向保健因素转化是管理者的重要责任

D. 将奖金设计成为激励因素本身就是错误的

19. 现代政府组织结构形式发展的一个重要方向就是扁平化。所谓组织扁平化，是指通过减少行政管理层次和裁减冗余人员，建立一种扁平化的组织结构。扁平化结构具有的优势是(　　)

A. 行政组织的管理幅度增宽，管理层次增多

B. 行政组织的权力分散，行政管理控制增强

C. 行政幅度增宽，行政层次减少，组织成员积极性提高，管理成本降低，工作效率大大提高

D. 行政幅度减小，行政层次减少，组织成员积极性提高，管理成本降低，工作效率大大提高

20. 下列关于管理幅度与管理层次的描述正确的是(　　)

A. 管理幅度与管理层次共同决定组织规模

B. 为了保证管理效果，管理幅度越大越好

C. 当组织规模一定时，管理幅度与管理层次成正比关系

D. 管理幅度越窄，管理层次就越多，组织结构就呈扁平型

21. 俗话说“三个和尚没水喝”，说明人浮于事，但如果“三个和尚”都很负责，结果也许会造成水满为患，这两种不同的说法表明(　　)(易错)

A. 管理工作的有效性需要考虑内部环境各部分的整体效应

B. 即使管理无方，人多还是比人少好办事

C. 纵使管理有方，也不一定是人多好办事

D. 在不同的心态作用下会产生不同的群体合作结果

22. 在完成高度保密的紧急任务时往往不适用的领导方式是(　　)

A. 强制方式　　B. 说服方式

C. 激励方式　　D. 示范方式

23. 在管理中，有一项职能表现为“拟定标准、寻找偏差、纠正偏差”，该职能是(　　)

A. 领导职能　　B. 组织职能

C. 控制职能　　D. 计划职能

24. 单位领导位高权重，提高领导效能最有效的办法是(　　)

A. 联系群众　　B. 指导监督

C. 上行下效　　D. 耳提面命

25. 根据决策条件(或称自然状态)的可控程度，决策可以分为(　　)(常考)

A. 程序性决策与非程序性决策

B. 原始决策与追踪决策

C. 个人决策与群体决策

D. 确定型决策、风险型决策与非确定型决策

26. 某部门负责人被上级领导批评为“控制的太多，而领导的太少”。他在工作中存在的主要问题最可能是(　　)

A. 对下级的生活困难缺乏足够的关心　　B. 对工作任务的完成没有充分的关注

C. 事无巨细，事必躬亲　　D. 没有和下级进行有效沟通

27. 下列选项中，被称为“公共生产力”的是(　　)

A. 行政执行　　B. 行政信息

C. 行政监督　　D. 行政绩效

28. 当今管理的新趋势，人由劳动力转变为人力资源，进而转变成(　　)

A. 人力价值　　B. 人力资本

C. 人力优势　　D. 人力潜能

29. “凡事预则立，不预则废”强调的是(　　)的重要性。

A. 计划　　B. 控制

C. 组织　　D. 指挥

30. 科学管理的中心问题是(　　)

A. 提高企业利润率　　B. 提高劳动生产率

C. 提高员工积极性　　D. 提高资源利用率

31. 首席财务官是企业治理结构发展到一个新阶段的必然产物。没有首席财务官的治理结构不是现代意义上完善的治理结构。首席财务官的简称是(　　)

A. CFO　　B. CEO

C. CBO　　D. CKO

32. 在死后被誉为"科学管理之父",影响了流水线生产方式,被社会主义伟大导师列宁推崇备至,影响了人类工业化进程的人是(　　)

A. 朗缪尔　　B. 瑞恩

C. 奥本海默　　D. 泰勒

二、多项选择题

1. 管理者在管理活动中应扮演哪些角色(　　)

A. 人际关系角色　　B. 信息传递角色

C. 决策制定角色　　D. 信息审查角色

2. 选择合理的沟通模式,有利于有效沟通的实现。链式沟通模式是信息链条似的逐级传递模式,这种沟通的特点有(　　)

A. 速度快　　B. 准确性高

C. 有明确领导人　　D. 十分复杂

3. 对于组织管理者而言,具备技术、人际、概念方面的管理技能是十分重要的。下列属于管理者概念技能所包含的能力的有(　　)

A. 能够把一个组织看成是一个整体的能力

B. 能够识别某一领域的决策会对其他领域产生何种影响的能力

C. 能够提出新想法和新思想的能力

D. 能够进行抽象思维的能力

4. 管理的基本特征包括(　　)

A. 管理的主体是被管理者

B. 管理是一种社会现象

C. 每个层次管理者的基本职能是不同的

D. 管理的核心是处理好人际关系

5. 赫兹伯格的双因素理论认为,只有激励因素才能够给人们带来满意感,而保健因素只能消除人们的不满,但不会带来满意感。能给工作带来积极态度、较多满意感和激励作用的,多为工作内容、工作本身方面的因素,叫做激励因素。能使员工感到不满意的,属于工作环境或工作关系方面的,叫做保健因素。据此,下列属于激励因素的有(　　)

A. 同事认可　　B. 上司赏识

C. 更大的成长空间　　D. 职责监督

6. 根据现代激励理论,下列因素中真正能对组织员工产生激励作用的是(　　)

A. 职业认同　　B. 职业保障

C. 工作的挑战性　　D. 工作条件

7. 领导者素质的基本内容包括(　　)

A. 政治素质　　B. 知识素质

C. 能力素质　　D. 心理素质

8. 现代公共行政在对社会公共事务的管理中履行的功能主要包括(　　)

A. 提供公共产品　　B. 实现社会公平

C. 实施管制　　D. 宏观调控

三、判断题

1. 解决急性问题是为了维持现状;解决慢性问题是为了打破现状。(　　)

2. 在一个领导班子中,"帅才"越多,越有利于提高领导班子的整体领导能力。(　　)

3. 人员配备的首要原则是能力。(　　)

4. 外激励是与工作本身和完成工作任务无内在联系的各种外在奖酬所引起的激励作用之和,如提高工资、增加奖金、获得工作满足感等。(　　)

专题二　政府职能与行政管理

命题分析

本专题主要以单选、多选、判断等形式考查。本专题需要重点掌握的知识包括:

1. 识记政府的基本职能,理解政府职能的转变;
2. 识记行政领导方式;
3. 识记行政沟通类型;
4. 区分我国行政系统的内外部监督。

一、单项选择题

1. 下列选项中,属于政府的公共服务职能的是(　　)(易错)

A. 建立社会舆论监督　　B. 社会福利及社会保障

C. 健全宏观调控体系　　D. 建立合理的市场监督

2. 任何国家行政职能中,最为核心的基本职能是(　　)

A. 政治职能　　B. 文化职能

C. 社会职能　　D. 经济职能

3. 市场监管职能，即政府为确保市场运行畅通、保证公平竞争和公平交易、维护企业合法权益而对企业和市场所进行的管理和监督。市场监管职能属于(　　)

A. 政治职能　　B. 经济职能

C. 文化职能　　D. 社会职能

4. 计划生育属于政府的(　　)

A. 政治职能　　B. 经济职能

C. 文化职能　　D. 社会职能

5. 政府相关部门认真对待群众的来信来访，积极利用各种群众组织和社会团体广泛收集意见和建议。这表明政府在坚持(　　)的工作方法。

A. 从群众中来到群众中去　　B. 依法行政

C. 为人民服务　　D. 求真务实

6. 村民委员会和居民委员会建设属于政府的(　　)(易错)

A. 政治职能　　B. 经济职能

C. 文化职能　　D. 社会职能

7. 健全基本社会公共服务体系，保证人民幼有所育、学有所教、劳有所得、病有所医、老有所养、住有所居、弱有所扶，这需要政府执行的职能主要是(　　)

A. 加强社会建设　　B. 推进生态文明建设

C. 组织社会主义经济建设　　D. 组织社会主义文化建设

8. 在社会主义市场经济条件下，政府职能的范围有(　　)

A. 企业人事管理　　B. 企业生产经营管理

C. 企业注册登记　　D. 企业财务管理

9. 某地政府以调整农业种植结构的名义，要求农民种植番茄，然而番茄成熟后却销售疲软，于是政府又下发红头文件，要求本地区各单位干部职工每人购买100斤番茄，该政府(　　)

A. 行使了承担和服务的职能　　B. 落实了权力为其所用的要求

C. 体现了求真务实的工作作风　　D. 滥用了经济职能

10. 行政协调是对行政管理工作加以调节，引导各行政组织之间、人员之间互相协作、互相配合，以便齐心协力共同实现行政决策目标的活动，其目标是达到(　　)的效果。

A. 异中求同　　B. 完全一致

C. 消除矛盾　　D. 回避隔阂

11. 转变政府职能是当前我国行政管理体制改革的核心内容和根本途径。某区政府的下列行为中不符合转变政府职能要求的是(　　)

A. 为美化市容强制要求拆除居民住宅防盗窗

B. 实现与下属企业的管理权脱钩并推进股份制改造

C. 社会政府基金支持各种形式的社会养老机构建设

D. 出台扶持政策为民办中小学的发展创造良好环境

12. 国务院印发《关于在市场监管领域全面推行部门联合"双随机、一公开"监管的意见》，该意见要求，坚持全面覆盖、规范透明、问题导向、协同推进，增强市场主体信用意识和自我约束力，对违法者"利剑高悬"；切实减少对市场主体正常生产经营活动的干预，对守法者"无事不扰"。这要求政府(　　)

A. 在资源配置中发挥决定性作用

B. 强化服务意识，弱化管理职能

C. 坚持法定职责必须为，法无授权不可为

D. 勇于负责，敢于担当，纠正不作为现象

13. 艺人仝卓直播时自曝曾伪造应届生身份参加高考，引发关注。山西省临汾市纪委监委依规依法进行了调查并对涉事官员进行了严肃处理。在行政监督体系中，纪委监委属于(　　)

A. 行政系统内部监督　　B. 国家权力机关的监督

C. 行政系统外部监督　　D. 国家司法机关的监督

14. 行政伦理的最低要求是(　　)

A. 一切从人民的根本利益出发　　B. 行政行为的合法性

C. 不损害集体利益　　D. 成为道德高尚的模范

15. 在缺乏产权界定的公共资源利用过程中，哈丁认为，任何时候，只要许多人共同使用一种稀缺资源，便会发生环境的退化现象，如牧场的退化、渔场的枯竭等，这反映的是行政管理中的(　　)现象。

A. 搭便车　　B. 公地悲剧

C. 囚徒困境　　D. 机会主义

16. (　　)是深化行政管理体制改革的核心，实质上要解决的是政府应该做什么、不应该做什么，重点是政府、市场、社会的关系，即哪些事应该由市场、社会、政府各自分担，哪些事应该由三者共同承担。

A. 转变政府职能　　B. 扩大政府权力

C. 提高行政效率　　D. 加强行政队伍建设

17. 2020年4月15日，宁夏回族自治区政府办公厅依据国务院的有关文件精神提出，宁夏将全面推广全区统一的政府开放日制度，倾听民意、增强互动、理性分析，将为民利民落到实处，改进工作，提供精准服务。举办"政府开放日"(　　)

A. 有利于树立我国政府的威信　　B. 可以保证政府工作高效清廉

C. 有利于消除群众间的矛盾　　D. 拓展了政府的基本职能

18. 提高百姓“幸福感”是构建和谐社会的重要内容。要提升百姓的“幸福感”，政府应该(　　)

A. 执政为民，强化政府的权力

B. 以人为本，尊重老百姓的一切利益

C. 求真务实，把人民群众利益作为工作的着力点

D. 转变职能，加强政府调控

19. “枫桥经验”是不断创新并赋予时代新要求、新方法的社会治理方案。它的一项重要创新发展成果就是在党的领导下形成了以自治为基础、法治为保障、德治为先导的基层社会治理体系。这种社会治理体系(　　)

A. 需要基层组织依靠自己的力量回应人民群众的诉求

B. 扩大了村(居)民的政治权利，保障了群众的切身利益

C. 充分发挥了居委会和村委会作为基层政权所承担的职能

D. 把坚持人民主体地位作为党最基本的领导方法和工作方法

20. 全面实行清单管理制度，制定政府权力和责任清单，扩大市场准入负面清单试点，压缩负面清单事项，减少政府的自由裁量权，增加市场的自主选择权，让企业和群众更多地感受到“放管服”改革成就。这说明我国政府(　　)

A. 实行政务公开，防止行政权力缺失

B. 提高公民参与决策的热情和信心

C. 积极转变政府职能，约束行政权力

D. 坚持依法行政，树立政府权威

21. 我国政府系统行政领导者的产生多数采用了(　　)

A. 选任制　　B. 委任制

C. 考任制　　D. 聘任制

22. 在行政决策过程中，决策所要解决的问题都不是孤立、片面的，而是与其他社会问题紧密联系在一起的。这说明行政决策应遵循(　　)

A. 信息原则　　B. 预测原则

C. 系统原则　　D. 择优原则

23. 在诸多行政职能中，处在核心地位和起主导作用的职能是(　　)

A. 行政决策　　B. 行政执行

C. 行政协调　　D. 行政监督

24. 行政指令方法要求行政组织体系内部思想、行动和纪律上的统一和服从，也要求外部行政对象必须遵从，具有明显的管制特点，这说明行政指令方法具有(　　)

A. 权威性　　B. 强制性

C. 具体性　　D. 顺序性

25. 按照行政层级分类，行政组织可分为(　　)

A. 统率机关与被统率机关　　B. 中央行政机关与地方行政机关

C. 常设机关与临时机关　　D. 派出机关、分支机关与合署办公机关

26. “垂衣拱手而治”是哪种行政领导方式的特点(　　)

A. 民主型　　B. 放任型

C. 专制型　　D. 集权型

27. 依据同一层次的各个行政组织所受上级指挥和控制的异同来划分，行政组织可分为(　　)

A. 集权制与分权制　　B. 完整制与分离制

C. 层级制与职能制　　D. 首长制与委员会制

二、多项选择题

1. 政府审计的作用主要包括(　　)

A. 推动民主与法制建设　　B. 为宏观调控服务

C. 维护经济秩序　　D. 促进廉政建设

2. 我国政府采购的原则主要有(　　)

A. 公开透明原则　　B. 公平竞争原则

C. 公正原则　　D. 诚实信用原则

3. 政府职能是国家行政机关依法对(　　)进行管理时应承担的职责和所具有的功能。

A. 国家　　B. 企事业单位

C. 公民　　D. 社会公共事务

4. 下列属于政府社会职能的是(　　)(易错)

A. 市场监管职能　　B. 保护生态环境和自然资源的职能

C. 发展文化事业的职能　　D. 提高人口质量、实施计划生育的职能

5. 经济职能是指政府为了国家经济的稳定和发展，对社会经济生活进行管理的职能。下列选项中，属于我国政府的经济职能的有(　　)

A. 提供公共产品和服务职能　　B. 调节社会分配和组织社会保障的职能

C. 宏观经济调控职能　　D. 市场监管职能

6. 市政府加强对税收的监控和征管力度(　　)

A. 可以使财政收入得到切实保障　　B. 是行使宏观调控职能的具体体现

C. 有助于了解和掌握经济运行态势　　D. 有助于实现同步富裕

7. 下列属于我国政府职能转变方式的有(　　)

A. 由微观管理为主转变为宏观管理为主

B. 由间接管理为主转变为直接管理为主

C. 由重视计划、排斥市场转变为计划和市场相结合

D. 由运用行政手段为主转变为运用经济手段为主

8. 从国家顶层设计到地方务实举措，各级政府的“放管服”改革措施初见成效，在一定程度上激发了市场主体的活力。政府为简政便民、放权兴国，甘当“店小二”，应进一步(　　)

A. 优化机构职能设置，全面提高效能

B. 增强公共服务能力，推进职能市场化

C. 激发社会创新活力，理顺政商关系

D. 减少行政管理职权，提高行政效率

9. 纵观习近平治国理政思想，可谓立意高远、博大精深、有效管用。他强调国家治理要强调一个“法”字，要“依法治国、依法执政、依法行政”。之所以要依法行政，是因为(　　)

A. 依法行政体现了政府对人民负责的原则

B. 依法行政是我国顺利进行社会主义现代化建设的根本保证

C. 依法行政是贯彻依法治国方略的要求

D. 我国的法律法规是由政府制定并实施的

10. 加强依法行政和制度建设，离不开对行政权力的监督。在国家机关中，对行政权力具有外部监督功能的国家机关有(　　)

A. 全国政协和各级人民政协　　B. 人民代表大会及其常委会

C. 审计部门　　D. 各级人民法院和人民检察院

11. 精简与效能原则的含义包括(　　)

A. 转变政府职能　　B. 精简政府机构

C. 减少人员编制　　D. 简化办事程序

12. 过去是“不找市场找市长”，现在是“不找市长找市场”，这一变化说明(　　)

A. 企业和市长已不发生关系　　B. 市场经济的调节作用在增强

C. 企业有了依法自主经营的权利　　D. 政府的职能开始发生转变

13. 下列属于政府应当承担的社会责任的有(　　)

A. 有效供给基本公共物品　　B. 制定公平的收入分配政策

C. 合理分配生产资料　　D. 协调各类社会组织关系

14. 国家发改委会同有关部门组织开展和加强市场监管，严厉打击炒作农产品行为的专项行动，以稳定物价、保障民生。国家发改委的做法体现了我国政府(　　)

A. 扩大行政执法范围，打击经济犯罪活动

B. 切实履行经济职能，促进社会经济健康发展

C. 严格司法，维护社会经济秩序

D. 坚持以人为本，关注民生问题

15. 某市政府打破部门“信息孤岛”，利用一站式政务服务系统，打通为民服务的“最后一米”。这反映出该市政府(　　)

A. 包办一切，积极服务群众　　B. 不断增强决策的公众参与度

C. 坚持为人民服务的态度　　D. 努力提高工作效率和水平

16. 按照行政领导者运用行政权力的不同方式或程序，可以将行政领导方式分为(　　)(常考)

A. 专断型行政领导方式　　B. 民主型行政领导方式

C. 放任型领导方式　　D. 自我调控型领导方式

17. 行政领导者的产生方式有(　　)(常考)

A. 选任制　　B. 委任制

C. 考任制　　D. 聘任制

三、判断题

1. 政事分开是转变政府职能的关键，也是建立社会主义市场经济的要求。(易混)　(　　)

2. 政府有组织经济建设的职能，所以政府可以直接干预经济活动。　(　　)

3. 信访指人民群众致函或走访有关部门，反映情况，提出问题，是一种立法监督。　(　　)

4. 政府职能满足了公共行政的根本要求，是公共行政的核心内容。(易错)　(　　)

5. 拓宽民意反映渠道，是决策机关进行科学决策的重要前提。　(　　)

6. 从不同的角度划分，行政沟通可以分为不同的类型。按沟通渠道划分，可分为纵向沟通和横向沟通。　(　　)

第四部分　法律常识

专题一　法理学

命题分析

本专题主要以单选、多选、判断等形式考查。本专题需要重点掌握的知识包括：
1. 识记法的本质、作用、效力；
2. 理解法的实施；
3. 理解全面依法治国。

一、单项选择题

1. 下列说法错误的是(　　)
A. 法是国家意志的体现，所有的国家意志都表现为法
B. 所有的"国法"意义上的法都是国家意志的体现
C. 法是国家意志的体现，因此，具有统一性和权威性
D. 法是一种特殊的社会规范，其特殊性就在于它具有国家意志性和国家强制性

2. 全国人民代表大会常务委员会对宪法和法律的解释是(　　)
A. 立法解释　　B. 司法解释
C. 行政解释　　D. 学理解释

3. 党的十九大报告指出，十八大以来，(　　)深入推进，法治国家、法治政党、法治社会建设相互促进，中国特色社会主义法治体系日益完善，全社会法治观念明显增强。
A. 科学立法、严格执法、公正司法、全民守法　　B. 有法可依、有法必依、执法必严、违法必究
C. 依法治国、执法为民、公平正义、服务大局　　D. 对党忠诚、服务人民、执法公正、纪律严明

4. 某市组织领导干部走进法庭现场旁听职务犯罪案件的庭审，一名干部表示，"通过旁听庭审，让我深受教育，我要引以为戒，廉洁从政"。这直接体现了法具有(　　)(易混)
A. 指引作用　　B. 评价作用　　C. 预测作用　　D. 教育作用

5. 下列不属于法的实施的是(　　)
A. 执法　　B. 司法　　C. 立法　　D. 守法

6. 我国法律制定程序中的最后一个步骤是(　　)
A. 法律草案的公布　　B. 法律草案的表决和通过
C. 法律的公布　　D. 法律草案的审议

7. 下列关于法律与道德关系的表述中，错误的是(　　)
A. 法律和道德都属于社会规范的范畴，均具有规范性
B. 法律由国家强制力保障实施，而道德主要通过社会舆论和内心自律得以实施
C. 违法行为一定是违反道德的，但违反道德的行为不一定都违法
D. 法律和道德可以互为促进

8. 根据我国的法律效力层次，下列法律中效力最高的是(　　)(常考)
A. 行政法规　　B. 地方性法规　　C. 政府规章　　D. 自治条例

9. 下列关于我国立法的表述，正确的是(　　)
A. 立法在内涵上不包括法律的废止
B. 立法权是国家权力体系中最重要的权力
C. 我国的立法体制是中央和地方的一元立法体制
D. 立法是国家机关和社会组织按照相应的程序进行的活动

10. 中国古代有子产铸刑书于鼎，古巴比伦有汉谟拉比刻法典石碑。对这种做法的象征意义理解不正确的是(　　)
A. 法律是国之重器　　B. 法律须向民众公开
C. 法律应保持稳定　　D. 法律体现民众意志

11. 对法律进行分类，可以从不同的标准、角度出发。一般来讲，根据不同的法律表达形式，可以把法划分为(　　)
A. 国际法与国内法　　B. 根本法与普通法
C. 一般法和特别法　　D. 成文法和不成文法

12. 一个国家的全部法律规范可以按照一定标准分类组合为不同的法律部门，在此基础上构成的有机联系的统一整体，称为(　　)
A. 法律汇编　　B. 法律编纂　　C. 法律体系　　D. 法律渊源

13. 关于法律冲突解决原则的表述，下列说法正确的是(　　)
A. 旧法优先于新法　　B. 一般法优先于特别法
C. 下位法优先于上位法　　D. 根本法优先于普通法

14. 下列关于法律原则的表述，正确的有(　　)
A. 法律原则是指可以作为法律规则的基础或本源的综合性、稳定性原理和原则，因此，法律原则都是抽象的
B. 法律原则既没有规定确定的事实状态，也没有规定具体的法律后果，因此在法律适用中，不能作为判案的依据
C. 同一案件可以同时适用的法律原则有可能是两个以上；对于具体个案来说，某一法律规则要么适用，要么不适用

D. 法律规则是任何法律必不可缺少的，有些法律中可能不存在法律原则

15. 关于当代中国法律渊源的表述，能够成立的是(　　)(常考)

A. 就实行社会主义制度的大陆地区的法律渊源而言，可以概括为以宪法为核心、以行政法规为主的法律渊源

B. 在我国，作为法律渊源之一的"法律"一词是在广义上使用的，除了指由国家最高权力机关及其常设机关制定的规范性文件外，还包括其他有立法权的机关制定的规范性文件

C. 民族自治区人民代表大会制定的自治条例和单行条例，必须报全国人民代表大会常务委员会备案后才能生效

D. 国际法不构成我国现行法律体系的法律部门，但是我国签订或加入的国际条约是我国的法律渊源之一

16. 某单位出纳张某给监察委写举报信，反映单位负责人王某贪污的行为，这种行为属于(　　)

A. 法的执行　B. 法的遵守　C. 法的适用　D. 法的解释

17. 甲、乙双方签订了货物买卖合同，由甲方向乙方提供货物。后经甲方同意，乙方将合同中的权利、义务转给丙。这样，法律关系发生了变更的是(　　)

A. 主体、客体　B. 内容　C. 客体　D. 主体

18. 下列关于法的作用，不正确的说法是(　　)

A. 法律规范通过配置人们在法律上的权利义务以及规定违反法律规定所应承担的法律责任，设定人们的行为模式，引导人们在法律所许可的范围内开展活动

B. 法律的评价作用的特点在于，它是用法律的规范性、统一性、普遍性、强制性和综合性的标准来评判人们的行为，评价人们行为的法律意义，其标准和核心是合法或不合法，违法还是不违法

C. 法律之所以有预测作用，是因为法律具有规范性、确定性的特点

D. 执行社会公共事务的法律主要体现着法律的社会性，因此，在本质上与法律在维护阶级统治方面的作用是矛盾的

19. 法律规定的不以当事人的主观意志为转移的，能引起法律关系的产生、变更和消亡的，属于(　　)

A. 法律解释　B. 法律事件　C. 法律行为　D. 法律机关

20. 按照马克思主义法学的观点，法的本质是(　　)

A. 人类理性　B. 民族精神

C. 行为规范　D. 统治阶级的意志

21. 在当代中国法的溯源体系中占据核心地位的是(　　)

A. 法律　B. 宪法　C. 法规　D. 规章

22. 以法的创制主体和适用主体为标准，可以将法划分为(　　)(易混)

A. 国内法和国际法　B. 根本法和普通法

C. 一般法和特别法　D. 实体法和程序法

23. 由全国人民代表大会及其常务委员会制定，调整国家、社会和公民生活中基本社会关系的是(　　)

A. 宪法　B. 法律　C. 行政法规　D. 行政规章

24. 法律是体现(　　)的意志，由国家制定并由国家强制力保证实施的行为规范体系。

A. 被统治阶级　B. 统治阶级　C. 无产阶级　D. 资产阶级

25. 我国《刑法》规定："为了使国家、公共利益、本人或者他人的人身、财产和其他权利免受正在进行的不法侵害，而采取的制止不法侵害的行为，对不法侵害人造成损害的，属于正当防卫，不负刑事责任"。该条款的内容属于哪种规则(　　)

A. 授权性规则　B. 义务性规则　C. 命令性规则　D. 禁止性规则

26. 下列选项中，可以成立的是(　　)

A. 法律的构成要素包括规则、概念和解释

B. 判决书等规范性法律文件可以反复被适用

C. 法律事件是指与人的意志无关的，能够引起法律关系产生，变更或消灭的事实

D. 法律制定的科学性原则要求法律的制定必须从大多数人的最基本利益出发

27. 下列国家属于典型的不成文宪法国家的是(　　)

A. 法国　B. 英国　C. 德国　D. 美国

28. 法律与其他社会规范所规定的权利义务之间最显著的区别在于(　　)

A. 法律规定的权利义务更为具体

B. 法律规定的权利多于义务

C. 法律同时规定了权利和义务，其他社会规范，如道德规范、宗教规范等，只规定义务没有规定权利

D. 法律规定的义务多于权利，而其他社会规范，诸如道德规范、宗教规范等，权利和义务并重

29. 我国法的制定的基本原则之一是(　　)

A. 借鉴外国经验　B. 公民在法律面前人人平等

C. 灵活性与原则性相结合　D. 领导与群众相结合

30. 属于当代中国法的正式渊源的有(　　)(常考)

A. 判例　B. 习惯　C. 政策　D. 法律

二、多项选择题

1. 法律调整的基本要素是(　　)

A. 法律规范　B. 法律关系

C. 实现权利义务的行为　D. 法的适用

2. 当前食品安全形势依然严峻，主要体现在食品加工环境差，食品生产经营者守法经营意识弱、道德诚信缺失等方面。为解决这些问题，下列做法正确的是(　　)

A. 人民政府应加强食品安全的宣传教育，普及相关知识

B. 新闻媒体应开展食品安全法律法规的公益宣传,加强舆论监督

C. 坚持法治约束与道德教化相结合,尤其要强调道德教化的作用

D. 健全完善食品安全标准,着力构建食品安全社会共治格局

3. 以下属于法律关系主体的是(　　)(常考)

A. 公民(自然人)　B. 机构　C. 组织(法人)　D. 国家

4. 以下属于我国法律部门的是(　　)

A. 宪法　B. 行政法

C. 刑法　D. 中华人民共和国会计法

5. 法律关系主体成立所必需的两项能力是(　　)

A. 权利能力　B. 行为能力　C. 民事能力　D. 刑事能力

6. 程序法是为促进实体法内容的实现对诉讼程序或其他程序加以规定的法律。下列不属于程序法的是(　　)

A.《中华人民共和国民法典》　B.《中华人民共和国刑法》

C.《中华人民共和国监察法》　D.《中华人民共和国民事诉讼法》

7. 法律的一般特征表现为(　　)

A. 法是调整人们行为的规范,具有规范性

B. 法律由国家专门机关制定、认可和解释,具有国家意志性和普遍性

C. 法律以权利义务双向规定为调整机制,具有权利和义务的一致性

D. 法律依靠国家强制力,通过一定程序予以实现,具有国家强制性和程序性

8. 法治的基本精神包括(　　)

A. 良法之治　B. 法律至上　C. 权利本位　D. 权力本位

9. 法律关系的构成要素包括(　　)

A. 法律关系的内容　B. 法律关系的主体

C. 法律的权利与义务　D. 法律关系的客体

10. 2020年11月16日至17日,党的历史上首次召开中央全面依法治国工作会议。以下说法正确的有(　　)

A. 习近平法治思想是推进全面依法治国的根本保证

B. 全面依法治国的总目标是:建设中国特色社会主义法治体系,建设社会主义法治国家

C. 中国特色社会主义法治体系是推进全面依法治国的总抓手

D. 全面依法治国最广泛、最深厚的基础是人民

三、判断题

1. 法的社会作用大体上表现在两个方面:一是法律维护阶级统治的作用;二是调整统治阶级内部关系的作用。(常考)　(　　)

2. 公法具有强制性,而私法不具有强制性。　(　　)

3. 法律伴随国家产生,并伴随国家而消亡。　(　　)

4. 法律责任可因违法行为、违约行为或法律规定而产生。　(　　)

5. 某林区村民张林为盖房欲去山上伐几棵国有林木。父亲对他说,未经许可去砍伐国有林木属于乱砍滥伐,是违反《森林法》的。该事例说明法的强制功能。　(　　)

6. 村民王某在自家责任田发现的我国青铜器属于私人法律关系的客体。　(　　)

7. 法律溯及力,是指法律对其生效前后的事件和行为是否适用。(易错)　(　　)

8. 在大陆法系国家中,判例在法律上不被认为是具有约束力的法律渊源,但可被认为是具有说服力的法律渊源。　(　　)

9. 从法理上讲,平等的主体之间不存在相互的支配,他们的自由也不受法律限制。　(　　)

10. 法治和人治是指两种治理国家的制度和原则,前者强调法律的作用,后者强调人的作用。　(　　)

11. 法律规范生效的时间,如无明文规定,依照惯例应该是公布之日。　(　　)

12. 坚持切实处理好党的领导、人民当家作主与依法治国的关系,我们需要把握好执政党的政策与宪法、法律的关系,党的组织结构与国家机关之间的关系,坚持党的领导与公民对党的执政活动的监督之间的关系。　(　　)

13. 法律关系是在法律规范调整社会关系的过程中所形成的人们之间的权利和义务关系。　(　　)

14. 法治的核心是:制约国家权力的滥用、保障公民的自由权利。　(　　)

15. 法系是根据若干国家和地区基于历史传统原因在法律实践和法律意识等方面所具有的共性而进行分类的。　(　　)

专题二　宪　法

命题分析

本专题主要以单选、多选、判断等形式考查。本专题需要重点掌握的知识包括:

1. 识记宪法的地位,宪法的修改和变迁;
2. 识记国体和政体,识记基本政治制度;
3. 识记公民的基本权利的具体内容;
4. 识记全国人大及其常委会的职权,并区分我国的国家机构的性质。

一、单项选择题

1. 关于宪法规范的特点,下列表述哪一项是不正确的(　　)

A. 宪法规范规定的是国家生活和社会生活各方面的根本制度、基本制度和基本原则,具有根本的创造性,是国家各种具体制度的最终根据及渊源

B. 宪法规范的内容广泛,涵盖了国家生活和社会生活的各个方面

C. 宪法规范原则性强弱与适应性强弱成反比，与社会实际调整功能强弱成正比

D. 宪法规范具有稳定性

2. 在我国，全国人民代表大会通过法律须经(　　)(易混)

A. 到会代表的过半数同意　　B. 全体代表的过半数同意

C. 到会代表的三分之二以上的多数同意　　D. 全体代表的三分之二以上的多数同意

3. 人民代表大会制度是中国的(　　)

A. 根本制度　　B. 基本国情

C. 根本政治制度　　D. 基本法律

4. 下列哪项说法是错误的(　　)

A. 民主主体的普遍化是宪法得以产生的前提

B. 宪法最主要、最核心的价值在于保障公民的基本权利

C. 宪法是系统全面地规定公民基本权利的法律部门

D. 宪法是民主事实法律化的基本形式，与民主价值不存在冲突与矛盾

5. 全国人大常委会是全国人大的常设机关，根据《宪法》规定，全国人大常委会行使多项职权，但下列哪一职权不由全国人大常委会行使(　　)(易错)

A. 解释宪法，监督宪法的实施

B. 批准省、自治区、直辖市的建置

C. 废除同外国缔结的条约和重要协定

D. 审批国民经济和社会发展计划以及国家预算部分调整方案

6. 过去，对村非党员基层干部出现的廉洁问题一直是纪委、监察局的"空白区"。某市监察委员会挂牌后，办案人员针对一名违纪的非党员村主任进行政务立案，打响监委反腐的"第一枪"。可见，监察委员会的组建(　　)

A. 扩大了人民民主专政的对象　　B. 弥补了我国基层民主自治的不足

C. 履行了政府打击犯罪的职能　　D. 推动了国家治理体系的不断完善

7.《宪法》规定，我国农村集体经济组织实行家庭承包经营为基础、(　　)的双层经营体制。

A. 包产包销　　B. 统分结合

C. 公私结合　　D. 统分统购

8. 既是我国公民的基本权利，同时也是公民的基本义务的是(　　)(常考)

A. 劳动权　　B. 休息权　　C. 选举权　　D. 被选举权

9.《宪法》规定，中华人民共和国公民有受教育的权利和义务。国家培养青年、少年、儿童在(　　)等方面全面发展。

A. 品德、体质、劳动　　B. 智力、体质、劳动

C. 品德、智力、劳动　　D. 品德、智力、体质

10. 中国人民政治协商会议第十三届全国委员会第三次会议于2020年5月21日至27日在北京召开。关于中国人民政治协商会议，说法错误的是(　　)(易错)

A. 中国共产党领导的多党合作和政治协商制度将长期存在和发展

B. 中国人民政治协商会议是具有广泛代表性的统一战线组织

C. 中国人民政治协商会议是重要的国家机关

D. 中国共产党领导的爱国统一战线将继续巩固和发展

11. 国家在设立特别行政区时，特别行政区内实行的制度按照具体情况，由(　　)以法律来规定。

A. 特别行政区政府　　B. 国务院

C. 全国人民代表大会　　D. 全国人大常委会

12. 下列关于民族自治地方自治机关的自治权的说法中，错误的是(　　)

A. 自治区制定的自治条例和单行条例，无须报全国人民代表大会常务委员会批准

B. 自治机关在执行公务时依自治条例规定，使用当地通用的一种或者几种语言文字

C. 凡属于民族自治地方的财政收入，都应由民族自治地方的自治机关自主安排使用

D. 民族自治地方的自治机关经国务院批准，可以组织本地方维护社会治安的公安部队

13. 根据我国《宪法》的规定，下列选项中不属于公民获得物质帮助的条件的是(　　)(易混)

A. 公民在年老时　　B. 公民在疾病时

C. 公民在丧失劳动能力时　　D. 公民在失业时

14. 我国公民的法定权利和自由中，居于首位的是(　　)

A. 言论　　B. 出版　　C. 结社　　D. 示威

15. 根据我国《宪法》的规定，下列自然资源中，只能属于国家所有的是(　　)

A. 山岭　　B. 矿藏　　C. 森林　　D. 草原

16. 根据我国《宪法》的规定，全国人大常委会有权进行部分修改的规范性文件是(　　)

A. 宪法　　B. 基本法

C. 香港特别行政区的法律　　D. 国际条约

17. 宪法所规定的是国家生活中带有全局性、根本性的问题。下列属于国家生活中带有全局性、根本性的问题的是(　　)(常考)

A. 婚姻、家庭关系问题　　B. 未成年人的保护问题

C. 犯罪和刑罚问题　　D. 我国的国家性质、根本制度等

18. 活佛作为藏传佛教特有的活动和传承方式得到国家的尊重，仅在2018年已有91位活佛。宗教文化和历史定制得到批准和认同，由此可见(　　)

A. 我国鼓励和支持宗教事业的发展　　B. 宗教领域贯彻落实依法治国方略

C. 我国宗教信仰的本质已发生变化　　D. 正常的宗教活动受到了国家的保护

19. 在微时代、微空间里，既可以微言大义，也可能危言耸听。这需要我们坚持(　　)

A. 主动行使监督权　　B. 权利与义务相统一

C. 积极行使选举权　　D. 法律面前一律平等

20. 下列选项中，哪项不属于我国宪法规定的公民的基本权利中的政治权利和自由(　　)

A. 出版《盛世危机》评论时政

B. 在街头巷角公然议论政府领导政绩

C. 因对环境问题不满举行游行示威

D. 组织数人成立联合会，就佛学文化问题展开研究

21. 地方各级人民代表大会代表，有的是由下一级人民代表大会选举产生，有的是由选民直接选举产生。下列选项中由选民直接选举产生的人民代表大会代表是(　　)

A. 省人民代表大会代表　　B. 直辖市人民代表大会代表

C. 设区的市人民代表大会代表　　D. 市辖区人民代表大会代表

22. 上级人民法院(　　)下级人民法院的审判工作。(易混)

A. 监督　　B. 指导　　C. 领导　　D. 管理

23. “坚决托住基本民生需求的底”“提高保障和改善民生水平”“向深度贫困地区聚焦发力”，我国国家财政资金更多地用于增进民生福祉。这体现了我国人民民主具有(　　)

A. 制度保障　　B. 法律保障

C. 物质保障　　D. 政治保障

24. 一切国家机关实行(　　)的原则，实行工作责任制，实行工作人员的培训和考核制度，不断提高工作质量和工作效率，反对官僚主义。

A. 精简　　B. 高效　　C. 平等　　D. 为人民服务

25. 下列可以享有并行使选举权的是(　　)

A. 李某，30岁，不能行使行为能力的精神病患者

B. 王某，15岁，正在接受专门矫治教育

C. 张某，45岁，美籍华人

D. 周某，67岁，文盲

26. 4月15日是全民国家安全教育日。我国《国家安全法》在第三条总体国家安全观的内涵中强调“以人民安全为宗旨”。“以人民安全为宗旨”从根本上说(　　)

A. 是由宪法决定的　　B. 是由我国国家性质决定的

C. 是由政府职能决定的　　D. 是由政府性质决定的

27. 2020年3月5日，第十三届全国人民代表大会第四次会议在北京人民大会堂开幕，听取并审议了国务院总理李克强所作的政府工作报告。这体现出全国人大行使(　　)(易错)

A. 审议权　　B. 决定权　　C. 监督权　　D. 任免权

28. 法的制定主体是(　　)

A. 政党　　B. 全体人民　　C. 国家　　D. 党和国家

29. 某年劳动节正逢周三，国务院调休方案出台的过程是：群众呼吁调休，人大代表建议，政府调整，总理回应，抓紧研究，国务院通知调休。针对上述过程，说法正确的是(　　)

A. 公民通过社情民意反映制度行使决策权

B. 人大代表行使质询权督促政府作出调整

C. 政府以人民为中心，坚持为人民服务的工作态度

D. 公民通过人大代表联系群众制度监督政府工作

30. 按照规定的内容、法律地位和制定的程序不同，法律可以划分为根本法和普通法。其中，根本法又称(　　)(常考)

A. 行政法　　B. 宪法　　C. 民法　　D. 刑法

31. 某市举行的人大会议选举产生了新一届市长、法院院长和检察院检察长，审议通过了“一府两院”的工作报告。这表明在我国，人民代表大会与其他国家机关是(　　)

A. 互相监督、分工合作的关系　　B. 监督与被监督的关系

C. 立法机关与行政机关的关系　　D. 两者平行、互不干涉的关系

32. 微信朋友圈为人们分享信息提供了一个开放性平台。小李认为朋友圈是自己的“地盘”，在朋友圈上可以随意发表自己的见解和观点，任何人无权干涉这种自由，他的观点(　　)

A. 否认了国家保护公民的政治自由　　B. 否认了公民的权利和义务是统一的

C. 肯定了公民的自由是相对的有条件的　　D. 符合我国公民享有言论自由权利的要求

33. 我国公民行使监督权的对象是(　　)

A. 任何国家机关和国家工作人员

B. 任何单位和人员

C. 任何危害公共利益和个人利益的单位和人员

D. 与自己利益密切相关的单位和人员

34.《宪法》规定，(　　)制定与修改刑法、民法和其他的基本法律。

A. 全国人民代表大会　　B. 全国人大及其常委会

C. 全国人大常委会　　D. 全国人大常委会和国务院

35. 根据《宪法》规定，由(　　)行使解释《宪法》和法律的权利，这属于立法解释。

A. 全国人民代表大会　　B. 全国人大常委会

C. 全国人大及其常委会　　D. 各民主党派

36. 根据我国现行《宪法》规定，全国人民代表大会常务委员会的组成人员中应当有适当名额的(　　)

A. 妇女代表　　B. 少数民族代表

C. 民主党派代表　　D. 华侨和侨胞代表

37. 根据《宪法》规定，(　　)连续任职不得超过两届。

A. 总理、副总理、国务委员　　B. 总理、副总理、各委员会主任

C. 总理、副总理、各部部长　　D. 副总理、秘书长

38. 根据《宪法》的相关内容,下列说法正确的是(　　)

A. 我国是人民民主专政的社会主义国家

B. 在我国,剥削阶级已经消灭,阶级斗争已经不存在了

C. 中国人民政治协商会议是我国的国家机构

D. 新民主主义革命推翻了帝国主义、封建主义和资本主义的统治

39. 根据《宪法》和法律规定,关于人民代表大会制度,下列哪一选项是不正确的(　　)(易混)

A. 人民代表大会制度体现了一切权力属于人民的原则

B. 地方各级人民代表大会是地方各级国家权力机关

C. 全国人民代表大会是最高国家权力机关

D. 地方各级国家权力机关对最高国家权力机关负责,并接受其监督

40. 下列国家机关中,实行首长负责制的是(　　)

A. 国务院　　B. 国家主席

C. 全国人民代表大会　　D. 最高人民法院

41. 根据《中华人民共和国宪法》的有关规定,下列说法正确的是(　　)

A. 矿藏、水流、海域、森林均属于国家所有

B. 国家军事委员会决定战争和和平问题

C. 地方各级人民代表大会设立常务委员会

D. 全国人大代表在全国人大各种会议上的发言不受法律追究

42. 我国的政体是(　　)

A. 民主集中制　　B. 政治协商制度

C. 人民代表大会制度　　D. 人民民主专政制度

43. 根据《宪法》规定,决定战争和和平问题的职权由(　　)

A. 全国人民代表大会常务委员会行使　　B. 全国人民代表大会行使

C. 中央军事委员会行使　　D. 中国共产党中央军事委员会行使

44. 有权制定地方性法规的机关是(　　)

A. 中共北京市委　　B. 全国人大法工委

C. 郑州市人民代表大会　　D. 重庆市南岸区人民代表大会

45. 我国《宪法》规定,国家合理安排积累和消费,兼顾国家、集体和个人的利益,在发展生产的基础上,逐步改善人民的(　　)(易错)

A. 物质生活和精神生活　　B. 物质生活和文化生活

C. 经济生活和精神生活　　D. 文化生活和社会生活

46. 我国采取(　　)的国家结构形式。(常考)

A. 一国两制　　B. 统一的多民族　　C. 复合制　　D. 单一制

47. 我国宪法的作用不包括(　　)

A. 规范国家机构及权力　　B. 保障公民权利和义务

C. 规范犯罪和刑罚　　D. 把党的主张和人民意志转化为国家意志

48. 我国《国旗法》规定,在公共场合故意以焚烧、毁损、涂划、玷污、践踏等方式侮辱中华人民共和国国旗的,依法追究(　　)

A. 刑事责任　　B. 行政责任

C. 民事责任　　D. 经济法责任

49. 根据我国《宪法》和法律,下列关于人民检察院的表述,正确的是(　　)

A. 人民检察院是我国的法律监督机关

B. 人民检察院是我国行政机关的重要组成部分

C. 上级人民检察院指导下级人民检察院的工作

D. 人民检察院的职权包括对所有刑事案件的侦查、批准逮捕和审查起诉

50. 根据我国《宪法》的规定,我国公民的监督权不包括(　　)

A. 调查权　　B. 批评建议权　　C. 控告检举权　　D. 申诉权

51. 村民委员会的性质属于(　　)

A. 国家行政机关　　B. 群众性自治组织

C. 国家机关派出机构　　D. 行政机关基层组织

52. 中华人民共和国国务院的各部、委、局可依法制定(　　)(易混)

A. 基本法律　　B. 行政法规　　C. 行政规章　　D. 自治条例

53. 根据《宪法》规定,国务院对各部、各委员会发布的不适当命令、指示和规章有权(　　)

A. 改变　　B. 发回

C. 改变或者撤销　　D. 撤销

54. 全国人民代表大会常务委员会每届任期是(　　)

A. 一年　　B. 三年　　C. 四年　　D. 五年

55. 根据我国宪法规定,有权提议修改宪法的主体是(　　)

A. 国家主席　　B. 国务院总理

C. 五分之一以上全国人大代表　　D. 政协主席

二、多项选择题

1. 特别行政区是中国行政区划之一,行政区划级别与省、自治区、直辖市相同,但不同的是特别行政区享有高度自治权。根据《宪法》和法律的规定,特别行政区的高度自治权体现在(　　)

A. 特别行政区可实行与中华人民共和国内地不同的社会经济、政治和文化制度

B. 特别行政区享有司法终审权

C. 全国人大常委会制定的法律均不在特别行政区实施，其立法机关可另行制定

D. 特别行政区可以以自己的名义单独参加各种民间国际组织

2. 关于我国民族自治区与我国特别行政区的共同特点，下列说法正确的有（　　）

A. 都是中央人民政府管辖下的地方行政区域

B. 都是根据民族分布的复杂性和经济发展不平衡性设计的

C. 都在中国共产党领导下走社会主义道路

D. 都享有自治权

3. 最高人民检察院对（　　）负责。（易混）

A. 国家主席　　B. 全国人大

C. 全国人大常委会　　D. 中共中央委员会

4. 下列选项中属于国务院职能范围的是（　　）

A. 修改宪法

B. 制定和修改基本法律

C. 批准省、自治区和直辖市的划分

D. 对国防、民政、文教、经济等各项行政工作的领导和管理

5. 中国共产党同各民主党派合作的基本方针包括（　　）（常考）

A. 长期共存　　B. 互相监督

C. 肝胆相照　　D. 荣辱与共

6. 以下属于我国选举基本原则的是（　　）

A. 普遍性原则　　B. 平等性原则

C. 直接选举和间接选举相结合原则　　D. 秘密投票原则

7. 中国特色社会主义政治发展道路，是近代以来中国人民长期奋斗历史逻辑、理论逻辑、实践逻辑的必然结果，是坚持党的本质属性、践行党的根本宗旨的必然要求。走中国特色社会主义政治发展道路，必须坚持的中国特色社会主义政治制度有（　　）

A. 人民代表大会制度　　B. 中国共产党领导的多党合作和政治协商制度

C. 民族区域自治制度　　D. 基层群众自治制度

8. 我国的人民代表大会制度可以概括为（　　）

A. 国家的一切权力属于人民

B. 人民通过民主选举产生全国人民代表大会和地方各级人民代表大会

C. 国家行政机关、监察机关、审判机关、检察机关都由人民代表大会产生，对它负责，受它监督

D. 全国人民代表大会和地方各级人民代表大会对人民负责，受人民监督

9. 宪法是国家的根本大法。我国现行宪法的基本原则有（　　）

A. 民主集中制原则　　B. 社会主义法治原则

C. 基本人权原则　　D. 一切国家权力属于人民的原则

10. 下列选项中，属于我国宪法规定公民享有的基本权利的有（　　）

A. 人身自由不受侵犯　　B. 人格尊严不受侵犯

C. 住宅不受侵犯　　D. 通信自由和通信秘密受法律保护

11. 根据我国相关法律规定，下列关于土地所有权的表述正确的是（　　）

A. 城市市区的土地属于国家所有　　B. 城市郊区的土地属于农民所有

C. 农村的宅基地属于集体所有　　D. 国家依法征用的土地属于国家所有

12. 根据《宪法》第十三条规定，国家依照法律规定保护公民的（　　）

A. 收入　　B. 房屋

C. 私有财产权　　D. 继承权

13. 关于宗教信仰自由，下列说法正确的是（　　）

A. 任何国家机关、社会团体和个人不得强制公民信仰宗教或者不信仰宗教

B. 不得歧视信仰宗教的公民和不信仰宗教的公民

C. 任何人不得利用宗教进行破坏社会秩序、损害公民身体健康、妨碍国家教育制度的活动

D. 宗教团体和宗教事务不受外国势力的支配

14. 根据《宪法》规定，关于国务院的说法，下列哪些选项是正确的（　　）

A. 国务院由总理、副总理、国务委员、秘书长组成

B. 国务院常务会议由总理、副总理、国务委员、秘书长组成

C. 国务院有权改变或者撤销地方各级国家行政机关的不适当的决定和命令

D. 国务院依法决定省、自治区、直辖市的范围内部分地区进入紧急状态

15. 根据《中华人民共和国宪法》的规定，国家工作人员就职时应当依照法律规定公开进行宪法宣誓。宣誓誓词包括（　　）

A. 忠于中华人民共和国宪法，维护宪法权威，履行法定职责

B. 忠于祖国、忠于人民

C. 恪尽职守、廉洁奉公，接受人民监督

D. 为建设富强民主文明和谐美丽的社会主义现代化强国努力奋斗

16. 关于国家监察委员会，下列说法正确的是（　　）（易错）

A. 最高监察机关是中华人民共和国国家监察委员会

B. 国家监察委员会依照法律独立行使监察权

C. 监察委员会对本级党委负责

D. 各级监察委员会隶属各级人民代表大会

17. 下列名词中，在2018年《宪法修正案》中首次写入宪法的有（　　）

A. 致力于中华民族伟大复兴的爱国者　　B. 构建人类命运共同体

C. 国家尊重和保障人权　　D. 民族关系增加"和谐"

18. 根据《宪法》规定，下列领导人员不是由全国人大选举产生的是（　　）

A. 国家主席　　B. 中央军委副主席

C. 国家副主席　　D. 最高人民检察院副检察长

19. 在全国人大开会期间，全国人大代表的权利有（　　）（易错）

A. 提出全国人大职权范围内的议案

B. 提出对国务院或国务院各部委的质询案

C. 非经全国人大主席团许可，不受法律追究

D. 在全国人大各种会议上的行动，不受逮捕

20. 我国处理民族关系的基本原则包括（　　）

A. 团结　　B. 互助　　C. 共同繁荣　　D. 平等

21. 我国上下级人民代表大会之间的关系是（　　）

A. 工作上的相互联系关系　　B. 业务上指导与被指导关系

C. 行政上领导与被领导关系　　D. 法律上监督与被监督关系

22. 现年22岁的王某为普通高校毕业生，健康。根据《宪法》和法律的规定，下列关于王某的权利与义务说法正确的有（　　）

A. 无需承担纳税义务　　B. 有选举权和被选举权

C. 通信自由、通信秘密受法律保护　　D. 有从国家和社会获得物质帮助的权利

23. 在我国，全国人大常委会无权制定（　　）（易错）

A. 基本法律　　B. 基本法律以外的其他法律

C. 特别行政区基本法　　D. 行政法规

24. 根据《宪法》规定，全国人民代表大会有权决定或批准下列哪些事项（　　）

A. 批准省、自治区、直辖市的区域划分

B. 宣布战争状态

C. 香港特别行政区和澳门特别行政区的设立及其社会制度

D. 我国的国民经济和社会发展计划

25. 根据《宪法》和法律规定，下列哪些选项是正确的（　　）

A. 中华人民共和国主席对全国人大及其常委会负行政责任

B. 国务院对全国人大负责并报告工作，在全国人大闭会期间对全国人大常委会负责并报告工作

C. 最高人民法院、最高人民检察院对全国人大及其常委会负责

D. 中央军事委员会对全国人大负责并报告工作，在全国人大闭会期间对全国人大常委会负责并报告工作

26. 关于我国的国家主席，下列说法正确的是（　　）（常考）

A. 是国家元首　　B. 由全国人民代表大会选举产生

C. 连续任职不得超过两届　　D. 有权公布法律

27.《宪法》规定公民的住宅不受侵犯。下列哪些选项属于侵犯公民住宅的行为（　　）

A. 非法侵入公民住宅　　B. 非法搜查公民住宅

C. 非法买卖公民住宅　　D. 非法出租公民住宅

28. 根据《宪法》规定，公民的人身自由是指公民的身体不受非法侵害，具体是指不受非法（　　）

A. 限制　　B. 搜查　　C. 侮辱　　D. 逮捕

29. 除因国家安全或者追查刑事犯罪的需要，由（　　）依照法律规定的程序对通信进行检查外，任何组织或者个人不得以任何理由侵犯公民的通信自由和通信秘密。

A. 通信主管部门　　B. 公安机关

C. 检察机关　　D. 电信运营商

30. 人民代表大会制度是我国的根本政治制度，这是因为它（　　）

A. 直接体现我国人民民主专政的性质

B. 保证人民的权利在全部国家政治生活中处于首要地位

C. 在制定国家各种制度中起着决定性作用

D. 直接反映了中国共产党对国家政权的领导

三、判断题

1. 建立宪法宣誓制度，所有国家工作人员正式就职时应公开向宪法宣誓。（　　）

2. 中国共产党与各民主党派的合作主要是通过政治协商、执政议政、民主监督和合作共事等形式来实现的。（　　）

3. 我国爱国统一战线的组织形式是中国人民政治协商会议。（　　）

4. 政体是一个国家的政权组织形式，是实现国体的具体方法。（　　）

5. 物质帮助权只能是公民在失去劳动能力时获得的。（　　）

6. 人民政协是中国共产党把马克思列宁主义统一战线理论、政党理论、民主政治理论同中国实际相结合的伟大成果，是中国共产党领导各民主党派、无党派人士、人民团体和各族各界人士在政治制度上进行的伟大创造。（　　）

7. 公民的通信自由在任何情况下都不能被剥夺。（　　）

8. 我国地方各级人民代表大会都设有常务委员会。（　　）

9. 公安机关、人民检察院、人民法院都是国家的司法机关。（　　）

10. 我国《宪法》规定各少数民族居住的地方实行区域自治。（　　）

11. 不设区的市、市辖区、县、自治县、乡、镇人民代表大会代表，由选民直接选举。(易错)　(　)

12. 公民在法律面前一律平等，所以对于享受宪法的权利和承担的义务，所有公民都相同。　(　)

13. 最高人民法院副院长应由全国人民代表大会选举产生。　(　)

14. 截至目前，我国现行的"八二宪法"已经进行过四次修订。　(　)

15. 居民委员会是居民自我管理、自我教育、自我服务的基层政府组织。　(　)

专题三　民　法

命题分析

本专题主要以单选、多选、判断等形式考查。本专题需要重点掌握的知识包括：

1. 了解我国民法典的内涵和地位；
2. 识记自然人的民事行为能力；
3. 区分国家所有权和集体所有权；
4. 识记结婚应满足的条件和禁止结婚情形，区分无效婚姻和可撤销婚姻，区分夫妻共同财产和夫妻个人财产；
5. 识记继承人范围及继承顺序，理解遗嘱继承的效力，了解遗嘱的形式；
6. 理解人身权，区分人格权和身份权；
7. 了解著作权的合理使用情形和保护期限；
8. 了解专利权的客体，不授予专利权的情形，专利权的期限；
9. 理解侵权责任的归责原则及特殊规定。

一、单项选择题

1. 下列关于我国《民法典》的说法中，不正确的是(　)

A.《民法典》被称为"社会生活的百科全书"　B. 我国第一部《民法典》共7编，1260条

C. 我国《民法典》自2021年1月1日起实施　D.《民法典》是由国务院制定的

2. 我国公民的民事权利能力始于(　)(常考)

A. 10周岁　B. 出生

C. 16周岁　D. 18周岁

3. 在我国民法中，"法人"是一个重要的概念。下列有关说法错误的是(　)

A. 法人是法律意义上的"人"　B. 法人可以是自然人或者社会组织

C. 法人是一种集合体　D. 法人可以独立承担民事责任

4. 甲被宣告死亡后，其妻乙改嫁丙。丙死亡后一年，乙得知甲仍然在世，经通讯联系后，遂向法院申请撤销原死亡宣告。撤销甲的死亡宣告后，甲与乙的婚姻关系如何(　)(常考)

A. 自行恢复　B. 并未自行恢复

C. 视为自行恢复　D. 经甲同意自行恢复

5. 养鸡专业户贾某的一只鸡生病，贾某害怕此鸡得的是禽流感传染给其他鸡，于是将此鸡抛弃在深山。该鸡恰被上山砍柴的村民山某发现，带回家中精心饲养，该鸡病愈并产蛋颇丰。贾某听说后向山某索要此鸡。则贾某(　)

A. 无权请求返还，因为其抛弃行为使所有权消灭，山某基于先占取得所有权

B. 无权请求返还，但有权要求适当补偿

C. 有权请求返还，因为山某拾得鸡占为己有，构成不当得利

D. 有权请求返还，但应补偿山某喂养此鸡的费用及劳务费

6. 某日，王女士带着7岁的女儿前往某主题乐园游玩。在入口处，王某被一工作人员拦下，并被告知该乐园禁止游客携带食品入园且要对其进行翻包检查，根据我国法律的相关规定，该乐园的翻包行为侵犯了王女士的(　)

A. 名誉权　B. 荣誉权

C. 隐私权　D. 公平交易权

7. 甲以个人名义向乙独资设立的腾飞有限公司借款8万元，借期2年。不久，甲与丙登记结婚，将借款8万元用于购买新房和家电。婚后1年，甲与丙协议离婚，未对债务的偿还作出约定。下列哪一项是正确的(　)

A. 由乙向甲请求偿还8万元　B. 由乙向甲和丙请求偿还8万元

C. 腾飞公司只能向甲请求偿还8万元　D. 由腾飞公司向甲和丙请求偿还8万元

8. 甲有一套商品房欲出售，经人介绍，与乙签订房屋买卖合同。丙知道后找到甲，表示愿意以更高的价格购买，甲便与丙订立合同并办理房屋过户手续。下列说法正确的是(　)

A. 房屋应归乙，甲向丙承担违约责任

B. 房屋应归丙，甲向乙承担违约责任

C. 房屋产权登记有误，应重新登记为甲

D. 甲与丙订立的合同无效，甲与乙协商房屋的归属权

9. 依照法律规定，不满(　)的未成年人为无民事行为能力人，由其法定代理人代理实施民事法律行为。

A. 八周岁　B. 十周岁

C. 十二周岁　D. 十四周岁

10. 担保物权包括(　)(常考)

A. 地役权和抵押权　B. 地役权、永佃权和质权

C. 质权、抵押权和留置权　D. 地上权和相邻权

11. 构成民事法律关系的三要素为(　)

A. 主体、行为、权利和义务　B. 物、行为、智力成果

C. 主体合格、内容合法、意思真实　D. 主体、客体、内容

12. 根据我国《专利法》的相关规定，下列选项中可以授予专利权的是( )

A. 甲发明了某植物新品种的生产方法

B. 乙发明了对糖尿病特有的治疗方法

C. 丙发明了用于躲避监控机动车超速行驶的预警电子狗

D. 丁对两种平面印刷品的图案结合作出的起标识作用的设计

13. 名称权是( )

A. 公民享有的人格权 B. 自然人享有的身份权

C. 法人享有的人格权 D. 自然人享有的人格权

14. 法人、个体工商户享有的人身权包括( )(易混)

A. 姓名权和名誉权 B. 名誉权和经营权

C. 经营权和隐私权 D. 名称权和名誉权

15. 订立民事合同要经过的两个主要步骤是( )

A. 邀请与议价 B. 要约与承诺

C. 议价与承诺 D. 要约与履行

16. 公民对自己的财产的占有、使用、收益和处分的权利是( )

A. 财产经营权 B. 债权 C. 财产所有权 D. 物权

17. 2018年9月，董某到某银行取款时，意外发现自己的银行卡里多了50万元存款。经查，是银行误将一个与董某同名同姓人的存款存入董某的卡里。此种情形可构成( )(易混)

A. 意外事件 B. 不当得利

C. 赠与行为 D. 侵权行为

18. 现年19岁的在校大二学生王某，为购买新手机向网贷公司借款6000元，到期无法归还，关于此债务下列说法正确的是( )

A. 由王某父母承担 B. 由王某自己承担

C. 债务无效不需要偿还 D. 由王某与其父母共同承担

19. 根据我国《民法典》的规定，下列财产可以抵押的是( )

A. 土地所有权 B. 海域使用权

C. 依法被监管的财产 D. 公益幼儿园的教育设施

20. 无配偶的男性收养女性的，收养人与被收养人之间的年龄应当相差( )

A. 30周岁以上 B. 35周岁以上

C. 40周岁以上 D. 45周岁以上

21. 根据《著作权法》第二十一条规定，发表权的保护期与著作权中的财产权利的保护期相同，为作者终生及其死亡后的( )年。

A. 40 B. 50 C. 60 D. 70

22. 甲从乙商场购买了一张丙公司生产的玻璃餐台，使用几天后，餐台因质量问题突然炸裂致甲受伤，甲( )

A. 只能向乙商场请求赔偿

B. 只能向丙公司请求赔偿

C. 只能要求乙商场和丙公司各自承担一半赔偿责任

D. 可以向乙商场请求赔偿，也可以向丙公司请求赔偿

23. 根据法律的有关规定，个体工商户的债务，个人经营的，以个人财产承担；家庭经营的，以家庭财产承担；无法区分的，以( )承担。

A. 家庭财产 B. 集体财产

C. 个人财产 D. 部分成员财产

24. 欧某在网上散布前女友官某的不光彩照片，官某发现后，立即通知网络服务提供者删除这些照片，但该网络服务提供者却没有及时采取措施，而是采用观望的态度，以提高自己运营网站的点击率。该网络服务提供者对于官某隐私权损害的进一步扩大部分承担( )

A. 连带责任 B. 按份责任

C. 补充责任 D. 不承担责任

25. ( )是民事主体自主参加社会活动、享有权利、行使权利的基本前提和基础。

A. 人格完整 B. 名誉权

C. 人格自由 D. 隐私权

26. 我国法律规定，继承人对于被继承人生前的合法债务( )(常考)

A. 应当负责全额偿还 B. 可以负责全额偿还

C. 可以不负责偿还 D. 应当在遗产的实际价值范围内负责清偿

27. 李某超速驾驶汽车，丁某逆行骑摩托车。两车相撞，摩托车飞至人行道，将行人林某砸伤。林某的损害应由( )

A. 李某单独承担责任 B. 丁某单独承担责任

C. 李某、丁某承担连带责任 D. 李某、丁某承担按份责任

28. 甲公司欲将一种芯片材料的制造方法申请专利，其可以申请( )

A. 发明专利 B. 实用新型专利

C. 外观设计专利 D. 任何类型的专利

29. 甲婚前全款购买了一套商品房并办理了房产证，婚后甲主动表示商品房一半产权赠与妻子乙，并重新办理了署有二人名字的房产证。婚后甲和乙感情破裂，欲离婚，该商品房应作为( )来分割。

A. 甲婚前个人财产 B. 乙婚后个人财产

C. 甲和乙夫妻共同财产 D. 产权不明财产

30. 甲向H银行贷款，以其别墅设定抵押。之后，甲在别墅院内建造了独立车库。贷款到期，甲无力偿还。H银行享有优先受偿权的财产(　　)

A. 仅限于别墅　　B. 包括别墅、车库

C. 包括别墅及其建设用地使用权　　D. 包括别墅、车库及二者的建设用地使用权

31. 下列不属于限制民事行为能力人的是(　　)

A. 张某20岁，但没有任何收入

B. 王某15岁，能以自己的劳动收入作为主要生活来源

C. 李某18岁，不能完全辨认自己的行为

D. 赵某8岁，能够完全辨认自己的行为

32. 依照法律规定，教唆、帮助无民事行为能力人、限制民事行为能力人实施侵权行为的，应当(　　)

A. 不承担相应责任　　B. 承担部分责任

C. 承担侵权责任　　D. 与行为人承担连带责任

33. 甲、乙二人同在山坡上放羊，乙的羊混入甲的羊群，甲不知，赶羊回家入圈。甲的行为属于(　　)

A. 拾得遗失物　　B. 不当得利

C. 无因管理　　D. 授权行为

34. 下列各项权利中，不属于人身权的是(　　)(易错)

A. 姓名权　　B. 荣誉权

C. 继承权　　D. 肖像权

35. 下列关于肖像权的表述中，不正确的是(　　)

A. 法人也有肖像权

B. 公民的肖像权受到侵犯时，有权请求精神损害赔偿

C. 使用公民的肖像，应当按照合同约定的用途和规定进行

D. 公民享有肖像权，未经本人同意，不得以营利为目的使用公民的肖像

36. 两个或两个以上的申请人在同一种商品上以相同或相似的商标在同一天申请注册的，商标局应当依照我国商标法的规定，公告(　　)的商标。

A. 申请在先　　B. 使用在先

C. 申请在先并且使用在先　　D. 设计在先

37. 下列不属于民法调整的社会关系是(　　)

A. 甲、乙两个公司之间发生的租赁合同纠纷

B. 陈某与其弟弟之间因继承发生的纠纷

C. 张某与其供职的公司之间发生的知识产权纠纷

D. 李某与某行政机关因罚款数额发生的争执

38. 甲、乙二人于2020年6月6日登记结婚，半年后因感情不和协议离婚。下列财产中属于二人共同财产的是(　　)

A. 甲婚前购买的汽车

B. 甲于2020年10月购买彩票，中奖10万元

C. 乙于2018年用父母的钱全款购买的房子，用于婚后居住

D. 乙的祖父于2020年6月1日为祝贺乙结婚，赠与乙的名人字画

39. 下列不属于债的担保方式的是(　　)(易混)

A. 保证　　B. 抵押　　C. 预付款　　D. 定金

40. 杨某在《奔流》杂志发表了一篇小说，但未作版权声明。读者陆某将该小说推荐给《传奇文摘》杂志社，《传奇文摘》杂志社若要转载该小说，则(　　)

A. 不必经杨某同意，但应向杨某支付稿酬

B. 必须经杨某同意，但不必向杨某支付稿酬

C. 不必经《奔流》杂志社同意，但应向《奔流》杂志社支付稿酬

D. 必须经《奔流》杂志社同意，并应向《奔流》杂志社支付稿酬

41. 小吴(女)和小赵(男)因小赵多次家暴而提出离婚，小赵请求小吴原谅并签订了一份保证协议，约定如果今后再对小吴使用暴力，需赔偿小吴10万元。根据我国《民法典》的规定，该协议的效力为(　　)

A. 有效　　B. 无效

C. 效力待定　　D. 由法院判决该协议是否有效

42. 甲(男，22周岁)为达到与乙(女，19周岁)结婚的目的，故意隐瞒乙的真实年龄办理了结婚登记。两年后，因双方经常吵架，乙以办理结婚登记时未达到法定婚龄为由向法院起诉，请求宣告婚姻无效。人民法院应如何处理(　　)

A. 以办理结婚登记时未达到法定婚龄为由宣告婚姻无效

B. 对乙的请求不予支持

C. 宣告婚姻无效，确认为非法同居关系，并予以解除

D. 认定为可撤销婚姻，乙可行使撤销权

43. 夫妻一方因身体受到伤害获得的伤残补助费用，该伤残补助金的性质应如何确定(　　)

A. 伤残补助金为个人财产

B. 伤残补助金为夫妻共有财产

C. 伤残补助金为夫妻共同财产

D. 伤残补助金中医药费以外的费用为夫妻共同财产

44. 依据《民法典》规定，立有数份遗嘱，内容相抵触的，以(　　)为准。

A. 口头遗嘱　　B. 书面遗嘱

C. 公证遗嘱　　D. 最后的遗嘱

45. 杨某刚满16岁时进工厂当了工人，每月收入700元。除交父母一部分生活费外，他把其余的都积攒下来，一年时间已有2000多元积蓄。在未征得父母同意的情况下，杨某自作主张花1200元买了一件艺术品。由于父母反对，杨某决定将该艺术品退还给商店，但商店不同意。根据法律规定，杨某购买艺术品的行为属于(　　)

A. 无效民事行为　　B. 有效民事行为

C. 重大误解的民事行为　　D. 显失公平的民事行为

46. 在我国，外观设计专利权的期限为(　　)年。(易错)

A. 5　　B. 10　　C. 15　　D. 20

47. 关于隐私权的正确表述是(　　)

A. 凡民事主体均享有隐私权　　B. 隐私权属于名誉权的一种

C. 隐私权仅自然人享有　　D. 一切个人信息均为隐私权的客体

48. A市的朱某和魏某因未达法定婚龄而被认定婚姻无效，根据相关规定，有权宣告其婚姻无效的机关是(　　)

A. A市人民政府　　B. A市人民法院

C. A市人民检察院　　D. A市公安机关

49. 继承权的丧失是指继承人丧失继承权的情况。以下情况中，继承人不会丧失继承权的是(　　)

A. 甲为了早点继承其父亲的财产，雇人将其父亲杀死

B. 乙主动将父母接来身边养老而获得了全部遗产

C. 丙雇人将其弟弟杀死以获得更多遗产份额

D. 丁在其父母死后伪造了一份遗嘱

50. 下列选项中，属于违约责任承担方式的是(　　)

A. 恢复名誉　　B. 赔礼道歉

C. 继续履行　　D. 消除影响

二、多项选择题

1. 下列行为中，属于侵犯他人隐私权的有(　　)(常考)

A. 私自将某位明星的住址和电话号码发布到网络上

B. 未经允许私拆并偷看某人的信件

C. 在某人家里安装隐形摄像头，偷拍其私生活镜头

D. 公安局为缉拿罪犯，公布犯罪分子的姓名，性别，相貌等个人信息

2. A小区王某等住户因车位问题与该小区的开发商B公司发生争议。B公司与王某等住户的购房合同规定：B公司将为本楼住户提供地下停车场的停车车位。但王某等住户搬进小区后，发现B公司已将该楼50多套房连同地下停车场卖给了C公司。C公司明确表示，地下停车场的车位仅供本单位的职工使用，其他住户要停车必须按每天15元的标准缴费。下列说法中正确的是(　　)

A. 地下停车场属于业主共有部分，B公司无权转让

B. 王某等住户可以根据其与B公司的购房合同追究B公司的违约责任

C. 王某等住户有权无偿使用地下停车场的停车车位

D. C公司是地下停车场的新的所有权人，有权决定停车场的使用方式

3. 小李8岁、小张6岁。某日放学后，两人觉得无聊，便相约到山上玩耍。由于山上碎石特别多，两人就随手拾起向远处掷。农民老黄刚好在山下经过，被石头砸伤，花去医疗费5000元。请问，下列说法正确的是(　　)

A. 小李、小张构成共同危险行为

B. 小张的监护人承担医疗费

C. 小李的监护人与小张的监护人共同承担医疗费

D. 由于小李与小张都是未成年人，属于意外事件，应由老黄自己承担医疗费

4. 某日，吴某带其6岁的女儿小雅在楼下玩耍，后因有事先行回家。无人照看的小雅见对面李某家门未关，遂偷偷跑进去玩耍，不幸从二楼至三楼楼梯间的窗户意外坠楼，医院抢救无效死亡。关于小雅的死亡，下列说法正确的是(　　)

A. 李某未尽安全保障义务，应当承担赔偿责任

B. 李某对小雅的坠亡不存在过错，无须承担赔偿责任

C. 吴某作为家长未尽到监护义务，应当承担责任

D. 李某虽与小雅的死亡无因果关系，但其可出于同情给予吴某适当的补偿

5. 赵某死亡，遗产由其父甲、其母乙、其妻丙和其子丁继承，当时丙已怀孕。上述继承人在继承时为胎儿保留了必要的继承份额。丙分娩时，胎儿死于母体内。有权继承为该胎儿所保留份额的人包括(　　)(易错)

A. 甲　　B. 乙　　C. 丙　　D. 丁

6. 根据《民法典》，下列关于可撤销婚姻的说法错误的有(　　)

A. 赵某系同性恋，配偶婚后了解事实后可请求法院撤销婚姻

B. 刘与张结婚，刘的父亲与张的母亲是堂兄妹关系，此二人的婚姻可以被请求撤销

C. 周胁迫吴结婚，如吴想撤销婚姻，其应当自胁迫行为发生之日起一年内提出

D. 郑患有重大疾病，在与王结婚登记后也没有如实告知，王可以请求法院撤销婚姻

7. 根据我国法律的规定，遗产继承的第一顺序继承人包括(　　)

A. 配偶、子女　　B. 父母

C. 对岳父母尽了主要赡养义务的丧偶女婿　　D. 对公、婆尽了主要赡养义务的丧偶儿媳

8. 根据法律规定，父母对未成年子女负有(　　)的义务。(易错)

A. 监护　　B. 教育　　C. 抚养　　D. 保护

9. 法律规定:自然人的个人信息受法律保护。任何组织和个人不得非法收集、利用、加工、传输个人信息,不得非法买卖、提供或者公开个人信息。这一规定( )

A. 进一步明确了公民在现代信息社会中享有的个人信息权利

B. 通过禁止性法律排除组织和个人公开他人信息的合法性

C. 加大了对非法获取或买卖个人信息的刑事打击力度

D. 有利于保护公民的人格尊严,使公民免受非法侵扰

10. 根据法律的规定,关于法人,下列说法正确的是( )

A. 董事长为法人的法定代表人

B. 法人以其全部财产独立承担民事责任

C. 法定代表人造成他人损害的,由法人承担民事责任

D. 从法人成立到法人终止,具有民事权利能力和民事行为能力

11. 民事法律行为的实质要件包括( )

A. 行为人具有相应的民事行为能力

B. 必须是书面形式

C. 不违反法律、行政法规的强制性规定,不违背公序良俗

D. 意思表示真实

12. 甲乙签订合同,约定甲向乙出售家具。在履行合同过程中的下列何种情况下,甲可以将家具提存( )

A. 乙无故拒绝受领甲交付的家具

B. 乙搬离原住处未通知甲,甲寻访不到

C. 乙因车祸身亡,尚未确定继承人,致使履行债务困难

D. 乙中风成植物人,尚未确定监护人,致使履行债务困难

13. 根据法律规定,下列事物中,属于国有财产的有( )

A. 水流 B. 矿藏

C. 无线电频谱资源 D. 国防资产

14. 下列情形中,属于合理使用肖像权的是( )

A. 公安机关为缉拿犯罪分子在报刊上使用犯罪分子的肖像

B. 新闻报道中合理使用领导人的肖像

C. 为宣传植树活动使用植树者的肖像

D. 寻人启事上使用失踪者的肖像

15. 下列行为中,可以代理的有( )

A. 订立合同 B. 申请注册商标

C. 立遗嘱 D. 参加诉讼

16. 下列权利中,( )是知识产权。(易混)

A. 著作权 B. 专利权

C. 肖像权 D. 商标权

17. 下列行为中,哪些构成无因管理( )

A. 甲错把他人的牛当成自家的而饲养

B. 乙见邻居家中失火,恐殃及自己家,遂用自备的灭火器救火

C. 丙(15岁)租车将在体育课上昏倒的同学送往医院救治

D. 丁见门前马路下水道井盖被盗致路人跌伤,遂自购一井盖铺上

18. 小明9岁时,其父母乘车外出后不幸发生车祸,父母双亡。下列人员中能够担任小明监护人而无须经过有关部门同意的是( )(易错)

A. 小明的祖父母、外祖父母 B. 小明已成年的姐姐小华

C. 小明经济实力雄厚的舅舅 D. 小明担任国家公务人员的姑姑

19. 2020年6月,小明于16岁生日当天与同学偷偷溜出校外庆生,不幸遭遇车祸死亡。对小明死亡的责任认定,下列选项中不正确的是( )

A. 肇事车主与学校共同承担连带责任

B. 学校即使承担责任,也只承担补充责任

C. 学校对学生有安全保障义务,无法证明自己无过错时,应对小明的死亡承担责任

D. 学校对学生有安全保障义务,不论学校是否有过错,都应对小明的死亡承担责任

20. 林某受某电影制片厂之邀,将自己的一篇小说改编为电影文学剧本。改编完成后,导演李某又请林某为其主题歌谱曲。电影拍完后,未获审查通过,此时林某已出国无法联系。无奈,电影制片厂只好先后请王某、张某修改原剧本,其中张某仅在王某修改稿基础上略作改动,但拍出的电影仍未获得审查通过。林某归国后,重新修改了剧本,导演李某遂以该修改稿为基础,参照王某、张某的修改稿,完成了拍摄工作,并获得审查通过。该片上映前,林某为一电视剧谱曲,林某将为该电影谱写的主题曲稍加改动又给了电视剧制作人,下列说法正确的有( )

A. 电影剧本为合作作品,应由林某、王某、张某共同享有著作权

B. 电影剧本不是合作作品,著作权只能归林某一人

C. 林某将已经发表的电影作品中自己谱写的主题曲许可他人使用,未征得制片人同意,侵犯了制片人的著作权

D. 林某将已发表的电影作品中自己谱写的主题曲许可他人使用,是合法地行使自己的独立著作权,不构成侵权

21. 甲死后留有房屋1套、存款3万元和古画1幅。甲生前立有遗嘱:将房屋分给儿子乙,存款分给女儿丙,古画赠给好友丁,并要求丁帮丙找份工作。下列表述正确的有( )

A. 甲的遗嘱部分有效

B. 如果丁在作出了接受遗赠的意思表示后死亡，则其接受遗赠的权利归于消灭

C. 如果丁在知道受遗赠后，六十日内没有作出接受遗赠的意思表示，视为放弃接受遗赠

D. 如果古画在交付给丁之前由乙代为保管，若保管期间意外灭失，丁无权要求乙赔偿

22. 张某旅游时抱着当地一小女孩拍摄了一张照片，并将照片放在自己的博客中，后来发现该照片被用在某杂志的封面，并配以"母女情深"的文字说明。张某并未结婚，朋友看到杂志后纷纷询问张某，熟人对此也议论纷纷，张某深受困扰。下列哪些说法是正确的(　　)

A. 杂志社侵害了张某的肖像权　　B. 杂志社侵害了张某的名誉权

C. 杂志社侵害了张某的隐私权　　D. 张某有权向杂志社要求精神损害赔偿

23. 根据我国法律规定，以下对买卖合同中标的物的风险负担的表述错误的是(　　)

A. 特定物的风险在合同成立后即由买受人承担

B. 在途货物的风险自合同成立后即转移给买受人

C. 需要运输的标的物，自交付给买受人后风险转移给买受人

D. 在买受人因标的物质量不符合要求拒绝受领的情况下，风险转移给买受人

24. 小宋受朋友之请去某饭店吃饭，中途去洗手间时，因地面湿滑不慎摔倒，致使腿骨骨折。对小宋受到的损害，以下说法错误的是(　　)(常考)

A. 小宋与饭店没有形成合同关系，所以饭店不承担责任

B. 小宋不是消费者，所以饭店不承担责任

C. 小宋是消费者，所以饭店应当承担责任

D. 小宋是自己不注意摔倒的，饭店并无加害行为，所以饭店不承担责任

25. 下列哪些情形属于无效合同(　　)

A. 甲医院以国产假肢冒充进口假肢，高价卖给乙

B. 甲乙双方为了在办理房屋过户登记时避税，将实际成交价为100万元的房屋买卖合同价格写为60万元

C. 有妇之夫甲委托未婚女乙代孕，约定事成后甲补偿乙50万元

D. 甲父患癌症急需用钱，乙趁机以低价收购甲收藏的1幅名画，甲无奈与乙签订了买卖合同

三、判断题

1. 民事法律行为是合法的民事行为。(　　)

2. 在我国，14周岁以下的未成年人均属无民事行为能力人。(　　)

3. 具有行为能力的公民，首先必须具有权利能力；具有权利能力的公民，必须具有行为能力。(　　)

4. 遗嘱是遗嘱人生前依法律规定处分其个人财产及与此相关事务，并于遗嘱订立时发生效力的双方民事法律行为。(　　)

5. 向人民法院请求保护民事权利的诉讼时效期间为三年。(　　)

6. 丧妻的周某对岳父母仍然尽了主要赡养义务，在其岳父过世后，周某是第一顺序继承人。(　　)

7. 生母再婚后，子女随生母与继父长期生活在一起，形成事实上的扶养关系，继子女享有继父遗产的继承权。(　　)

8. 未达到法定婚龄的婚姻是可撤销的婚姻。(易错)(　　)

9. 法律没有规定的民事活动可以适用习惯。(　　)

10. 乙受甲单位委托设计企业LOGO，双方未约定标志著作权归属的问题，则该标志的著作权应该归甲单位所有。(　　)

专题四　刑　法

命题分析

本专题主要以单选、多选、判断等形式考查。本专题需要重点掌握的知识包括：

1. 识记主刑，附加刑，刑罚的具体运用；
2. 区分刑法的基本原则，刑法的效力，故意犯罪形态；
3. 理解犯罪主体，犯罪主观方面，共同犯罪。

一、单项选择题

1. 甲深夜撬门进入乙家欲行盗窃，没想到乙在家门上方安装了防卫装置，甲被该装置击打头部导致受伤，入院10日，花费医疗费1000元。乙的行为构成(　　)

A. 事先防卫　　B. 假想防卫

C. 防卫过当　　D. 正当防卫

2. 赵某教唆李某杀死王某，李某接受教唆后于深夜潜入王某家。适逢王某外出未归，李某便将熟睡中的王某的妻子强奸后逃离。本案中赵某的行为(　　)

A. 不构成犯罪　　B. 属于意外事件

C. 应当从重处罚　　D. 可以从轻或者减轻处罚

3. 下列与不作为犯罪相关的表述，哪一选项是正确的(　　)(常考)

A. 甲警察接到报案：有歹徒正在杀害其妻。甲立即前往现场，但只是站在现场观看，没有采取任何措施。此时，县卫生局副局长刘某路过现场，也未救助被害妇女。结果，歹徒杀害了该女子。甲和刘某都是国家机关工作人员，都没有履行救助义务，均应成立渎职罪

B. 甲非常讨厌其侄子乙(6岁)。某日，甲携乙外出时，张三酒后驾车撞伤了乙并迅速逃逸。乙躺在血泊中。甲心想，反正事故不是自己造成的，于是离开了现场。乙因得不到救助而死亡。由于张三负有救助义务，所以甲不构成不作为犯罪

C. 甲下班回家后，发现自家门前放着一包来历不明、类似面粉的东西。甲第二天上班时拿到实验室化验，发现是海洛因，于是立即倒入厕所马桶冲入下水道。甲虽然没有将毒品上交公安部门，但不构成非法持有毒品罪

D.《消防法》规定，任何人发现火灾都必须立即报警。过路人甲发现火灾后没有及时报警，导致火灾蔓延。甲的行为成立不作为的放火罪

4. 罪责刑相适应原则是我国《刑法》的基本原则之一，其含义是（　　）（常考）

A. 刑罚的轻重应当与犯罪行为相适应

B. 刑罚的轻重应当与犯罪个人情况（主观恶性与人身危险性）相适应

C. 刑罚的轻重应当与犯罪客观危害相适应

D. 刑罚的轻重应当与犯罪分子所犯罪行和承担的刑事责任相适应

5. 下列选项中属于防卫过当的情形是（　　）

A. 甲拿擀面杖打乙，乙掏出猎枪将甲打死

B. 甲拿菜刀砍乙，乙加以还击，一拳将甲打成重伤

C. 甲用刀砍杀乙，乙拿起身边的锄头将甲打死

D. 甲用拳头打乙，乙从腰间拿出枪向甲射击，却没有打中，甲被吓跑了

6. 贾某骑摩托车违章撞伤田某，造成田某腿部表皮破裂。贾某送田某到医院治疗，护士未做皮试，即给田某注射破伤风针，田某因药物过敏而死。贾某的行为对田某死亡而言属于（　　）（易错）

A. 过失杀人罪　　B. 过失致人重伤罪

C. 交通肇事罪　　D. 意外事件

7. 甲深夜潜入乙家行窃，发现留长发穿花布睡衣的乙正在睡觉，意图奸淫，便扑在乙身上强脱其衣。乙惊醒后大声喝问，甲发现乙是男人，慌忙逃跑被抓获。甲的行为（　　）

A. 属于强奸预备　　B. 属于强奸未遂　　C. 属于强奸中止　　D. 不构成强奸罪

8. 下列关于老年人犯罪说法正确的是（　　）

A. 已满75岁的人犯罪的应当一律减轻处罚

B. 已满75岁的人犯罪的应当一律免除处罚

C. 已满75岁的人故意犯罪的应当从轻或者减轻处罚

D. 已满75岁的人过失犯罪的应当从轻或者减轻处罚

9. 近年来，校园欺凌案件频发。2017年，北京某区法院对一起因校园欺凌，造成被害学生轻伤并伴有严重心理阴影的案件作出了判决，对五名涉案未成年人分别判处1至3年不等有期徒刑。通过该判决可以推断出（　　）

A. 未成年人实施校园欺凌，均应承担刑事责任

B. 校园欺凌案是未成年人犯罪的惩治重点，应加重处罚

C. 本案中五名未成年人已满16周岁，应当为欺凌致伤行为承担刑事责任

D. 本案中五名未成年人已满14周岁，应当为欺凌致伤行为承担刑事责任

10. 根据我国《刑法》的规定，徇私枉法罪的主体是（　　）

A. 司法工作人员　　B. 法官　　C. 执法人员　　D. 行政执法人员

11. 下列犯罪行为中，属于不作为行为方式的是（　　）

A. 甲因高兴将3岁儿子抛接但因失手致其死亡

B. 乙分娩婴儿后为掩盖未婚先孕真相将婴儿扔出窗外致婴儿死亡

C. 丙分娩女婴后不愿抚养，遂以2万元价格将其卖给他人

D. 丁分娩婴儿后将婴儿弃置于火车站致其冻成重伤

12. 国家工作人员甲利用职务上的便利为某单位谋取利益。随后，该单位的经理送给甲一张价值2万元的购物卡，被甲拒绝了。事后该经理将此购物卡送给了甲的妻子，甲后来知道妻子收受了购物卡，未作表示。关于甲的行为，下列哪一选项是正确的（　　）

A. 甲的行为不构成受贿罪　　B. 甲的行为构成受贿（既遂）

C. 甲的行为构成受贿（未遂）　　D. 甲的行为构成受贿（预备）

13. 王某盗窃李某价值3000元的金项链一条，关于犯罪客体的说法错误的是（　　）

A. 犯罪客体是一种社会关系　　B. 本案的犯罪客体是金项链

C. 所有的犯罪都有犯罪客体　　D. 王某侵犯了李某的财产权

14. 根据《刑法》第二百六十七条第二款的规定，对于携带凶器抢夺的行为（　　）（易混）

A. 应以抢夺罪定罪处罚　　B. 应以抢劫罪定罪处罚

C. 应以抢夺罪加重处罚　　D. 应以抢劫罪从重处罚

15. 下列有关单位犯罪的说法哪一项是错误的（　　）

A. 信用卡诈骗罪的主体只能是自然人，不能是单位

B. 行政机关可以成为单位犯罪的主体

C. 不具备法人资格的私营企业不能成为单位犯罪的主体

D. 经企业领导集体研究决定并实施的盗窃电力的行为，可以成立单位犯罪，但不对单位判处罚金，只处罚作出该决定的单位领导和直接实施盗窃行为的责任人员

16. 张某一直想杀死李某，某日放毒蛇咬了李某，后见李某被毒蛇咬后痛苦状又生同情心，便叫救护车送医院，由于毒性太重李某最后还是死去。下列关于张某的行为描述正确的是（　　）

A. 构成犯罪既遂　　B. 构成犯罪中止　　C. 应当减轻处罚　　D. 应当免除处罚

17. 陈某冒充教育局工作人员，以发放贫困学生补助金为名，骗走徐某上大学的费用9900元。徐某伤心欲绝，郁结于心，最终导致心脏骤停，经医院抢救无效死亡。陈某的行为构成（　　）

A. 滥用职权罪　　B. 造谣撞骗罪　　C. 诈骗罪　　D. 杀人罪

18. 关于正当防卫，下列哪一选项是错误的（　　）

A. 制服不法侵害人后，又对其实施加害行为，成立故意犯罪

B. 抢劫犯使用暴力取得财物后，对抢劫犯立即进行追击的，由于不法侵害尚未结束，属于合法行为

C. 动物被饲主唆使侵害他人的，其侵害属于不法侵害；但动物对人的自发侵害，不是不法侵害

D. 基于过失而实施的侵害行为，不是不法侵害

19. 关于刑罚,下列说法错误的是(　　)

A. 附加刑只能附加适用

B. 对外国人可以附加适用驱逐出境

C. 自首的犯罪分子犯罪较轻,可以免除处罚

D. 主刑包括管制、拘役、有期徒刑、无期徒刑、死刑等

20. 乙抢劫出租车司机甲,用匕首刺甲一刀,强行抢走财物后下车逃跑。甲发动汽车追赶,在乙往前跑了40米处将其撞伤并夺回财物。关于甲的行为性质,下列哪一选项是正确的(　　)

A. 法令行为　　B. 紧急避险

C. 正当防卫　　D. 自救行为

21. 1997年,甲因工作矛盾杀害乙,将乙的尸体扔到还在施工的某学校操场工地的坑里进行掩埋。22年后,翻修操场时,工人挖掘发现乙的骸骨,公安机关破获了案件。关于本案能否追诉,下列说法正确的是(　　)

A. 已超20年最长追诉时效,不能追诉

B. 经报请最高人民检察院核准,可以追诉

C. 可能判处死刑的案件不受追诉时效限制,可以追诉

D. 犯罪手段恶劣的杀人案件不受追诉时效限制,可以追诉

22. 甲遭乙追杀,情急之下夺过丙的摩托车骑上就跑,丙被摔骨折。乙开车继续追杀,甲为逃命飞身跳下疾驶的摩托车奔入树林,丙一万元的摩托车被毁。关于甲行为的说法,下列哪一选项是正确的(　　)

A. 属于正当防卫　　B. 属于紧急避险

C. 构成抢夺罪　　D. 构成故意伤害罪、故意毁坏财物罪

23. 某日,甲某在街道上闲逛时,发现一辆摩托车停在路边,车主乙某正在和别人聊天。甲某趁乙某不注意骑上摩托车就跑,乙某发现后追上前去扭住甲某,甲某一拳把乙某打倒在地,骑着摩托车逃脱,后被警察抓住。甲某触犯的罪名是(　　)(易混)

A. 抢劫罪　　B. 抢夺罪　　C. 盗窃罪　　D. 交通肇事罪

24. 根据《刑法》第九十三条的规定,下列人员中不属于国家工作人员的是(　　)

A. 在人民团体中从事公务的人员　　B. 在国有公司、企业中从事公务的人员

C. 村民小组的工作人员　　D. 在事业单位中从事公务的人员

25. 刑事犯罪中累犯应当从重处罚,下列选项中关于累犯的描述正确的是(　　)

A. 累犯可以假释

B. 被假释的人在考验期内再犯新罪构成累犯

C. 一般累犯的构成只要求后罪主观条件是故意

D. 恐怖活动的犯罪分子刑罚执行完毕后再犯同性质犯罪,任何时间都构成累犯

26. 某地区高新技术产业开发区办公室主任王某,急于引进外资,对于前来投资的"外商"甲某等人盲目轻信,未认真审查其主体资格、资信状况,就签订引资合作协议,由高新技术产业开发区先期打入对方账户400万元,结果该笔资金被悉数骗走,给国家造成了重大损失。王某的行为构成了(　　)

A. 玩忽职守罪　　B. 国家机关工作人员签订、履行合同失职被骗罪

C. 滥用职权罪　　D. 尚未构成犯罪

27. 李某在下夜班回家的路上,发现有人正盗窃工厂仓库中的生产器材,便上前阻拦,窃贼掏出匕首刺向李某。搏斗中,窃贼被李某用力推倒在地,头撞在被盗器材的铁角上当场死亡。李某的行为是(　　)

A. 正当防卫,不承担刑事责任

B. 过失致人死亡,承担较轻的刑事责任

C. 故意伤害致人死亡,承担刑事责任

D. 间接故意杀人,但由于李某是为了保护他人的利益,应当免除刑事责任

28. 下列选项中,说法错误的是(　　)

A. 对一个犯罪人只能处一种主刑　　B. 驱逐出境只适用于犯罪的外国人

C. 对一个犯罪人只能处一种附加刑　　D. 附加刑既可以附加适用也可以独立适用

29. 甲(17周岁)因盗窃他人价值3万元财物被起诉,经审理查明,甲在15周岁时还曾盗窃他人财物,数额达到5万元。对甲的行为应(　　)(易错)

A. 按盗窃8万元从轻或减轻处罚　　B. 按盗窃3万元从轻或减轻处罚

C. 按盗窃8万元减轻或免除处罚　　D. 按盗窃3万元减轻或免除处罚

30. 被判处管制、拘役、有期徒刑、无期徒刑的犯罪分子,在执行期间,如果认真遵守监规,接受教育改造,确有悔改或者立功表现的,可以减刑。下列选项关于减刑的描述错误的是(　　)

A. 阻止他人重大犯罪活动的应当减刑

B. 判处无期徒刑的,减刑后实际执行期限不能少于10年

C. 无期徒刑减为有期徒刑的刑期,从裁定减刑之日起计算

D. 对犯罪分子减刑,由执行机关向中级以上人民法院提出建议书,由法院审理、裁定

31. 职务侵占罪,是指公司、企业或者其他单位的人员,利用职务上的便利,将本单位财物非法占为己有,数额较大的行为。下列行为属于职务侵占罪的是(　　)(易错)

A. 张某是名乘警,他将乘客遗失在列车上价值5000元的物品占为己有

B. 刘某是某工地的材料工人,负责工地物品的调拨,几次私自将公司的建筑材料卖给别人,共卖了2万元

C. 刘某是单位的保管员,一天他趁其他同事不注意的时候,将一个200元的收音机拿回家给儿子用

D. 赵某是一跨国公司的会计师,私自做假账,使公司偷税高达200万余元

32. 刘某因犯盗窃罪被判处有期徒刑5年，在刑罚执行3年后，又发现判决前其还有放火罪，应判处有期徒刑7年，刘某还需执行的最长刑期可能是（　）

A. 12年　B. 10年　C. 9年　D. 7年

33. 甲实施了故意杀人行为之后，因为害怕而后悔，将重伤的受害人送往医院。医院抢救无效，受害人死亡。甲的行为是（　）

A. 犯罪中止　B. 犯罪未遂　C. 犯罪预备　D. 犯罪既遂

34. 在共同犯罪中起次要或者辅助作用的共同犯罪人是（　）（常考）

A. 主犯　B. 从犯　C. 胁从犯　D. 教唆犯

35. 李某与同村梁某因土地纠纷产生恩怨，遂让其在读大学的儿子在梁某的承包林中放火，造成梁某承包林损失共计三十万。后李某与儿子被公安机关依法刑事拘留。上述案例中，李某属于共犯中的（　）

A. 帮助犯　B. 胁从犯　C. 间接正犯　D. 教唆犯

36. 甲因催要赌债未果与乙结仇。某日，甲从药店买来砒霜混在乙近日服用的中药中。之后甲后悔，到乙家中说明事实，将混有砒霜的中药丢弃，甲的行为属于（　）

A. 犯罪未遂　B. 犯罪中止

C. 犯罪既遂　D. 犯罪预备

37. 甲为上厕所，将不满1岁的女儿放在外边靠着篱笆站立，刚进入厕所，就听到女儿的哭声，急忙出来，发现女儿倒地，疑是站在女儿身边的4岁男孩乙所为。甲一手扶起自己的女儿，一手用力推乙，导致乙倒地，头部刚好碰在一块石头上，流出鲜血，并一动不动。甲认为乙可能死了，就将其抱进一个山洞，用稻草盖好，正要出山洞，发现稻草动了一下，以为乙没死，于是拾起一块石头猛砸乙的头部，之后用一块磨盘压在乙的身上后离去。案发后，经法医鉴定，甲在用石头砸乙之前，乙已经死亡。依此情况，甲的行为构成何罪（　）

A. 过失致人死亡罪　B. 过失致人死亡罪与故意杀人罪（既遂）数罪

C. 过失致人死亡罪与故意杀人罪（未遂）数罪　D. 故意杀人罪

38. 张某的次子乙，平时经常因琐事滋事生非，无端打骂张某。一日，乙与其妻发生争吵，张某过来劝说。乙转而辱骂张某并将其踢倒在地，并掏出身上的水果刀欲刺张某，张某起身逃跑，乙随后紧追。张某的长子甲见状，随手从门口拿起扁担朝乙的颈部打了一下，将乙打昏在地上。张某顺手拿起地上的石头转身回来朝乙的头部猛砸数下，致乙死亡。对本案中张某、甲的行为应当如何定性（　）

A. 张某的行为构成故意杀人罪，甲的行为属于正当防卫

B. 张某的行为构成故意杀人罪，甲的行为属于防卫过当

C. 张某的行为属于防卫过当，构成故意杀人罪，甲的行为属于正当防卫

D. 张某和甲的行为均构成故意杀人罪

39. 钟某借口要买烟，向店主提出要查看香烟，趁店主不注意就用假烟与店主真烟调换，钟某采取类似办法共获取价值8000元的香烟。钟某的行为构成（　）

A. 诈骗罪　B. 盗窃罪　C. 侵占罪　D. 抢夺罪

40. 甲和丁因为工作上的原因素来积怨很深，甲便产生了除掉丁的念头。虽然知道戊正跟丁一块跑车，甲仍将丁的车的刹车装置弄坏，导致丁在开车时因刹不住车而掉下山崖，车毁人亡，戊也因此丧命。则甲对丁死亡的心理态度是________，对戊死亡的心理态度是________。（　）

A. 直接故意；间接故意　B. 间接故意；直接故意

C. 直接故意；疏忽大意的过失　D. 直接故意；过于自信的过失

41. 甲与乙通奸，共谋毒杀乙之夫丙。为此，甲弄来一包砒霜交给乙，甲让乙伺机下毒，乙后悔，没有下毒且到公安机关自首。对本案的正确处理是（　）

A. 甲、乙共同构成故意杀人罪的未遂

B. 甲、乙共同构成故意杀人罪的预备

C. 甲构成故意杀人罪的预备，乙构成故意杀人罪的中止

D. 甲构成故意杀人罪的未遂，乙构成故意杀人罪的中止

42. 甲是一水库承包老板，某晚乙到水库偷鱼被甲发现，乙带着偷来的鱼逃跑。乙为了摆脱甲的追赶，挥舞刀的过程中把甲刺成轻伤。乙的行为构成（　）

A. 盗窃罪　B. 抢劫罪　C. 杀人罪　D. 故意伤害罪

43. 甲乘坐公交车时因到站未停与司机发生争执，一怒之下抢夺正在行驶的公交车的方向盘，致使公交车失控撞到路边电线杆，乘客及行人受伤、公交车严重受损。甲的行为构成（　）

A. 妨害安全驾驶罪　B. 交通肇事罪

C. 寻衅滋事罪　D. 危险驾驶罪

44. 下列选项中，根据属人管辖原则应当适用我国刑法的是（　）

A. 中国公民甲在行驶于公海的中国船舶上失手致另一中国公民落水身亡的

B. 外国公民乙在行驶于公海的中国船舶上向中国船员兜售毒品的

C. 外国公民丙在其本国境内实施爆炸致两名中国公民身亡的

D. 中国公民丁被某国有公司派往国外工作，因严重失职给国家利益造成重大损失的

45. 王某为逼迫李某偿还高利贷，在李某家门口喷写“李某诈骗钱财死全家”，将印有“李某欠债还钱”的宣传纸在小区张贴，并到李某家中使用菜刀恐吓讨要高利贷债务。王某的行为构成（　）

A. 寻衅滋事罪　B. 敲诈勒索罪　C. 发放高利贷罪　D. 毁坏公私财物罪

46. 某人因犯罪被判处剥夺政治权利一年，在此期间，他依法可以行使下列哪项权利或实施哪些行为（　）

A. 选举权和被选举权　B. 担任国家机关的公务员

C. 担任某公办大学的普通教师　D. 言论、集会、出版、结社、游行、示威的自由

47. 根据我国《刑法》规定，下列选项中的行为属于“扒窃”的是(　　)

A. 甲在某金店内趁售货员不注意偷走柜台里价值5000元的项链一条

B. 乙翻窗进入被害人家里，偷走抽屉内现金3000元

C. 被害人去菜市场买菜，将挎包落在电动车上，丙乘机拿走该包，包内有现金1200元

D. 丁在长途汽车上偷走被害人随身钱包1个，内有现金4000元和价值800元手机一部

48. 我国《刑法》规定，已满12周岁未满18周岁的人犯罪，处罚原则是(　　)(易混)

A. 应当从轻处罚或者减轻处罚　　B. 应当免除处罚或从轻处罚

C. 应当免除处罚或减轻处罚　　D. 应当加重处罚

49. 下列犯罪构成要件中，属于犯罪构成必不可少的要件即必要要件的是(　　)

A. 犯罪目的　　B. 犯罪对象　　C. 危害行为　　D. 犯罪时间

50. 我国《刑法》规定的完全刑事责任年龄为(　　)

A. 12周岁　　B. 14周岁

C. 16周岁　　D. 18周岁

51. 我国客轮停靠在美国纽约港时，德国人甲在轮船上窃取我国公民乙价值4000元人民币的财物。对本案确立我国刑法效力的依据是(　　)(易混)

A. 属人原则　　B. 保护原则

C. 普遍管辖原则　　D. 属地原则

52. 甲乙相约自杀，甲购买了农药后前往两人事先约好的地方，然后甲喝农药自杀死亡。乙想象到甲喝农药时十分痛苦的样子，遂放弃了自杀的想法，则乙的行为(　　)

A. 构成故意杀人罪　　B. 构成故意伤害罪　　C. 构成抢夺罪　　D. 不构成犯罪

53. 小强今年15岁，根据《中华人民共和国刑法》的规定，其应当负刑事责任的罪行不包括(　　)(易错)

A. 绑架　　B. 抢劫　　C. 放火　　D. 投毒

54. 某甲在一胡同口抢劫一女青年钱包，抢到钱包后，突然发现该女青年是自己的邻居，于是将钱包当面送还给女青年，声称刚才的行为是开玩笑。某甲的行为是(　　)(易错)

A. 犯罪预备　　B. 犯罪中止　　C. 犯罪未遂　　D. 犯罪既遂

55. 甲长期出差在外，为防盗在其住宅内安装了防卫装置。某晚甲外出时，乙撬门侵入甲的住宅后被防盗装置击中受伤，经鉴定为轻伤，甲的行为应定性为(　　)

A. 防卫过当　　B. 正当防卫

C. 过失伤害罪　　D. 故意伤害罪

56. 甲深夜醒来发现小偷乙正在其客厅翻找财物，小偷乙随即拿出砍刀砍向甲，在搏斗中，甲持木棒朝乙头部猛击一棒，结果致乙死亡。下列对甲行为的说法，正确的是(　　)

A. 防卫过当，应当负刑事责任，一般认定为过失致人死亡

B. 紧急避险，不应当负刑事责任

C. 防卫过当，不负刑事责任

D. 特殊正当防卫，不负刑事责任

57. 李某原系某宾馆领班，主要负责酒水进出库及盘点工作，并保管仓库钥匙。2017年5月至2019年9月，李某借盘点和酒水进出的机会，通过将酒瓶藏在衣服中的方法陆续带出茅台酒30余瓶，随后出售给在网上回收烟酒的商家，获利16万余元，全部用于个人消费。李某的行为属于(　　)

A. 盗窃罪　　B. 职务侵占罪

C. 非法经营罪　　D. 挪用公款罪

58. 某村党支部书记甲某，主管本村的生产经营，在房屋开发工程中，利用职务便利，非法收受和索取工程承建人人民币10.2万元，并为承建人的工程核算和提取工程款提供方便。甲某的行为应当如何认定(　　)

A. 构成非国家工作人员受贿罪　　B. 构成职务侵占罪

C. 构成受贿罪　　D. 不构成犯罪，可以给予党纪处分

59. 根据我国现行《刑法》规定，下列行为人的行为构成玩忽职守罪的是(　　)(易错)

A. 某副县长为黑社会性质组织的领导成员毁灭罪证

B. 某副市长擅自挪用扶贫款55000元用于偿还个人债务

C. 某交通局局长不认真履行职责，致使在建道路工程发生多人死伤的事故

D. 某税务科长违规向个体户出售发票，致使国家税收损失15万元

60. 在刑事裁判中，自首是一个重要的量刑情节，下列能够成立自首的是(　　)

A. 甲因贩毒被抓，后协助警方抓获了大毒枭

B. 乙因涉嫌诈骗被抓，后主动供述自己贩毒的事实

C. 丙把张某打成轻伤后赔偿500元钱并叫其不要报案

D. 丁涉敲诈勒索被抓，审讯时主动供述自己曾经敲诈勒索的事实

61. 下列关于侵犯财产罪的表述，不正确的是(　　)

A. 侵犯财产罪的主体，大多数是一般主体，只有职务侵占罪等少数罪名为特殊主体

B. 侵犯财产罪的主观方面可以是故意的，也可以是过失的

C. 侵犯财产罪的客体是财产关系

D. 侵犯财产罪的客观方面，表现为以各种非法手段侵犯公私财产的行为

62. 拘役的缓刑考验期限为原判刑期以上，________以下，但是不能少于________。(　　)

A. 一年；三个月　　B. 一年；二个月

C. 二年；三个月　　D. 二年；二个月

63. 关于缓刑，下列哪一选项是错误的(　　)(易错)

A. 对于累犯不适用缓刑

B. 对于危害国家安全的犯罪分子，不适用缓刑

C. 对于数罪并罚但宣告刑为3年以下有期徒刑的犯罪分子，可以适用缓刑

D. 虽然故意杀人罪的法定最低刑为3年有期徒刑，但只要符合缓刑条件，仍然可以适用缓刑

64. 下列情形哪一项属于自首（　　）

A. 甲杀人后其父主动报案并将甲送到派出所，甲当即交代了杀人的全部事实和经过

B. 甲和乙共同贪污之后，甲主动到检察机关交代自己的贪污事实，但未提及乙

C. 甲和乙共同盗窃之后，主动向公安机关反映乙曾经诈骗数千元，经查证属实

D. 甲给监察局打电话，承认自己收受他人1万元贿赂，并交代了事情经过，然后出走不知所踪

65. 外卖骑手张某在凌晨单少的时间段，一人分饰三角，分别扮演下单买家、接单商户以及送单骑手，利用外卖平台漏洞恶意刷单百余次，获得外卖平台邮资近9万元。张某的行为构成（　　）

A. 诈骗罪　　B. 违规出具金融票证罪

C. 逃汇罪　　D. 盗窃罪

66. 下列行为中，不属于违法阻却事由的是（　　）

A. 甲医生为患者截肢

B. 甲把飞车抢夺者打成重伤

C. 甲应癌症患者好友乙的哀求，驾车将乙撞死

D. 甲为阻止森林火灾蔓延，砍掉周围几米内的树林

67. 王某乘坐我国飞机，经过日本时与同机乘客发生口角，争执中王某用水果刀将其刺死，王某的行为（　　）

A. 适用日本刑法　　B. 适用中国刑法

C. 可以适用中国刑法，也可适用日本刑法　　D. 适用第三国刑法

68. 在下列情况中，不能适用减刑的有（　　）（易错）

A. 被判处管制的犯罪分子　　B. 累犯

C. 被单处罚金的犯罪分子　　D. 被宣告缓刑的犯罪分子

69. 按照我国《刑法》的规定，紧急避险不负刑事责任。但其构成条件有明确的规定，关于紧急避险的构成条件，下列表述不正确的是（　　）

A. 必须且只能是为了使国家的利益免受正在发生的危险

B. 必须是在不得已情况下所采取

C. 不应超过必要的限度

D. 这种危险必须是正在发生的

70. 甲雇佣乙杀胡某，并且带乙辨认了胡某。乙在某夜将王某误当作胡某杀害。甲因此拒付“佣金”。本案中（　　）

A. 甲构成故意杀人罪未遂　　B. 甲构成过失杀人罪既遂

C. 乙构成过失杀人罪未遂　　D. 乙构成故意杀人罪既遂

二、多项选择题

1. 下列关于共同犯罪的表述，正确的有（　　）

A. 二人以上共同过失犯罪的，不以共同犯罪论处

B. 对组织、领导犯罪集团的首要分子，按照犯罪集团的全部罪行处罚

C. 事前与盗窃犯罪人通谋、事后为其销赃的行为，构成盗窃罪的共同犯罪

D. 实行犯的实行行为超过了共同犯罪故意范围的，其他共同犯罪人对超出共同故意范围的行为不承担刑事责任

2. 某日，因抢占煎饼摊位，李某与刘某发生口角后，李某使用钢筋棍与刘某使用遮阳伞把互殴，互殴中李某将刘某打致右上唇贯通伤、右眼眶骨折。经司法鉴定中心鉴定，刘某身体所受损伤程度属于轻伤二级。后来李某被民警传唤到公安机关，如实供述了上述事实。李某未赔偿刘某的经济损失。下列关于这一案件的说法正确的是（　　）

A. 李某故意伤害他人身体，致人轻伤二级，应予刑罚处罚

B. 李某持械致伤被害人，应予从重处罚

C. 李某构成自首，可以依法从轻处罚

D. 在此案中刘某一定不具有过错

3. 根据我国《刑法》规定，对下列哪些情形适用属地管辖原则（　　）（易错）

A. 外国人甲在中国境外打猎，因疏忽大意击中中国境内的外国公民斯某，致其重伤

B. 外国人乙乘坐外国航空器，当该航空器进入中国领空时在该航空器上实施犯罪

C. 中国人丙乘坐中国民用航空器，当该航空器进入外国领空时在该航空器上实施犯罪

D. 中国人丁在中国境内打猎，因过于自信的过失造成中国境外外国公民布某重伤

4. 甲武装掩护走私毒品，法院判决其构成走私毒品罪，判处无期徒刑，并处没收财产。甲的下列哪些财产可纳入适用没收财产刑予以没收的范围（　　）

A. 甲在走私毒品中使用的枪支　　B. 甲被查获的毒品和贩毒资金

C. 甲在银行账户上的500万元存款　　D. 甲所有的2辆豪华轿车

5. 我国《刑法》明确规定的三项基本原则是（　　）

A. 罪刑法定原则　　B. 罪责刑相适应原则

C. 法律面前人人平等原则　　D. 惩办与宽大相结合原则

6. 被宣告缓刑的犯罪分子应当遵守下列哪些规定（　　）

A. 遵守法律、行政法规，服从监督

B. 按照考察机关的规定报告自己的活动情况

C. 遵守考察机关关于会客的规定

D. 离开所居住的市、县或者迁居，应当报经考察机关批准

7. 下列关于死刑的说法错误的有（　　）

A. 甲，犯罪时不满18岁，不能判处死刑，但由于其犯罪手段极其残忍、犯罪后果极其严重，可以判处

死刑缓期二年执行

B. 乙，女，审判时怀孕，不能对其判处死刑

C. 丙，81岁，不论犯罪手段多么残忍或危害后果多么严重，都不能对其判处死刑

D. 为了贯彻“慎杀”原则，死刑应当报最高人民法院和最高人民检察院共同核准

8. 下列选项中，属于犯罪构成必备要素的有(　　)

A. 罪过　B. 犯罪动机　C. 危害结果　D. 危害行为

9. 根据《刑法》规定，适用可以从轻或者减轻处罚的法定情节有(　　)(易混)

A. 犯罪分子有立功表现的　B. 中止犯

C. 教唆未遂的教唆犯　D. 犯罪以后自首的

10. 犯罪预备、未遂、中止三者的相同点有(　　)

A. 存在于故意犯罪过程中

B. 存在于以危害结果作为犯罪构成要件的直接故意犯罪中

C. 具有一定程度的社会危害性

D. 具有应受刑罚惩罚性

11. 关于共同犯罪，下列表述不准确的是(　　)

A. 共同犯罪是指两人以上共同参加的犯罪

B. 三人以上为共同实施犯罪而组织在一起的，是犯罪集团

C. 犯罪集团是共同犯罪的特殊形式

D. 刑法理论上，对共同犯罪成员的分类一般是主犯、从犯、教唆犯、胁从犯

12. 对于某些犯罪分子，我国《刑法》规定要剥夺其政治权利，那么该犯罪分子被剥夺的权利包括(　　)

A. 选举权和被选举权　B. 担任事业单位领导职务的权利

C. 接受教育的权利　D. 结社和游行的权利

13. 按照刑法关于拘役的规定，下列说法正确的有(　　)

A. 张某在拘役期间参加劳动并得到了报酬　B. 李某因某罪被判处拘役十四个月

C. 王某被判处拘役，由公安机关就近执行　D. 黄某在拘役期间可以每月回家一次

14. 下列情形中应当追究刑事责任的有(　　)(常考)

A. 15周岁的甲抢劫　B. 15周岁的乙放火

C. 15周岁的丙贩卖海洛因8000克　D. 15周岁的丁盗窃

15. 下列犯罪行为中，应以盗窃罪追究刑事责任的是(　　)

A. 盗窃信用卡后冒名使用的　B. 盗窃毒品后自己食用的

C. 盗窃商业秘密后出卖的　D. 盗窃增值税专用发票后出卖的

16. 下列刑罚中，由公安机关负责执行的是(　　)

A. 拘役　B. 管制　C. 剥夺政治权利　D. 驱逐出境

17. 下列有关犯罪认定的表述错误的有(　　)

A. 生产假药，足以严重危害人体健康的才构成犯罪

B. 故意杀人，造成严重后果的才构成犯罪

C. 组织他人出卖人体器官，从中牟利的，才构成犯罪

D. 故意伤害他人身体，造成严重后果的才构成犯罪

18. 刑罚中主刑的种类有(　　)(常考)

A. 管制　B. 拘役　C. 有期徒刑　D. 驱逐出境

19. 下列行为应认定为抢劫罪一罪的有(　　)

A. 甲将仇人杀死后，取走其身上的5000元现金

B. 甲持刀拦路行抢，故意将受害人杀死后取走其财物

C. 甲在抢劫过程中，为压制被害人的反抗，将被害人杀死，取走其财物

D. 甲实行抢劫罪后，为防止受害人报案，将其杀死

20. 根据《刑法》规定，下列情形中属于应当减轻或免除处罚的是(　　)(易错)

A. 防卫过当应负刑事责任的　B. 未成年人犯罪应负刑事责任的

C. 紧急避险超过必要限度应负刑事责任的　D. 盲人犯罪的

21. 甲与乙因情生仇。一日黄昏，甲持锄头路过乙家院子，见甲妻正在院内与一男子说话，以为是乙，举锄就打，对方重伤倒地后发现是乙哥哥。甲心想，打伤乙哥哥也算解恨。关于甲的行为，下列哪些选项是错误的(　　)

A. 甲的行为属于对象错误，成立过失致人重伤罪

B. 甲的行为属于方法错误，成立故意伤害罪

C. 根据法定符合说，甲对乙成立故意伤害(未遂)罪，对乙哥哥成立过失致人重伤罪

D. 甲的行为不存在任何认识错误，理所当然成立故意伤害罪

22. 下列犯罪中，应按数罪并罚原则处理的有(　　)

A. 参加恐怖活动组织又杀人的

B. 拐卖妇女过程中奸淫被拐卖妇女的

C. 杀害被保险人，骗取保险金数额巨大的

D. 在走私犯罪过程采用暴力方法抗拒缉私人员缉私的

23. 下列属于侵犯财产罪的有(　　)(易错)

A. 抢劫罪　B. 职务侵占罪　C. 盗窃罪　D. 挪用公款罪

24. 下列情形中，应认定为自首的有(　　)

A. 犯罪分子没有自动投案，但如实交代办案机关未掌握的罪行，与办案机关已掌握的罪行属不同种罪行的

B. 犯罪分子没有自动投案，办案机关所掌握线索针对的犯罪事实不成立，在此范围外犯罪分子交

代同种罪行的

C. 单位犯罪案件中,单位集体决定或单位负责人决定自动投案,如实交代单位犯罪事实的

D. 单位直接负责的主管人员自动投案,如实交代单位犯罪事实的

25. 区分贪污罪与职务侵占罪的界限是(　　)

A. 主体不同　B. 行为方式不同　C. 行为对象不同　D. 行为效果不同

26. 甲与乙共谋次日共同杀丙,但次日甲因腹泻未能前往犯罪地点,乙独自一人杀死丙。关于本案,下列哪些说法是正确的(　　)(易错)

A. 甲与乙构成故意杀人罪的共犯

B. 甲与乙不构成故意杀人罪的共犯

C. 甲承担故意杀人预备的刑事责任,乙承担故意杀人既遂的刑事责任

D. 甲与乙均承担故意杀人既遂的刑事责任

27. 成立不作为犯罪所要求的特定义务来源为(　　)

A. 法律明文规定的义务

B. 职务上、业务上要求履行的义务

C. 道义上的义务

D. 行为人先行行为使法律所保护的某种利益处于危险状态时所引起的负有防止危险结果发生的义务

28. 在下列情形中,应视为不法侵害已经终止的是(　　)(易错)

A. 不法侵害已经完结　B. 不法侵害人自动中止侵害

C. 不法侵害人已被制服　D. 不法侵害人已经丧失继续侵害的能力

29. 关于单位犯罪,下列说法中正确的有(　　)

A. 单位应当对刑法规定的所有犯罪负刑事责任

B. 对单位犯罪一般实行"双罚"

C. 单位犯罪的本质特征是为了单位的利益

D. 没有法人资格的私营企业犯罪的,以个人犯罪论处

30. 甲未获烟草专卖许可,擅自购进明知是假冒的"中华"牌香烟100箱进行批发和零售,在被查获时已销售出80箱,收款120万元。经检验该批香烟属于不合格产品。甲的行为(　　)

A. 触犯非法经营罪　B. 触犯销售假冒注册商标的商品罪

C. 触犯销售伪劣产品罪　D. 属于想象竞合犯,从一重罪定罪处罚

31. 抗税罪的行为方式有(　　)

A. 暴力　B. 伪造　C. 威胁　D. 行贿

32. 居民甲遛狗时与某单位保安乙、丙发生口角,甲拿菜刀欲砍人。乙、丙跑回值班室拿出防卫钢叉、塑胶警棍与追来的甲对打。甲受轻伤,乙、丙没有被砍着。公安机关以乙、丙构成故意伤害罪移送检察院审查起诉。下列说法正确的有(　　)

A. 乙、丙构成正当防卫　B. 检察院可以作出不起诉决定

C. 甲轻伤,乙、丙应当承担赔偿责任　D. 乙、丙没有被砍着,所以不构成正当防卫

33. 甲教唆乙(17周岁)抢夺行人的手机。一日乙抢得手机逃跑时,将紧追不舍的被害人打成轻伤。下列选项中正确的有(　　)

A. 甲、乙构成抢夺罪的共同犯罪

B. 甲应成立教唆犯,对其应当从重处罚

C. 乙的行为构成抢夺罪和故意伤害罪

D. 乙的行为构成抢劫罪,对其应当从轻或者减轻处罚

34. 甲唆使乙盗窃丙的财物,乙为抗拒抓捕而当场使用暴力致使丙死亡。对此,下列说法正确的是(　　)(易错)

A. 甲乙构成抢劫罪的共犯　B. 甲构成盗窃罪

C. 乙构成抢劫罪　D. 对甲而言,被教唆人没有犯被教唆罪

35. 外国游客A在黄山游玩时,趁他人不备,盗窃价值5000元的手机一部,对该外国游客进行处罚可适用的中华人民共和国法律有(　　)

A.《中华人民共和国外国人入境出境管理法》

B.《中华人民共和国治安管理处罚法》

C.《中华人民共和国刑事诉讼法》

D.《中华人民共和国刑法》

三、判断题

1. 已满十四周岁不满十六周岁的人,犯抢夺罪的应当负刑事责任。(常考)　(　　)

2. 对犯罪分子短期剥夺自由,就近实行劳动改造的刑罚方法是管制。　(　　)

3. 对被判处无期徒刑的犯罪人可以附加剥夺政治权利10年以上。　(　　)

4. 犯罪中止可以发生在犯罪预备阶段。　(　　)

5. 我国《刑法》规定的附加刑只能附加适用。(易错)　(　　)

6. 盗窃罪和侵占罪的主要区别是侵犯的客体不同。　(　　)

7. 非国家工作人员与国家工作人员勾结,伙同贪污的,不构成贪污罪。　(　　)

8. 间歇性的精神病人在精神正常的时候犯罪,不负刑事责任。　(　　)

9. 过失犯罪的过失分为疏忽大意的过失和过于自信的过失。　(　　)

10. 剥夺政治权利的犯罪分子不得担任国有公司、企业、事业单位和人民团体领导职务。　(　　)

11. 渎职罪就是玩忽职守罪。　(　　)

12. 已经着手实行犯罪,由于犯罪分子意志以外的原因而未得逞的,是犯罪中止。　(　　)

13. 贩卖、运输、制造毒品,无论数量多少,都应当追究刑事责任,予以刑事处罚。　(　　)

14. 张某持刀追杀李某，李某的朋友熊某恰好路过，用气枪打伤了张某，熊某的行为构成紧急避险。（易混）（　）
15. 一般来说，犯罪行为所直接作用的具体物或具体人是犯罪客体。（　）
16. 某明星在国内因吸食大量毒品被公安机关抓获，此明星的吸毒行为触犯《中华人民共和国刑法》，因此属于犯罪行为。（　）
17. 刑法中的没收财产，是指将犯罪分子所有的全部财产强制无偿地收归国有的一种刑罚。（　）
18. 审判的时候怀孕的妇女，不适用死刑。但是如果所犯罪行特别严重，可以判处死刑同时宣告缓期两年执行。（　）
19. 自首的成立，大体上要满足自动投案和如实供述自己的罪行两个条件。（　）
20. 教唆他人犯罪的，应当从重处罚。（　）
21. 甲是银行的保卫人员，依法配备公务用枪一支，甲有时把枪借给他人打猎，所幸没有造成什么严重后果，但甲的行为仍然构成犯罪。（　）
22. 甲、乙二人不约而同在同一商场内行窃，各自盗窃财物数额较大，甲、乙二人是共同实行犯。（　）
23. 玩忽职守罪只能由过失构成。（　）
24. 紧急避险所造成的损害可以小于或者等于所保护的利益。（　）
25. 我国《刑法》规定的主刑有四种：有期徒刑、无期徒刑、死刑缓期执行、死刑。（　）
26. 我国《刑法》规定，已满14周岁不满18周岁的人犯罪应当减轻或者免除处罚。（　）
27. 我国《刑法》遵循的是从新兼从轻原则。（　）
28. 对于被判处死刑、无期徒刑和有期徒刑的犯罪分子应当剥夺政治权利终身。（　）
29. 我国人民法院对犯罪分子适用刑罚是为了预防犯罪和减少犯罪。（　）
30. 判处死刑缓期执行的，在死刑缓期执行期间，如果没有犯罪，二年期满以后，减为25年有期徒刑。（　）
31. 对于累犯和犯罪集团的首要分子，不适用缓刑。（　）
32. 在挪用公款罪、徇私舞弊罪、巨额财产来源不明罪和玩忽职守罪等罪名中，其中只有挪用公款罪属于贪污贿赂罪。（　）
33. 凡在中华人民共和国领域内犯罪的，都适用我国《刑法》。（　）
34. 法无明文规定不定罪。（　）
35. 具有提供重要线索，从而得以侦破其他案件等立功表现的，可以从轻处罚或者减轻处罚。（　）
36. 某民政局工作人员利用职务之便挪用救济金10万元进行营利活动。其构成了挪用公款罪，又因为是挪用救济金而应当从重处罚。（　）
37. 假冒注册商标罪要求行为人主观方面为故意，且以营利为目的，过失不构成该罪。（　）
38. 对于犯罪分子的减刑，由执行机关向中级以上人民法院提出减刑建议书。（　）

专题五　行政法

命题分析

本专题主要以单选、多选、判断等形式考查。本专题需要重点掌握的知识包括：
1. 识记行政法的基本原则，行政法律关系的构成；
2. 区分具体行政行为的分类及内容，行政复议机关；
3. 理解国家赔偿的范围，公务员的考核和奖惩制度。

一、单项选择题

1. 程序正当原则是行政法的基本原则之一，下列选项中没有体现这一原则要求的是（　）
A. 某派出所鉴于小刘斗殴时刚满15周岁，依法不执行行政拘留处罚
B. 省人民政府在制定地方政府规章时，召开立法听证会听取公众意见
C. 县工商局工作人员马某在一次执法检查某超市时，因利害关系回避
D. 市公安局在处理一起治安处罚案件时，听取当事人李某的陈述申辩

2. 现年71岁的谢某，偷走了清洁工放在公园值班室价值500元的手机一部，被公安机关查获。下列关于公安机关处理此案的说法正确的是（　）
A. 谢某行为不违法　　B. 应该免除处罚
C. 可以裁决拘留但不执行　　D. 可以裁决拘留并处罚款立即执行

3. 某人民政府因建造一条公路而占用农民的土地，与农民就相关的补偿与安置达成协议，此项行为属于（　）
A. 行政给付　　B. 行政征收　　C. 民事合同　　D. 行政合同

4. 某知名品牌汽车生产商出产的部分型号小轿车存在着空调鼓风机调节器控制单元的密封性不足的缺陷，国家市场监管总局责令该企业召回其已上市销售的不合格产品，责令召回的性质属于（　）（易混）
A. 行政强制措施　　B. 行政强制执行　　C. 行政处罚　　D. 行政撤回

5. 下列选项中不能提起行政复议的行为是（　）
A. 某市公安车管部门发布了排气量在1升以下的汽车不予上牌照的规定，并据此对吴某汽车不予上牌照的行为
B. 某乡政府发布通告劝导农民种植高产农作物的行为
C. 城建部门将施工企业的资质由一级变更为二级的行为
D. 民政部门对王某成立社团的申请不予批准的行为

6. 根据我国《民事诉讼法》规定，下列案件不得公开审理的是（　）
A. 农民工小米讨要劳务加工费案　　B. 小李和小张的离婚财产分配案

C. 16岁的周某诉某网络公司侵犯隐私权案　　D. 小张离婚后子女抚养权归属案

7. 国家赔偿的方式不包括(　　)

A. 赔偿金　　B. 公开道歉

C. 恢复原状　　D. 返还财产

8. 下列各项中,属于行政处罚的是(　　)(常考)

A. 罚金　　B. 拘役　　C. 责令停产停业　　D. 管制

9. 某派出所民警刘某,在泥石流救灾中英勇牺牲,刘某家属收到政府抚恤金100万元,此抚恤金性质属于(　　)

A. 行政给付　　B. 行政奖励　　C. 行政赔偿　　D. 行政补偿

10. 下列属于国家行政机关的是(　　)(易错)

A. 县人大常委会　　B. 县人民法院

C. 县人民检察院　　D. 县司法局

11. 对某市某县公安局派出所以该县公安局的名义作出的具体行政行为不服而申请的复议,应由下列哪项所述机关管辖(　　)

A. 该县公安局　　B. 该派出所

C. 该县人民政府或某市公安局　　D. 某市人民政府

12. 根据我国《公职人员政务处分法》,下列不属于可以从轻或减轻给予政务处分情形的是(　　)

A. 人事处小杨主动检举了该部门领导的违纪行为,经查证属实

B. 某局副局长刘某配合监察部门调查,如实说明本人违法事实并上交了违法所得

C. 陈某因犯罪情节轻微,人民检察院依法对其作出了不起诉决定

D. 秘书小齐在王局长策划组织的违法行为中仅承担了联络人的作用

13. 行政机关应当自受理行政许可申请之日起多长时间内作出行政许可决定(　　)

A. 20日　　B. 30日　　C. 15日　　D. 45日

14. 下列不属于行政许可法调整范围的是(　　)(易错)

A. 老王下岗后自谋出路,想自己开一个小饭馆,于是向工商局提出申请,工商局经审查,发给了老王营业执照

B. 公安交通部门根据李某的申请,发给李某驾驶执照

C. 某大学希望上级教育主管部门拨款对学校扩建,上级教育主管部门对其申请予以审批

D. 进出口食品检疫机关对某公司的出口食品鉴定后,贴上了检疫标签

15. 我国《行政处罚法》规定,行政机关在调查或进行检查时,执法人员不得少于2人,并应当向当事人或有关人员出示证件。这体现了行政处罚程序中的(　　)

A. 调查制度　　B. 告知制度

C. 表明身份制度　　D. 说明理由制度

16. 武汉市政府在控制新冠肺炎疫情时对某海鲜市场作出了关闭的决定,该行政行为属于(　　)

A. 行政确认行为　　B. 行政征收行为

C. 具体行政行为　　D. 抽象行政行为

17.《土地管理法》第十四条第一款规定:"土地所有权和使用权争议,由当事人协商解决;协商不成的,由人民政府处理。"关于这款规定,下列表述正确的是(　　)

A. 该款规定中的行政行为是行政调解

B. 该款规定中的行政行为包含行政确认

C. 对该款规定中的行政行为不可以提起行政诉讼

D. 人民政府处理争议,行政相对人不需要申请

18. 国家赔偿是指国家机关及其工作人员因行使职权,给公民、法人和其他组织的人身权造成损害,依法应给予的赔偿。国家赔偿的主要方式是(　　)(常考)

A. 支付赔偿金　　B. 赔礼道歉　　C. 停止侵害　　D. 返还财产

19. 对下列哪一情形,行政复议机关可以进行调解(　　)

A. 某企业对税务机关所确定的税率及税额不服,希望适当降低税额,申请复议

B. 市政府征收某村房屋和土地,该村居民对补偿面积和补偿数额有异议,申请复议

C. 曹某非法种植某作物,被公安机关处以拘留10日和1千元罚款的处罚,曹某不服,申请复议

D. 某公司因未按规定报批环评手续,被市生态环境局处2万罚款,该公司不服,申请复议

20. 行政机关向相对方收取公路养路费、港口建设费的行为在性质上属于(　　)(易混)

A. 行政处罚　　B. 行政征购　　C. 行政征收　　D. 行政征用

21. 张某因扰乱社会治安受到公安机关的行政处罚,张某认为处罚太重,应当如何处理(　　)

A. 只能起诉　　B. 先申请复议,若不服复议决定再起诉

C. 既可申请复议,也可直接向法院起诉　　D. 只能申请复议

22. 下列属于行政处罚的是(　　)

A. 甲某因实施入室抢劫,被法院判处3年有期徒刑

B. 乙某因在公共场所随意追打辱骂他人,被公安机关拘留15日

C. 丙某、丁某签订了汽车买卖合同,后来丙未依约付清款项,经法院调解,丙某向丁某支付了违约金3万元

D. 根据戊某辩护律师的申请,公安机关对被立案侦查的戊某办理了取保候审

23. 国家机关及其工作人员作出下列何种行为造成损害的,受害人有权取得国家赔偿(　　)(易错)

A. 违反国家规定征收财物　　B. 行政机关工作人员与行使职权无关的个人行为

C. 制定的法规、规章错误　　D. 行政机关建房侵占他人用地

24. 下列关于设定行政许可与行政处罚的说法中,正确的是(　　)

A. 行政许可与行政处罚的设定机关均应对其设定的行政许可、行政处罚进行评价

B. 部门规章可以依法设定一定的行政许可、行政处罚

C. 尚未制定法律的，行政法规可以依法设定一定的行政许可、行政处罚

D. 法律、法规、规章以外的其他规范性文件一律不得设定任何行政许可、行政处罚

25. 在我国，行政许可是指行政机关根据公民、法人或者其他组织的申请，经依法审查，准予其从事特定活动的行为。下列关于行政许可的说法，错误的是(　　)

A. 设定和实施行政许可，应当遵循公开、公平、公正、非歧视的原则

B. 有关行政许可的规定应当公布；未经公布的，不得作为实施行政许可的依据

C. 设定行政许可，应当规定行政许可的实施机关、条件、程序、期限

D. 行政许可需要行政机关内设的多个机构办理的，该行政机关各相关机构应当分别受理行政许可申请并做出行政许可决定

26. 根据相关法律规定，下列关于街道办事处的说法正确的是(　　)

A. 是基层群众自治组织

B. 其法律地位相当于县级人民政府

C. 其设立需经设区的市的人民政府批准

D. 是独立的行政机关

27. 下列关于行政复议和行政诉讼程序的观点，说法正确的是(　　)

A. 申请行政复议可以采取口头形式，也可以采取书面形式

B. 提起行政诉讼可以采取书面形式，但不得采取口头形式

C. 行政诉讼优先于行政复议

D. 解决行政争议，由行政机关举证，可以调解

28. 抚恤金、生活补助费、安置、救济等属于(　　)

A. 行政奖励　　B. 行政给付

C. 行政赔偿　　D. 行政责任

29. 对海关、金融、国税、外汇管理等实行垂直领导的行政机关和国家安全机关的具体行政行为不服的，可以(　　)

A. 向本级主管部门申请行政复议　　B. 向本级人民代表大会申请行政复议

C. 向上一级地方人民政府申请行政复议　　D. 向上一级主管部门申请行政复议

30. 行政机关对申请人提出的行政许可申请，以下处理不当的是(　　)

A. 申请事项依法不需要取得行政许可的，及时告知申请人不受理

B. 申请事项依法不属于本行政机关职权范围的，及时作出不予受理的决定，并告知申请人向有关行政机关申请

C. 申请材料存在可以当场更正的错误的，由工作人员决定是否允许申请人当场更正

D. 申请材料不齐全或不符合法定形式的，应当场或五日内一次性告知申请人需要补正的内容

31. 张某和王某是邻居，在一起行政案件的执行中，人民法院执行人员误将案外人员王某的一间房屋当作被执行人张某的房屋强行拆毁。王某提出赔偿请求，该损失应由谁赔偿(　　)

A. 应当由张某负责赔偿　　B. 应当由人民法院执行人员负责赔偿

C. 应当由人民法院负责赔偿　　D. 属于意外事件，由王某自己承担

32. 某市交通管理局发布文件，规定对高速公路过往车辆征收过路费。丁某驾车路过时被征收，认为属于乱收费，欲讨个说法。下列选项中不正确的是(　　)

A. 丁某可以直接对该征收行为提起行政复议

B. 丁某可以针对该规范性文件要求复议审查

C. 丁某可以在申请复议征收行为时要求审查该规范性文件

D. 丁某不必经过复议，可以直接向人民法院提起行政诉讼

33. 行政机关作出强制执行决定前，应当事先催告当事人履行义务。催告应当以书面形式作出，下列关于催告的说法不正确的是(　　)

A. 催告不必记载履行义务的期限

B. 催告必须记载履行义务的方式

C. 催告应当载明涉及金钱给付的，应当有明确的金额和给付方式

D. 催告应当载明当事人依法享有的陈述权和申辩权

34. 有权就实施行政许可收取费用做出规定的规范性文件是(　　)

A. 法律和法规　　B. 法规和规章

C. 行政法规和规章　　D. 法律和行政法规

35. 公民、法人或其他组织认为具体行政行为侵犯了其合法权益的，可以自知道该具体行政行为之日起(　　)日内提出行政复议申请，但是法律规定的申请期限超过的除外。

A. 90　　B. 60　　C. 30　　D. 15

36. 对某省政府作出具体行政行为不服的，可向______申请复议，对复议决定不服的，可______。(　　)(常考)

A. 国务院　提起行政诉讼

B. 某省政府　提起行政诉讼或向国务院申请行政复议

C. 国务院终局裁决　提起行政诉讼

D. 某省政府　提起行政诉讼

37. 甲，72岁，因宅基地纠纷把乙打伤，公安机关认为甲的行为触犯了《治安管理处罚法》。关于公安机关如何对甲进行处罚，下列说法正确的是(　　)

A. 甲已超70岁，不能作任何处罚决定　　B. 可以作罚款决定，但不能执行该决定

C. 可以作拘留决定，但不能执行该决定　　D. 可以依法作各种处罚决定，且要执行该决定

38. 王某因不服区公安分局行政拘留10天的处罚申请复议，市公安局认为处罚过轻，遂改为行政拘留

15天的处罚，王某以市公安局为被告提起行政诉讼。对王某的诉讼请求，法院应当如何处理(　　)(易错)

A. 决定受理此案　　B. 要求原告将区公安分局列为共同被告

C. 要求原告将被告变更为区公安分局　　D. 以被告不适格为由裁定不予受理

39. 行政机关依法作出不予行政许可的书面决定的，应当说明理由，并告知申请人享有依法申请行政复议或者(　　)的权利。

A. 要求举行听证　　B. 要求组织专家论证

C. 有权进行陈述和申辩　　D. 提起行政诉讼

40. 刘某向卫生局申请在小区设立个体诊所，卫生局受理申请。小区居民陈某等人提出，诊所的医疗废物会造成环境污染，要求卫生局不予批准。对此，下列哪一选项符合《行政许可法》规定(　　)

A. 刘某既可以书面也可以口头申请设立个体诊所

B. 卫生局受理刘某申请后，应当向其出具加盖本机关专用印章和注明日期的书面凭证

C. 如陈某等人提出听证要求，卫生局同意并听证的，组织听证的费用应由陈某承担

D. 如卫生局拒绝刘某申请，原则上应作出书面决定，必要时口头告知即可

41. 依法行政原则是行政法的一项基本原则。下列各项中，不属于依法行政原则所涵盖的具体原则的是(　　)

A. 责任政府原则　　B. 合理行政原则

C. 法律优先原则　　D. 职权法定原则

42. 某制药企业因为某种原因受到了市政府停止生产的处理决定，该企业对此处理决定不服，它应该向(　　)申请复议。

A. 省政府　　B. 市政府　　C. 省人大　　D. 市人大

43. 下列属于执法活动的是(　　)

A. 李某遭王某殴打而向公安局报案

B. 检察机关根据群众检举对某人的受贿行为进行侦查

C. 税务人员认为张某有偷税嫌疑而查办该案件

D. 法官出差办案途中发现两个人发生口角，依法律和事实对两人进行劝解

44. 某国家机关在整顿机关作风中，辞退了4名公务员。辞退理由不符合《公务员法》规定的是(　　)(易错)

A. 当年年度考核被确定为不称职的甲　　B. 不胜任现职工作又不接受其他安排的乙

C. 一次旷工连续超过15天的丙　　D. 一年内累计旷工超过30天的丁

45. 对县级以上地方人民政府依法设立的派出机关的具体行政行为不服的，向(　　)申请行政复议。

A. 上一级地方人民政府　　B. 管理该派出机关的部门

C. 设立该派出机关的人民政府　　D. 该派出机关

二、多项选择题

1. 行政复议参加人包括(　　)

A. 申请人　　B. 被申请人

C. 证人　　D. 复议中的第三人

2. 下面关于行政许可设定的说法，哪些是正确的(　　)

A. 行业组织或者中介机构能够自律管理的，可以不设行政许可

B. 省、自治区、直辖市人民政府在必要时，确需实施行政许可的，可以采用发布决定的方式设定行政许可

C. 地方性法规可以对法律设定的行政许可作出具体的规定，必要时可以根据情况增设行政许可

D. 地方性法规不得设定应当由国家统一确定的公民、法人或者其他组织的资格、资质的行政许可

3. 行政程序的基本原则包括(　　)

A. 程序合法原则　　B. 相对方参与原则

C. 效率原则　　D. 程序公正原则

4. 驾驶执照属于(　　)(常考)

A. 一般许可　　B. 特殊许可

C. 独立许可　　D. 附文件许可

5. 下列各项中，属于行政行为的有(　　)

A. 某市政府为建办公楼与某建筑公司签订建筑承包合同

B. 某市政府为修建大型水利设施而对该地居民区实施的拆迁行为

C. 商务部作出禁止某外国企业并购中国企业的决定

D. 消防局向某企业发出火灾隐患整改通知书

6. 我国治安管理处罚的种类有(　　)

A. 警告　　B. 罚款

C. 行政拘留　　D. 吊销公安机关发放的许可证

7. 下列属于无效的行政行为的是(　　)

A. 行政主体受胁迫而作出的行政行为　　B. 行政行为有重大违法行为

C. 行政行为将导致相对人犯罪　　D. 行政行为没有可能实施

8. 行政机关在实施和办理行政许可时，不得出现的行为包括(　　)

A. 向申请人提出购买指定商品的要求　　B. 向申请人索取财物

C. 趁机谋取不正当利益　　D. 认真仔细地办理行政许可

9. 下述社会关系中不属于行政法调整范围的是(　　)

A. 各社会组织内部的管理关系

B. 行政机关缔结买卖合同而形成的关系

C. 法律法规授权的组织行使某一行政管理权所发生的社会关系

D. 行政机关与相对方当事人之间发生的民事关系

10. 在起草法律、法规或者规章草案的过程中，拟设定行政许可的，起草单位应当向制定机关说明（　　）

A. 设定该行政许可的必要性　　B. 对经济、社会可能产生的影响

C. 听取和采纳意见的情况　　D. 拟设定的行政许可的条件和期限

11. 行政法有一般行政法和特别行政法之分，下列属于特别行政法的有（　　）

A.《中华人民共和国行政诉讼法》　　B.《中华人民共和国行政复议法》

C.《中华人民共和国食品卫生法》　　D.《中华人民共和国高等教育法》

12. 下列哪些做法不符合有关公务员管理的法律法规规定（　　）

A. 县公安局法制科科员李某因2009年和2011年年度考核不称职被辞退

B. 小王2010年7月通过公务员考试进入市法制办工作，因表现突出于2011年1月转正

C. 办事员张某辞职离开县政府，单位要求他在离职前办理公务交接手续

D. 县财政局办事员田某对单位的开除决定不服向县人力资源和社会保障局申诉，在申诉期间财政局应当保留田某的工作

13. 公安局对傅某作出行政拘留15日的处罚。该处罚属于（　　）

A. 具体行政行为　　B. 抽象行政行为

C. 可诉行政行为　　D. 不可诉行政行为

14. 行政给付又称为行政物质帮助，下列情形中，属于行政给付的有（　　）

A. 某县政府征用农村土地，给予相应补偿费50万元

B. 民政部门对牺牲军人的家属发放抚恤金

C. 某村民得了重病，村委会发动群众为其捐款治病

D. 社会保障部门对失业工人发放救济金

15. 根据《国家赔偿法》的规定，下列损失属于行政赔偿范围的有（　　）

A. 行政违法行为造成的精神损失

B. 被拘留期间因无法开展正常业务导致的利润损失

C. 责令停产停业期间支付的房租、水电费

D. 行政违法行为引起的医疗费和误工费

16. 根据《行政复议法》规定，行政复议期间具体行政行为不停止执行；但是，有下列哪些情形之一的，可以停止执行（　　）

A. 被申请人认为需要停止执行的　　B. 行政复议机关认为需要停止执行的

C. 申请人申请停止执行的　　D. 第三人申请停止执行的

17. 行政复议是一种（　　）（常考）

A. 依申请的行政行为　　B. 依职权的行政行为

C. 内部行政行为　　D. 外部行政行为

18. 某私营企业违法经营，主管行政机关准备对其作出行为罚，具体措施可能是（　　）

A. 治安拘留　　B. 责令停产停业　　C. 罚款　　D. 吊销营业执照

19. 行政行为无效的法律后果有（　　）

A. 司法机关可以不受时效限制审查该行为　　B. 行政机关应将行政行为实施取得的利益返还

C. 行政行为自宣布无效之日起失去法律效力　　D. 行政相对人对该行为有抵抗权

20. 行政复议撤销决定的适用情形有（　　）

A. 超越职权　　B. 滥用职权

C. 适用依据错误　　D. 具体行政行为明显不当

三、判断题

1. 不满十四周岁的未成年人有行政违法行为的，不予处罚，责令监护人加以管教。（　　）
2. 行政复议的被申请人是行政机关，法律、法规授权的组织或受委托的组织。（　　）
3. 行政复议期间，具体行政行为都应当停止执行。（　　）
4. 根据我国《国家赔偿法》规定，经复议的案件，复议机关为赔偿义务机关。（常考）（　　）
5. 行政处罚适用于有违法失职行为的国家公务员。（　　）
6. 行政自由裁量权是行政机关不可或缺的职权，因此无须对其进行控制。（　　）
7. 行政行为一经作出，不论合法还是违法，都推定为合法有效，相关的当事人都应当先遵守或服从。（　　）
8. 行政责任是一种独立责任，是其他法律责任所不能替代的。（　　）
9. 根据《行政许可法》规定，行政许可分为五类：普通许可、特许、认可、核准和登记。（　　）
10. 根据我国《行政处罚法》规定，违法行为在两年内未被发现的，不再给予行政处罚。（　　）

专题六　诉讼法及其他法律法规

命题分析

本专题主要以单选、多选、判断等形式考查。本专题需要重点掌握的知识包括：

1. 识记民事诉讼的证据，行政诉讼法的基本原则，行政诉讼的参加人；
2. 区分民事诉讼的管辖，行政诉讼的管辖，刑事诉讼的管辖；
3. 理解行政诉讼的受案范围，刑事诉讼的回避，刑事诉讼的程序；
4. 识记公司法、劳动法、劳动合同法、消费者权益保护法、监察法等法律法规的相关规定。

一、单项选择题

1. 各级监察委员会派驻或者派出的监察机构、监察专员根据授权，按照管理权限依法对公职人员进行监督，提出监察建议，依法对公职人员进行（　　）

A. 调查、处置　　B. 监督、调查、处置　　C. 监督、处置　　D. 监督、调查

2. 居民甲在某商场购得一台“多功能食品加工机”，回家试用后发现该产品只有一种功能，遂向商场提出退货，商场答复：“该产品说明书未就其使用性能作明确说明，且产品本身无质量问题，所以顾客应向厂家索赔，商场概不负责。”对此，顾客应该怎么办(　　)(易错)

A. 应当要求销售者给予退换

B. 只能向生产者要求退换

C. 可选择向销售者或生产者要求退换并给予赔偿

D. 因未当场认真检验商品，所以不能要求退换

3. 下列关于辩护人的说法，错误的是(　　)

A. 犯罪嫌疑人在任何时候均有权委托辩护人

B. 正在被执行刑罚或者依法被剥夺、限制人身自由的人，不得担任辩护人

C. 危害国家安全犯罪、恐怖活动犯罪案件，在侦查期间辩护律师会见在押的犯罪嫌疑人，应当经侦查机关许可

D. 在审判的过程中，被告人可以拒绝辩护人继续为他辩护，也可以另行委托辩护人辩护

4. 根据我国《监察法》和相关法律，下列属于监察机关应立案调查的案件的是(　　)

A. 刑事警察甲涉嫌刑讯逼供罪　　B. 行政执法人员乙涉嫌重婚罪

C. 监狱干警丙涉嫌私放在押人员罪　　D. 法官丁涉嫌巨额财产来源不明罪

5. 下列选项中，属于法人的是(　　)

A. 某部委法规司　　B. 某银行北京分行

C. 某大学附属临床医院　　D. 某公司上海分公司

6. 当事人不服行政机关作出的行为，可以提起行政诉讼。下列行为可以提起行政诉讼的是(　　)

A. 某政府部门以张某试用期不合格为由取消其公务员录用资格

B. 某社保局给李某记大过的处分

C. 王某去当地派出所报案，派出所不予理会

D. 某财政局对工作人员田某提出的辞职申请不批准

7. 某企业使用霉变面粉加工馒头，潜在受害人不可确定。甲、乙、丙、丁等20多名受害者提起损害赔偿诉讼，但未能推选出诉讼代表人。法院建议由甲、乙作为诉讼代表人，但丙、丁等人反对。关于本案，下列哪一选项是正确的(　　)

A. 丙、丁等人作为诉讼代表人参加诉讼

B. 丙、丁等人推选代表人参加诉讼

C. 诉讼代表人由法院指定

D. 在丙、丁等人不认可诉讼代表人情况下，本案裁判对丙、丁等人没有约束力

8. 某省甲市A区法院受理一起保管合同纠纷案件，根据被告管辖权异议，A区法院将案件移送该省乙市B区法院审理。乙市B区法院经审查认为，A区法院移送错误，本案应归甲市A区法院管辖，发生争议。关于乙市B区法院的做法，下列哪一选项是正确的(　　)

A. 将案件退回甲市A区法院

B. 将案件移送同级第三方法院管辖

C. 报请乙市中级人民法院指定管辖

D. 与甲市A区法院协商不成，报请该省高级法院指定管辖

9. 管某前往某小区李某家行窃，窃得现金十万余元后随即将该笔现金存入银行存折中。不久，管某在其出租屋内被当地警方抓获，并当场搜查出该存折。根据我国相关规定，该存折属于(　　)

A. 物证　　B. 书证

C. 既是物证又是书证　　D. 既不是物证也不是书证

10. 在行政诉讼中对具体行政行为的合法性负有举证责任的是(　　)

A. 原告　　B. 被告　　C. 第三人　　D. 谁主张谁举证

11. 行政诉讼所要解决的行政争议是(　　)之间发生的法律争议。

A. 行政机关　　B. 行政机关与行政机关工作人员

C. 国有企事业单位与职工　　D. 行政主体和行政相对人

12. 多年来，胡某横行霸道、为所欲为，经常敲诈勒索同村人的财物。因害怕遭报复，村里人大多数敢怒不敢言，不得不屈从。隔壁村的赵某无意间听闻此事，遂向公安机关报告了此事。赵某的行为属于(　　)

A. 控告　　B. 告诉　　C. 举报　　D. 报案

13. 人民法院审理的行政案件，(　　)调解。(易错)

A. 不适用　　B. 适用　　C. 有条件地适用　　D. 有时可以适用

14. 甲因债务纠纷问题将乙告上法庭。在法庭审讯中，他发现乙与审判员系叔侄关系，这种情况下，他应该用(　　)维护权益。

A. 申请回避　　B. 提起上诉

C. 撤销诉讼请求　　D. 委托辩护人或诉讼代理人

15. 因不动产纠纷提起的诉讼，有权管辖的人民法院是(　　)

A. 合同签订地人民法院　　B. 原告住所地人民法院

C. 被告住所地人民法院　　D. 不动产所在地人民法院

16. 居住在甲市甲区的公民，因走私被位于乙市乙区的海关扣留，该公民不服，应向下列哪个单位提起行政诉讼(　　)

A. 甲市或乙市中级人民法院　　B. 甲区或乙区人民法院

C. 甲区人民法院　　D. 乙区人民法院

17. 下列情形，不能依据《行政诉讼法》提起行政诉讼的是(　　)

A. 公民甲对某地公安机关对其作出的行政拘留不服

B. 公民乙对某市人民政府对其作出的征收补偿决定不服

C. 公民丙认为镇政府违法摊派有关费用

D. 公民丁认为某市人民政府发布的《某市机动车辆管理暂行办法》违法

18. 李某提出一项行政许可申请，乡政府审核后报县政府审批，李某对批件具体内容不满意。下列选项正确的是(　　)

A. 李某申请行政复议，复议机关为县政府

B. 李某必须先行政复议，方能提出行政诉讼

C. 李某提出行政诉讼应当由当地中级人民法院管辖

D. 李某提出行政诉讼，县政府为被告，乡政府为第三人

19. 下列案件中，不适用《民事诉讼法》审理的是(　　)

A. 丁不服税务机关征税额的决定，向法院起诉

B. 甲失踪3年杳无音信，其妻到法院要求宣告甲失踪

C. 乙欠丙3000元钱迟迟不还，丙无奈之下请求法院向乙发出支付令

D. 戊与一公司签订劳动合同，该公司未足额支付工资，戊向法院起诉

20. 张某与马某参加完同学聚会返回时，因张某喝了酒，便让未喝酒的马某代为开车。不料，马某在路上撞伤了行人刘某，后交警认定马某存在重大过失，应当承担全部责任。刘某的人身损害在保险公司赔偿之后，不足部分应由(　　)

A. 张某独自承担法律责任　　B. 马某独自承担法律责任

C. 张某与马某承担按份责任　　D. 张某与马某承担连带责任

21. 检察院以涉嫌盗窃罪对赵某提起公诉。经审理，法院认为证明指控事实的证据间存在矛盾且无法排除，同时查明赵某年龄认定有误，该案发生时赵某未满16周岁。关于本案，法院应当采取下列哪一做法(　　)

A. 将案件退回检察院

B. 终止审理

C. 作证据不足、指控的犯罪不能成立的无罪判决

D. 判决宣告赵某不负刑事责任

22. 在行政复议中可作为复议依据，在行政诉讼中则只能作为审判参照的是(　　)(易错)

A. 行政规章　　B. 地方性法规　　C. 行政法规　　D. 单行条例、自治条例

23. 关于民事诉讼中的公开审判制度的描述，下列选项错误的是(　　)

A. 法院审理案件与宣告判决一律公开进行

B. 涉及国家秘密的案件属于法定不公开审理的案件

C. 除法律规定外，审判过程及结果应当向群众、社会公开

D. 离婚案件属于当事人申请不公开审理，法院决定可以不公开审理的案件

24. 关于劳动合同，下列说法错误的是(　　)(易错)

A. 劳动者严重违反用人单位的规章制度的，用人单位可以解除劳动合同

B. 用人单位与劳动者在用工前订立劳动合同的，劳动关系自订立合同之日起建立

C. 企业方按照劳动者劳动的数量和质量支付劳动报酬，依法提供劳动条件，保障劳动者依法享有劳动保护、社会保险等合法权利

D. 裁减人员时，与本单位订立无固定期限劳动合同的人员应当优先留用

25. 根据《食品安全法》的规定，专供婴幼儿和其他特定人群的主辅食品，其标签还应当特别标明(　　)

A. 生产日期　　B. 储存条件

C. 生产许可证编号　　D. 主要营养成分及其含量

26. 根据《个人所得税法》的规定，下列免纳个人所得税的是(　　)(常考)

A. 甲出版书籍获得的稿酬　　B. 乙炒股获得的股息

C. 丙获得的保险赔款　　D. 丁获得的特许权使用费

27. 按照《反不正当竞争法》的规定，经营者进行抽奖式的有奖销售最高奖的金额不得超过(　　)

A. 5万元　　B. 3万元　　C. 1万元　　D. 5千元

28. 赵某大学毕业后，应聘了一家保险公司的法务岗，并签订为期两年的劳动合同。根据规定，其试用期应不超过(　　)

A. 一个月　　B. 二个月　　C. 三个月　　D. 六个月

29. 甲为某企业职工，按照我国相关法律的规定，下列社会保险中甲个人无须缴纳费用的是(　　)

A. 基本养老保险　　B. 基本医疗保险　　C. 工伤保险　　D. 失业保险

30. 某法院受理甲、乙离婚案件，甲委托丙为代理人，授权委托书仅写明代理范围为"全权代理"，下列说法正确的是(　　)

A. 甲可以不出庭参加诉讼　　B. 丙必须是专职律师

C. 法院可以向丙送达法律文书　　D. 丙可以代甲提出上诉等诉讼请求

31. 某作家写了一本散文集，他对这本散文集所享有的发表权的保护期限为(　　)

A. 30年　　B. 作家终生

C. 作家终生及其死后50年　　D. 永久享有

32. 根据我国《劳动合同法》的有关规定，下列哪一项说法是正确的(　　)(易混)

A. 已建立劳动关系，未同时订立书面劳动合同的，应当自用工之日起十五日内订立书面劳动合同

B. 劳动合同期限一年以上不满三年的，试用期不得超过三个月

C. 用人单位与劳动者协商一致，可以变更劳动合同约定的内容。变更劳动合同，应当采用书面形式

D. 劳动合同部分无效，即使不影响其他部分效力的，其他部分也仍然无效

33. 关于中华人民共和国国歌，下列说法错误的是(　　)

A. 政府机关举行重大庆典、纪念仪式时，应当奏唱国歌

B. 在公共场合，以歪曲、贬损方式奏唱国歌是犯罪行为

C. 外交活动中奏唱国歌的场合和礼仪，由外交部规定

D. 不得将国歌作为公共场所的背景音乐

34. 甲乙合资成立了一家有限责任公司，关于甲乙的出资，下列说法错误的是（　　）（易混）

A. 可以用货币出资　　B. 可以用知识产权出资

C. 可以用土地使用权出资　　D. 不得以实物出资

35. 关于两审终审制度，下列选项正确的是（　　）

A. 经过两级法院所作的裁判都是生效裁判

B. 一个刑事案件只有经过两级法院审理才能生效

C. 一个案件经过两级法院审判后对所作的裁判不能上诉

D. 一个案件经过两级法院审判后当事人不能对判决提出异议

36. 查封、扣押的财物、文件经查明与案件无关的，应当在查明后（　　）内解除查封、扣押，予以退还。

A. 三日　　B. 五日　　C. 七日　　D. 十日

37. 甲和乙因合同纠纷诉至法院，诉讼过程中发现下列情形，不应回避的是（　　）

A. 证人刘某，是乙的妻子

B. 审判员王某，是甲的哥哥

C. 合议庭审判员于某与该案的审理结果有利害关系

D. 合议庭组成人员中的陪审员周某，是甲的弟弟

38. 下列刑事诉讼过程中的做法，正确的是（　　）

A. 自诉案件中，自诉人撤回起诉，法院应当终止审理

B. 检察院在侦查刑讯逼供案过程中不认为是犯罪，作出不起诉处理

C. 合议庭认为辩护人关于犯罪已过追诉时效的辩护意见成立，应做出无罪判决

D. 法院在审判过程中发现案件的罪名与检察院起诉罪名不符，可以改变罪名自行判决

39. 李军在某服装店挑选衣服，店主向其推荐了一款风衣。李军试穿后觉得不合适，脱下风衣后准备离开，店主却强迫李军买下了这件风衣。店主的这一行为侵犯了李军的（　　）

A. 财产安全权　　B. 损害求偿权

C. 维护尊严权　　D. 商品自主选择权

40. 不属于《中华人民共和国监察法》所规定的监督对象的是（　　）

A. 某居民委员会的主任　　B. 某国有企业工会的主席

C. 某农民专业合作社的理事长　　D. 某省属高校学报的主编

41. 讯问、询问是刑事办案过程中的重要环节，下列说法错误的是（　　）

A. 可以传唤证人到公安机关接受询问

B. 讯问犯罪嫌疑人过程可以录音或者录像

C. 讯问犯罪嫌疑人时侦查人员不得少于二人

D. 讯问未成年犯罪嫌疑人应当通知其家长到场

42. 中华人民共和国国旗是中华人民共和国的象征和标志，下列场所或机构所在地中，必须每日升挂国旗的有（　　）

①出境入境的机场、港口②最高人民法院、检察院

③中国人民政治协商会议地方各级委员会④全日制学校

A. ①②　　B. ③④　　C. ②④　　D. ②③

43. 某面馆每位服务员胸前都佩戴一个牌子，上面印有二维码，并写着"感谢打赏3元"的字样。每当顾客用完餐结账时，服务员就会建议顾客扫码打赏。从法律角度看，这种扫码打赏属于（　　）

A. 侵犯了消费者的合法权益　　B. 消费者的道德义务

C. 赠与行为　　D. 不合法的变相收费

44. 甲因盗窃涉案，在案件办理过程中甲不能申请回避的是（　　）

A. 作证人员　　B. 审判人员　　C. 检察人员　　D. 侦查人员

45. 甲被判处有期徒刑一年六个月，在被交付执行前剩余刑期为五个月，执行机关应当是（　　）

A. 监狱　　B. 看守所

C. 少管所　　D. 社区矫正机构

二、多项选择题

1. 下列关于我国基本养老保险的说法，正确的有（　　）

A. 职工应当参加基本养老保险，由用人单位和职工共同缴纳基本养老保险费

B. 公务员和参照公务员法管理的工作人员养老保险的办法由国务院规定

C. 基本养老保险实行社会统筹与个人账户相结合

D. 基本养老保险基金由用人单位和个人缴费以及政府补贴等组成

2. 中级人民法院管辖的第一审行政案件有（　　）

A. 本辖区内复杂案件

B. 海关处理的案件

C. 本辖区内重大案件

D. 对市辖区人民政府所作的具体行政行为提起诉讼的案件

3. 在刑事诉讼中，公安机关负责（　　）

A. 对刑事案件的侦查　　B. 审判

C. 执行逮捕　　D. 预审和部分刑罚的执行

4. 具有以下情形的具体行政行为，哪些可由人民法院作出撤销判决（　　）

A. 超越职权的　　B. 滥用职权

C. 适用法律、法规正确　　D. 违反法定程序

5. 下列适用拘传的情形正确的是(　　)

A. 根据案件情况对已被逮捕的犯罪嫌疑人予以拘传

B. 根据案件情况对已被拘留的犯罪嫌疑人予以拘传

C. 根据案件情况对未被羁押的犯罪嫌疑人予以拘传

D. 对经传唤没有正当理由不到案的犯罪嫌疑人予以拘传

6. 刑事强制权包括(　　)等。(常考)

A. 取保候审　B. 监视居住　C. 传唤　D. 刑事拘留

7. 甲公司在床单、被罩等床上用品上注册了“栀子花”商标。下列未经许可的行为中,构成侵权的有(　　)

A. 某企业将“栀子花”注册为童装商标并予以使用

B. 某公司将“栀子花”商标用在其生产的床单的外包装上

C. 某商场将假冒“栀子花”商标的枕套用作促销活动的赠品

D. 某公司购买甲公司的“栀子花”牌床罩后,将“栀子花”改为“玉兰花”并重新包装销售

8. 商标注册申请人自其在某外国第一次提出商标注册申请之日起六个月内,又在中国就相同商品以同一商标提出注册申请的,依据下列哪些情形可享有优先权(　　)

A. 该外国同中国签订的协议　B. 该外国同中国共同参加的国际条约

C. 该外国同中国相互承认优先权　D. 该外国同中国有外交关系

9. 现代企业制度的形式有(　　)(常考)

A. 业主制企业　B. 承包制企业　C. 合伙制企业　D. 公司制企业

10. 根据我国司法解释,我国《行政诉讼法》规定的以非法手段取得的证据情形包括(　　)

A. 严重违反法定程序收集的证据材料

B. 以违反法律强制性规定的手段获取且侵害他人合法权益的证据材料

C. 在诉讼过程中原告及其诉讼代理人自行向证人收集的证据材料

D. 以利诱、欺诈、胁迫、暴力等手段获取的证据材料

11. 李某花1.5万元购买了某股份公司发行的股票2000股,但该公司股票尚未上市。现李某欲退还已购股票。在下列哪些情况下李某可以要求发起人退股(　　)

A. 发起人未按期召开创立大会　B. 公司股东大会同意

C. 公司董事会同意　D. 公司未按期募足股份

12. 根据《中华人民共和国道路交通安全法》的相关规定,下列行为正确的是(　　)

A. 机动车、非机动车实行右侧通行

B. 遇到交通警察现场指挥时,应当按照交通警察的指挥通行

C. 与对面来车有会车可能时,要降低速度超车

D. 洒水车在不影响其他车辆通行的情况下,可以不受车辆分道行驶的限制

13. 下列选项中,能正确说明有限责任公司与股份有限公司区别的有(　　)(易混)

A. 独立的法人财产不同

B. 公司机构不同

C. 不以其全部财产对公司的债务承担责任不同

D. 能否自由转让股份不同

14. 下列产品中适用《产品质量法》的有(　　)

A. 富川牌山茶油　B. 伊利牌牛奶

C. 南京长江大桥　D. 长江大桥上的水泥

15. 受《著作权法》保护的作品包括(　　)

A. 小说、报告文学　B. 歌词、作曲

C. 口头说书　D. 电路示意图

16. 关于农村土地承包经营权抵押贷款,下列说法正确的有(　　)

A. 由金融机构向符合条件的承包方农户或农业经营主体发放

B. 通过土地流转获得的土地经营权不能申请此贷款

C. 贷款以承包土地的经营权作为抵押

D. 贷款需在约定期限内还本付息

17. 甲乙两村因某一土地所有权发生争议,县人民政府将该土地确定为甲村所有,乙村在法定期限内没有向法院起诉,但仍继续占有并使用该片土地。下列说法哪些是正确的(　　)

A. 甲村无权向人民法院申请强制执行　B. 县政府可以向人民法院申请强制执行

C. 甲村可以要求县政府履行法定职责　D. 甲村可以对乙村提起民事诉讼

18. 刑事诉讼中可以用于证明案件事实的材料都是证据,下列关于证据的说法正确的有(　　)

A. 来源不明的材料不能作为证据使用

B. 证据有三个特征,即客观性、关联性、合法性

C. 法定证据种类中的物证、书证都属于实物证据

D. 犯罪嫌疑人关于自己行为无罪的辩解不属于证据

19. 下列劳动合同或劳务合同,哪些属于《劳动法》的调整范围(　　)

A. 某私营企业与职工之间的劳动合同

B. 某国家机关与工勤人员之间的劳动合同

C. 某公司董事长与公司之间的聘用合同

D. 甲公司与乙公司之间的劳务合同

20. 根据《民事诉讼法》相关规定,下列可以接受当事人、法定代理人的委托作为诉讼代理人的人员有(　　)

A. 律师

B. 当事人的近亲属

C. 当事人所在社区、单位以及有关社会团体推荐的公民

D. 基层法律服务工作者

21. 下列有关第二审人民法院审理上诉案件的表述,不正确的有(　　)

A. 第二审人民法院审理上诉案件应当一律开庭审理

B. 第二审人民法院审理上诉案件原则上应当由审判员组成合议庭,只有极少数案件才能由人民陪审员参与合议庭

C. 第二审人民法院审理上诉案件应当就上诉请求的有关事实和适用法律进行审查

D. 经过阅卷、调查和询问当事人,对没有提出新的事实、证据或者理由,合议庭认为不需要开庭审理的,可以不开庭审理

22. 甲企业拖欠工人工资被诉至法院,随后,工人发现甲企业有转移财产逃避债务的行为。根据《中华人民共和国民事诉讼法》的规定,工人可以请求法院采取的措施有(　　)

A. 裁定采取财产保全措施　　B. 裁定先予执行

C. 适用简易程序进行审理　　D. 禁止甲企业转移财产

23. 在我国刑事诉讼中,涉嫌犯罪的公民,在不同的诉讼阶段称谓不同。下列选项中,不可以称为"被告人"的是(　　)

A. 张某,因抢劫正在被公安机关侦查

B. 刘某,因贪污正在被检察机关审查起诉

C. 李某,因故意杀人正在被法院审判

D. 许某,因绑架在逃而正在被公安机关通缉

24. 提起行政诉讼应当符合下列哪些条件(　　)(常考)

A. 原告是行政行为的相对人以及其他与行政行为有利害关系的公民、法人或者其他组织

B. 有明确的被告

C. 有具体的诉讼请求和事实根据

D. 属于人民法院受案范围和受诉人民法院管辖

25. 下列有关《民事诉讼法》中管辖的规定,表述不正确的有(　　)

A. 因公司设立、确认股东资格、分配利润、解散等纠纷提起诉讼,由公司住所地或者原告住所地的人民法院管辖

B. 在确有必要并报经上级人民法院批准的情况下,本院可以将其管辖的第一审民事案件交由下级人民法院审理

C. 只有合同纠纷的当事人才可以书面协议选择被告住所地、合同履行地、合同签订地、原告住所地、标的物所在地等与争议有实际联系的地点的人民法院管辖,但不得违反级别管辖和专属管辖的相关规定

D. 上级人民法院有权审理下级人民法院管辖的第一审民事案件,也可以将本院管辖的第一审民事案件交下级人民法院审理

26. 据我国《劳动合同法》及其实施条例的规定,下列情形中,能够引起劳动合同终止的是(　　)

A. 劳动合同期满　　B. 劳动者被人民法院宣告死亡

C. 用人单位被依法宣告破产　　D. 劳动者开始依法享受基本养老保险待遇

27. 依据《中华人民共和国劳动法》,下列说法正确的有(　　)

A. 劳动合同是劳动者与用人单位确立劳动关系、明确双方权利和义务的协议

B. 无效的劳动合同,从订立的时候起,就没有法律约束力。确认劳动合同部分无效的,如果不影响其余部分的效力,其余部分仍然有效

C. 妇女享有与男子平等的就业权利

D. 禁止用人单位招用未满十六周岁的未成年人

28. 下列关于国有独资公司说法正确的是(　　)

A. 国有独资公司设经理,由董事会聘任或者解聘

B. 国有独资公司的董事会和监事会中应当有职工代表

C. 国有独资公司的董事长未经国有资产监督管理机构批准,不得在其他公司中兼职

D. 国有独资公司的公司章程可以授权董事会制定,但应报国有资产监督管理机构批准

29. 根据我国劳动合同法的规定,用人单位在下列哪些情况下可以约定由劳动者承担违约金(　　)

A. 用人单位与劳动者签订了竞业限制条款

B. 用人单位与劳动者约定损坏单位财物支付违约金

C. 用人单位与劳动者约定劳动合同期限,劳动者提前辞职

D. 单位为劳动者提供培训费用,对其进行专业技术培训并约定服务期限

30. 根据我国法律规定,下列哪些不能成为普通合伙人(　　)

A. 一人有限公司　　B. 股份有限公司

C. 国有独资企业　　D. 上市公司

31. 小周在一家商店选购某电视时觉得该电视的款式、质量不合心意。打算离开时,被该产品的促销员拦住,称小周必须要买一台,否则不允许离开。促销员的行为侵犯了小周的(　　)

A. 公平交易权　　B. 自主选择权

C. 受尊重权　　D. 知情了解权

32. 以下关于人身保险,说法不正确的是(　　)

A. 法人可以成为投保人

B. 法人可以成为被保险人

C. 未出生的胎儿可以成为被保险人

D. 无行为能力人不能成为以死亡为给付保险金条件的人身保险的被保险人,但监护人可以为无

行为能力人投保

33. ××公司生产了一款按摩神器——按摩床，后被有关行政部门认定该按摩床存在缺陷，有危及人身安全危险，该行政部门可以责令××公司(　　)

A. 停止销售　　B. 召回　　C. 无害化处理　　D. 停止生产

34. 关于身份证的说法，正确的是(　　)

A. 身份证号是唯一的

B. 扣押的主体是公安机关

C. 身份证丢失的，应当申请补领

D. 未满16周岁的公民，自愿申请领取居民身份证的，发给有效期五年的居民身份证

35. 以下属于不正当竞争行为的有(　　)

A. 引人误认为是他人商品或者与他人存在特定联系的混淆行为

B. 采用财物或者其他手段贿赂交易相对方的工作人员，以谋取交易机会或者竞争优势的行为

C. 侵犯商业秘密的行为

D. 编造、传播虚假信息或者误导性信息，损害竞争对手的商业信誉、商品声誉的行为

三、判断题

1. 行政诉讼即人民法院对具体行政行为的合法性与合理性进行审查的司法活动。(　　)
2. 某市发生一起社会影响较大的绑架杀人案，在侦查阶段市检察院可以提前介入侦查工作。(　　)
3. 男年满60周岁、女年满55周岁的孤老烈士遗属本人自愿的，可以在光荣院、敬老院集中供养。(　　)
4. 行政诉讼过程中，被告对作出的具体行政行为负有举证责任。(　　)
5. 劳动者和用工企业发生劳动争议后，双方可选择协商、调解、仲裁、诉讼几种争议解决方式。若劳动者选择诉讼，则可直接以诉讼形式解决劳动争议。(　　)
6. 行政诉讼的审判机关是行政机关。(易错)(　　)
7. 不公开审理的案件，其判决也不公开宣判。(　　)
8. 凡是能提起行政诉讼的行政行为都能申请行政复议，凡是能申请行政复议的行政行为也都能提起行政诉讼。(常考)(　　)
9. 刑事强制工作，即依据《刑事诉讼法》对被告所采取的拘传、取保候审、监视居住、拘留和逮捕的工作。(　　)
10. 对已经发生法律效力的判决和裁定，上级人民检察院无权提起审判监督程序。(　　)
11. 公司可以设立子公司，子公司不具有法人资格，其民事责任由母公司承担。(　　)
12. 有限责任公司的股东对公司债务不承担责任。(　　)
13. 根据《中华人民共和国公司法》的规定，允许一个自然人或一个法人单独投资设立一人有限责任公司。(　　)
14. 王某在网上购买的定制客厅窗帘适用"七天无理由退货"。(常考)(　　)
15. 持票人对支票出票人的权利，自出票日起六个月。(　　)
16. 外国当事人在我国参加诉讼，需要委托律师代理诉讼的，只能委托中国的律师代理。(　　)
17. 劳动争议的解决方式有三种：申请调解、仲裁和提起诉讼。(　　)
18. 用人单位录用女职工，不得在劳动合同中规定限制女职工结婚、生育的内容。(　　)
19. 外国公司分支机构无权在我国境内从事经营活动，而外资企业则有权从事经营活动。(　　)
20. 电子商务经营者销售商品或者提供服务应当依法出具纸质发票或者电子发票等购货凭证或者服务单据。电子发票与纸质发票不具有同等法律效力。(　　)
21. 公民、法人或其他组织只要认为公安机关的行政行为侵犯其合法利益的都可以申请行政复议。(　　)
22. 水污染防治应当坚持预防为主、防治结合、综合治理的原则，优先保护饮用水水源。(　　)
23. 限制人身自由的行政处罚权只能由公安机关行使。(易错)(　　)
24. 吊销违法者的经营许可证是行政处分。(　　)
25. 行政诉讼过程中，被告可以自行向原告、第三人和证人收集证据。(　　)
26. 道路划分为机动车道、非机动车道和人行道的，机动车、非机动车、行人实行分道通行。(　　)
27. 各级监察委员会是行使国家监察职能的专责机关，依法对所有行使公权力的公职人员进行监察。(　　)
28. 公务员职务与级别的对应关系，由人力资源和社会保障部规定。(　　)
29. 监视居住期间，视情况可中断对案件的侦查、起诉和审理。(　　)
30. 被监视居住的犯罪嫌疑人、被告人不得离开住处或指定的居所，但行动不受限制。(　　)

第五部分　人文与科技

专题一　历史素养

命题分析

本专题主要以单选、多选、判断等形式考查。本专题需要重点掌握的知识包括：

1.识记中国奴隶制王朝和封建王朝的发展历程，重要战役及重要历史人物。

2.识记中国近代的重要战争和共产党一百年大事。

3.识记世界历史上的重大历史事件及其影响。

一、单项选择题

1. 周灭商的一次关键性战役是(　　)

A. 牧野之战　B. 淝水之战　C. 巨鹿之战　D. 长平之战

2. 春秋时期第一个霸主是(　　)

A. 晋文公　B. 齐桓公　C. 楚庄王　D. 勾践

3. "卧薪尝胆"与下面哪一个历史人物有关(　　)

A. 阖闾　B. 勾践　C. 项羽　D. 诸葛亮

4. 秦孝公时期，为了使国家强大，任用商鞅进行变法。商鞅担心百姓对自己产生非议和不信任，使用(　　)的办法取信于民。(易混)

A. "杀一儆百"　B. "一诺千金"　C. "徙木立信"　D. "买椟还珠"

5. 下列哪项与古代的监察制度无关(　　)

A. 清朝设置的都察院　B. 宋代设置的枢密使

C. 唐代设置的谏官　D. 秦朝设置的御史大夫

6. 中国历史上第一次大规模的农民起义是(　　)

A. 黄巾起义　B. 瓦岗军起义　C. 大泽乡起义　D. 太平天国运动

7. "文景之治"是汉文帝刘恒和汉景帝刘启统治时期出现的盛世局面。下列不属于此时期采取的政策的是(　　)

A. 轻徭薄赋，与民休息　B. 重视农业，鼓励农耕

C. 抑制工商业的发展　D. 强化军权，安定边疆

8. 丝绸之路的开辟具有划时代的意义，主要是由于它(　　)

A. 使中国和西欧直接交流　B. 使天山地区第一次与内地连成一片

C. 促进了东西方经济文化的交流　D. 加强了对西域的管理

9. 关于造纸术发明的叙述，不正确的是(　　)(易错)

A. 中国是世界上最早发明纸的国家　B. 西汉前期就已出现用于书写和绘画的纸

C. 东汉蔡伦发明了造纸术　D. 造纸术是中华民族对世界文明的贡献

10. 奠定了曹操统一北方的基础的战役是(　　)

A. 巨鹿之战　B. 长平之战　C. 官渡之战　D. 赤壁之战

11. 为三国鼎立局面的形成奠定基础的关键性战役是(　　)

A. 巨鹿之战　B. 官渡之战　C. 赤壁之战　D. 昆阳之战

12. 唐朝由强盛转向衰落的转折点是(　　)

A. 安史之乱　B. 藩镇割据　C. 唐末农民战争　D. 宦官专权

13. 在我国历史上，蒙古族曾建立了一个疆域空前辽阔的大元王朝。其建立者是(　　)

A. 忽必烈　B. 成吉思汗　C. 渥巴锡　D. 阿保机

14. 我国省级行政区的设立始于(　　)(常考)

A. 唐朝　B. 元朝　C. 明朝　D. 清朝

15. 明清推行的禁海闭关政策所造成的最严重的后果是(　　)

A. 妨碍了海外贸易　B. 妨碍了正常的交往，使中国土特产滞销

C. 妨碍了东西方文化的交流　D. 抵御了外国殖民势力侵入

16. 中国近代史的开端是(　　)

A. 新文化运动　B. 五四运动　C. 鸦片战争　D. 洋务运动

17. 中国近代史上被迫签订的第一个不平等条约是(　　)

A.《南京条约》　B.《马关条约》　C.《辛丑条约》　D.《中法新约》

18. 洋务运动提出的口号是(　　)

A. 自由、平等　B. 自强、求富　C. 民主、科学　D. 师夷长技以制夷

19. 魏源《海国图志》中的重要思想是(　　)(易混)

A. 中学为体，西学为用　B. 天下兴亡，匹夫有责

C. 物竞天择，适者生存　D. 师夷长技以制夷

20. 甲午中日战争后，中日双方签订的不平等条约是(　　)

A.《南京条约》　B.《北京条约》　C.《瑷珲条约》　D.《马关条约》

21. 标志着中国完全陷入半殖民地半封建社会深渊的条约是(　　)

A.《南京条约》　B.《马关条约》　C.《辛丑条约》　D.《天津条约》

22. (　　)爆发的辛亥革命，推翻了中国两千多年的封建君主专制，开创了近代民族民主革命的新纪元。

A. 1911年10月　B. 1917年10月　C. 1917年5月　D. 1921年7月

23. 标志着中国新民主主义革命开端的历史事件是(　　)(常考)

A. 新文化运动　　B. 五四运动

C. 中国共产党成立　　D. 南昌起义

24. 五四运动以前的历次革命运动失败的根本原因是(　　)

A. 没有先进阶级的科学革命理论作指导　　B. 没有充分发动群众,依靠群众

C. 没有分清谁是真正的敌人,谁是真正的朋友　　D. 没有实行革命的统一战线

25. 打响武装反抗国民党反动派第一枪的事件是(　　)

A. 广州起义　　B. 武昌起义　　C. 秋收起义　　D. 南昌起义

26. 中国第一个农村革命根据地位于(　　)(常考)

A. 井冈山　　B. 瑞金　　C. 延安　　D. 西柏坡

27. 下列关于卢沟桥事变的描述,错误的是(　　)

A. 是中国抗日战争全面爆发的起点

B. 象征第一次世界大战亚洲区域战事的起始

C. 是日本全面侵华战争的开始

D. 促使中国共产党同中国国民党展开第二次合作

28. 上海商务印书馆以出版教科书而享誉近代。1933 年该馆出版了新的历史教科书,书名冠以"复兴"二字,寓意相当深刻。下列事件与之相关的是(　　)

A. 九一八事变　　B. 西安事变　　C. 卢沟桥事变　　D. 南京大屠杀

29. 十年内战基本结束,抗日民族统一战线初步形成的标志是(　　)

A. 九一八事变的爆发　　B. 西安事变和平解决

C. "双十协定"的签订　　D. 刘邓大军挺进大别山

30. 人民解放军通过三大战役奠定了解放战争胜利的基础,三大战役是指(　　)(易混)

A. 辽沈战役、渡江战役、平津战役　　B. 辽沈战役、淮海战役、平津战役

C. 辽沈战役、淞沪战役、孟良崮战役　　D. 淮海战役、渡江战役、平津战役

31. 新中国第一部社会主义性质的宪法是(　　)

A.《临时约法》　　B.《中华民国宪法》

C.《共同纲领》　　D. 1954 年《中华人民共和国宪法》

32. 我国社会主义制度基本建立起来的标志是(　　)

A. 新中国成立　　B. 三大改造的完成

C. "一五"计划的完成　　D. 第一部社会宪法的颁布

33. 新中国成立后,在解决国际事务中发挥着越来越大的作用。基于此,第 26 届联合国大会通过了恢复中国在联合国代表权的决议。请问,中国恢复在联合国的合法席位在哪一年(　　)

A. 1970 年　　B. 1971 年　　C. 1972 年　　D. 1973 年

34. 它是新中国成立以来党和国家历史上具有深远意义的伟大转折,使中国从此进入社会主义现代化建设新时期。这里的"它"是指(　　)

A. 中共十四大　　B. 中共十一届三中全会

C. 中共十五大　　D. 中共七届二中全会

35. 有学者在论及西欧某国时说"它的造船业发达,于 17 世纪初组建了东印度公司,挑战葡萄牙人在亚洲海域的统治地位;完全征服了印度尼西亚群岛。"该国是(　　)

A. 荷兰　　B. 德国　　C. 法国　　D. 西班牙

36. 意大利一些对宗教文化钳制思想不满的先进知识分子,在古代希腊罗马文化中找到了共鸣,掀起了一场被人们称为"文艺复兴"的思想解放运动。此次文艺复兴运动的核心是(　　)

A. 社会主义　　B. 人文主义　　C. 资本主义　　D. 古典主义

37. 古印度的"种姓制度"将人分为四个等级:①吠舍;②婆罗门;③首陀罗;④刹帝利。按照从高到低的顺序排列正确的是(　　)

A. ①②③④　　B. ②④①③　　C. ①③②④　　D. ④②③①

38. 作为世界三大宗教之一的伊斯兰教的经典是(　　)

A.《金刚经》　　B.《道德经》　　C.《圣经》　　D.《古兰经》

39. 使孤立、分散的世界开始连成一个整体,并促进资本主义产生和发展的历史事件是(　　)

A. 文艺复兴　　B. 新航路开辟　　C. 工业革命　　D. 宪章运动

40. 第一个从欧洲到印度的人是(　　)

A. 达尔文　　B. 达·伽马

C. 麦哲伦　　D. 马可·波罗

41. 每年的 7 月 4 日,美国人民会载歌载舞,欢度国庆。下列文献中与美国国庆日有直接关系的是(　　)

A.《权利法案》　　B.《独立宣言》

C.《人权宣言》　　D.《1787 年合众国宪法》

42. 下列有关《人权宣言》的表述不正确的是(　　)

A. 人们生来就是而且始终是自由平等的　　B. 主权来源于国民

C. 私有财产神圣不可侵犯　　D. 建立人人平等的理想社会

43. 17 世纪,英国资产阶级革命是英国历史上的一个重要分水岭,主要是因为它(　　)

A. 改变了社会性质　　B. 确立了君主立宪制度

C. 处死了封建君主　　D. 创立了议会民主制

44. 19 世纪中叶日本遭到西方国家的侵略,到 19 世纪末却成为亚洲唯一的独立发展资本主义的国家。日本走上资本主义道路是通过(　　)

A. 独立战争　　B. 大化改新　　C. 明治维新　　D. 南北战争

45. 16世纪在欧洲盛行的一场思想文化运动，揭开了近代欧洲历史的序幕，被认为是中古时代和近代分界的是(　　)

A. 宗教改革　　B. 文艺复兴

C. 启蒙运动　　D. 人文主义兴起

46. 第二次世界大战，是一次世界人民反法西斯的战争，是人类迄今为止，持续时间最长，参战国最多，波及范围最广的一场战争。这场战争期间，促使日本无条件投降的国际会议是(　　)

A. 开罗会议　　B. 德黑兰会议　　C. 雅尔塔会议　　D. 波茨坦会议

47. 历史学家们认为："17世纪后期科学革命的胜利为启蒙运动提供了先决条件。"据此判断，启蒙运动在科学思想方面最重要的先驱者是(　　)

A. 达尔文　　B. 牛顿　　C. 拉瓦锡　　D. 法拉第

48. 冷战主要表现为以美国与苏联为首的两大军事集团之间的对峙，其开始的标志是(　　)

A. 杜鲁门主义的出台　　B. 马歇尔计划的实施

C. 北约的建立　　D. 华约的建立

49. 2020年9月，《中国共产党军队党的建设条例》颁布施行，对确保党对军队绝对领导具有重要意义。下列事件与党对军队绝对领导这一根本原则和制度的形成无关的是(　　)

A. 三湾改编　　B. 古田会议

C. 南昌起义　　D. 党的三大

50. 武昌起义胜利的原因是(　　)

①维新派的推动　②同盟会的推动

③三民主义思想的指导　④新军中革命党人的武装起义

A. ①②③④　　B. ②③④　　C. ①③④　　D. ①②④

51. "说汉话、穿汉服、改汉姓，与汉联姻，学汉礼法"。这些关键词与哪一件事件有关(　　)(常考)

A. 禅让制　　B. 分封制

C. 北魏孝文帝改革　　D. 商鞅变法

52. "国家本置中书、门下以相检察，中书诏敕或有差失，则门下当行驳正"。这说明唐朝的门下省(　　)

A. 负责草拟和颁布诏令　　B. 负责审核政令

C. 负责执行国家的政令　　D. 下辖六部

53. 西周实行宗法制的根本目的是(　　)

A. 建立诸侯藩国　　B. 推行礼教制度　　C. 保证法律执行　　D. 巩固统治秩序

54.《史记·陈涉世家》记载，陈胜在发动起义时说："天下苦秦久矣。"其表现有(　　)

①战乱频仍　②民族矛盾尖锐　③刑罚严酷　④土地兼并严重

A. ①②　　B. ①③　　C. ②④　　D. ③④

55. 北伐战争中在湖北和湖南战场上消灭的是(　　)的主力。

A. 张作霖　　B. 吴佩孚　　C. 孙传芳　　D. 袁世凯

56. 关于中国共产党第一次全国代表大会，下列说法不准确的是(　　)

A. 宣告中国共产党正式成立　　B. 开幕的准确日期为7月23日

C. 在浙江嘉兴南湖的游船上开幕　　D. 通过了中国共产党的第一个纲领

57. 中国共产党创建时，在领导工人运动的同时，也注重农民运动。1921年4月，《共产党》月刊发表了《告中国的农民》一文，这是中共关于农民运动最早的历史文献。它号召农民组织起来，依靠自己的力量，争取翻身解放。1921年9月27日，在中国共产党的领导下，(　　)衙前村农民大会召开，中国第一个新型农民组织宣告成立。

A.湖南湘潭县　　B.广东海丰县

C.江西萍乡县　　D.浙江萧山县

58. 关于新民主主义革命胜利的基本经验，下列表述错误的是(　　)(易错)

A. 中国人民革命的发生和发展，有深刻的社会根源和雄厚的群众基础

B. 马克思主义是中国革命取得胜利的根本保证

C. 中国共产党的领导地位是历史的选择

D. 中国人民革命的胜利是马克思主义中国化的胜利

59. 中国共产党自成立之日起就致力于建设人民当家作主的新社会。土地革命时期，中国共产党在江西中央苏区建立了中华苏维埃共和国。抗日战争时期，中国共产党按照"三三制"原则，建立了以延安为中心、以陕甘宁边区为代表的抗日民主政权。下列关于"三三制"原则说法正确的是(　　)

A. 工人阶级、农民阶级、知识分子及其他爱国人士各占三分之一

B. 共产党员、非党的左派进步分子和不左不右的中间派各占三分之一

C. 工人阶级、农民阶级、民族资产阶级及城市小资产阶级各占三分之一

D. 乡、区、县、省、全国工农兵代表大会中工农兵的代表各占三分之一

60. 1953年12月31日，周恩来同志在同印度政府代表团谈话时，提出了处理国家之间关系的(　　)

A. 互不侵犯原则　　B. 互不干涉内政原则

C. 和平共处五项原则　　D. 平等互利原则

61. 俄国十月革命以前，我国新文化运动的主要内容是(　　)

①提倡民主与科学，反对专制和愚昧　②提倡新道德，反对旧道德

③提倡马克思主义，反对资产阶级改良主义　④提倡新文学，反对旧文学

A. ①②③　　B. ②③④　　C. ①②④　　D. ①③④

62. 第一次国共合作正式形成的标志是(　　)(常考)

A. 中共二大召开　　B. 中共三大召开

C. 国民党一大召开　　D. 国民党二大召开

63. 下列历史事件按发生的时间先后顺序排序错误的是(　　)

A. 鸦片战争—义和团运动—武昌起义　　B. 虎门销烟—洋务运动—辛亥革命

C. 甲午战争—五四运动—抗日战争　　D. 中国共产党成立—清末新政—解放战争

64. 下列历史事实错误的是(　　)

A. 北宋的都城是临安,即今杭州市

B. 北宋时期,宋徽宗、宋钦宗被金人挟持,史称“靖康之难”

C. 宋朝的开国皇帝是赵匡胤

D. 辛弃疾是南宋豪放派词人,与苏轼合称“苏辛”

65. 19世纪末的中国面临瓜分豆剖的危机。应当如何自救?当时的中国人对这一艰深的时代课题作出的最符合时代潮流的回答是(　　)

A. 师夷长技以制夷　　B. 中学为体,西学为用

C. 穷则变,变则通,通则久　　D. 星星之火,可以燎原

66. 汉阳兵工厂是晚清时期洋务运动的代表人物(　　)到湖北后主持创办的军工制造企业。

A. 曾国藩　　B. 张之洞　　C. 左宗棠　　D. 李鸿章

67. 世界上最早的纸币“交子”出现于(　　)

A. 隋朝　　B. 唐朝　　C. 北宋　　D. 南宋

68. 中国人自称“炎黄子孙”,其中“黄”是指(　　)

A. 黄河　　B. 黄土　　C. 黄道　　D. 黄帝

69. (　　)是在中国古代继宗法血缘分封制度之后出现的两级地方行政制度,是中央垂直管理下官员由中央直接任免的流官任期制,标志着官僚政治取代血缘政治,是公天下的开始。

A. 郡县制　　B. 分封制　　C. 藩国制　　D. 封国制

70. 下列政治变革与其朝代对应错误的是(　　)

A. 商鞅变法—春秋　　B. 李悝变法—战国

C. 王安石变法—宋朝　　D. 戊戌变法—清朝

71. “郑和下西洋”是中国古代航海史上的壮举,郑和最远到达的地方是(　　)

A. 美洲　　B. 非洲　　C. 欧洲　　D. 大洋洲

72. 丝绸之路是历史上横贯欧亚大陆的贸易交通线,在历史上促进了欧亚非各国和中国的友好往来,传统的丝绸之路以长安(今西安)为起点,经过中亚国家、阿富汗、伊朗、伊拉克、叙利亚等到达地中海,终点是(　　)

A. 印度　　B. 哈萨克斯坦

C. 吉尔吉斯斯坦　　D. 罗马

73. 下列关于中国近现代史上的事件表述不正确的是(　　)

A. 北洋水师是19世纪末中国建立的第一支近代海军舰队

B. 第五次反“围剿”失败后,中国工农红军开始长征

C. 中国人民解放军第二炮兵组建于20世纪60年代中期

D. 日军在东北发动的“七七事变”标志着全面侵华战争的开始

74. “好地方来好风光”“又战斗来又生产,三五九旅是模范”歌唱的是革命旧址(　　)

A. 井冈山　　B. 沂蒙山　　C. 南泥湾　　D. 台儿庄

75. 1929年12月,中国共产党红四军第九次代表大会召开,解决了如何把一支以农民为主要成分的军队建设成为党领导下的新型人民军队的问题。这次会议史称(　　)

A. 黎平会议　　B. 古田会议　　C. 遵义会议　　D. 洛川会议

76. 抗日战争相持阶段,八路军在华北地区发动的一次规模最大、持续时间最长的战役,粉碎了日军的“囚笼政策”,增强了全国军民取得抗战胜利的信心,提高了中国共产党和八路军的声望。这次战役是(　　)(易混)

A. 平型关大捷　　B. 台儿庄大捷　　C. 武汉会战　　D. 百团大战

77. 歌曲《红米饭南瓜汤》中唱道:“穿草鞋背土枪,反围剿斗志旺,毛委员和我们在一起,天天打胜仗。”这首歌描述的情境所处的历史时期是(　　)

A. 北伐战争时期　　B. 抗日战争时期

C. 土地革命时期　　D. 解放战争时期

78. 有学者将国际社会主义运动在20世纪20年代之前的发展特点简要归纳为“由空想到科学,由理论到实践,由理想到现实”。下列符合“由理想到现实”的特点的史实是(　　)(易错)

A. 中国共产党的诞生　　B. 巴黎公社的建立

C.《共产党宣言》的发表　　D. 十月革命的胜利

79. 罗斯福第一次“炉边谈话”的主要内容是(　　)

A. 解释银行暂停营业的举措,恢复人们对银行的信心

B. 提出兴建大型公共工程,拯救失业人民

C. 提醒民众注意国内外法西斯主义危害

D. 抨击国内孤立主义情绪

80. 以下说法正确的是(　　)

A. 存在主义是19世纪流行于西方的哲学思潮

B. 玛雅文化以南美洲的秘鲁为中心

C. 世界第二次工业革命,主要标志是蒸汽机的广泛应用

D. 18世纪欧洲启蒙运动的中心在法国

81. 下列关于甲骨文的说法不正确的是(　　)(易错)

A. 甲骨文又称卜辞　　B. 甲骨文反映了商王的活动

C. 甲骨文是中国汉字的萌芽　　D. 甲骨文主要发现于河南安阳

82. 清光绪二十一年，康有为、梁启超领导的公车上书拉开了(　　)的序幕。

A. 洋务运动　B. 戊戌变法　C. 辛亥革命　D. 五四运动

83. 春秋战国时期，铁器的使用和牛耕的推广产生了深远的社会影响，这些影响不包括(　　)

A. 促进井田制的瓦解　B. 导致地主阶级兴起

C. 强化了周王室的统治　D. 引发改革变法的时代风潮

84. 历史上"五胡内迁"不包括以下哪个少数民族(　　)

A. 匈奴　B. 鲜卑　C. 羯　D. 吐蕃

85. 北魏孝文帝迁都洛阳的原因是(　　)(常考)

A. 受到北方其他少数民族的侵扰

B. 孝文帝仰慕洛阳城的繁华

C. 扩大鲜卑族的地位和影响

D. 为了接受和学习汉族的先进文化，加强对黄河流域的控制

86. 下列都是结束分裂、完成国家统一的朝代，它们出现的先后顺序是(　　)

A. 隋朝、元朝、西晋、秦朝　B. 秦朝、西晋、隋朝、元朝

C. 西晋、秦朝、隋朝、元朝　D. 秦朝、隋朝、西晋、元朝

87. 在新民主主义革命和社会主义建设的重要关头，中国共产党成功地完成了三次重大转变：武装反抗国民党反动派；工作重心由农村转向城市、由战争转向生产建设；拨乱反正，开辟中国特色社会主义道路。下列四个选项中，哪一会议与这些转变无关(　　)

A. 八七会议　B. 十一届三中全会

C. 七届二中全会　D. 遵义会议

88. 唐朝被中国和西方许多历史学家称为最辉煌的朝代。对外国人来说，唐朝比其他任何时期都更加开放。下列事件不能说明唐朝对外开放的是(　　)

A. 遣唐使来华　B. 玄奘西游　C. 鉴真东渡　D. 郑和下西洋

89. 据《梦溪笔谈》记载，张咏任崇阳知县时，因"民不务耕织"而唯以植茶获利，遂下令将茶树全部砍掉，改种桑麻。有人入市买菜，他怒斥："汝村民皆有土田，何不自种而费钱买菜？"这反映出宋代(　　)

A. 官府垄断茶利，商业环境恶劣　B. 农副产品较少，货币使用率低

C. 地方官员固守重农抑商的思想　D. 商人社会地位较以往愈加低下

90. 中华民族由危亡走向振兴的历史转折点是(　　)

A. 遵义会议的召开　B. 西安事变的和平解决

C. 抗日战争的胜利　D. 十一届三中全会的召开

91. 西安事变的和平解决成为扭转时局的关键。这里的"时局"主要是指(　　)

A. 日本扩大侵华　B. 美日争夺激烈

C. 抗日高潮出现　D. 国共分裂对峙

92. 标志我国两千多年的封建剥削土地制度被彻底摧毁的是(　　)

A. 和平解放西藏　B. 三大改造的完成

C. 抗美援朝的胜利　D. 土地改革的完成

93. 1953年，中共制定的过渡时期总路线的实质是(　　)

A. 实行农业合作化　B. 改变所有制

C. 建立国营企业　D. 恢复国民经济

94. 下列关于中共七大的说法中，正确的是(　　)

A. 总结了中国共产党在领导中国民主革命的23年中曲折发展的历史经验

B. 党的七大制定了"放手发动群众，壮大人民力量，建立一个社会主义中国"的政治路线

C. 确立了邓小平理论在全党的指导地位

D. 刘少奇作《关于修改党章的报告》，会议将毛泽东思想确立为全党的指导思想

95. 下列关于中共七届二中全会的说法中，正确的是(　　)(常考)

A. 党的七届二中全会在延安举行

B. 会议批准毛泽东关于以六项条件作为与南京政府进行和平谈判的基础的声明

C. 会议强调城市工作的中心任务是发展工业

D. 会议总结了解放战争的经验

96. 与成语"纸上谈兵"有关的战役是(　　)

A. 城濮之战　B. 长平之战　C. 杜陵之战　D. 巨鹿之战

97. 在社会主义改造过程中，毛泽东指出："我们现在不但正在进行关于社会制度方面的由私有制到公有制的革命，而且正在进行技术方面的由手工业生产到大规模现代化机器生产的革命，而这两种革命是结合在一起的。"这种改造形式称之为(　　)

A. 建设与改造同时并举　B. 积极引导，逐步过渡

C. 用和平方法进行改造　D. 和平赎买

98. 毛泽东关于"工农武装割据"思想的内容，相对于八七会议决议体现出创新性的是(　　)

A. 根据地建设　B. 武装斗争　C. 土地革命　D. 共产党的领导

99. 100年前爆发的五四运动，是一场以先进青年知识分子为先锋、广大人民群众参加的彻底反帝反封建的伟大爱国革命运动。五四运动孕育了爱国、进步、民主、科学的伟大精神。当前，发扬五四精神的时代价值在于(　　)(易错)

A. 不忘初心，牢记使命，为建设中国特色社会主义强国而奋斗

B. 传承红色文化基因，决定人类社会的发展方向

C. 激发人们的爱国情感，激励中国人民奋勇前进

D. 摒弃传统思想束缚，创造中华民族文化新辉煌

100. 九品中正制"也叫"九品官人法",这是(　　)时期的选官制度。

A. 西汉　B. 东汉　C. 魏晋南北朝　D. 唐朝

二、多项选择题

1. 我国奴隶社会确立和发展的时期是(　　)

A. 夏朝　B. 商朝　C. 西周王朝　D. 东周王朝

2. 下列叙述,跟秦朝相关的有(　　)

A. 焚书坑儒　B. 统一文字　C. 实行"摊丁入亩"　D. 建立地方郡县制

3. 下列历史事件中,发生在同朝代的有(　　)

A. 玄武门之变　B. 安史之乱　C. 靖康之变　D. 靖难之役

4. 下列关于中国历史的叙述,正确的有(　　)

A. 李世民为唐朝开国皇帝

B. 中国历史上在位时间最长的皇帝是康熙

C. 三国的建国顺序是魏吴蜀

D.《南京条约》是清政府与列强签订的第一个不平等条约

5. 关于我国古代著名战役,下列说法错误的有(　　)

A. 巨鹿之战导致了西汉的灭亡　B. 牧野之战商朝大胜,夏朝灭亡

C. 淝水之战使得南方重新走向分裂　D. 城濮之战奠定了晋文公的霸主地位

6. 下列通过农民战争建立的新王朝是(　　)

A. 西汉　B. 西晋　C. 隋朝　D. 唐朝

7. 孙中山领导的同盟会先后发动过多次武装起义,下列属于同盟会领导的武装起义有(　　)

A. 金田起义　B. 黄花岗起义　C. 武昌起义　D. 南昌起义

8. 1905年11月,孙中山在《民报》发刊词中阐发的"三民主义"是指(　　)(常考)

A. 民族主义　B. 民权主义　C. 民本主义　D. 民生主义

9. 我国古代历史上有不少由少数民族建立的政权,下列选项中对应正确的有(　　)

A. 鲜卑族—北魏　B. 契丹族—金　C. 蒙古族—元　D. 女真族—后金

10. 新文化运动是一次"反传统、反孔教、反文言"的文学革命运动,下列属于其基本口号的有(　　)

A. 民主　B. 和平　C. 科学　D. 发展

11. 下列属于古代封建社会内部调整统治政策改革的有(　　)

A. 管仲改革　B. 王莽改制　C. 商鞅变法　D. 周世宗改革

12. 下列历史事件发生在唐代的有(　　)

A. 贞观之治　B. 陈桥兵变　C. 安史之乱　D. 靖康之变

13. 下列战役均发生在东汉末年三国时期的是(　　)

A. 官渡之战　B. 淝水之战　C. 赤壁之战　D. 夷陵之战

14. 中国的现代化过程,也是中国人民向西方学习、探索救国之路的过程。这一过程由学习西方的军事器物、西方的政治制度,再到学习西方的思想文化。下列属于学习西方资本主义政治制度的有(　　)

A. 洋务运动　B. 戊戌变法　C. 辛亥革命　D. 新文化运动

15. 下列历史事件发生于南京或者与南京有关的是(　　)

A. 中华民国成立　B. 同盟会的成立

C. 国民党政权垮台　D. 日本制造大屠杀惨案

16. 下列参加了党的一大的有(　　)

A. 陈独秀　B. 董必武　C. 何叔衡　D. 李达

17. 下列历史事件与毛泽东有关的是(　　)

A. 中共一大　B. 重庆谈判　C. 南昌起义　D. 开国大典

18. 历史的走向往往因为一些关键事件而出现重大转折,下列事件可以称为中国共产党历史转折点的有(　　)

A. 八七会议　B. 中共一大

C. 十一届三中全会　D. 遵义会议

19. 下列有关我国两宋时期的表述正确的是(　　)

A. 两宋时期出现了世界上最早的法医学著作《洗冤集录》

B. 宋朝海外贸易分为官府经营和私商经营两种方式

C. 北宋时兴起的景德镇后来成为著名瓷都

D. 南宋后期,出现了世界上最早的纸币——交子

20. 某城市素有"十三朝古都、八代陪都"之说,是我国建都时间最长、建都朝代较多的千年帝都,这座城市是(　　)

A. 开封　B. 杭州　C. 西安　D. 洛阳

三、判断题

1. 商鞅变法的措施中,有利于直接提高军队战斗力的是土地私有化。(　　)

2. 唐朝时期,统治者吸取隋朝灭亡的教训,调整统治政策,前期政治比较清明,经济得到发展,出现了历史上"光武中兴""贞观之治"等封建王朝盛世。(　　)

3. "生的伟大,死的光荣"是毛主席为刘胡兰同志题的词。(　　)

4. 百团大战是八路军与日军在华北地区的战役,又称淮海战役。(　　)

5. 把我国台湾割让给日本的不平等条约是《北京条约》。(易混)(　　)

6. 太平天国定都天京,标志着正式建立起与清政府对峙的政权。(　　)

7. 洋务运动是由中国民族资产阶级发动的。(　　)

8. 1841年8月,清政府和英国签订了《南京条约》。(　　)

9. 从五四运动到中国特色社会主义进入新时代，中华民族迎来了从站起来、富起来到强起来的伟大飞跃。这在中华民族发展史上、在人类社会发展史上都是划时代的。（　）

10. 1945年抗日战争结束后，中国共产党为避免内战、实现和平建国，采取的措施有：赴重庆与国民党当局进行谈判，在解放区开展土地改革运动等。（　）

11. 1868年，日本政府开始实施的明治维新，使日本摆脱了民族危机，走上了资本主义道路。（　）

12. 莱克星顿的枪声是美国独立战争开始的标志。（　）

13. 瓦特发明了世界上最早的火车，因而被誉为“铁路机车之父”。（　）

14. 古巴比伦王国发源于两河流域，约在公元前3000年开始出现城邦。公元前18世纪中叶，古巴比伦国王汉谟拉比统一两河流域，建立了中央集权专制制度和等级制度。（　）

15. 英国君主立宪制确立的标志是“光荣革命”的完成。（　）

16. 阐明中国共产党在全面抗战时期基本政治路线的会议是洛川会议。（　）

17. 秦始皇统一中国后，将全国文字统一成了小篆。（　）

18. 抗美援朝是新中国成立后中国人民同世界上最强大的敌人进行军事较量并取得胜利的一次保家卫国战争。（　）

19. 历史上欧洲版图的变化往往与大规模战争有关。与欧洲国家数量骤然增加有关的战争是第一次世界大战。（　）

20. 偷袭珍珠港是指由日本政府策划的一起偷袭美国太平洋海军舰队基地——珍珠港的军事事件，它成为第二次世界大战中太平洋战争爆发的导火索。（常考）（　）

专题二　文学与艺术素养

命题分析

本专题主要以单选、多选、判断等形式考查。本专题需要重点掌握的知识包括：

1. 识记二十四节气、天干地支、年龄称谓、次序相关的知识；
2. 识记中外著名文学家和艺术家及其代表作；
3. 区分传统节日的时间和别称，不同节日的主要习俗，中国戏曲的剧种。

一、单项选择题

1. 下列不属于儒家经典著作的是（　）

A.《论语》　B.《荀子》　C.《老子》　D.《大学》

2. “天行有常，不为尧存，不为桀亡”是诸子百家中（　）的观点。

A. 孟子　B. 韩非子　C. 荀子　D. 老子

3. 我国古代田园诗派的创始者是（　）（常考）

A. 屈原　B. 李白　C. 王维　D. 陶渊明

4. 南京是中国四大古都之一，历史上曾数次庇佑华夏之正朔，被视为汉族的复兴之地。历代有许多文人到过南京，并为其作诗。下列古诗没有写到南京的是（　）

A. 地拥金陵势，城回江水流　B. 六代兴亡国，三杯为尔歌

C. 姑苏城外寒山寺，夜半钟声到客船　D. 先生笑说江南事，只有青山绕建康

5. 某学者曾这样评价宋代的一位词人：“其词格固不高，而音律谐婉，语意妥帖承平气象，形容曲尽。”这位词人最有可能是（　）

A. 苏轼　B. 辛弃疾　C. 柳永　D. 李清照

6. 楹联是我国的一种独特艺术，它是主要将（　）结合在一起的一种美化和修饰的艺术，蕴含着人们的理想和情趣。

A. 诗词和书法　B. 绘画和石雕

C. 书法和木刻　D. 石雕和木刻

7. 下列哪句诗与送别无关（　）

A. 劝君更尽一杯酒，西出阳关无故人　B. 莫愁前路无知己，天下谁人不识君

C. 故人西辞黄鹤楼，烟花三月下扬州　D. 山重水复疑无路，柳暗花明又一村

8. 关于唐代诗歌及诗人，下列说法不正确的是（　）（易错）

A. “小李杜”指的是李商隐、杜牧

B. 王维和孟浩然是边塞诗的代表作家

C. 杜甫的诗因为反映了安史之乱时的社会现实而被称为“诗史”

D. “海内存知己，天涯若比邻”是王勃的名句

9. 陆游诗句“粽包分两髻，艾束著危冠”描写的传统节日是（　）

A. 重阳节　B. 七夕　C. 中秋节　D. 端午节

10. 斯塔夫里阿诺斯在《全球通史》一书中写道：“儒家首先是一个解决日常生活中各种问题的实用性道德体系。”这主要是指儒家思想（　）

A. 强调“德治”和“民贵君轻”　B. 强调礼仪和社会责任

C. 强调“仁”和“仁政”　D. 强调“有教无类”和“温故知新”

11. 下列对联与其所写人物对应错误的是（　）

A. 四面湖山归眼底，万家忧乐到心头——范仲淹

B. 宰相状元余事之，文章义节两兼之——文天祥

C. 写鬼写妖高人一等，刺贪刺虐入木三分——蒲松龄

D. 枫叶四弦秋，枨触天涯迁谪恨；浔阳千尺水，勾留江上别离情——杜甫

12. “为什么我的眼里常含泪水？因为我对这土地爱得深沉”出自艾青的（　）

A.《大堰河——我的保姆》　B.《向太阳》

C.《我爱这土地》　D.《火把》

13. 展示了19世纪前期整个法国的社会生活，揭露了资本主义社会金钱至上的罪恶，且有资本主义的“社会百科全书”之称的作品是(　　)

A.《神曲》　B.《人间喜剧》　C.《复活》　D.《战争与和平》

14. 下列作品中属于编年体历史著作的是(　　)(易混)

A.《左传》　B.《史记》　C.《论语》　D.《国语》

15.《堂吉诃德》的作者是(　　)

A. 薄伽丘　B. 裴多菲　C. 塞万提斯　D. 惠特曼

16. 列宁称(　　)为“无产阶级艺术的最杰出代表”。

A. 果戈理　B. 高尔基

C. 奥斯特洛夫斯基　D. 列夫·托尔斯泰

17. 王维的诗句“明月松间照，清泉石上流”描写的是(　　)的景致。

A. 春天　B. 夏天　C. 秋天　D. 冬天

18. 下列关于中国古代书院的说法，错误的是(　　)

A. 书院是整理与贮存图书的地方　B. 明清两代是中国古代书院的鼎盛时期

C. 湖南大学起源于宋代创建的岳麓书院　D. 南宋理学家朱熹曾在白鹿洞书院讲学

19. 下列关于诗句的说法正确的是(　　)

A.“吾爱孟夫子，风流天下闻”中的“孟夫子”指孟郊

B.“江流石不转，遗恨失吞吴”写的是三国时期的刘备

C.“但使龙城飞将在，不教胡马度阴山”中的“飞将”指霍去病

D.“塞上长城空自许，镜中衰鬓已先斑”是爱国诗人陆游的诗句

20. 曹操的“何以解忧，唯有杜康”诗句中的“杜康”，是指(　　)

A. 益友　B. 胜景　C. 美酒　D. 民歌

21. 下列诗句所描写的景色按春夏秋冬的顺序排列，正确的是(　　)

①醉貌如霜叶，虽红不是春　②千山鸟飞绝，万径人踪灭

③柳色早黄浅，水文新绿微　④荷风送香气，竹露滴清响

A. ②①④③　B. ①③④②　C. ③④①②　D. ④②①③

22. 中国四大名楼中不是位于长江以南的是(　　)(易错)

A. 岳阳楼　B. 鹳雀楼　C. 滕王阁　D. 黄鹤楼

23. 古代“六艺”(礼、乐、射、御、书、数)中的“御”是指(　　)

A. 骑马　B. 杂技　C. 驾车　D. 防御

24.“君之视臣如手足，则臣视君如腹心；君之视臣如犬马，则臣视君如国人；君之视臣如土芥，则臣视君如寇仇。”持这一观点的人物是(　　)

A. 墨子　B. 孟子　C. 韩非子　D. 孔子

25. 下列关于汉字演变历程的叙述，错误的是(　　)(易错)

A. 商周时期铸在青铜器上的文字为“金文”

B. 秦始皇将统一的“小篆”作为官方规范文字

C. 秦始皇推行的“书同文”削弱了汉字的交流功能

D. 东汉文学家许慎对汉字的组字方法及规律做出过重要的理论探究

26.《西游记》是我国古典四大名著之一，讲述了唐僧、孙悟空、猪八戒、沙悟净师徒四人去西天取经的经历。这里的“西天”是指(　　)

A. 埃及　B. 印度　C. 西藏　D. 新疆

27. 毛泽东诗词“一桥飞架南北，天堑变通途”中的“一桥”是指(　　)

A. 钱塘江大桥　B. 上海浦东大桥

C. 南京长江大桥　D. 武汉长江大桥

28. 关于诗词中的词语，下列解释正确的是(　　)

A.“金乌海底初飞来，朱辉散射青霞开”中的“金乌”指的是太阳

B.“仲宣楼头春色深，青眼高歌望吾子”中的“青眼”指的是轻视

C.“庄生晓梦迷蝴蝶，望帝春心托杜鹃”中的“望帝”指的是唐玄宗

D.“春城无处不飞花，寒食东风御柳斜”中的“寒食”指的是中元节

29.“喜寿”在古代指的是(　　)岁。

A. 66　B. 77　C. 88　D. 99

30. 世界上现存规模最大，历史最长久，内容最丰富、保存最完好的佛教石窟艺术宝库是(　　)

A. 龙门石窟　B. 云冈石窟　C. 麦积山石窟　D. 莫高窟

31. 下列建筑与其所在地对应不正确的是(　　)

A. 天一阁—浙江宁波　B. 滕王阁—江西九江

C. 黄鹤楼—湖北武汉　D. 岳阳楼—湖南岳阳

32. 以下园林建筑中，不属于皇家园林的是(　　)

A. 承德避暑山庄　B. 颐和园　C. 圆明园　D. 拙政园

33.“变脸”是我国哪个剧种的绝活(　　)(常考)

A. 京剧　B. 川剧　C. 豫剧　D. 晋剧

34. 高适《燕歌行》：“铁衣远戍辛勤久，玉箸应啼别离后。”其中“玉箸”是指(　　)

A. 筷子　B. 眼泪　C. 武器　D. 首饰

35. 下列关于文学常识的表述，正确的是(　　)

A. 莎士比亚是德国文学史上最杰出的戏剧家，也是文艺复兴时期最重要、最伟大的作家

B. 我国现代第一篇白话小说是鲁迅创作的《孔乙己》

C.《窦娥冤》是中国古代悲剧的典范作品，它反映了广大人民伸张正义、惩治邪恶的愿望

D.《新月集》是泰戈尔创作的一部散文诗集，内容多为极其常见的事物，比如小草、飞鸟等

36. 下列画家与其作品风格搭配不当的是(　　)

A. 顾恺之—“以神写形”　B. 吴道子—“吴带当风”

C. 王维—“画中有诗”　D. 马远—“残山剩水”

37. 中国现代话剧的奠基人是(　　)

A. 鲁迅　B. 曹禺　C. 夏衍　D. 郭沫若

38. 下列作者、朝代与作品对应正确的是(　　)

A. 韩愈—唐代—《师说》　B. 柳宗元—宋代—《捕蛇者说》

C. 欧阳修—唐代—《祭十二郎文》　D. 王安石—宋代—《醉翁亭记》

39. 楷书四大家是对书法史上以楷书著称的四位书法家的合称,也称四大楷书。楷书四大家中,与其他三人不是同一朝代的是(　　)(易混)

A.欧阳询　B.颜真卿

C.柳公权　D.赵孟頫

40. 古代中国产生了灿若星辰的文艺大师,留下了浩如烟海的文艺精品,不仅为中华民族提供了丰厚滋养,而且为世界文明贡献了华彩篇章。下列作品与其作者对应关系正确的是(　　)

A. 屈原—《橘颂》　B. 杜甫—《蜀道难》

C. 韩愈—《新婚别》　D. 苏轼—《山居秋暝》

41. 京剧是中国五大戏曲剧种之一,被视为中国国粹之一。在京剧的行当中,天真活泼的年轻女性被称为(　　)

A.正旦　B.花旦　C.彩旦　D.刀马旦

42. 下列中国古典音乐与其最初的演奏乐器对应正确的一项是(　　)

A.《十面埋伏》——羌笛　B.《梅花三弄》——琵琶

C.《平沙落雁》——古琴　D.《高山流水》——古筝

43. 钱穆在评论中国古代某制度时说,它“可以培植全国人民对政治之兴味……可以团结全国各地域于一个中央之统治”。这一制度是(　　)(易错)

A. 郡县制　B. 察举制　C. 科举制　D. 行省制

44. “冬九九”又称“数九”,是我国冬季的一种民间节气,生动形象地记录了冬天的气候变化情况,同时也表达了农事活动的一些规律。“冬九九”始于(　　)

A. 立冬　B. 冬至　C. 小寒　D. 大寒

45. “一口道尽千古事,双手挥舞百万兵”“三尺生绢做戏台,全凭十指逞诙谐”,这些诗句是对下列哪种传统艺术特点的描述(　　)

A. 京剧　B. 皮影　C. 评书　D. 杂技

46. “闭月”代指古代四大美女中的(　　)

A. 西施　B. 杨玉环　C. 王昭君　D. 貂蝉

47.《孔雀东南飞》中的诗句:“十三能织素,十四学裁衣,十五弹箜篌,十六诵诗书。”其中的箜篌是(　　)

A. 拨弦乐器　B. 丝竹乐器　C. 金石类乐器　D. 击打乐器

48. “做人既不可翘尾巴,也不可夹着尾巴”运用的修辞手法是(　　)

A. 比喻　B. 比拟　C. 借代　D. 对比

49. 汉乐府诗具有深刻的社会思想意义和极高的艺术成就,并为历代文人所推崇。“乐府双璧”是指《木兰诗》和(　　)(常考)

A.《长歌行》　B.《孔雀东南飞》　C.《秦妇吟》　D.《陌上桑》

50. 宋明理学的主张是(　　)

A. “存天理灭人欲”　B. “无知无欲”　C. “仁者爱人”　D. “心性本净”

51. 下列表达诗人关心百姓疾苦的诗句是(　　)

A. 我劝天公重抖擞,不拘一格降人才　B. 千磨万击还坚劲,任尔东西南北风

C. 些小吾曹州县吏,一枝一叶总关情　D. 非淡泊无以明志,非宁静无以致远

52. 广为人知的“无可奈何花落去,似曾相识燕归来”是出自(　　)

A. 晏殊的《浣溪沙》　B. 欧阳修的《采桑子》

C. 柳永的《雨霖铃》　D. 苏轼的《水调歌头》

53. 下列不属于四书的是(　　)(常考)

A.《大学》　B.《中庸》　C.《孟子》　D.《春秋》

54. 下列文学和艺术常识的表述,错误的是(　　)

A. 行书是介乎草书与楷书之间的一种流畅的手写体

B.《孔雀东南飞》是我国保存下来的最早的长篇叙事诗

C. “元曲四大家”指关汉卿、白朴、郑光祖、马致远四位元代杂剧作家

D. “扬州八怪”是中国清代中期出生于扬州地区的一批风格相近的书画家总称

55. 下列成语故事与历史人物对应错误的是(　　)

A. 纸上谈兵—赵括　B. 暗度陈仓—韩信

C. 乐不思蜀—刘禅　D. 指鹿为马—吕不韦

56. 成语是中国传统文化的一大特色,有固定的结构、形式和说法,表达一定的含义。下列选项中,与“蟾宫折桂”含义最接近的是(　　)

A. 名落孙山　B. 金榜题名　C. 掩耳盗铃　D. 胸有成竹

57. 下列我国古代科举考试与录取者称谓,对应正确的是(　　)

A. 院试—贡生　B. 乡试—秀才

C. 会试—举人　D. 殿试—进士

58. 下列词语代表的年龄大于“垂髫”的是(　　)(常考)

A. 及笄　B. 孩提　C. 始龀　D. 襁褓

59. 下列世界著名的美术作品中不属于雕刻作品的是(　　)

A.《掷铁饼者》　B.《呐喊》

C.《思想者》　D.《断臂维纳斯》

60. 下列美术作品与创作者对应不正确的一项是(　　)

A. 米芾—《富春山居图》　B. 顾恺之—《洛神赋图》

C. 阎立本—《步辇图》　D. 赵佶—《芙蓉锦鸡图》

61. 关于中国古代名画,下列说法正确的是(　　)

A.《韩熙载夜宴图》创作于唐玄宗时期　B.《千里江山图》是北宋时期的宫廷画作

C.《富春山居图》现藏于北京故宫博物院　D.《洛神赋图》的作者是建安文学的代表人物

62. 欧洲著名艺术家米开朗琪罗的某件雕像代表作表现了一个充满愤怒的年轻人,这件作品成为了文艺复兴时期的英雄象征。这个雕像名为(　　)

A. 大卫　B. 普罗米修斯

C. 思想者　D. 李尔王

63.《朝花夕拾》《子夜》《激流》三部曲、《白洋淀纪事》这些作品与其作者对应正确的是(　　)(易混)

A. 鲁迅、曹禺、茅盾、李健吾　B. 鲁迅、茅盾、巴金、孙犁

C. 郭沫若、曹禺、巴金、李健吾　D. 郭沫若、茅盾、巴金、孙犁

64. 被誉为"东方的莎士比亚"的中国戏曲家是(　　)

A. 关汉卿　B. 汤显祖　C. 马致远　D. 柳永

65. 杜甫《春望》中的"感时花溅泪,恨别鸟惊心"所反映的是(　　)

A. 早年的读书和漫游生活　B. 困居长安十年时的感受

C. 安史之乱时的国恨家仇　D. 晚年漂泊西南的客旅生活

66. 下列诗句和作者搭配正确的是(　　)(易错)

A. 晓看红湿处,花重锦官城—岑参　B. 慈母手中线,游子身上衣—杜甫

C. 花间一壶酒,独酌无相亲—白居易　D. 前不见古人,后不见来者—陈子昂

67. "乱花渐欲迷人眼,浅草才能没马蹄。最爱湖东行不足,绿杨阴里白沙堤。"上述著名诗句的作者是谁,描写的是哪里的美景(　　)

A. 白居易;洞庭湖　B. 白居易;西湖

C. 苏东坡;洞庭湖　D. 苏东坡;西湖

68. 下列名句与所描写的景物对应正确的是(　　)

A. 吴楚东南坼,乾坤日夜浮—芙蓉楼

B. 欲穷千里目,更上一层楼—鹳雀楼

C. 落霞与孤鹜齐飞,秋水共长天一色—岳阳楼

D. 黄鹤一去不复返,白云千载空悠悠—滕王阁

69. 下列说法正确的是(　　)

A. 巴尔扎克是19世纪晚期法国批判现实主义文学的杰出代表,其主要作品有《人间喜剧》和《欧也妮·葛朗台》

B. 法国作家莫泊桑的主要作品是《羊脂球》《我的叔叔于勒》和《伪君子》

C. 都德被称为"短篇小说巨匠",其主要作品有《最后一课》《柏林之围》和《小东西》

D. 司汤达是批判现实主义作家,其代表作《红与黑》写的是不满封建制度的平民青年于连,千方百计向上爬,最终被送上断头台的故事

70. (　　)的作品有"美国生活幽默的百科全书"之誉。

A. 欧·亨利　B. 惠特曼　C. 马克·吐温　D. 易卜生

71. 以下说法完全正确的是(　　)

A. 按表达方式分,诗歌可以分为抒情诗、叙事诗,《木兰诗》和《周总理,你在哪里》都是叙事诗

B.《背影》和《春》都是朱自清的散文,《藤野先生》和《社戏》都选自鲁迅的小说集《呐喊》

C.《最后一课》和《竞选州长》都是短篇小说,前一篇的作者是都德,后一篇的作者是马克·吐温,他们都是法国人

D.《捕蛇者说》的作者柳宗元、《陋室铭》的作者刘禹锡和《石壕吏》的作者杜甫都是唐朝人

72. 下列有关文学常识的表述,不正确的一项是(　　)

A.《荷塘月色》是我国现代散文家朱自清写的一篇脍炙人口的散文

B.《长亭送别》节选自元代戏曲《西厢记》,描写的是崔莺莺送别被老夫人逼迫进京赶考的张生的情景

C. 我国著名文学家巴金的代表作有长篇小说《林家铺子》,短篇小说《子夜》等

D.《都江堰》选自《文化苦旅》,作者余秋雨是当代艺术理论家、散文家

73. 下列有关文学常识的表述,不正确的一项是(　　)

A. 加西亚·马尔克斯的代表作《百年孤独》被誉为"再现拉丁美洲历史社会图景的鸿篇巨制"

B. 关汉卿的《窦娥冤》和王实甫的《西厢记》代表了元杂剧的最高成就,汤显祖的《牡丹亭》则是清传奇的代表作

C. 唐代杜甫的《春望》和南唐后主的《虞美人》(春花秋月何时了)都抒发了国破家亡之痛

D. "闰土"这一形象出自鲁迅的小说——《故乡》,这篇作品被收录在《呐喊》小说集

74. 以下归类不正确的一组是(　　)(易混)

A. 五音:宫、商、角、徵、羽　B. 五等爵:公、侯、伯、子、男

C. 六部:吏、户、礼、兵、刑、工　D. 五经:《诗》《书》《礼》《易》《论语》

75. 巴黎圣母院属于以下哪种建筑风格(　　)

A. 拜占庭建筑　B. 罗马式建筑

C. 哥特式建筑　D. 古希腊建筑

二、多项选择题

1. 下列属于豪放派词人的是(　　)(常考)

A. 李煜　B. 苏轼　C. 辛弃疾　D. 柳永

2. 下列小说中,属于清代的作品有(　　)

A.《醒世恒言》　B.《儒林外史》　C.《红楼梦》　D.《聊斋志异》

3. 下列常识中,正确的有(　　)

A. 故宫中有一块牌匾上写着“中正仁和”,“仁”的思想最早来自孟子

B. 我国的“六大古都”是北京、西安、洛阳、开封、南京、上海

C. 被誉为“人民音乐家”的聂耳,其代表作品有《义勇军进行曲》等

D. 著名国画《清明上河图》是北宋画家张择端的作品

4. 下列关于苏轼的说法正确的是(　　)

A. 宋代文学发展到巅峰时期的伟大作家

B. 宋代古文家最重视“文”的一位

C. 对宋词进行全面革新的词人

D. 对宋词能别开生面起关键作用的词家

5. 盛唐边塞诗的代表诗人是(　　)

A. 李白　B. 岑参　C. 李益　D. 高适

6. 下列对应关系正确的是(　　)

A. 白马寺—洛阳

B. 灵隐寺—杭州

C. 少林寺—泉州

D. 寒山寺—苏州

7. 下列十二地支与十二生肖对应不正确的是(　　)

A. 子鼠　B. 丑虎　C. 辰蛇　D. 申猴

8.《老人与海》中具有象征意义的物象有(　　)

A. 狮子　B. 大海　C. 马林鱼　D. 鲨鱼

9. 下列关于文化常识的说法,正确的有(　　)

A. 农历的每月十五日称为“望日”,每月的初一称为“朔”

B. 古时以“伉俪”喻夫妇,以“泰山”喻岳母,以“泰水”喻岳父

C. 刻漏是中国古代汉族科学家发明的计时器

D. 古时以山之南为阳,水之南为阴,反之,山之北为阴,水之北为阳

10. 下列属于莎士比亚作品的是(　　)

A.《麦克白》　B.《悲惨世界》　C.《哈姆雷特》　D.《威尼斯商人》

11. 意大利伟大诗人但丁的《神曲》,由(　　)三部分组成。

A.《地狱》　B.《炼狱》　C.《天堂》　D.《人间》

12. 下列属于莎士比亚四大悲剧的有(　　)(易混)

A.《第十二夜》　B.《哈姆雷特》　C.《李尔王》　D.《麦克白》

13. 文艺复兴“美术三杰”是指(　　)

A. 达·芬奇　B. 米开朗琪罗　C. 莎士比亚　D. 拉斐尔

14. 下列属于无产阶级伟大作家高尔基的作品是(　　)

A.《童年》　B.《我的大学》　C.《战争与和平》　D.《母亲》

15. 下列思想家中属于同一个流派的是(　　)

A. 韩非子　B. 李斯　C. 荀子　D. 庄周

16. 汉代是“赋”这一文体发展的鼎盛时期,下列属于汉赋四大家的是(　　)

A. 贾谊　B. 司马光　C. 班固　D. 张衡

17. 下列属于儒家思想的有(　　)

A. 修身、齐家、治国、平天下

B. 己所不欲,勿施于人

C. 天下有义则治,无义则乱

D. 人法地,地法天,天法道,道法自然

18. 古典主义音乐指的是1730—1820年这一段时间的欧洲主流音乐,其代表作曲家包括(　　)

A. 海顿　B. 莫扎特　C. 贝多芬　D. 柴可夫斯基

19. 下列咏花的诗句中,属于咏梅花的是(　　)

A. 宁可枝头抱香死,何曾吹落北风中

B. 忽然一夜清香发,散作乾坤万里春

C. 雪满山中高士卧,月明林下美人来

D. 疏影横斜水清浅,暗香浮动月黄昏

20. 下列叙述正确的是(　　)

A.《诗经》是我国第一部诗歌总集

B.“词”在唐代最为繁荣兴盛

C.《左传》相传是春秋时期的左丘明所作

D.“史家之绝唱,无韵之离骚”说的是《史记》

21. 下列成语及与之相关的主要历史人物对应正确的有(　　)

A. 望梅止渴—曹操

B. 四面楚歌—项羽

C. 悬梁刺股—勾践

D. 指鹿为马—赵括

22. 下列小说属于鲁迅作品的有(　　)

A.《子夜》　B.《彷徨》　C.《泯灭》　D.《阿Q正传》

23. 以下作者曾获得过“茅盾文学奖”的有(　　)

A. 刘心武　B. 霍达　C. 贾平凹　D. 路遥

24. 老舍,原名舒庆春,其主要作品有(　　)

A.《骆驼祥子》　B.《四世同堂》　C.《秋收》　D.《月牙儿》

25. 唐朝时,河北有位崔元翰,参加科举考试曾“连中三元”,“三元”指的是(　　)(常考)

A. 解元　B. 会元　C. 贡元　D. 状元

26. 下列属于唐宋八大家的有(　　)

A. 韩愈　B. 苏轼　C. 范仲淹　D. 白居易

27. 下列选项错误的有(　　)

A. 王阳明是宋代理学家,他宣扬“心学”

B. 汉语中，可用“令爱”一词来称呼对方妻子

C.《红楼梦》中诗句“机关算尽太聪明，反误了卿卿性命”暗示了袭人的命运

D. 在现代企业经营管理中，“道”通常指企业的思想、理念和价值观。《管子·戒》中“闻一言以贯万物，谓之知道”的“道”与企业经营管理中的“道”意义相近

28. 关于中国现代作家，下列说法正确的是(　　)(常考)

A. 被毛泽东评价为“中华民族新文化的方向”的作家是鲁迅

B. 中国杰出的现代话剧剧作家曹禺被誉为“东方的莎士比亚”，代表作是《雷雨》

C. 新中国第一位获得“人民艺术家”称号的作家是茅盾

D. 巴金的长篇小说《激流三部曲》包括《雾》《雨》《电》

29. 下列传统节日中，与二十四节气无关的是(　　)

A. 元宵节　　B. 端午节　　C. 中秋节　　D. 清明节

30. “世界三大短篇小说巨匠”分别指的是(　　)

A. 莫泊桑　　B. 契诃夫　　C. 福楼拜　　D. 欧·亨利

31. 下列关于《诗经》的表述，正确的是(　　)(常考)

A. 著名篇目有《关雎》《伐檀》《硕鼠》《七月》

B.《诗经》是中国最早的诗歌总集

C. 收录了从商朝初到春秋时期的诗歌305篇

D. 分为“风”“雅”“颂”三大类，开创了我国文学现实主义传统

32. 我国古典文学成就卓越，伟大的作品层出不穷，以下关于我国古典文学的说法正确的有(　　)

A.《论语》是儒家的经典著作，这部著作是孔子与他的弟子们共同编写完成的，主要记录孔子的言行

B. 唐朝被称为“小李杜”的是晚唐诗人李商隐和杜牧

C. 关汉卿是元代著名杂剧家，代表作品有《窦娥冤》《救风尘》《单刀会》等

D. 明清的长篇小说《三国演义》《水浒传》《西游记》和《红楼梦》被称为“四大奇书”

33. 下列表述中，正确的选项有(　　)

A. 班固的《汉书》开创了我国纪传体历史著作的先河

B. “一门三父子，都是大文豪，诗赋传千古，峨眉共比高。”这里的“三父子”指的是苏洵、苏轼和苏辙

C. 朱自清是现代著名作家，《背影》《荷塘月色》《威尼斯》是他的名篇

D. 塑造祥林嫂这一典型形象的小说《祝福》，出自鲁迅的小说集《彷徨》

34. 围绕着人与神、人与社会、人与自然等问题的思考，公元前6世纪至公元前5世纪，东西方社会几乎同时诞生了一批伟大的思想先哲。下列说法正确的是(　　)

A. 孔子思考人与人、人与社会的关系，具有人文精神

B. 老子注重探讨宇宙本源的问题，用以指导人生

C. 佛陀关注心灵智慧的觉悟

D. 苏格拉底着重讨论的是人与自然的问题

35. 唐朝是我国诗歌文化发展的黄金时代，诗坛人才辈出，佳作流传，各具特色，蔚为壮观。很多著名诗人都有别称，下列别称和诗人对应正确的是(　　)

A. 诗仙—李白　　B. 诗圣—杜甫

C. 诗鬼—贺知章　　D. 诗狂—李贺

36. 元曲是中华民族灿烂文化宝库中的一朵奇葩，它在思想内容和艺术成就上都体现了独有的特色，和唐诗宋词鼎足并举。以下关于元曲的说法正确的有(　　)

A. 元曲原本来自所谓的“蕃曲”“胡乐”，首先在民间流传，被称为“街市小令”或“村坊小调”

B. 元曲中描写爱情的作品比历代诗词来得泼辣、大胆

C. 元曲有杂剧、散曲之分

D. 与律诗绝句和宋词相比，元曲的灵活性较差

37. 以下哪三位诗人是“旗亭画壁”中的人物(　　)

A. 王昌龄　　B. 岑参　　C. 王之涣　　D. 高适

38. 下列文学常识，说法正确的是(　　)

A. 唐朝人把唐朝时盛行的格律很严的律诗、绝句称为近体诗。把唐以前的格律不严、形式较为自由的诗称为古体诗。现在一般把律诗和绝句称为近体诗，而把其他的统称为古体诗

B. 古体诗有四言、五言、七言、杂言，《诗经》《乐府》也属于古体诗。近体诗分为律诗和绝句两种，又有五言和七言之别

C. 律诗共八句，分四联：一二句为首联，三四句为颈联，五六句为颔联，七八句为尾联，偶句押平声韵，中间两联的上下两句要讲究对仗

D. 绝句共四句，其格律要求大体上与律诗相同，只是上下两句的对仗要求不是很严

39. 下列关于我国历史著作的说法，正确的有(　　)

A.《永乐大典》被称为迄今为止世界最大的百科全书

B.《四库全书》是在乾隆皇帝的主持下编撰的，分经、史、子、集四部

C.《资治通鉴》由北宋司马光主编，是我国第一部编年体通史

D.《说文解字》，作者为东汉蔡邕，是中国第一部系统地分析汉字字形和考究字源的字书

40. 著名作家路遥把文学创作融入改革开放伟大实践，用心用情抒写改革开放故事，他的主要作品有(　　)。中共中央、国务院授予他“改革先锋”称号，称他为“鼓舞亿万农村青年投身改革开放的优秀作家”。

A.《人生》　　B.《惊心动魄的一幕》

C.《在困难的日子里》　　D.《平凡的世界》

41. 赵树理是现代小说家。他的小说多以华北农村为背景，反映农村社会的变迁和存在其间的矛盾斗争，塑造农村各式人物的形象，开创的“山药蛋派”成为新中国文学史上最重要、最有影响的文学流

派之一。下列属于赵树理作品的有(　　)

A.《太阳照在桑干河上》　B.《小二黑结婚》
C.《暴风骤雨》　D.《李家庄的变迁》

42. 以下关于中国戏剧与其代表作对应正确的是(　　)(易混)

A. 京剧—《四郎探母》　B. 黄梅戏—《天仙配》
C. 豫剧—《花木兰》　D. 越剧—《女驸马》

43. 下列作品属于"晚清四大谴责小说"的是(　　)

A.《孽海花》　B.《老残游记》　C.《官场现形记》　D.《儒林外史》

44. 属于世界文学史上四大吝啬鬼形象的是(　　)

A. 葛朗台　B. 高老头　C. 夏洛克　D. 阿巴贡

45. 我国古代人民把一天划分为十二个时辰,其中正确的有(　　)

A. 巳时:晚上9点至晚上11点　B. 午时:晚上10点至晚上12点
C. 子时:晚上11点至凌晨1点　D. 戌时:晚上7点至晚上9点

三、判断题

1. 新乐府运动是发生在唐代的一场诗歌革新运动。(　　)
2. 春分是反映四季变化的节气之一。(　　)
3. 冬至吃饺子是为了纪念李时珍冬至舍药。(　　)
4. "莫道不消魂,帘卷西风,人比黄花瘦"描写的是重阳节的情景。(　　)
5. "樯橹灰飞烟灭"说的是官渡之战。(　　)
6. "道高一尺,魔高一丈"出自《红楼梦》。(　　)
7. 刎颈之交常用来形容可以同生死,共患难的朋友。(　　)
8. 在我国文学史上,杜甫的作品为被称为"史诗"。(常考)(　　)
9. 在二十四节气中,处暑表示炎热的暑天结束。(　　)
10.《故都的秋》是中国现代著名小说家、散文家、诗人钱钟书创作的散文。(　　)
11. "国子监"是中国古代封建社会的教育管理机关和最高学府,入监读书的人称监生,教学人员为祭酒、司业等,掌管人员为博士、助教等。(　　)
12. 我国京剧脸谱色彩丰富,红色代表忠勇侠义,白色代表阴险狡诈,黑色代表凶暴残忍。(易混)(　　)
13. "问君能有几多愁,恰似一江春水向东流"是被誉为"千古词帝"的南宋君主李煜写下的名句。(　　)
14. 李白是唐代伟大的浪漫主义诗人,代表作有《登高》《行路难》《琵琶行》等。(　　)
15. "生旦净丑"是京剧的行当,其中"净"是女角。(　　)
16. "亲朋无一字,老病有孤舟"反映了杜甫当时政治生活坎坷,漂泊天涯,怀才不遇的心情。(　　)
17. 契诃夫是俄国杰出的现实主义作家,被列宁称为"俄国革命的一面镜子"。(　　)
18. 在我国古代,人的年龄有专门的称谓替代数字。比如,"而立之年"代替了30岁;"耄耋之年"代替了80~90岁;"总角之年"就是指八九岁至十三四岁的儿童、少年,与"豆蔻年华"用法相同。(常考)(　　)
19. 文学作品中常提到人有"三魂七魄",这个词语实际上是舶来语,出自《古兰经》。(　　)
20. 楷书四大家包括欧阳修、颜真卿、柳公权和赵孟頫。(易混)(　　)
21. "江山社稷"中的"稷"在古代是指土地之神。(　　)
22. 老舍是现代著名作家,代表作长篇小说《骆驼祥子》被称为"旧时代的葬歌"。新中国成立后他还创作了《茶馆》《王昭君》等话剧剧本。(　　)
23.《琵琶记》和《窦娥冤》都是元代戏曲家关汉卿的代表作。(　　)
24. 陶渊明,东汉著名诗人,他的田园诗被誉为"中国田园诗的基石",其中《归园田居》《饮酒》等最具代表性。(　　)
25. 现存放《富春山居图》的博物馆有故宫博物院和台北故宫博物院。(　　)
26.《汉书》又称《前汉书》,是中国第一部纪传体断代史,"二十四史"之一。(　　)
27. 并称"韩柳"的是韩愈和柳宗元,他们是唐朝古文运动的倡导者。(　　)
28. 苏轼的"一年好景君须记,最是橙黄橘绿时",描写的是秋末冬初的景象。(　　)
29. 长篇历史小说《双城记》是法国作家查尔斯·狄更斯以法国大革命为背景所著的作品。(　　)
30. "说"是一种议论文的文体,像《捕蛇者说》《马说》都属于这种文体。"说"的古义为陈述、解说,因而这类文体都可按"解说的道理"来理解。(　　)

专题三　科技成就与高新科技

命题分析

本专题主要以单选、多选、判断等形式考查。本专题需要重点掌握的知识包括:
1. 识记四大发明,数学、天文历法、医学、地理学、农业和手工业成就;
2. 区分外国重要科学家的主要成就,能源的不同分类;
3. 了解航天技术的发展及其他前沿科技的概念。

一、单项选择题

1. 下列选项中不属于中国古代四大发明的是(　　)

A. 指南针　B. 活字印刷术　C. 地球仪　D. 火药

2. 1916年,爱因斯坦基于(　　)预言了引力波的存在。从此,探寻引力波成为科学家争相夺取的科学皇冠上的"明珠"。

A. 狭义相对论　B. 广义相对论　C. 量子理论　D. 重力理论

3.我国真正意义上的第一艘国产航空母舰是(　　)(易混)

A.辽宁舰　　B.海南舰　　C.浙江舰　　D.山东舰

4.1969年7月20日,人类第一次登上月球,本次登月乘坐的是(　　)

A.美国的"挑战者"宇宙飞船　　B.美国的"阿波罗"11号宇宙飞船

C.美国的"爱国者"宇宙飞船　　D.苏联的"登月号"宇宙飞船

5.2021年6月17日,"神舟十二号"载人飞船成功发射。下列说法不正确的是(　　)

A.发射地点是酒泉卫星发射中心

B.与天舟核心舱对接

C.首次实现了长期在轨停靠,预计将在轨停靠3个月

D.航天员先后进入核心舱,标志着中国人首次进入自己的空间站

6.工业革命是资本主义发展史上的一个重要阶段,下列发明创造按时间先后排序正确的是(　　)(易错)

A.蒸汽机、电灯、轮船、无线电报　　B.轮船、蒸汽机、电灯、无线电报

C.蒸汽机、轮船、电灯、无线电报　　D.轮船、电灯、蒸汽机、无线电报

7.可再生能源是指自然界中可以不断利用、循环再生的能源。以下属于可再生能源的是(　　)

A.风能　　B.煤炭　　C.石油　　D.天然气

8.与身着灰色调外衣的前辈相比,"神舟十二号"载人飞船一身银闪闪的崭新"外衣"让人眼前一亮,这是由中国航天科技集团五院529厂历时两年精心研制的一款新型(　　)

A.低吸收—低发射热控涂层　　B.低吸收—高发射热控涂层

C.高吸收—低发射热控涂层　　D.高吸收—高发射热控涂层

9.下列人物属于经典力学的创立者的是(　　)

A.布鲁诺　　B.伽利略　　C.牛顿　　D.爱因斯坦

10.被誉为"近代科学之父"的科学家是(　　)

A.哥白尼　　B.牛顿　　C.伽利略　　D.达尔文

11.日心说的创立者是(　　)

A.达尔文　　B.哥白尼　　C.布鲁诺　　D.伽利略

12.世界上第一次把圆周率精确到小数点后7位数的科学家是(　　)

A.毕达哥拉斯　　B.亚里士多德　　C.牛顿　　D.祖冲之

13.流体静力学的创始人是(　　)

A.阿基米德　　B.欧几里得　　C.牛顿　　D.伽利略

14."神舟十二号"载人飞船由三个舱构成,共有14个分系统,是航天员实现天地往返的生命之舟。三个舱中,有飞船的"大脑"之称的是(　　)

A.轨道舱　　B.返回舱　　C.推进舱　　D.推出舱

15.被称为中国"杂交水稻之父"的科学家是(　　)

A.钱学森　　B.袁隆平　　C.吴文俊　　D.竺可桢

16.中继卫星是通信卫星的一种,其产生主要是为了及时有效地完成(　　)工作。

A.对航天器的管理和数据收集　　B.对航天器进行补给

C.对航天器进行性能测试　　D.提升航天器应急能力

17.下列说法不正确的是(　　)

A.利用太阳能等清洁能源代替化石燃料,有利于节约资源、保护环境

B.含有食品添加剂的食物对人体健康均有害,不可食用

C.为防止电池中的重金属等污染土壤和水体,应积极开发废电池的综合利用技术

D.提倡人们购物时不用塑料袋,是为了防止"白色污染"

18.物联网是新一代信息技术的高度集成和综合运用。目前,我国已将物联网作为战略性新兴产业的一项重要组成内容。下列关于物联网的表述错误的是(　　)

A.具有渗透性强、带动作用大、综合效益好的特点

B.推进物联网的应用和发展,有利于促进生产生活和社会管理方式向智能化、精细化、网络化方向转变

C.目前我国在物联网关键核心技术、网络信息安全方面已不存在潜在隐患

D.物联网技术的核心和基础是互联网技术,是在互联网基础上的延伸和扩展的网络技术

19.索契冬奥会上,速度滑冰比赛中的计时准确性能精确到千分之一秒,其使用的科技手段是(　　)

A.红外线技术　　B.遥感技术　　C.X射线技术　　D.异频雷达技术

20."智慧城市"充分运用新技术来为人类创造更美好的城市生活。支撑"智慧城市"建设的技术中最主要的是(　　)

A.智能制造技术　　B.新一代信息技术

C.生物医药和仿生技术　　D.新能源和电子技术

21.中国航天事业三个里程碑分别是(　　)

A.一箭三星,载人航天飞行,月球探测工程

B.人造地球卫星上天,氢弹爆炸,载人航天飞行

C.原子弹爆炸,人造卫星上天,月球探测工程

D.人造地球卫星上天,载人航天飞行,月球探测工程

22.我国《九章算术》成书于(　　)时期。

A.春秋　　B.东汉　　C.西汉　　D.三国

23.关于两汉天文学成就的叙述,不正确的是(　　)

A.制订出中国第一部较完整的历书——《太初历》

B.张衡对月食作了最早的科学解释

C. 最早记录太阳黑子

D. 制订出当时世界上最先进的历法——《授时历》

24. 我国现存最早最完整的一部农学著作是北魏贾思勰所著的(　　)(常考)

A.《天工开物》　B.《梦溪笔谈》　C.《农政全书》　D.《齐民要术》

25. "癸丑之三月晦(公元1613年5月19日),自宁海出西门,云散日朗,人意山光,俱有喜态。"短短24个字为后人留下了文化旅游的瑰宝。自2011年起,每年的5月19日被定为"中国旅游日"。中国旅游日的设立与我国历史上伟大的旅行家、地理学家、史学家、文学家(　　)有关。

A. 沈括　B. 周达观　C. 徐霞客　D. 裴秀

26. 现代信息技术的基石是(　　)

A. 微电子技术　B. 光电子技术　C. 计算机技术　D. 通信技术

27. 我们常说的"IT"是下列哪一项的简称(　　)

A. 计算机技术　B. 因特网　C. 信息技术　D. 输入设备

28. 随着网络求职的不断发展,异地求职者越来越多,用人单位往往会选择与求职者通过网络视频会议的方式来进行远程面试,这体现出的信息技术的发展趋势是(　　)

A. 多媒体化　B. 多元化　C. 智能化　D. 虚拟化

29. 人工智能是指由人工制造出来的系统所表现出来的智能。人工智能的核心包括推理、规划、学习、交流、感知、移动和操作物体的能力等。下列论述中所描述的各项技术突破,无关人工智能的是(　　)

A. 科学家利用电脑操作证明了多个数学定理

B. 阿尔法狗战胜围棋大师李世石

C. 某品牌电视机能根据光线强弱自动调整屏幕亮度

D. 一些手机APP软件能与用户产生自然对话互动

30. 联合国开发计划署把新能源分为(　　)

A. 水能、太阳能、风能、地热能　B. 传统能源之外的各种新能源形式

C. 大中型水电、新可再生能源、传统生物质能　D. 小水电、太阳能、风能、现代生物质能、地热能

31. 物联网即通过射频识别、红外感应器、全球定位系统、激光扫描器、气体感应器等信息传感设备,按约定的协议,把物品与互联网连接起来,进行信息交换和通信,以实现智能化识别、定位、跟踪、监控和管理的一种网络。以下属于物联网应用的是(　　)

A. 乘公交刷电子钱包　B. 快递公司上门投递物品

C. 使用智能手机远程启动空调　D. 在网上进行购物

32. 能源可分为一级能源和二级能源:自然界中以现成形式提供的能源称为一级能源;需依靠其他能源间接制取的能源称为二级能源。下列选项中属于二级能源的是(　　)

A. 由发电机发出的电能　B. 人类开采出来的天然气

C. 驱动风车运转的风能　D. 为热水器加热的太阳能

33. 下列关于信息技术的说法错误的是(　　)

A. 云计算的核心思想是将大量用网络连接的计算资源统一管理和调度,构成一个计算资源池向用户按需服务,具有节省成本、高可用性、易扩展等优点

B. 物联网就是"物物相连的互联网",它是在互联网基础上的延伸和扩展,其用户端延伸和扩展到了任何物品与物品之间,进行信息交换和通信

C. 光纤通信就是利用光波在光导纤维中传递各种信息,光纤通信具有通信容量大、传输损耗低、经济轻便、抗干扰能力强、保密性能好的优点

D. 当前第四代移动通信技术(4G)已经全面落伍,5G已在全球广泛实施,6G正在铺设

34. 下列关于云计算的表述中,错误的是(　　)

A. 对网络连接的大量计算资源进行统一管理和调度

B. 云计算的服务器为虚拟系统

C. 可为用户提供计算及存储服务

D. 搜索引擎是云计算的典型应用

35. 关于北斗系统,下列说法错误的是(　　)

A. 是中国自主研制的全球卫星导航系统　B. 北斗系统的卫星都是静止轨道卫星

C. 可实现高精度授时的功能　D. 能够实现汉字的短报文通信

36. 水力发电是直接利用水的动能作为原动力,驱动发电机工作的发电方式。以下属于其优点的是(　　)

①发电设施工程建设投资少、周期短、发电效率高

②发电过程中不会产生污染环境的大量废气和废渣

③水用于发电后,还可用于其他用途

A. ①②③　B. 仅有①和②

C. 仅有②和③　D. 仅有③

37. 下列关于光纤通信的说法,不正确的是(　　)

A. 光纤通信的特点之一是容量大、损耗小

B. 光纤通信应在信源与信宿之间进行电/光、光/电的转换

C. 全光网指的是光信号在传输过程中不需要进行电/光、光/电的转换

D. 光纤通信只适合于超远距离通信,不适合近距离通信

38. 贵州省黔南布依族苗族自治州的FAST国家重大科技基础设施,是目前世界上口径最大、最具威力的单天线500米口径球面(　　)

A. 静电望远镜　B. X光望远镜

C. 射电望远镜 D. 远红外望远镜

39. 关于隐形飞机技术，下列说法正确的是(　　)

A. 使飞机能够超音速飞行 B. 飞机用特殊的隐形材料制成

C. 能够躲过对方飞行员的观察 D. 目的是使飞机避开雷达的侦查

40. “这是我个人的一小步，却是人类迈出的一大步”，这是第一个登月的美国宇航员(　　)从登月舱踏上月球表面时所说的。

A. 科罗廖夫 B. 加加林 C. 奥博特 D. 阿姆斯特朗

41. 新型无机非金属材料的应用，给人们的生活带来了极大的便利，网络传输用到的光导纤维就是一种。下列关于光导纤维的说法正确的是(　　)

A. 光导纤维能够导电 B. 光导纤维与玻璃的成分一样

C. 光导纤维具有耐碱性 D. 光导纤维传递的是光信号

42. 随着化石能源的枯竭，人类越来越重视清洁能源的开发与利用，例如风能，太阳能，潮汐能，核能等都属于清洁能源。下列有关这四种能源说法错误的是(　　)(易错)

A. 风能是由于空气流动而产生的能量 B. 太阳能来源于太阳内部核裂变而产生的能量

C. 潮汐能主要来源于月球的引力 D. 铀和钚都是核电站常用的发电原料

43. 航天技术又称空间技术，是探索、开发和利用太空以及地球以外天体的综合性工程技术，包括对大型运载火箭、巨型卫星、宇宙飞船等空间军事技术的研究与开发。空间技术是21世纪技术的外向延伸，其两个标志是(　　)

A. 运载火箭和巨型卫星 B. 巨型卫星和宇宙飞船

C. 航天飞机和永久太空站 D. 运载火箭和宇宙飞船

44. 下列关于科技常识的描述，错误的是(　　)

A. 潮汐能是不可再生能源

B. 5G是第五代移动通信及其技术的简称

C. 热辐射是指物体由于具有温度而辐射电磁波的现象

D. 锂因其在能源界的广泛应用，被誉为“21世纪的能源金属”和“高能金属”

45. 中国航天中心建设最晚的是(　　)

A. 四川的西昌 B. 甘肃的酒泉 C. 山西的太原 D. 海南的文昌

46. 世界上迄今为止年代最久、唯一留存、仍在一直使用的、以无坝引水为特征的我国最古老的水利工程是(　　)

A. 郑国渠 B. 都江堰 C. 通济渠 D. 白渠

47. 下列选项中属于无轮轨接触的交通工具是(　　)

A. 高铁 B. 有轨电车

C. 磁悬浮列车 D. 混合动力列车

48. 下列科学概念与其提出者对应不正确的(　　)

A. 场—法拉第 B. 电磁波—麦克斯韦

C. 惯性运动—伽利略 D. 万有引力—阿基米德

49. 纳米技术是当今各国争相研究的热点，其既具有前沿性，又能使不同学科相互交融，下列关于纳米的说法正确的是(　　)

A. 纳米是一种长度单位 B. 纳米是一种可食用米类

C. 空气中粉尘的大小属于纳米级 D. 纳米科技无所不能，能解决任何问题

50. 随着大数据、物联网等产业的高速发展，(　　)成为我国的战略性基础服务平台。

A. 高速服务平台 B. 互联网数据中心

C. 无线电发射基站 D. 云计算

51. 下列叙述中，错误的是(　　)

A. 以科学技术领域中的问题为主的数值计算称为科学计算

B. 计算机应用可分为数值应用和非数值应用两类

C. 计算机各部件之间有两股信息流，即数据流和控制流

D. 对信息(即各种形式的数据)进行收集、储存、加工与传输等一系列活动的总称为实时控制

52. 载人航天中三大基本技术是：天地往返、出舱行走与(　　)

A. 释放伴飞小卫星 B. 深空探测

C. 在轨试验 D. 交会对接

53. 高分子材料既具有前沿性，又能使不同学科相互交融。下列物品中不属于高分子材料的是(　　)

A. 棉麻衣服 B. 陶瓷花瓶 C. 塑料水杯 D. 橡胶手套

54. 我国数学成就为天元术的人是(　　)

A. 杨辉 B. 祖冲之 C. 刘徽 D. 李冶

55. 智能手机可以通过人脸识别技术解除锁屏，这一功能是通过提取人面部图像的特征进行身份识别的。其工作流程可以分为下列几个步骤，其中正确的顺序应该是(　　)

①人脸图像采集 ②人脸图像预处理

③控制手机屏幕锁开启 ④人脸图像特征值的匹配

A. ②①④③ B. ④①②③

C. ①②④③ D. ①④②③

56. 下列关于虚拟现实技术的说法，正确的是(　　)

A. 主要目标是解决大容量、高速度信息的传输、存取和处理

B. 伴随激光技术的发展而产生的通信技术

C. 以沉浸性、交互性和构想性为基本特征的计算机高级人机界面

D. 神经科学是合成虚拟现实的基本前提

57. 中国古代科学技术重视解决实际问题，具有实用性的特点。下列有助于解决农业生产生活问题的著作是(　　)

A.《黄帝内经》　B.《四元玉鉴》

C.《伤寒杂病论》　D.《齐民要术》

二、多项选择题

1.2021年6月17日，"神舟十二号"载人飞船成功发射。下列属于本次飞行乘组人员的是(　　)

A. 翟志刚　B. 聂海胜　C. 刘伯明　D. 汤洪波

2. 环境污染给人们生活带来的危害日益凸显，国家也意识到坚决不能以牺牲环境为代价来促进经济的发展。为此，海洋能源作为无污染、可再生的资源日益受到国家的关注。下列属于海洋能源的是(　　)

A. 潮汐能　B. 温差能　C. 波浪能　D. 海流能

3. 由于常规能源资源有限，以及因其引起的环境问题日益突出，因此对环境友好的新能源日益受到重视。下列能源中，属于新能源的有(　　)(常考)

A. 生物质能　B. 天然气　C. 潮汐能　D. 氢能

4. 下列属于一次能源的有(　　)(易混)

A. 水能　B. 电能　C. 生物质能　D. 风能

5. 现代信息技术不包含(　　)

A. 微波技术　B. 计算机技术

C. 微电子技术　D. 空间技术

6. 中医是中华民族的宝贵财富，为中华民族的繁荣昌盛做出了巨大贡献。下列关于中医学的说法，正确的是(　　)

A. 心和胃分属人体的"五脏"和"六腑"

B."四诊"是望、闻、问、切四种中医诊察疾病基本方法的合称

C. 唐代的医学家和药物学家孙思邈，被后人誉为"药王"

D."药圣"指汉代的张仲景，著有《伤寒杂病论》

7. 5G的到来不仅仅是解决基础通信的问题，更是解决人与人、人与物、物与物直接的互联，5G网络的特点包括(　　)

A. 极高的速率　B. 极大的容量　C. 极低的时延　D. 无能耗

8. 某电影的背景置于19世纪50年代的英国，这部电影中可能出现的场景包括(　　)

A. 一列满载煤炭的火车在城市间穿行

B. 城市中工厂随处可见，高高的烟囱向外喷吐着浓烟

C. 大街上电线杆林立，一到夜晚，整个城市变成霓虹灯的海洋

D. 忙碌了一天的人们回到家打开电脑，放一两首轻音乐

9. 我们的祖先在1000多年前就发明了火药，关于火药的说法正确的有(　　)(易错)

A. 古代火药的成分有硝石、雄黄、蜂蜜等

B. 古代火药用途广泛，常常能用来治疗疮癣、杀虫、辟湿气以及瘟疫

C. 唐朝末年，火枪、火炮、火箭等军事武器就得到了广泛应用

D."东风夜放花千树。更吹落、星如雨"描述的就是古代火药制成烟火燃放时的场景

10. 19世纪自然科学的三大发现是(　　)

A. 相对论　B. 细胞学说

C. 生物进化论　D. 能量守恒与转化定律

11. 人工智能是研究、开发用于模拟、延伸和扩展人的智能的理论、方法、技术及应用系统的一门新的技术科学。下列关于人工智能的说法正确的是(　　)(易错)

A. 人工智能不是人的智能，却能像人那样思考，但不可能超过人的智能

B. 人工智能是一门边缘学科，属于自然科学和社会科学的交叉

C. 人工智能就其本质而言，是对人的思维的信息过程的模拟

D. 人工智能的一个主要目标是使机器胜任一些需要人类智能才能完成的复杂工作

12. 关于现代前沿科学技术，下列说法正确的是(　　)

A. AI即人工智能，它是研究、开发用于模拟、延伸和扩展人的智能的理论、方法、技术及应用系统的一门新的技术科学

B. 5G网络的通信速度可达现有4G网络的数百倍，几乎不会发生通信延迟

C. QR码三个角上的"回"字图形的作用是帮助解码软件确定码的位置、大小、倾斜角度

D. AR是一种虚拟现实技术，它由计算机生成交互式三维动态场景，给用户带来沉浸式体验

13. 核能是原子分裂或聚合时产生的能量，主要有三种形式：核聚变、核裂变、核衰变，其中核聚变的能量最大。下列属于核聚变的是(　　)

A. 太阳能　B. 氢弹　C. 核电站　D. 原子弹

14. 高新技术有六大技术领域，以下属于这六大技术领域的有(　　)

A. 信息技术　B. 生物技术　C. 新材料技术　D. 空间技术

15. GPS可以提供车辆定位、防盗、反劫、行驶路线监控及呼叫指挥等功能，要实现以上功能必须具备(　　)

A. GPS终端　B. 传输网络　C. 有线设备　D. 监控平台

16. 下列发明与其发明家或参与者对应正确的是(　　)

A. 避雷针—富兰克林　B. 电椅—爱迪生

C. 电话—莫尔斯　D. 留声机—爱因斯坦

17. 下列前沿科技系列，与导弹相关的是(　　)

A. 东风系列　B. 长征系列　C. 红旗系列　D. 天宫系列

18. 被马克思称为预告资产阶级社会到来的三大发明是(　　)

A. 火药　B. 印刷术　C. 造纸术　D. 指南针

19. 关于新型材料,下列说法正确的是(　　)

A. 因为强度高,韧性好,石墨烯可用来制作柔性显示屏

B. 碳纤维具有柔软、可加工的优点和耐腐蚀性差的缺点

C. 高温合金在航空航天领域,尤其是航空发动机方面需求较大

D. 稀土永磁材料是支撑现代电子信息产业的重要基础材料之一

20. 下列对应错误的有(　　)

A. 门捷列夫—元素周期表　B. 哥白尼—地心说

C. 伽利略—万有引力　D. 开普勒—浮力原理

21. 取暖不靠煤、不靠气,而是靠地下100多米的土壤。在山东淄博,有个1000多户的小区,利用三台地热泵,把地下13℃左右的土壤中的热能,循环置换到地面供居民使用。这种地热能是(　　)

A. 一次能源　B. 二次能源　C. 常规能源　D. 新型能源

22. 健康码能够灵活变换颜色,反映持有人的健康状况,这需要多方面的技术支持,包括(　　)

A. 医生远程诊断技术　B. 定位技术

C. 量子计算技术　D. 大数据技术

23. 大国崛起,令世界瞩目。21世纪以来,我国在航天科技领域的发展突飞猛进,取得了一系列骄人的成就。下列描述正确的有(　　)(常考)

A. "嫦娥一号"是我国首颗绕月人造卫星　B. "悟空号"卫星是我国首颗望远镜卫星

C. 我国是目前实现月球软着陆的国家之一　D. 我国手机导航系统运用了"风云"卫星技术

24. 化石能源是一种碳氢化合物或其衍生物,它由古代生物的化石沉积而来,是一次能源。化石能源所包含的天然资源有(　　)

A. 煤炭　B. 石油　C. 天然气　D. 地热能

25. 高层楼宇灭火系统是一种利用多种技术、针对现代城市环境条件下高层和超高层建筑物或其他危险场所应急救援而研制的特种消防装备,其所利用的技术有(　　)

A.GPS技术　B.航天发射技术

C.控制技术　D.信息处理技术

26. 1889年清政府派人参加了由法国政府举办的巴黎世界博览会,参会者可能看到的展品有(　　)(易错)

A. 电话　B. 柴油内燃机　C. 汽车　D. 无线电报

27. 3D打印是快速成型技术的一种,是一种通过逐层打印的方式来构造物体的技术,可应用于下列哪些领域(　　)

A. 航天技术　B. 医学领域　C. 房屋建筑　D. 汽车行业

28. 下列关于无线通信的说法,正确的是(　　)

A. 无线通信的传输介质是电磁波　B.5G技术需要的基站数量比4G少

C. 蓝牙是一种安全性较高的无线通信技术　D. 我国二代身份证使用了无线射频识别技术

29. 关于"5G",下列说法正确的有(　　)

A. 5G是英语"fifth-generation"的缩写

B. 5G是移动通信行业的一种技术标准

C. 我国企业华为在5G技术上已经达到世界领先水平

D. 5G网络的传输速度可达每秒数十GB,比4G网络快数千倍

30. 云计算引入了全新的以用户为中心的理念,具有(　　)等优点。

A. 成本低　B. 虚拟化　C. 易扩展　D. 实体化

三、判断题

1. 近年来我国在大力发展5G技术。5G移动网络与早期的2G、3G和4G移动网络不一样的是,5G网络是数字蜂窝网络,而2G、3G和4G移动网络是GSM网络。(常考)　(　　)

2. 地球上的化石燃料是有限的,而核能是目前人们公认的可替代化石燃料的可大规模利用的一种新能源。　(　　)

3. "三网融合"是指电信网、广播电视网和互联网的融合发展,其中电信网是其核心部分。　(　　)

4. 算盘是中国传统计算工具,利用算盘也能进行开平方运算。　(　　)

5. 2020年,我国"蛟龙"号在马里亚纳海沟成功坐底,创造了10909米中国载人深潜新纪录,标志着我国在大深度载人深潜领域达到世界领先水平,使我国成为世界上第一个实现万米载人深潜的国家。　(　　)

6. 狭义相对论的两个基本假设是狭义相对性原理和光速不变原理。　(　　)

7. 射频识别技术是实现物联网的关键技术之一。　(　　)

8. 太阳能是一种清洁能源,是由太阳内部持续不断进行的核裂变反应所产生的能量。　(　　)

9. 北朝的贾思勰是我国历史上著名的农学家,他写的《齐民要术》一书,是我国现有的第一部完整的农业科学著作,在农学史上占有重要地位。　(　　)

10. 中国的"两弹一星"中的"一星"指的是人造卫星。　(　　)

11. 全球定位系统由空间部分、地面控制系统组成。　(　　)

12. 生物质能直接或间接地来源于绿色植物的光合作用,可转化为常规的固态、液态和气态燃料,取之不尽、用之不竭,是一种可再生能源,同时也是唯一一种可再生的碳源。　(　　)

13. 生物能、太阳能、地热能都属于清洁能源。　(　　)

14. 诺贝尔一生拥有355项专利发明,其中电灯是最为著名的一项。　(　　)

15. 电池的发明人是瓦特。(易混)　(　　)

16. 东汉医学家张仲景,被称为"医圣",著有中医百科全书式专著《千金方》。　(　　)

17. 在我国古代以笔记体裁形式写成的科学典籍中，有一本最早记载了人工磁化的一种简便方法，即“以磁石磨针锋”造指南针。这本典籍是《天工开物》。（　　）

18. 新材料科学技术是高科技的基础，它的一个标志技术是半导体技术。（　　）

19. 现存最早的天文台遗址，在今天南京紫金山，古名为“灵台”。（　　）

20. 核能给人类提供了安全、洁净的能源，但是一旦核能泄漏就会危及周边的生物。这说明科技革命是一把“双刃剑”。（　　）

专题四　生活常识

命题分析

本专题主要以单选、多选、判断等形式考查。本专题需要重点掌握的知识包括：

1. 识记人体所需的营养物质，遗传知识，生物分类，常见的传染病；
2. 区分物态变化，反射与折射，紫外线与红外线；
3. 理解力学、电学、声学在生活中的应用；
4. 了解地震、火灾、踩踏和触电等事故发生时的逃生和急救要点。

一、单项选择题

1. DNA技术已广泛应用于现代医学，它的全称是(　　)

A. 脱氧核糖核酸　　B. 核糖核酸
C. 蛋白质　　D. 遗传密码

2. 分子生物学的研究表明(　　)

A. 细胞是遗传信息的载体　　B. 细胞核是遗传信息的载体
C. DNA是遗传信息的载体　　D. 蛋白质是遗传信息的载体

3. 关于鼠疫，下列说法错误的是(　　)

A. 属于自然疫源性疾病　　B. 属于甲级传染病
C. 抗生素可用于鼠疫的治疗　　D. 鼠疫不会通过皮肤接触传播

4. 下列关于病毒的叙述不正确的是(　　)(易错)

A. 病毒比细菌小得多
B. 病毒的形状多样，有球形的，杆形的，蝌蚪形的等
C. 病毒都没有细胞结构
D. 病毒对人类都有害

5. 下列有关人脑的说法错误的是(　　)

A. 人脑内的短期记忆可通过海马体转化为长期记忆
B. 大脑本身没有痛觉感受器，因此感觉不到疼痛
C. 个体生命的维持，比如心跳、呼吸等与脑干有关
D. 小脑损伤时，患者会出现言语缓慢和身体瘫痪的症状

6. 描述物质状态有时会采用英文字母来表示，下列字母与其代表的状态对应不正确的是(　　)

A. 气体—g　　B. 固体—s　　C. 液体—l　　D. 溶液—a

7. 诗歌来源于生活，下列诗歌中不涉及化学变化的是(　　)

A. 粉身碎骨浑不怕，要留清白在人间　　B. 泽中有火，上火下泽
C. 曾青得铁则化为铜　　D. 日照澄洲江雾开

8. 李老师家装修了房子，下列哪种方法不能减弱噪音(　　)

A. 安装空调　　B. 封阳台
C. 给卧室铺地毯　　D. 安装双层玻璃窗

9. 低盐饮食是一种健康的饮食方式。我们倡导低盐饮食主要是为了预防(　　)

A. 糖尿病　　B. 高血压　　C. 冠心病　　D. 白血病

10. 家里的白炽灯用久了会发黑，是因为(　　)

A. 灰尘　　B. 钨蒸气凝华　　C. 钨丝烧断　　D. 灯泡变旧

11. 传说中的“鬼火”现象其实是人体内的一种元素在氧化过程中，部分能量以光能的形式释放所致。这种人体内的元素是(　　)

A. 钙　　B. 铁　　C. 磷　　D. 钾

12. 蔬菜是人类不可缺少的食物，它富含人体需要的维生素、矿物质及消化系统所必需的粗纤维等。下列说法中错误的是(　　)(易混)

A. 叶菜类均含有铁、钾、维生素以及胡萝卜素　　B. 花菜类含维生素A、B、C和相当丰富的矿物质
C. 根茎类含有较多的胡萝卜素和维生素B、C　　D. 豆菜类含有较多的维生素C和矿物质

13. 微量元素在人体内虽然含量较低，但是能对人体起到非常重要的作用。下列元素中属于微量元素的是(　　)

A. 锌　　B. 钾　　C. 磷　　D. 氢

14. 下列做法中，不包含酸碱中和反应的是(　　)

A. 皮蛋蘸食醋食用会更加美味　　B. 被蚊子叮咬后涂抹肥皂水
C. 服用复方氢氧化铝片治疗胃病　　D. 利用白醋除去水壶中的水垢

15. 关于抗生素，下列说法错误的是(　　)

A. 微生物发酵法是其生产方法之一　　B. 主要用于治疗病毒感染导致的疾病
C. 青霉素是最早被发现的抗生素　　D. 链霉素可以有效治疗结核类疾病

16. 人们很早就已经发现，鳄鱼在吃掉捕获的食物前，往往会流几滴眼泪，于是“鳄鱼的眼泪”被人们用于形容伪善。鳄鱼流泪的原因是(　　)

A. 眼泪均匀覆盖眼球，使眼睛保持良好视力

B. 鳄鱼的肾脏发育不完全，需要靠眼睛附近的腺体排出盐分

C. 鳄鱼的眼泪可以发出特殊的气味，召唤同类前来捕食猎物

D. 鳄鱼进化不完善，唾液腺分泌和泪腺分泌的神经控制系统未完全分离

17. 踝关节韧带损伤，俗称"崴脚"，是日常生活中或运动中常见的损伤，占运动损伤的第一位。下列有关崴脚后的处理方式不正确的是(　　)

A. 立即制动，用冰袋冷敷

B. 反复按摩、拉伸，以尽快消肿

C. 用弹力绷带进行简单固定，但不能绑太紧

D. 抬高患肢，将受伤的足踝放置高于心脏的位置

18. 某物质在一定的温度下，电阻会降为零，这一现象被称为(　　)

A. 超导　　B. 消磁

C. 量子平衡　　D. 绝对零度

19. 下列关于自然现象的解释，正确的一项是(　　)

A. 春天，冰雪消融是汽化现象

B. 夏天，草叶上的露珠是熔化形成的

C. 秋天，浓雾消散是汽化现象

D. 冬天，房顶上的积雪虽没有融化，却逐渐减少，是蒸发现象

20. 灭火器是常见的防火设施之一，不同种类的灭火器内装填的成分不一，使用时必须注意，以防产生反效果而引起危险。其中，泡沫灭火器适用于(　　)引起的火灾。

A. 水溶性可燃、易燃液体　　B. 电器设备

C. 油制品　　D. 醇、酯等物质

21. 在高层室内遭遇火灾时逃生的正确做法是(　　)(常考)

A. 大声呼救，等待救援　　B. 用湿毛巾捂住口鼻，弯腰低头贴墙走

C. 乘坐电梯直达一楼　　D. 立即开门往高处通风口跑，防止窒息

22. 地震发生时，若身处高楼，下列选项中正确的自救防护措施是(　　)

A. 立即往外跑，乘坐电梯下楼　　B. 蹲到外墙窗户旁躲避，找机会跳楼逃生

C. 躲在吊柜下方　　D. 把靠垫举在头顶，蹲到坚固的桌子下面

23. 长时间暴露于寒冷环境或淹溺于冷水之中容易患上低温症，可能出现头晕、恶心、呼吸困难、失去意识等症状。下列关于应对低温症的做法，错误的是(　　)

A. 如果患者手脚冰凉，可用热水袋给患者四肢加热

B. 如果患者身上有湿衣服，应轻柔地帮患者脱掉或剪掉。

C. 如果患者出现呼吸微弱甚至停止，应对患者进行心肺复苏

D. 如果有人出现低温症的症状，应立即拨打120，用衣服帮患者取暖

24. 人体在遇到寒冷时会触发一系列生理机制来应对。下列说法错误的是(　　)

A. 发抖是通过骨骼肌的颤抖形成热量

B. 人体的体温随着温度降低相应降低，减少能量需求

C. 汗毛下的竖毛肌收缩形成"鸡皮疙瘩"，减少热量流失

D. 肾上腺素会加大分泌量，促进新陈代谢，增加热能供应

25. 下列疾病与其部分临床表现对应错误的是(　　)(易错)

A. 糖尿病——多饮、多尿、多食、疲乏无力

B. 水俣病——麻木、惊厥、精神迟钝、视力障碍

C. 甲亢症——眩晕、嗜睡、厌食、肌肉无力、记忆力减退

D. 脑中风——呕吐、流涎、意识障碍、一侧肢体感觉异常

26. 关于电学常识，下列说法错误的是(　　)

A. 两个绝缘体摩擦可能产生静电　　B. 不能随意使用铜丝、铁丝代替保险丝

C. 磁悬浮列车利用了电流的磁效应原理　　D. 测电笔在正确操作时，检测零线氖管会发光

27. 发生火灾时，下列行为不利于逃生的是(　　)

A. 用湿毛巾捂住口鼻，采取低姿爬行方式逃离

B. 按疏散标志沿楼梯通道安全疏散

C. 打开门窗，利于有毒气体扩散

D. 向窗外挥舞颜色鲜艳的衣物

28. 下列有关急救知识的叙述正确的是(　　)(常考)

A. 对等待急救的脑出血病人不宜随意搬动　　B. 发生烫伤后的伤口可用酱油或牙膏涂抹

C. 胸外心脏按压的频率为每分钟30～50次　　D. 严重烧伤的病人口渴时可以喝白开水

29. 关于感冒，下列说法中错误的是(　　)

A. 感冒时应运动出汗以加快身体恢复　　B. 流行性感冒病毒易发生变异

C. 感冒治愈不及时可能会引发关节炎　　D. 感冒引起皮肤过敏是由于免疫力下降

30. 下列生活现象与物理知识对应正确的是(　　)

A. 吃火锅时，辣锅比清汤更先沸腾—油的沸点比水的沸点低

B. 家用水壶水沸后自动断电—水分子扩散，气压变大

C. 虹高日头低，早晚披蓑衣—热空气遇冷会凝结成水滴

D. 铁轨下铺枕木—减少摩擦力，增加车速

31. 钛和钛合金被誉为21世纪最有前途的金属材料。它具有熔点高、抗腐蚀能力强等特点，尤其与人体器官具有很好的生物相容性。下列用途不切合实际的是(　　)

A. 钛可以用来制造人造膝关节　　B. 钛合金用于制造潜艇的壳体

C. 极细的钛粉是造火箭的材料　　D. 钛往往被用来制作钢化玻璃

32. 因意外事故，小明的小肠被切除1米，他因此患上了营养不良症。对此，下列说法正确的是（　　）

A. 小肠是人体食物消化、废物排泄的主要器官，其长度影响食物消化和废物排出

B. 小肠是人体食物消化和营养吸收的主要器官，其长度影响消化和吸收

C. 小肠是人体食物储存的主要器官，其长度缩短后影响了食物的储存

D. 小明的营养不良症与小肠的长短无关

33. 在阴雨天，由于空气潮湿，衣物容易发霉。下列措施不能防止房间里衣物发霉的是（　　）

A. 打开室内暖气设备

B. 在潮湿天气适当打开门窗通风透气

C. 开启室内空调抽湿功能或抽风装置

D. 将石灰用布或麻袋包装起来，放在房间的角落

34. 下列最可能涉及对物质化学性质的描写的是（　　）（易错）

A. 白蜡的燃点低　　B. 水的比热容高

C. 橡胶耐磨性佳　　D. 茶叶除脂效果好

35. 下列生活常识中，表述错误的是（　　）

A. 药物大多饭后服用，是为了减少对胃肠道的刺激

B. 大米久泡，会使无机盐和可溶性维生素溶于水而损失

C. 经常用冷水刷牙，容易导致牙龈出血、牙髓痉挛等疾病

D. 发烧时喝茶能辅助降温，因为茶叶所含的茶碱能降低人体温度

36. 下列与成语有关的描述错误的是（　　）

A. "落叶归根"是因为地球表面的物体会受到重力的作用

B. "青出于蓝"描述的是传统植物染料的提取过程

C. "囊萤映雪"中"囊萤"和"映雪"包含的光学原理相同

D. "沙里淘金"中的"金"属于金属单质

37. 下列物理变化中，其表象与实质对应不正确的是（　　）

A. 滴水成冰—物态变化中的熔化现象

B. 铁杵成针—物体形状有大变化

C. 小池水映明月—光的反射

D. 遥知不是雪，为有暗香来—分子在不断地运动

38. 山西老陈醋闻名全国，山西人吃饭顿顿离不开醋，老陈醋的主要有效成分是（　　）

A. 乙酸　　B. 乙酸乙酯

C. 山梨酸钾　　D. 碳酸钾

39. 关于人体细胞，下列说法正确的是（　　）（易错）

A. 癌变后失去了增殖功能　　B. 可以合成蔗糖和葡萄糖

C. 细胞器散布在细胞质中　　D. 同一个体不同功能的细胞中含有的基因组不同

40. 下列关于生活医学常识的说法错误的是（　　）

A. 生理盐水的浓度是9%

B. 医用消毒酒精的浓度是75%

C. 儿童缺锌会导致生长发育迟缓，抵抗力差

D. 剧烈运动后感觉全身酸痛是因为肌肉中生成了乳酸

41. 地球上生物的种类极其丰富，从表面上看，不同的生物之间似乎并没有相同之处，但其实所有的生物都具有一些共同特征。以下不属于生物共同特征的是（　　）

A. 由单细胞构成　　B. 需要能量才能生存

C. 具有生命周期　　D. 新陈代谢

42. 水银可用于制作体温计，其主要原因不包括（　　）（常考）

A. 水银对温度变化敏感　　B. 水银容易获得

C. 水银的熔点低、沸点高　　D. 水银的化学性质稳定

43. 磁共振成像系统（MRI）不可能对人体造成下列哪一伤害（　　）

A. 强静磁场　　B. 随时间变化的梯度场

C. 射频场导致热效应　　D. 对人体的高能辐射

44. 下列矿物与其用途对应错误的是（　　）

A. 燧石—取火　　B. 石灰岩—生产水泥

C. 石棉—促进燃烧　　D. 石英—制作半导体

45. 氢气是重要的工业燃料，下列关于氢气的说法正确的是（　　）

A. 氢气在氧气中燃烧发出明亮的红色火焰　　B. 电解水生成氢气的过程是一个吸热过程

C. 人工降雨过程中通常使用氢气作催化剂　　D. 氢气在自然界中含量很少，故为稀有气体

46. 很多时候自然灾害会不可预期的发生。在日常生活中，人们应学习掌握一些灾害自救常识。下列关于灾害自救常识的说法，错误的是（　　）

A. 地震发生时，在室外应尽量去空旷的地方

B. 泥石流发生时，若来不及逃跑，可就地抱住高大结实的树木

C. 洪水来临时，要向高处转移

D. 森林火灾发生时，应判明火势大小，顺风逃生

47. 超声波技术用途非常广泛，它使用类似于声波，但某项参数大于普通声波的振动技术来工作，所以称为超声波。这个大于普通声波的参数是（　　）

A. 波长　　B. 振幅　　C. 传播速度　　D. 频率

48. 下列有关输血和输液的说法错误的是（　　）

A. 输血时一般应该是以输同型血为原则　　B. 根据病情需要有时可以进行成分输血

C. 成年人一次献血500cc不影响健康　　D. 输血前先鉴定献血者与受血者血型

49. 夏季容易发生雷电灾害，下列不正确的避险措施有(　　)

A. 降低身体重心蹲下　　B. 拔掉座机电话线

C. 冒雨骑自行车回家　　D. 关闭家中的门窗

50. 在野外活动时难免会受伤。下列有关户外受伤急救的说法，错误的是(　　)(易错)

A. 先处理危重病人，再处理病情较轻的病人

B. 同一病人，先救治生命，再处理局部

C. 在急救处理时，以患者最舒适的方式移动身体

D. 若有脸色发青者，需要稍抬高其头部

二、多项选择题

1. 以下属于时间单位的有(　　)(易错)

A. 世纪　　B. 光年　　C. 纳秒　　D. 焦耳

2. 现代物理学两大理论支柱是(　　)

A. 量子力学　　B. 大爆炸理论　　C. 相对论　　D. 粒子物理学

3. 下列电池中能充电的是(　　)

A. 镍镉电池　　B. 锌银电池　　C. 普通干电池　　D. 铅蓄电池

4. 下列物理知识及其应用的说法，正确的是(　　)(易混)

A. 超声波导盲仪运用了回声定位的原理

B. 投影仪利用了凹透镜可以成正立放大实像的原理

C. 汽车刹车系统将动能转化为热能以达到降速目的

D. LED灯属于冷光源，发光时产生的热量极少

5. 垃圾分类处理关系到资源节约型、环境友好型社会的建设，有利于我国生态文明建设水平的进一步提高。下列属于厨余垃圾的有(　　)

A. 变质的香肠　　B. 槟榔渣

C. 打碎的瓷碗　　D. 废电池

6. 下列说法正确的是(　　)

A. 细胞工程技术可以用于生产动物疫苗

B. 目前人们采用生物克隆技术培育"试管婴儿"

C. 人们可以使用基因工程技术培育抗虫棉新品种

D. 使用蛋白质技术可以改造胰岛素，制造新型药物

7. 下列说法符合科学常识的是(　　)

A. 过夜的白开水可以饮用　　B. 可以用食用醋来去除水壶里的水垢

C. 衣服上的碘酒可以用水擦洗　　D. 可通过蒸馏除去自来水中的一些可溶性杂质

8. 下列关于生物的生殖、发育的叙述中正确的是(　　)

A. 家蚕的完全变态发育过程是卵—幼虫—蛹—成虫

B. 种子是被子植物个体发育的起点

C. 藻类、苔藓、蕨类植物无种子，用孢子繁殖后代

D. 人体内卵细胞完成受精作用的场所是输卵管

9. 在森林中一旦遭遇火灾，下列做法不正确的是(　　)(常考)

A. 使用沾湿的毛巾遮住口鼻，顺风逃离　　B. 如果火势突然减弱，则可以放心休息

C. 选择低洼地或坑洞躲避　　D. 伺机逆风突破林火包围

10. 下列做法可以增加汽车轮胎与地面之间摩擦力的是(　　)

A. 向地面撒一层沙土　　B. 向地面泼水

C. 在汽车上放重物　　D. 将轮胎的表面做得凹凸不平

11. 车辆的惯性是许多交通事故发生的原因。下列交通规则中，与惯性有关的有(　　)

A. 系安全带　　B. 保持车距　　C. 限速行驶　　D. 靠右行驶

12. 下列关于生活常识的说法，正确的有(　　)

A. 家中发生煤气泄漏时，应立刻打开换气扇和排烟机

B. 图书馆藏书着火后，赶紧用水来灭火

C. 皮肤被烫伤后，立即用流动的冷水冲洗创面

D. 在加油站为汽车加油时，应避免拨打手机

13. 下列选项中，体现了光折射现象的有(　　)

A. 海市蜃楼　　B. 潭清疑水浅

C. 小孔成像　　D. 插进水杯的筷子"断了"

14. 小明上午献血200ml，以下哪个是他下午不能做的行为(　　)

A. 喝酒　　B. 通宵熬夜

C. 高空作业　　D. 散步

15. 现代生物技术中有关"克隆"的说法，正确的是(　　)

A. 通过体细胞进行的　　B. 后代与原个体有完全相同的基因组织

C. 通过生殖细胞进行的　　D. 无性繁殖

16. 基因工程在医学方面的应用是制造"超级药物"以消除遗传疾病及癌症、艾滋病等，其主要方向包括(　　)

A. 采用基因重组技术，使人体恢复胰岛素生产功能，根除糖尿病

B. 制造抗癌药物，使癌细胞转化为正常细胞或消灭癌细胞以根治癌症

C. 培养防治艾滋病、肝病、小儿麻痹等病症的疫苗

D. 在水果或食用植物中植入药物基因，从而改变生物物种

17. 不属于汽化的有(　　)(常考)

A. 衣服晒干　　B. 灯丝变细

C. 干冰消失　　D. 高烧病人利用酒精降温

18. 下列现象中,与惯性有关的是(　　)

A. 跳远运动员助跑一段距离后才起跳　　B. 熟了的苹果从树上掉下来

C. 公交车紧急刹车时,车上的乘客向前倾　　D. 踢出去的足球会继续向前飞行

19. 光的原色是(　　)

A. 红　　B. 黄　　C. 绿　　D. 蓝

20. 下列常见装置对应物理原理正确的有(　　)

A. 吸盘式挂衣钩—大气压强原理　　B. 剪刀—杠杆原理

C. 水银温度计—连通器原理　　D. 道路急弯处观察镜—凸面镜原理

21. 下列不能用"热空气会上升"这一知识解释的现象有(　　)

A. 热气球上升　　B. 青烟直冲天

C. 氢气球上升　　D. 风筝飞上天

22. 下列各项中人体处于超重状态的是(　　)(易错)

A. 电梯加速上升　　B. 电梯加速下降

C. 航天器加速上升　　D. 航天器进入轨道

23. 下列计量对象和单位匹配正确的是(　　)

A. 赫兹—频率　　B. 帕斯卡—电阻

C. 光年—时间　　D. 伏特—电压

24. "幽兰生谷香生径,方竹满山绿满溪"蕴含的物理学原理有(　　)

A. 分子扩散　　B. 光的反射

C. 光的折射　　D. 光的衍射

25. 燃烧是物体快速氧化,产生光和热的过程,燃烧的三要素是指(　　)

A. 助燃物　　B. 可燃物

C. 达到燃点　　D. 能量

26. 下列物质的主要成分与可燃冰的主要成分相同的是(　　)

A. 沼气　　B. 天然气　　C. 瓦斯　　D. 煤气

27. 小明的爸爸是A型血,小明的妈妈是B型血,则小明会出现的血型有(　　)(易错)

A. A型　　B. B型　　C. AB型　　D. O型

28. 下列关于地震自救表述正确的是(　　)

A. 为防止次生灾害的发生,首先要切断电源、气源,防止火灾发生

B. 应疏散到高大建筑物、窄小胡同、陡山坡及河岸边

C. 在家中要就地避险,可选择较安全的地方(如床下、桌子底下)躲避

D. 住单元楼内,可选择开间小的卫生间、厨房、储藏室及墙角躲避

29. 用煤炉取暖是北方农村居民过冬最普遍的方法,使用不当极容易发生煤气中毒事件,给人民的生命财产带来严重威胁。下列关于煤气中毒防御措施说法正确的是(　　)

A. 用湿煤封火或放一盆水

B. 装设烟筒,定期清扫,保持烟筒畅通

C. 屋内在门窗的最上方安装风斗,经常检查风斗是否堵塞,做到及时清理

D. 做好通风防护,睡前将炉火熄灭

30. 下列生活常识说法正确的是(　　)

A. 水果可以解酒,是因为水果中含有有机酸

B. 炒菜时不可把油烧得冒烟才放菜

C. 吃油条可以抑制胃酸,是因为油条中含有氢氧化钠成分

D. 袜子湿了以后不容易脱掉,是由于压力和水分子引力的共同作用

三、判断题

1. 声音的高低是由发声体的结构决定的。(　　)

2. 基因是遗传的物质基础,它可以通过复制把遗传信息传递给下一代,但不能使遗传信息得到表达。(　　)

3. 塑料可以制成各种形状的物品,主要是因为塑料比较结实。(　　)

4. 以城市、医院、工业区垃圾、有害污泥等为有机原料制成的有机肥(垃圾肥)可以在农作物上大量的使用,效果甚好。(　　)

5. 人们把下水道的井口和盖子设计成圆形,主要是为了美观。(　　)

6. 维生素E的功能是维持眼睛在黑暗情况下的视力,缺乏时则易患夜盲症。(　　)

7. 碳酸钠,俗称小苏打,可用作食品制作过程中的膨松剂。(常考)(　　)

8. 发生火灾时应按着火层—着火层的上层—着火层的下层的顺序疏散。(　　)

9. 台风来临前,人们应尽可能停留在坚固安全的房屋内,注意防风避险。(　　)

10. 紫外线促使人体合成维生素D以预防佝偻病。(常考)(　　)

11. 杂交水稻属于转基因食品。(　　)

12. 病毒的发现者为巴斯德。(　　)

13. 中国生物医学界第一个获得诺贝尔奖的是陈竺。(　　)

14. 自动感应门、电视遥控器利用的是紫外线,验钞机则利用了红外线。(易混)(　　)

15. 发生洪水或城市内涝时,在积水中行走应穿长筒雨靴。(　　)

专题五　计算机知识

命题分析

本专题主要以单选、多选、判断等形式考查。本专题需要重点掌握的知识包括：
1. 识记计算机的系统组成，计算机的系统软件和应用软件，计算机的性能指标；
2. 区分计算机的中央处理器(CPU)、存储器、输入设备、输出设备；
3. 理解计算机病毒的预防，Word、Excel、PowerPoint软件的基本对象和基本操作。

一、单项选择题

1. 顶级域名分为地域性域名和机构性域名两类，机构性域名表示主机所属的机构的性质。其中(　　)表示教育机构。
A. gov　B. net　C. edu　D. int

2. 计算机软件总体分为应用软件和系统软件。下面属于应用软件的是(　　)
A. 语言处理程序　B. 操作系统
C. 教务管理系统　D. 系统服务程序

3. 一般情况下，断电后，通过ROM存储的信息(　　)(易错)
A. 丢失　B. 被存储到硬盘　C. 不会丢失　D. 被重写

4. 反映计算机存储容量的基本单位是(　　)
A. 二进制位　B. 字节　C. 字　D. 双字

5. (　　)是在网络层上实现多个网络互联的设备，具有判断网络地址和选择路径，数据转发和数据过滤的功能，其作用是在复杂的网络互联环境中建立非常灵活的连接。
A. 路由器　B. 交换机　C. 网关　D. 网桥

6. 存储器的容量大小是衡量计算机性能的一个重要指标。我们通常把(　　)位二进制作为一个单位来计算存储器的容量，取名为字节。(常考)
A. 2　B. 8　C. 32　D. 1024

7. 在Windows操作系统中，关于文件命名说法错误的是(　　)
A. 文件名的长度不允许超过8个字符
B. 扩展名中允许使用多个分隔符
C. 不允许使用英文状态下的大于号、问号、冒号等符号
D. 文件名除了开头之外任何地方都可以使用空格

8. 中央处理器(CPU)主要由(　　)组成。
A. 控制器和内存　B. 运算器和控制器
C. 控制器和寄存器　D. 运算器和内存

9. 微型计算机中运算器的主要功能是进行(　　)
A. 算术运算　B. 逻辑运算
C. 初等函数运算　D. 算术运算和逻辑运算

10. 下列属于正确的电子邮件地址的是(　　)
A. 123456%163. com　B. 123456@163. com
C. 123456#163. com　D. 123456&163. com

11. 下面选项中，不属于外存储器的是(　　)
A. 硬盘　B. U盘　C. 光盘　D. ROM

12. 下列各组设备中，全部属于输入设备的一组是(　　)(常考)
A. 键盘、磁盘和打印机　B. 键盘、扫描仪和鼠标
C. 键盘、鼠标和显示器　D. 硬盘、打印机和键盘

13. PowerPoint母版中包含可能出现在每一张幻灯片上的显示元素，如文本、图片、动作按钮等，PowerPoint中的母版类型不包括(　　)
A. 题词母版　B. 讲义母版
C. 备注母版　D. 幻灯片母版

14. 在计算机术语中，bit的中文含义是(　　)
A. 位　B. 字节　C. 字　D. 字长

15. 在Word的“字体”对话框中，可设定文字的(　　)
A. 缩进　B. 间距　C. 对齐　D. 行距

16. 计算机操作系统的功能是(　　)
A. 负责诊断机器的故障
B. 将源程序编译成目标程序
C. 负责外设与主机之间的信息交换
D. 控制和管理计算机系统的各种硬件和软件资源的使用

17. 在Windows 7下同时运行多个程序时，使用组合键“Alt+Esc”的作用是(　　)
A. 锁定应用程序　B. 启动任务管理器
C. 退出应用程序　D. 切换应用程序

18. 某工作人员在Excel表格中输入数据，但是显示不出数据，而且选中的单元格发生变化，此时他应该按(　　)键切换。
A. Insert　B. Prtsc　C. NumLock　D. Home

19. 下列关于Windows桌面图标的说法中正确的是(　　)
A. 桌面图标不可以删除　B. 桌面图标不可以改名
C. 可以为桌面图标创建快捷方式　D. 经过自动排序的图标可以任意移动位置

20. 在Excel表的单元格里，同时按下Alt+Enter可以实现(　　)

A. 下移一个单元格　　B. 上移一个单元格

C. 单元格内换行　　D. 同时选定2个单元格

21. 选择连续的单元格区域，可以先选择一个单元格按住(　　)键，同时，用鼠标单击另一个单元格，则这两个单元格之间的矩形区域即完成选择。

A. Shift　　B. Ctrl　　C. Alt　　D. Capslk

22. 计算机网络按地理范围可分为(　　)

A. 广域网、城域网和局域网　　B. 广域网、因特网和局域网

C. 因特网、城域网和局域网　　D. 因特网、广域网和对等网

23. 在记录工资的Excel表格中，C列是每名员工的工资，第2～9行分别代表8名员工的记录。下列公式能正确计算出这8名员工工资总额的是(　　)

A. AVG(C2:C9)　　B. COUNT(C2:C9)

C. MAX(C2:C9)　　D. SUM(C2:C9)

24. 中国的域名是(　　)

A. com　　B. uk　　C. cn　　D. jp

25. 要防范计算机病毒，需要养成良好的习惯，下列做法正确的是(　　)(常考)

A. 将办公用的U盘借给陌生人拷贝文件　　B. 打开某网页自动下载的exe文件

C. 关闭电脑上的杀毒软件以提高运行效率　　D. 经常对应用软件和数据文件进行备份

26. 在Excel2010中，单元格地址的绝对引用是在列标和行号前加(　　)符号。

A. *　　B. $　　C. #　　D. %

27. 要使幻灯片在放映时能够自动播放，需要为其设置(　　)

A. 动作按钮　　B. 预设动画　　C. 排练计时　　D. 录制旁白

28. 某单位要求公文传输必须使用专门的办公自动软件，该软件属于(　　)

A. 系统软件　　B. 应用软件　　C. 制图软件　　D. 编辑软件

29. 保存Word 2010文件的快捷键是(　　)(常考)

A. Ctrl+S　　B. Ctrl+V　　C. Ctrl+X　　D. Ctrl+W

30. 通常完整的微软计算机系统必须包括(　　)

A. 计算机和外部设备　　B. 主机箱、显示屏、打印机、键盘

C. 硬件系统和软件系统　　D. 系统软件和系统硬件

31. 在PowerPoint中，向幻灯片中添加文本时，可以选择“插入”菜单中的(　　)命令。

A. 文本框　　B. 图片　　C. 表格　　D. 影片和声音

32. 在Windows操作系统中，要使某文件不被修改，可把该文件的属性设置为(　　)

A. 只读　　B. 隐藏　　C. 存档　　D. 系统

33. PowerPoint软件操作中，若要使某个内容在每张幻灯片上都出现，应该是在(　　)中设置。

A. 大纲视图　　B. 浏览视图　　C. 页面设置　　D. 幻灯片母版

34. 信息安全管理体系是指(　　)

A. 网络维护人员的组织体系

B. 信息系统的安全设施体系

C. 防火墙等设备、设施构建的安全体系

D. 组织建立信息安全方针和目标并实现这些目标的体系

35. 计算机存储器是哪一种(　　)

A. 运算部件　　B. 输入部件　　C. 输出部件　　D. 记忆部件

36. 在下列设备中，不能作为微机的输出设备的是(　　)

A. 打印机　　B. 显示器　　C. 绘图仪　　D. 键盘和鼠标

37. 在计算机网络中，表征数据传输可靠性的指标是(　　)(易混)

A. 传输速率　　B. 误码率　　C. 信息容量　　D. 频带利用率

38. 电脑键盘是最常用也是最主要的输入设备，通过键盘可以将英文字母、数字、标点符号等输入到计算机中，从而向计算机发出命令、输入数据等。能够在没有鼠标的情况下，可以很容易地打开软件的菜单按键是(　　)

A. Alt　　B. Shift　　C. Insert　　D. Home

39. 随着计算机技术的发展，存储容量越来越大，有KB、MB、GB等几种存储单位，这些存储单位之间的换算单位是(　　)

A. 100　　B. 1000　　C. 1144　　D. 1024

40. 操作系统是计算机系统中负责支持应用程序运行环境以及用户操作环境的系统软件。下列属于操作系统的是(　　)

A. LinuX　　B. Internet Explorer

C. Microsoft Visual Studio 2012　　D. WPS Office 2013

41. 在Windows操作系统中，可以把鼠标指针放在窗口的垂直边框或水平边框上，当鼠标指针变成(　　)时，任意拖动鼠标来改变窗口的宽度或高度。

A. 虚竖线　　B. 实竖线　　C. 单向箭头　　D. 双向箭头

42. 下列选项中不属于将选定文件或文件夹移动到“回收站”的做法是(　　)

A. 按“Delete”键　　B. 按“Backspace”键

C. 执行“文件”菜单里的“删除”命令　　D. 用鼠标将其拖入回收站中

43. 某菜单栏中有一命令为“另存为(A)……”，则表示(　　)

A. 该命令正在起作用

B. 单击该命令即可执行相对应的功能

C. 当前条件下,不能执行该命令所代表的功能

D. 选择该命令后,并不马上执行相应的功能,而是弹出一个对话框

44. 下列选项中,在Word的状态栏里无法显示的是( )

A. 语言(国家/地区) B. 当前页面数/总页面数

C. 文档的字数 D. 文档中图片的高度和宽度

45. 若要搜索文件IED. Exe,在查找程序的搜索框中输入"( )"最为简单合理。

A. IED. exo B. IED. doc C. ID.exe D. IED. exe

二、多项选择题

1. 关于网页的说法正确的是( )

A. 网页可以包含多种媒体 B. 网页可以实现一定的交互功能

C. 网页就是网站 D. 网页中有超级链接

2. 下列部件中属于存储器的有( )

A. RAM B. 硬盘 C. 绘图仪 D. 打印机

3. 现代计算机都是冯·诺依曼模型的,该模型规定了计算机系统由存储器、控制器、运算器、输入设备和输出设备几大部分组成。其中,( )构成了主机。

A. 存储器 B. 控制器 C. 运算器 D. 输入设备

4. 下列计算机网络常用术语的英文缩写与中文名称对应不正确有( )

A. WWW—局域网 B. FTP—文件传输协议

C. HTTP—操作系统 D. E-mail—电子邮件

5. 资源管理器的功能有( )

A. 快速预览文件、文件夹 B. 直接运行程序,打开文档

C. 管理存储器及其他外部设备等资源 D. 修改文件和文件夹的属性

6. 关于计算机常识,下列说法错误的是( )

A. 文件名"山香.avi"中后缀"avi"表示图片格式

B. 在Word操作软件中"Ctrl+Z"表示撤销操作

C. 鼠标是计算机的输出设备

D. Windows下要实现输入法之间切换,需要同时按下Ctrl+Alt

7. 计算机病毒破坏的主要对象不包括( )(常考)

A. CPU B. 磁盘驱动器 C. 程序和数据 D. 光盘

8. 下列常识正确的有( )

A. 访问网络弹出404,是浏览器不能找到所要求的网页文件

B. Dot文件是Word文档中的模板文件

C. 防火墙是指由硬件设备组合而成、在内部网和外部网之间构造的保护屏障

D. 汇编程序是将汇编语言写的源程序转变为用机器语言描述的目标程序

9. 当文件夹中的一个文件处于打开状态时,不可以对该文件进行( )操作。

A. 重命名 B. 删除 C. 压缩 D. 复制

10. 在Windows操作系统下,退出PowerPoint的方法通常有( )

A. 按快捷键Alt+F4

B. 按快捷键Ctrl+F4

C. 单击"文件"菜单下的"退出"按钮

D. 单击PowerPoint窗口标题栏右端的关闭按钮

三、判断题

1. 电脑上存储的文件名称有主文件名和扩展名之分,但是一般扩展名是不显示的,我们通常只能看到文件的主文件名。 ( )

2. 计算机发现病毒或异常时,应迅速隔离,立刻断网,以防止受到更多感染,同时防止该计算机成为传播源。 ( )

3. 打印机是一种输入设备。(易混) ( )

4. 计算机存储容量的计算单位之间的大小关系是GB>TB>MB>KB。 ( )

5. 计算机病毒是一种程序。 ( )

6. 用记事本文档进行文本编辑时,可以通过格式菜单设置文字颜色。 ( )

7. 默认情况下的Excel表格是无锁定、无隐藏的。 ( )

8. 计算机硬件系统通常由存储器、输入设备和输出设备组成。(常考) ( )

9. 记事本在Windows操作系统中是一个简单的文本编辑器,其存储文件的扩展名为txt。 ( )

10. 创建一个空白工作簿之后,便可以在工作表中输入文本、数值、日期、时间等数据。另外,用户还可以利用Excel 2010中的数据有效性功能限制数据的输入。 ( )

11. 打开Windows任务管理器可使用组合键Ctrl+Alt+Esc。 ( )

12. 同一封电子邮件不能同时发送给两个人。 ( )

13. 删除快捷方式可能会对源程序或文档产生影响。 ( )

14. 在Excel中,A3表示第3行A列处的单元格地址。(常考) ( )

15. 在Word编辑文本时,可以在水平标尺上直接进行段落首行缩进的操作。 ( )

16. WLAN的中文名称是无线局域网,是利用无线通信技术,在局部范围内建立的网络,是计算机网络与通信技术相结合的产物。 ( )

17. 计算机病毒在侵入正常的计算机系统后,其破坏性不一定马上表现出来。 ( )

18. 表格信息的加工只能通过电子表格Excel软件来实现。 ( )

19. 在Word中,按Delete键可删除插入点后面所有的字符。 ( )

20. 启用Internet Explorer时,主页可以是我们设置的任意一个网站。 ( )

第六部分　地理常识与道德

专题一　地理常识

命题分析

本专题主要以单选、多选、判断等形式考查。本专题需要重点掌握的知识包括:

1.识记太阳系行星,日食与月食,大气环境保护,外力作用对地表形态的塑造,气象灾害和地质灾害。

2.识记我国相邻国家,我国的地形与地势、主要山脉与地形区、河流与湖泊、气候、自然资源;

3.区分我国旅游资源的地理位置及特点,我国少数民族的节日及习俗;

4.了解世界七大洲和四大洋。

一、单项选择题

1.太阳系中,按距离太阳由近及远的顺序排列的是(　　)

A.火星,金星,水星,土星,天王星　　B.火星,水星,地球,木星,土星

C.水星,金星,火星,木星,海王星　　D.水星,地球,金星,土星,木星

2.在太阳系的八大行星中,(　　)被称为飞毛腿。

A.木星　　B.金星　　C.水星　　D.火星

3.关于我国的地理环境,下列说法不正确的是(　　)(易错)

A.领土总面积居世界第3位

B.领土最东端位于黑龙江和乌苏里江主航道中心线汇合处

C.南北跨越纬度近50°,大部分在温带,小部分在热带,寒带

D.我国与14个国家接壤

4.下列国家不与中国接壤的是(　　)

A.朝鲜　　B.韩国　　C.缅甸　　D.印度

5.关于我国的气候特点,下列表述正确的是(　　)

A.夏季炎热干燥,冬季温和湿润

B.东南沿海为季风气候,西北为温带大陆性气候中的温带季风气候和温带沙漠气候

C.气温的日较差和年较差小,春季升温慢,秋季降温也慢,一般秋温高于春温

D.显著的季风特色、明显的大陆性气候和多样的气候类型

6.我国河湖众多,这些河流和湖泊不仅有灌溉、航运、渔盐和旅游等方面的便利,还给我们提供了丰富的水资源。下列关于我国河流的情况,说法错误的是(　　)

A.塔里木河是我国最长的内流河

B.额尔齐斯河属于外流河,其最终注入的是印度洋

C.内流河多为季节性河流,水位季节变化大

D.雨水补给是我国河流最主要的补给形式

7.我国下列省级行政区中,受寒潮影响较小的是(　　)

A.内蒙古、吉林、辽宁、黑龙江　　B.西藏、云南、广东、海南

C.甘肃、陕西、山西、山东　　D.宁夏、新疆、河南、湖北

8.太阳系八大行星中,最亮的是(　　)

A.金星　　B.火星　　C.天王星　　D.水星

9.下列地理界线中,属于我国季风区与非季风区的分界线的是(　　)

A.昆仑山—阿尔金山—祁连山—横断山

B.大兴安岭—阴山—贺兰山—巴颜喀拉山—冈底斯山

C.大兴安岭—太行山—巫山—雪峰山

D.青藏高原东南边缘—秦岭—淮河

10.下列有关我国地貌的说法不正确的是(　　)

A.喀斯特地貌分布于降水丰富的西南地区　　B.《徐霞客游记》最早记录了岩溶地貌

C.雅丹地貌是典型的风蚀性地貌　　D.丹霞地貌主要分布在青藏高原

11.有“煤海”之称的山西省,因位于(　　)的西面而得名,简称“晋”,其人民政府所在地是太原市。

A.太行山　　B.乌山　　C.华山　　D.燕山

12.珠穆朗玛峰位于(　　)

A.中印边界　　B.中缅边界

C.中尼边界　　D.中巴边界

13.“大漠孤烟直,长河落日圆”指的是(　　)

A.长江中下游地区　　B.塔里木河下游地区

C.雅鲁藏布江　　D.山东丘陵地区

14.“天无三日晴,地无三尺平”指的是哪个省份(　　)

A.山东省　　B.贵州省　　C.湖北省　　D.浙江省

15.秦岭—淮河一线是中国地理北方地区和南方地区的分界线,下列关于秦岭—淮河线表述不正确的是(　　)

A.是年降水量600mm等降水量线

B.是1月0℃等温线

C. 是湿润区与半湿润区的分界线

D. 是温带落叶阔叶林和亚热带常绿阔叶林的分界线

16. 青藏高原是世界海拔最高的高原，大部分地区海拔超过4500米，被称为“世界屋脊”“第三极”，下列对青藏高原地貌描述正确的是(　　)(易混)

A. 江河纵横、湖泊棋布　　B. 雪山连绵、冰川广布

C. 地面坦荡、一望无际　　D. 山河相间、纵列分布

17. 国情，指一个国家的社会性质、政治、经济、文化等方面的基本情况和特点。以下关于我国国情的描述，与事实不符的是(　　)

A. 劳动力充足，经济发展速度快，已进入发达国家行列

B. 实施科教兴国、人才强国战略，科技发展迅速，成就瞩目

C. 人口年龄结构老龄化，社会养老负担较严重

D. 环境状况、资源利用等方面的问题依然严峻

18. 我国四大盆地中，地势最高，石油、有色金属矿、盐矿丰富的盆地是(　　)

A. 塔里木盆地　　B. 准噶尔盆地

C. 柴达木盆地　　D. 四川盆地

19. 我国水旱灾害发生的根本原因是(　　)的强弱和进退的早晚。(常考)

A. 春季风　　B. 夏季风　　C. 秋季风　　D. 冬季风

20. 以下关于日食和月食说法正确的是(　　)(易混)

A. 日食和月食的出现，与月球和地球的影子有直接的关系

B. 日食和月食的出现，与月球和地球的自转有关

C. 日食发生时，地球在月球和太阳中间

D. 月食发生时，月球在地球和太阳中间

21. 我国西北地区地形以高原、盆地为主，深居内陆，远离海洋，湿润的海洋气流难以到达，降水稀少，气候干旱，地面植被从西到东大致呈现(　　)的变化。

A. 森林—草原—荒漠　　B. 草原—荒漠草原—荒漠

C. 荒漠—荒漠草原—草原　　D. 荒漠草原—草原—森林

22. 河西走廊位于我国的(　　)，是古代丝绸之路的必经之地。

A. 河北省西部　　B. 甘肃省西北部

C. 河南省西部　　D. 陕西省西北部

23. 我国疆域辽阔，陆地面积约960万平方公里，仅次于俄罗斯和加拿大，居世界第三位。作为国家公民，每个人都应该有领土意识，我国领土的最北端在(　　)

A. 南海南沙群岛中的曾母暗沙

B. 黑龙江漠河以北的黑龙江主航道中心线上

C. 黑龙江与乌苏里江主航道中心线的相交处

D. 新疆帕米尔高原

24. 下列关于雅鲁藏布江的说法错误的是(　　)

A. 中国最长的高原河流　　B. 水能蕴藏量丰富

C. 发源于喜马拉雅山　　D. 最后注入太平洋

25. “上午忙麦茬，下午摘棉花”是民间描述寒露时节农事活动的谚语。在下列地区中，该谚语描述的农事活动场景最可能出现在(　　)

A. 三江平原　　B. 渭河平原

C. 珠江三角洲　　D. 柴达木盆地

26. 下列关于我国河流的说法不正确的是(　　)

A. 黑龙江是中国的内河　　B. 长江最大的支流是汉江

C. 黄果树瀑布、桂林山水都位于珠江流域　　D. “大漠孤烟直，长河落日圆”中的“河”指黄河

27. 下列表述正确的是(　　)

A. 鄱阳湖栖息着世界上最大的白鹤群

B. 我国最早出现的种植业位于松花江流域

C. 被誉为“天上云霞，地下鲜花”的是四川蜀绣

D. 东北平原是中国第二大平原，也是中国重要的粮棉生产基地

28. 下列区域中，地热资源、太阳能、水能资源均丰富的是(　　)(易混)

A. 塔里木盆地　　B. 海南岛

C. 青藏高原　　D. 四川盆地

29. 我国的土地利用类型可分为林地、耕地、牧草地、建筑用地等多种类型。下列选项中，土地利用类型与其他三项不同的是(　　)

A. 华北平原　　B. 内蒙古高原

C. 四川盆地　　D. 松嫩平原

30. 我国地大物博，许多风景名胜和古迹分布在名山大川之中。下列关于我国风景名胜的叙述中，有错误的是(　　)

A. 九寨沟国家级自然保护区以丹霞地貌而闻名，这里赋予大熊猫、金丝猴等珍稀动物以优良的自然生态环境

B. 澜沧江、怒江、金沙江并流称为“三江并流”，是地质地貌类型多样性的博物馆

C. 地处武陵山脉腹地的我国第一个国家森林公园——张家界国家森林公园，由张家界、天子山、索溪峪、杨家界四个景区组成

D. 青海西南部玉树藏族自治州境内的可可西里自然保护区，拥有野牦牛、藏羚羊、藏野驴等青藏高原上特有的野生动物

31. 下列关于我国少数民族的说法不正确的是(　　)

A. 黎族主要居住在海南省

B. 并非所有民族都有自己成体系的文字

C. 祝著节是傣族人民隆重的节日之一

D. 中国人口最多,分布最广的少数民族分别是壮族、回族

32. 我国南北地理的分界线是(　　),此线南北,无论是自然条件、农业生产方式,还是地理风貌以及人民的生活习俗,都有明显不同。

A. 大别山—淮河一线　　B. 大别山—大巴山一线

C. 秦岭—淮河一线　　D. 秦岭—黄河一线

33. 以下区域与反映其风土人情的歌曲对应错误的一项是(　　)

A. 黄土高原—《信天游》　　B. 内蒙古高原—《草原上升起不落的太阳》

C. 新疆地区—《掀起你的盖头来》　　D. 珠三角地区—《阿里山的姑娘》

34. 一跨国企业计划7月份在全球两个大城市同时举办大型室外活动,为避免降雨影响活动效果,选择下列哪两个城市最为合理(　　)

A. 北京和纽约　　B. 东京和马德里

C. 上海和伦敦　　D. 罗马和洛杉矶

35. 以下有关黄河流域的说法正确的是(　　)

A. "地上河"主要出现在黄河中上游

B. 半坡遗址是黄河流域的新石器文化遗址

C. 水能资源丰富的黄河中下游已建成多座水电站

D.《农政全书》主要记录了黄河上游的农业生产经验

36. 关于我国国情,下列叙述正确的是(　　)

A. 陆地面积约960万平方千米,仅次于俄罗斯,是世界第二大国

B. 大陆海岸线长约1.8万千米,海岸地势平坦,多优良港湾,且大部分为终年不冻港

C. 从南至北呈现出赤道带、热带、亚热带、暖温带和温带五个温度带

D. 耕地主要集中在东部,草原多分布在中部和西部,而森林大都集中在东北和西南边远地区

37. 我国民间竞技体育存在着明显的地域差异,下列对应关系正确的是(　　)(易错)

A. 赛龙舟—水量大、水流急的河流上游　　B. 赛马、飞马拾银—藏北高原

C. 赛骆驼—黄土高原　　D. 赛牦牛—东北平原

38. 上联:八百里洞庭凭岳阳壮阔;下联:两千年赤壁览黄鹤风流。这一对联表示的省区分别是(　　)

A. 江西、四川　　B. 湖南、四川　　C. 江西、湖北　　D. 湖南、湖北

39. 下列几种搭配不能正确体现聚落的建筑风格与自然环境关系的是(　　)

A. 北极地区因纽特人—冰屋　　B. 中国黄土高原—窑洞

C. 中国南方—平顶房屋　　D. 东南亚地区—高架屋

40. 我国行政区划中省、自治区、直辖市、特别行政区的数量分别是(　　)

A. 24、5、4、2　　B. 23、4、5、2　　C. 23、5、4、2　　D. 24、5、4、1

41. 酸雨的主要污染物是(　　)

A. 二氧化碳　　B. 氟利昂　　C. 一氧化碳　　D. 二氧化硫

42. 下列关于我国少数民族及其传统节日对应不正确的是(　　)

A. 蒙古族—那达慕大会　　B. 壮族—火把节

C. 傣族—泼水节　　D. 苗族—跳花节

43. 梅雨是我国(　　)中下游特有的气候现象。

A. 黄河　　B. 淮河　　C. 长江　　D. 珠江

44. 关于中国的名山,以下描述错误的是(　　)

A. 泰山为"五岳"之首,古称"东岳",又名"岱宗"

B. 嵩山为"五岳"中的"中岳",位于河南省西部

C. 华山为"五岳"中的"北岳",山形远望如莲花盛开,故名华山

D. 衡山为"五岳"中的"南岳",位于湖南省中部,主峰为祝融峰

45. 港珠澳大桥在修建过程中可能遇到的困难是(　　)

A. 沙尘暴　　B. 台风　　C. 凌汛　　D. 暴雪

46. 下列关于我国不同地形的描述,正确的是(　　)

A. 内蒙古高原位于我国北部,大兴安岭以西,是我国第一大高原

B. 贺兰山、六盘山均是南北走向的山脉

C. 黄土高原位于我国第一级阶梯上

D. 柴达木盆地在四大盆地中地势最低,有肥沃的紫色土,被称为"紫色盆地"

47. 我国土地资源的四个基本特点不包括(　　)(常考)

A. 绝对数量大,人均占有少　　B. 类型复杂多样,耕地比重小

C. 利用情况复杂,生产力地区差异明显　　D. 地区分布均匀,保护和开发压力小

48. 我国北方地区煤炭资源丰富,因此常规电力以火力发电为主。南方地区的常规电力主要以(　　)为主。

A. 风力发电　　B. 太阳能发电

C. 水力发电　　D. 地热能发电

49. 黄河是中国第二长河,也是中华文明最主要的发源地,中国人称其为"母亲河"。下列关于黄河的叙述正确的是(　　)(易错)

A. 黄河的上游段被称为"地上河"　　B. 黄河最易发生凌汛的是中游段

C. 黄河的下游段水能资源较上游段更为丰富　　D. 黄河中段流经黄土高原,因此河流含沙量大

50. 喀斯特地貌是具有溶蚀力的水对可溶性岩石进行溶蚀作用所形成的地表和地下形态的总称。下列选项中，我国喀斯特地貌分布区域最广的省(自治区)是(　　)

A. 湖北　B. 广西　C. 福建　D. 西藏

51. 对联是中华语言独特的艺术形式，它要求两行文字字数相同、意义相关、词性相当、结构相称、对仗工整，如能藏典更佳。下列选项是以不同地方为题材所作的对联，其中最恰当的一项是(　　)

A. 安徽和陕西：黄山为九州增色；瓷器与中国同名

B. 湖南和湖北：八百里洞庭凭岳阳壮阔；两千年赤壁览鹳雀风流

C. 四川和贵州：川肴蜀绣渝州城，花径草堂；苗寨黔山黄果树，茅台赤水

D. 内蒙古和黑龙江：碧草毡房，春风马背牛羊壮；苍松雪岭，沃野豆谷千里香

52. 近些年来，我国川渝山区成为泥石流发生的重灾区。导致泥石流发生的原因不包括(　　)

A. 快速降水　B. 持续高温　C. 地形陡峭　D. 乱砍滥伐

53. 下列我国区域生态环境问题及其主要分布区，对应有误的是(　　)

A. 湿地萎缩—三江平原　B. 水土流失—黄土高原

C. 土地荒漠化—西北半干旱区　D. 森林破坏—华北平原

54. 我国太阳辐射的分布规律是(　　)

A. 东多西少　B. 南多北少

C. 西北多，东南少　D. 东南多，西北少

55. 诗句“日照香炉生紫烟，遥看瀑布挂前川”中所指的瀑布位于(　　)

A. 河南省　B. 江西省

C. 贵州省　D. 山东省

56. 下列关于我国国情的说法错误的是(　　)

A. 我国的自然资源总量丰富，但人均占有量较低

B. 我国的科技、教育水平居世界第二位，仅次于美国

C. 我国的政治制度是中国特色社会主义制度

D. 我国的文化具有其他国家无法比拟的连续性、继承性

57. 下列选项中，不属于我国道教名山的是(　　)

A. 湖北武当山　B. 山西五台山

C. 安徽齐云山　D. 江西龙虎山

58. 我国海域辽阔，有四大海域，从北到南排列依次为(　　)

A. 渤海、黄海、东海、南海　B. 渤海、东海、黄海、南海

C. 黄海、东海、渤海、南海　D. 东海、黄海、渤海、南海

59. 下列山脉呈南北走向的是(　　)

A. 天山—阴山　B. 阿尔泰山—祁连山

C. 昆仑山—秦岭　D. 六盘山、横断山脉和贺兰山脉

60. 下列景点按照从南到北顺序排列正确的是(　　)

①千岛湖　②寒山寺　③白洋淀　④瘦西湖

A. ①②④③　B. ①④②③

C. ③④②①　D. ③②④①

二、多项选择题

1. 我国幅员广大，地质条件多样，矿产资源丰富，其中，探明储量居世界首位的矿产有(　　)

A. 钼　B. 锑　C. 锌　D. 锡

2. 泰山被尊为“五岳之首”，历史文化博大精深。秦始皇、汉武帝等12位帝王先后登临泰山，举行封禅大典，祭祀天地神灵，祈求国泰民安。历代文人墨客也多登临抒怀，其中成为千古绝唱的有(　　)

A. 李白的“天门一长啸，万里清风来”　B. 苏轼的“横看成岭侧成峰，远近高低各不同”

C. 杜甫的“会当凌绝顶，一览众山小”　D. 李白的“奇峰出奇云，秀木含秀气”

3. 冲积平原是由河流沉积作用形成的平原地貌。在河流的下游，水流没有上游急速。水流从上游侵蚀了大量泥沙，到了下游后因流速不再足以携带泥沙，结果这些泥沙便沉积在下游。尤其当河流发生水浸时，泥沙在河的两岸沉积，冲积平原便逐渐形成，下列属于冲积平原的是(　　)

A. 华北平原　B. 长江中下游平原

C. 成都平原　D. 亚马孙平原

4. 下列名关与所属地区对应正确的是(　　)

A. 玉门关—新疆　B. 潼关—陕西

C. 山海关—河北　D. 居庸关—河南

5. 我国地势呈三级阶梯分布，下列哪些在第二阶梯上(　　)

A. 内蒙古高原　B. 云贵高原

C. 四川盆地　D. 东北平原

6. 内海是指一国领海基线以内的海域。领海基线是一国领陆或内水与领海的分隔线，也是国际海洋法中划分其他海域的起算线。下列属于中国内海的有(　　)

A. 台湾海峡　B. 琼州海峡　C. 黄海　D. 渤海

7. 关于气象灾害的说法，正确的是(　　)(易错)

A. 旱灾、洪灾、寒潮、台风等是对中国影响较大的主要灾害性天气

B. 寒潮预警分为四级，分别以蓝色、黄色、橙色、红色表示

C. 在夏秋季节，中国东南沿海常常受到热带风暴——台风的侵袭

D. 我国黄河中下游地区在每年6月、7月会出现梅雨天气

8. “五岳”是我国五大名山的总称，下列不属于“五岳”的有(　　)

A. 峨眉山　B. 黄山　C. 华山　D. 长白山

9. 在我国南面与我国隔海相望的国家有(　　)

A. 菲律宾　B. 马来西亚　C. 韩国　D. 文莱

10. 下列景观与地貌特征的对应,正确的有(　　)(易错)

A. 四川黄龙—岩溶地貌　B. 魔鬼城—流水侵蚀

C. 云南石林—雅丹地貌　D. 武夷山—丹霞地貌

11. 我国地域辽阔,地形复杂,气候类型多样。下列关于我国地理和气候相关情况,说法正确的有(　　)

A. 内蒙古西部地区景观呈现出千沟万壑、黄土遍布、植被稀少的特点

B. 东北平原盛产大豆和玉米,是我国重要的商品粮基地,被誉为"北大仓"

C. 武汉的气候特点是日照充足,雨量充沛,夏季炎热,冬季寒冷

D. 上海的梅雨季节多在每年6月中下旬至7月上半月之间

12. 下列评价描述正确的是(　　)

A. 遵义市拥有"黔北粮仓"之称　B. 黔东南素有"百节之乡"的美称

C. 芦笙舞被誉为"东方探戈"　D. 贵州素有"植物王国""动物王国"的美称

13. 中国迈入老龄化社会,生育率低,人口结构老化,社保制度滞后已成为未来发展的一大隐患,以下属于我国人口老龄化加快的主要原因的有(　　)

A. 人口自然增长率下降　B. 经济、生活和医疗水平提高

C. 农村人口比重下降　D. 向城市转移的人口数量增多

14. 我国少数民族主要分布在(　　)(易错)

A. 西北地区　B. 西南地区

C. 东北地区　D. 华北地区

15. 关于我国气候,下列说法正确的是(　　)

A. 我国冬季南北温差很大的主要原因是纬度的影响

B. 秦岭—淮河一线是季风区与非季风区分界线

C. 我国气候的突出表现是季风气候显著

D. 世界上大多数动植物在我国都能找到适合生长的地区,主要是因为我国气候类型复杂

16. 下列属于黄河的支流的有(　　)

A. 汾河　B. 泾河　C. 赤水　D. 乌江

17. 长江是我国第一大河,世界第三大河,发源于青藏高原,流经11个省级行政区,其中包括(　　)

A. 福建　B. 四川　C. 重庆　D. 安徽

18. 珠江,又名粤江,是中国第二大河流,第三长河流。下列关于珠江的说法,正确的有(　　)

A. 发源于云南乌蒙山　B. 流向是自西向东

C. 注入南海　D. 主要支流是西江、北江和东江

19. 下列诗句与描写的景点对应不正确的是(　　)

A. 会当凌绝顶,一览众山小——安徽黄山

B. 水光潋滟晴方好,山色空蒙雨亦奇——杭州西湖

C. 二十四桥明月夜,玉人何处教吹箫——北京昆明湖

D. 飞流直下三千尺,疑是银河落九天——贵州黄果树瀑布

20. 颗粒物既是一种污染物,也是污染物的载体。下列属于其对人的危害表现的有(　　)

A. 对呼吸道的刺激和腐蚀作用　B. 引起抗体免疫功能下降

C. 使体内蛋白质和酶代谢发生紊乱　D. 致突变性

三、判断题

1. 自然资源总量大、种类多,但人均占有量大,开发难度大,这是我国的基本国情之一。(　　)

2. "山地多、平地少、耕地比重小"是我国土地资源的特点之一。(　　)

3. 我国水资源的特点是东多西少,分布不均。(　　)

4. 我国海岸线最长、海疆最广的省区是福建省。(　　)

5. 海南是我国夏季气温最高的地方。(易错)(　　)

6. 黄土高原是中国的第二大高原。(　　)

7. 珠穆朗玛峰是喜马拉雅山脉的主峰,是世界海拔最高的山峰,是距离地心第一远的高峰,位于中国与尼泊尔边境线上。(　　)

8. 蒙古族在每年三、四月举行"那达慕"大会。(易混)(　　)

9. 全国55个少数民族中人口最多的是回族。(　　)

10. 我国华北地区的不合理灌溉措施,可能会导致土壤的次生盐碱化。(　　)

11. 我国是世界上矿种齐全、资源基本配套的少数国家之一。(　　)

12. 我国水能资源蕴藏量达6.8亿千瓦,居世界第一位。其主要原因是因为我国的地形特征是西高东低,而大多数河流又是东西流向,形成了河流的巨大落差。(常考)(　　)

13. 华北平原,又称黄淮海平原,海拔多在50米以下,地形平坦,是我国第二大平原。(　　)

14. 麦积山石窟又称"伊阙石窟",位于陕西省。(　　)

15. 海洋经济主要包括为开发海洋资源和依赖海洋空间而进行的生产活动,也叫绿色经济。(易错)(　　)

16. 泰国、柬埔寨是我国重要的陆上邻国。(　　)

17. 台风是我国最常见、影响范围较广的自然灾害。(易错)(　　)

18. 有"中华水塔"美誉的是三江源自然保护区,它也是长江、黄河、澜沧江的发源地。(　　)

19. 鄱阳湖是中国第一大淡水湖,也是中国第二大湖,位于江西省北部。(　　)

20. 世界上最长的山脉,是纵贯南美洲大陆西部,素有"南美洲脊梁"之称的安第斯山脉。(　　)

专题二　道　德

命题分析

本专题主要以单选、多选、判断等形式考查。本专题需要重点掌握的知识包括：

1. 识记道德的内涵，新时代公民道德建设的总体要求，新时代公民道德建设的重点任务；
2. 区分道德的功能，社会主义道德的核心、原则、基本要求、着力点；
3. 理解社会公德、家庭美德、职业道德、个人品德的主要内容。

一、单项选择题

1.（　　）是爱国规范的延伸，是公民对国家的道德责任的"底线"。

A. 诚信　　B. 奉献

C. 自强　　D. 守法

2. 推进新时代公民道德建设，重在培养（　　）

A. 社会主义核心价值观　　B. 担当民族复兴大任的时代新人

C. 道德建设基层基础　　D. 道德建设法治保障

3. 中国特色社会主义进入新时代。为了大力弘扬爱国主义精神，中共中央、国务院印发了《新时代爱国主义教育实施纲要》，明确规定新时代爱国主义教育的着力点是（　　）

A. 实现中华民族伟大复兴的中国梦　　B. 坚持依法治国和以德治国相结合

C. 维护祖国统一和民族团结　　D. 坚持立足中国又面向世界

4.（　　）是道德问题的核心。

A. 政治立场　　B. 社会理想

C. 发展道路　　D. 为谁服务

5. 有时能反映出一个国家国民的素质，关系到人格、国格大事的是（　　）

A. 助人为乐　　B. 保护环境

C. 遵纪守法　　D. 文明礼貌

6. 社会公德最基本的要求是（　　）（易混）

A. 文明礼貌　　B. 爱护公物

C. 遵纪守法　　D. 保护环境

7."立足本职，干一行，专一行"体现的是职业道德规范中（　　）的要求。

A. 爱岗敬业　　B. 诚实守信

C. 奉献社会　　D. 热情服务

8. 全面提高公民道德素质，要坚持依法治国和以德治国相结合，加强社会公德、职业道德、家庭美德、个人品德教育，弘扬中华传统美德，弘扬时代新风。下列选项中既是道德规范，又是法律原则的是（　　）

A. 爱岗敬业　　B. 诚实守信

C. 助人为乐　　D. 勤俭持家

9. 公民道德建设的核心是（　　）（常考）

A. 为人民服务　　B. 集体主义

C. 社会公德　　D. 爱国主义

10.（　　）是公民道德建设的原则。

A. 爱国主义　　B. 为人民服务

C. 集体主义　　D. 社会公德

11. 下列不属于公民道德建设基本要求的是（　　）

A. 爱祖国、爱人民　　B. 爱劳动、爱科学

C. 爱社会主义　　D. 集体主义、社会公德

12. 所谓的"鞠躬尽瘁，死而后已"，就是要求从业者在职业活动中做到（　　）

A. 忠诚　　B. 审慎　　C. 效忠　　D. 勤勉

13. 公民道德建设的过程是（　　）的过程。

A. 教育和实践相结合　　B. 个人修养与社会规范相结合

C. 与时俱进　　D. 文化建设

14. 荣辱观是由（　　）所决定的。（易错）

A. 人生观、价值观　　B. 世界观、人生观

C. 世界观、人生观、价值观　　D. 人生观、价值观、道德观

15. 爱国主义和（　　）的统一是新时期爱国主义的基本特征。

A. 国际主义　　B. 社会主义

C. 集体主义　　D. 民族主义

16. 新时期爱国主义的主题是（　　）

A. 建设中国特色社会主义　　B. 拥护改革开放政策

C. 坚持四项基本原则　　D. 热爱社会主义

17. 职业道德修养是指从业人员在职业活动实践中，按照职业道德基本原则和规范，在职业道德品质方面的（　　），借以形成高尚的职业道德品质和达到较高的境界。

A. 自我管理和自我监督　　B. 环境熏陶和培养教育

C. 外界监督和自身约束　　D. 自我锻炼和自我改造

18.（　　）是社会主义职业道德最基本、最起码、最普通的要求。（常考）

A. 爱岗敬业　　B. 诚实守信

C. 热情服务　　D. 奉献社会

19. 社会主义职业道德最本质的特征是(　　)

A. 爱岗敬业　　B. 办事公道

C. 热情服务　　D. 奉献社会

20. "从我做起,从小事做起,从身边做起"所体现的道德修养方法是(　　)

A. 实践躬行,积善成德　　B. 见贤思齐,修身养性

C. 省察克治,防微杜渐　　D. 学思结合,知行统一

21. "救死扶伤,治病救人"说明了职业道德具有(　　)

A. 有限性　　B. 表现形式的多样性

C. 强制性　　D. 相对稳定性和连续性

22. 下面的表述正确的是(　　)

A. 职业虽有不同,但职业道德是一致的　　B. 职业道德和职业活动关系不大

C. 职业道德里面包含社会道德　　D. 各行各业有各自不同的职业道德

23. 社会主义职业道德(　　)

A. 是一种自律的行为规范　　B. 是一种他律的行为规范

C. 是一种自律与他律相结合的行为规范　　D. 既非自律行为也非他律行为规范

24. 下列条文哪个不属于社会主义职业道德规范(　　)

A. 爱岗敬业　　B. 诚实守信

C. 奉献社会　　D. 宽厚正直

25. 遵守职业道德是对每个从业人员的要求。从业人员在职业工作中慎待诺言、表里如一、言行一致、遵守劳动纪律,这是职业道德中(　　)

A. 办事公道的基本要求　　B. 爱岗敬业的基本要求

C. 诚实守信的基本要求　　D. 热情服务的基本要求

26. 下列关于职业道德的表述,不正确的是(　　)

A. 职业道德的形成与发展是社会分工的必然结果

B. 职业道德是一般社会道德的特殊表现

C. 职业道德具有调节的普遍性

D. 职业道德具有明确的规范性

27. 下列哪个选项不是道德的基本特征(　　)

A. 阶级性　　B. 民族性

C. 实践性　　D. 历史继承性

28.《新时代公民道德建设实施纲要》指出,要把(　　)贯穿学校教育全过程。

A. 立德树人　　B. 良好家教

C. 先进模范　　D. 正确舆论

29. 物质利益分配不公,社会激励机制有失偏颇是造成当前职业道德问题的客观原因之一。在下列选项中,哪些现象是由这个原因造成的(　　)

①部分单位仍然存在平均主义思想,多劳者并不能多得

②部门之间福利分配悬殊

③行业收入分配差距和工作环境差异过大

④权利与义务关系调整失序

A. ①②③　　B. ②④　　C. ②③④　　D. ①③④

30. 社会公德是该社会各个社会集团、社会阶层都应当遵循的共同道德要求,它反映了道德要求的(　　)

A. 全人类性　　B. 公共性　　C. 时代性　　D. 阶级性

31. 道德产生的客观条件是(　　)

A. 经济基础的形成　　B. 社会舆论的形成

C. 社会关系的形成　　D. 风俗习惯的形成

32. 发挥道德调节作用依靠的力量是(　　)

A. 社会舆论、传统习惯、内心信念　　B. 社会管理、传统习惯、内心信念

C. 社会舆论、社会管理、内心信念　　D. 传统习惯、社会管理、社会舆论

33. 职业良心是指从业者在(　　)中形成的对职业责任的主观意识和评价能力。

A. 履行职业义务　　B. 遵守道德要求

C. 所持劳动态度　　D. 树立职业理想

34. 职业理想是指(　　)

A. 对未来的物质消费性生活的向往

B. 对未来的精神、文化方面生活的向往

C. 对未来社会制度和政治结构的追求、向往和设想

D. 对未来工作部门、工作种类及业绩的向往和追求

35. 职业理想是人们的世界观、人生观、价值观在职业活动奋斗目标上的集中表现,是形成(　　)的基础。(易混)

A. 职业义务　　B. 职业纪律　　C. 职业态度　　D. 职业荣誉

36. 关于职业道德制度化、法制化建设,下列说法不正确的是(　　)

A. 我国的法律制度急需进一步健全,特别是要加强职业道德本身的立法和制度化建设

B. 重视职业道德的法制健全,用法律法规来约束从业人员的职业道德,无疑是必须的,也是有效的途径

C. 文明程度高、法治完善健全的国家,其法律中体现的道德规范便越多

D. 目前把越来越多的道德规范纳入社会的法律规则体系之中的国家仍然为数不多

37. 下列关于道德的论述不正确的是(　　)(易错)

A. 在西方的古代文化中,"道德"指风俗、习惯,也含有原则、规范、品质及善恶评价的意思

B. 道德是依靠内心信念、社会舆论、传统习惯和各种形式的教育力量,以善和恶等行为标准去评价人们的各种行为,调整人们之间的、个人与社会的各种关系,指导、控制人们的社会行为

C. 道德是在特定社会中,生存、生活的个人对这种意识形态规则的认识和立场,是个人对所在社会群体所共识的意识形态规则的认识

D. 中国古代的道德概念包含道德规范之意和个人品行修养之理两层含义

38. 现在,越来越多的企业在选人时更加看重其道德品质。这表明(　　)

A. 职业道德品质高的员工更有助于企业增强持久竞争力

B. 职业道德品质高的人,其职业技能水平也越高

C. 这些企业原有员工的职业道德品质不高

D. 对这些企业来说,员工职业技能水平问题已经得到较好的解决

39. 下列关于职业道德与职业技能关系的说法,不正确的是(　　)

A. 职业道德对职业技能具有统领作用　　B. 职业技能的发挥不需要职业道德的保障

C. 职业道德对职业技能的发挥具有支撑作用　　D. 职业道德对职业技能的提高具有促进作用

40. "才者,德之资也;德者,才之帅也。"下列对这句话理解正确的是(　　)

A. 有德就有才　　B. 有才就有德

C. 才是才,德是德,二者没有什么关系　　D. 才与德关系密切,在二者关系中,德占主导地位

41. 下面对爱岗敬业理解不正确的是(　　)

A. 它是最基本的职业道德规范　　B. 它在某种程度上会遏制人们的创造热情

C. 它是从业者应当遵守的共同的职业道德　　D. 它是对人们工作态度的一种普遍要求

42. 社会主义公民道德建设的根本任务是(　　)(常考)

A. 依法治国,以德治国

B. 在全社会广泛开展社会主义精神文明建设

C. 在全民族牢固树立建设有中国特色社会主义的共同理想

D. 培养一代又一代有理想、有道德、有文化、有纪律的社会主义公民

43. 集体主义原则在道德实践中有不同层次,"君子爱财,取之有道""见利思义、义然后取"属于(　　)

A. 无公无私的低级层次　　B. 先公后私的普通层次

C. 义利兼顾的基础层次　　D. 无私奉献的最高层次

44. 在处理社会关系方面,我国历史上的儒家学派提倡的道德准则是"五常",即(　　),这是儒家认为做人应该遵守的最起码的准则。

A. 仁、义、礼、智、信　　B. 温、良、恭、俭、让

C. 忠、孝、廉、耻、勇　　D. 慧、敏、德、贤、达

45. 在人们的互相交往中,和悦的语气、亲切的称呼、诚挚的态度等,是社会公德中(　　)的体现。

A. 文明礼貌　　B. 助人为乐

C. 爱护公物　　D. 遵纪守法

46. 职业道德的构成要素主要包括(　　)

A. 地方行政要素　　B. 意识性要素、法律法规

C. 经济性要素、法律性文件　　D. 意识性要素、规范性要素、行为性要素

47. 公民道德建设是全民性、全社会性的道德建设。下列措施中,(　　)是提高公民道德素质的关键。

A. 健全社会主义民主法制　　B. 发展社会主义市场经济

C. 建设社会主义物质文明　　D. 加强公民的自我道德修养

48. 下列关于自省的说法不正确的是(　　)(易错)

A. 缺乏自省,就意味着缺乏对错误结果的审视而容易导致思想上的麻痹并在行为上一错再错

B. 时常自省无疑能够使我们牢记曾经犯过的错误,并通过细致的分析来规避相同的错误再次发生

C. 在工作中,当我们可能出现职业道德失范行为时,应当具备自省精神

D. 古人有"吾日三省吾身"的修养方法,当我们出现不恰当的行为时,就需要对这种错误加以反省和改正

49. 新时代要求我们积极践行绿色生产生活方式,坚持人与自然和谐共生,引导人们树立正确的理念,下列不属于我们应树立的理念是(　　)

A. 尊重自然　　B. 顺应自然

C. 保护自然　　D. 改造自然

50. (　　)是道德养成的起点。

A. 幼儿园　　B. 家庭　　C. 社区　　D. 学校

51. 公民道德建设是纠正道德失范的(　　)

A. 关键举措　　B. 必由之路

C. 客观要求　　D. 基础工程

52. 在当前现实生活中具有广泛社会基础的奉献精神是(　　)

A. 克己奉公、无私奉献　　B. 先人后己、先公后私

C. 公就是公、私就是私　　D. 公私兼顾、利人利己

53. 人们在社会生活中形成和应当遵守的最简单、最起码的公共生活准则是(　　)

A. 社会公德　　B. 职业道德

C. 家庭道德　　D. 生活道德

54. (　　)是职业道德的本质特性,是社会主义职业道德的最高要求、最终目标和最高境界。(常考)

A. 办事公道　　B. 服务群众

C. 诚实守信　　D. 奉献社会

55. 在无人监督的情况下，仍能坚持按道德观念去做事的行为被称为(　　)

A. 勤奋　　B. 审慎　　C. 自立　　D. 慎独

二、多项选择题

1. 公民道德建设的基本要求是爱祖国、爱人民和(　　)(易混)

A. 爱集体　　B. 爱劳动

C. 爱科学　　D. 爱社会主义

2. 现阶段，爱国主义主要表现为(　　)

A. 献身于为人民服务　　B. 献身于建设和保卫社会主义现代化的事业

C. 献身于本职工作　　D. 献身于促进祖国统一的事业

3. 新时代公民道德建设的重点任务包括(　　)

A. 筑牢理想信念之基　　B. 培育和践行社会主义核心价值观

C. 传承中华传统美德　　D. 弘扬民族精神和时代精神

4. 下列关于奉献社会的说法，正确的有(　　)

A. 奉献社会意味着对自己利益的舍弃

B. 今天我们讲奉献，并不是讲付出劳动不要报酬，而是讲一种精神，一种忘我的全身心投入的精神

C. 奉献社会是社会主义职业道德的基石和最高境界

D. 奉献是社会发展对每一个有劳动能力的公民的客观必然要求

5. 热情服务应该做到(　　)(常考)

A. 优质服务　　B. 热情周到

C. 遵守职业道德　　D. 向先进典型学习

6. 符合团结友善要求的有(　　)

A. 精诚合作、同舟共济　　B. 严于律己、宽以待人

C. 互相猜疑、纠缠埋怨　　D. 顾全大局、虚怀若谷

7. 下列属于社会主义职业道德基本规范的有(　　)

A. 团结协作　　B. 诚实守信

C. 勤劳节俭　　D. 爱岗敬业

8. 下列关于爱岗敬业的说法中，你认为不正确的有(　　)(易错)

A. 市场经济鼓励人才流动，再提倡爱岗敬业已不合时宜

B. 即使在市场经济时代，也要提倡“干一行、爱一行、专一行”

C. 要做到爱岗敬业就应一辈子在岗位上无私奉献

D. 在现实中，我们不得不承认，“爱岗敬业”的观念阻碍了人们的择业自由

9. 爱岗敬业的具体要求有(　　)

A. 树立职业理想　　B. 培养职业习惯

C. 强化职业责任　　D. 提高职业技能

10. 下列关于道德的社会功能，表述正确的有(　　)

A. 认识功能　　B. 自律功能

C. 调节功能　　D. 教育功能

11. 村民杨某对生活不能自理的婆婆不尽赡养义务，这种行为违背(　　)

A. 传统美德　　B. 社会公德

C. 家庭美德　　D. 职业道德

12. 个人加强道德修养，应借鉴历史上思想家们所提出的各种积极有效的道德修养方法，并结合当今社会发展的需要和当代人道德修养的实践经验，身体力行。作为一名教育工作者，可采取的有效道德修养方法包括(　　)

A. 学思并重　　B. 省察克治

C. 慎独自律　　D. 积善成德

13. 职业道德的含义包括(　　)

A. 职业道德是长期以来自然形成的

B. 职业道德没有确定形式，通常体现为观念、习惯、信念等

C. 职业道德大多没有实质的约束力和强制力

D. 职业道德的主要内容是对员工义务的要求

14. 所谓职业道德，就是同人们的职业活动紧密联系的符合职业特点所要求的(　　)的总和。

A. 道德准则　　B. 道德规范

C. 道德情操　　D. 道德品质

15. 关于职业道德的作用，下列说法正确的有(　　)

A. 可以调整职业内部间的关系　　B. 可以调整职业间的关系

C. 可以调整职业工作者与服务对象的关系　　D. 可以调整一切社会关系

16.《新时代公民道德建设实施纲要》指出：加强对道德领域热点问题的引导，以事说理、以案明德，着力增强人们的(　　)

A. 法治意识　　B. 公共意识

C. 规则意识　　D. 责任意识

17. 集体主义的主要内容有(　　)(常考)

A. 集体利益处于首要地位　　B. 尊重个人正当利益

C. 强调集体利益和个人利益的辩证统一　　D. 集体和个人利益并重

18. 共享单车在解决了居民出行“最后一公里”问题的同时，乱停放、恶意破坏车辆、押金难退等一系列问题也随之产生。解决这些问题需要我们(　　)

A. 坚持依法治国和以德治国相结合　　B. 弘扬中华传统道德，弘扬时代新风

C.加强职业道德、家庭美德教育　　D.把诚信建设作为道德建设的重点

19.在职业活动中,要做到公正公平就必须(　　)

A.按原则办事　　B.不徇私情

C.坚持按劳分配　　D.不惧权势,不计个人得失

20.职业道德的价值在于(　　)

A.有利于企业提高产品和服务的质量

B.可以降低成本、提高劳动生产率和经济效益

C.有利于协调职工之间及职工与领导之间的关系

D.有利于企业树立良好形象,创造著名品牌

三、判断题

1."国无德不兴,人无德不立",在当前公民道德建设中要大力弘扬中华传统道德。(　　)

2.纵观职业道德的发展史,只有到了社会主义时期,职业道德才获得了充分发挥。(　　)

3.为人民服务作为公民道德建设的核心,是社会主义道德区别和优越于其它社会形态道德的显著标志。(　　)

4."爱党、爱祖国、爱人民、爱社会主义、爱集体"的"五爱"是社会主义公民道德核心和基本原则的体现。(常考)(　　)

5.职业道德的养成可以是自我的修养,也可以是教化。(　　)

6.社会公德的基本行为准则是:爱国守法、明礼诚信、团结友善、勤俭自强、敬业奉献。(　　)

7.社会主义职业道德规范的主要内容是忠于职守、勤奋工作、刻苦钻研、无私奉献、诚实守信。(　　)

8.荣辱观是由一个人的受教育程度和经济状况所决定的。(　　)

9."敬业、爱岗"是加强职业道德建设的重要内容。(　　)

10.商店出售假冒伪劣产品,就职业道德规范来说,它没有做到诚实守信。(　　)

11."以德治国"是我国的治国方略,因此德治属于政治建设,属于政治文明。(易错)(　　)

12.加强公民道德建设的着力点是社会公德、职业道德、家庭美德、个人品德建设。(　　)

13.爱科学是社会主义道德的基本要求之一。(　　)

14.在今天,国家和人民的最大利益集中体现在社会主义制度上。(　　)

15.职业道德是所有公民在日常行为中都应该遵循的基本行为准则。(　　)

16.在社会主义社会,一个人的社会地位和荣誉并不取决于他的职业,而取决于他是否全心全意为人民服务。(　　)

17.热情服务中"服务"的基本含义是提供解决问题、满足需要的措施。(　　)

18.尊老爱幼是家庭关系的核心。(　　)

19.教师职业道德最基本、最主要的功能是榜样或示范作用。(　　)

20.与其他职业道德相比,教师职业道德的显著特点是教书育人。(　　)

主观题

一、材料分析题

结合材料回答问题:

某社区在加强思想道德建设过程中,深入开展各种群众性创建活动:结合党员先进性教育,进行党的十九大精神和中国梦宣传教育,张榜宣传黄赌毒和封建迷信的危害,在社区开展"三义""三观""三德"教育大讨论活动;选聘群众威信高、敢讲真话的人任监督员,加强文明监督岗建设;设立行善义举道德榜,让居民学有榜样、追有目标,树立起正风正气;开展志愿服务,送温暖、献爱心;以诚信为重点,提高群众对"爱国守法、明礼诚信、团结友爱、勤俭自强、敬业奉献"道德规范的认识,促使人们在推进"五个文明"建设和构筑和谐社会中不断增强自觉性,并成为生活和工作的行为规范。经过不懈的努力,该社区成为当地的明星文明社区。

结合材料,运用加强思想道德建设的知识,试分析该社区是如何打造文明社区的。

二、文章写作

我国现代教育家夏丏尊先生在《爱的教育》一书中说:"教育之没有情感,没有爱,就如同池塘没有水一样。没有水,就不能称其为池塘,没有爱,就没有教育。"爱心构筑真诚,爱心孕育希望,爱心激发爱心。没有爱心的教育将是贫乏的、干枯的、冷漠的。

请你以"没有爱就没有教育"为题作文。文体不限,不少于800字。

第七部分　事业单位概况与公文基础知识

专题一　事业单位概况

命题分析

本专题主要以单选、多选、判断等形式考查。本专题需要重点掌握的知识包括：
1. 识记事业单位的概念，事业单位的特征；
2. 区分岗位类别，聘用制度、奖励和处分制度；
3. 理解事业单位改革的总体目标、基本要求、基本内容。

一、单项选择题

1. 下面不符合我国事业单位岗位设置管理原则的一项是(　　)

A. 按照科学合理、精简效能的原则进行岗位设置
B. 坚持按需设岗、竞聘上岗、按岗聘用、合同管理
C. 国家对事业单位岗位设置实行分类指导、分级管理
D. 事业单位须遵循岗位设置的政策规定，无权自主设置本单位的具体工作岗位

2. 事业单位应当全面考核工作人员的表现，重点考核(　　)

A. 政治表现　B. 工作绩效　C. 服务水平　D. 遵守纪律

3. 事业单位要按照科学合理、精简效能的原则进行岗位设置，岗位类别不包括(　　)(常考)

A. 管理岗位　B. 专业技术岗位
C. 业务开拓岗位　D. 工勤技能岗位

4.《事业单位人事管理条例》指出，对事业单位人员的处分包括(　　)

A. 警告、记过、降低岗位等级或者撤职、开除　B. 警告、记过、记大过、降级、撤职、开除
C. 警告、记过、降低岗位等级或者撤职　D. 警告、记过、记大过、降级、开除

5. 事业单位工作人员的处分为警告、记过、降低岗位等级的，事业单位或者事业单位主管部门决定处分的依据是(　　)

A. 上级党委的决议　B. 干部人事管理权限
C. 本单位党组意见　D. 纪委的处理决定

6. 对事业单位工作人员的开除处分，由(　　)决定，并报同级事业单位人事综合管理部门备案。

A. 事业单位主管部门　B. 上级主管部门
C. 纪检监察部门　D. 单位负责人

7. 事业单位拟聘用人员的公示期一般不少于(　　)

A. 5个工作日　B. 7个工作日　C. 8个工作日　D. 9个工作日

8. 事业单位新进人员除国家政策性安置、按干部人事管理权限由上级任命及涉密岗位等确需使用其他方法选拔任用人员外，都要实行(　　)

A. 公开招聘　B. 公开聘用　C. 竞争上岗　D. 公开选举

9. 对事业单位工作人员的考核中，不属于"绩"方面的内容的是(　　)(易错)

A. 工作任务的数量　B. 工作效率　C. 工作能力　D. 取得的社会效益

10. 我国《事业单位人事管理条例》于2014年7月1日起实施。这是我国第一部系统规范事业单位人事行政管理的行政法规，确立了事业单位人事管理的基本制度，其中，改革的亮点是(　　)

A. 公开招聘、聘用制度、社会保险、工资收入
B. 公开招聘、人事代理、养老保险、福利待遇
C. 职级聘任、工资收入、管理体制、社会保险
D. 按劳付酬、绩效管理、引入竞争、深化管理

11. 事业单位工作人员连续旷工超过________个工作日，或者1年内累计旷工超过________个工作日的，事业单位可以解除聘用合同。(　　)(常考)

A. 15;30　B. 30;60　C. 15;60　D. 30;70

12. 事业单位工作人员年度考核不合格且不同意调整工作岗位，或者连续两年年度考核不合格的，事业单位提前(　　)日书面通知，可以解除聘用合同。

A. 15　B. 20　C. 25　D. 30

13. 受处分的期间为：警告，(　　)个月。

A. 3　B. 4　C. 5　D. 6

14. 事业单位工作人员受到(　　)处分的，在受处分期间，不得聘用到高于现聘岗位等级的岗位，年度考核不得确定为合格及以上等次。

A. 警告　B. 记过　C. 降低岗位　D. 开除

15. 初次就业的工作人员与事业单位订立的聘用合同期限3年以上的，试用期为(　　)(常考)

A. 1个月　B. 3个月　C. 6个月　D. 12个月

16. 事业单位人事管理，坚持党管干部、党管人才原则，全面准确贯彻(　　)方针。

A. 民主、公开、竞争、择优　B. 全面、平等、竞争、择优
C. 全面、公正、有序、择优　D. 公开、公正、公平、公共

17. 事业单位及其工作人员依法参加(　　)保险。

A. 社会　B. 养老　C. 医疗　D. 失业

18. 国家对事业单位工作人员实行(　　)管理。

A. 统一　B. 综合　C. 分级分类　D. 专项

19. 事业单位员工奖励的最低等级是(　　)

A. 表扬　B. 嘉奖　C. 记功　D. 授予荣誉称号

20. 事业单位工作人员年度考核的结果分为(　　)(易混)

A. 优、良、中、差　B. 优秀、合格、基本合格、不合格

C. 合格、不合格　D. 好、中、差

21. 事业单位改革的主要目的是(　　)

A. 转变政府职能　B. 稳定事业单位发展

C. 保持政府财政平衡　D. 促进公益事业发展

22. 以下合同属于有效的人事合同的是(　　)(常考)

A. 小张与事业单位负责人老王口头订立的聘用合同

B. 小张的父母在小张不知情的情况下与事业单位负责人老王签订的书面合同

C. 小张在事业单位工作人员胁迫下与事业单位负责人老王签订的书面合同

D. 小张在自愿的情况下与事业单位负责人协商一致签订的书面合同

23. 事业单位人事争议诉讼属于(　　)的范围。

A. 刑事诉讼　B. 行政诉讼

C. 民事诉讼　D. 民事、行政诉讼

24. 事业单位工作人员工资不包括(　　)

A. 基本工资　B. 绩效工资　C. 津贴补贴　D. 职务工资

25. 事业单位考核不包括(　　)(易混)

A. 平时考核　B. 定期考核　C. 年度考核　D. 聘期考核

26. 下列情形中,事业单位可以单方面结束聘用合同的是(　　)

A. 职工连续旷工5个工作日　B. 职工一个月内累计请假超过10天

C. 职工连续请假10天　D. 职工1年内累计旷工超过30个工作日

27. 事业单位的年度考核一般在每年年末或第二年年初进行,年度考核的基础是(　　)

A. 定性考核　B. 定量考核　C. 定期考核　D. 平时考核

28. 七级职员李某须在自己岗位上任职满(　　)以上,才能达到晋升六级职员岗位的年限。

A. 1年　B. 3年　C. 5年　D. 7年

29. 事业单位工作人员与所在单位发生了人事争议,按照《事业单位人事管理条例》有关人事处理的规定,应按照(　　)等有关规定处理。

A.《中华人民共和国劳动争议调解仲裁法》　B.《中华人民共和国劳动合同法》

C.《中华人民共和国公务员法》　D.《中华人民共和国民法典》

30. 事业单位工作人员处分中,(　　)处分适用于行政机关任命的事业单位工作人员。

A. 开除　B. 记过　C. 降低岗位等级　D. 撤职

31. (　　)是调整事业单位工作人员岗位、工资及续订聘用合同的依据。

A. 工作年限　B. 工作能力　C. 工作态度　D. 考核结果

32. (　　)是由事业单位的社会功能和市场经济体制的要求决定的。

A. 自收自支性　B. 知识密集性　C. 公益性　D. 服务性

33. 在工资福利和社会保险方面,国家建立(　　)事业单位工资制度。

A. 激励与约束相结合的　B. 激励与惩罚相结合的

C. 惩罚与约束相结合的　D. 激励与创新相结合的

34. 事业单位专业技术岗位设置的等级有(　　)

A. 9个　B. 10个　C. 12个　D. 13个

35. 事业单位人事制度改革的基本思路是(　　)

A. 脱钩、分类、放权、搞活　B. 集中、分类、放权、搞活

C. 定编、定责、分类、搞活　D. 公开、公正、分类、搞活

二、多项选择题

1. 在文化事业单位的主要类别中,下列属于群众文化事业单位的有(　　)

A. 文物保护站　B. 档案馆　C. 群众艺术馆　D. 青少年宫

2. 事业单位接受捐赠,必须根据与捐赠人约定的(　　)使用。

A. 期限　B. 方式　C. 合法用途　D. 回报率

3.《关于机关事业单位工作人员养老保险制度改革的决定》指出要建立(　　)的养老保险体系。

A. 独立于机关事业单位之外　B. 资金来源多渠道

C. 保障方式多层次　D. 管理服务社会化

4. 事业单位聘期考核的结果档次主要包括(　　)(常考)

A. 优秀　B. 合格　C. 基本合格　D. 不合格

5. 事业单位改革应按照(　　)的要求,以促进公益事业发展为目的,以深化体制机制改革为核心,总体设计、分类指导、因地制宜、先行试点、稳步推进。

A. 政事分开　B. 政企分开　C. 事企分开　D. 管办分离

6. 事业单位财务管理的特点包括(　　)

A. 多源性　B. 保障性　C. 纪律性　D. 奢侈性

7. 事业单位内部产生岗位人选,需要竞聘上岗的,要进行的流程包括(　　)等。

A. 在本单位公布竞聘岗位、资格条件、聘期等信息

B. 制订竞聘上岗方案

C. 审查竞聘人员资格条件

D. 在本单位公示拟聘人员名单

8. 事业单位人事管理的基本原则是(　　)

A. 公开平等原则　B. 竞争择优原则

C. 尊重知识、尊重人才的原则　　D. 依法管理和精简原则

9. 从事公益服务的事业单位可根据职责任务、服务对象和资源配置方式等情况分为两类，其中可部分由市场配置资源的划入公益二类。下列属于公益二类的有(　　)

A. 公共卫生　　B. 高等教育

C. 非营利医疗　　D. 基层基本医疗服务

10. 事业单位机构管理包括下列事项中的(　　)

A. 事业单位的布局结构

B. 事业单位的设立、调整和撤销

C. 事业单位的干部调整、任职审查

D. 事业单位的职责任务、名称、类别、规格、隶属关系以及内设机构的确定及调整

11. 竞聘上岗是事业单位内部人员选拔，尤其是岗位晋升和重点岗位人员选拔的主要方式。事业单位竞聘上岗的过程应该坚持(　　)原则。

A. 公平　　B. 公正　　C. 公开　　D. 半透明

12. 某事业单位工作人员甲受到降低职位处分，其年度考核等次不可以评定为(　　)

A. 优秀　　B. 不合格　　C. 合格　　D. 基本合格

13. 事业单位招聘工作人员有下列哪些行为的，由相关部门给予处分，并停止其继续参加当年及下一年度招聘工作(　　)

A. 擅自提前考试开始时间、推迟考试结束时间及缩短考试时间的

B. 擅自为应聘人员调换考场或者座位的

C. 未准确记录考场情况及违纪违规行为，并造成一定影响的

D. 未执行回避制度的

三、判断题

1. 事业单位产生和存在的条件是以人民利益为重。(　　)

2. 事业单位工作人员连续两年年度考核不合格的，事业单位提前30日书面通知，可以解除聘用合同。(　　)

3. 事业单位是我国第一大社会组织，集中了所有专业技术人才。(易错)(　　)

4. 事业单位员工奖励坚持精神奖励为主的原则。(　　)

5. 事业单位人事改革以聘用制度和岗位管理制度为主要内容。(　　)

6. 社会科学院、基础理论研究所、图书馆等属于具有一定经济效益的公益性事业单位(即社会公益类事业单位)。(　　)

7. 事业单位普通工人实行等级工资制，在工资构成上，主要分为等级工资和奖金两部分。(　　)

8. 一般来说事业单位属于政府机构。(　　)

9. 事业单位是指国家为了社会公益目的，由国家机关举办或者其他组织利用国有资产举办的，从事教育、科技、文化、卫生等活动的社会服务组织。(　　)

10. 聘用制度转换了事业单位用人机制，实现了由国家用人向单位用人的转变。(　　)

11. 事业单位工作人员考核等次由主管领导提出并确认。(　　)

12. 事业单位工作人员主要包括专业技术人员、管理人员、公务员及驾驶员。(易错)(　　)

13. 事业单位领导人员一般应当实行任期制。(　　)

14. 事业单位工作人员在受处分期间有重大立功表现，按照有关规定给予个人记功以上奖励的，经批准可以提前解除处分。(　　)

15. 事业单位按照资金的来源分类，可分为全额拨款事业单位、差额拨款单位和自收自支单位。(　　)

16. 事业单位与职工签订聘用合同以后，可以按照聘用合同解聘职工，职工也随时可以解聘，另外选择自己喜欢的新的单位。(　　)

17. 通过人事管理体制的创新实现人员自由流动，提升其工作的积极性、主动性和创造性。(　　)

18. 事业单位人员聘用合同是聘用单位与受聘人员确立具有人事关系性质的聘用关系，明确双方权利和义务的协议。(　　)

19. 事业单位分为营利和非营利两种。(　　)

20. 我国的事业单位必须由政府出资举办，任何民间社会团体或私人是不允许介入的。(　　)

21. 事业单位人员聘用合同期限可以与聘用单位法定代表人的任期不一致。(　　)

22. 刘某担任省重点科技攻关项目负责人，工作任务尚未完成，不得提出解除聘用合同。(易错)(　　)

23. 事业单位与初次就业的工作人员订立的聘用合同期限2年以上的，试用期为6个月。(　　)

24. 事业单位公开招聘的人员按照规定实行试用期制度，试用期不包括在聘用合同期限内。(　　)

25. 事业单位不能像企业、人民团体或非营利组织那样去自行确定组织的职能，它只能由政府部门来决定。(　　)

26. 严格实行干部选拔任用工作"一报告两评议"、领导干部报告个人有关事项、经济责任审计、问责和任职回避等制度。(　　)

27. 事业单位在组织形式、管理方式、人事制度等方面应该效仿国家行政机关。(　　)

28. 周某在某事业单位工作，连续两年考核被确定为不合格等次，又不服从组织安排，按照规定，该单位可以将周某辞退。(常考)(　　)

29. 所有事业单位与职工都要按照国家有关法律、法规，在平等自愿、协商一致的基础上，通过签订聘用合同，确定单位和个人的人事关系，明确单位和个人的义务和权利。(　　)

30. 事业单位工作人员受到开除处分的，解除聘用合同。(　　)

31. 被调查的事业单位工作人员在违法违纪案件立案调查期间，不得解除聘用合同。(　　)

32. 考核结果仅作为调整事业单位工作人员岗位、工资的依据。(　　)

专题二　公文基础知识

命题分析

本专题主要以单选、多选、判断、公文改错题等形式考查。本专题需要重点掌握的知识包括：
1. 识记公文的格式，行文规则；
2. 区分公文文种，公文分类，行文方向；
3. 理解公文的拟制、办理和管理；
4. 掌握公告、通知、通报、函等常见公文的写作规范。

一、单项选择题

1. 复函常用(　　)作为结束语。
A. 特此函询　　B. 特此函复　　C. 请即复函　　D. 特此通告

2. 公报写作中，内容复杂、问题头绪较多的公报多适合采用(　　)
A. 分段式　　B. 序号式　　C. 条款式　　D. 联合式

3. 条例属于公文中的(　　)，它是国家权力机关或行政机关依照政策和法令制定并发布的。
A. 会议文件　　B. 规范性文件　　C. 非规范性文件　　D. 呈请性文件

4. 对收到的公文应当进行初审，初审的内容不包括(　　)
A. 是否应当由本机关办理　　B. 是否符合行文规则
C. 是否在符合保密要求的场所印制　　D. 文种、格式是否符合要求

5. 某市政府办公厅2021年所发的、排序编为5号的公文，其发文字号的正确写法是(　　)
A. ×政办发(2021)第5号　　B. ×厅发(2021)5号
C. ×政办发〔2021〕5号　　D. ×政发〔2021〕5号

6. 按规定，决议的形成必须经过会议讨论通过，而决定虽然有时也可经过会议讨论通过，但没有规定必须如此。这说明两者(　　)
A. 形成程序不同　　B. 内容特征不同
C. 执行效力不同　　D. 发文机关不同

7. 下列关于公文格式的表述，正确的是(　　)
A. 附件是补充说明正文的依据材料，一律与主件分开装订
B. 加盖印章的公文中，印章一般用蓝色
C. 公文应当左侧装订，不掉页
D. 印发机关和印发日期一般用二号黑体字，日期用汉字书写

8. 公文落款处所标明的日期是指(　　)
A. 秘书人员修改定稿的日期　　B. 秘书部门负责人核稿完毕的日期
C. 公文封发的日期　　D. 发文机关负责人签发的日期

9. 某公安分局欲发布公文以提醒辖区内市民提高安全防范意识，以免遭受电信虚假信息骚扰，应使用的文种是(　　)
A. 公报　　B. 意见　　C. 函　　D. 通告

10. 撰写规范性文件时，所运用的表达方式主要是(　　)
A. 说明　　B. 议论和说明　　C. 叙述　　D. 描写

11. 根据《党政机关公文处理工作条例》的规定，汇编本的密级按照编入公文的(　　)标注。
A. 最低密级　　B. 最高密级　　C. 平均密级　　D. 任意密级

12. 下列通知中，属于事务性通知的是(　　)
A. 国务院办公厅关于发布《国家行政机关公文处理办法》的通知
B. 关于做好2020年“十一”假日旅游工作的通知
C. 关于王××等同志职务任免的通知
D. ××市人民政府办公厅关于加快调整城镇供水、防汛工作业务分工的通知

13. 下列文种中，不能用于发布奖励内容的是(　　)
A. 请示　　B. 命令　　C. 决定　　D. 通报

14. 公文的版头中有一条红色分割线，其作用在于把版头部分和主体部分隔开，一般放在(　　)之下。
A. 发文字号　　B. 公文标题　　C. 主送机关　　D. 成文日期

15. 公文格式中，属于主体部分的是(　　)
A. 发文字号　　B. 成文日期　　C. 注释　　D. 份号

16. 含有重要的国家秘密，泄露会使国家的安全与利益遭受严重损害的文件，属于(　　)
A. 秘密文件　　B. 绝密文件　　C. 机密文件　　D. 保密文件

17. 以下符合公文的行文规则的是(　　)
A. 某县发生特大交通事故，县公安局因多次向市公安局请示得不到回应，直接向省公安厅请示，没有抄送市公安局
B. 某县农林局在向县政府主送的关于调研工作的报告中，请求县政府对其下一步作出批示
C. 某县规划局报送2019年度工作计划，主送单位为市规划局和市人民政府
D. 某市公安局、网信办等部门联合发出通知，部署开展打击侵权盗版专项行动

18. 下列有关公文格式的表述中，不正确的一项是(　　)
A. 附件名称不必加书名号，其后也不用标点符号
B. 加盖印章的公文，落款处一般不再署发文机关名称
C. 附注是公文印发传达范围等需要说明的事项
D. 联合行文时，发文机关标志中的“文件”两字应另起一行，置于联署机关名称之下，并居中排布

19. 某篇公文的末尾，位于发文机关下方的日期为“2020年5月15日”，则该公文(　　)于2020年5月15日。(常考)
A. 承办　　B. 起草　　C. 签发　　D. 印制

20. 发文字号是公文的"身份标识",在文件登记、归档管理等环节都有重要作用。下列关于发文字号,写法正确的是(　　)
A. 发文机关代字—发文顺序号—年份　B. 发文机关代字—年份—发文顺序号
C. 年份—发文顺序号—发文机关代字　D. 发文顺序号—发文机关代字—年份

21. 同时向三个层级的上级机关行文,这时的行文方式属于(　　)
A. 逐级行文　B. 越级行文　C. 多级行文　D. 直接行文

22. 紧急程度是对公文传递和办理速度的需求,根据紧急程度,紧急的文件应标(　　)
A. 特急、平急　B. 特提、加急　C. 特提、平急　D. 特急、加急

23. 内容重要且紧急,要求迅速传递、处理的或必须在规定的时限内办理完毕的公文,属于(　　)
A. 平件　B. 急件　C. 加急件　D. 特急件

24. 下列文种中,行文方向固定的是(　　)
A. 批复　B. 意见　C. 公函　D. 会议纪要

25. 份号是同一件公文印刷若干份,每份公文的顺序编号,标准编号的作用是(　　)
A. 有利于对公文内容的保护　B. 方便对公文进行引用
C. 确保公文能得到及时的处理　D. 有利于公文的分发、统计等

26. 下列关于公告与通告的区别表述错误的是(　　)
A. 从知照范围看,公告面向国内外,而通告面向一定辖区范围内的群众
B. 从性质上看,公告内容属重要事项或法定事项,重在知照性;通告内容专业性较强,或宣布行政措施,或告知具体事务,兼有知照和约束的性质
C. 从发布方式看,公告一般通过新闻媒体发布,通告采用在相关地区张贴或登报、广播的方式
D. 从公文类型上看,公告属于法定公文,通告属于事务文书

27. 两个或两个以上机关联合行文时,必须经过的一道程序是(　　)
A. 审核　B. 签发　C. 复核　D. 会签

28. 根据《党政机关公文格式》的有关标准,下列关于公文页码编排的说法不正确的是(　　)
A. 页码用阿拉伯数字标
B. 页码居中置于公文版下边缘之上一行
C. 公文的附件与正文一起装订时,页码应连续编排
D. 页数数字左右两边各放一条一字线

29. 下列公文的表述中,正确的是(　　)
A. 各部门间要加强协调配合,完善有关政策
B. 深入实施全域统筹、三城联动、轴带展开、生态间隔、组团发展战略,新一轮行政区划和镇街区划调整完成
C. 相较于2014年,2018年四市生产总值由2048亿元提高到了3387亿元
D. 对购买和使用工业机器人产品的企业,按设备购置款的10%给予最高200万元补助

30. 公文中的内容已确定,已履行法定生效程序的最后完成稿,称为(　　)
A. 定稿　B. 副本　C. 正本　D. 草稿

31. 关于公文格式,以下描述正确的是(　　)
A. 如果公文很紧急,可以将"紧急"二字写在公文标题上
B. 一般情况下,公文格式以公文的要素划分为版头,主板和版记三部分
C. 公文在用纸、字体、行距、版式等方面有严格的规定
D. 公文格式是公文的表现形式,是公文的权威性、严肃性和约束力在形式上的体现

32. 中华人民共和国解放军某省军区向该省各市、县人民政府行文时可制发(　　)
A. 命令(令)　B. 函　C. 指示　D. 通知

33. 用于依照有关法律规定发布行政法规和规章的文种是(　　)(易混)
A. 命令(令)　B. 决定　C. 通知　D. 指示

34. 下列有关公文格式的说法正确的是(　　)
A. 文件标题一般由发文机关名称、事由和文种组成
B. 民族自治地方的公文,须用当地通用的少数民族文字
C. 有特定发文相关标志的普发性公文和电报须加盖发文机关印章
D. 印发日期指发文机关负责人签发的日期

35. 下列关于公文校核的说法,不正确的是(　　)
A. 校核公文时,不管篇幅长短、字数多少、内容如何,都要认真加以校核,不能因为有的文稿篇幅短、字数少、内容简单,就放松校核甚至不去校核
B. 一份公文的文字表述是否准确、通顺、简练,人名、地名、时间、数字、引文是否准确规矩、严谨等,都要坚持一个标点一个标点地校,一个字一个字地核
C. 公文的起草和校核最好由相同的人员进行
D. 在校核工作中,一定要调整好心态,越是急件越要沉住气、稳住劲

36. 下列事项中,在制发公文时,不宜使用"意见"的是(　　)
A. ××省人民政府关于进一步深化小微企业金融服务缓解融资难融资贵的意见
B. ××省人民政府办公厅关于加快杂粮全产业链开发的实施意见
C. ××省人民政府办公厅印发2020年省级重点工程项目的意见
D. ××省人民政府办公厅对被征地农民实行基本养老保险补贴的意见

37. 下列关于公文份号的说法正确的是(　　)
A. 份号只在涉密公文中使用　B. 份号的数字前面不可以编写虚位
C. 一篇公文中的份号只有一个数字编号　D. 份号用6位3号阿拉伯数字编排在版心右上角

38. 国家的各种法律、法令和行政法规,一般都通过命令(令)的形式颁发、公布。这体现了命令特点中的(　　)
A. 载体性　B. 强制性　C. 专用性　D. 权威性

39. 根据公文性质作用的不同进行分类，下列给定文种中，可以划归到议决性公文中的是(　　)
①决议②议案③通报
④决定⑤纪要
A. ①②④　B. ②④⑤　C. ①④⑤　D. ①③⑤

40. ××市人民政府要印发全市教育工作会议纪要的工作通知，其开头为“现将《全市教育工作会议纪要》印发给你们，望结合本地区、本部门的实际情况，认真研究，贯彻执行”。这种形式是(　　)
A. 原因式　B. 引文式　C. 事情式　D. 目的式

41. 公文处理中，行政机关联合行文时，一般应标注的发文字号是(　　)
A. 主办机关　B. 主送机关　C. 协办机关　D. 联合机关

42. 关于公文行文规则，以下描述错误的是(　　)
A. 向上级单位行文，原则上只主送一个上级单位
B. “请示”应当一文一事，即在一份“请示”里只能有一个请示事项
C. 除上级单位直接交办的重要事项外，不得以本单位负责人名义向上级单位报送公文
D. 可将请求上级单位支持解决的事项写在“报告”里面，也可将报告上级单位知晓的事项写在“请示”里面

43. 公文文稿签发前，应当由发文机关办公厅(室)进行(　　)
A. 传阅　B. 批办　C. 审核　D. 登记

44. 通报是使用频率很高的一种公文，其正文一般由四部分组成，概括通报的内容和性质属于其中的(　　)
A. 引言部分　B. 事实部分　C. 分析及处理部分　D. 号召或要求部分

45. 以下属于公文拟制环节的是(　　)
A. 传阅　B. 签发　C. 登记　D. 初审

46. 《党政机关公文处理工作条例》明确指出，公文行文应当确有必要，讲求实效，注重针对性和(　　)
A. 实用性　B. 实践性　C. 可操作性　D. 可操控性

47. 某单位就调整阶梯电量项目所需经费和改善某小区电网两件事同时向该市政府提出请示，该做法违背的原则是(　　)
A. 主送受理机关，根据需要抄送相关机关
B. 受双重领导的机关向一个上级机关行文，必要时抄送另一个上级机关
C. 上行文的主送机关原则上只能是一个
D. 请示应当一文一事

48. 某局办公室收到外单位来文后，其后续正确的处理步骤是(　　)
A. 初审—登记—承办—传阅—催办—答复　B. 答复—登记—初审—承办—传阅—催办
C. 登记—初审—承办—传阅—催办—答复　D. 初审—登记—答复—承办—传阅—催办

49. 下列关于退文的做法不妥当的是(　　)
A. 退文前，退文单位需与来文单位进行电话或书面沟通
B. 问题公文退给拟制单位后，退文单位不必再跟踪公文
C. 退文单位应标注出退文中的问题，以便拟制单位修改
D. 退文时要在制度规定中找到依据，不因个人喜好而定

50. 下列从公文中摘抄的句子，语言表达符合公文写作规范的是(　　)
A. 你们《关于呈报〈新区总体规划(2018-2035年)〉的请示》收悉，现批复回复如下
B. 汛期将至，各地、各单位务须做好防洪抢险的准备工作
C. 现定于二〇一九年六月十七日上午八时在××多功能厅召开大会，请届时出席
D. 市委、乡党委、县委都对这个村的水产业发展给予了大力支持

51. 在公文的拟制环节，党委、政府的办公厅(室)根据党委、政府授权制发的公文，由(　　)主要负责人签发或者按照有关规定签发。(易混)
A. 授权机关　B. 受权机关　C. 所有联署机关　D. 上级机关

52. 在党政机关公文的承办环节，(　　)公文应当根据公文内容、要求和工作需要确定范围后分送。
A. 普发性　B. 阅知性　C. 批办性　D. 咨询性

53. 对下级机关请示的其无权自行决定的某个问题或某种事项作出同意与否的批复属于(　　)
A. 阐释性批复　B. 指示性批复　C. 批准性批复　D. 转发性批复

54. 机关合并时，全部公文应当随之合并管理；机关撤销时，需要归档的公文(　　)
A. 整理后移交上级机关
B. 按照规定进行清退或销毁
C. 经整理后按照有关规定移交档案管理部门
D. 全部移交档案管理部门

55. 新的规范性公文产生了，对同一事物约束、规范的旧文件应(　　)
A. 两法并存　B. 新不废旧　C. 相辅相成　D. 废止旧法

56. 纪要是常用的法定公文种类之一。下列有关纪要的说法，错误的是(　　)
A. 动手写作前应尽可能充分地了解会议情况
B. 不能把没有经过会议讨论的问题写进纪要
C. 纪要作为附件时其法定效用由正文的印章予以确认
D. 写作时要有闻必录、平铺直叙，全面反映会议精神

57. 如果一份公文结尾处留下的空白位置不足以放下印章的时候，必须(　　)
A. 标注“见续页”　B. 标注“下一页”
C. 标注“此页没有正文”　D. 对行距与字距进行一定的调整

58. 公文末页首条分隔线以下、末条分隔线以上的部分称为(　　)
A. 版记　B. 附件　C. 抄送机关　D. 发文机关

59. 通过公开张贴或者通过报纸、电台、电视、网络等媒体公开向社会发布公文的行文方式叫(　　)

A. 联合行文　B. 直接行文　C. 对口行文　D. 公开行文

60. 通报所具有的特点不包括(　　)

A. 具有较强的指挥、约束性质

B. 内容要具有时效性

C. 准确地分析和表述各种事物的性质

D. 以客观实在的典型事例说明问题、表达作者意图

61. 公文语言的第一要求是(　　)

A. 简洁　B. 准确　C. 庄重　D. 平实

62. S单位就建立自然灾害防治工作联席会议制度的相关事宜,向H单位发函。则H单位向S单位复函时,正文的开头部分写法正确的是(　　)

A. 依次引用对方来函的标题、发文机关,再交代根据,说明缘由

B. 依次引用对方来函的发文时间、标题,再交代根据,说明缘由

C. 依次引用对方来函的标题、发文字号,再交代根据,说明缘由

D. 依次引用对方来函的发文字号、标题,再交代根据,说明缘由

63. 公文附件的顺序和名称应标注在(　　)

A. 正文之后,成文日期之前　B. 成文日期之后,附注之前

C. 附注之后,版记之前　D. 版记部分

64. 公文生效的时间是(　　)(常考)

A. 公文撰写时间　B. 公文讨论时间　C. 公文打印时间　D. 公文签发时间

65. 公文办理包括收文办理、发文办理和整理归档。其中发文办理的主要程序是(　　)

A. 复核、登记、印制、核发　B. 签收、登记、核发、印制

C. 传阅、催办、答复、初审　D. 核发、登记、印制、承办

66.《××省人民政府关于打击经济领域中严重犯罪活动的决定》属于(　　)

A. 方针政策性决定　B. 部署指挥性决定　C. 决策知照性决定　D. 表彰处分性决定

67. 如果将一篇完整的公文比作一个人,那么材料则是它的(　　)

A. 灵魂　B. 骨架　C. 血肉　D. 细胞

68. 关于"意见"这一公文文种,下列说法中错误的是(　　)

A. 意见适用于对重要问题提出见解和处理方法

B. 作为上行文的意见,可按照请示的程序和要求办理

C. 作为平行文的意见,具有指导和指示的功能

D. 市园林局关于开展公园整顿工作事项的行为,可使用意见

69. 下列公文标题中,正确的一项是(　　)

A. ××关于请求购买复印机的请求报告　B. ××关于铺张浪费的请示

C. ××政府精简机构的请示　D. ××关于增加干部编制名额的请示

70. 公文标题《××省教育厅关于同意××县教育局开办非经营性教育信息网站的函》中出现的错误是(　　)

A. 错用文种　B. 缺少文种　C. 生造文种　D. 混用文种

71. 在对下级机关的请示做出批复时,下列哪项做法错误(　　)

A. 对所批复事项进行旁征博引的论述,使批复具有说服力

B. 对符合有关政策规定的要及时给予批准执行

C. 收到下级党政机关发出的"请示"后方可拟文

D. 使用确定性的语言,使文章具有针对性

72. 下列说法中错误的是(　　)

A. 联合行文时,应当先排主办机关署名,其余发文机关署名依次向下编排

B. 公文正文中名词术语的解释可以作为附注

C. 公文首页必须显示正文

D. 印发日期以付印日期为准,用阿拉伯数字标识

73. 下列几种说法中,不正确的是(　　)

A. 在公文中安排语序时,当一组概念表现为由若干连续的动作、行为构成的活动过程时,一般应按时间发展顺序排列

B. 受双重领导的机关向上级机关请示时,应写明主送机关,同时抄送下级机关

C. 有些公文的主题,可以根据领导人授意而直接表述,有些公文的主题,则需在调查研究的过程中,随着对客观实际情况全面而深入的探索而逐步提炼与明确

D. 公文中的疑问语气一般较少使用语气词"啊""呢""吧"等,"吗"也尽可能不用或少用

74. 下列各项中,不能成为公文法定作者的是(　　)

A. 秘书　B. 国家机关的法定代表人

C. 依法成立的机关部门　D. 依法成立的国家机关

75. 下列关于公文收文办理的相关表述中,不正确的是(　　)(易错)

A. 收文办理中的签收要注明签收的时间

B. 对公文的主要信息和办理情况应当详细记载

C. 公文的批办是指负责人就来文应如何办理对承办部门和承办人员提出批示性意见。最常见的批办意见有"阅""拟同意"等

D. 承办是公文处理程序的核心环节,是公文发挥现实效用的基本保证

阅读下列公文,回答76～80题。

关于拟建游泳馆的请示报告

县政府:

我校是××镇的中心小学。学校建设面积1.5万平方米,在校学生、教职工900多名。多年来学校防火设施比较简陋,除简易防火工具外,只有消防栓1处,且因年久失修,达不到喷射要求,一旦发生事故,后果不堪设想。市消防部门多次检查、提出建议,但因缺少资金一直没有按照重点防火单位

的标准建设。为确保安全,做到常备无患,急需修建地下消防栓4处(3栋教学楼各1处,实验室1处),需拨款5万元(计划附后)。此外,为加强对学生身体素质的培养,拟建一座游泳馆,急需资金50万元(计划附后)。

特此报告,请批准。

××县××镇××小学

二○二○年12月30日

76. 根据公文标题的写作要求,该公文标题存在的主要问题是(　　)

A. 缺少介词　B. 缺少事由　C. 事由不明　D. 文种不当

77. 从主送机关看,该公文存在的问题是(　　)

A. 党政机关交叉行文　B. 越级行文

C. 多头主送　D. 主送机关不明确

78. 按照公文的写作要求,该公文正文的主要问题是(　　)

A. 事实陈述不生动　B. 不符合"一文一事"的要求

C. 提出要求不具体　D. 语言不够简洁

79. 该公文结束语不规范,正确写法应该是(　　)

A. 以上报告请审阅　B. 以上请示请批准

C. 妥否,请批示　D. 妥否,请批准

80. 该公文成文时间的不规范之处是(　　)

A. 成文时间不准确　B. 写法不完整　C. 写法不规范　D. 成文时间不具体

阅读下列公文,回答81～85题。

①

各区人民政府,市直各委、办、局,各开发区管委会:

为进一步优化城市环境,提升台风灾后重建的整体水平,向世界展现×市的美丽温馨,根据市人大授权决定,经研究决定,对本市行政区域内的城市环境整治提升工作采取临时性管理措施如下:

一、任何单位和个人均不得从事各类违法建设活动。

二、城市管理行政部门应加大对市政府确定的"三线、四片区"范围内违法建设的巡查、查处力度,对违反城市容貌标准,存在妨碍交通、安全隐患、危及公共安全的建筑物、构筑物、设施,应当及时__②__相关当事人自行拆除整改,逾期未拆除整改的,采取查封施工现场、扣押实施工具,以及停水、停电、停气等措施,并依法及时予以强制拆除或者实价代履,直至违法行为消除。

三、各区人民政府应加强领导、及时制订工作计划、组织指导和督促街(镇)全面落实城市环境整治提升工作任务和要求。要以服务和保障民生为根本出发点,注重调解、化解矛盾,加快推进城市环境整治提升工作进程。

四、本决定自公布之日起施行,实施期限至2020年10月31日。

2020年1月22日

×市人民政府

81. 下列填入横线①处,作为这份公文的标题,最恰当的是(　　)

A. 关于优化城市环境整治的决定

B. ×市人民政府关于灾后重建工作的决定

C. ×市人民政府关于优化城市环境整治的决定

D. ×市人民政府关于进一步优化城市环境整治提升工作的决定

82. 文中主送机关格式错误,应该为(　　)

A. 居左顶格书写　B. 居左空一格书写

C. 居右顶格书写　D. 居左空四格书写

83. 下列填入公文中②处的词语,最恰当的一项是(　　)

A. 督促　B. 监控　C. 审查　D. 监察

84. 这份公文的落款处存在问题,正确的写法是(　　)

A. 成文日期应在发文机关署名的下一行　B. 成文日期应用中文大写数字书写

C. 落款处的发文机关名称应省略不写　D. 发文机关应为"×市人大"

85. 根据行文方向,这份公文属于(　　)

A. 平行文　B. 下行文　C. 通行文　D. 上行文

阅读材料,回答86～89题。

①

各省、自治区、直辖市人民政府,国务院各部委、各直属机构:

优化营商环境是党中央、国务院在新形势下作出的重大决策部署,是促进高质量发展的重要举措。近年来,各地区、各部门认真贯彻落实党中央、国务院决策部署,深入推进"放管服"改革,深刻转变政府职能,持续优化营商环境,取得积极成效。其中,北京市、上海市聚焦市场主体反映的突出问题,对标国际先进,推出大量改革举措,形成了一批典型经验做法。经国务院同意,现就在全国复制推广借鉴京沪两地优化营商环境改革举措有关事项通知如下:

一、在全国复制推广借鉴改革举措的主要内容(略)

二、高度重视复制推广借鉴工作(略)

三、切实做好组织实施(略)……

②

2020年9月3日

86. 填入横线①处,作为这份公文的标题,最恰当的是(　　)

A. 国务院办公厅通知

B. 国务院办公厅关于做好优化营商环境改革举措复制推广借鉴工作的通知

C. 做好优化营商环境改革举措复制推广借鉴工作的通知

D. 通知:关于做好优化营商环境改革举措复制推广借鉴工作

87. 按行文方向划分,该公文属于(　　)

A. 下行文　B. 上行文　C. 平行文　D. 联合行文

88. 此份公文由国务院办公厅的张××撰写，则填入横线②处，作为这份公文的发文机关，最恰当的是(　　)

A. 国务院张××　　B. 国务院办公厅张××

C. 国务院办公厅　　D. 张××

89. 该公文的成文日期“2020年9月3日”指的是(　　)

A. 公文的写作日期　　B. 发文机关负责人签发的日期

C. 公文发出的日期　　D. 公文打印的日期

90. 下列有关公文稿本与法定效用的关系界定错误的是(　　)

A. 草稿是原始的非正式文稿，不具备正式公文的法定效用

B. 作为复制件的公文副本(如抄本、复印本等)，其有正式公文的法定效用

C. 试行本即试验推行本，在规定的试验推行期间具有正式公文的法定效用

D. 定稿是内容已确定、已履行法定生效程序的最后完成稿，具备正式公文效用

阅读下列公文，回答91～94题。

司法部：

你部关于建立公共法律服务体系建设部际联席会议制度的请示收悉。经国务院同意，________：

国务院同意建立由司法部牵头的公共法律服务体系建设部际联席会议制度。联席会议不刻制印章，不正式行文，请按照有关文件精神认真组织开展工作。

国务院办公厅

2020年7月21日

(此文件公开发布)

91. 根据该公文的内容，下列标题中适合此文的是(　　)

A. 国务院办公厅关于同意建立公共法律服务体系建设部际联席会议制度的意见

B. 国务院办公厅关于同意建立公共法律服务体系建设部际联席会议制度的决定

C. 国务院办公厅关于同意建立公共法律服务体系建设部际联席会议制度的批复

D. 国务院办公厅关于同意建立公共法律服务体系建设部际联席会议制度的函

92. 填入文中横线处最合适的句子是(　　)

A. 现批复如下　　B. 现公告如下　　C. 现告知如下　　D. 现函复如下

93. 根据标题中确定的文种，下列说法中正确的是(　　)

A. 此文种可以面向国内外发布

B. 此文种具有强制性和鼓舞性的特点

C. 此文种适用于对重要事项作出决策和部署

D. 此文种的内容不必详述过程，不必大发议论，要文约意丰

94. 此文件附有一个附件，其附件说明的规范写法为(　　)

A. 附件：《公共法律服务体系建设部际联席会议制度》

B. 附件：公共法律服务体系建设部际联席会议制度

C. 附件1：公共法律服务体系建设部际联席会议制度

D. 附件：1.《公共法律服务体系建设部际联席会议制度》

二、多项选择题

1. 下列属于公文基本组成部分的有(　　)

A. 正文　　B. 报送机关　　C. 标题　　D. 成文日期

2. 公文的行文关系可以分为(　　)(常考)

A. 隶属关系　　B. 业务指导关系　　C. 平行关系　　D. 不相隶属关系

3. 公文法定效力的大小取决于(　　)

A. 制发机关地位的高低和职权范围的大小　　B. 公文的时效

C. 公文内容的重要程度　　D. 公文的体例格式

4. 关于公文的相关知识，下列说法正确的有(　　)

A. 在不相隶属的机关或部门之间可以发请示和报告，告知相关事项

B. 知照性的决定，因内容单一，文字简短，多采用“篇段合一”的结构形式

C. 在有隶属关系的上下级机关之间应使用上行文和下行文

D. 公文文稿签发前应由发文机关办公厅(室)进行审核

5. 公文就其使用范围而言，又可分为专用公文和通用公文两大类，下列属于专用公文的有(　　)

A. 会议报告　　B. 起诉书　　C. 通报　　D. 国书

6. 下列各项中属于收文办理程序的是(　　)

A. 签收、承办　　B. 签收、核发　　C. 登记、催办　　D. 复核、签发

7. 根据签发人身份、地位及工作程序的不同，公文的签发可以分为(　　)等数种形式。

A. 正签　　B. 代签　　C. 核签　　D. 会签

8. 下列事项中应当制发通知的有(　　)

A. 某大学向某市旅游局联系有关学生毕业实习的事项

B. 某银行向各储蓄所下达季度储蓄任务

C. 某人事局贯彻财政局有关职工差旅费报销标准的文件

D. 某公司要求职工实行无纸化办公

9. 下列机关之间进行工作联系，应当使用函的是(　　)(易错)

A. ××市旅游局向市公安局请求批准启封被封存的面包车

B. ××省教育厅告知省人事厅，同意协助举办全省机关工作人员WTO知识培训班

C. ××县教育局回复镇教育办，同意划拨专项经费抢修遭台风破坏的镇中学校舍

D. ××市政府办公室经市政府授权，答复市行政学院关于新建教学大楼的请示

10. 下列公文中的语句，表述不当的有(　　)

A. 现将有关事项通知如下

B. 本条例自一日起施行

C. 请各位领导届时务必参加

D. 各地区要结合本地实际完善政策措施，认真组织实施

11. 某教育局就某学校申请设立新材料研究中心的事宜回复公文，公文标题为“关于你校申请设立新材料研究中心的通报”，其错误之处有(　　)

A. 文种错误　　B. 标题中没有说明事由

C. 标题使用了没有检索价值的“你校”字样　　D. 标题烦琐、提炼不精

12. 公文起草应注意的事项包括(　　)

A. 一切从实际出发，分析问题实事求是，所提政策措施和办法切实可行

B. 内容简洁，主题突出，观点鲜明，结构严谨，表述准确，文字精炼

C. 公文涉及其他地区或者部门职权范围内的事项，起草单位必须征求相关地区或者部门意见，力求达成一致

D. 机关负责人应当主持、指导重要公文起草工作

13. 下列对公文审核结果的处理方法中，正确的是(　　)(易错)

A. 经审核不宜发文的公文文稿，应当退回起草单位并说明理由

B. 经审核不宜发文的公文文稿，应当直接销毁并说明理由

C. 经审核符合发文条件但内容需作进一步研究和修改的，由起草单位修改后重新报送

D. 经审核符合发文条件但内容需作进一步研究和修改的，由审核单位修改后直接签发

14. 在公文的办理过程中要注意做好保密工作，涉密公文应当通过(　　)进行传递，通过密码电报或者符合国家保密规定的计算机信息系统进行传输。

A. 机要交通　　B. 邮政机要通信

C. 城市机要文件交换站　　D. 收发件机关机要收发人员

15. 下列关于公文管理方式的描述中，正确的是(　　)

A. 公文被撤销的，视为自始无效

B. 公文被废止的，视为自始无效

C. 个人不得私自销毁、留存涉密文件

D. 新设立的机关应当向本级党委、政府的办公厅(室)提出发文立户申请

16. 关于决定和决议，下列说法中正确的有(　　)

A. 决议必须经会议表决通过才能行文，决定不一定经过表决程序

B. 决定的强制效力高于决议

C. 决议往往不涉及具体的工作部署，决定多用于布置工作、提出要求

D. 决定与决议都是国家权力机关行使其决定权的载体

17. 主送机关是公文的主要受理机关，下列选项中，对其确立和标识说法正确的有(　　)

A. 属于不同系统和级别的主送机关之间用顿号隔开

B. 主送机关名称过长时，可采取选关键词简化缩短的办法

C. 普发性和周知性下行文的主送机关不止一个时，一般按等级的高低顺序排列

D. 主送机关名称过多导致公文首页不能显示正文时，应将主送机关名称移到版记

18. 撰写通报要做到(　　)

A. 内容具有典型性，事例具有代表性　　B. 通报材料必须深入调查和反复核实

C. 应使用议论和论证的表达方式　　D. 不可使用叙述的表达方式

19. 会议讲话稿是指在各类会议上讲话时使用的文稿，具有阐发思想、传达政策、下达任务、指导工作、交流经验与体会的重要作用，此类公文的写作要求包括(　　)

A. 主旨集中，观点明确　　B. 适于宣读，语义清晰

C. 语言平实，表达得体　　D. 讲求实效，内容充实

20. 某机关要制发一份绝密级公文，下列做法中正确的有(　　)

A. 可通过一般交通传递　　B. 可在机关的文印室印制

C. 此公文应当由专人管理　　D. 此公文一般不得复制、汇编

21. 下列关于公文格式的表述，不正确的是(　　)

A. 需会议讨论通过的公文，其成文日期以会议通过日期为准

B. 发文机关必须用全称，不能用简称

C. 联合下发的公文，主办机关加盖公章即可

D. 公文如有附件，应在正文左下方标志

22. 公文写作的基本要求有(　　)(易错)

A. 符合党、国家的路线、方针、政策和法律法规

B. 一文一事，中心明确

C. 用语庄严、简明、通顺

D. 为使各方面了解情况，多印发文件

23. 下列关于公文的说法正确的是(　　)

A. 上报公文才需要标注签发人　　B. 联合行文，只需要标注主办机关签发人即可

C. 紧急公文应当分别标注“特急”“加急”　　D. 保密期限中的数字用阿拉伯数字标注

24. 签发人签发公文，应当签署(　　)

A. 意见　　B. 姓名　　C. 完整日期　　D. 印章

25. 以下关于公告的表述，正确的有(　　)

A. 发文的权力被限制在高层党政机关及其职能部门的范围之内

B. 一般公告向外宣布的都是重大事项

C. 公告的内容都是新近的，群众应知而未知的事项

D. 公告的信息传达范围有时是全国，有时是全世界

三、判断题

1. 下行文逐级下达，是为了维护正常的领导与被领导、业务指导与被指导关系。　(　　)

2. 公告的正文内容一般比较单一，常见的是一文一事，只限于宣布事件的内容。　(　　)

3. 公文中的数字均应用阿拉伯数字表示。(易错)　(　　)
4. 公文的作者是指签发人。(易错)　(　　)
5. 不经签发人同意，任何人不得改动公文定稿的内容。　(　　)
6. 议案的主送机关，可以是同级人民代表大会及其常务委员会，也可以有其他并列机关。　(　　)
7. 公文的结尾应"言止意不尽"。　(　　)
8. 主送机关必须是受文机关中级别层次高的机关，抄送机关则必须是其中级别层次低的机关。　(　　)
9. 销毁公文时应有专人(三人或多人)监销，直至公文被完全毁灭。　(　　)
10. 加急件是指内容特别重要且特别紧急，必须以最快的速度优先传递、处理的公文。　(　　)
11. 通报的主要功能是传达精神、交流情况。　(　　)
12. 对重大行动作出安排应使用命令。　(　　)
13. 所有的公文中，决定最具权威性和强制性。　(　　)
14. 决定属于重要的下行文种，要概括写明收文机关名称。　(　　)
15. 在各单位的对外发文中，使用频率最高、应用范围最广的是通报。　(　　)
16. 批复的主送机关是下级机关。　(　　)
17. 公文办理包括收文办理、发文办理和整理归档。(常考)　(　　)
18. 根据公文内容的重要程度，公文的密级可分为绝密公文、机密公文和秘密公文三级。　(　　)
19. 公文落款处标明日期是发文机关负责人签发的日期。　(　　)
20. 批复内容若涉及其他部门，为了体现上级机关的权威性，起草批复时不必与有关部门协商。　(　　)
21. 涉及多个部门职权范围内的事务，部门之间未协商一致的，不得向下行文。　(　　)
22. 公文的密级需要变更或者解除的，只能由上级机关决定。　(　　)
23. 公文的起草应当做到内容丰富，主题突出，观点鲜明，结构严谨，表述准确，文字优美。　(　　)
24. 语言生动是通知写作的根本要求。　(　　)
25. 党政机关之间联合行文时，使用主办机关的发文字号。　(　　)
26. 所有的公文都需要编制份数序号。　(　　)
27. 绝密型公文一般不得复制、汇编，确有工作需要的，应当经发文机关或者其上级机关批准。(　　)
28. 公文被撤销的，自撤销之日起失效。　(　　)
29. 所有公文都应在公文首页标注签发人。　(　　)
30. 联合行文应当确有必要，单位不宜过多，上下级机关也可以联合行文。　(　　)
31. 一般情况下，下级机关不得越级行文请示问题，也不得越级抄送文件。(常考)　(　　)
32. 通报属于上行公文。　(　　)
33. 通告适用于表彰先进、批评错误、传达重要精神和告知重要情况。　(　　)
34. 属于党委、政府各自职权范围内的工作，也可以联合行文。　(　　)
35. 上行文无需附注签发人姓名。　(　　)
36. 附注是公文印发传达范围等需要说明的事项。　(　　)
37. 抄送机关是行文的主要对象，即要求主办单位答复这份文件给对方单位。　(　　)
38. 盖章是发文机关对公文生效负责的凭证。　(　　)
39. 缓急程度的书写位置没有统一要求，为了醒目，常写在标题或编号的左侧或放在版头右上角。　(　　)
40.《关于开展"两基"达标验收工作的通告》的印发时间可以早于成文时间。　(　　)
41. "妥否，请批复"是报告常用的结语。　(　　)
42. 受双重领导的机关向一个上级机关行文，必须抄送另一个上级机关。　(　　)
43. 若需向外国有关部门和人士对我国十九大胜利召开的祝贺表示答谢须选用公告。　(　　)

公文改错

1.

梁溪县卫生局《会议通知》

全县各食品加工行业：

根据上级关于对食品加工行业的卫生状况进行一次全面大检查的通知精神，决定召开我县食品加工卫生工作会议，部署卫生检查工作，现将有关事项通知如下：

一、会议时间：2020年10月25日至26日。10月24日下午两时至五时报到。

二、参加会议人员：全县各食品加工单位来一名负责人，各乡、镇及县工商联请派出一名代表列席会议。

三、住宿费回单位报销，伙食费个人自理，按有关财政规定给以补助。

梁溪县卫生局(公章)

2020年9月28日

2.

深圳证券交易所关于临时停市3分钟的请示

根据中国证监会的决定，为表达对四川汶川大地震遇难通报的深切哀悼，本所定于2008年5月19日临时停市3分钟。期间所有证券交易暂停，14时31分起恢复交易。

请会员及单位密切关注本所发布的其他相关信息。

3.

××市人民政府公文【紧急】

(20)×市政办发20号

××市人民政府严厉打击非法出版活动的通知

当前,我市一些地方非法出版活动十分猖獗,传播有害书刊音像制品,这类出版物内容腐朽,大量宣传凶杀、色情和迷信,对群众特别是青少年的身心健康危害极大,严重地影响了社会主义精神文明建设,破坏了社会安定,已成为社会一大公害。对此,各级政府应采取有力措施,严厉打击非法出版活动。

现将有关事项通知如下。

(以下略)

附件:如文

××市人民政府

二〇二〇年×月×日

主题词:出版通知

报:(单位略)

送:(单位略)

二〇二〇年×月×日

×市人民政府办公厅印(共印500份)

4. ××市税务局:

你局×字【20××】号文第×条认为:"经济技术开发区内合资企业自开业之日起,可享受免税×年的待遇。"文中的"合资企业"是专指中外合资企业,还是也指中外、中中合作企业?请解释。请代向×局长问候。

致礼!

××市经发区管委会办公室

2020年1月1日

参考答案及解析

第一部分　政治常识

专题一　马克思主义哲学

一、单项选择题

1. B 【解析】思维与存在的同一性就是指思维能够正确认识存在、把握存在。思维与存在的同一是差异中的同一而不是等同,A项错误;思维与存在的第一性问题才是划分唯物论与唯心论的标准,C项错误;D项只涉及思维而没涉及存在,错误。故选B。

2. B 【解析】哲学的基本问题有两个方面的内容:(1)思维和存在何者为第一性的问题。这是划分唯物主义和唯心主义的唯一标准。(2)思维和存在有没有同一性的问题,即思维能否正确认识存在的问题。这是划分可知论和不可知论的标准。故选B。

3. A 【解析】认为物质是本原,物质决定意识的,是唯物主义;认为意识是本原,意识决定物质的,是唯心主义。题干中,A认为花的存在是看到花的前提,即物质决定意识;B则认为他对某处存在花的意识是看到花的前提,即意识决定物质。因此,A是唯物主义者,B是唯心主义者。故选A。

4. C 【解析】唯物辩证法承认矛盾,并认为矛盾是事物发展的根本动力;形而上学则否认矛盾,并把事物发展的根本原因归结为外力的作用。是否承认事物的内部矛盾是两者斗争的焦点。故选C。

5. C 【解析】"人心之动,物使之然也"说明物质是人心理活动的原因,即物质决定意识,因此该观点属于朴素唯物主义范畴。故选C。

6. A 【解析】客观唯心主义把客观精神(如上帝、鬼神、理念、绝对精神等)看作世界的主宰和本原,认为现实的世界只是这些客观精神的外化和表现。把人生的成败寄托于"锦鲤",属于客观唯心主义。故选A。

7. A 【解析】这句话认为古今之天下没有什么变化,只是具有相同内涵的同一模式随时间推移的简单重复,这是在孤立地、静止地、片面地考察客观事物,看不到事物之间的相互联系和事物的运动、变化和发展,属于形而上学的观点。

8. D 【解析】题干所述是中国古代哲学家张载关于唯物主义的典型观点。古代朴素唯物主义常把世界的本原理解为具体的物质形态,如中国古代的五行说等观点。这种物质观承认和坚持了物质的客观性,但只是一种猜测,没有科学根据,缺乏科学的抽象。

9. C 【解析】"人不能两次踏进同一条河流"体现的是运动的绝对性和静止的相对性的统一,是辩证法的观点,C项正确。A项将意识与存在孤立开来,B项是主观唯心主义的观点,D项只承认绝对运动,不承认相对静止。故选C。

10. B 【解析】老子这句名言的意思是祸与福互相依存,可以互相转化。它表明了对立面双方的同一性,对立面不是一成不变的,可以向相反的一面转化,体现了朴素辩证法思想。故选B。

11. B 【解析】主观唯心主义把产生于人自身的主观精神,如人的感觉、经验、观念、意志、心等作为世界的本原,认为整个物质世界是这种主观精神的产物。陆象山认为"吾心"是整个宇宙的本原,属于主观唯心主义。

12. D 【解析】"心诚则灵,心不诚则不灵"的说法,是一种夸大心理因素作用的主观唯心主义观点,D符合题意。

13. B 【解析】这句话是列宁的名言,比较完整的话是:"假定一切物质都具有在本质上跟感觉相近的特性、反映的特性,这是合乎逻辑的。正因为一切物质都具有反映特性,因而在一定条件下能够发展成为最高级的反映形式——人脑的反映形式即意识。"列宁的这段话表明:物质决定意识,意识是物质发展到最高级阶段的产物;意识也能够反映物质。反映特性是一切物质形态都具有的属性,它是物质形态在同他物的相互作用中复制、再现他物属性并留下"痕迹"的属性和能力。高等动物的长期进化产生了人类和人的意识。这说明人的意识这种高级反映形式不是凭空突然产生的,而是自然界长期发展的产物。因此,该观点是辩证唯物主义观点。

14. B 【解析】马克思的两个伟大发现是唯物主义历史观和剩余价值学说。这"两个伟大的发现"是马克思主义思想体系的理论基石,奠定了科学社会主义的坚实基础。故选B。

15. D 【解析】包括自然界和人类社会在内的整个世界,其真正统一性在于它的物质性,句(1)说法正确。人存在于自然系统之中并给予其重大影响,句(3)说法正确。自然生态与人类发展的矛盾并非不可协调,句(2)说法错误。故选D。

16. D 【解析】"仁者心动"中的"心"是中国哲学的一个范畴,心即精神,这里把物质的运动理解为精神的运动,否认了物质和运动的不可分性,是一种主观唯心主义的运动观。故选D。

17. C 【解析】辩证唯物主义认为,世界是物质的,物质是运动的,运动是物质的存在方式和根本属性。故选C。

18. B 【解析】就物质世界的整体而言,物质运动是无条件的、永恒的、绝对的,即使是泰山,也处在缓慢的运动状态中,只是人们难以察觉罢了。故选B。

19. B 【解析】意识活动不具有直接现实性,实践活动才具有直接现实性,A项错误。意识对人们改造客观世界具有能动作用体现在:(1)意识对改造客观世界具有指导作用,即人们在意识的指导下通过实践把意识中的东西变成现实的东西;(2)意识对人体生理活动具有调节和控制作用。高昂的精神,可以催人向上,使人奋进;萎靡的精神,则会使人悲观、丧失斗志。题干中的“修身立德、治心养性”正是体现了意识对人体生理活动具有调节和控制作用,B项正确。人的主观精神有正确和错误之分,而正确的主观精神才是改造客观世界的可靠保证,C项错误。意识对人的实践活动不是绝对的控制,D项错误。故选B。

20. C 【解析】运动是指宇宙中发生的一切变化和过程,是物质的存在方式和根本属性。思维领域的变化也是运动的具体形式之一,C项说法错误,符合题意。

21. D 【解析】马克思主义哲学认为,运动与静止密不可分,运动是绝对的,静止是相对的;静止是运动的特殊状态;动中有静、静中有动;任何事物都是运动和静止的统一。本题题干中的诗句体现了运动的绝对性和静止的相对性的统一。

22. A 【解析】题干中强调“文博文创热”成为消费的新增长点,说明文化作为一种精神力量,能够在人们认识世界、改造世界的过程中转化为物质力量,对社会发展产生深刻的影响,A项正确。B项属于唯心主义的观点,排除。CD两项说法正确但不符合题意。故选A。

23. C 【解析】规律是客观的,不以人的意志为转移,它既不能被创造,也不能被消灭。规律是普遍的,自然界、人类社会和人的思维,在其运动变化和发展过程中,都遵循其固有的规律。超标超前培训违背了学生个体身心发展的规律,教育部的规定反映了规律具有普遍性和客观性,说明教育必须遵循规律,按照客观规律办事,C项正确。主观能动性的发挥有正确与错误之分,发挥主观能动性不一定能利用规律,A错误;规律是客观的,不能改造规律,B错误;材料没有体现人可以改变规律起作用的前提条件,D不合题意。故选C。

24. A 【解析】题干中“心晴的时候,雨也是晴;心雨的时候,晴也是雨”强调了意识对人的情绪的调节作用。“春风得意马蹄疾,一日看尽长安花”强调的也是意识对人的影响,A正确。“天若有情天亦老,人间正道是沧桑”强调的是规律的客观性;“试玉要烧三日满,辨材须待七年期”强调的是实践是检验真理的唯一标准;“自古逢秋悲寂寥,我言秋日胜春朝”强调的是不同的人对同一事物有不同的认识,BCD均与题干中名句蕴含的哲理不一致。

25. B 【解析】列宁指出:“世界上除了运动着的物质之外,什么也没有,而运动着的物质只有在空间和时间之内才能运动。”列宁的前半句话回答了世界的本质或本原的问题,即世界上的一切事物和现象都是物质的种种表现形态,世界的本质是物质,这就是世界的物质统一性原理,它是辩证唯物主义的基本观点。

26. C 【解析】在农业生产中,配合季节气候,每种作物都有一定的耕作时间,称为农时。不误农时,就是遵循规律,体现了尊重客观规律是发挥主观能动性的前提。故选C。

27. C 【解析】题干中说明即使外部条件没有变化,不同的内因表现出不同的结果,突出体现了内因是事物变化发展的根据,外因通过内因起作用,C项正确,D项错误。内因是事物变化发展的根据,外因是事物变化发展的条件,A项错误。内因是事物自身运动的源泉和动力,是事物变化发展的根本原因,B项错误。故选C。

28. C 【解析】题干强调整体的功能,可排除BD项。当部分以合理结构组成整体时,整体功能大于部分功能之和,A项错误。整体居于主导地位,具有部分所不具有的功能。协同发展的京津冀地区是一个整体,具有三地各自发展所不具备的独特优势,C项正确。故选C。

29. B 【解析】城市整体景观风貌与建筑外观形象之间是整体与部分的关系,“统筹城市建筑布局,协调城市景观风貌”“防止片面追求建筑外观形象”启示我们要正确认识和处理整体与部分的辩证关系,树立全局观念,立足整体,统筹全局,选择最佳方案,实现整体的最优目标,从而达到整体功能大于部分功能之和的理想效果。故选B。

30. D 【解析】材料主要说明“一带一路”将会让中国与各国联系更为密切,促进世界和谐发展,表明事物的相互联系构成了事物的变化和发展。故选D。

31. B 【解析】A项,“把握机遇”体现的是量变质变原理,材料中未体现,排除。C项,“分析问题需要改进理论指导”体现的是认识和实践的关系,材料中未体现,排除。D项,“重视过程”体现了量变质变原理,材料中未体现,排除。B项,材料中“正确处理好效率与公平的关系”体现了联系的观点。故选B。

32. A 【解析】有裂缝是蛋变质的内因,苍蝇叮咬是外因,苍蝇叮咬蛋的裂缝使其变质说明外因通过内因起作用。故选A。

33. C 【解析】由于地势和温差等外界因素的作用,花朵盛开的时间不同,这体现了外因的作用,说明外因是事物变化发展不可缺少的条件。故选C。

34. C 【解析】马克思主义哲学认为,物质是第一性的,意识是第二性的,物质决定意识,A项错误。量变是质变的必要准备,质变是量变的必然结果,B项错误。内因是事物变化发展的根据,是事物发展的源泉,决定着事物的性质和发展方向,在事物发展中起根本性作用;外因是事物变化发展的条件，起加速或延缓的作用。C项正确，D项错误。

35. B 【解析】"一荣俱荣，一损俱损"说明每个事物都处于因果联系的链条之中，事物之间是相互影响、相互制约的。每个事物的发展都会受到外部事物的影响。B项强调内因的作用，与题干无关，符合题意。故选B。

36. B 【解析】对立统一规律揭示了普遍联系的根本内容和事物发展的内在动力，揭示了事物发展的动力和源泉，揭示了发展和联系的本质，其他规律范畴都是对立统一规律的进一步补充和展开。对立统一规律是唯物辩证法的根本规律。

37. B 【解析】对立统一规律即事物的矛盾规律，揭示了事物变化发展的源泉和动力，是唯物辩证法的实质和核心，B项正确。质量互变规律揭示了事物变化发展的状态和形式。否定之否定规律揭示了事物变化发展的方向和道路。故选B。

38. B 【解析】唯物辩证法认为，矛盾是事物发展的动力。在诸多矛盾中，有主要矛盾和次要矛盾之分。主要矛盾是处于支配地位的、对事物的发展起决定作用的矛盾。由于它的存在和发展，规定和影响着其他矛盾的存在和发展，因此，要求我们要抓住主要矛盾，解决主要问题。在社会主义初级阶段，要集中力量进行社会主义现代化建设。这是中心，是主要矛盾。

39. C 【解析】事物的辩证否定发展要经过两次否定、三个阶段，即"肯定—否定—否定之否定"，形成一个周期。事物的这种否定之否定的过程，从内容上看是自己发展自己、自己完善自己的过程；从形式上看是螺旋式上升或波浪式前进，方向是前进上升的，道路是曲折的，是前进性和曲折性的统一。否定之否定规律揭示了事物发展的方向和道路。故选C。

40. B 【解析】量变引起质变有两种情形：一是量的增加或减少达到一定程度时，引起质变；二是构成事物的成分在排列次序上的变化引起质变，B项正确。题干所表述的属于第二种情形。ACD项本身说法错误，故选B。

41. D 【解析】否定之否定规律揭示了事物的发展的道路和总趋势。因此，"前途是光明的，道路是曲折的"体现的辩证法原理是否定之否定规律原理。故选D。

42. D 【解析】个别代表特殊性，一般代表普遍性。这句话的意思是，特殊性中包含着普遍性。故选D。

43. A 【解析】题干的意思是再伟大的行程也是一步一步走出来的，体现的哲理是质量互变规律，事物的发展从量变开始，当量变达到一定的界限时，量变就转化为质变，事物的性质发生了变化，A项正确。BCD项与题意不符，故选A。

44. C 【解析】题干中这句话的意思是：千仓万箱的粮食不是耕种一次就能得到的，高耸冲天的树木不是十天就能长成的，反映了质量互变规律。"寄言持重者，微物莫全轻"告诫人们对微小的事物要提高警惕，切不可等闲视之，从反面反映了质量互变规律。故选C。

45. D 【解析】把握度这一范畴有着重要的意义：首先，度是判断事物是质变还是量变的根本标准。事物在度范围内的变化是量变，超出度的范围的变化，就属于质变。其次，度又是实际工作中"适度原则"方法的理论依据。通常所说的"过犹不及"，"过"与"不及"的问题就属于没有正确把握度的问题。故选D。

46. A 【解析】"堤溃蚁孔，气泄针芒"出自《后汉书》，意思是小小的蚂蚁窝能够使堤岸溃决，针芒般大小的孔眼也能使气泄掉。这句话提醒人们，做人做事都要在祸患出现萌芽的时候着手处理，防患于未然；如果小事不注意，很可能前功尽弃，顷刻之间颠覆所有累积起来的成果，导致结果发生负面的"质变"。这句古训蕴含着量变和质变的辩证关系原理。故选A。

47. C 【解析】"政绩广告"是不从实际出发、从主观愿望出发的做法，违背了一切从实际出发、实事求是的要求。故选C。

48. D 【解析】萤火虫虽然能发出光，但它终究不是真正的火；荷叶上的露珠虽然很圆，但它终究不是真正的珍珠。这句话启示我们，观察事物必须透过现象，认识本质，辨别其真伪。故选D。

49. C 【解析】两句俗话告诉我们该退的时候就"退后一步"，该进的时候就"往前一步"，到底是"往前一步"还是"退后一步"，要看处于什么样的情形下，即要坚持具体问题具体分析。

50. A 【解析】题干中危与安、乱与治、亡与存都在"思"中转化，说明了矛盾双方在一定条件下相互转化。

51. B 【解析】能与不能、知与不知、有与没有是矛盾的双方，二者对立统一，在一定条件下相互转化，材料启示我们坚持两点论和重点论的统一，看问题、办事情既要全面、统筹兼顾，又要善于抓住重点和主流，①④正确。事物的性质主要由主要矛盾的主要方面决定，②错误。③与题意无关。故选B。

52. C 【解析】题干中，华罗庚关注的主要是粉笔多长才最为适度，这反映的是要坚持适度原则。故选C。

53. A 【解析】题干第一句说明了经济全球化带来的积极影响，而第二句则说的是消极影响，这揭示了矛盾的普遍性，要一分为二地看问题。故选A。

54. D 【解析】A项①句描述的是客观事实；B项②句体现了物质运动的规律性；C项①句体现了实践的指导作用。D项两句都体现了量变质变规律。故选D。

55. C 【解析】题目中没有表述矛盾的普遍性与特殊性的转化，②错误。"认识了矛盾特殊性也就认识了普遍性"说法错误，③排除。题目中，毛泽东关于教条主义的论述表明：矛盾特殊性与普遍性相互区别，认识了特殊性不等于认识了普遍性，反之亦然；认识事物要遵循由特殊到一般，再由一般到特殊的认识秩序。故①④正确，选C。

56. D 【解析】美国将中国定位为“竞争对手”，注重的是斗争性；中国将美国视为“合作者”，注重的是同一性，A错误。斗争性是绝对的、无条件的，同一性是相对的、有条件的，B错误。同一以差别和对立为前提，C错误。矛盾双方既对立又统一，由此推动事物的运动、变化和发展，中美之间这种对立统一关系，推动着中美关系的发展，D正确。

57. C 【解析】对于我国的发展而言，不同发展阶段的矛盾具有不同的表现，就意味着不同时代面临不同的问题，有不同的使命。“新时代”“新方位”“新使命”之所以“新”就是因为当前与过去两个不同的历史阶段相比，具有不同的矛盾表现。故选C。

58. D 【解析】否定之否定规律是新事物必然战胜旧事物的哲学依据。电灯作为新事物，是必然要战胜油灯这个旧事物的，因此其哲学依据是否定之否定规律。故选D。

59. B 【解析】必然性在事物的发展中处于支配地位，决定着事物发展的方向，偶然性居于从属地位，对事物发展的必然过程起促进或延缓的作用，使发展的确定性带有一定的特点和偏差。故选B。

60. D 【解析】必然性是指事物联系和发展过程中一定要发生的、确定不移的趋势。偶然性是指事物联系和发展过程中并非确定发生的，可以出现，也可以不出现，可以这样出现，也可以那样出现的不确定的趋势。黑天鹅的存在既在意料之外，又是客观事实，体现了任何偶然事物背后都存在必然。故选D。

61. D 【解析】实践的发展不断为认识提出新课题，推动着认识向前发展。实践是认识发展的动力。故选D。

62. D 【解析】题干内容体现了人们在改造客观世界的活动中发挥了巨大的主观能动性，D项正确。A项表述太绝对。人的主观能动性的发挥受客观规律的制约，B项错误。人的主观能动性受客观规律的制约，但是在尊重客观规律的前提下，可以改造客观世界，C项错误。故选D。

63. C 【解析】拔苗助长意味着试图通过人的主观能动性克服客观规律的限制，夸大了人的主观能动性。故选C。

64. C 【解析】题干强调了实践是认识的来源，故选C。

65. A 【解析】真理与谬误是人类认识中一对普遍存在的矛盾，二者之间存在着既对立又统一的辩证关系。一方面，真理与谬误是人类认识中性质完全相反的两种认识，真理标志着主观与客观的符合，客观性是真理的本质特征，谬误则标志着主观与客观的违背，主观性是谬误的本质特征。另一方面，真理与谬误又是人类认识中一对永恒的矛盾，二者之间存在着相互渗透、相互转化的情况。因此，题干说法属于典型的辩证唯物主义观点，故选A。

66. C 【解析】马克思主义哲学认为，绝对真理和相对真理是同一客观真理的两重属性。任何客观真理都是绝对真理和相对真理的统一。

67. B 【解析】“眼见不一定为实”，即“眼见”的只能是现象，不会是本质，而现象有两种可能，可能是真，也可能是假。因此B选项是“不一定为实”的主要原因，符合题意

68. B 【解析】“仓廪实则知礼节，衣食足则知荣辱”是指粮仓充足了，人们才会懂得礼仪；丰衣足食了，人们才会知道荣誉和耻辱。粮仓充实、衣食饱暖，荣辱的观念才有条件深入人心，老百姓也才能自发、自觉、普遍地注重礼节、崇尚礼仪。因此，B项主张以“利”作为判断事物价值的标准。A、C、D三项都是以“义”作为判断事物价值的标准。故本题选B。

69. A 【解析】我们的人生价值只有通过对社会对他人的贡献才能实现，故选A。

70. A 【解析】实践不是仅仅停留在意识范围内的精神活动，而是通过人与客观世界实际的相互作用而引起客观世界变化的活动，这是实践的直接现实性。“不驰于空想”就是告诫我们不要只是停留在意识范围内，而要踏实工作。

71. D 【解析】人们获得认识的途径是多方面的，通过亲身实践获得的认识是直接经验，通过读书等渠道学习到的他人实践的经验是间接经验，间接经验也是人们获得认识的重要途径。人的时间、精力是有限的，每次都亲自实践获得认识是不必要的，也是不可能的。故选D。

易错警示：实践不是获得认识的唯一途径，要把认识的来源和获得认识的途径区别开来。

72. D 【解析】实践对认识的决定作用包括：实践是认识的来源；实践是认识发展的动力；实践是检验认识真理性的唯一标准；实践是认识的目的和归宿。A项中的鸭子从游泳的实践中得出“水暖”的认识。B项比喻不经历艰险，就不能取得成功，也指需通过实践取得真知。C项中对鱼和鸟的习性的了解来源于深入其生长环境的实践。D项体现的是一种谦虚、上进的学习态度，没有涉及实践与认识的辩证关系。本题为选非题，故选D。

73. A 【解析】归纳是从个别到一般，演绎则是从一般到个别。

74. C 【解析】地理环境是与人类社会所处的位置相联系的各种自然条件的总和，如气候、土壤、山脉、河流以及动物和植物等，它是社会存在和发展的必要条件。人类社会不能离开地理环境而独立存在，人类必须通过劳动从地理环境中获得必要的物质生活资料，取得必要的生活物品和能量，才能保持人类社会的存在和发展。题干所述是唯物史观的正确观点，故选C。

75. B 【解析】意识形态的相对独立性原理认为意识形态在反映或依赖社会存在的基础上有自身发展的特殊规

律或功能,主要表现有:同社会存在变化发展的不完全的同步性、历史继承性、相互作用性和能动的反作用性。题干运用列宁的一段名言,说明三种奴隶的思想意识不同。在同一阶级社会中存在三种不同的意识形态,体现了意识形态同社会存在变化发展的不完全同步性,B项正确。A选项是错误观点,C、D选项不符合题意,故选B。

76. C 【解析】社会观念结构也就是思想上层建筑,包括政治法律思想、哲学、道德、宗教、艺术等观点体系。其中政治法律思想是全部观念结构、思想上层建筑的核心。哲学是全部观念结构、思想上层建筑的理论基础。故选C。

77. C 【解析】是否适应生产力的发展是判断一种生产关系是否先进的根本标志。生产关系适应生产力的发展,就会推动生产力向前发展;生产关系不能适应生产力的发展,则会阻碍生产力的发展。

78. D 【解析】"治国有常,而利民为本"和"天下之治乱,不在一姓之兴亡,而在万民之忧乐"都体现出重视"人民群众是历史的创造者"这个历史唯物主义观点。A项强调的是君主的作用,否认了人民群众的主体地位,B项强调的是治国的手段方法,C项说明了意识的重要性,均不符合题意。故选D。

79. D 【解析】认为自然界因人而存在,以人为中心,否认了自然界存在的客观性,是一种唯心史观。故选D。

80. A 【解析】题干中表述的是因为农民劳动活动的重要历史作用而设立了中国农民丰收节,A项与题干表述相符。从事物质资料生产的劳动群众及知识分子都是劳动者,B项表述错误,排除。C项属于精神决定物质的唯心主义观点,排除。题干表述不涉及实践与认识的关系,排除D项。故选A。

二、多项选择题

1. ABD 【解析】哲学的基本问题是思维和存在即精神和物质的关系问题,这个问题包括两个方面:第一方面是思维和存在何者为第一性的问题。对这个问题的不同回答,把一切哲学区分为唯物主义和唯心主义。第二方面是思维和存在的同一性问题,即思维能否认识世界或能否彻底认识世界的问题。对这个问题的不同回答,把一切哲学区分为可知论和不可知论。

2. BCD 【解析】在哲学史上大多数哲学家包括一些唯心主义哲学家都认为思维能够认识存在,即都是可知论。而只要承认思维能认识存在,也就必须承认思维能正确认识存在,这是一致的。所以在回答思维能否正确认识存在的问题上,唯物主义都是肯定的回答,而有些唯心主义做出肯定回答,有些则不是。由于不可知论否认世界的可知性,当然也就否认思维能够正确认识存在。

3. ABC 【解析】世界观是指人们对整个世界的看法和观点,而方法论是指在一定世界观指导下所形成的观察事物、解决问题最一般的方法和原则。世界观中包含方法论,方法论中渗透着世界观。所以,世界观与方法论是一致的。

4. ABD 【解析】AD项属于古代朴素唯物主义的观点,B项属于近代形而上学唯物主义的观点,C项属于主观唯心主义的观点。ABD项均属于唯物主义,故选ABD。

5. BC 【解析】意识是客观世界的主观映象。不管是正确的意识还是错误的意识都是对客观存在的反映。意识对改造客观世界具有指导作用。人们在意识的指导下能动地改造世界,即通过实践把意识中的东西变成现实的东西,创造出没有人的参与永远也不可能出现的东西。AD项均属于辩证唯物主义的观点。BC项认为意识派生物质,属于唯心主义,故选BC。

6. BCD 【解析】客观唯心主义认为某种客观的精神或原则是先于物质世界并独立于物质世界而存在的本体,而物质世界不过是这种客观精神或原则的外化或表现,某种客观精神是本原的、第一性的,物质世界是派生的、第二性的。A项是主观唯心主义的观点,它把个人的某种主观精神看作是世界上一切事物产生和存在的根源与基础。B、C、D项中的"理""理念""道"都是客观精神或原则的另一种表述,故选BCD。

7. AC 【解析】主观唯心主义把个人的某种主观精神如感觉、经验、心灵、意识、观念、意志等看作是世界上一切事物产生和存在的根源与基础,而世界上的一切事物则是由这些主观精神所派生的,是这些主观精神的显现。A、C属于主观唯心主义。B、D属于客观唯心主义。故选AC。

8. ABC 【解析】题干与A、B、C项是主观唯心主义的观点,D项是客观唯心主义的观点,故选ABC。

9. AC 【解析】罗素提出"逻辑原子论",认为这个世界是由逻辑事实构成的,这是近代形而上学唯物主义的观点。黑格尔把绝对精神看作世界的本原,这是客观唯心主义的观点。墨子以"耳目之实"的直接感觉经验作为认识的唯一来源,他认为,判断事物的有与无,不能凭个人的臆想,而是要以大家所看到的和所听到的为依据,这是古代朴素唯物主义的观点。王守仁主张心外无物,心外无理,宇宙便是吾心,吾心便是宇宙,这是主观唯心主义的观点。故本题选AC。

10. ABC 【解析】实践性、革命性(阶级性)和科学性的统一是马克思主义哲学的根本特征。

11. ABD 【解析】马克思主义哲学的基本特征是第一次实现了唯物主义与辩证法的有机统一,实现了唯物辩证的自然观与唯物辩证的历史观的有机统一,实现了实践基础上的科学性和革命性的统一。故选ABD。

12. BC 【解析】传统春节文化的根本性质并未发生变化,而是庆祝方式发生了变化,A项错误;事物的现象与本质是对立统一的,而非直接统一,D项错误。以往和如今人们过年方式的变化,说明年俗的变化呈现出阶段性的特点,B项正确;虽然过年的习俗变了,但人们都是在庆祝春节，说明事物的现象是多变的，本质是稳定的，C项正确。故选BC。

13. BC 【解析】"堤溃蚁孔，气泄针芒"比喻不注意细微的漏洞就会铸成大错，说明量变达到一定程度会引发质变，A项对应有误。"和实生物，同则不继"，意为实现了和谐，则万物即可生长发育，如果完全相同，则无法发展，反映了矛盾的同一性和斗争性是辩证统一的，D项对应有误。BC两项均对应正确，当选。

14. ACD 【解析】"巧妇难为无米之炊"的意思是即使是聪明能干的妇女，没有米也做不出饭来，其包含的哲学意义就是物质第一性，意识第二性，我们在发挥主观能动性的同时还要尊重客观规律，主观能动性的发挥受客观条件的制约。B选项说法错误，故选ACD。

15. CD 【解析】纸上谈兵和水中捞月都片面强调了主观意识的作用，C项强调了意识的能动性，D项既肯定了物质的决定作用，又强调了意识的能动性。

16. CD 【解析】A、B两项混淆了意识同物质的原则区别，夸大了意识的能动作用，排除。人的意识的能动作用体现在可以在实践基础上认识和改造物质自然界，并创造新的物质形态。故选CD。

17. AD 【解析】意识是客观物质在人脑中的反映，人脑是意识的器官，但不是意识的来源，B项错误。意识既然是人脑的反映形式，就不是所有生命都具有，这也是"最蹩脚的建筑师从一开始就比最灵巧的蜜蜂高明的地方"，C项错误。A项是列宁的论断，反映了意识对物质的巨大反作用，即意识的主观能动性。意识可以通过"思维操作"实现对客观事物的超前的、观念的改造，指导实践并通过实践把理想变成现实，A项正确。意识在形式上是主观的，但在内容上是客观的，是客观世界的主观映象，体现了主观形式和客观内容的对立统一，D项正确。故选AD。

18. AB 【解析】诗人躺在船上看天上的云时，感觉云静止不动，诗人和云是相对静止的；实际上，诗人和云一起向东移动，船上的诗人和云的运动是绝对的。辩证唯物主义认为运动是物质的存在方式和根本属性，是绝对的、无条件的，但是并不否认静止。静止是运动表现出来的特殊情况，是相对的、有条件的。故选AB。

19. ABD 【解析】A、B、D体现了整体和部分的辩证关系，当选。整体不等于各部分的总和，而是各部分的有机统一，选项C排除。

20. ABD 【解析】事物的联系是复杂多样的，不同的联系对事物的存在和发展所起的作用是不同的。具体而言，联系可分为直接联系和间接联系、外部联系和内部联系、本质联系和非本质联系、必然联系和偶然联系等。故选ABD。

21. ABD 【解析】"白马非马"论明显将个性夸大化，是一种形而上学的观点。它将一般和个别、共性和个性、普遍和特殊割裂开来。故选ABD。

22. AB 【解析】量变是事物在数量上的增减和次序上的变动，是保持事物质的相对稳定的不显著的变化，体现了事物渐进过程的连续性，AB正确。质变是事物根本性质的变化，是事物由一种质态向另一种质态的飞跃，体现了事物渐进过程和连续性的中断。量变不等于只有统一没有斗争，矛盾普遍性原理告诉我们，在事物的量变之中仍是对立和统一的结合，CD错误。故选AB。

23. CD 【解析】矛盾的基本属性是同一性和斗争性，CD项正确。绝对性和相对性是真理的两种基本属性，并非矛盾的基本属性，AB项错误。故选CD。

24. ABCD 【解析】矛盾解决的形式有：产生出利益兼顾、和谐共存的形式；矛盾一方克服另一方；矛盾各方同归于尽；矛盾各方融合为一个新事物；矛盾统一体破裂、解体；矛盾各方发生物质交换和结构重组。故选ABCD。

25. ABD 【解析】"因地制宜、分类指导"是指根据地方的具体情况，制定适宜的办法，分别分类加以指导，体现了要符合客观事实，一切从实际出发的原则。同时，不同地方所具有的矛盾和特点是不相同的，分别加以分类指导，符合矛盾特殊性原理和具体问题具体分析的方法论。故选ABD。

26. ACD 【解析】矛盾普遍性即共性，是指同类事物的矛盾普遍具有的共同点、共同性或叫"共同本质"。矛盾特殊性即个性，是指同类事物中各个事物具有各自的特点、特性或叫"特殊本质"。矛盾普遍性与特殊性的关系，就是事物的共同性质、本质与特殊性质的关系，也就是一般与个别、共性与个性的关系。矛盾普遍性与特殊性的辩证统一关系表现为：(1)矛盾的特殊性与普遍性是相互区别的，有着各自的内容。矛盾的普遍性指矛盾无所不在，无时不有，是事物的共性，它是无条件的、绝对的。矛盾的特殊性指矛盾着的事物及其各个方面都有其特点，是事物的个性，它是有条件的、暂时的，因而是相对的。(2)矛盾的普遍性和特殊性相互联结。一方面，普遍性寓于特殊性之中，并通过特殊性表现出来，没有特殊性就没有普遍性；另一方面，特殊性也离不开普遍性，不包含普遍性的特殊性也是没有的。(3)矛盾的普遍性和特殊性在不同的场合可以相互转化。

27. CD 【解析】矛盾具有特殊性，就要求我们在解决问题的时候要具体问题具体分析，CD项正确。A项"物极必反，相反相成"体现的是矛盾的同一性，排除。B项"绳锯木断，水滴石穿"体现了量变引起质变的哲学道理，排除。故本题答案选CD。

28. BD 【解析】A项反映的是量变质变规律。C项反映的是事物是普遍联系的。B、D两项反映了矛盾双方相互依存和相互转化的辩证法思想。故选BD。

29. AD 【解析】"我们需要的是超越GDP，而非抛弃GDP。"这是一种辩证否定的观点，辩证的否定包括联系的环节和发展的环节,A正确,B错误。C项,本身说法正确,但题干中未体现。"只有GDP,可能不一定幸福;但如果没有GDP,一定不会幸福。"这句话表明对GDP的统计既有否定的部分,也有值得肯定的部分,这就表明改革创新应该是对现存事物的"扬弃",D正确。故本题选AD。

30. ABD 【解析】系统内部各要素的结合使整体的功能具有了趋向强化的特征,整体的功能不是部分的简单相加,整体大于部分之和。对土地的综合开发有利于实现系统优化,实现整体最优目标,A项正确。农民自身观念更新,带来农业的变化,表明辩证的否定是事物的自我完善和发展,B项正确。生产关系的变革不一定促进生产力的发展,当生产关系适合生产力发展的客观要求,它对生产力的发展起推动作用,C项说法太绝对。用发展的眼光看问题就是把一切事物如实地看作是变化、发展的过程,既要了解它们的过去、观察它们的现在,又要预见它们的未来。过去"种这种那"到现在的"综合开发",正体现出这一点,D项正确。故选ABD。

31. BCD 【解析】题干中这两句话否认因果关系的客观存在,是一种非决定论;认为因果关系只存在于思维中,是一种唯心主义。这些观点违背了唯物辩证法的基本观点,A错误,BC正确。同时,由于题干的观点否认因果关系的客观存在,使得科学认识丧失了客观依据,D正确。故本题选BCD。

32. CD 【解析】不能因为说社会生活本质上是实践的,就认为实践是主体。实践指的是人的活动,社会生活的主体只能是人,A项错误。也不能因为说社会生活本质上是实践的,就认为精神因素在社会发展中的作用微乎其微,精神、意识形态有时会起很大的作用,B项错误。CD项表述正确,故选CD。

33. ABC 【解析】在实践的基础上获取丰富的真实的感性材料,这是实现由感性认识到理性认识飞跃的前提和基础。感性认识上升到理性认识必须遵循正确的方式方法,必须经过科学的思维方式,将丰富的感觉材料去粗取精、去伪存真、由此及彼、由表及里地改造,从而找出他们之间的本质联系,找出事物的本质和规律性,形成相应的概念和理论体系。故选ABC。

34. AB 【解析】人们对抗生素的滥用导致"超级细菌"的出现,体现了量变达到一定程度会引起质变,同时说明了规律是客观的,违背规律必然会受到规律的惩罚。A、B两项表述正确。C项不符合题意,排除。D项否定了辩证否定是发展的环节,排除。故选AB。

35. ABD 【解析】主观世界即人的精神世界,包括人的意识、思想、思想方法、认识能力、科学文化水平等。客观世界指人的意识之外客观存在的一切事物。辩证唯物主义认为,客观世界制约和决定主观世界,主观世界通过实践能动地反映客观世界,并能动地改造客观世界。主观与客观的统一,是在实践基础上不断克服主观和客观的矛盾实现的,是具体的历史的统一。

36. ABCD 【解析】马克思主义哲学物质观指出了物质的唯一特性是客观实在性,批判了唯心论和二元论;坚持了物质世界的可知性,体现了本体论和认识论的统一;坚持了世界的多样性物质统一,克服了旧唯物主义物质观的缺陷,体现了唯物论和辩证法的统一。马克思主义将人类社会也归于物质范畴,创造了唯物史观,实现了历史观与自然观的统一。故选ABCD。

37. ABD 【解析】马克思主义哲学认为,世界是物质的,意识是物质的产物,物质是第一性的,意识是第二性的。物质决定意识,意识对物质具有能动的反作用。正确的意识对事物的发展起积极的促进作用,错误的意识则对事物的发展起阻碍作用。因此,要坚持一切从实际出发,实事求是,把发挥主观能动性和尊重客观规律结合起来。ABD项均夸大了人的主观能动作用,不利于人们正确地发挥主观能动性作用。故选ABD。

38. CD 【解析】题干的观点为辩证唯物主义的观点,正确地反映了理论对实践的反作用体现为指导实践的开展。故选CD。

39. ACD 【解析】实践是人类能动地改造世界的客观物质性活动。实践的基本特征包括客观物质性、自觉能动性和社会历史性。

40. ABC 【解析】人们发现和掌握真理的能力受到社会实践水平、历史条件和主体认识水平的限制,但是不受客体无限性的限制,因为虽然客体具有无限性,但是我们认识真理的过程也是无限的,D项排除,故选ABC。

41. AB 【解析】"一带一路"的发展现状印证了事物的性质主要是由主要矛盾的主要方面决定的,认识事物的时候需要坚持两点论和重点论的统一,AB项正确且符合题意。CD项本身说法正确,但在材料中未体现,排除。故选AB。

42. BCD 【解析】真理是人对客观事物的正确认识,价值是客观事物对人的需要的满足。真理和价值从根本上说是一致的,即凡是真理必有价值,凡有价值的东西应不与真理相悖。但真理与价值又是有区别的,它们的侧重点有所不同,真理强调的是人的认识与客观对象的一致,价值则强调客观事物满足人的需要的特点,而人的需要有合理与不合理之分。满足人的不合理需要的这类事物所体现的价值,与真理常常是相悖的。只有通过正确反映对象并能动地改造对象以满足人的需要,才是真正有价值的,才能实现真理与价值的统一,A错误,D正确。真理和价值在实践和认识活动中是相互制约、相互引导、相互促进的,B正确。在实践基础上实现真理与价值具体的历史的统一,是人类社会进步的内在要求,也是马克思主义哲学的一条基本原则,C正确。故选BCD。

43. CD 【解析】真理的客观性包含两重含义:(1)真理的

内容是客观的,也就是说真理中包含着不依赖于任何主体的客观内容。真理属于认识论的范畴,是人们对客观事物及其规律的正确反映。故A、B两项说法错误,C项说法正确。(2)检验真理的标准也是客观的。实践是检验真理的唯一标准。故D项说法正确。

44. BD 【解析】在社会转型期,出现了很多为了一己私利而践踏职业道德和社会公德等各种道德的失范现象,这说明社会存在的变化决定社会意识的变化,D项正确。因为正确的价值观有助于引导社会良性运行,所以提倡"厚德"对于规范人们的行为具有重要的意义和价值,B项正确。A、C两项在材料中没有体现。故选BD。

45. ABC 【解析】人们在实践活动中所形成的生产关系属于社会存在范畴,但是所形成的各种社会关系超出了社会存在的范畴,D项错误。ABC均属于社会存在的范畴。

46. ABD 【解析】上层建筑对社会发展起推动作用还是起阻碍作用,不取决于它是否适合自己的经济基础,而取决于它所服务的经济基础的性质的先进或落后。当上层建筑所服务的经济基础是一种先进的生产关系时,它越是为自己的经济基础服务,就越能促进生产力乃至整个社会的发展,C项错误。ABD表述正确。

易错警示:(1)上层建筑反作用的性质,取决于它所服务的经济基础的性质,归根到底取决于它是否有利于生产力的发展。(2)判断一种生产关系是否优越的标准,在于这种生产关系对生产力是适合的还是不适合的,是促进生产力发展的还是阻碍生产力发展的。考生在做题时,需注意题干考查的是"上层建筑与经济基础"还是"生产关系与生产力"。

47. BCD 【解析】"时势造英雄"和"英雄造时势"的主要分歧在于谁是历史的创造者。唯物史观认为,人民群众是实践和认识的主体,是物质财富和精神财富的创造者,是历史的创造者;唯心史观认为,英雄是历史的创造者,过分夸大了英雄的作用,A项正确。机械唯物主义一般指近代形而上学唯物主义,具有机械性,形而上学性,历史观上的唯心主义等局限性,B项错误。"时势造英雄"和"英雄造时势"并未体现世界本原问题,CD项错误。本题为选非题,故选BCD。

48. ABC 【解析】实现人的全面发展的过程,必须正确处理社会财富的积累和人的劳动能力发展的关系、劳动者自身的发展和劳动者对社会财富占有的关系、生产力的发展和人的发展的关系,使人的发展和社会发展相统一。

49. BCD 【解析】人民群众是物质财富和精神财富的创造者,是社会变革的决定力量,是历史的创造者。

50. ABCD 【解析】作为历史创造者的人民群众,有个人和集体之分。个人是有自觉能动性的、具有独特的肉体生命的社会存在。个人是社会的一员,分属于大大小小的群众集体。集体是由某种共同纽带联系起来的个人所构成的群体,它具有整体性和统一性,并不是单个人的简单相加。

三、判断题

1. × 【解析】真理是人们对客观事物及其规律的正确反映,真理具有客观性。凡是真理都是客观真理,因此真理最基本的属性是客观性。

2. √ 【解析】在人的本质问题上,马克思指出:"人的本质不是单个人所固有的抽象物,在其现实性上,它是一切社会关系的总和。"而资产阶级人性论却制造了许多错误的理论,他们从抽象的人出发,说人性自由、人性自私,这一观点恰与马克思所认为的人的本质在其现实性上是一切社会关系的总和相违背。

3. √ 【解析】钟南山院士正确的价值观体现了他为国为民的价值选择,说明实现人生价值需要正确价值观的指引。

4. × 【解析】马克思根据人的发展状况把人类历史划分为三大社会形态,分别是人的依赖性社会、物的依赖性社会和个人全面发展的社会。

5. × 【解析】运动是指宇宙中一切事物的变化和过程;变化是指事物在运动过程中所发生的状态乃至性质的改变,包括量变和质变;发展是指新事物的产生和旧事物的灭亡,即新事物代替旧事物。所以三者之间是有区别的。

6. √ 【解析】"吹毛求疵"常用来比喻故意挑剔别人的缺点,寻找差错。"吹毛求疵"的错误在于混淆了矛盾的主次方面,看问题抓不住主流。所以,我们应当一分为二地看问题。

7. × 【解析】题干主要讲观念即意识与物质之间的关系。意识是人脑对物质能动的反映。两者有着本质的区别。

8. √ 【解析】花不能离枝,鸟不能离群,说明部分是整体中的部分,体现了局部性质和意义的体现离不开整体。

9. × 【解析】人们可以发现、认识和利用规律,可以改变规律起作用的条件和范围,为人类谋福利,但不能改变规律。

10. × 【解析】任何一种联系总是在一定条件下的联系。联系的普遍性是无条件的,而联系的特殊性是有条件的,即指具体条件下的联系。条件是指与某一事物相关联的、对它的存在和发展产生影响的诸要素的总和。一切事物的存在和发展都是有条件的,是一种辩证唯物论的观点。

11. √ 【解析】"尽信书,不如无书"的意思是完全相信书本,按照书上的条条框框做事,不与实际相结合,达不到应有的效果。也就是说,间接经验的正面指导作用在变成教条主义的情况下会转化为负面作用,这说明矛盾双方在一定条件下相互转化。

12. × 【解析】事物运动全过程的辩证图景是肯定—否

定—否定之否定，题干将其颠倒了。事物的发展总是先有肯定，然后随着矛盾的发展，对现有的肯定予以否定，等到矛盾继续发展，又对其予以再次否定，从而使得事物不断地发展。

13. × 【解析】港珠澳大桥的建成通车，将加速大珠三角地区的经济融合。联系具有客观性，人们可以根据事物固有的联系建立新的联系，但不能根据需要建立新的联系。

14. × 【解析】唯物辩证法作为一种哲学理论，是关于世界普遍联系和永恒发展的学说，揭示的是自然界、人类社会和思维发展的一般规律。普遍联系和永恒发展是辩证法的总特征。

15. × 【解析】否定之否定是普遍存在的事物周期性发展过程。否定之否定的整个进程，是一个无限前进和发展的过程，而不是一个"循环往复""原地踏步"的过程。

16. × 【解析】"金无足赤，人无完人"说明人既有缺点，也有优点，不能简单地分成一半优点一半缺点，应全面地看问题。

17. √ 【解析】矛盾贯穿于每一事物发展过程的始终，每一事物从产生到灭亡都存在着自始至终的矛盾运动，即时时有矛盾。

18. × 【解析】实践的观点是马克思主义认识论首要的和基本的观点。实践产生理论、检验理论、推动理论发展。

19. × 【解析】实践是检验认识真理性的唯一标准，这个标准既是绝对的又是相对的，既是确定的又是不确定的。一方面，人类实践永无止境的发展，使它检验认识真理性的能力和作用具有无限性，不存在实践永远无法检验的认识，这就是实践标准的绝对性和确定性。另一方面，一定条件下的实践是有限的、相对的，决定了实践检验认识真理性的能力和作用也是有限的、相对的，实践水平总是受到工具、手段、对象等诸多条件的限制，这就是实践标准的相对性和不确定性。

20. × 【解析】意识活动是大脑的内在功能，不具有直接现实性。人们可以通过自己的努力"梦想成真"，说明实践具有直接现实性。

21. √ 【解析】矛盾的特殊性要求人们在面对不同的矛盾时要用不同的方法去解决，做到具体问题具体分析。

22. × 【解析】真理是发展的过程，既是绝对的，又是相对的，这是真理问题上的辩证法，并非二元论。

23. √ 【解析】假象容易引起错觉，但假象是事物现象的一种，是客观的；而错觉是一种错误的认识，是主观的。

24. √ 【解析】社会形态是标志着社会具体存在形式的范畴，指同生产力发展一定阶段相适应的经济基础和上层建筑的统一体，是社会的经济形态、政治形态和文化形态的统一体。

25. √ 【解析】生产力和生产关系的矛盾、经济基础和上层建筑的矛盾是人类社会的基本矛盾。其中，生产力和生产关系的矛盾起决定作用。

26. × 【解析】物质资料的生产方式包括物质生活资料的生产和生产资料的生产，是生产力和生产关系的统一，它包含了人与自然之间的关系和人与人之间的关系这两个方面。

27. × 【解析】社会意识是对社会存在的反映，主要是对物质资料生产方式的反映。

28. × 【解析】上层建筑是指建立在一定经济基础上的社会意识形态以及与之相适应的政治法律制度和设施等的总和。在阶级社会中，政治法律制度和设施是上层建筑的重要组成部分，通常简称为政治上层建筑。马克思主义认为，政治思想、法律思想、哲学思想、文艺思想等意识形态诸种形式，统称为思想上层建筑。在上层建筑中，政治上层建筑处于主导地位；国家政权是上层建筑的核心。

29. × 【解析】人民群众是社会物质财富和精神财富的创造者，也是社会变革的决定力量。所以，人民群众是真正的英雄，但不能由此认为人民群众是社会发展的根本动力。生产力和生产关系的矛盾与经济基础和上层建筑的矛盾，是人类社会的基本矛盾，是社会发展的根本动力。

30. √ 【解析】在历史的创造者问题上，两种对立的历史观分别是唯心主义的英雄史观和唯物主义的群众史观。

专题二　马克思主义中国化理论

一、单项选择题

1. B 【解析】毛泽东思想是在同各种错误思潮特别是同教条主义错误倾向作斗争的过程中逐渐形成与发展起来的，在大革命时期萌芽，土地革命战争前中期(20世纪20年代后期到30年代前期)形成，在土地革命战争后期和抗日战争时期得到系统总结和多方面展开而达到成熟，在解放战争时期和中华人民共和国成立以后继续发展。故选B。

2. C 【解析】新民主主义革命理论的完整论述是毛泽东思想走向成熟的标志。故选C。

3. D 【解析】1943年7月，王稼祥在《中国共产党与中国民族解放的道路》一文中，第一次明确使用了"毛泽东思想"这个概念。

4. D 【解析】在中共七大上，毛泽东思想被确立为党的指导思想。

5. D 【解析】以毛泽东同志为核心的党的第一代中央领导集体带领全党全国各族人民完成了新民主主义革命，进行了社会主义改造，确立了社会主义基本制度，成功实现了中国历史上最深刻最伟大的社会变革，为当代中国的一切发展进步奠定了根本政治前提和制度基础，AB项正确。社会主义基本制度在中国的确立，使广大劳动人民真正成为国家的主人和社会生产资料的主人,C项正确。社会主义制度确立后,马克思主义同中国实际的"第二次结合"才开始,而非完成,D项错误。本题为选非题,故选D。

6. C 【解析】加强党的建设是党实现对中国革命的领导权的根本保证。只有党的建设搞好了,党自身具有先进性,才能确保中国革命始终在党的领导下顺利进行。AB项内容是党战胜敌人的两个基本武器;D项内容是党的基本工作思路。

7. A 【解析】1939年12月,毛泽东在《中国革命和中国共产党》一文中明确指出:"认清中国社会的性质,就是说,认清中国的国情,乃是认清一切革命问题的基本的根据。"故选A。

8. C 【解析】《星星之火,可以燎原》实际上确立了"要以乡村为中心"的观念,初步形成了农村包围城市,夺取全国胜利的革命道路理论。故选C。

9. D 【解析】新民主主义革命胜利后,在我国所形成的是一个新民主主义社会。新民主主义社会是一个过渡性质的社会,中国社会从新民主主义向社会主义转变是历史的必然。这一社会的性质是工人阶级(通过共产党)领导的、以工农联盟为基础的人民民主专政的国家政权,民族资产阶级还存在,并在国家政权中占有一定地位。这一时期的社会主要矛盾是中国人民同国民党残余势力和地主阶级的矛盾。党的主要任务是继续完成新民主主义革命的遗留任务,恢复国民经济,同时部分地、初步地开始社会主义的改造。

10. B 【解析】1939年12月,毛泽东在《中国革命和中国共产党》一文中指出:"现时中国的资产阶级民主主义的革命,已不是旧式的一般的资产阶级民主主义的革命,这种革命已经过时了,而是新式的特殊的资产阶级民主主义的革命。我们称这种革命为新民主主义的革命。"这是毛泽东首次使用"新民主主义革命"这个提法。故选B。

11. C 【解析】1941年5月,毛泽东在《改造我们的学习》中说明了"实事求是"的基本含义。

12. D 【解析】《中国共产党章程》的总纲中规定:"中国共产党是中国工人阶级的先锋队,同时是中国人民和中华民族的先锋队。"

13. B 【解析】党在过渡时期的总路线和总任务,是要在一个相当长的时期内,逐步实现国家的社会主义工业化,并逐步实现国家对农业、手工业和资本主义工商业的社会主义改造。这条总路线的主要内容可以概括为"一化三改""一体两翼"。其中,"一化",即逐步实现国家的社会主义工业化,这是主体。故选B。

14. B 【解析】《关于正确处理人民内部矛盾的问题》是毛泽东论述中国社会主义革命和社会主义建设的重要著作。他指出,社会主义社会的基本矛盾仍然是生产关系和生产力之间的矛盾,上层建筑和经济基础之间的矛盾。故选B。

15. C 【解析】毛泽东在《〈共产党人〉发刊词》中把建设一个全国范围的、广大群众性的,思想上、政治上、组织上完全巩固的马克思主义政党称之为"伟大的工程"。故选C。

16. A 【解析】实事求是是辩证唯物主义和历史唯物主义的思想路线,是毛泽东思想的出发点、根本点,是毛泽东思想活的灵魂三个方面的有机统一中最具特色、最根本的原则,是毛泽东思想的精髓,是我们党的思想路线和最根本的思想方法、工作方法,是我们党的生命线和一切工作的准则,是党领导的革命与建设事业不断前进的根本保证。故选A。

17. A 【解析】群众路线,就是一切为了群众,一切依靠群众;从群众中来,到群众中去。一切为了群众、一切依靠群众,讲的是群众的观点,这是群众路线的核心内容。它是由中国共产党的宗旨决定的,是党的一切工作的根本出发点和归宿。故选A。

18. B 【解析】"工农武装割据"是毛泽东提出的关于中国革命新道路理论的一个科学概念。它是指在中国共产党领导下,以武装斗争为主要形式,以土地革命为中心内容,以农村革命根据地为战略阵地,三者密切结合。

19. C 【解析】1941年5月,毛泽东同志在延安高级干部会议上做了《改造我们的学习》的报告,标志着整风运动的开始。

20. D 【解析】毛泽东思想活的灵魂是实事求是、群众路线、独立自主。故选D。

21. A 【解析】"一个中心"是指以经济建设为中心,"两个基本点"是指坚持四项基本原则和坚持改革开放。

22. B 【解析】邓小平理论之所以能够解决社会主义的前途和命运问题,是因为邓小平理论是发展着的科学理论,它立足于我国基本国情,揭示了我国社会主义建设的规律性。

23. C 【解析】"一国两制"即"一个国家,两种制度",其基本含义是:在一个中国的前提下,国家的主体坚持社会主义制度;香港、澳门、台湾是中国不可分割的组成部分,它们作为特别行政区保持原有的资本主义制度和生活方式五十年不变。故选C。

24. C 【解析】"三个有利于"判断标准的确立,是由社会主义的本质及根本任务决定的。它的提出是与中国的国情紧密相连的,充分体现了解放思想、实事求是、与时俱进的思想路线。但是,它不是区分社会性质的标准,区分社会性质应该看国家的国体。C项说法错误,故选C。

25. B 【解析】中国特色社会主义理论体系是马克思主义中国化第二次历史性飞跃的理论成果。故选B。

26. B 【解析】党的十四大提出建立社会主义市场经济体制。

27. B 【解析】实行民族区域自治,是党根据我国的历史发展、文化特点、民族关系和民族分布等具体情况作出的制度安排,符合各民族人民的共同利益和发展要求。统一的多民族国家的长期存在和发展,是我国实行民族区域自治的历史依据。中国在历史上就是一个集中统一的国家,各民族之间虽有战有和,有统有分,但在漫长的历史进程中都认同自己是中国大家庭中的一员。

28. C 【解析】①1978年,党的十一届三中全会重新确立了"解放思想,实事求是"的思想路线;④1979年3月,邓小平同志代表中共中央在北京召开的理论工作务虚会中提出必须坚持"四项基本原则";③1987年,党的十三大确定"三步走"发展战略构想;②1992年,邓小平同志在南方谈话中完整提出社会主义本质理论。因此,顺序应为①④③②,故选C。

29. D 【解析】党领导的第一次革命把一个半殖民地半封建的旧中国变成一个社会主义新中国,第二次革命则要把一个经济文化比较落后的社会主义中国变成社会主义现代化中国。两者在革命的对象、革命的形式、革命的性质和所要解决的矛盾上都是不同的,D项错误。本题为选非题,故选D。

30. C 【解析】江泽民同志指出:"我们党的最大政治优势是善于组织群众、宣传群众、联系群众,党执政后的最大危险是脱离群众。"

31. A 【解析】"三个代表"重要思想为我们进一步发展壮大建设中国特色社会主义的依靠力量提供了根本指导。包括知识分子在内的工人阶级、广大农民,始终是推动我国先进生产力发展和社会全面进步的根本力量。这是"三个代表"重要思想始终坚持的一个基本观点。新出现的社会阶层也是中国特色社会主义的建设者,这是"三个代表"重要思想依据我国经济和社会结构的新变化,作出的一个新的科学判断,从而进一步拓展了建设中国特色社会主义的依靠力量。故选A。

32. C 【解析】科学发展观创造性地回答了"实现什么样的发展和怎样发展"的重大问题。

33. B 【解析】科学发展观的第一要义是发展。贯彻落实科学发展观,必须首先把握第一要义,坚持把发展作为党执政兴国的第一要务。

34. D 【解析】科学发展观,第一要义是发展,核心是以人为本,基本要求是全面协调可持续,根本方法是统筹兼顾。科学发展观的实质是实现经济社会又好又快的发展。

35. D 【解析】系统回答了新时代坚持和发展什么样的中国特色社会主义,怎样坚持和发展中国特色社会主义的是习近平新时代中国特色社会主义思想。

36. D 【解析】习近平新时代中国特色社会主义思想的丰富内涵可以概括为"八个明确",其中包括:明确中国特色社会主义事业总体布局是"五位一体"、战略布局是"四个全面",强调坚定道路自信、理论自信、制度自信、文化自信;明确全面深化改革总目标是完善和发展中国特色社会主义制度、推进国家治理体系和治理能力现代化;明确中国特色社会主义最本质的特征是中国共产党领导,中国特色社会主义制度的最大优势是中国共产党领导,党是最高政治领导力量,提出新时代党的建设总要求,突出政治建设在党的建设中的重要地位等内容。因此,ABC项均属于"八个明确"的内容;D项不属于"八个明确"的内容,符合题意。

37. D 【解析】习近平新时代中国特色社会主义思想的基本方略可以概括为"十四个坚持"。坚持党对一切工作的领导。坚持以人民为中心。坚持全面深化改革。坚持新发展理念。坚持人民当家作主。坚持全面依法治国。坚持社会主义核心价值体系。坚持在发展中保障和改善民生。坚持人与自然和谐共生。坚持总体国家安全观。坚持党对人民军队的绝对领导。坚持"一国两制"和推进祖国统一。坚持推动构建人类命运共同体。坚持全面从严治党。D项说法错误,符合题意。

38. A 【解析】辩证思维能力,就是承认矛盾、分析矛盾、解决矛盾,善于抓住关键、找准重点、洞察事物发展规律的能力,A项正确。B项,历史思维能力,就是以史为鉴、知古鉴今,善于运用历史眼光认识发展规律、把握前进方向、指导现实工作的能力。C项,战略思维能力,就是高瞻远瞩、统揽全局,善于把握事物发展总体趋势和方向的能力。D项,底线思维能力,就是客观地设定最低目标,立足最低点争取最大期望值的能力。故选A。

39. A 【解析】习近平总书记强调,发展是解决我国一切问题的基础和关键,发展必须是科学发展,必须坚持以人民为中心的发展思想,坚定不移贯彻创新、协调、绿色、开放、共享的发展理念,①②正确。习近平总书记强调,开放是实现国家繁荣富强的根本出路,要主动参与和推动经济全球化进程,发展更高层次的开放型经济,推动形成全面开放新格局,③正确。坚持完善和发展中国特色社会主义制度,不断发挥和增强我国制度优势。前进道路上,我们必须毫不动摇巩固和发展公有制经济,毫不动摇鼓励、支持、引导非公有制经济发展,充分发挥市场在资源配置中的决定性作用,更好发挥政府作用,激发各类市场主体活力,④错误。故选A。

40. C 【解析】中国特色社会主义事业总体布局是"五位一体",战略布局是"四个全面"。

41. D 【解析】习近平总书记在党的十九大报告中指出:中国特色社会主义进入新时代,我国社会主要矛盾已经转化为人民日益增长的美好生活需要和不平衡不充分的发展之间的矛盾。故选D。

42. B 【解析】十八大以来,以习近平同志为主要代表的中国共产党人,顺应时代发展,从理论和实践的结合上系统回答了新时代坚持和发展什么样的中国特色社会主义、怎样坚持和发展中国特色社会主义这个重大时代课题,创立了习近平新时代中国特色社会主义思想。故选B。

43. C 【解析】建设中国特色社会主义的总布局,是经济建设、政治建设、文化建设、社会建设、生态文明建设"五位一体"。

44. A 【解析】十九大报告指出,中国特色社会主义最本质的特征是中国共产党领导,中国特色社会主义制度的最大优势是中国共产党领导,A项正确。

45. D 【解析】社会主义初级阶段基本路线是党和国家的生命线,是实现科学发展的政治保证,A项与题意不符。四项基本原则是立国之本,是我们党、我们国家生存发展的政治基石,B项与题意不符。改革开放是强国之路,是我们党、我们国家发展进步的活力源泉,C项与题意不符。党始终保持强大的战略定力,坚持独立自主,既不走封闭僵化的老路,也不走改旗易帜的邪路,而是坚定不移走中国特色社会主义道路,D项正确。故选D。

46. B 【解析】旗帜鲜明讲政治是我们党作为马克思主义政党的根本要求。党的政治建设是党的根本性建设。

47. D 【解析】"学习强国"学习平台是由中宣部主管,以习近平新时代中国特色社会主义思想和党的十九大精神为主要内容,立足全体党员、面向全社会的优质平台。2019年1月1日,"学习强国"学习平台在全国上线。

48. A 【解析】习近平总书记在庆祝改革开放40周年大会上的讲话指出:"现在,我国是世界第二大经济体、制造业第一大国、货物贸易第一大国、商品消费第二大国、外资流入第二大国,我国外汇储备连续多年位居世界第一,中国人民在富起来、强起来的征程上迈出了决定性的步伐!"

49. D 【解析】十八届三中全会公报指出,全面深化改革的总目标是完善和发展中国特色社会主义制度,推进国家治理体系和治理能力现代化。故选D。

50. C 【解析】A项属于宏观政策;B项属于产业政策;D项属于社会政策。A、B、D三项表述均正确。加强供给侧结构性改革,微观政策要活,要完善市场环境、激发企业活力和消费者潜力。要做好企业服务工作,在制度上、政策上营造宽松的市场经营和投资环境,鼓励和支持各种所有制企业创新发展,保护各种所有制企业产权和合法利益,提高企业投资信心,改善企业市场预期,C项表述错误,符合题意。

51. B 【解析】十九大报告指出:"巩固和完善农村基本经营制度,深化农村土地制度改革,完善承包地'三权'分置制度。保持土地承包关系稳定并长久不变,第二轮土地承包到期后再延长三十年。"故选B。

52. D 【解析】实现中国梦必须弘扬中国精神。这就是以爱国主义为核心的民族精神,以改革创新为核心的时代精神。这种精神是凝心聚力的兴国之魂、强国之魂。

53. A 【解析】题干中由发展高耗能、高污染行业向打造文化、生态小镇发展,注重人与自然和谐共生,体现了绿色发展理念,A项正确。BCD项不符合题意。故选A。

54. D 【解析】社会治理是国家治理的重要方面。必须加强和创新社会治理,完善党委领导、政府负责、民主协商、社会协同、公众参与、法治保障、科技支撑的社会治理体系,建设人人有责、人人尽责、人人享有的社会治理共同体,确保人民安居乐业、社会安定有序,建设更高水平的平安中国。

55. A 【解析】大力支持乡村休闲旅游属于发展农村产业经济的举措,不属于推动乡村人才振兴的举措。本题为选非题,故选A。

56. A 【解析】政府兜底的是就业创业服务事项,不是就业数量,A项错误。通过加强技能培训,解决技能人才短缺的问题,提高就业质量,有利于稳就业,B项正确。新个税法实施、小微企业普惠性减税等政策,对稳定和扩大就业规模发挥了基础性作用,C项正确。拓宽服务业、新兴产业等就业新渠道,可以吸纳就业,D项正确。本题为选非题,故选A。

57. C 【解析】"中国特色社会主义进入新时代"这一论断是根据党和国家事业长远发展需要提出来的,不是历史学上时代划分的概念。

58. D 【解析】选项中的六项措施分别体现了协调、创新、开放、共享、绿色和共享的发展理念。

59. A 【解析】党的十九届四中全会提出,中国特色社会主义制度是党和人民在长期实践探索中形成的科学制度体系,我国国家治理一切工作和活动都依照中国特色社会主义制度展开,我国国家治理体系和治理能力是中国特色社会主义制度及其执行能力的集中体现。

60. B 【解析】党的十九届四中全会认为,实践证明,中国特色社会主义制度和国家治理体系是以马克思主义为指导、植根中国大地、具有深厚中华文化根基、深得人民拥护的制度和治理体系,是具有强大生命力和巨大优越性的制度和治理体系,是能够持续推动拥有近十四亿人口大国进步和发展、确保拥有五千多年文明史的中华民族实现"两个一百年"奋斗目标进而实现伟大复兴的制度和治理体系。

61. C 【解析】党的十九届四中全会强调,突出坚持和完善支撑中国特色社会主义制度的根本制度、基本制度、重要制度,着力固根基、扬优势、补短板、强弱项,构建系统完备、科学规范、运行有效的制度体系,加强系统治理、依法治理、综合治理、源头治理,把我国制度优势更好转化为国家治理效能,为实现"两个一百年"奋斗目标、实现中华民族伟大复兴的中国梦提供有力保证。

62. D 【解析】党的十九大之所以提出实施乡村振兴战略,就是要正视农业农村发展的阶段性特征和面临的突出问题，对新时代"三农"政策适时进行调整和完善，加快推进农业农村现代化。故本题选D。

63. A 【解析】习近平强调，不忘初心，牢记使命，就不要忘记我们是共产党人，我们是革命者，不要丧失了革命精神。习近平指出，时代是出卷人，我们是答卷人，人民是阅卷人。"答卷人"是指中国共产党。习近平指出，勇于自我革命，从严管党治党，是我们党最鲜明的品格，全面从严治党永远在路上。在新时代，我们党必须以党的自我革命来推动党领导人民进行的伟大社会革命，把党建设成为始终走在时代前列、人民衷心拥护、勇于自我革命、经得起各种风浪考验、朝气蓬勃的马克思主义执政党。故A正确。

64. A 【解析】核力量是维护国家主权和安全的战略基石。A项错误，当选。

65. A 【解析】十九大报告指出，实现中华民族伟大复兴是近代以来中华民族最伟大的梦想。中国共产党一经成立，就把实现共产主义作为党的最高理想和最终目标，义无反顾地肩负起实现中华民族伟大复兴的历史使命，团结带领人民进行了艰苦卓绝的斗争，谱写了气吞山河的壮丽史诗。

66. C 【解析】社会和谐是中国特色社会主义的本质属性，是国家富强、民族振兴、人民幸福的重要保证。

67. D 【解析】新时代中国特色社会主义思想，明确了中国特色社会主义最本质的特征是中国共产党的领导。

68. A 【解析】《中国共产党章程》的总纲规定，中国共产党坚持独立自主的和平外交政策，坚持和平发展道路，坚持互利共赢的开放战略。故选A。

69. D 【解析】"富强、民主、文明、和谐"是我国社会主义现代化国家的建设目标，也是从国家层面对社会主义核心价值观基本理念的凝练。"自由、平等、公正、法治"是对美好社会的生动表述，也是从社会层面对社会主义核心价值观基本理念的凝练。"爱国、敬业、诚信、友善"，是公民基本道德规范，是从个人行为层面对社会主义核心价值观基本理念的凝练。

70. D 【解析】"四个自信"即中国特色社会主义道路自信、理论自信、制度自信、文化自信。其中，文化自信是更基础、更广泛、更深厚的自信，是一个国家、一个民族发展中更基本、更深沉、更持久的力量。

71. D 【解析】伟大斗争、伟大工程、伟大事业、伟大梦想，紧密联系、相互贯通、相互作用，其中起决定性作用的是党的建设新的伟大工程。故选D。

72. A 【解析】遵义会议后，党中央开始重视在马克思列宁主义指导下系统总结中国革命的实践经验。而到延安整风后，推进马克思主义中国化，更好地指导中国革命，成为全党的共识。

73. B 【解析】在新民主主义革命、社会主义革命、社会主义建设、社会主义改革的过程中，对于中国共产党人来说，始终应保持实事求是的理论精髓、世界观和方法论基础，十分重要而且很有必要。故本题选B。

74. D 【解析】精神懈怠危险、能力不足危险、脱离群众危险、消极腐败危险更加尖锐地摆在全党面前。

75. A 【解析】十九大报告指出，坚持反腐败无禁区、全覆盖、零容忍，坚定不移"打虎""拍蝇""猎狐"，不敢腐的目标初步实现，不能腐的笼子越扎越牢，不想腐的堤坝正在构筑，反腐败斗争压倒性态势已经形成并巩固发展。

76. C 【解析】社会主义协商民主是在中国共产党领导下，人民内部各方面围绕改革发展稳定重大问题和涉及群众切身利益的实际问题，在决策之前和决策实施之中开展广泛协商，努力达成共识的重要民主形式。习近平在党的十九大报告中指出："有事好商量，众人的事情由众人商量，是人民民主的真谛。"深刻理解这一重要科学论断背后的科学逻辑，对推进社会主义协商民主广泛多层制度化发展，坚定中国特色社会主义道路自信、理论自信、制度自信、文化自信具有重要意义。故本题选C。

77. A 【解析】创新是一个民族进步的灵魂，是一个国家兴旺发达的不竭源泉，也是中华民族最鲜明的民族禀赋。

78. B 【解析】绿色发展已成为当下各级政府和全国人民的广泛共识，这是因为绿色发展注重的是解决人与自然和谐共生问题，坚持绿色发展是解决我国当前发展不平衡不充分问题的重要举措，是实现我国发展战略目标的重要途径。

79. C 【解析】习近平总书记的讲话告诉我们，我们必须有这样的底线思维，不断增强忧患意识，下好先手棋、打好主动仗，充分做好防范和化解各种重大风险的各项准备。

80. B 【解析】"三实"是指谋事要实、创业要实、做人要实。

二、多项选择题

1. ABCD 【解析】20世纪前中期世界和中国政局的变动，是毛泽东思想产生和形成的时代背景。毛泽东思想的产生和形成，是近现代中国社会和革命运动发展的客观需要和历史产物。新的社会生产力的增长和工人运动的发展，为毛泽东思想的产生和形成提供了物质基础。新文化运动的兴起和马克思列宁主义的传入与传播，为毛泽东思想的产生和形成准备了思想理论条件。中国共产党领导的人民革命，是毛泽东思想产生和形成的实践基础。

2. AB 【解析】标志着毛泽东思想萌芽的代表作是《中国社会各阶级的分析》《湖南农民运动考察报告》等。

3. AD 【解析】新民主主义革命直接目标的实现，彻底改变了买办的封建的生产关系，改变了建立在这种经济基础之上的腐朽的政治上层建筑，为从根本上解放被束缚的生产力创造了必要的条件。B项，只有从根本上解放被束缚的生产力才是检验新民主主义革命胜利的唯一标准;C项,新民主主义革命直接目标的实现仅仅为从根本上解放被束缚的生产力创造了条件,被束缚的生产力的解放是一个长期的过程,因此B、C项都不符合题干的要求。

4. BC 【解析】革命要依靠独立自主、自力更生,建设同样也要依靠独立自主、自力更生。新中国成立后,中国共产党又把这个原则运用到外交领域,把独立自主确定为新中国外交的基本方针,形成了独立自主的和平外交政策,并把这个原则运用于经济建设,形成了自力更生为主,争取外援为辅的建设方针。因此B、C两项符合题目要求,当选。A项既反保守又反冒进,坚持在综合平衡中稳步前进,是中共八大确定的经济建设的指导方针;D项为20世纪60年代确立的发展国民经济的总方针,均排除。

5. ABC 【解析】A项,毛泽东在八七会议上提出了著名的"政权是由枪杆子中取得"的论断。B项,井冈山时期,毛泽东为了批判党内存在的悲观思想,在给林彪的信中,运用唯物辩证法科学地分析了国内政治形势和敌我力量对比,提出"星星之火,可以燎原"的著名论断。C项,1946年,毛泽东在和美国记者的谈话中指出:"一切反动派都是纸老虎。看起来,反动派的样子是可怕的,但是实际上并没有什么了不起的力量。从长远的观点看问题,真正强大的力量不是属于反动派,而是属于人民。"D项,"改革是中国发展生产力的必由之路"是邓小平在1985年发表的对改革的性质的判断。故选ABC。

6. ABCD 【解析】无产阶级领导的,人民大众的,反对帝国主义、封建主义和官僚资本主义的革命,这就是中国共产党在新民主主义革命阶段的总路线。近代中国革命的两大任务是反帝和反封建。新民主主义革命的领导阶级是工人阶级。新民主主义革命的动力是人民大众,包括工人阶级、农民阶级、小资产阶级和民族资产阶级。新民主主义革命胜利后建立的是新民主主义社会,而终极前途是社会主义和共产主义。

7. ABD 【解析】农业互助合作的三种形式:一是农业生产互助组,二是初级农业生产合作社,三是高级农业生产合作社。

8. BCD 【解析】这段话是1950年6月6日毛泽东在中共七届三中全会上讲话的一部分。这时是国民经济恢复时期,B项正确;这段话的主要思想是团结一切可以团结的人,为新民主主义社会服务,后来进一步发展成为了八大确定的社会主义经济建设的指导方针,即"调动国内外一切积极因素,为社会主义建设服务",C项正确;这段话提到的孤立对象是"国民党残余、特务、土匪""地主阶级""台湾、西藏的反动派""帝国主义",这些孤立的对象概括起来就是帝国主义分子、封建地主阶级和官僚资产阶级,实质上就是新民主主义革命的主要对象,D项正确。这段话虽然提到了"使工人、农民、小手工业者都拥护我们,使民族资产阶级和知识分子中的绝大多数人不反对我们"来最大限度地孤立敌人,包含了党的统一战线的些许因素,但并不是对党的统一战线法宝的集中概括,A项错误。

9. ACD 【解析】统一战线,武装斗争,党的建设,是中国共产党在中国革命中战胜敌人的三个法宝。故选ACD。

10. AC 【解析】在国民革命时期,建立的统一战线为"联合战线",又叫"第一次国共合作";土地革命时期为工农民主统一战线;抗日战争时期建立了抗日民族统一战线,又称第二次国共合作;解放战争时期建立的是人民民主统一战线。各个时期的合作成分各不相同,在新民主主义革命时期,建立的以国共合作为基础的统一战线有两次,即A、C项,又称两次国共合作。故选AC。

11. BCD 【解析】三大改造是新中国成立后由中国共产党领导的对农业、手工业和资本主义工商业的社会主义改造。三大改造的完成实现了把生产资料私有制转变为社会主义公有制的目标,为我国的社会主义工业化开辟了道路,我国从此进入社会主义初级阶段。

12. ABCD 【解析】毛泽东在中共七届二中全会的报告中提出:"务必使同志们继续地保持谦虚、谨慎、不骄、不躁的作风,务必使同志们继续地保持艰苦奋斗的作风",A项正确。毛泽东在八七会议的发言中强调:"要非常注意军事,须知政权是由枪杆子中取得的",B项正确。《论十大关系》是毛泽东于1956年在中共中央政治局扩大会议上的讲话,是关于正确处理社会主义建设中十大关系的思想,C项正确。《关于正确处理人民内部矛盾的问题》明确指出敌我矛盾是阶级之间由于根本利益互相冲突而产生的矛盾,人民内部矛盾则是人民内部在根本利益一致基础上的矛盾,D项正确。故选ABCD。

13. AD 【解析】本题考查两个知识点:一是毛泽东思想形成阶段的主要理论成果和基本内容;二是毛泽东的科学著作,是毛泽东思想的集中概括。B项是毛泽东思想萌芽阶段的基本思想,C项是毛泽东思想成熟时期的思想。故选AD。

14. BD 【解析】对毛泽东思想作出系统概括和阐述的党的文献,是党的七大上刘少奇所作的《关于修改党的章程的报告》,以及党的十一届六中全会所通过的《关于建国以来党的若干历史问题的决议》,其他不是系统的概括和阐述。故选BD。

15. ABCD 【解析】《论十大关系》中的十大关系分别是:重工业和轻工业、农业的关系;沿海工业和内地工业的关系;经济建设和国防建设的关系;国家、生产单位和生产者个人的关系;中央和地方的关系;汉族和少数民族的关系;党和非党的关系;革命和反革命的关系;是非关系;中国和外国的关系。要开辟与苏联不同的中国工业化道路,前四个皆与工业化经济建设相关。故选ABCD。

16. ABC 【解析】延安整风运动是中国共产党自1942年2月开始在陕甘宁边区延安根据地所发动的一场政治和文化的运动,持续了约3年时间。所谓的整风是指"整顿三风",包括"反对主观主义以整顿学风,反对宗派主义以整顿党风,反对党八股以整顿文风"。整风运动的进行,使毛泽东在党中央的地位更加确立,也使共产党对于干部和党员的领导更加有力。故选ABC。

17. ABD 【解析】社会主义制度确立的意义有:(1)社会主义制度的确立为当代中国的一切发展进步奠定了根本政治前提和制度基础,为现代化建设创造了制度条件;(2)社会主义制度的确立,使广大人民真正成为国家的主人和社会生产资料的主人,这是中国几千年来阶级关系最根本的变革;(3)社会主义制度的确立使占世界人口四分之一的东方大国进入了社会主义社会,这是世界社会主义运动史上又一个历史性的胜利。它改变了世界政治经济格局,增强了社会主义力量,对维护世界和平产生了积极影响。故选ABD。

18. ABCD 【解析】我国对资本主义工商业改造的形式主要包括:从委托加工、计划订货、统购包销、经销代销的低级形式国家资本主义发展到部分行业公私合营、全行业公私合营的高级形式国家资本主义。

19. ABCD 【解析】实事求是的本质要求,就是理论与实际相统一。坚持实事求是的思想路线,还包括解放思想的深刻含义。解放思想和实事求是在本质上是完全一致的:实事求是是解放思想的基础,只有坚持实事求是,才能真正达到解放思想,解放思想是坚持实事求是原则的重要条件。只有坚持解放思想,才能保证做到实事求是。要做到实事求是,就必须对实际情况作全面深入的调查研究。调查研究是贯彻实事求是思想路线的基础环节,也是实现马克思主义和中国实际相结合的基本途径和方法。要做到实事求是,必须反对经验主义和教条主义。实事求是的对立面就是一切从书本出发的教条主义和一切从经验出发的经验主义,两者的具体表现有所不同,但都是主观与客观相脱离,都犯了主观主义的毛病。

20. ABD 【解析】毛泽东在《论联合政府》的报告中,第一次从理论上高度概括了中国共产党的优良作风。他说:"以马克思列宁主义的理论思想武装起来的中国共产党,在中国人民中产生了新的工作作风,这主要的就是理论和实践相结合的作风,和人民群众紧密地联系在一起的作风以及自我批评的作风。"故选ABD。

21. ABCD 【解析】马列主义、毛泽东思想、邓小平理论是一脉相承的统一的科学体系。它们之间相互联系,同属于一个科学体系,即马克思主义;又在理论基础、原则立场、思想方法、历史使命、基本主题等方面高度统一,都以辩证唯物主义和历史唯物主义为哲学基础;都集中代表了工人阶级和广大人民群众的根本利益;都是为了实现社会主义、共产主义的共同目标。

22. ABD 【解析】1981年,党的十一届六中全会通过了《关于建国以来党的若干历史问题的决议》,科学地评价了毛泽东的历史地位和毛泽东思想;科学地总结了建国32年的历史;肯定了十一届三中全会以来确立的社会主义现代化建设的正确道路。ABD为正确答案。C项是十一届三中全会的内容,排除。

23. ABCD 【解析】邓小平理论的主要内容主要包括社会主义本质理论、社会主义初级阶段理论、社会主义改革开放理论和社会主义市场经济理论等。

24. ABCD 【解析】当代国际局势的新发展,和平与发展成为时代主题,是邓小平理论形成的时代背景。我国社会主义建设正反两方面的历史经验和世界上其他社会主义国家兴衰成败的历史经验,是邓小平理论形成的历史依据。我国改革开放和现代化建设的实践,是邓小平理论形成的现实依据。故选ABCD。

25. ABC 【解析】邓小平同志关于我国发展的"三步走"战略是:第一步从1981年到1990年国民生产总值翻一番,实现温饱;第二步从1991年到二十世纪末再翻一番,达到小康;第三步到二十一世纪中叶再翻两番,达到中等发达国家水平。

26. BCD 【解析】"一国两制"的构想中,高度自治的内容包括:特别行政区行使地方政府的权力,除在外交、国防、宣战、媾和方面服从中央外,享有高度的自治权,包括行政管理权、立法权、独立的司法权和终审权。

27. ABC 【解析】A项,邓小平同志在十四大上提出社会主义市场经济理论。BC项,1992年,邓小平同志在南方谈话中提出社会主义本质理论和"三个有利于"思想。D项,社会主义初级阶段的基本纲领是由江泽民同志在十五大报告中提出的,排除。故选ABC。

28. ABCD 【解析】改革是中国的第二次革命,是相对于新民主主义革命而言的;改革是中国的第二次革命,是从解放生产力,扫除社会发展生产力的障碍这个意义的角度而言的;改革是中国的第二次革命,是就改革的深刻性和广泛性而言的。社会主义改革是在坚持社会主义的基本制度的基础上对旧体制的根本性变革,改革必然会涉及和引起政治、文化、教育、科技等社会生活的各个领域的深刻变化。故选ABCD。

29. ABD 【解析】改革是动力,发展是目的,稳定是前提。三者之间是相互依存、相互促进的辩证关系。必须把改革的力度、发展的速度和社会可以承受的程度统一起来,把不断改善人民生活作为处理改革发展稳定关系的重要结合点,在社会稳定中推进改革发展,通过改革发展促进社会稳定。

30. ABC 【解析】"三个代表"是指中国共产党必须始终代表中国先进生产力的发展要求,始终代表中国先进文化的前进方向,始终代表中国最广大人民的根本利益。

31. ABCD 【解析】"三个代表"重要思想形成的社会历史条件包括:时代背景,历史依据,现实依据和时代要求四个方面。当代世界的新变化是“三个代表”重要思想形成的时代背景。社会主义兴衰成败的经验教训是“三个代表”重要思想形成的历史依据。国情和党情的新变化是“三个代表”重要思想形成的现实依据。当代世界和中国的发展变化对党和国家工作的新要求是“三个代表”重要思想形成的时代要求。故选ABCD。

32. ABCD 【解析】中国共产党是中国工人阶级先锋队，同时又是中国人民和中华民族先锋队。建设中国特色社会主义的根本目的是维护好、实现好、发展好最广大人民的根本利益。无产阶级政党一切权益属于人民，坚持致力于实现最广大人民的根本利益的鲜明政治立场。一切以符合最广大人民的根本利益为最高衡量标准。注重从人民群众的实践中吸取养分，以最广大人民的实践为理论创新的源泉，以实现最广大人民的根本利益为理论创新的目的。故选ABCD。

33. ACD 【解析】“三个代表”反映的发展先进生产力、发展先进文化、实现最广大人民的根本利益的要求，既是在充满希望和挑战的21世纪党的发展方向，也是对党的要求和衡量标准。故ACD正确。

34. ABC 【解析】江泽民在“七一”讲话中指出：“贯彻‘三个代表’要求，我们必须坚持党的工人阶级先锋队的性质，始终保持党的先进性，同时要根据经济发展和社会进步的实际，不断增强党的阶级基础和扩大党的群众基础，不断提高党的社会影响力。”

35. ABCD 【解析】党章规定的党员的义务主要包括：坚持党和人民的利益高于一切；自觉遵守党的纪律；维护党的团结和统一；切实开展批评和自我批评。

36. ABCD 【解析】党的基层组织的基本任务主要是：宣传和执行党的路线；发挥党员和群众的创造性；做好发展党员的工作；密切联系群众。

37. ABCD 【解析】题中的四个选项是树立和落实科学发展观所要把握好的“四个必须”的具体内容。故选ABCD。

38. ABD 【解析】党的十六届三中全会明确提出了科学发展观，强调把坚持以人为本和经济社会全面、协调、可持续发展统一起来，按照“五个统筹”的要求推进改革和发展。这标志着我们党对社会主义现代化建设规律的认识更加深入。科学发展观是着力解决我国经济社会发展中面临的实际困难和突出问题而进行的重大理论创新。故选ABD。

39. BD 【解析】改革中面对的社会基本矛盾是非对抗性的，A项错误。生产方式决定社会的性质和总体面貌，C项错误。题干表明改革是社会主义制度的自我完善和发展，改革必须坚持以人民为中心的发展思想。故选BD。

40. ABCD 【解析】在习近平新时代中国特色社会主义思想指导下，中国共产党领导全国各族人民，统揽伟大斗争、伟大工程、伟大事业、伟大梦想，推动中国特色社会主义进入了新时代。故选ABCD。

41. BD 【解析】我国秉持亲诚惠容的周边外交理念，A项错误。人类命运共同体思想展现出中国领导人面向未来的长远眼光、博大胸襟和历史担当，B项正确。我国秉持正确义利观和真实亲诚理念，加强同发展中国家团结合作，包括义利相兼、以义为先的正确义利观以及结伴而不结盟的国家间伙伴关系，C项错误，D项正确。故选BD。

42. ABC 【解析】党的十九大报告指出，新时代中国特色社会主义思想，明确坚持和发展中国特色社会主义，总任务是实现社会主义现代化和中华民族伟大复兴，在全面建成小康社会的基础上，分两步走在本世纪中叶建成富强民主文明和谐美丽的社会主义现代化强国。D项错误，ABC表述正确。

43. ABCD 【解析】习近平新时代中国特色社会主义思想，是对马克思列宁主义、毛泽东思想、邓小平理论、“三个代表”重要思想、科学发展观的继承和发展，是马克思主义中国化最新成果，是党和人民实践经验和集体智慧的结晶，是中国特色社会主义理论体系的重要组成部分，是全党全国人民为实现中华民族伟大复兴而奋斗的行动指南，必须长期坚持并不断发展。故选ABCD。

44. ABCD 【解析】新时代党的建设总要求是：(1)坚持和加强党的全面领导，坚持党要管党、全面从严治党，即“两个坚持”的根本方针；(2)以加强党的长期执政能力建设、先进性和纯洁性建设为主线，以党的政治建设为统领，以坚定理想信念宗旨为根基，以调动全党积极性、主动性、创造性为着力点，即“四个以”的工作思路；(3)全面推进党的政治建设、思想建设、组织建设、作风建设、纪律建设，把制度建设贯穿其中，深入推进反腐败斗争，即“5+2”的总体布局；(4)不断提高党的建设质量，把党建设成为始终走在时代前列、人民衷心拥护、勇于自我革命、经得起各种风浪考验、朝气蓬勃的马克思主义执政党。故选ABCD。

45. ABC 【解析】党的十八大以来，面对十分复杂的国内外环境，习近平总书记强调要提高战略思维、历史思维、辩证思维、创新思维、法治思维、底线思维等思维能力，不断战胜前进中的风险和困难。故选ABC。

46. ABD 【解析】习近平总书记强调，要围绕农民群众最关心、最直接、最现实的利益问题，加快补齐农村发展和民生短板，让亿万农民有更多实实在在的获得感、幸福感、安全感。

47. ABD 【解析】十九大报告指出，全党同志一定要永远与人民同呼吸、共命运、心连心，永远把人民对美好生活的向往作为奋斗目标，以永不懈怠的精神状态和一往无前的奋斗姿态，继续朝着实现中华民族伟大复兴的宏伟目标奋勇前进。故选ABD。

48. ABCD 【解析】十九大报告指出，坚持党对一切工作的领导。党政军民学,东西南北中,党是领导一切的。必须增强政治意识、大局意识、核心意识、看齐意识,自觉维护党中央权威和集中统一领导,自觉在思想上政治上行动上同党中央保持高度一致,完善坚持党的领导的体制机制,坚持稳中求进工作总基调,统筹推进“五位一体”总体布局,协调推进“四个全面”战略布局,提高党把方向、谋大局、定政策、促改革的能力和定力,确保党始终总揽全局、协调各方。故选ABCD。

49. ACD 【解析】十九大报告指出,必须认识到,我国社会主要矛盾的变化,没有改变我们对我国社会主义所处历史阶段的判断,我国仍处于并将长期处于社会主义初级阶段的基本国情没有变,我国是世界最大发展中国家的国际地位没有变。故选ACD。

50. ABCD 【解析】十九大报告指出,要深刻认识党面临的执政考验、改革开放考验、市场经济考验、外部环境考验的长期性和复杂性,深刻认识党面临的精神懈怠危险、能力不足危险、脱离群众危险、消极腐败危险的尖锐性和严峻性,坚持问题导向,保持战略定力,推动全面从严治党向纵深发展。故选ABCD。

51. ABCD 【解析】十九大报告指出,全党同志特别是高级干部要加强党性锻炼,不断提高政治觉悟和政治能力,把对党忠诚、为党分忧、为党尽职、为民造福作为根本政治担当,永葆共产党人政治本色。故选ABCD。

52. ACD 【解析】十九大报告指出,明确党在新时代的强军目标是建设一支听党指挥、能打胜仗、作风优良的人民军队,把人民军队建设成为世界一流军队。故选ACD。

53. ABC 【解析】十九大报告指出,坚持房子是用来住的、不是用来炒的定位,加快建立多主体供给、多渠道保障、租购并举的住房制度,让全体人民住有所居。故选ABC。

54. ABCD 【解析】十九大报告指出,按照兜底线、织密网、建机制的要求,全面建成覆盖全民、城乡统筹、权责清晰、保障适度、可持续的多层次社会保障体系。故选ABCD。

55. ABCD 【解析】必须坚持中国特色社会主义政治发展道路,坚持和完善人民代表大会制度、中国共产党领导的多党合作和政治协商制度、民族区域自治制度、基层群众自治制度,巩固和发展最广泛的爱国统一战线,发展社会主义协商民主,健全民主制度,丰富民主形式,拓宽民主渠道,保证人民当家作主落实到国家政治生活和社会生活之中。故选ABCD。

三、判断题

1. × 【解析】毛泽东思想,是马克思列宁主义普遍原理和中国革命具体实践相结合的产物。它是以毛泽东为主要代表的中国共产党人,运用马克思主义的立场、观点和方法,把中国长期革命和建设实践中的一系列独创性经验作了理论性概括而形成的适合中国情况的科学的指导思想。题干说法太片面。

2. √ 【解析】中共二大上确定了党的最高革命纲领和最低革命纲领,分别是实现共产主义和实现反帝反封建革命任务的胜利,这也是中国人第一次旗帜鲜明地提出了反帝反封建的革命纲领。

3. × 【解析】1943年7月5日,王稼祥在为纪念党的22周年所作的《中国共产党与中国民族解放的道路》一文中,第一次提出“毛泽东思想”这一概念。

4. √ 【解析】1935年1月召开的遵义会议是中国共产党第一次在没有共产国际的干预下独立解决自己的军事和组织问题的会议,是党独立自主地解决党内重大问题的新起点,成为党的历史上一个生死攸关的转折点,标志着中国共产党在政治上的成熟。

5. √ 【解析】新旧民主主义革命的根本区别在于其革命领导阶级不同。五四运动以前,中国民主革命的领导者是资产阶级,中国工人阶级只是追随资产阶级参加革命;五四运动以后,中国工人阶级作为独立的政治力量登上政治舞台,其政党——中国共产党担负起领导中国民主革命的重任。

6. √ 【解析】以五四运动为标志,五四运动之前的民主革命是旧民主主义革命,自五四运动之后,中国工人阶级作为一支独立的政治力量登上政治舞台,在中国共产党的领导下开始了新民主主义革命。

7. √ 【解析】实事求是是毛泽东思想的出发点、根本点,是毛泽东思想活的灵魂三个方面中最具特色、最根本的原则,是毛泽东思想的精髓。

8. × 【解析】新民主主义革命理论的形成是毛泽东思想成熟的重要标志。

9. √ 【解析】“不打无准备之仗,不打无把握之仗,每战都应力求有准备,力求在敌我条件对比下有胜利的把握”是毛泽东的十大军事原则之一。

10. × 【解析】1941年5月,毛泽东在《改造我们的学习》的报告中对“实事求是”的内涵进行了科学的界定,而非邓小平。

11. × 【解析】党的三大优良作风是毛泽东在党的七大上作的《论联合政府》的政治报告中总结概括出来的。

12. × 【解析】“打扫和洗涤灰尘”寓意着批评与自我批评的优良作风。

13. × 【解析】1992年初,邓小平在“南方谈话”中提出:“社会主义的本质,是解放生产力,发展生产力,消灭剥削,消除两极分化,最终达到共同富裕。”题干中“同步富裕”的说法错误。

14. × 【解析】邓小平理论的精髓是解放思想,实事求是。

15. × 【解析】1997年9月召开的党的十五大根据我们党理论创新的新进展,明确地把“邓小平理论”写入党章,确立为党的指导思想。

16. × 【解析】我国社会主义初级阶段是指从社会主义

改造完成到社会主义现代化基本实现的历史阶段。

17. × 【解析】中国正处于社会主义初级阶段,解决社会主要矛盾的根本途径应该是:以经济建设为中心,解放和发展生产力。

18. √ 【解析】一国两制是一个国家两种制度的简称,指在一个中国的前提下,国家的主体坚持社会主义制度,香港、澳门和台湾实行资本主义制度。

19. × 【解析】党的十三大第一次比较系统地论述了社会主义初级阶段理论,制定了党在社会主义初级阶段的"一个中心、两个基本点"的基本路线。

20. √ 【解析】"解放生产力,发展生产力"是实现"消灭剥削,消除两极分化,最终达到共同富裕"的物质基础。"消灭剥削、消除两极分化"的根本条件是坚持社会主义制度。

21. √ 【解析】江泽民同志指出:"看一个政党是否先进,是不是工人阶级先锋队,主要应看它的理论和纲领是不是马克思主义的,是不是代表社会发展的正确方向,是不是代表最广大人民的根本利益。"

22. √ 【解析】始终把人民放在最重要位置,与人民同甘苦共命运,是共产党执政理念的核心思想,要做到权为民所用,情为民所系,利为民所谋。

23. × 【解析】党的十六届五中全会提出了建设社会主义新农村的总体要求,即"生产发展、生活宽裕、乡风文明、村容整洁、管理民主"的二十字方针。随着经济社会的发展和时代的变化,这一总体要求已经远不能适应农村居民日益增长的美好生活需要。在这种新的情况下,党的十九大报告提出了乡村振兴的新的二十字方针,即"产业兴旺、生态宜居、乡风文明、治理有效、生活富裕"。

24. √ 【解析】党的十九大报告指出,建设现代化经济体系,必须把发展经济的着力点放在实体经济上,把提高供给体系质量作为主攻方向,显著增强我国经济质量优势。

25. × 【解析】与时俱进,就是党的全部理论和工作要体现时代性,把握规律性,富于创造性。能否始终做到这一点,决定着党和国家的前途命运。

26. × 【解析】加强党的执政能力建设的核心是密切党同人民群众的联系。

27. × 【解析】科学发展观的基本要求是全面协调可持续。

28. √ 【解析】党的基本路线是党和国家的生命线,是实现科学发展的政治保证,其核心内容是"一个中心,两个基本点",即以经济建设为中心,坚持四项基本原则,坚持改革开放。

29. √ 【解析】中国共产党一经成立,就把实现共产主义作为党的最高理想和最终目标。中国共产党人的初心和使命,就是为中国人民谋幸福,为中华民族谋复兴。

30. × 【解析】社会主义核心价值体系的基础是社会主义荣辱观。以"八荣八耻"为核心内容的社会主义荣辱观集中反映了当代中国社会最基本的价值要求和行为准则,奠定了社会主义核心价值体系的基础。

31. × 【解析】十九届四中全会强调,突出坚持和完善支撑中国特色社会主义制度的根本制度、基本制度、重要制度。

32. × 【解析】改革开放是强国之路,是我国社会主义事业发展的强大动力。发展是解决我国一切问题的基础和关键。

33. √ 【解析】全面深化改革的总目标是完善和发展中国特色社会主义制度、推进国家治理体系和治理能力现代化。

34. × 【解析】中国特色社会主义理论体系包括邓小平理论、"三个代表"重要思想、科学发展观以及习近平新时代中国特色社会主义思想。

35. × 【解析】人民当家作主是社会主义民主政治的本质特征,依法治国是党领导人民治理国家的基本方式,党的领导是人民当家作主和依法治国的根本保证,三者统一于我国社会主义民主政治伟大实践。

36. × 【解析】党的十九大将习近平新时代中国特色社会主义思想确立为党必须长期坚持的指导思想并载入党章,实现了党的指导思想的又一次与时俱进。

37. √ 【解析】习近平新时代中国特色社会主义思想是新时代中国共产党的思想旗帜,是国家政治生活和社会生活的根本指针,是当代中国的马克思主义、21世纪的马克思主义。

38. × 【解析】《习近平新时代中国特色社会主义思想学习纲要》中指出,就业是最大的民生工程、民心工程、根基工程。要把稳就业摆在突出位置,实施就业优先政策,实现更高质量和更充分就业。

39. √ 【解析】习近平总书记指出,改革和法治如鸟之两翼、车之两轮。

40. × 【解析】党的十九届四中全会提出,鼓励勤劳致富,保护合法收入,增加低收入者收入,扩大中等收入群体,调节过高收入,清理规范隐性收入,取缔非法收入。题干中的"缩小中等收入群体"说法错误。

专题三　时政热点与重大方针政策

一、单项选择题

1. B 【解析】2021年,教育部办公厅印发了《关于进一步加强中小学生睡眠管理工作的通知》。《通知》要求,小学生每天睡眠时间应达到10小时,初中生应达到9小时,高中生应达到8小时。

2. C 【解析】《大中小学劳动教育指导纲要(试行)》指出:在大中小学设立劳动教育必修课程。中小学劳动教育课平均每周不少于1课时,职业院校开设劳动专题教育必修课,不少于16学时,本科阶段不少于32学时。故选C。

3. B 【解析】《国家综合立体交通网规划纲要》指出，建设面向世界的京津冀、长三角、粤港澳大湾区、成渝地区双城经济圈4大国际性综合交通枢纽集群。

4. D 【解析】全国人口（我国大陆31个省、自治区、直辖市和现役军人的人口，不包括居住在31个省、自治区、直辖市的港澳台居民和外籍人员）共141178万人。我国人口10年来继续保持低速增长态势。

5. D 【解析】我国第七次全国人口普查结果显示，我国人口10年来继续保持低速增长态势，人口红利和人才红利仍然存在，发展动力依旧强劲。

6. A 【解析】"十四五"规划强调，坚持新发展理念。把新发展理念贯穿发展全过程和各领域，构建新发展格局，切实转变发展方式，推动质量变革、效率变革、动力变革，实现更高质量、更有效率、更加公平、更可持续、更为安全的发展。

7. D 【解析】《中华人民共和国国民经济和社会发展第十四个五年规划和2035年远景目标纲要》提出，坚持党的全面领导，健全规划实施保障机制，更好履行政府职责，最大程度激发各类主体的活力和创造力，形成全面建设社会主义现代化国家的强大合力。

8. D 【解析】党的十九届五中全会通过的《中共中央关于制定国民经济和社会发展第十四个五年规划和二〇三五年远景目标的建议》，从经济发展取得新成效、改革开放迈出新步伐、社会文明程度得到新提高、生态文明建设实现新进步、民生福祉达到新水平、国家治理效能得到新提升六个方面，明确了"十四五"时期经济社会发展主要目标，展现了我国发展的光明前景。可见，"十四五"时期经济社会发展六大"新"目标中，经济发展取得新成就是首要目标。

9. D 【解析】《中华人民共和国国民经济和社会发展第十四个五年规划和2035年远景目标纲要》指出，完善技术创新市场导向机制，强化企业创新主体地位，促进各类创新要素向企业集聚，形成以企业为主体、市场为导向、产学研用深度融合的技术创新体系。D项"促进各类创新要素向政府集聚"说法错误。本题为选非题，故选D。

10. D 【解析】"十四五"时期，基础研究被提至重要地位。"十四五"规划纲要提出，基础研究经费投入占研发经费投入的比重提高到8%以上。

11. C 【解析】"十四五"规划提出构建以国内大循环为主体、国内国际双循环相互促进的新发展格局，并把科技创新作为首要任务。

12. D 【解析】《中华人民共和国国民经济和社会发展第十四个五年规划和2035年远景目标纲要》指出，坚持扩大内需这个战略基点，加快培育完整内需体系，把实施扩大内需战略同深化供给侧结构性改革有机结合起来，以创新驱动、高质量供给引领和创造新需求，加快构建以国内大循环为主体、国内国际双循环相互促进的新发展格局。

13. D 【解析】党的十九届五中全会指出，"十四五"时期，民生福祉达到新水平，实现更加充分更高质量就业，居民收入增长和经济增长基本同步，分配结构明显改善。

14. C 【解析】"十四五"规划提出，贯彻尊重劳动、尊重知识、尊重人才、尊重创造方针，深化人才发展体制机制改革，全方位培养、引进、用好人才。

15. A 【解析】"十四五"规划强调，加强创新型、应用型、技能型人才培养，实施知识更新工程、技能提升行动，壮大高水平工程师和高技能人才队伍。

16. C 【解析】①2013年11月，习近平到湖南湘西考察时首次作出了"实事求是、因地制宜、分类指导、精准扶贫"的重要指示。②2017年10月，"三大攻坚战"在党的十九大报告中被首次提出。习近平总书记在十九大报告中提出："要坚决打好防范化解重大风险、精准脱贫、污染防治的攻坚战，使全面建成小康社会得到人民认可、经得起历史检验。"③2013年4月，习近平总书记到海南省三亚市博后村考察时，明确提出"小康不小康，关键看老乡"的重要论述，这句话也从这里传遍大江南北。④2015年10月，国家主席习近平在减贫与发展高层论坛上首次提出"五个一批"的脱贫措施，为打通脱贫"最后一公里"开出破题药方。习近平强调，要解决好"怎么扶"的问题，按照贫困地区和贫困人口的具体情况，实施"五个一批"工程：发展生产脱贫一批、易地搬迁脱贫一批、生态补偿脱贫一批、发展教育脱贫一批、社会保障兜底一批。综上，上述观点及举措，按提出时间先后排序正确的是③①④②。故选C。

17. B 【解析】习近平总书记指出："事实充分证明，精准扶贫是打赢脱贫攻坚战的制胜法宝，开发式扶贫方针是中国特色减贫道路的鲜明特征。只要我们坚持精准的科学方法、落实精准的工作要求，坚持用发展的办法解决发展不平衡不充分问题，就一定能够为经济社会发展和民生改善提供科学路径和持久动力！"故选B。

18. C 【解析】国务院新闻办公室于2021年发布的《人类减贫的中国实践》白皮书显示，改革开放以来，按照现行贫困标准计算，中国7.7亿农村贫困人口摆脱贫困；按照世界银行国际贫困标准，中国减贫人口占同期全球减贫人口70%以上，提前10年实现《联合国2030年可持续发展议程》减贫目标。中国打赢脱贫攻坚战显著缩小了世界贫困人口的版图。

19. D 【解析】基础研究是整个科学体系的源头，是所有技术问题的总机关。我们要想实现科技的自立自强，基础创新能力方面必须要过硬。故选D。

20. D 【解析】碳中和是指企业、团体或个人测算在一定时间内直接或间接产生的温室气体排放总量，然后通过造树造林、节能减排等形式，抵消自身产生的二氧化碳排放量，实现二氧化碳"零排放"，并非不再向环境中排碳，D项错误。本题为选非题，故选D。

21. D 【解析】国家医保局会同国家卫健委出台《关于建

立完善国家医保谈判药品“双通道”管理机制的指导意见》,从分类管理、遴选药店、完善支付政策等方面,明确“双通道”管理要求,亮剑进院“最后一公里”。意见首次从国家层面,将定点零售药店纳入医保谈判药品的供应保障范围,并实行与医疗机构统一的支付政策。

22. A 【解析】国家疾病预防控制局的成立意味着从顶层设计上下功夫,标志着疾控机构职能从单纯预防控制疾病向全面维护和促进全人群健康转变。

23. C 【解析】《以史为镜、以史明志,知史爱党、知史爱国》指出,要努力从党走过的风云激荡的历史中、从党开创和不断推进的伟大事业中、从党全心全意为人民服务的根本宗旨和长期实践中,深化对党的信赖,坚定对党的领导的信念。在坚持党的领导这个重大原则问题上,我们脑子要特别清醒、眼睛要特别明亮、立场要特别坚定,绝不能有任何含糊和动摇。

24. B 【解析】《中国共产党组织工作条例》强调建立健全以民主集中制为核心的组织制度体系。

25. B 【解析】2021年4月,国家主席习近平在北京以视频方式出席领导人气候峰会并指出:“面对全球环境治理前所未有的困难,国际社会要以前所未有的雄心和行动,勇于担当,勠力同心,共同构建人与自然生命共同体。”

二、多项选择题

1. ABCD 【解析】《中华人民共和国未成年人保护法》已由中华人民共和国第十三届全国人民代表大会常务委员会第二十二次会议于2020年10月17日修订通过,自2021年6月1日起施行。本次修订的创新和亮点包括:(1)在结构上,在家庭保护、学校保护、社会保护、司法保护的基础上,增加了网络保护和政府保护两个专章,从保护主体、保护场域角度规定了对未成年人的保护内容。(2)在基本原则上,第一次将“国家保障”写入条文中,规定了国家保障未成年人享有生存权、发展权和参与权。(3)在协调机制上,规定了协调机制的具体工作由县级以上人民政府的民政部门承担,省级人民政府也可以根据本地的实际情况确定由其他有关部门承担。(4)在主要制度上,明确了强制报告制度,强化、细化了家庭的监护制度,发展完善了国家监护制度,确立和细化了委托照护制度,规定了全国统一的侵害未成年人违法犯罪信息查询和从业禁止制度,规定了人身权利保障制度,创新发展了网络安全与保护制度。故选ABCD。

2. BCD 【解析】二十字伟大抗疫精神:生命至上,举国同心,舍生忘死,尊重科学,命运与共。

3. ACD 【解析】脱贫攻坚精神的内涵包括:上下同心、尽锐出战、精准务实、开拓创新、攻坚克难、不负人民。

4. BCD 【解析】红船精神是红色革命精神之一,指的是开天辟地、敢为人先的首创精神,坚定理想、百折不挠的奋斗精神,立党为公、忠诚为民的奉献精神。“红船精神”是中国革命精神之源。红船正是走在时代前列的象征,“红船精神”充分体现了走在时代前列的精神,这也就集中体现了党的先进性,是党的先进性之源。故选BCD。

5. BCD 【解析】2020年11月16日至17日,党的历史上首次召开的中央全面依法治国工作会议,将习近平法治思想明确为全面依法治国的指导思想。这次会议的一个重要成果,就是首次提出习近平法治思想。会议强调,习近平法治思想内涵丰富、论述深刻、逻辑严密、系统完备,从历史和现实相贯通、国际和国内相关联、理论和实际相结合上深刻回答了新时代为什么实行全面依法治国、怎样实行全面依法治国等一系列重大问题。故选BCD。

6. ACD 【解析】习近平总书记在党史学习教育动员大会上讲话时指出,开展党史学习教育意义重大:第一,在全党开展党史学习教育,是牢记初心使命、推进中华民族伟大复兴历史伟业的必然要求;第二,在全党开展党史学习教育,是坚定信仰信念、在新时代坚持和发展中国特色社会主义的必然要求;第三,在全党开展党史学习教育,是推进党的自我革命、永葆党的生机活力的必然要求。故选ACD。

7. ABC 【解析】2021年4月29日,由航天科技集团五院抓总研制的空间站天和核心舱在海南文昌发射场成功发射。中国行星探测任务被命名为“天问系列”,首次火星探测任务被命名为“天问一号”,A项错误。天和核心舱是中国空间站“天宫”的组成部分。天舟系列货运飞船主要用于对在轨运行期间的中国空间站提供补给支持,B项错误。天和核心舱是中国空间站发射入轨的首个舱段,主要用于空间站统一控制和管理,具备长期自主飞行能力,可支持航天员长期驻留并开展航天医学、空间科学实验和技术试验,C项错误。中国载人航天工程“三步走”是指,第一步,发射载人飞船,建成初步配套的试验性载人飞船工程,开展空间应用实验;第二步,突破航天员出舱活动技术、空间飞行器的交会对接技术,发射空间实验室,解决有一定规模的、短期有人照料的空间应用问题;第三步,建造空间站,解决有较大规模的、长期有人照料的空间应用问题。D项说法正确。故选ABC。

8. ACD 【解析】《中共中央关于制定国民经济和社会发展第十四个五年规划和二〇三五年远景目标的建议》的逻辑主线是,在全面建成小康社会之后,开启全面建设社会主义现代化国家新征程,要科学把握新发展阶段,深入贯彻新发展理念,加快构建新发展格局,以推动高质量发展为主题,以深化供给侧结构性改革为主线,实现经济行稳致远、社会安定和谐,为全面建设社会主义现代化国家开好局、起好步。简而言之,规划《建议》的核心要义体现在三个“新”上,就是新发展阶段、新发展理念、新发展格局。

9. ABCD 【解析】(1)就理论依据而言，马克思主义是远大理想和现实目标相结合、历史必然性和发展阶段性相统一的统一论者，坚信人类社会必然走向共产主义，但实现这一崇高目标必然经历若干历史阶段。今天我们所处的新发展阶段，就是社会主义初级阶段中的一个阶段，同时是其中经过几十年积累、站到了新的起点上的一个阶段。(2)从历史依据来看，新发展阶段是我们党带领人民迎来从站起来、富起来到强起来历史性跨越的新阶段。(3)就现实依据来讲，我们已经拥有开启新征程、实现新的更高目标的雄厚物质基础。新发展阶段是我国社会主义发展进程中的一个重要阶段。

10. ABD 【解析】《中华人民共和国国民经济和社会发展第十四个五年规划和2035年远景目标纲要》提出，支持北京、上海、粤港澳大湾区形成国际科技创新中心，建设北京怀柔、上海张江、大湾区、安徽合肥综合性国家科学中心，支持有条件的地方建设区域科技创新中心。

主观题

一、简答题(参考答案)

1. 整体与部分是辩证统一的：(1)整体居于主导地位，统率着部分，具有部分所不具备的功能，部分离不开整体。这就要求我们树立全局观念，立足整体，统筹全局，实现最优目标。(2)整体由部分组成，部分制约整体，关键部分的功能及其变化甚至对整体的功能起决定作用。这就要求我们重视部分的作用，搞好局部，用局部的发展推动整体的发展。

2. 习近平新时代中国特色社会主义思想的历史贡献，可以概括为以下几个方面：(1)开辟了马克思主义新境界，实现了马克思主义基本原理与中国具体实际相结合的又一次飞跃；(2)开辟了中国特色社会主义新境界，深刻揭示了新时代中国特色社会主义的本质特征、发展规律和建设道路；(3)开辟了治国理政新境界，正是在这一思想指引下，我们党团结带领人民推动党和国家建设事业取得了历史性成就，实现了历史性变革；(4)开辟了管党治党新境界，正是遵循这一思想，我们党以坚强的决心、空前的力度，推进全面从严治党，管党治党实现了从"宽松软"到"严紧硬"的深刻变化。

二、论述题(参考答案)

1. 党的领导是中国特色社会主义最本质的特征，是社会主义法治最根本的保证。坚持中国共产党的领导，是全面推进依法治国必须遵循的首要原则。

   第一，坚持中国共产党的领导与全面推进依法治国具有一致性。一是社会主义法治体系的阶级性、人民性与共产党的性质是一致的；二是党的政策与国家法律本质上是一致的；三是坚持党的领导与依法独立公正行使司法权是统一的。

   第二，坚持中国共产党的领导是全面推进依法治国的内在要求。一是全面推进依法治国需要发展社会主义民主，而共产党是发扬民主、扩大民主、建设社会主义民主政治的领导核心。二是全面推进依法治国需要通过法定程序把党的意志转化为国家意志，把党的路线方针政策转化为国家的法律法规，这个过程也是党领导立法机关统一认识、集中智慧的过程。三是全面推进依法治国必须加强法律实施，但经常遇到区域性乃至全局性问题，涉及经济、政治、文化、民族、宗教、外交等各个领域，需要党的协调统筹。四是全面推进依法治国必须由中国共产党率先垂范。

2. 社会主义核心价值观的政治认同是指政治主体在政治生活中从思想和情感上对社会主义核心价值观承认、认可、接受并自觉遵循的一种态度。政治认同的主体是广大人民群众，社会主义核心价值观的政治认同就是人民群众对核心价值观的认可和接受。可以说，获得广泛的政治认同是社会主义核心价值观获得广泛社会认同的关键。

   要增强社会主义核心价值观的政治认同，必须抓好以下三个方面：一是要注重潜移默化，增强社会主义核心价值观的吸引力。加大教育力度，使人们更深层次地了解社会主义核心价值观的内容并自觉践行核心价值观。二是要注意求真务实，增强社会主义核心价值观的感召力。利益认同是社会主义核心价值观获得政治认同的保障。尊重和满足人正当的利益需求，维护社会公平正义，才能实现社会主义的价值目标。坚持以人为本，保障人民的现实利益，从而增强政府公信力，让人民群众从内心相信政府、支持政府、维护政府。三是要注重文化包容，增强社会主义核心价值观的整合力。社会主义核心价值观最大限度地实现了从现实中把握理想、从多样中寻找一元、从包容中实行引导的价值功能，更需要以包容的心态吸收其他文化的优秀成分，扩大自身的包容性，实现广泛的政治认同。

3. 我国国家制度和国家治理体系具有多方面的显著优势。这些显著优势，是我们坚定中国特色社会主义道路自信、理论自信、制度自信、文化自信的基本依据。

   第一，坚持党的集中统一领导，坚持党的科学理论，保持政治稳定，确保国家始终沿着社会主义方向前进的显著优势；第二，坚持人民当家作主，发展人民民主，密切联系群众，紧紧依靠人民推动国家发展的显著优势；第三，坚持全面依法治国，建设社会主义法治国家，切实保障社会公平正义和人民权利的显著优势；第四，坚持全国一盘棋，调动各方面积极性，集中力量办大事的显著优势；第五，坚持各民族一律平等，铸牢中华民族共同体意识，实现共同团结奋斗、共同繁荣发展的显著优势；第六，坚持公有制为主体、多种所有制经济共同发展和按劳分配为主体、多种分配方式并存，把社会主义制度和市场经济有机结合起来，不断解放和发展社会生产力的显著优势；第七，坚持共同的理想信念、价值理念、道德观念,弘扬中华优秀传统文化、革命文化、社会主义先进文化,促进全体人民在思想上精神上紧紧团结在一起的显著优势;第八,坚持以人民为中心的发展思想,不断保障和改善民生、增进人民福祉,走共同富裕道路的显著优势;第九,坚持改革创新、与时俱进,善于自我完善、自我发展,使社会充满生机活力的显著优势;第十,坚持德才兼备、选贤任能,聚天下英才而用之,培养造就更多更优秀人才的显著优势;第十一,坚持党指挥枪,确保人民军队绝对忠诚于党和人民,有力保障国家主权、安全、发展利益的显著优势;第十二,坚持"一国两制",保持香港、澳门长期繁荣稳定,促进祖国和平统一的显著优势;第十三,坚持独立自主和对外开放相统一,积极参与全球治理,为构建人类命运共同体不断作出贡献的显著优势。

4. 校外培训乱象的危害主要体现在以下4个方面:

第一,加重了未成年人的学习负担,不利于未成年人的身心健康。许多校外培训的内容超标超前,违背认知发展客观规律。这样不仅伤害了学生的创造力和探究能力,还会影响学生的自信心、学习自主性和独立思考能力,而一些需要长时间观看的在线辅导课甚至还会损害学生的视力。

第二,破坏了学校的正常教学秩序,导致"校内减负、校外增负"现象的发生,背离了教育目标,破坏了教育教学生态,消解了教育的价值。这样就把本该在学校完成的义务教育任务,变相转嫁给了家庭和社会,给国家教育体系带来了较大的冲击。

第三,迎合了部分家长对于考试和分数的重视的同时,也加剧了对分数"一时之得"的焦虑,加重了家庭教育方面的经济负担。

第四,校外培训乱收费、退费难、卷钱跑路等乱象屡禁不止,损害家长和学生的权益,降低了行业整体的信誉度。

解决校外培训乱象的办法主要有以下5个角度:

第一,对校外培训机构来说,应当克服短视、功利倾向,回归教育的专业性和基本价值。一方面,机构应自觉改进培训人员队伍和培训课程;另一方面,应遵循教育规律,提供特色化、差异化服务。

第二,对学校来说,应提升教育质量与水平,提高课堂效率,减轻学生的课堂与作业负担。一方面,学校可以在课后提供有针对性的教学服务;另一方面,学校应优化评价体系,淡化分数焦虑,关注学生的全面成长。

第三,对学生家长来说,需要保持理性,调整心态,关注学生健康长远的发展。家长应始终明确,培养兴趣、学会思考、掌握方法、健全人格,比仅仅会应试更重要。同时,家长也可以学习一些教育理论和心理学知识等,加强家校合作。

第四,对政府来说,需要多部门统筹治理力量,进一步明确责任,共同发力。(1)教育部门可以通过政府购买服务等方式,引导培训机构为全日制学校提供优质规范的教育资源,加强对校外教育资源的整合,建立公益性的校外教育体系。(2)政府主管部门应加强监管,不仅对培训机构在教师资质、教学质量、办学许可、广告宣传和收费等方面加强监管,还要对培训机构师资队伍的师德师风加强监管。(3)制定专项法规细则,加强对教育培训的法治约束。

第五,对培训行业来说,可以充分发挥相关行业协会在行业发展规范等方面的作用,形成治理合力。

三、材料分析题(参考答案)

1. 第一,人能够能动地认识世界。(1)意识活动具有目的性和计划性,潘建伟萌生了把量子卫星送上天的想法,并提出了相关方案,是意识活动的目的性和计划性的体现。(2)意识具有自觉选择性和主动创造性,所以潘建伟团队才能透过现象认识到本质,对量子的认知才能突破瓶颈,达到新的高度。

第二,人能够能动地改造世界。(1)意识对改造客观世界具有指导作用。潘建伟团队在正确意识的指导下,最终成功研制出"墨子号"量子科学实验卫星并发射升空,且有效运用于"京沪干线"。(2)意识对人体生理活动具有调节和控制作用。高昂的精神和坚定的信念支持着潘建伟团队克服重重困难,实现量子科技从"跟跑者"到"领跑者"的转变。

2. (1)第一,在事物复杂的矛盾体系及其发展过程中,主要矛盾处于支配地位,对事物发展起着决定作用,规定和影响着其他矛盾的存在及其发展。第二,事物矛盾的性质和地位不同,决定了解决矛盾的方法的差异。抓住了事物的主要矛盾,就能够找到解决问题的方法,妥善解决主要矛盾,并促进其他矛盾的解决。第三,分析和解决事物发展过程的矛盾,既要把握主要矛盾,又要把握次要矛盾,坚持"两点论"和"重点论"的统一。

(2)第一,事物的性质主要是由取得支配地位的矛盾的主要方面所规定的。抓住了事物主要矛盾的主要方面,就抓住了解决事物矛盾的关键。第二,发展不平衡不充分的问题,已经成为满足人民日益增长的美好生活需要的主要制约因素,这是新时代我国社会主要矛盾的主要方面。第三,解决新时代我国社会主要矛盾,需要着力解决好发展不平衡不充分问题,在继续推动发展的基础上,更好地满足人民在经济、政治、文化、社会、生态等方面日益增长的需要。

3. 第一,社会存在决定社会意识,社会意识对社会存在具有反作用。正确的社会意识促进社会的发展,错误的社会意识阻碍社会的发展。随着我国社会生产力水平不断提高,人民生活水平也在不断提高,我国社会主要矛盾发生变化,但是城乡差距依旧很大,这就要求我们用正确的社会意识促进社会发展,大力实施乡村振兴战略,努力实现城乡一体化,实现全体人民的共同富裕。

第二,生产力和生产关系、经济基础和上层建筑之间的矛盾是贯穿人类社会始终的基本矛盾。实施乡村振兴战略是解决社会基本矛盾的必要举措。要通过乡村振兴战略的实施,推动农村经济结构的调整,转变农村经济发展方式,逐步使生产关系适应生产力的发展,使上层建筑适应经济基础的发展。

4. 第一,坚定文化自信,推动社会主义文化繁荣发展有利于弘扬中华优秀传统文化。第二,坚定文化自信,推动社会主义文化繁荣发展有利于推动社会主义精神文明和物质文明协调发展,更好地坚持中国特色社会主义文化发展道路。第三,坚定文化自信,推动社会主义文化繁荣发展有利于实现中华民族伟大复兴。第四,坚定文化自信,推动社会主义文化繁荣发展有利于激发全民族文化创新创造活力,建设社会主义文化强国。

5. (1)经济全球化是一把"双刃剑"。一方面,经济全球化为世界经济增长提供了强劲动力,促进了商品和资本流动、科技和文明进步、各国人民的交往;另一方面,经济全球化也给世界经济发展带来了新问题。这些问题在世界经济繁荣期被掩盖,在世界经济下行期则明显地暴露出来。经济全球化符合"和平与发展"的时代主题,趋势不可阻挡。各国只有协力合作,引导经济全球化释放出更多正面效应,才能引领世界经济走出困境,让经济全球化进程更有活力、更加包容、更可持续,让它更好地惠及每个国家、每个民族。

(2)中国是经济全球化的积极参与者和推动者。"一带一路"是中国首倡的国家合作新模式,是各国共同受益的重要国际公共产品,为经济全球化化发展贡献了中国智慧、中国方案。"一带一路"将中国的发展和世界的发展结合起来,让中国梦和各国人民的梦想找到共通点,体现了构建人类命运共同体的理念,彰显了中国的世界情怀与大国责任担当。

第二部分　经济常识

专题一　政治经济学

一、单项选择题

1. C 【解析】商品是人类社会生产力发展到一定历史阶段的产物,是用于交换的劳动产品。赈灾物资没有用于交换,不是商品。故选C。

2. D 【解析】抽象劳动是指撇开劳动具体形式的无差别的一般人类劳动,即人的体力和脑力的生产性支出。它是商品价值的唯一源泉。故选D。

3. D 【解析】马克思主义政治经济学认为,价值是商品所特有的社会属性。故选D。

4. C 【解析】"黄金刀币,民之通施也"意为黄金和刀币是百姓手中通行的货币。这句话反映了货币具有流通手段的职能,A项正确。"论其有余不足,则知贵贱"意为依据市场货物是多余还是不足(供需情况),则可知物价之高低。体现了供需关系影响商品价格,B项正确。"无财作力,少有斗智,既饶争时"意为当没有任何资产时,应凭借自己的力气赚钱;当略有资产时,应凭借自己的智慧拓宽赚钱渠道;当变得富足时,就要善于抓住有利时机,继续增加财富。这句话论述的是财务规划,与价值规律的基本内容无关,C项错误。"天下熙熙皆为利来,天下攘攘皆为利往"意为天下人为了利益蜂拥而至,又为了利益各奔东西。这句话与亚当·斯密的"利己主义是人的一切经济行为的动机"的观点一致,D项正确。本题为选非题,故选C。

5. A 【解析】劳动力成为商品是货币转化为资本的前提。故选A。

6. B 【解析】"质优价廉"和"优质优价"中,"质"体现的是使用价值,"价"体现的是价值,故选B。

7. B 【解析】纸币是按照金属货币执行流通手段的,纸币的发行量必须以流通中所需货币量为基础,不能太多,也不能太少。纸币发行量要以流通中所需的金属货币量为限。

8. D 【解析】劳动力在使用过程中,不仅能创造自身价值,而且能创造出比自身价值更大的价值,这部分超过劳动力价值的价值就是剩余价值。剩余价值和劳动力价值统称为新价值。

9. D 【解析】价值规律的基本内容和要求是:商品的价值量由生产该商品的社会必要劳动时间决定,商品的交换依据商品的价值实行等价交换。在交换活动中由于受供求关系影响,商品价格会围绕价值上下波动,这是商品生产和商品经济最基本的规律。故选D。

10. C 【解析】网上团购作为购物的一种特殊方式,使商品交换的方式发生了变化,C项正确。货币是商品交换的媒介,网上团购仍然需要货币的参与,不会使货币职能发生本质性的变化,A项错误。商品是用于交换的劳动产品,商品交换的本质是所有权和使用权的移交,网上团购并未改变商品交换的本质,B项错误。D项说法过于绝对。故选C。

11. B 【解析】商品具有使用价值和价值两个因素,其中,使用价值是价值的物质承担者,价值寓于使用价值之中,即价值的存在要以使用价值的存在为前提。故选B。

12. D 【解析】对于商品生产者来说,"产品卖出去才是硬道理"意味着:只有让渡使用价值,才能获得商品的价值。这是因为,商品的使用价值与价值是统一的,价值的存在要以使用价值的存在为前提,使用价值是价值的物质承担者。商品生产者生产商品是为了获取价值,商品消费者是为了获取使用价值,只有通过交换才能解决商品的使用价值和价值的矛盾。

13. A 【解析】商品必须具有使用价值,才会有价值,使用价值是价值的物质承担者。故选A。

14. D 【解析】题干中小李领到8000元工资是货币执行支付手段职能;标价为2998元的平板是货币执行价值尺度职能;最终以2898元成交是货币执行流通手段职能,顺序为④①③。故选D。

15. C 【解析】把资本区分为不变资本和可变资本,进一步揭示了剩余价值产生的源泉。它表明:雇佣劳动者的剩余劳动是剩余价值产生的唯一源泉,剩余价值既不是由全部资本创造的,也不是由不变资本创造的,而是由可变资本创造的。

16. C 【解析】生产相对过剩是资本主义经济危机的本质特征。相对过剩是指相对于劳动人民有支付能力的需求来说,社会生产的商品显得过剩,而不是与劳动人民的实际需求相比的绝对过剩。故选C。

17. A 【解析】社会必要劳动时间是在现有的社会正常的生产条件下,在社会平均的劳动熟练程度和劳动强度下制造某种使用价值所需要的劳动时间。个别劳动时间是指个别商品生产者生产某一商品所需要的劳动时间。当个别商品生产者生产商品的个别劳动时间低于社会必要劳动时间的时候,就意味着可以在竞争中处于有利地位。

18. B 【解析】相对剩余价值是指在工作日长度不变的条件下,通过缩短必要劳动时间而相对延长剩余劳动时间生产出的剩余价值。缩短必要劳动时间是通过提高全社会的劳动生产率实现的,降低了劳动力的价值,从而缩短了必要劳动时间,相对延长了剩余劳动时间。

19. A 【解析】一般说来,资本的技术构成决定资本的价值构成,技术构成的变化往往会引起价值构成的相应变化,而价值构成的变化通常反映着技术构成的变化。这种由资本技术构成决定并反映技术构成变化的资本价值构成,叫做资本的有机构成,通常用C:V来表示,即不变资本/可变资本。若不变资本和可变资本同时增大或减小,则资本的有机构成不变。故选A。

20. A 【解析】计划经济是以国家指令性计划来配置资源的经济形式;市场经济是承认并维护私人拥有生产资料和鼓励自由竞争、通过市场交换来调节供求和资源分配的经济运行体制。两者属于不同的资源配置方式。故选A。

21. B 【解析】火神山医院的建造,向世人展示了社会主义市场经济能够发挥国家集中人力、物力、财力办大事的优势,能够运用经济手段、行政手段等进行科学的宏观调控,故选B。

22. D 【解析】公有制的主体地位主要体现在:公有资产在社会总资产中占优势,国有经济控制国民经济命脉,对经济发展起主导作用。它们具体表现在两个方面:第一,公有资产在社会总资产中占优势,要有量的优势,更要注重质的提高。第二,国有经济的主导作用主要体现在控制力上,而不是体现在数量上是否占优势。控制力主要表现为,在关系国民经济命脉的重要行业和关键领域占支配地位。

23. D 【解析】非公有制经济主要包括个体经济、私营经济、外资经济等。股份制经济是指全部注册资本由全体股东共同出资,并以股份形式投资举办企业而形成的一种经济类型。股份制是社会化大生产和商品经济发展的必然产物。它作为一种企业组织形式和经营管理制度,不是一种独立的所有制,可以适用于不同的社会制度。故选D。

24. B 【解析】公有制经济是我国国民经济的主体,A项错误。公有资产在社会总资产中占优势,C项错误。非公有制经济是社会主义市场经济的重要组成部分,社会主义经济不等于社会主义市场经济,D项说法错误。非公有制经济是我国经济社会发展的重要基础,其中民营经济是推动经济社会发展的重要动力,是推进供给侧结构性改革、推动高质量发展、建设现代化经济体系的重要主体,也是党长期执政、团结带领全国人民实现"两个一百年"奋斗目标和中华民族伟大复兴中国梦的重要力量。因此,党中央出台政策组合拳,千方百计帮扶企业特别是民营企业渡过难关。

25. A 【解析】初次分配指国民总收入(即国民生产总值)直接与生产要素相联系的分配,主要根据效率原则进行分配,比如工资、地租等。再分配指在初次分配结果的基础上各收入主体之间通过各种渠道实现现金或实物转移的一种收入再次分配过程,也是政府对要素收入进行再次调节的过程,主要包括个人所得税、退休金和其他转移收支。第三次分配是指动员社会力量,建立起社会救助、民间捐赠、慈善事业、志愿者行动等多种形式的制度和机制,是对政府调控的补充。故选A。

26. D 【解析】再分配是在初次分配的基础上,由政府通过各种经常转移而形成可支配收入的过程。国家的各级政府以社会管理者的身份通过财政税收等手段,通过社会福利、保险、医疗等方面提供给公民的保障,属于再分配。题干中提高困难残疾人生活补贴和重度残疾人护理补贴标准,体现了政府通过再分配来促进社会公平。故选D。

27. A 【解析】社会保障制度是以国家为主体,依据法律规定,通过国民收入的再分配,对公民在暂时或者永久性失去劳动能力以及由于各种原因生活发生困难时给予物质帮助,保障居民最基本的生活需要的制度。我国社会保障制度的基本目标是保证人们最基本的生活需要。故选A。

28. C 【解析】各种各样的高科技产品正在改变着我们的生活,说明生产决定消费的方式,C项说法正确。

29. B 【解析】在生活中,明星广告潜移默化地影响着广大消费者的选择。这是在利用明星效应影响其粉丝的消费行为,主要抓住了消费者的从众心理。

30. B 【解析】购买考试用书的目的是提高自身素质,实现全面发展,所以这笔消费属于发展资料消费。

二、多项选择题

1. ACD 【解析】社会必要劳动时间就是在现有的社会正常的生产条件下,在社会平均的劳动熟练程度和劳动强度下制造某种使用价值所需要的劳动时间。故选ACD。

2. AD 【解析】商品经济是以社会化大生产为基础、以直接交换为目的的经济形态,是商品生产和商品流通的统一。商品经济产生的条件包括:(1)社会分工,这是生产力方面的条件;(2)生产资料和产品归不同的所有者所有(私有制),这是生产关系方面的条件。

3. ABCD 【解析】马克思认为虚拟资本具有两种形态,第一形态是以有价证券为代表的现实资本的“纸质副本”,如股票和债券;第二形态是基于信用制度产生的各种信用票据,包括商业汇票、银行汇票和银行券等。故选ABCD。

4. AD 【解析】价值规律在不同时期有着不同的表现形式:(1)在简单商品经济条件下和资本主义发展初期,价值是商品交换的基础,价值规律的表现形式是价格随着供求关系的变化而围绕价值上下波动;(2)在价值转化为生产价格以后,生产价格成为商品交换的基础,这改变了价值规律作用的表现形式,即价格随着供求关系的变化而围绕生产价格上下波动。故选AD。

5. ABCD 【解析】价值规律的作用形式是商品的价格根据市场供求状况的变化围绕价值上下波动。商品价格的变动是以价值为基础的,A项正确。价格归根到底是由价值决定的,价格的波动受到价值的制约,B项正确。价格的上涨部分与下跌部分可以相互抵消,因此,从商品交换的总体看,价格总额与价值总额是相等的,C项正确。一方面,供求关系变动使价格背离价值;另一方面,价格变动对供求关系起反作用,使价格对价值不会偏离太远,并使偏离的价格再向价值靠拢。因此,从较长时间来看,价格始终围绕价值波动,D项正确。综上所述,这种状态不仅不是对价值规律的背离,恰好相反,正是价值规律在价值实现中的表现形式。故选ABCD。

6. AB 【解析】在发达的商品经济中,货币有价值尺度、流通手段、贮藏手段、支付手段、世界货币五种职能。其中,价值尺度和流通手段是最基本的职能。

7. ACD 【解析】资本流通公式是:G-W-G′(G代表货币,W代表商品,G′代表增值的货币,G′=G+△G)。该公式体现了资本的本质,适用于各类资本的运动,所以也叫资本总公式。商品流通公式是:W-G-W′。通过比较可以看出,资本流通公式与商品流通公式的起点、媒介、终点(目的)都不相同;前者反映着资本家剥削雇佣工人的不平等的关系,后者反映着不同的商品生产者之间平等交换劳动的关系。

8. BC 【解析】商品不仅仅是物品,它还是一种生产关系,体现着人与人之间的经济联系,A项错误。商品二因素是指商品的使用价值和价值。其中,使用价值是商品的自然属性,反映人与自然的关系,价值则是商品的社会属性,反映人与人之间的关系,B、C两项正确。生产商品的劳动并非只具有自然属性。其中,具体劳动是劳动的自然属性,抽象劳动则是劳动的社会属性,D项错误。故选BC。

9. ACD 【解析】利润率是剩余价值与预付总资本的比率,是剩余价值率的转化形式,表示资本增殖及资本家盈利的程度,ACD项正确。利润率总是小于剩余价值率,它歪曲了资本家对工人的剥削关系。剩余价值率反映了资本家对工人的剥削程度,B项错误。故本题选ACD。

10. CD 【解析】商品是用来交换的能满足人们某种需要的劳动产品,具有使用价值和价值两个因素,是使用价值和价值的矛盾统一体。使用价值是指商品能满足人们某种需要的属性,即商品的有用性,反映人与自然之间的物质关系,是商品的自然属性。价值是凝结在商品中的无差别的一般人类劳动,即人类脑力和体力的耗费。价值是商品特有的社会属性,本质上体现着生产者之间一定的社会关系。C、D项正确。商品的价值实体是凝结在商品中的无差别的人类劳动,也就是抽象劳动,B项错误。劳动是价值的唯一源泉,但不是社会财富(使用价值)的唯一源泉。这是因为创造社会财富的并非只有劳动这一要素,土地、设备、原材料等非劳动生产要素也能对社会财富的创造作出贡献,A项错误。

11. AC 【解析】以生产资料形式(如机器设备)存在的资本,在生产过程中不发生价值量的变化,因此叫不变资本。固定资本是指产业资本家用于机器、工具、厂房、设备等劳动资料上的那部分资本。故选AC。

12. BC 【解析】资本周转速度的快慢,对剩余价值生产具有以下影响:(1)影响年剩余价值量。预付资本周转速度加快,一般来说其中的预付可变资本周转速度也加快,一年中实际发挥作用的可变资本也就越多,而剩余价值是由发挥作用的可变资本产生的,这样,以年来计算的剩余价值的数量即年剩余价值量就会增加。(2)影响年剩余价值率。年剩余价值率是一年内生产的剩余价值总量同一年内预付可变资本的比率。预付资本周转速度越快,则一年中实际发挥作用的可变资本越多,从而年剩余价值率也就越高。资本周转速度的加快对单个生产过程的剩余价值量和剩余价值率不会产生影响。故选BC。

13. BC 【解析】公有制经济主要包括国有经济、集体经济以及混合所有制经济中的国有成分和集体成分,A项错误。D项说法过于绝对,排除。故选BC。

14. ABCD 【解析】市场交易原则主要包括自愿、平等、公平、诚实信用。其中,自愿原则是市场交易的基本原则。王先生可以根据自己的需求自愿选择“自取”或“配送”,符合市场交易的自愿原则,A项正确。在特定条件下,天气因素可以影响商品价格,并且通过改变该商品的供求关系来实现,BC项正确。供求规律是指商品的供求关系与价格变动之间的相互制约的必然性,供求变动引起价格变动,反过来,价格变动也会引起供求的变动。商家上涨配送费用符合市场规律中的供求规律,D项正确。故选ABCD。

15. ABD 【解析】党的十九届四中全会对社会主义基本经济制度作出了新的概括。社会主义基本经济制度包括"公有制为主体、多种所有制经济共同发展,按劳分配为主体、多种分配方式并存,社会主义市场经济体制等"。这一新概括,既体现了社会主义制度优越性,又同我国社会主义初级阶段生产力发展水平相适应。

三、判断题

1. √ 【解析】私人劳动与社会劳动的矛盾,反映了私有制商品经济的本质。同时,商品经济的其他一切矛盾,如具体劳动与抽象劳动的矛盾、使用价值与价值的矛盾、个别价值与社会价值的矛盾等,都在这一个矛盾的基础上产生出来并受它的制约。这些矛盾的存在和作用决定着商品经济的长处和短处,决定着商品生产者的命运。所以说,私人劳动与社会劳动的矛盾是私有制商品经济的基本矛盾。

2. √ 【解析】货币作为一般等价物,它直接体现社会劳动,专门用来表现其他一切商品的价值。

3. √ 【解析】价值形成过程既是活劳动创造新价值的过程,又是物化劳动即生产资料的旧价值的转移过程。这两重过程是以生产商品的劳动二重性为基础的。在生产过程中,工人的具体劳动创造了新的使用价值,并把生产资料的价值转移到新产品中。与此同时,工人的抽象劳动创造了新价值,即把生产过程中所支出的劳动凝结在新产品中。工人的劳动一方面把生产资料的价值转移到新产品中去,另一方面又创造了新价值,二者结合在一起形成了商品的总价值。

4. × 【解析】社会主义劳动是劳动者在生产资料公有制基础上,为增进个人利益和社会共同利益而进行的分工协作的劳动,是不再受剥削的劳动者的联合劳动。社会主义劳动是自觉的劳动,社会主义劳动具有直接社会劳动的性质,社会主义劳动仍然区分为必要劳动和剩余劳动。可见,企业之间"共享员工"并不能改变这一性质和特点。

5. √ 【解析】我国是社会主义国家,国有经济掌握着国民经济命脉,在国民经济中起主导作用。发展、壮大国有经济既是一个经济问题,也是一个政治问题。

6. × 【解析】分配公平主要表现为个人消费品分配的相对公平,要求社会成员之间的收入差距不能过于悬殊。因此,收入分配公平不是消除差距,而是收入差距不能过于悬殊。

7. √ 【解析】十八届三中全会通过的《中共中央关于全面深化改革若干重大问题的决定》指出:经济体制改革的核心问题是处理好政府和市场的关系问题,使市场在资源配置中起决定性作用和更好发挥政府作用。

8. × 【解析】根据价值规律,商品的价值决定价格,价格受供求关系影响。企业自主定价应遵循价值规律。价格变动事关整个经济和社会的稳定与发展,企业之间发生的各种不正当的价格竞争,会损害社会的整体利益。因此,政府需要对市场价格的变动进行宏观调控。

9. × 【解析】市场主体是指在市场上从事经济活动,享有权利和承担义务的个人和组织。任何市场主体参与经济活动都带有明确的目的,以在满足社会需要的同时追求自身利益最大化为目标。市场主体可以分为投资者、经营者、劳动者以及消费者。非营利性机构也属于市场主体。

10. √ 【解析】公有制的主体地位主要体现在:(1)公有资产在社会资产中占数量上的绝对优势,这是相对于社会资产的总体而言的,并不排除在个别部门、个别地区非公有资产占数量优势。(2)国有经济控制国民经济命脉,对经济发展起主导作用。

专题二 西方经济学

一、单项选择题

1. B 【解析】市场机制是一个有机的整体,它的构成要素主要有价格机制、供求机制、竞争机制和风险机制。市场机制的核心是价格机制。价格机制,指在竞争过程中,与供求相互联系和制约的市场价格的形成和运行的机理和功能。

2. A 【解析】总效用是指消费者从消费一定量的商品或劳务中所得到的总的满足程度。一般而言,总效用取决于消费水平的大小,消费上升,总效用会增加。边际效用是指消费者每增加消费一个单位的某物品所增加的满足程度。一般而言,边际效用的大小随着消费商品数量的增加而减少。题干中的"多多益善"指的是总效用会随着消费的上升而增加的现象。

3. A 【解析】恩格尔系数是食品支出总额占个人消费支出总额的比重。它是国际上通用的衡量居民生活水平高低的一项重要指标,一般随居民家庭收入和生活水平的提高而下降。一个家庭或国家的恩格尔系数越小,就说明这个家庭或国家的经济越富裕,生活水平越高。反之,如果这个家庭或国家的恩格尔系数越大,就说明这个家庭或国家的经济越困难,生活水平越低。甲地居民的恩格尔系数略小于乙地,说明甲地居民的总体生活水平略高于乙地,故选A。

4. C 【解析】基尼系数越大,收入差距越大。故选C。

5. A 【解析】沿着供给曲线的变动是"供给量的变动",指在其他条件不变时,由某商品的价格变动所引起的该商品供给数量的变动。供给曲线的移动是"供给变动",指在某商品价格不变的条件下,由于其他因素(厂商的生产成本、生产的技术水平、其他商品的价格等)的变动所引起的该商品的供给数量的变动。题干属于前者。根据供给法则,在其他条件不变时,商品的价格越高,供给量越大。故选A。

6. B 【解析】互补品是指两种商品之间存在着某种消费依存关系,即一种商品的消费必须与另一种商品的消费相配套。一般而言,两种互补品中的一种商品的价格下降,该种商品的需求量将上升,其互补品的需求量也将上升。故选B。

7. C 【解析】需求定理,即在其他条件不变的情况下,某商品的需求量与价格之间呈反方向变动。需求量随着商品价格的上升而减少,随着商品价格的下降而增加。A、D两项说的是相关商品的价格变动引起该商品需求量的变动,错误。B项与题意无关。计算机价格下降,会增加其需求量,C项正确。故选C。

8. A 【解析】垄断竞争市场竞争程度较大,垄断程度较小,比较接近完全竞争,在大城市的零售业、手工业、印刷业中普遍存在。啤酒行业属于零售业,具备垄断竞争市场的特征,A项正确。在实际生活中,公用事业近似于完全垄断市场,B项错误。石油行业需要巨额投资、复杂技术,限制了新企业的进入,所以市场上竞争者较少,属于寡头垄断市场,C项错误。汽车行业也属于寡头垄断市场,D项错误。故选A。

9. A 【解析】现代企业制度是指符合社会化大生产特点,适应市场经济的需求,以完善的企业法人制度为主体,以公司制为核心,以公司法人治理结构为主要形态,以产权清晰、权责明确、政企分开、管理科学为基本特征的新型企业制度。故选A。

10. D 【解析】公司制是一种适应市场经济要求,依法规范的企业制度,它是现代企业制度的典型形式。它把产权清晰、权责明确、政企分开、管理科学四个特征有机地结合在一起。公司制最核心的是其企业法人内部的治理结构,选项A、B、C只是其具体特点,故选D。

11. A 【解析】所谓外部不经济就是某人或某企业的经济活动会给社会上其他人带来损害,但该人或该企业却不必为这种损害进行补偿。根据经济活动的主体是生产者还是消费者,外部性可以分为生产的外部性和消费的外部性。本题中的外部性是由生产造成的,故选A。

12. B 【解析】生活必需品的需求弹性较小,所以价格变动对它们的需求量影响较小。

13. A 【解析】需求收入弹性的大小,可以作为划分高档品和必需品的标准。凡是需求收入弹性大于1的商品,都可以称为高档品或奢侈品。小于1的则称为必需品。需求收入弹性为负的商品称为低档品。

14. A 【解析】A项,当羊肉价格上升时,人们就会减少对羊肉的消费,转而去消费牛肉,造成牛肉的需求增加,则羊肉和牛肉互为替代品。BCD项中的两种商品不能互相替代满足消费者的同一种需求,不能互为替代品。故选A。

15. A 【解析】"曲高和寡"从经济学的角度来理解,就是说价格不能定得过高,过高则会造成消费者需求的不足。这个原则要求我们把价格定在合理的位置上,即把价格定在边际成本上。

16. C 【解析】通货膨胀率=(现期物价水平－基期物价水平)÷基期物价水平×100%=(2－0.5)÷0.5×100%=300%。故选C。

17. C 【解析】缓征土地增值税,可以减轻房地产开发企业的资金压力,也有利于平抑明显上涨的房价,A项做法正确;加快公租房建设,有利于增加住房供应量,从而遏制房价异常上涨,B项做法正确;停止公积金个人住房贷款,影响了居民正常购房,不能实现遏制房价上涨的政策目标,C项做法错误;实行差别化住房信贷政策,可以有效减少投机性购房行为,D项做法正确。故C项符合题意。

18. C 【解析】市场调节的滞后性是指经济活动参加者是在某种商品供求不平衡导致价格上涨或下跌后才作出扩大或减少这种商品供给的决定。市场调节的自发性是指在市场经济中,为了追求更高的经济利益,商品的生产者和经营者在价值规律的调节下自发进行经济活动。市场调节的盲目性是指由于商品的生产者和经营者不可能完全掌握市场各方面的信息,也无法控制经济变化的趋势,因此他们的决策会带有一定的盲目性。因此,虽然各国都加大生产规模,抗疫物资依然供应紧张,说明了市场调节具有滞后性。故选C。

19. B 【解析】由于市场中的每个生产经营者并不能从宏观层面对市场前景做准确的把握,也无法控制经济变化的趋势,因此所有生产经营者的决策都会带有一定的盲目性。如果企业可以通过对大数据的搜集与分析全面了解市场供求变化的信息,这有助于减少市场调节的盲目性。故选B。

方法技巧:理解市场调节的局限性需要抓住各自的特点。滞后性表现为"事后诸葛亮",自发性表现为"以经济利益为最高追求",盲目性表现为"跟风"。

20. A 【解析】在人民银行专项再贷款支持金融机构提供优惠利率信贷的基础上,中央财政按人民银行再贷款的利率给予贴息;免收担保费则是指贷款所需的担保费用也予以免除,都属于财政政策,A项正确。降低暂时性生产经营困难企业复工复产申请的审批门槛是对受到疫情冲击企业的支持政策,属于行政手段,B项错误。水价、气价和通行费是由物价局和发改委核定价格,下调工业生产的水价、气价和打折收取企业物流的货车通行费属于行政手段,C项错误。鼓励业主对承租房产从事生产经营的企业免收三个月的租金不是政府的强制性要求,不属于财政政策,D项错误。故选A。

21. A 【解析】对消费者需求量影响最大的是价格因素。

22. A 【解析】宏观调控手段是指政府在进行宏观调控时所采用的方式、方法和工具,主要有经济手段、行政手段和法律手段等。经济手段指按照客观经济规律的要求,实施各种经济政策和运用各种经济杠杆,来调控经济的手段。它是一种间接调控手段,而且是主要的调控手段。

23. A 【解析】通货膨胀一般指因纸币发行量超过商品流通中实际需要的货币量而引起的纸币贬值、物价上涨的现象,其实质是社会总需求大于社会总供给。通货膨胀在现代经济学中意指整体物价水平上升,一般性通货膨胀为货币的市值或购买力下降,靠固定工资生活的人,生活水平会下降。故选A。

24. D 【解析】在政府行为中产生的寻租问题是由于政府干预所产生的一类经济现象,它是一种典型的、直接的、非生产性寻租利益活动,主要利用行政法律的手段来阻碍生产要素在不同产业之间的自由流动、自由竞争,以此来维护或攫取既得利益。

25. D 【解析】卡特尔、辛迪加、托拉斯在第二次世界大战之前就发展起来了,跨国公司在第二次世界大战后得到迅速发展。

26. A 【解析】外部经济是指当某一市场主体的经济活动使其他市场主体或社会成员受益,而他自己却又不能由此得到补偿,那么这种行为所导致的外部结果就是"正外部性",亦称"外部经济"。刘某是盆景的生产者,盆景使路人驻足欣赏,刘某并未得到任何的补偿,因此属于生产的外部经济。题干中未提及消费行为,BC项错误。外部不经济是指当某一市场主体的经济活动使其他市场主体或社会成员的利益受损,而又并不为此进行相应的赔偿,那么这种活动所导致的外部影响就是"负外部性",亦称"外部不经济"。题干中刘某并未使他人的利益受损,D项错误。故选A。

27. B 【解析】在社会总需求小于社会总供给的情况下,如果采用紧缩的货币政策,会进一步降低社会总需求,加重供大于求的不平衡状况,不利于经济的健康发展。

28. B 【解析】扩张性财政政策是指政府财政支出大于财政收入的一种财政政策,其目的在于刺激需求的增加,具有反经济衰退的功能。扩张性的货币政策就是增加货币的供给量,使得货币供给大于需求,货币贬值,导致物价水平上升或通货膨胀。故选B。

29. B 【解析】当社会总供给小于社会总需求时,产量、实际收入不会增加,而通货膨胀增加。因此应采取紧缩性的货币政策,降低货币供给,提高利率,抑制需求,以便控制通货膨胀。故选B。

30. C 【解析】国民生产总值(GNP)是一个国家(或地区)所有常住单位在一定时期内收入初次分配的最终结果。计算采用"国民原则",C项"外资企业"不符合"国民原则"的要求,故选C。

31. B 【解析】提高存款准备金率,减少了商业银行用于放贷的资金,使得市场流通的货币量减少,属于紧缩性货币政策。故选B。

32. C 【解析】充分就业是宏观经济政策的首要目标。

33. C 【解析】我国的三大政策性银行是中国进出口银行、国家开发银行、中国农业发展银行。故选C。

34. A 【解析】"看不见的手"最早出现于亚当·斯密的《国富论》中。故选A。

35. A 【解析】摩擦性失业是指在生产过程中由于难以避免的信息不完善等原因而造成的短期、局部性失业;C项属于结构性失业的原因;BD项是周期性失业的原因。

36. D 【解析】公共物品是与私人物品相对应的一个概念,其消费具有非竞争性和非排他性特征,一般不能或不能有效通过市场机制由企业和个人来提供,主要由政府来提供。消费者都具有"免费乘车"的心理,这也是导致市场不能向公众提供纯粹公共物品的原因之一。

37. B 【解析】当社会总需求小于社会总供给时,政府应当实行扩张性财政政策和扩张性货币政策。扩张性财政政策包括增发国债,减少税收,增加转移支付。扩张性货币政策包括降低存款准备金率,买进有价证券,降低再贴现率。

38. C 【解析】经济过热时,采取紧缩性货币政策:提高法定存款准备金率、提高再贴现率、卖出债券、提高利率。经济萧条时,采取宽松的货币政策:降低法定存款准备金率、降低再贴现率、买入债券、降低利率。故选C。

39. C 【解析】银行吸收存款要支付储户利息,而银行吸收的这些存款作为一种资本,发放给贷款人,要收取借款人的利息。商业银行以营利为目的,商业银行提供的资本是一种生产要素,需要收取贷款利息,C项符合题意。ABD项都不是收取贷款利息的理由。

40. B 【解析】囤积防护用品和哄抬物价的行为体现了市场调节的自发性,A项错误。市场监管局对该公司进行了行政处罚,体现了政府运用行政手段进行宏观调控,B项正确。形成以道德为支撑、法律为保障的社会信用制度,是规范市场秩序的治本之策,C项错误。题目中没有涉及市场准入规则,D项错误。故选B。

41. A 【解析】机会成本是指为了得到某种东西而所要放弃的另一些东西的最大价值,与"覆水难收"没有对应关系,A项说法错误,符合题意。完全垄断是指整个行业中只有一个生产者的市场结构,符合"一山不容二虎"的描述,B项说法正确。边际效用是指每消费一个单位的物品所带来的效用的增加量,而边际效用递减是指在一定时间内,当一个人连续消费某种物品时,随着所消费的该物品的数量增加,物品的边际效用有递减的趋势。C项"久而不闻其香"符合此意,C项说法正确。负外部效应是指某些企业或个人因其他企业和个人的经济活动而受到不利影响,又不能从造成这些影响的企业和个人那里得到补偿的经济现象。“城门失火，殃及池鱼”与之吻合，故D项说法正确。

42. B 【解析】最低限价会出现产品过剩，政府会对该商品的生产实行产量限制，使得供求平衡，在实施时就需要有较强的指令性且有一定的代价，A项正确。政府收购过剩产品，或用于储备，或用于出口。在储备或出口受阻的情况下，收购过剩商品必然会增加政府财政开支，B项错误。支持价格使得企业的利润得到维持，它们就不会倾向于去寻找降低成本的有效方式，从而阻碍技术进步，使其缺乏在市场中具备的竞争性，C项正确。支持价格会扭曲价格机制的资源配置功能，扰乱市场中的贸易秩序，打破贸易运行的规律，对进出口都会产生相应的影响，D项正确。本题为选非题，故选B。

43. A 【解析】充分就业，是经济学中的一个假设，指的是除了正常的暂时不就业(比如工作转换等)，所有的人都找到合适的工作。在充分就业情况下，仍然会存在摩擦性失业和自愿失业，B项错误。经济萧条时期，因需求不足会造成周期性失业，C项错误。宏观调控可以减少季节性失业，不可以完全避免，D项错误。结构性失业，主要是由于经济结构(包括产业结构、产品结构、地区结构等)发生了变化，现有劳动力的知识、技能、观念、区域分布等不适应这种变化，与市场需求不匹配而引发的失业，A项正确。故选A。

44. C 【解析】消费者物价指数(Consumer Price Index)，又名居民消费价格指数，简称CPI，是一个反映居民家庭一般所购买的消费品和服务项目价格水平变动情况的宏观经济指标。它是在特定时段内度量一组代表性消费商品及服务项目的价格水平随时间而变动的相对数，是用来反映居民家庭购买消费商品及服务的价格水平的变动情况，是一个月内商品和服务零售价变动系数。故选C。

45. D 【解析】企业依法破产结算并不能取消企业债务，①传导错误。推动兼并重组是去产能的做法，而不是去杠杆的举措，③传导错误。②④正确且符合题意，故本题选D。

46. A 【解析】新增金融资源要向深度贫困地区倾斜，有利于推进农业供给侧结构性改革，能够加快培育新型农业经营主体，从而推动农村产业融合发展，①正确；新增金融资源要向深度贫困地区倾斜，能够从资金上为农业发展注入活水，有利于推进农业提质增效，进而对农民持续增收发挥重要作用，②正确。材料体现的是货币政策，不是财政政策，③错误。新增金融资源要向深度贫困地区倾斜，能够促进现代农业的发展，优化农业产业结构，增强农业内生活力，但不会提高农业在GDP中的比重，④错误。

47. D 【解析】优化税种结构，拓宽财政收入来源，这不是我国扩大水资源税改革试点的主要目的，①错误。加强税收调节，促进水资源合理开发利用，这是扩大水资源税改革试点所追求的社会效益，②正确。促进水资源节约保护，能有效抑制不合理的用水需求，③表述不当。扩大水资源税改革试点的技术追求是促进企业加快技术创新，提高用水效率，④正确。

48. A 【解析】恩格尔系数是食品支出总额占个人消费支出总额的比重，是衡量一个家庭或一个国家富裕程度的主要标准之一。一般来说，在其他条件相同的情况下，恩格尔系数较高，作为家庭来说表明收入较低，作为国家来说则表明该国较穷。反之，恩格尔系数较低，作为家庭来说表明收入较高，作为国家来说则表明该国较富裕，A项正确，BCD项错误。故选A。

49. D 【解析】边际效用递减规律是指在一定时间内，在其他商品的消费数量保持不变的条件下，随着消费者对某种商品消费量的增加，消费者从该商品连续增加的每一消费单位中所得到的效用增量即边际效用是递减的。边际效用的大小，同消费者消费数量的多少负相关，即消费者消费数量越多，相应的边际效用则越小，A项说法错误。边际效用的大小，同消费者欲望的强弱正相关，B项说法错误。边际效用的大小与消费数量的多少反向变动，C项说法错误。边际效用是特定时间内的效用，边际效用具有时间性，这是由欲望再生性和反复性的特点所决定的，D项说法正确。

50. C 【解析】财政政策是国家制定的指导财政分配活动和处理各种财政分配关系的基本准则，在现代市场经济条件下，财政政策是国家干预经济，实现宏观经济目标的工具。减税降费属于财政政策，我国实施的减税降费具体包括税收减免，取消或停征行政事业性收费两个部分。国家进行减税降费之后，首先能够减轻企业的负担，从而激发企业的活力，最终促进企业发展，顺序为②③①④。故选C。

二、多项选择题

1. ABD 【解析】我国CPI的统计范围包括食品、烟酒及用品、衣着、家庭设备用品及服务、医疗保健及个人用品、交通和通信、娱乐教育文化用品及服务、居住八大类，A项错误。当PPI指数增幅很大而且持续加速上升时，该国央行应该采取加息对策，防止通货膨胀，B项错误。CPI属于滞后性数据，用于分析市场价格的基本动态，是政府制定物价政策和工资政策的重要依据，C项正确。CPI会对PPI产生影响。PPI反映生产环节价格水平，CPI反映消费环节的价格水平。从生产—流通—消费的价值链来看，PPI是CPI的上游，并形成PPI上升推动CPI上升，PPI下降拉动CPI下降的传导关系，通常称之为正向传导。在特殊情况下，PPI与CPI之间还存在后者向前者的逆向传导，D项错误。本题为选非题，故选ABD。

2. ABD 【解析】对通货膨胀的衡量主要通过物价指数来进行，物价指数是表明某些商品的价格从一个时期到下一个时期变动程度的指数。衡量通货膨胀率的价格指数一般包括:消费者物价指数(CPI)、生产者价格指数(PPI)、批发物价指数(WPI)和国民生产总值价格折算指数。

3. ABCD 【解析】只有在完全竞争的条件下,市场经济才能发挥其基本功能。由于现实的市场竞争都是不完全的,因而市场经济体制也存在许多缺陷。对此,经济学称之为市场失灵,其表现有主体行为的自发性、市场势力的垄断性、经济活动的外部性、收入分配的不平等性。

4. ABC 【解析】要素市场指生产要素进行交换的场所,企业为生产而在该市场购买各种生产要素。要素市场主要有:劳动力市场、资本市场、技术市场、信息市场和土地市场等类型。产品市场又称为商品市场,指有形物质产品或劳务交换的场所,企业在这里出售其产品或劳务。产品市场在市场体系中处于基础地位。ABC项均属于要素市场,D项是产品市场,故选ABC。

5. ABCD 【解析】习近平总书记强调:供给侧结构性改革,重点是解放和发展社会生产力,用改革的办法推进结构调整,减少无效和低效供给,扩大有效和中高端供给,增强供给结构对需求变化的适应性和灵活性,提高全要素生产率。

6. CD 【解析】恩格尔系数是食品支出总额占个人消费支出总额的比重,A项错误。恩格尔系数减小,表明人们的生活水平提高,B项错误。C、D两项的表述正确。

7. ABCD 【解析】价格机制是价格在其形成和运行中能反映供求关系并诱导资源流动的机制,是市场机制的核心机制。价格机制具有四大功能,即信息功能、调节功能、竞争工具和分配功能。

8. ABC 【解析】边际效用递减规律是指在一定时间内,在其他商品的消费数量保持不变的条件下,随着消费者对某种商品消费量的增加,消费者从该商品连续增加的每一消费单位中所得到的效用增量即边际效用是递减的。边际效用的大小,与消费数量的多少反向变动。由于欲望强度有限,并随满足的增加而递减,因此,消费数量越多,边际效用越小,AC项说法不正确。边际效用的大小,与欲望的强弱成正相关,B项说法不正确。边际效用是特定时间内的效用。由于欲望具有再生性、反复性,边际效用也具有时间性,D项说法正确。本题为选非题,故选ABC。

9. BCD 【解析】合伙制企业可以从众多的合伙人处筹集资本,一定程度上突破了企业资金受单个人所拥有的量的限制,并使得企业从外部获得贷款的信用增强,扩大了资金的来源。A项中资金较少的说法错误。BCD项说法正确。

10. ACD 【解析】完全垄断市场的特点是:行业内部只有一个厂商,厂商就是产业;厂商的产品没有替代品,因而没有竞争者;厂商独自决定产品价格,是价格的制定者;厂商可以根据市场的不同情况,实行差别价格,以赚取最大的超额利润;其他任何企业进入该市场极为困难或根本不可能,ACD项正确。完全垄断的情形下,整个市场由一个企业垄断,B项错误。

11. AB 【解析】在市场经济条件下,仅靠市场调节不行,还需要国家的宏观调控。必须把市场调节(无形手)和国家的宏观调控(有形手)结合起来,加强宏观调控,不只是为了弥补市场调节的不足,更是由我国的社会主义性质决定的。社会主义公有制及共同富裕要求国家必须发挥宏观调控职能。AB两项错误,当选。

12. BD 【解析】寡头垄断市场的特征有:企业极少、相互依存、产品同质或异质、进出不易。

13. AC 【解析】宏观调控的主体为国家,排除B、D项。国家宏观调控的手段分为经济手段、行政手段和法律手段,经济手段包括财政政策和计划。其中,经济手段中的政策包括:税收政策、信贷政策、利率政策、汇率政策、产品购销政策、价格政策、扶贫政策、产业政策等。AC项都属于宏观调控的经济手段。故选AC。

14. BCD 【解析】经济萧条时,政府可以采取扩张性的财政政策,即可以通过降低税率或扩大财政支出(包括政府采购和财政补贴)的规模,来扩大社会需求。

15. BC 【解析】国内生产总值(GDP)是指一个国家(或地区)所有常住单位在一定时期内生产活动的最终产品市场价值的总和。A项错误,面粉厂出售给面包厂的面粉,是面包厂制作面包的原材料,不是最终产品。BC项正确,D项错误,GDP的计算采用“国土原则”,只计算在本国境内产生的产值,而不管它属于哪国人。因此,在上海的英国人工资包括在中国的GDP中,而在纽约的中国人工资,不应算在中国的GDP中。故选BC。

三、判断题

1. × 【解析】市场调节具有自发性、盲目性和滞后性等固有的弊端,不可能消除。

2. × 【解析】拉动经济增长的“三驾马车”是投资、消费、出口。

3. × 【解析】虚拟经济是市场经济高度发达的产物,以服务于实体经济为最终目的。与实体经济相比,虚拟经济的特征主要表现为高度流动性、不稳定性、高风险性和高投机性四个方面。

4. × 【解析】充分就业并不等于全部就业,而是仍然存在一定的失业,但所有的失业均属于摩擦性的和结构性的,而且失业的间隔期很短。通常把失业率等于自然失业率时的就业水平称为充分就业。

5. × 【解析】在买卖双方信息不对称的情况下,质量差的商品往往将质量好的商品驱逐出市场的现象,称为逆向选择。

6. × 【解析】替代关系是指两种商品可以互相代替来满足同一种欲望。当一种商品价格上升时,对另一种商品的需求就增加;反之,当一种商品价格下降时,对另一种商品的需求就减少。

7. × 【解析】通货膨胀是指经济运行中出现的全面、持续的物价上涨现象，其典型的表现就是供不应求，物价上涨。

8. × 【解析】在通常情况下，借贷的债务契约都是根据签约时的通货膨胀率来确定名义利息率，所以当发生了未预期的通货膨胀之后，债务契约无法更改，从而就使实际利息率下降，债务人受益，而债权人受损。借款人(债务人)还款时，如果利率固定，并且持续通货膨胀，那么他还的钱的购买力将大幅贬值，他是受益者。

9. √ 【解析】经济萧条时，降低利率，可以鼓励投资，刺激消费，促进经济发展。

10. × 【解析】国内生产总值(GDP)是指一个国家(或地区)所有常住单位在一定时期内生产活动的最终产品市场价值的总和。

11. × 【解析】恩格尔系数是指食品支出占家庭总支出的比例。从食品支出在家庭消费支出中所占的比例，可以大致推知家庭消费水平的高低。恩格尔系数越小，表明人们生活水平越高，消费结构合理；反之，人们生活水平越低，消费结构不合理。

12. × 【解析】购买一辆旧车不计入GNP，因为旧车在第一次销售时，已被记入GNP，旧车销售只不过是经济产品最终从一个消费者手中转移到另一消费者手中而已。家务劳动是自给性劳动，非市场活动，不计入国民生产总值。

13. × 【解析】直接调控是指国家运用行政手段和指令性计划，直接对每个微观经济单位而不通过市场机制来进行的宏观调控。

14. × 【解析】提高基准利率可以减少或者消灭负利率，促使大家将钱存入银行，从而减少货币流通，抑制通货膨胀。

15. × 【解析】经济手段主要包括财政政策和货币政策等。行政手段，是国家通过行政机构，采取带强制性的行政命令、指示、规定等措施来调节和管理经济的手段。教育部要求禁止教育APP向学生及家长收取任何费用，是通过行政手段对教育市场进行调控。

专题三　国际经济学与财政学

一、单项选择题

1. B 【解析】生产社会化导致生产范围的不断扩展，最终从一国一地扩展到全球合作，即经济全球化。故选B。

2. B 【解析】国际货币基金组织是国际社会为协调相互间的货币政策和加强合作所建立的政府间金融机构。故选B。

易错警示：国际货币基金组织和世界银行在职责、主要业务和成立目的等方面均有区别，考生可针对成立目的进行记忆。"调整国际货币关系"对应国际货币基金组织，"协调对发展中国家长期贷款和投资"对应世界银行。

3. A 【解析】国民待遇原则是指在民事权利方面，一个国家给予在其国境内的外国公民和企业与其国内公民、企业同等的待遇。故选A。

4. D 【解析】WTO部长会议休会期间，由全体成员代表组成的总理事会代行部长会议职权，D项错误。ABC表述正确，本题为选非题，故选D。

5. D 【解析】荷兰的先进光刻机受美国阻拦而无法顺利进入我国，这警示我们要自力更生，加强技术创新，掌握核心科技。

6. C 【解析】出口商品总收益=每件商品的利润额×出口量，虽然提高关税会导致出口量相对减少，但是每件商品的利润额并不确定，所以总收益是减少还是增加也是不确定的。

7. C 【解析】通货膨胀是影响汇率变动的一个长期、主要而又有规律性的因素。

8. D 【解析】汇率亦称汇价，是一国货币兑换另一国货币的比率，是以一种货币表示另一种货币的价格。美元是国际支付中使用较多的货币，各国一般都把美元当作制定汇率的主要货币，常把对美元的汇率作为基本汇率。在自由外汇市场上买卖外汇的实际汇率是市场汇率。故选D。

9. C 【解析】根据外汇牌价可知，一百美元可以兑换的人民币显然减少了，说明美元汇率下跌，人民币升值了。

方法技巧：直接标价法又称应付标价法，是以一定单位(1、100、1000、10000)的外国货币为标准来计算应付出多少单位本国货币。在直接标价法下，外币的价值与汇率的涨跌成正比。

10. C 【解析】偷税是指纳税人以不缴或者少缴税款为目的，采取各种不公开的手段，隐瞒真实情况，欺骗税务机关的行为。骗税是指以假报出口或其他欺骗手段骗取国家出口退税款。消费者消费后，商家应无条件提供发票，题干中该饭店的行为涉嫌偷税，反映了市场调节的自发性，故本题选C。

11. C 【解析】题干强调税收对于国家的重要性，说明了税收是国家存在和发展的物质保障。A、B、D不符合题意，故选C。

12. A 【解析】税收具备强制性、无偿性和固定性三个基本特征。

13. B 【解析】我国实施的一系列减税降费政策，旨在激发市场活力，降低企业负担，优化营商环境。AD项不是题干中举措的实施目的；C项说法错误，收入差距无法消除。故选B。

14. D 【解析】国家预算原则是国家选择预算形式和体系应遵循的指导思想，也是制定政府财政收支计划的方针。具体包括公开性、可靠性、完整性、统一性和年度性。完整性指该列入国家预算的一切财政收支都要列在预算中，不得打埋伏、造假账、预算外另列预算。国家允许的预算外收支，也应在预算中有所反映，A项不符合题意。公开性指国家预算反映政府的活动范围、方向和政策，与全体公民的切身利益息息相关，因此国家预算及其执行情况必须采取一定形式公开，为人民所了解并置于人民的监督之下，B项不符合题意。可靠性指每一收支项目的数字指标必须运用科学的方法，依据充分确实的资料，并总结出规律性，进行计算，不得假定、估算，更不能任意编造，C项不符合题意。年度性指政府必须按照法定预算年度编制国家预算，这一预算要反映全年的财政收支活动，同时不允许将不属于本年度财政收支的内容列入本年度的国家预算之中，D项正确。故选D。

15. C 【解析】财政的作用包括：促进社会公平，改善人民的物质生活；促进资源合理配置；促进国民经济发展。题干中举措的出台背景是疫情以来我国经济下行压力较大，因此，该举措是基于财政有促进国民经济平稳运行的作用，C项正确。题干中举措的出台与经济结构的优化升级无关，A项错误。财政赤字是指在某一财政年度，政府计划安排的总支出超过经常性收入并存在于决算中的差额。税收是财政收入最基本的形式，B项错误。促进资源合理配置的作用一般表现为财政促进某一行业或者某一地区的发展，材料并未体现，D项错误。故选C。

二、多项选择题

1. ABC 【解析】世界贸易组织与世界银行、国际货币基金组织一起，并称为当今世界经济的“三大支柱”。
2. ABC 【解析】进口贸易大于出口贸易会导致贸易逆差，A项错误。当一个国家出现贸易逆差时，即表示该国外汇储备减少，其商品的国际竞争力削弱，该国在该时期内的对外贸易中处于不利地位，B项错误。贸易赤字又叫贸易逆差，表明该国外汇储备减少，C项错误。D项表述正确，本题为选非题，故选ABC。
3. BCD 【解析】跨国公司在全球范围内组织生产和流通，日益成为经济全球化的主导力量和主要载体。A项错误，BCD项说法正确。
4. ABD 【解析】共享经济的主要特点是有一个由第三方创建的、以信息技术为基础的市场平台。因此，共享经济牵扯到三大主体，即商品或服务的需求方、供给方和共享经济平台，A项正确。共享经济是指以获得一定报酬为主要目的，基于陌生人且存在物品使用权暂时转移的一种商业模式，B项正确。共享经济的五个要素分别是：闲置资源、使用权、连接、信息、流动性，C项错误。“钱”的共享可以促进社会财富流动，提高社会财富的循环效率，扩大人们的消费需求，满足更多人的利益，因此，共享经济将激活金融业，D项正确。故选ABD。
5. ABC 【解析】《亚太贸易协定》的前身为签订于1975年的《曼谷协定》，是在联合国亚太经济社会委员会主持下，为促进南南合作，在发展中国家之间达成的一项优惠贸易安排。中国于2001年正式加入该协定，A项正确。《区域全面经济伙伴关系协定》(RCEP)是2012年由东盟发起，历时八年，由包括中国、日本、韩国、澳大利亚、新西兰和东盟十国共15方成员制定的协定，B项正确。大湄公河次区域经济合作(GMS)于1992年由亚洲开发银行发起，涉及流域内的中国、缅甸、老挝、泰国、柬埔寨和越南，旨在通过加强各成员国间的经济联系，促进次区域的经济和社会发展，C项正确。《全面与进步跨太平洋伙伴关系协定》(CPTPP)，是美国退出《跨太平洋伙伴关系协定》(TPP)后该协定的新名字。2020年11月20日晚，习近平主席说：“中方将积极考虑加入全面与进步跨太平洋伙伴关系协定。”截至2021年6月，中国未参与该协定，D项排除。故选ABC。
6. AB 【解析】题干强调自主创新的重要性，A、B项符合题意。C、D项不符合题意。
7. ABCD 【解析】《海南自由贸易港建设总体方案》提出：紧紧围绕国家赋予海南建设全面深化改革开放试验区、国家生态文明试验区、国际旅游消费中心和国家重大战略服务保障区的战略定位，充分发挥海南自然资源丰富、地理区位独特以及背靠超大规模国内市场和腹地经济等优势，抢抓全球新一轮科技革命和产业变革重要机遇，聚焦发展旅游业、现代服务业和高新技术产业，加快培育具有海南特色的合作竞争新优势。
8. BCD 【解析】行政经费支出属于购买性支出。BCD三项属于转移性支出。故选BCD。
9. AC 【解析】人民币对美元汇率中间价由687.55走低至671.01，说明人民币对美元升值，则同等数额的人民币可以兑换更多的美元，出境旅游费用下降，中国居民赴境外旅游热情会高涨，A项正确、B项错误。人民币升值会导致中国商品在美国市场价格上升，不利于发挥中国商品的价格优势，C项正确、D项错误。故选AC。
10. ABD 【解析】财政的基本职能包括：资源配置职能，调节收入分配职能，经济稳定与发展职能和监督管理职能。故选ABD。

三、判断题

1. √ 【解析】外汇是指以外国货币表示的，为各国普遍接受的，可用于国际间债权债务结算的各种支付手段。
2. √ 【解析】税收是国家(政府)公共财政最主要的收入形式和来源。税收的本质是国家为满足社会公共需要，凭借公共权力，按照法律所规定的标准和程序，参与国民收入分配，强制取得财政收入所形成的一种特殊分配关系。
3. × 【解析】当用直接标价法表示外汇汇价时，数值越大，意味着本币价值越低，题干说法相反。
4. × 【解析】重商主义者认为一国应该重视出口，通过奖出罚入的政策来增加出口，减少进口，从而实现金银财富的积累。

5. × 【解析】一国在一定时期内其收入大于支出，叫作国际收支顺差；支出大于收入叫作国际收支逆差。形成国际收支顺差的原因有：结构性失衡；储备总量高；长期实行出口鼓励政策；金融市场发展程度不足；国际间产业结构的转移；本国货币的升值压力。

第三部分　管理常识

专题一　管理与公共管理

一、单项选择题

1. B 【解析】管理具有两重性，即管理的自然属性和社会属性。

2. A 【解析】行政领导班子由不同气质结构的人组成，经过协调合作、取长补短，就会形成一个功能完善、高效合理的群体结构。B、C、D项说法过于绝对化。A项，组织需要集中统一管理，不能"政出多门"，是从管理的角度对"一山不容二虎"的阐述，符合题意。

3. D 【解析】相对于选项里的其他人，校长所从事的管理工作的量占全部工作量的比重是最高的。

4. D 【解析】飞轮效应是指为使静止的飞轮转动起来，一开始你必须使很大的力气，飞轮转得越来越快，达到某一临界点后，你无须再费更大的力气，飞轮依旧会快速转动，而且不停地转动。这说明有时候你觉得做一件事很困难，其实只是因为刚刚开始，当我们坚持一下，达到一个临界点之后，就会变得轻松。故"万事开头难"很好地体现了"飞轮效应"。

5. C 【解析】规章制度的建设要结合企业实际，并与企业的不同发展阶段相适应。根据题干中的描述可知，该单位的管理者应首先查找人们违背制度的原因，并结合单位的现有状况进行制度革新。故本题选C。

6. A 【解析】管理学中的"木桶原理"是指木桶能盛多少水，不取决于桶壁上最长的木板而是取决于最短的木板。题干所述强调的是在管理工作中，要从全局出发，培养团队精神，注重团队协作的整体性。

7. B 【解析】领导职能就是管理者按照组织目标和任务，运用管理权力，主导和影响被管理者，使之为了组织目标的实现而贡献力量和积极行动的活动。领导职能是管理过程的灵魂，是集中体现管理者素质和管理能力的活动，是取得管理效率和效果的关键职能。因此，领导职能常常被人们认为是管理的核心环节。故选B。

8. A 【解析】决策角色包括：企业家角色、资源分配者角色、冲突管理者角色、谈判者角色。题目强调的是冲突和问题的解决，属于冲突管理者角色，故选A。

9. B 【解析】首长制，又称独立制、一长制或首长负责制，是指行政首长独自掌握决策权和指挥权，对其管辖的公共事务进行统一领导、统一指挥并完全负责的公共组织。首长制的优点是行政组织的权力集中、责任明确、决策和行动迅速、指挥有力、避免相互扯皮、效率较高。故选B。

10. B 【解析】评价管理者的领导能力和影响能力，有关信息的获得来源于下属人员。故本题选B。

11. C 【解析】根据指示内容的明晰程度与范围大小，可以将授权分为刚性授权、柔性授权、模糊授权和惰性授权。刚性授权，是指管理者在授权时，试图非常精确地划定授权的范围，授权者对被授权者的职务、责任及权力均有十分明确的规定，下属必须严格遵守，不得渎职，这种授权方式限制了下属的主动性、创造性和个人发展。柔性授权，是指管理者对被授权者不指派具体工作，仅指示一个大纲或者轮廓，被授权者有很大的余地做因时因地因人的随机处理。模糊授权是指具有明确的工作事项与职权范围，管理者在必须达到的使命和目标方向上有明确的要求，但对怎样实现目标并未作出要求，被授权者在实现目标的手段方面有很大的自由发挥和创造余地。惰性授权是指管理者由于不愿意多管琐碎纷繁的事务，且自己也不知道该如何处理，于是就交给部下处理。故选C。

12. A 【解析】公共危机管理的特征包括：主体的整合性、处置的时效性、过程的阶段性、手段的强制性和技术的专业性。本题为选非题，故选A。

13. D 【解析】计划是管理活动的起点，是确定管理目标的第一个步骤；组织是管理活动得以顺利进行的必要环节；领导是管理过程的活的灵魂，是集中体现管理者素质和管理能力的活动，是实现管理效率和效果的关键；控制是管理过程的监视器和调节器。它对于管理过程的顺利进行具有重要的保证作用。故选D。

14. D 【解析】公共政策实施偏差是指政策实施者在实施政策的过程中，受主客观因素的影响，其行为效果偏离预定的政策目标，导致不良的后果。A项，替代式实施偏差又称政策替换，即政策在实施过程中表面上与原政策一致，事实上背离原政策精神的内容，常用"挂羊头，卖狗肉""上有政策、下有对策"来形容这种情况。B项，黏附式实施偏差即附加式实施偏差，又称政策扩大化，即政策在实施中附加了不恰当的内容，使政策的调控对象、范围、力度和目标超越了既定的要求，从而影响了原有政策目标的实现。C项，选择式实施偏差即一个完整的公共政策在实施时只有部分被贯彻落实。D项，象征式实施偏差又称政策表面化，即政策在实施过程中只宣传不实施，未得到具体落实，常用"阳奉阴违""一纸空文"来形容这种情况。故选D。

15. C 【解析】计划即预测未来和制定行动计划。预测未来是对未来的估计和为未来作准备，而制定行动计划则要指出行动的路线、通过的阶段、使用的手段以及要达到的结果，A项与题意不符。组织即确立组织在物质资源和人力资源方面的结构。管理的任务在于建立起一种组织，使其能够以最有效的方式从事其基本活动。良好的组织结构能使企业的计划得以很好的制定和执行，B项与题意不符。协调是让组织人员团结一致，使组织中的所有活动和努力都得到统一与和谐。在协调的组织中，每个部门的工作都与其他部门步调一致，各个部门内部的各个分部及所属单位对自己应承担的任务和相互之间应提供的协调都有确切的了解，各个部门及所属各分部的计划经常随情况的变化而调整，C项正确。控制是检验组织中发生的每一件事是否同所拟订的计划、发出的指示和确定的原则相符合，其目的是发现错误、改正错误和防止重犯错误，D项与题意不符。故选C。

16. A 【解析】前馈控制指通过观察情况、收集整理信息、掌握规律、预测趋势，正确预计未来可能出现的问题，提前采取措施，将可能发生的偏差消除在萌芽状态中，是为避免在未来不同发展阶段可能出现的问题而事先采取的措施。讲卫生是在患病之前就提前采取的预防疾病发生的措施，所以应当是前馈控制。

17. A 【解析】"经济人"的意思为理性经济人。题干中提到"奖罚分明"，突出表现了人追求经济利益最大化的一种心理。这种心理被认为是"经济人"假说的必备要素。

18. C 【解析】奖金本来是激励因素，当它变成了保健因素的时候，它的激励作用就消失了，这种成本投入就不能产生足够的效益。作为一个管理者，一定要防止这种情况的发生。

19. C 【解析】扁平化结构就是在管理过程中，减少管理层次，让组织内部成员获得更多的权力和自由。组织扁平化使得行政幅度增宽，行政层级减少，人员变少，成本降低，平级部门增加。幅度增宽，同一层次之间沟通顺畅，工作效率提高。故选C。

20. A 【解析】管理幅度、管理层次与组织规模存在着相互制约的关系：管理幅度×管理层次=组织规模。也就是说，当组织规模一定时，管理层次与管理幅度成反比。管理幅度越宽，层次越少，其管理组织结构的形式呈扁平型。相反，管理幅度越小，管理层次越多，其管理组织结构的形状呈高耸型。A项表述正确，CD两项表述错误。管理幅度是指一个主管能够直接有效地指挥下属成员的数目。管理幅度并不是越大越好，因为管理幅度越大，上级主管需要协调的工作量就越大。为了保证管理的有效性，管理幅度不能过大，应当在保证有效管理幅度的前提下寻求减少管理层次的途径，B项表述错误。故选A。

21. A 【解析】"三个和尚没水喝"的情况之所以会发生，是因为缺乏有效的制度安排来调动和尚们挑水的积极性；"三个和尚"都很负责，结果也许会造成水满为患，说明了因为不合理的管理安排，尽管调动各方积极性，同样产生过犹不及的效果，本题的启示是如何实现管理的有效性，达到整体优化的目的。故选A。

22. B 【解析】根据行政领导决策指挥方式不同，通常将行政领导的方式分为四种：(1)强制方式；(2)说服方式；(3)激励方式；(4)示范方式。说服方式在完成高度保密的紧急任务时往往不适用。

23. C 【解析】控制职能是保证组织各部门、各环节能按预定要求运作而实现组织目标的一项管理工作活动，表现为拟定标准、寻找偏差、下达纠偏指令。

24. A 【解析】单位领导位高权重就容易脱离基层，不了解实际情况，所以提高领导效能最有效的办法是联系群众，且联系群众可以拉近领导和下属关系，增强领导的领导力和影响力，从而提高领导效能，A项正确。领导对下属的指导监督也要建立在领导和下属良好有效的沟通之上，否则反而容易引起下属的逆反心理，B项错误。上行下效可以增强领导的领导力，但领导的领导力和影响力不仅仅来自职权，C项错误。耳提面命是指领导对下级恳切的教导。领导效能的有效发挥并不仅仅依靠领导的个人魅力，D项错误。故选A。

25. D 【解析】根据决策条件(或称自然状态)的可控程度，决策可以分为确定型决策、风险型决策与非确定型决策。

26. C 【解析】"控制的太多，而领导的太少"是说这位负责人不敢放手让下面的员工去做，事必躬亲。故选C。

27. D 【解析】行政绩效是现代行政管理学的重要内容，也是行政管理的终极目标。行政绩效，被称为"公共生产力""国家生产力""公共组织绩效""政府业绩"等，它是指政府在社会管理中的业绩、效果、效率及其管理工作效率和效能，是政府在行使其功能、实施其意志的过程中体现出来的管理能力，D项正确。行政执行是国家行政机关及其工作人员依据宪法、法律、法规、规章，充分调动政府资源，通过一定运作机制，逐级贯彻国家权力机关和上级的政策、决策，推行国家政务和执行行政决定，以落实公共事务管理和公共服务诸任务的全部活动过程，A项错误。行政信息是指反映行政管理过程中各项活动、任务以及目标的各种信息、文件、指令、预测、情报、数据资料、建议等的总和，B项错误。广义的行政监督是指立法机关、行政机关、司法机关、政党、社会团体、新闻舆论等多种政治力量和社会力量对政府及其工作人员的行政行为所实施的监察和督导；狭义的行政监督是指行政机关内部对自己的机构及其工作人员的不良行政行为所实施的监察和督导，C项错误。故选D。

28. B 【解析】现代企业管理对象的变革：人由"劳动力"转变为"人力资源"，最终成为"人力资本"。

29. A 【解析】"凡事预则立，不预则废"出自《礼记·中庸》，意思是：不论做什么事，事先有准备，就能得到成功，不然就会失败。所谓的"准备"就是计划。故选A。

30. B 【解析】科学管理之父泰勒对科学管理作了这样的

定义："诸种要素——不是个别要素的结合，构成了科学管理，它可以概括如下：科学，不是单凭经验的方法。协调，不是不和别人合作，不是个人主义。最高的产量，取代有限的产量。发挥每个人最高的效率，实现最大的富裕。"由此可见，泰勒认为科学管理的中心问题是提高劳动生产率。故选B。

31. A 【解析】CFO是Chief Finance Officer的简称，即首席财务官，A项正确。CEO是Chief Executive Officer的简称，即首席执行官，B项错误。CBO是Chief Brand Officer的简称，即首席品牌官，负责品牌战略管理和运营，C项错误。CKO是Chief Knowledge Officer的简称，即首席知识官，负责企业内部知识管理相关工作，D项错误。故选A。

32. D 【解析】泰勒是美国著名管理学家，经济学家，被后世称为"科学管理之父"，其代表作为《科学管理原理》。为了改善工人工作表现，他提出：要制定出有科学依据的工人的"合理日工作量"以及实行差别计件工资制，从而影响了流水线的生产方式。故选D。

二、多项选择题

1. ABCD 【解析】亨利·明茨伯格(Henry Mintzberg)研究发现管理者扮演着十种角色，这十种角色可被归入三大类：人际角色、信息角色和决策角色。人际角色包括：(1)代表人角色：作为管理者必须行使一些具有礼仪性质的角色。(2)领导者角色：管理者和员工一起工作并通过员工的努力来确保组织目标的实现。(3)联络者角色：与组织内的个人、小组一起工作，与外部利益相关者建立良好的关系所扮演的角色，A项正确。信息角色包括：(1)监督者角色：持续关注内外环境的变化以获取对组织有用的信息，接触下属或从个人关系网中获取信息，依据信息识别工作小组和组织潜在的机会和威胁。(2)传播者角色：分配作为监督者获取的信息，保证员工具有必要的信息，以便切实有效地完成工作。(3)发言人角色：把信息传递给单位或组织以外的个人，让相关者(股东、消费者、政府等)了解并感到满意，BD项正确。决策角色包括：(1)企业家角色：对作为监督者发现的机会进行投资以利用这种机会。(2)干扰对付者角色：处理组织运行过程中遇到的冲突或问题。(3)资源分配者：决定组织资源(财力、设备、时间、信息等)用于哪些项目。(4)谈判者角色：花费大量时间，对象包括员工、供应商、客户和其它工作小组，进行必要的谈判，以确保小组朝着组织目标迈进，C项正确。故选ABCD。

2. AC 【解析】链式沟通模式又称为直线型沟通，是指若干沟通参与者，从最初的发信者到最终的受信者，环环衔接，形成信息沟通的链条。它的特点是机制比较简单、速度较快、有明确领导人、适合等级结构、满意度低、失真度高。AC项正确，当选。

3. ABCD 【解析】概念性技能包含着一系列的能力，包括能够提出新的想法和新的思想的能力，能够进行抽象思维的能力，能够把一个组织看成一个整体的能力，以及能够识别在某一个领域的决策对其他领域将产生何种影响的能力。

4. BD 【解析】管理的主体即管理者，是指履行管理职能，对实现组织目标负有贡献责任的人。被管理者属于管理的客体，排除A项。管理者的基本职能有计划、组织、领导及控制，不同层次的管理者都有这四项基本职能，只是在各项职能的时间分布上的比例不同，排除C项。B、D两项为管理的基本特征，当选。

5. ABC 【解析】职责监督系统属于与工作内容无关的外部环境，职责监督系统的改善只能消除职工的不满意，使其安于工作，而不能激发职工的积极性、促进生产率的提高。所以职责监督属于保健因素，D项错误，ABC项属于激励因素。故选ABC。

6. AC 【解析】激励因素，又称本质因素或内容因素，主要与工作内容和工作成果有关，如职业认同、工作的挑战性、工作责任、个人发展等，这类因素的存在能够使员工感到满意，能够对员工产生强大而持久的激励作用。

7. ABCD 【解析】行政领导者肩负着各级政府、各个部门领导管理工作的重任，事关国家、民族的兴衰成败和公民的安居乐业，因此必须具有良好的素质修养。行政领导者应具有以下基本素质：政治素质、知识素质、能力素质、心理素质。

8. ABCD 【解析】现代公共行政自产生以来，在对社会公共事务的管理中履行着四个功能：提供公共产品；实现社会公平；实施管制；宏观调控。

三、判断题

1. √ 【解析】急性问题是经常产生的，解决急性问题多是为了维持现状；而慢性问题的解决才更容易形成管理上的突破，打破现状。

2. × 【解析】在一个领导班子里，"将才"应该多一些，以提高领导班子的整体领导能力。

3. × 【解析】人员配备的首要原则是因事择人原则。

4. × 【解析】内激励是指工作任务本身给工作者带来的激励，如对任务的好奇心、对任务的喜爱和全身心投入等。外激励是与工作任务无关的、由任务下达者提供的激励，如提高工资、增加奖金、提升职务等。题干中的"获得工作满足感"属于内激励。

专题二 政府职能与行政管理

一、单项选择题

1. B 【解析】社会福利和社会保障是公共服务的一部分，是政府调控社会群体之间收入差距、促进社会公平正义、保障社会安定有序的有效制度性手段和机制。

2. A 【解析】政府的基本职能包括：政治职能、经济职能、文化职能、社会职能，其中最为核心的基本职能是政治职能。故选A。

3. B 【解析】依法对市场主体及其行为进行监管和管理，

维护公平竞争的市场秩序，这属于政府经济职能中的市场监管职能。故选B。

4. D 【解析】一般来讲，政府的职能包括政治职能、社会职能、文化教育职能和经济职能。计划生育关系到社会的发展和人民的生活，它属于社会职能。故选D。

5. A 【解析】政府部门听取群众意见和建议，再根据这些意见和建议改进自身的工作，更好地服务群众，这属于从群众中来到群众中去的工作方法。

6. A 【解析】村民委员会和居民委员会建设工作属于基层民主政治建设，属于政府政治职能中的民主政治建设职能。

7. A 【解析】加强社会建设指政府要加快健全基本公共服务体系，保证人民学有所教、劳有所得、病有所依、老有所养、住有所居，A项正确。推进生态文明建设指政府要坚持节约资源和保护环境的基本国策，B项错误。组织社会主义经济建设指政府要进行经济调节、市场监管、公共服务，以促进社会经济发展，提高生产力水平和人民生活水平，C项错误。组织社会主义文化建设指政府要宣传马克思主义科学理论，组织和发展科教文卫事业，D项错误。故选A。

8. C 【解析】社会主义市场经济条件下，国家政府的职能必然转变，不再干预企业的经营管理，而更多的是宏观调控，政府为企业进行注册登记属于政府履行经济职能，对社会经济生活进行管理，故选C。

9. D 【解析】在市场经济条件下，政府应该按照市场规律办事。该地政府不顾客观规律，对当地的番茄乃至蔬菜产业没有统筹规划，而且在番茄滞销的情况下，又向辖区各单位干部职工硬性摊派任务。这种做法显然违背了市场经济规律，是滥用经济职能的行为。故选D。

10. A 【解析】行政协调的最终目的是促成各方主体达成共识，异中求同。

11. A 【解析】政府职能转变，是指国家行政机关在一定时期内，根据国家和社会发展的需要，对其应担负的职责和所发挥的功能、作用的范围、内容、方式的转移与变化。A项不符合转变政府职能的要求。故选A。

12. C 【解析】《中共中央关于全面深化改革若干重大问题的决定》指出："经济体制改革是全面深化改革的重点，核心问题是处理好政府和市场的关系，使市场在资源配置中起决定性作用和更好发挥政府作用。"A项错误。政府职能转变，从管理角度看，不是弱化了管理职能，而是转变了管理职能，从过去的微观管理、直接管理转变为现在的宏观管理、间接管理，B项错误。对违法者"利剑高悬"体现了对于违法行为政府应坚决打击，即坚持法定职责必须为；对守法者"无事不扰"体现了对公权力来说，没有授权行政机关做的，行政机关就不能做，即法无授权不可为，C项错误。题干体现了政府有所作为，而不是不作为，D项错误。故选C。

13. C 【解析】纪委监委一般指纪律检查委员会和监察委员会。纪律检查委员会属于党的监督；监察委员会是国家监督，属于政治监督。二者均属于行政系统外部监督。故选C。

14. B 【解析】行政伦理的最低要求就是行政行为的正当性、合法性要求，也就是行政伦理的制度化、规范化要求。

15. B 【解析】公地悲剧，又叫"公有资源的灾难"，是指公地作为一项资源或财产有许多拥有者，他们中的每一个人都有使用权，但没有权利阻止其他人使用，从而造成资源过度使用和枯竭。之所以叫悲剧，是因为每个当事人都知道资源将由于过度使用而枯竭，但每个人对阻止事态的继续恶化都感到无能为力。现实中有很多公地悲剧的例子，比如，草地属于公有产权，零成本使用，而排斥他人使用的成本很高，这样就导致牧民的过度放牧；过度砍伐森林、过度捕捞渔业资源等。故答案选B。

16. A 【解析】转变政府职能是深化行政体制改革的核心，实质上要解决的是政府应该做的事、不应该做的事，重点是政府、市场、社会的关系，即哪些事应该由市场、社会、政府各自分担，哪些事应该由三者共同承担。

17. A 【解析】政府的威信是指政府在社会管理和公共服务过程中形成的，得到人民认同的威望和公信力。举办"政府开放日"，有利于树立我国政府的威信。BCD项均夸大了举办"政府开放日"的积极作用。

18. C 【解析】政府是行政的主体，A项错误。"一切利益"说法绝对，B项错误。应是转变政府职能，建设服务型政府，D项错误。故选C。

19. A 【解析】公民的权利不能随意扩大，B项错误。居委会和村委会不是基层政权，居委会和村委会都是基层群众性自治组织，C项错误。党最基本的领导方法和工作方法是"从群众中来，到群众中去"，D项错误。A项说法正确，故选A。

20. C 【解析】政务公开是行政机关公开其行政事务，强调的是行政机关要公开其执法依据、执法程序和执法结果，属于办事制度层面的公开。实行政务公开是为了确保群众的知情权，实行清单管理是为了明确行政机关的职权，防止行政权力滥用，题干中并未涉及政务公开的内容，A项错误。题干未提及公民参与决策，B项错误。全面实行清单管理制度，体现我国政府积极转变职能，打造服务型政府，通过清单管理约束行政权力，防止权力滥用，C项正确。实行清单管理制度是依法行政的体现，但更多体现的是政府转变职能，通过清单管理约束行政权力，不断简政放权、放管结合、优化服务，使市场在资源配置中起决定性作用和更好地发挥政府作用，D项错误。故选C。

21. B 【解析】我国行政领导者的产生方式主要有以下四种：选任制，委任制，考任制，聘任制。我国较多采用委任制。故选B。

22. C 【解析】题干强调决策所要解决的问题是与其他社会问题紧密联系在一起的，体现出要从整体全面出发解决问题，即系统原则，C项正确。现代行政决策的基本原则体现在六个方面：信息原则，预测原则，系统原则，可行原则，择优原则，动态原则。信息原则强调的是决策前收集信息要及时全面，A项错误。题干中没有涉及对未来的预测，B项错误。题干中没有涉及选择的问题，D项错误。故选C。

23. A 【解析】在诸多行政职能中，行政决策是处在核心地位和起主导作用的职能。故选A。

24. B 【解析】行政指令方法的基本特点是强制性，权威性，层次性，具体性，无偿性。根据题干可知，强调统一和服从，体现了行政指令方法的强制性，B项正确。故选B。

25. B 【解析】按照行政层级分类，行政组织可分为中央行政机关与地方行政机关。

26. B 【解析】"垂衣拱手而治"出自《尚书·武成》："谆信明义，崇德报功，垂拱而天下治。"古时比喻统治者不做什么都能使天下太平，多用来称颂帝王无为而治。B项，放任型的行政领导方式又称无为而治式，领导只对下级工作作必要的原则、方针、政策规定，其余自行决定，没有人干扰，与题干中的"垂衣拱手而治"相似。

27. B 【解析】完整制与分离制，是依据同一层次上的各个行政组织所受上级指挥和控制的异同来划分的。

二、多项选择题

1. ABCD 【解析】政府审计在我国的政治经济生活中发挥着重要的作用，主要包括推动民主与法制建设、为宏观调控服务、维护经济秩序、促进廉政建设。

2. ABCD 【解析】我国政府采购遵循公开透明原则、公平竞争原则、公正原则和诚实信用原则。

3. AD 【解析】政府职能，亦称行政职能，是国家行政机关，依法对国家和社会公共事务进行管理时应承担的职责和所具有的功能。

4. BD 【解析】政府的基本职能包括政治职能、经济职能、文化职能和社会职能。B项和D项都属于政府的社会职能，而A项属于政府的经济职能，C项属于政府的文化职能。

5. ACD 【解析】经济职能是指政府为了国家经济的稳定和发展，对社会经济生活进行管理的职能。随着我国计划经济体制向社会主义市场经济体制的转变，我国政府主要有三大经济职能：(1)宏观经济调控职能；(2)提供公共产品和服务职能；(3)市场监管职能。调节社会分配和组织社会保障的职能属于政府的社会职能，排除B项。故选ACD。

6. ABC 【解析】D项中"同步富裕"说法错误。市政府加强对税收的监控和征管力度，必然会增加税收，保证财政收入的稳定增长；加强税收的征管力度，可以促进生产发展、技术进步和社会稳定，实现国民经济的快速健康发展；由于国民经济各地区、各部门、各环节的状况都会在税收上有直接的反映，加强税收监管，就可以了解和掌握经济的运行态势，找出问题并采取相应的对策。故选ABC。

7. ACD 【解析】B项由间接管理为主转向直接管理为主的说法是错误的。政府职能转变后，政府更多地运用经济手段进行宏观调控，不会过多地直接参与具体事务的管理。ACD项说法正确。

8. AC 【解析】要进一步激发市场主体的活力，当好"店小二"，政府应该优化机构职能设置，全面提高效能，还要激发社会创新活力，理顺政商关系，AC项正确；政府职能不能市场化，B项表述错误；"减少行政管理职权"表述错误，D项不选。故本题选AC。

9. AC 【解析】B项说法错误，维护国家统一和民族团结是我国顺利进行社会主义现代化建设的根本保证。D项说法错误，全国人民代表大会及其常务委员会依法行使立法权。因此，不能说我国的法律法规由政府制定并实施。AC两项说法正确且符合题意，故选AC。

10. BD 【解析】C项，审计部门的监督属于行政监督体系中的内部监督；A项，全国政协和各级人民政协是爱国统一战线组织，不是国家机关，不符合题意。故本题选BD。

11. ABCD 【解析】精简包括精简政府机构、减少人员编制和办事程序，而效能则是在精简的基础上转变政府职能，提高办事效率。故选ABCD。

12. BCD 【解析】从找市长到找市场说明我国已经从过去的计划经济体制转化到了市场经济体制，并实现了政企分开。这说明市场经济的调节作用在增强，其次说明企业有了自主经营的权利以及政府的职能在转变，政府从过去的一切都管转变为赋予企业自主权，让市场在资源配置中起决定性作用。

13. ABCD 【解析】政府应该也必须努力创造机会均等的社会环境，制定公平的收入分配政策，合理分配生产资料，协调各类社会组织关系，政府应有效供给基本公共物品以满足社会成员的公共需要。故选ABCD。

14. BD 【解析】发改委会同有关部门，组织开展和加强市场监管，既表明了我国政府关注民生，也说明了我国政府切实履行经济职能，故选择BD。

15. CD 【解析】政府内部打破部门"信息孤岛"，提高为民服务的效率，表明政府部门是为人民服务的，CD项正确。政府并没有包办一切，A项说法错误；B项表述与题干无关，题干中并没有涉及决策的公众参与度。故选CD。

16. ABC 【解析】按照行政领导者运用行政权力的不同方式或程序，可以将行政领导方式分为：专断型行政领导方式、民主型行政领导方式、放任型领导方式三种。故选ABC。

17. ABCD 【解析】我国行政领导者的产生方式主要有四

种:选任制、委任制、考任制、聘任制。

三、判断题

1. × 【解析】政企分开是转变政府职能的关键,也是建立社会主义市场经济的要求。

2. × 【解析】我国坚持社会主义基本经济制度,充分发挥市场在资源配置中的决定性作用,更好发挥政府作用。政府有组织经济建设的职能,但政府一般不可以直接干预经济活动,而是从供求方面进行宏观调控。

3. × 【解析】信访是指公民、法人或者其他组织采用书信、电子邮件、传真、电话、走访等形式,向各级人民政府、县级以上人民政府工作部门反映情况,提出建议、意见或者投诉请求,依法由有关行政机关处理的活动。信访是一种社会监督。在我国,立法监督是指各级人民代表大会及其常务委员会对国家行政机关及其工作人员的行政管理活动实施的监督。

4. √ 【解析】政府职能满足了公共行政的根本要求,是公共行政的核心内容,直接体现了公共行政的性质和方向,是政府机构设置的根本依据。

5. √ 【解析】拓宽民意反映渠道是决策机关进行科学决策的重要前提。

6. × 【解析】行政沟通按沟通渠道划分,有正式沟通和非正式沟通。按信息流向划分,有下行沟通、上行沟通和平行沟通。

第四部分 法律常识

专题一 法理学

一、单项选择题

1. A 【解析】国家意志的表现形式是多方面的,可以表现为法,也可以在政治、伦理等领域得以体现。法是国家意志的体现,但并非所有的国家意志都体现为法。故A项错误。

2. A 【解析】根据法律解释主体的不同,法律解释分为立法解释、司法解释和行政解释。全国人民代表大会常务委员会对宪法和法律的解释属于立法解释。

3. A 【解析】十九大报告在评价过去五年的工作和历史性变革时指出:“积极发展社会主义民主政治,推进全面依法治国……科学立法、严格执法、公正司法、全民守法深入推进,法治国家、法治政府、法治社会建设相互促进,中国特色社会主义法治体系日益完善,全社会法治观念明显增强。”故选A。

4. D 【解析】法的指引作用是指法指引自己的行为,包括确定性指引与不确定性指引。题干中并未涉及法对该领导干部的权利义务的指引,A项错误。法的评价作用是指以法为标准,评价他人行为的合法性,对象是他人。题干中并未涉及该领导干部评价他人的行为,B项错误。法的预测作用是指凭借法的存在,预先估计对方当事人的行为,从而安排好本人的行为,题干中并未涉及领导干部对应的对方当事人,C项错误。法的教育作用是指通过法的实施,法律对一般人的行为产生影响,即通过一个案件的发生,使得不特定人受到教育,包括示范作用与警示作用。题干中的庭审是法的实施,即法官适用法律进行案件裁判的司法过程,通过该案件的法律适用,对该领导干部产生了警示作用,体现了法的教育作用,D项正确。故选D。

5. C 【解析】法的实施是指法律在社会实际生活中的具体运用和实现,包括执法、司法、守法和法律监督。

6. C 【解析】我国立法程序一般的步骤如下:(1)法律草案的提出;(2)法律草案的审议;(3)法律草案的表决与通过;(4)法律的公布。

7. C 【解析】“违反道德的行为不一定都违法”是正确的,但违法行为也不一定都违反道德,譬如违反程序法的行为,一般不在道德的规范范围内,因此算不上违反道德,C项错误。

8. A 【解析】行政法规的效力高于地方性法规、政府规章和自治条例。

9. B 【解析】立法,指特定的国家机关,依据法定的职权和程序,制定、修改、补充、废止和解释法律、法规的活动,A项错误。一元立法体制指立法权由中央统一行使,C项错误。立法是以国家名义进行的职权行为,任何政党、企事业单位、个人均不能进行立法活动,D项错误。B项正确,故选B。

10. D 【解析】子产铸刑书、汉谟拉比法典都体现了统治阶级的意志,这是由当时社会性质决定的,并没有体现民众的意志,D项错误,ABC说法正确。本题为选非题,故选D。

11. D 【解析】法律的分类多种多样,从大的方向分为法的一般分类和法的特殊分类。法的一般分类主要包括:按照法的创制方式和表达形式,法律可以分为成文法和不成文法;按照法律规定的内容的不同,法律可以分为实体法和程序法;按照法律的地位、效力、内容和制定主体、程序的不同,法律可以分为根本法和普通法;按照法的适用范围的不同,法律可以分为一般法和特别法;按照法的创制主体和适用主体的不同,法律可以分为国内法和国际法。故选D。

12. C 【解析】法律汇编是指按照一定标准将规范性文件收入并加以系统排列,汇编成册。法律编纂又称法典编纂,是指有立法权的国家机关在法律清理和汇编的基础上,对现行法律体系中的某一部门的法律或某一类法律进行审查、研究、整理、补充和修改,最终形成一部集中统一而且内部协调的系统的法律或法典的专门性立法活动。法律体系是指由法律部门组成的现行法律有机联系的统一整体。法律渊源是指法律的存在或表现形式。故选C。

13. D 【解析】同一机关制定的法律、行政法规、地方性法规、自治条例和单行条例、规章,特别规定与一般规定不一致的,适用特别规定;新的规定与旧的规定不一致的,适用新的规定。AB项错误。地方性法规的效力高于本级和下级地方政府规章。省、自治区的人民政府制定的规章的效力高于本行政区域内的设区的市、自治州的人民政府制定的规章,即上位法优先于下位法,C项错误。根本法是指宪法。它规定的基本原则是立法机构进行立法的基础,一切法律、条例和国家机关的决议、命令,都不能与之相抵触,根本法优先于普通法,D项正确。故选D。

14. C 【解析】法律原则可以是非常抽象的,如法律面前人人平等;也可以是具体的,如任何人不能作自己案件的审判者,A项错误。法律原则本身不是法律规则,它既没有规定确定的事实状态,也没有规定具体的法律后果,但是在创制法律、理解或适用法律的过程中,法律原则是必不可少的。法律原则不仅可以指导人们如何正确地适用法律规则,而且在没有相应法律规则时,可以代替规则来作出裁决,B项错误。在适用方式上,法律规则是以"全有或者全无的方式"应用于个案当中,如果一条规则所规定的事实是既定的,或者这条规则是有效的,在这种情况下,必须接受该规则所提供的解决办法。而法律原则不是以"全有或者全无的方式"应用于个案当中,不同强度的原则甚至冲突的原则都可能存在于一部法律之中,C项正确。法律原则是法律制度、规范中必不可少的部分,它们是法律规则的本源和基础,它们可以协调法律体系中规则之间的矛盾,弥补法律规则的不足与局限,D项错误。

15. D 【解析】大陆的法律渊源以宪法为核心是正确的,但并非以行政法规为主,而是以法律为主,A项错误。作为法律渊源之一的"法律"一词是在狭义上使用,仅指全国人大及其常委会制定的规范性法律文件,B项错误。民族自治区人民代表大会制定的自治条例和单行条例,必须经全国人大常委会批准后才能生效,并非"备案"后生效,C项错误。国际法与国内法相对,是根据创制主体和适用主体的不同进行区分的;而法律部门是根据法律调整的对象方法进行区分的。因此,国际法不构成我国的部门法。故选D。

16. B 【解析】法的执行,广义是指所有国家行政机关、司法机关及其公职人员依照法定职权和程序实施法律的活动;狭义是指国家行政机关及其公职人员依法行使管理职权、履行职责、实施法律的活动,A项错误。法的遵守,广义是指法的实施,指法在社会生活中被人们实际施行;狭义是指守法,专指公民、社会组织和国家机关以法律为自己的行为准则,依照法律行使权利,履行义务的活动。张某以法律为准则,依照法律写举报信,属于法的遵守,B项正确。法的适用是指国家司法机关根据法定职权和法定程序,具体应用法律处理案件的专门活动,也称为"司法",C项错误。法的解释是有关国家机关、组织或个人,根据法定权限和程序,按照一定的标准和原则,对法律、法规或法律条文的内容、含义以及所使用的概念、术语等说明、理解的活动,D项错误。故选B。

17. D 【解析】本题中,合同具体内容没有发生变化,仅仅是合同相对方发生了变化,所以是合同的主体发生了变更。

18. D 【解析】法的作用有维护阶级统治的作用和执行社会公共事务的作用之分,执行社会公共事务的法律主要体现着法律的社会性,但在本质上与法律在维护阶级统治方面的作用并不矛盾。D项表述错误。

19. B 【解析】A项,法律解释是指一定的人或组织对法律规定含义的说明。B项,法律事件是指法律规范规定的、与当事人意志无关的,且能够引起法律关系产生、变更或消灭的客观事实。C项,法律行为是指与当事人意志有关的,能够引起法律关系产生、变更或消灭的作为和不作为。D项,法律机关是指制定、执行法律及监督法律执行的机构。故选B。

20. D 【解析】马克思主义法学理论认为,法的本质是统治阶级意志的表现。

21. B 【解析】中国特色社会主义法律体系,是以宪法为统帅,以法律为主干,以行政法规、地方性法规为重要组成部分,由宪法相关法、民商法、行政法、经济法、社会法、刑法、诉讼与非诉讼程序法等多个法律部门组成的有机统一整体。其中宪法具有最高的法律地位和法律效力,是制定一切法律、法规、规章的依据,法律、法规、规章是由宪法派生的,源头在于宪法。故选B。

22. A 【解析】根据法的创制主体和适用主体的不同,可以将法分为国内法和国际法。国内法是指在一主权国内,由特定国家法律创制机关创制的并在本国主权所及范围内适用的法律;国际法是由参与国际关系的国家通过协议制定或认可的,并适用于国家之间的法律,其形式一般为国际条约和国际协议等。故选A。

23. B 【解析】本题可从制定者入手。法律是由全国人民代表大会及其常务委员会经一定立法程序制定的规范性文件;宪法是全国人民代表大会制定的;行政法规是国务院制定的;行政规章是由国务院各部委,省、自治区、直辖市人民政府,省、自治区、直辖市人民政府所在地的市和经国务院批准的较大的市的人民政府等制定的。故本题选B。

24. B 【解析】法律是由国家制定或认可并以国家强制力保证实施的,反映由特定物质生活条件所决定的统治阶级意志的规范体系。法律是统治阶级意志的体现。

25. A 【解析】根据法的规则所设定的行为模式的不同,法的规则可以分为权利规则和义务规则。其中权利规则又叫授权性规则,义务规则分为命令性规则和禁止性规则。本题所引《刑法》的规定从内容上看是授予相关主体以行使正当防卫的权利,故为授权性规则。

26. C 【解析】法律要素是指构成法律的基本因素或元素。一般认为,法律由规则、原则和概念三种要素构成,A项错误。判决书不属于规范性法律文件,而是法律文书,属于非规范性法律文件,因此不具有反复适用性,B项错误。法律制定的科学性原则指制定法律必须从实际出发,尊重客观规律,总结借鉴与科学预见相结合,D项错误。故选C。

27. B 【解析】英国是典型的不成文宪法国家,法国、德国和美国是成文宪法国家。

28. C 【解析】法是通过规定人们在一定社会关系当中的权利和义务来确认、保护和发展对统治阶级有利的社会关系和社会秩序。法律既规定权利,又规定义务,而其他的社会规范,像道德规范、宗教规范等,仅规定义务而无权利。其他社会规范并未规定权利,也就无法进行具体或抽象、多或少的比较,ABD项错误。故选C。

29. C 【解析】法的制定的基本原则是在法的制定的整个活动中贯彻始终的行为准则,它是指导思想的规范化和具体化,是指导思想体现的形式和落实的保证。我国社会主义的立法,一般来说要遵循以下基本原则:(1)实事求是,一切从实际出发的原则;(2)合宪性和法制统一原则;(3)总结国内实践经验和借鉴外国经验相结合的原则;(4)原则性和灵活性相结合的原则;(5)立足全局,统筹兼顾、适当安排的原则;(6)群众路线和专门机关工作相结合,民主与集中相结合的原则;(7)维护法的稳定性、连续性和严肃性与及时创、改、废相结合的原则。

30. D 【解析】在中国,正式的法律渊源有:宪法、法律、法规、自治条例和单行条例、特别行政区法规、规章、国际条约和国际惯例等。

二、多项选择题

1. ABCD 【解析】法律调整的三个基本要素和一个机动要素,分别是法律规范、法律关系、实现权利义务的行为和法的适用。故选ABCD。

2. ABD 【解析】为解决食品安全问题,要坚持法治约束与道德教化相结合,尤其要强调法治约束的作用,C项说法错误,ABD说法正确。

3. ABCD 【解析】能够参与法律关系的主体,包括公民(自然人)、机构和组织(法人)以及国家。

4. ABC 【解析】我国现行法律体系主要划分为以下的法律部门:宪法及宪法相关法、刑法、行政法、民商法、经济法、社会法、诉讼与非诉讼程序法。每个部门法分类中包含很多种具体的法律,《中华人民共和国会计法》只是一部具体的法律,而不是一个法律部门。

5. AB 【解析】法律关系的主体必须具有权利能力和行为能力。权利能力是指能够参与一定的法律关系,依法享有一定权利和承担一定义务的能力或资格。行为能力是指法律关系主体能够通过自己的行为实际取得权利和履行义务的能力。

6. ABC 【解析】程序法是为实现实体权利义务而制定的关于程序方面的法律。刑事诉讼法、民事诉讼法等法律都属于程序法。实体法是指规定具体权利义务内容或者法律保护的具体情况的法律,如民法典、刑法、监察法、公司法等。本题为选非题,故选ABC。

7. ABCD 【解析】法的一般特征,是将法与同一上层建筑的其他组成部分相比较而言的。法具有如下基本特征:法是调整人们行为的社会规范;法由国家制定或认可,具有国家意志性;法规定了人们的权利和义务;法是由国家强制力保证实施的,具有普遍的约束力。故选ABCD。

8. ABC 【解析】法治的基本精神体现在以下三方面:(1)良法之治,即法律要体现道德良知、人类理性和社会正义;(2)法律至上,要求法律具有最高的权威,以法律为准绳;(3)权利本位,是指法治的最终目的在于公民权利的实现,国家权力的行使应以人为本,以人文关怀为终极价值。故选ABC。

9. ABD 【解析】法律关系是由主体、客体、内容组成的。故选ABD。

10. BCD 【解析】习近平法治思想是全面依法治国的指导思想。党的领导是推进全面依法治国的根本保证。A项错误。故选BCD。

三、判断题

1. × 【解析】法的社会作用大体上表现在两个方面:一是法律维护阶级统治的作用;二是法律执行社会公共事务的作用。

2. × 【解析】法律不同于其他的社会规范,它具有特殊的强制性,即国家强制性。法是以国家为后盾,由国家强制保证实施的。不论是公法还是私法都具有强制性。

3. √ 【解析】法律伴随国家产生,并伴随国家而消亡。国家消亡了,法律也将消亡。

4. √ 【解析】法律责任是指因违反了法定义务或契约义务,或不当行使法律权利、权力所产生的,由行为人承担的不利后果。

5. × 【解析】法的评价作用的作用对象是他人的行为。小林父亲认为儿子不经许可去国有林区伐木会违反《森林法》而加以劝阻,这说明法有评价的作用。法的强制作用指的是法通过制裁违法犯罪者的行为来强制人们遵守法律,是法的其他作用的保证。

6. × 【解析】在我国,人类公共之物或国家专有之物、文物、军用设施、武器等都不能成为私人法律关系的客体。

7. × 【解析】法律的溯及力,又称法溯及既往的效力,是指新颁布的法律对其生效以前发生的事件和行为能否适用。

8. √ 【解析】在大陆法系国家中,判例在法律上不被认为是正式意义的,即有约束力的渊源,但可被认为是非正式意义的，即具有说服力的渊源。大陆法系国家一般将成文法作为其主要法律渊源。

9. × 【解析】从价值上而言，法律是自由的保障，法律必须体现自由，保障自由。从法的本质来说，它以"自由"为最高的价值目标，对此，自由必须在法律规定的范围内行使，而不得逾越。

10. √ 【解析】法治是指根据法律来治理国家，强调了法律的作用；人治是先秦时期儒家的政治思想，主张君主依靠贤能来治理国家，强调了人的作用。

11. √ 【解析】法律生效有以下几种方式：(1)自公布之日起生效；(2)法律本身规定具体生效时间；(3)由另外的专门法决定规定生效时间；(4)规定在法律颁布一段时间后生效。如无明文规定，法律公布之日即为法律生效之时。

12. √ 【解析】处理好党的领导、人民当家作主、依法治国的关系，需要把握三个关系：一是执政党的政策与宪法、法律的关系；二是党的组织结构与国家机关之间的关系；三是坚持党的领导与公民对党的执政活动的监督之间的关系。

13. √ 【解析】法律关系实际上是一种权利和义务的关系，而权利和义务的内容都是法律规范中明确规定的。

14. √ 【解析】法治是指崇尚法律在治理国家中的决定性地位，国家一切权力的运行都在法律规制的范围内公平、公正地进行，从而防止国家权力的滥用并最终保障公民的自由权利。

15. √ 【解析】法系主要是按照法律的特点和历史传统对各国法律进行分类的一种方法。

专题二 宪 法

一、单项选择题

1. C 【解析】宪法规范原则性强弱与适应性强弱成正比，与社会实际调整功能强弱成反比。

2. B 【解析】我国《宪法》第六十四条规定："宪法的修改，由全国人民代表大会常务委员会或者五分之一以上的全国人民代表大会代表提议，并由全国人民代表大会以全体代表的三分之二以上的多数通过。法律和其他议案由全国人民代表大会以全体代表的过半数通过。"故选B。

3. C 【解析】我国的根本政治制度和政体是人民代表大会制度，C项正确。我国的根本制度是社会主义制度，A项错误。我国的基本国情是我国仍处于并将长期处于社会主义初级阶段，B项错误。按照宪法的规定，我国的法律有两类：一是基本法律；二是基本法律以外的其他法律，也称非基本法律。基本法律是由全国人民代表大会制定的调整国家和社会生活中带有普遍性、根本性、全面性的社会关系的规范性法律文件的统称。非基本法律是由全国人民代表大会常务委员会制定的调整国家和社会生活中某种社会关系或其中某一方面内容的规范性法律文件。D项错误。故选C。

4. D 【解析】宪法的基本内容可以分为两部分，即国家权力的规范和公民权利的有效保障，就两者的关系而言，公民权利的有效保障居于核心和支配地位。因此在国家的法律体系中，宪法是系统全面规定公民的基本权利的法律部门，其最核心的价值在于保障公民的基本权利，B、C项正确。当宪法与民主紧密相连，它是民主事实法律化的基本形式；民主主体的普遍化或者说民主事实的普遍化，是宪法得以产生的前提，A项正确。宪法与民主价值也会出现冲突与矛盾，民主可能出现的非理性行为需要通过宪法加以纠正和解决，D项错误。

5. B 【解析】批准省、自治区和直辖市的建置是全国人民代表大会的职权，而不是全国人大常委会行使职权的范围。故选B。

6. D 【解析】我国的人民民主专政的最大特点是它与剥削阶级掌握的国家政权不同，对占全国人口绝大多数的人民实行民主，对极少数敌视和破坏社会主义事业的敌人实行专政。监察委员会的组建不是为了扩大人民民主专政的对象，A项错误。居民委员会、村民委员会是居民和村民自我管理、自我教育、自我服务的基层群众性自治组织，监察委员会的组建未体现基层民主自治，B项错误。打击犯罪主要是司法机关的职能，而非政府职能，而且政府职能应当由政府履行，监察委员会行使国家监察职能，C项错误。国家治理体系是在党领导下管理国家的制度体系，包括经济、政治、文化、社会、生态文明和党的建设等各领域体制机制、法律法规安排，是一整套紧密相连、相互协调的国家制度。监察委员会对村非党员基层干部的腐败问题进行立案，填补了过去对村非党员基层干部廉洁问题监管"空白区"，体现了监察委员会的组建推动了国家治理体系的不断完善，D项正确。故选D。

7. B 【解析】我国《宪法》第八条规定："农村集体经济组织实行家庭承包经营为基础、统分结合的双层经营体制。"

8. A 【解析】我国《宪法》第四十二条规定："中华人民共和国公民有劳动的权利和义务。"

9. D 【解析】我国《宪法》第四十六条规定："中华人民共和国公民有受教育的权利和义务。国家培养青年、少年、儿童在品德、智力、体质等方面全面发展。"

10. C 【解析】人民政协是中国人民爱国统一战线的组织，是中国共产党领导的多党合作和政治协商的重要机构，是中国发扬社会主义民主的重要形式。人民政协不是国家机关，不能履行国家职能，C项错误。

11. C 【解析】我国《宪法》第三十一条规定："国家在必要时得设立特别行政区。在特别行政区内实行的制度按照具体情况由全国人民代表大会以法律规定。"故选C。

12. A 【解析】民族自治地方的人民代表大会有权依照当地民族的政治、经济和文化的特点，制定自治条例和单行条例。自治区的自治条例和单行条例,报全国人民代表大会常务委员会批准后生效。A项错误,BCD项表述正确,本题为选非题,故选A。

13. D 【解析】我国《宪法》第四十五条规定:"中华人民共和国公民在年老、疾病或者丧失劳动能力的情况下,有从国家和社会获得物质帮助的权利。国家发展为公民享受这些权利所需要的社会保险、社会救济和医疗卫生事业。"因此,公民获得物质帮助的条件有:年老时,丧失劳动能力时,有疾病时。在失业时,国家可以创造条件提供帮助。故选D。

14. A 【解析】我国《宪法》第三十五条规定:"中华人民共和国公民有言论、出版、集会、结社、游行、示威的自由。"言论自由是出版自由、结社自由和示威自由的基础,出版自由、结社自由和示威自由是言论自由的扩充和表现,言论自由的地位在所有法定自由中居于首位,故选A。

15. B 【解析】我国《宪法》第九条第一款规定:"矿藏、水流、森林、山岭、草原、荒地、滩涂等自然资源,都属于国家所有,即全民所有;由法律规定属于集体所有的森林和山岭、草原、荒地、滩涂除外。"可见,自然资源中,只能属于国家所有的是矿藏和水流。故选B。

16. B 【解析】我国《宪法》第六十二条规定:"全国人民代表大会行使下列职权:(一)修改宪法;(二)监督宪法的实施;(三)制定和修改刑事、民事、国家机构的和其他的基本法律……"宪法只有全国人大有权修改,排除A项。我国宪法第六十七条规定:"全国人民代表大会常务委员会行使下列职权:……(二)制定和修改除应当由全国人民代表大会制定的法律以外的其他法律;(三)在全国人民代表大会闭会期间,对全国人民代表大会制定的法律进行部分补充和修改,但是不得同该法律的基本原则相抵触……"B项正确。对于香港特别行政区的法律的修改,分为两种情况。我国《香港特别行政区基本法》第一百五十九规定:"本法的解释权属于全国人民代表大会常务委员会。"我国《香港特别行政区基本法》第七十三条规定:"香港特别行政区立法会行使下列职权:(一)根据本法规定并依照法定程序制定、修改和废除法律……"排除C项。我国《宪法》第六十七条规定:"全国人民代表大会常务委员会行使下列职权:……(十五)决定同外国缔结的条约和重要协定的批准和废除……"排除D项。故选B。

17. D 【解析】国家生活的根本问题主要有:国家性质;国家的根本制度、政治制度;国家的根本任务;公民的基本权利和义务;国家的基本经济制度;国家机构及国家标志等。

18. D 【解析】我国保护公民的宗教信仰自由,但不鼓励人们信教,A项错误。题中强调国家保护正常的宗教活动,没有涉及宗教领域贯彻落实依法治国方略,B项错误。宗教信仰从本质上说属于意识形态范畴,其本质并没有发生变化,C项错误。活佛作为藏传佛教特有的活动和传承方式得到国家的尊重,宗教文化和历史定制得到批准和认同,体现了正常的宗教活动受到了国家的保护,D项正确。故选D。

19. B 【解析】在中国,宪法确认公民享有言论自由。但同时规定,公民在行使言论自由权利时,不得破坏社会秩序,不得违背宪法和法律,不得损害国家的、社会的、集体的利益或其他公民的合法的自由和权利。这就需要我们坚持权利与义务相统一。

20. D 【解析】D项体现的是公民的文化权利和自由,而非政治权利和自由。

21. D 【解析】不设区的市、市辖区、县、自治县、乡、民族乡、镇的人民代表大会的代表,由选民直接选举。

22. A 【解析】上级人民法院监督下级人民法院的审判工作。

23. C 【解析】制度保障主要指通过制度来保障人民当家作主,如人民代表大会制度等,A项与题意不符。法律保障主要指通过出台具体的法律来保障人民当家作主,B项与题意不符。物质保障主要指从物质层面来保障人民当家作主,题干中的"民生需求""民生水平""聚焦贫困地区""国家财政资金"体现了这一点,C项正确。我国人民民主没有"政治保障"这一说法,D项错误。故选C。

24. A 【解析】我国《宪法》第二十七条第一款规定:"一切国家机关实行精简的原则,实行工作责任制,实行工作人员的培训和考核制度,不断提高工作质量和工作效率,反对官僚主义。"故选A。

25. D 【解析】我国《宪法》第三十四条规定:"中华人民共和国年满十八周岁的公民,不分民族、种族、性别、职业、家庭出身、宗教信仰、教育程度、财产状况、居住期限,都有选举权和被选举权;但是依照法律被剥夺政治权利的人除外。"D项正确,B项不符合年龄条件,C项不符合国籍条件。从法律上讲,精神病患者是由于生理上的原因而丧失行使政治权利的能力,这同被依法剥夺政治权利的人有着本质的区别。根据我国《选举法》第二十七条的规定,精神病患者不能行使选举权利的,经选举委员会确认,不列入选民名单。排除A项。故选D。

26. B 【解析】宪法是各种政治力量对比关系的集中体现,宪法作为法律,体现阶级统治的意志,由国家性质决定,A项错误。国体指的是国家性质,我国的国家性质是人民民主专政,国家保障维护人民的权益,这决定了我国《国家安全法》将"人民安全"作为立法宗旨,B项正确。政府的职能由政府的性质决定,政府的性质是由国家性质决定的,C项错误。政府的性质是由国家的性质决定的,D项错误。故选B。

27. C 【解析】国务院对全国人民代表大会负责并报告工作,人大听取和审议政府工作报告是对政府工作的监督，是行使监督权的体现，BD项未体现，C项正确。人大的职权中没有"审议权"这一说法，人大代表享有审议权，A项错误。故选C。

28. C 【解析】法的制定即立法，是指法定的国家机关，依照法律职权和程序，制定、修改、废止法律和其他规范性法律文件的一种专门活动。

29. C 【解析】社情民意反映制度是公民参与民主决策的一种方式，但是公民没有决策权，A项错误。题干中人大代表行使提出建议权，而非质询权，B项错误。题干中政府和总理倾听人民群众的呼声，采纳人大代表的建议体现了政府以人民为中心，坚持为人民服务的工作态度，C项正确。公民依法享有监督权，包括对国家机关及其工作人员批评、建议、申诉、控告、检举并依法取得赔偿的权利。题干中群众的呼声通过人大代表行使提出建议权传递给政府，并未体现监督，D项错误。故选C。

30. B 【解析】宪法是一个国家的根本大法，它规定了国家的根本制度和根本任务，具有最高的法律效力。故选B。

31. B 【解析】人民代表大会是国家权力机关，它与其他国家机关的关系是"监督与被监督"的关系。

32. B 【解析】题干并未体现否认国家保护公民的政治自由，A项错误。公民的权利和义务是统一的，公民在享有言论自由的同时，必须遵守宪法和法律，也不能损害他人合法的、正当的权益。小李认为在朋友圈上可以随意发表自己的见解和观点，否认了公民的权利和义务是统一的，B项正确。我国公民享有言论自由，但这种自由是相对的有条件的，小李认为在朋友圈上可以随意发表自己的见解和观点，这种想法否定了公民的自由是相对的有条件的，C项错误。小李认为在朋友圈上可以随意发表自己的见解和观点，不符合我国公民享有言论自由权的有关要求，D项错误。故选B。

33. A 【解析】公民的监督权，是指公民有监督一切国家机关及国家工作人员的公务活动的权利。

34. A 【解析】我国《宪法》第六十二条规定："全国人民代表大会行使下列职权：……（三）制定和修改刑事、民事、国家机构的和其他的基本法律……"故选A。

35. B 【解析】全国人大常委会在法律方面的权限：(1)解释宪法，监督宪法的实施。(2)制定和修改除应当由全国人民代表大会制定的法律以外的其他法律。(3)在全国人民代表大会闭会期间，对全国人民代表大会制定的法律进行部分补充和修改，但是不得同该法律的基本原则相抵触。(4)解释法律。故选B。

36. B 【解析】我国《宪法》第六十五条规定："全国人民代表大会常务委员会组成人员中，应当有适当名额的少数民族代表。"故选B。

37. A 【解析】我国《宪法》第八十七条规定："总理、副总理、国务委员连续任职不得超过两届。"故选A。

38. A 【解析】我国《宪法》第一条规定："中华人民共和国是工人阶级领导的、以工农联盟为基础的人民民主专政的社会主义国家。"A项正确。我国《宪法》序言中规定："在我国，剥削阶级作为阶级已经消灭，但是阶级斗争还将在一定范围内长期存在。中国人民对敌视和破坏我国社会主义制度的国内外的敌对势力和敌对分子，必须进行斗争。"B项错误。我国《宪法》序言中规定："中国人民政治协商会议是有广泛代表性的统一战线组织，过去发挥了重要的历史作用，今后在国家政治生活、社会生活和对外友好活动中，在进行社会主义现代化建设、维护国家的统一和团结的斗争中，将进一步发挥它的重要作用。"所以，中国人民政治协商会议是爱国统一战线的组织形式，不是国家机构，C项错误。我国《宪法》序言中规定："一九四九年，以毛泽东主席为领袖的中国共产党领导中国各族人民，在经历了长期的艰难曲折的武装斗争和其他形式的斗争以后，终于推翻了帝国主义、封建主义和官僚资本主义的统治，取得了新民主主义革命的伟大胜利，建立了中华人民共和国。"可见，新民主主义革命推翻的资本主义主要是官僚资本主义，不包括小资产阶级和民族资产阶级，D项错误。故选A。

39. D 【解析】地方各级人大与全国人大一起构成我国国家权力机关体系。但全国人大与地方各级人大之间以及地方各级人大之间没有隶属关系，上级人大有权依照宪法和法律监督下级人大的工作。地方各级国家权力机关应当对人民负责，并接受人民监督。故选D。

40. A 【解析】首长负责制是在充分发扬民主的基础上，由首长个人作出最终决定并承担相应责任的一种领导体制。我国国务院属于首长负责制，亦可称为总理负责制。故选A。

41. D 【解析】我国《宪法》第九条规定："矿藏、水流、森林、山岭、草原、荒地、滩涂等自然资源，都属于国家所有，即全民所有；由法律规定属于集体所有的森林和山岭、草原、荒地、滩涂除外。"规定中不包含海域，A项错误。我国《宪法》第六十二条规定："全国人民代表大会行使下列职权：……（十五）决定战争和和平的问题……"B项错误。我国《宪法》第九十六条规定："地方各级人民代表大会是地方国家权力机关。县级以上的地方各级人民代表大会设立常务委员会。"地方各级人民代表大会指省、自治区、直辖市、自治州、县、自治县、市、市辖区、乡、民族乡、镇的人民代表大会，C项错误。我国《宪法》第七十五条规定："全国人民代表大会代表在全国人民代表大会各种会议上的发言和表决，不受法律追究。"D项正确。故选D。

42. C 【解析】我国的政体是人民代表大会制度。

43. B 【解析】我国《宪法》第六十二条规定："全国人民代表大会行使下列职权：……（十五）决定战争和和平的问题……"故选B。

44. C 【解析】省、自治区、直辖市的人民代表大会及其常务委员会根据本行政区域的具体情况和实际需要，在不同宪法、法律、行政法规相抵触的前提下，可以制定地方性法规。设区的市的人民代表大会及其常务委员会根据本市的具体情况和实际需要，在不同宪法、法律、行政法规和本省、自治区的地方性法规相抵触的前提下，可以对城乡建设与管理、环境保护、历史文化保护等方面的事项制定地方性法规，法律对设区的市制定地方性法规的事项另有规定的，从其规定。自治州的人民代表大会及其常务委员会可以行使设区的市制定地方性法规的职权。中共北京市委属于党的机关，无权制定地方性法规，A项错误。全国人大法工委属于全国人大常委会下设的工作委员会，是全国人大常委会的法制工作机构，无权制定地方性法规，B项错误。郑州市人民代表大会属于设区的市的人民代表大会，有权制定地方性法规，C项正确。重庆市南岸区人民代表大会不属于设区的市的人民代表大会和它们的常务委员会，无权制定地方性法规，D项错误。故选C。

45. B 【解析】我国《宪法》第十四条规定："国家合理安排积累和消费，兼顾国家、集体和个人的利益，在发展生产的基础上，逐步改善人民的物质生活和文化生活。"故选B。

46. D 【解析】我国现行的国家结构形式是单一制。

47. C 【解析】宪法的作用包括：巩固国家政权；规范和制约国家权力；调整国家最基本的社会关系，维护社会稳定和国家长治久安；对经济基础起着影响作用；促进国家的民主制度和法律制度的形成和发展；保障公民的权利和义务；把党的主张和人民意志转化成为国家意志，由国家的力量予以推行，得到实现。刑法是规定犯罪、刑事责任和刑罚的法律，C项错误。本题为选非题，故选C。

48. A 【解析】我国《国旗法》第二十三条规定："在公共场合故意以焚烧、毁损、涂划、玷污、践踏等方式侮辱中华人民共和国国旗的，依法追究刑事责任；情节较轻的，由公安机关处以十五日以下拘留。"

49. A 【解析】我国《宪法》第一百三十四条规定："中华人民共和国人民检察院是国家的法律监督机关。"A项正确。人民法院和人民检察院属于司法机关，不属于行政机关，B项错误。我国《宪法》第一百三十七条规定："最高人民检察院是最高检察机关。最高人民检察院领导地方各级人民检察院和专门人民检察院的工作，上级人民检察院领导下级人民检察院的工作。"C项错误。我国《刑事诉讼法》第十九条规定："刑事案件的侦查由公安机关进行，法律另有规定的除外。人民检察院在对诉讼活动实行法律监督中发现的司法工作人员利用职权实施的非法拘禁、刑讯逼供、非法搜查等侵犯公民权利、损害司法公正的犯罪，可以由人民检察院立案侦查。对于公安机关管辖的国家机关工作人员利用职权实施的重大犯罪案件，需要由人民检察院直接受理的时候，经省级以上人民检察院决定，可以由人民检察院立案侦查。自诉案件，由人民法院直接受理。"D项错误。故选A。

50. A 【解析】我国《宪法》第四十一条规定："中华人民共和国公民对于任何国家机关和国家工作人员，有提出批评和建议的权利；对于任何国家机关和国家工作人员的违法失职行为，有向有关国家机关提出申诉、控告或者检举的权利，但是不得捏造或者歪曲事实进行诬告陷害。对于公民的申诉、控告或者检举，有关国家机关必须查清事实，负责处理。任何人不得压制和打击报复。由于国家机关和国家工作人员侵犯公民权利而受到损失的人，有依照法律规定取得赔偿的权利。"所以我国公民享有批评建议、控告检举、申诉的权利，而调查权不属于《宪法》规定的公民权利。本题为选非题，故选A。

51. B 【解析】我国《宪法》第一百一十一条规定："城市和农村按居民居住地区设立的居民委员会或者村民委员会是基层群众性自治组织。"故选B。

52. C 【解析】我国《宪法》第九十条规定："各部、各委员会根据法律和国务院的行政法规、决定、命令，在本部门的权限内，发布命令、指示和规章。"故选C。

53. C 【解析】我国《宪法》第八十九条规定："国务院行使下列职权：……(十三)改变或者撤销各部、各委员会发布的不适当的命令、指示和规章……"故选C。

54. D 【解析】我国《宪法》第六十六条规定："全国人民代表大会常务委员会每届任期同全国人民代表大会每届任期相同，它行使职权到下届全国人民代表大会选出新的常务委员会为止。"该法第六十条规定："全国人民代表大会每届任期五年。"故选D。

55. C 【解析】我国《宪法》第六十四条规定："宪法的修改，由全国人民代表大会常务委员会或者五分之一以上的全国人民代表大会代表提议，并由全国人民代表大会以全体代表的三分之二以上的多数通过。"因此，有权提议修改宪法的主体是全国人民代表大会常务委员会或者五分之一以上的全国人民代表大会代表。故选C。

二、多项选择题

1. ABD 【解析】《中华人民共和国香港特别行政区基本法》第五条规定："香港特别行政区不实行社会主义制度和政策，保持原有的资本主义制度和生活方式，五十年不变。"A项正确。《中华人民共和国香港特别行政区基本法》第十九条第一款规定："香港特别行政区享有独立的司法权和终审权。"B项正确。凡列于《中华人民共和国香港特别行政区基本法》《中华人民共和国澳门特别行政区基本法》附件三之法律，由特别行政区在当地公布或立法实施。附件三中所列全国性法律由全国人大常委会制定，并在特别行政区施行。这些全国性法律包括《关于中华人民共和国国都、纪年、国歌、国旗的决议》《关于中华人民共和国国庆日的决议》《中央人民政府公布中华人民共和国国徽的命令》《中华人民共和国政府关于领海的声明》《中华人民共和国国籍法》《中华人民共和国外交特权与豁免条例》《中华人民共和国国歌法》,C项错误。《中华人民共和国香港特别行政区基本法》第一百五十二条第二款规定:“香港特别行政区可以‘中国香港’的名义参加不以国家为单位参加的国际组织和国际会议。”《中华人民共和国澳门特别行政区基本法》第一百三十七条第二款规定:“澳门特别行政区可以‘中国澳门’的名义参加不以国家为单位参加的国际组织和国际会议。”D项正确。故选ABD。

2. AD 【解析】我国民族区域自治区与特别行政区的共同点是:(1)都享有自治权。特别行政区享有“高度的自治权”,而民族自治区有“一定的自治权”。(2)都是中央人民政府管辖下的地方行政区域,是中央与地方的关系。AD项正确。我国特别行政区是为了解决历史遗留问题,实现祖国和平统一而设立的,我国民族自治区是为了解决民族问题,实现少数民族人民当家作主,管理本民族地区事务的愿望而设立的。B项错误。我国民族自治区与我国特别行政区的社会制度不同。特别行政区实行资本主义制度,而民族自治区则坚持社会主义制度。C项错误。故本题选AD。

3. BC 【解析】人民检察院实行双重领导体制。我国《宪法》第一百三十八条规定:“最高人民检察院对全国人民代表大会和全国人大常委会负责,地方各级人民检察院对产生它的国家权力机关和上级人民检察院负责。”故选BC。

4. CD 【解析】修改宪法是全国人民代表大会的职能。基本法律是以宪法为根据的由全国人大制定的最重要的法律,必须由全国人大来行使这些法律的制定权和修改权,排除AB项。

5. ABCD 【解析】中国共产党同各民主党派合作的基本方针是“长期共存、互相监督、肝胆相照、荣辱与共”。

6. ABCD 【解析】我国选举基本原则包括:选举权的普遍性原则;选举权的平等性原则;直接选举和间接选举相结合原则;秘密投票原则;代表受监督原则;选举权利受保障原则等。

7. ABCD 【解析】走中国特色社会主义政治发展道路,必须坚持人民代表大会制度,坚持民族区域自治制度,坚持基层群众自治制度,坚持中国共产党领导的多党合作和政治协商制度。

8. ABCD 【解析】人民代表大会制度是中国的根本政治制度,可以概括为:第一,国家的一切权力属于人民;第二,人民通过民主选举产生全国人民代表大会和地方各级人民代表大会;第三,国家行政机关、监察机关、审判机关、检察机关都由人民代表大会产生,对它负责,受它监督;第四,全国人民代表大会和地方各级人民代表大会对人民负责,受人民监督。

9. ABCD 【解析】我国宪法的基本原则包括:第一,党的领导原则,即以中国共产党为中国特色社会主义事业的领导核心;第二,人民主权原则,即人民当家做主;第三,人权保障原则,即尊重和保障人民的基本权利;第四,社会主义法治原则,即依法治国,建设社会主义法治国家;第五,民主集中制原则,即集中人民智慧,将人民意志通过民主集中的形式上升为国家意志;第六,权利监督和制约原则,即公民对国家权力的监督以及国家权力之间的相互制约和监督。故选ABCD。

10. ABCD 【解析】我国现行宪法规定了公民广泛的权利和自由,主要有:在法律面前人人平等;选举权和被选举权;言论、出版、集会、结社、游行、示威的自由;宗教信仰自由;住宅不受侵犯;人身自由;人格尊严;禁止用任何方法对公民进行侮辱、诽谤和诬告陷害;通信自由和通信秘密受法律保护;批评、建议、申诉、控告、检举权;劳动就业和获得社会保障的权利;受教育的权利;对妇女、未成年人、老年人等特殊主体权利的保护等。

11. ACD 【解析】根据我国《宪法》第十条规定,城市的土地属于国家所有。农村和城市郊区的土地,除由法律规定属于国家所有的以外,属于集体所有;宅基地和自留地、自留山,也属于集体所有。A、C正确,B错误。土地被征收后,其所有权属于国家,D正确。故选ACD。

12. CD 【解析】我国《宪法》第十三条规定:“公民的合法的私有财产不受侵犯。国家依照法律规定保护公民的私有财产权和继承权。国家为了公共利益的需要,可以依照法律规定对公民的私有财产实行征收或者征用并给予补偿。”故选CD。

13. ABCD 【解析】我国《宪法》第三十六条规定:“中华人民共和国公民有宗教信仰自由。任何国家机关、社会团体和个人不得强制公民信仰宗教或者不信仰宗教,不得歧视信仰宗教的公民和不信仰宗教的公民。国家保护正常的宗教活动。任何人不得利用宗教进行破坏社会秩序、损害公民身体健康、妨碍国家教育制度的活动。宗教团体和宗教事务不受外国势力的支配。”

14. BCD 【解析】国务院由下列人员组成:总理,副总理若干人,国务委员若干人,各部部长,各委员会主任,审计长,秘书长,A项错误。总理、副总理、国务委员、秘书长组成国务院常务会议,B项正确。国务院有权改变或者撤销地方各级国家行政机关的不适当的决定和命令,C项正确。国务院有权依照法律规定决定省、自治区、直辖市的范围内部分地区进入紧急状态,D项正确。故选BCD。

15. ABCD 【解析】《全国人民代表大会常务委员会关于实行宪法宣誓制度的决定》规定的宣誓誓词如下:“我宣誓:忠于中华人民共和国宪法,维护宪法权威,履行法定职责,忠于祖国、忠于人民,恪尽职守、廉洁奉公,接受人民监督，为建设富强民主文明和谐美丽的社会主义现代化强国努力奋斗！”

16. AB 【解析】我国《宪法》第一百二十六条规定：“国家监察委员会对全国人民代表大会和全国人民代表大会常务委员会负责。地方各级监察委员会对产生它的国家权力机关和上一级监察委员会负责。”C项错误。各级监察委员会与各级人民代表大会之间不是隶属关系，各级监察委员会由各级人民代表大会产生，对它负责，D项错误。故选AB。

17. ABD 【解析】A项正确，2018年《宪法修正案》第三十三条规定：“宪法序言第十自然段中……‘包括全体社会主义劳动者、社会主义事业的建设者、拥护社会主义的爱国者和拥护祖国统一的爱国者的广泛的爱国统一战线’修改为‘包括全体社会主义劳动者、社会主义事业的建设者、拥护社会主义的爱国者、拥护祖国统一和致力于中华民族伟大复兴的爱国者的广泛的爱国统一战线’……”B项正确，2018年《宪法修正案》第三十五条规定：“宪法序言第十二自然段中……‘发展同各国的外交关系和经济、文化的交流’修改为‘发展同各国的外交关系和经济、文化交流，推动构建人类命运共同体’……”D项正确，2018年《宪法修正案》第三十八条规定，宪法第四条第一款中“国家保障各少数民族的合法的权利和利益，维护和发展各民族的平等、团结、互助关系。”修改为“国家保障各少数民族的合法的权利和利益，维护和发展各民族的平等团结互助和谐关系。”C项错误，2004年《宪法修正案》第二十四条规定，宪法第三十三条增加一款，作为第三款：“国家尊重和保障人权。”故选ABD。

18. BD 【解析】我国《宪法》第六十二条规定：“全国人民代表大会行使下列职权：……（四）选举中华人民共和国主席、副主席；（五）根据中华人民共和国主席的提名，决定国务院总理的人选；根据国务院总理的提名，决定国务院副总理、国务委员、各部部长、各委员会主任、审计长、秘书长的人选；（六）选举中央军事委员会主席；根据中央军事委员会主席的提名，决定中央军事委员会其他组成人员的人选；（七）选举国家监察委员会主任；（八）选举最高人民法院院长；（九）选举最高人民检察院检察长……”AC项不符合题意，B项符合题意。我国《宪法》第六十七条规定：“全国人民代表大会常务委员会行使下列职权：……（十三）根据最高人民检察院检察长的提请，任免最高人民检察院副检察长、检察员、检察委员会委员和军事检察院检察长，并且批准省、自治区、直辖市的人民检察院检察长的任免……”D项符合题意。故选BD。

19. AB 【解析】我国《宪法》第七十二条规定：“全国人民代表大会代表和全国人民代表大会常务委员会组成人员，有权依照法律规定的程序分别提出属于全国人民代表大会和全国人民代表大会常务委员会职权范围内的议案。”A项正确。该法第七十三条规定：“全国人民代表大会代表在全国人民代表大会开会期间，全国人民代表大会常务委员会组成人员在常务委员会开会期间，有权依照法律规定的程序提出对国务院或者国务院各部、各委员会的质询案。受质询的机关必须负责答复。”B项正确。该法第七十四条规定：“全国人民代表大会代表，非经全国人民代表大会会议主席团许可，在全国人民代表大会闭会期间非经全国人民代表大会常务委员会许可，不受逮捕或者刑事审判。”该法第七十五条规定：“全国人民代表大会代表在全国人民代表大会各种会议上的发言和表决，不受法律追究。”CD项错误。故选AB。

20. ACD 【解析】民族平等、民族团结、各民族共同繁荣三原则是处理我国民族关系的基本原则。

21. ABD 【解析】人民代表大会的性质和职权，决定了其上下级之间的关系同行政机关和党组织上下级之间关系的不同。行政机关和党组织上下级之间是领导与被领导、指挥与服从的关系，而人民代表大会上下级之间的关系是法律监督关系、业务指导关系和工作联系关系。故选ABD。

22. BC 【解析】我国《宪法》第五十六条规定：“中华人民共和国公民有依照法律纳税的义务。”王某是中华人民共和国公民，应当承担纳税义务，A项错误。我国《宪法》第三十四条规定：“中华人民共和国年满十八周岁的公民，不分民族、种族、性别、职业、家庭出身、宗教信仰、教育程度、财产状况、居住期限，都有选举权和被选举权；但是依照法律被剥夺政治权利的人除外。”王某是年满十八周岁的我国公民，没有被剥夺政治权利，因此他有选举权和被选举权，B项正确。我国《宪法》第四十条规定：“中华人民共和国公民的通信自由和通信秘密受法律的保护。除因国家安全或者追查刑事犯罪的需要，由公安机关或者检察机关依照法律规定的程序对通信进行检查外，任何组织或者个人不得以任何理由侵犯公民的通信自由和通信秘密。”王某的通信自由和通信秘密受法律保护，C项正确。我国《宪法》第四十五条规定：“中华人民共和国公民在年老、疾病或者丧失劳动能力的情况下，有从国家和社会获得物质帮助的权利。国家发展为公民享受这些权利所需要的社会保险、社会救济和医疗卫生事业。”王某不具有获得物质帮助的法定情形，D项错误。故选BC。

23. ACD 【解析】全国人大常委会的权力主要包括：制定和修改除应当由全国人大制定的法律以外的其他法律；对全国人大制定的法律进行补充和修改。这是一项非常重大的立法权，但它只能在全国人大闭会期间行使，只能进行部分补充和修改而不能进行全面的补充和修改，不得同被补充和修改的法律的基本原则相抵触。故选ACD。

24. BCD 【解析】批准省、自治区、直辖市的区域划分，批准自治州、县、自治县、市的建置和区域划分是国务院的职权范围，排除A项。BCD三项均属于全国人大的职权。

25. BC 【解析】国家主席不参与行政工作，不对全国人大负行政责任，A项错误。我国《宪法》第九十二条规定："国务院对全国人民代表大会负责并报告工作；在全国人民代表大会闭会期间，对全国人民代表大会常务委员会负责并报告工作。"B项正确。该法第一百三十三条规定："最高人民法院对全国人民代表大会和全国人民代表大会常务委员会负责。"第一百三十八条规定："最高人民检察院对全国人民代表大会和全国人民代表大会常务委员会负责。"C项正确。该法第九十四条规定："中央军事委员会主席对全国人民代表大会和全国人民代表大会常务委员会负责。"据此可知，中央军事委员会主席对全国人大及其常委会负责，但是不报告工作。另外，我国《宪法》仅对军事委员会主席作出了"对全国人大及其常委会负责"的规定，而没有针对军事委员会是否向全国人大及其常委会负责进行规定，D项错误。故选BC。

26. ABD 【解析】我国《宪法》第七十九条的规定："中华人民共和国主席、副主席每届任期同全国人民代表大会每届任期相同。"C项错误。ABD项说法正确，故选ABD。

27. AB 【解析】我国《宪法》第三十九条规定："中华人民共和国公民的住宅不受侵犯。禁止非法搜查或者非法侵入公民的住宅。"所以宪法层面上规定的侵犯公民住宅包括非法搜查公民住宅和非法侵入公民住宅。故选AB。

28. ABD 【解析】我国《宪法》第三十七条规定："中华人民共和国公民的人身自由不受侵犯。任何公民，非经人民检察院批准或者决定或者人民法院决定，并由公安机关执行，不受逮捕。禁止非法拘禁和以其他方法非法剥夺或者限制公民的人身自由，禁止非法搜查公民的身体。"ABD项正确。该法第三十八条规定："中华人民共和国公民的人格尊严不受侵犯。禁止用任何方法对公民进行侮辱、诽谤和诬告陷害。"侮辱属于人格尊严权的范畴，不属于人身自由，C项错误。故选ABD。

29. BC 【解析】根据我国《宪法》第四十条规定，中华人民共和国公民的通信自由和通信秘密受法律的保护。除因国家安全或者追查刑事犯罪的需要，由公安机关或者检察机关依照法律规定的程序对通信进行检查外，任何组织或者个人不得以任何理由侵犯公民的通信自由和通信秘密。

30. ABC 【解析】我国宪法明确规定，国家的一切权力属于人民；人民行使国家权力的机关是全国人民代表大会和地方各级人民代表大会；国家的行政机关、监察机关、审判机关和检察机关都由人民代表大会产生，对它负责，受它监督。在各种实现社会主义民主的形式中，人民代表大会居于最重要的地位，在制定国家各种制度中起着决定作用。故选ABC。

三、判断题

1. × 【解析】各级人民代表大会及县级以上各级人民代表大会常务委员会选举或者决定任命的国家工作人员，以及各级人民政府、人民法院、人民检察院任命的国家工作人员，在就职时应当公开进行宪法宣誓。

2. × 【解析】人民政协的主要职能是：政治协商、民主监督、参政议政。

3. √ 【解析】中国人民政治协商会议是中国人民爱国统一战线的组织，是中国共产党领导的多党合作和政治协商的重要机构，是中国政治生活中发扬社会主义民主的一种重要形式。

4. √ 【解析】我国《宪法》第一条将我国的国体规定为"中华人民共和国是工人阶级领导的、以工农联盟为基础的人民民主专政的社会主义国家"。我国的政体是人民代表大会制度。政体是一个国家的政权组织形式，是实现国体的具体方法。国体与政体之间是内容与形式的关系。

5. × 【解析】我国《宪法》第四十五条规定："中华人民共和国公民在年老、疾病或者丧失劳动能力的情况下，有从国家和社会获得物质帮助的权利。"

6. √ 【解析】习近平总书记在中央政协工作会议暨庆祝中国人民政治协商会议成立70周年大会上发表重要讲话指出："人民政协是中国共产党把马克思列宁主义统一战线理论、政党理论、民主政治理论同中国实际相结合的伟大成果，是中国共产党领导各民主党派、无党派人士、人民团体和各族各界人士在政治制度上进行的伟大创造。"

7. × 【解析】我国《宪法》第四十条规定："中华人民共和国公民的通信自由和通信秘密受法律的保护。除因国家安全或者追查刑事犯罪的需要，由公安机关或者检察机关依照法律规定的程序对通信进行检查外，任何组织或者个人不得以任何理由侵犯公民的通信自由和通信秘密。"题干的表述过于绝对。

8. × 【解析】我国《宪法》第九十六条规定："地方各级人民代表大会是地方国家权力机关。县级以上的地方各级人民代表大会设立常务委员会。"

9. × 【解析】我国的司法机关指的是人民法院和人民检察院。公安机关是人民政府的重要组成部分，是国家的行政机关。

10. × 【解析】我国《宪法》第四条规定："各少数民族聚居的地方实行区域自治，设立自治机关，行使自治权。"题干中的"居住"表述有误，应当为"聚居"。

11. √ 【解析】省、自治区、直辖市、设区的市、自治州的人民代表大会的代表，由下一级人民代表大会选举。不设区的市、市辖区、县、自治县、乡、民族乡、镇的人民代表大会的代表，由选民直接选举。

12. × 【解析】我国《宪法》第三十三条规定："中华人民共和国公民在法律面前一律平等。"平等的含义从原则上来讲应当包括，对于所有公民应当采取无差别的待遇，除非存在可以差别对待的合理理由。一般而言，依据人的年龄差异、生理差异、民族差异采取的合理差别，并不违反平等原则。所以题目认为对于享受宪法的权利和承担的义务所有公民都相同，是错误的。

13. × 【解析】我国《宪法》第六十七条规定："全国人民代表大会常务委员会行使下列职权：……（十二）根据最高人民法院院长的提请，任免最高人民法院副院长、审判员、审判委员会委员和军事法院院长……"

14. × 【解析】我国现行的"八二宪法"先后历经1988年、1993年、1999年、2004年、2018年五次修订。

15. × 【解析】居民委员会是居民自我管理、自我教育、自我服务的基层群众性自治组织。

专题三 民 法

一、单项选择题

1. D 【解析】我国《民法典》被称为"社会生活的百科全书"，是新中国第一部以法典命名的法律，在法律体系中居于基础性地位，也是市场经济的基本法。《民法典》共7编、1260条，各编依次为总则、物权、合同、人格权、婚姻家庭、继承、侵权责任以及附则。2020年5月28日，十三届全国人大三次会议表决通过了《民法典》，自2021年1月1日起施行。D项表述错误，符合题意，故选D。

2. B 【解析】我国《民法典》第十三条规定："自然人从出生时起到死亡时止，具有民事权利能力，依法享有民事权利，承担民事义务。"故选B。

3. B 【解析】法律确认法人为民事主体，所以法人是法律意义上的"人"，A项正确。我国《民法典》第五十七条规定："法人是具有民事权利能力和民事行为能力，依法独立享有民事权利和承担民事义务的组织。"因此，法人不是自然人，B项错误，D项正确。法人是具有民事权利能力和民事行为能力，依法独立享有民事权利和承担民事义务的组织，这种组织既可以是以人的集合为基础的社团法人，也可以是以捐助的财产为基础成立的财团法人。C项正确。本题为选非题，故选B。

4. B 【解析】我国《民法典》第五十一条规定："被宣告死亡的人的婚姻关系，自死亡宣告之日起消除。死亡宣告被撤销的，婚姻关系自撤销死亡宣告之日起自行恢复。但是，其配偶再婚或者向婚姻登记机关书面声明不愿意恢复的除外。"其中，配偶再婚包括再婚后又离婚或者再婚后配偶又死亡。

5. A 【解析】本题考查抛弃物的所有权归属。权利人可抛弃自己享有所有权的物品，对于抛弃物，可依相应法律或习惯由拾得人基于先占取得所有权。

6. C 【解析】名誉权中的名誉是指对民事主体的品德、声望、才能、信用等的社会评价。名誉权是指自然人依法享有的维护其名誉，享受名誉给自己带来的利益并排除他人非法侵害的权利。本题中，翻包行为是游乐园对于所有入园游客都作出的行为，并不针对王女士一人，并且无侮辱诽谤等行为，王女士的客观社会评价不会因此而降低。因此，该行为没有侵犯王女士的名誉权，A项错误。荣誉权是民事主体对其所获得的荣誉及其利益所享有的保持支配的具体人格权。翻包检查的行为未涉及具体的荣誉称号及相关利益，因此与王女士的荣誉无关，B项错误。隐私权是自然人享有的对其个人的、与公共利益无关的个人信息、私人活动和私有领域进行支配的具体人格权。题干中王某的包可以被看作王某的私人领域，翻包侵入了王某的私人领域，故侵犯其隐私权，C项正确。公平交易权是指我国《消费者权益保护法》规定的消费者在购买商品或接受服务时，享有公正、合理地进行市场交换行为的权利。翻包检查的行为未涉及交易行为，因此，该行为没有侵犯王女士的公平交易权，D项错误。故选C。

7. D 【解析】本题中乙须以腾飞公司的名义进行民事行为，排除AB项。债权人就一方婚前所负个人债务向债务人的配偶主张权利的，人民法院不予支持。但债权人能够证明该债务用于婚后家庭共同生活的除外。本题中甲将借款的8万元用于购买新房和家电，属于用于婚后家庭生活，所以由腾飞公司向甲和丙请求偿还债务是能够得到法院支持的，D正确，C错误。故选D。

8. B 【解析】我国《民法典》第二百一十五条规定："当事人之间订立有关设立、变更、转让和消灭不动产物权的合同，除法律另有规定或者当事人另有约定外，自合同成立时生效；未办理物权登记的，不影响合同效力。"本题中，甲与乙之间的买卖合同以及甲与丙之间的买卖合同都具有效力。该法典第二百零九条规定："不动产物权的设立、变更、转让和消灭，经依法登记，发生效力；未经登记，不发生效力，但是法律另有规定的除外。"甲与丙之间由于办理了房屋过户手续，故丙取得房屋的所有权，即房屋应归丙。由于甲乙之间的买卖合同也具有效力，但甲不再拥有房屋所有权，因此甲应向乙承担违约责任。故选B。

9. A 【解析】我国《民法典》第二十条规定："不满八周岁的未成年人为无民事行为能力人，由其法定代理人代理实施民事法律行为。"故选A。

10. C 【解析】在物权体系中，根据物的使用价值和交换价值把定限物权划分为用益物权和担保物权。用益物权是指以标的物的使用和收益为目的的定限物权，如地役权、典权等。担保物权是为担保债权实现为目的的定限物权。担保物权包括抵押权、质权、留置权。可见，C项正确。

11. D 【解析】民事法律关系的要素指构成民事法律关系

的必要因素。所有的民事法律关系都由主体、内容和客体三要素构成。故选D。

12. A 【解析】A项为植物新品种的生产方法,因而可以按照法律规定授予专利权,A项正确。我国《专利法》第二十五条规定:"对下列各项,不授予专利权:(一)科学发现;(二)智力活动的规则和方法;(三)疾病的诊断和治疗方法;(四)动物和植物品种;(五)原子核变换方法以及用原子核变换方法获得的物质;(六)对平面印刷品的图案、色彩或者二者的结合作出的主要起标识作用的设计。"BD项错误。该法第五条规定:"对违反法律、社会公德或者妨害公共利益的发明创造,不授予专利权。"C项错误。故选A。

13. C 【解析】名称权是法人、个体工商户、合伙组织依法决定、使用和变更自己名称的权利,是人格权的组成部分。姓名权是公民依法享有的决定、使用、改变自己姓名的权利。名称权的享有主体是法人。故选C。

14. D 【解析】法人、个体工商户享有的人身权包括名称权、名誉权和荣誉权。公民享受的人身权包括生命权、健康权、隐私权、姓名权、肖像权、名誉权、荣誉权、婚姻自主权、合法权益受保护权及男女平等权等权利。故选D。

15. B 【解析】我国《民法典》第四百七十一条规定:"当事人订立合同,可以采取要约、承诺方式或者其他方式。"要约是希望与他人订立合同的意思表示,承诺是受要约人同意要约的意思表示,此二者是订立合同的主要方式与步骤,ACD选项不符合题意,故选B。

16. C 【解析】财产经营权是指企业对国家授予其经营管理的财产享有占有、使用和依法处分的权利。债权是指在债的关系中权利主体具备的能够要求义务主体为一定行为或不为一定行为的权利。物权是指权利人依法对特定的物享有直接支配和排他的权利。财产所有权是指所有人依法对自己的财产享有占有、使用、收益和处分的权利。故选C。

17. B 【解析】不当得利是指没有合法根据,取得不当利益。因不当得利造成他人损失的,应当将取得的不当利益返还受损失的人。故选B。

18. B 【解析】我国《民法典》第十七条规定:"十八周岁以上的自然人为成年人。"第十八条规定:"成年人为完全民事行为能力人,可以独立实施民事法律行为。"本案中,王某已成年,并未有不能辨认或不能完全辨认自己行为的情况,故为完全民事行为能力人,其向网贷公司借款6000元属于合法债权债务关系,所欠债务应自行承担。

19. B 【解析】我国《民法典》第三百九十五条规定:"债务人或者第三人有权处分的下列财产可以抵押:(一)建筑物和其他土地附着物;(二)建设用地使用权;(三)海域使用权;(四)生产设备、原材料、半成品、产品;(五)正在建造的建筑物、船舶、航空器;(六)交通运输工具;(七)法律、行政法规未禁止抵押的其他财产。抵押人可以将前款所列财产一并抵押。"本法典第三百九十九条规定:"下列财产不得抵押:(一)土地所有权;(二)宅基地、自留地、自留山等集体所有土地的使用权,但是法律规定可以抵押的除外;(三)学校、幼儿园、医疗机构等为公益目的成立的非营利法人的教育设施、医疗卫生设施和其他公益设施;(四)所有权、使用权不明或者有争议的财产;(五)依法被查封、扣押、监管的财产;(六)法律、行政法规规定不得抵押的其他财产。"故选B。

20. C 【解析】我国《民法典》第一千一百零二条规定:"无配偶者收养异性子女的,收养人与被收养人的年龄应当相差四十周岁以上。"故选C。

21. B 【解析】我国《著作权法》第二十三条规定:"自然人的作品,其发表权、本法第十条第一款第五项至第十七项规定的权利的保护期为作者终生及其死亡后五十年,截止于作者死亡后第五十年的12月31日;如果是合作作品,截止于最后死亡的作者死亡后第五十年的12月31日。"该法第十条第一款第五项至第十七项规定的是著作权中的财产权。故选B。

22. D 【解析】我国《民法典》第一千二百零三条规定:"因产品存在缺陷造成他人损害的,被侵权人可以向产品的生产者请求赔偿,也可以向产品的销售者请求赔偿。"因此,甲可以向乙商场请求赔偿,也可以向丙公司请求赔偿。故选D。

23. A 【解析】我国《民法典》第五十六条规定:"个体工商户的债务,个人经营的,以个人财产承担;家庭经营的,以家庭财产承担;无法区分的,以家庭财产承担。"故选A。

24. A 【解析】我国《民法典》第一千一百九十五条规定:"网络用户利用网络服务实施侵权行为的,权利人有权通知网络服务提供者采取删除、屏蔽、断开链接等必要措施。通知应当包括构成侵权的初步证据及权利人的真实身份信息。网络服务提供者接到通知后,应当及时将该通知转送相关网络用户,并根据构成侵权的初步证据和服务类型采取必要措施;未及时采取必要措施的,对损害的扩大部分与该网络用户承担连带责任。"因此,该网络服务提供者对于官某隐私权损害的扩大部分应承担连带责任。故选A。

25. C 【解析】人格自由是指人格的自由地位,也是指人格的自由权利,是民事主体自主参加社会活动、享有权利、行使权利的基本前提和基础。故选C。

26. D 【解析】我国《民法典》第一千一百六十一条规定:"继承人以所得遗产实际价值为限清偿被继承人依法应当缴纳的税款和债务。超过遗产实际价值部分,继承人自愿偿还的不在此限。继承人放弃继承的,对被继承人依法应当缴纳的税款和债务可以不负清偿责任。"故选D。

27. D 【解析】我国《民法典》第一千一百七十一条规定："二人以上分别实施侵权行为造成同一损害，每个人的侵权行为都足以造成全部损害的，行为人承担连带责任。"该法典第一千一百七十二条规定："二人以上分别实施侵权行为造成同一损害，能够确定责任大小的，各自承担相应的责任；难以确定责任大小的，平均承担责任。"李某、丁某两个人不存在共同故意或共同过失，二人属于分别实施侵权行为，且他们每个人的单独行为都不能单独造成林某的全部损害，因此，对于林某的损害二人应承担按份责任，D项正确。故选D。

28. A 【解析】我国《专利法》第二条规定："发明，是指对产品、方法或者其改进所提出的新的技术方案。实用新型，是指对产品的形状、构造或者其结合所提出的适于实用的新的技术方案。外观设计，是指对产品的整体或者局部的形状、图案或者其结合以及色彩与形状、图案的结合所作出的富有美感并适于工业应用的新设计。"甲公司的芯片材料的制作方法属于方法发明，可以申请发明专利。故选A。

29. C 【解析】我国《民法典》第二百零九条规定："不动产物权的设立、变更、转让和消灭，经依法登记，发生效力；未经登记，不发生效力，但是法律另有规定的除外。"该法典第六百五十九条规定："赠与的财产依法需要办理登记或者其他手续的，应当办理有关手续。"本题双方婚后对房屋产权登记的更名行为，视为甲自愿赠与房屋产权的行为，且办理了房屋产权变更登记(署有二人名字的房产证)，则该套房属于夫妻共同财产。故选C。

30. C 【解析】我国《民法典》第三百九十七条规定："以建筑物抵押的，该建筑物占用范围内的建设用地使用权一并抵押。以建设用地使用权抵押的，该土地上的建筑物一并抵押。抵押人未依据前款规定一并抵押的，未抵押的财产视为一并抵押。"因此，甲向H银行贷款，以其别墅设定抵押的同时，该别墅占用范围内的建设用地使用权一并抵押。当甲无力偿还贷款时，H银行享有优先受偿权的财产包括别墅及其建设用地使用权。故选C。

31. A 【解析】成年人为完全民事行为能力人，可以独立实施民事法律行为。十六周岁以上的未成年人，以自己的劳动收入为主要生活来源的，视为完全民事行为能力人。故A符合题意，B不符合题意。不能完全辨认自己行为的成年人为限制民事行为能力人，实施民事法律行为由其法定代理人代理或者经其法定代理人同意、追认，但是可以独立实施纯获利益的民事法律行为或者与其智力、精神健康状况相适应的民事法律行为。故C不符合题意。八周岁以上的未成年人为限制民事行为能力人，实施民事法律行为由其法定代理人代理或者经其法定代理人同意、追认，但是可以独立实施纯获利益的民事法律行为或者与其年龄、智力相适应的民事法律行为。故D不符合题意。

32. C 【解析】我国《民法典》第一千一百六十九条规定："教唆、帮助他人实施侵权行为的，应当与行为人承担连带责任。教唆、帮助无民事行为能力人、限制民事行为能力人实施侵权行为的，应当承担侵权责任；该无民事行为能力人、限制民事行为能力人的监护人未尽到监护职责的，应当承担相应的责任。"故选C。

33. B 【解析】甲不知道乙的羊混入自己的羊群，甲的行为不构成有意识的"拾得"或"无因管理"，也不是授权行为。因此排除ACD三项。故选B。

34. C 【解析】人身权是指民事主体依法享有的与其人身不可分离的，以特定精神利益为内容的民事权利，主要包括：生命权、身体权、健康权、姓名权、名称权、肖像权、名誉权、荣誉权、婚姻自主权、隐私权。

35. A 【解析】肖像权是自然人所享有的以自己的肖像上所体现的人格利益为内容的一种人格权。只有自然人才有肖像权，法人没有肖像权。故选A。

36. B 【解析】我国《商标法》第三十一条规定："两个或者两个以上的商标注册申请人，在同一种商品或者类似商品上，以相同或者近似的商标申请注册的，初步审定并公告申请在先的商标；同一天申请的，初步审定并公告使用在先的商标，驳回其他人的申请，不予公告。"故选B。

37. D 【解析】A、B、C三项属于我国民法调整的社会关系内容，D项属于我国行政处罚法调整的社会关系内容。故选D。

38. B 【解析】我国《民法典》第一千零六十二条规定："夫妻在婚姻关系存续期间所得的下列财产，为夫妻的共同财产，归夫妻共同所有：(一)工资、奖金、劳务报酬；(二)生产、经营、投资的收益；(三)知识产权的收益；(四)继承或者受赠的财产，但是本法第一千零六十三条第三项规定的除外；(五)其他应当归共同所有的财产。夫妻对共同财产，有平等的处理权。"甲婚前购买的汽车，属于甲婚前个人财产，A项错误。乙于2018年用父母的钱全款购买的房子，属于乙婚前个人财产，C项错误。乙的祖父赠与乙的名人字画，属于乙婚前个人财产，D项错误。甲在婚姻存续期间购买的彩票，所中的奖属于甲、乙共同财产，B项正确，故选B。

39. C 【解析】债的担保方式包括：抵押、质押、留置、保证、定金等，预付款只是一种付款方式，不能起到担保的作用，不是债的担保方式。故选C。

40. A 【解析】根据我国《著作权法》第三十五条的规定，作品刊登后，除著作权人声明不得转载、摘编的外，其他报刊可以转载或者作为文摘、资料刊登，但应当按照规定向著作权人支付报酬。题干中，杨某未声明不得转载或者摘编，因此，《传奇文摘》杂志社可以转载，并应当按照规定向著作权人，即杨某支付报酬。故选A。

41. A 【解析】我国《民法典》第一百四十三条规定："具备

下列条件的民事法律行为有效:(一)行为人具有相应的民事行为能力;(二)意思表示真实;(三)不违反法律、行政法规的强制性规定,不违背公序良俗。”题干中小吴与小赵签订的协议符合有效民事行为的三个要件,该协议有效。故选A。

42. B 【解析】当事人向人民法院申请宣告婚姻无效,申请时法定的无效婚姻情形已经消失的,人民法院不予支持。在本题中,两年后,乙已经达到法定结婚年龄,无效的理由已经消失,故对其请求不予支持。

43. A 【解析】我国《民法典》第一千零六十三条规定:“下列财产为夫妻一方的个人财产:(一)一方的婚前财产;(二)一方因受到人身损害获得的赔偿或者补偿;(三)遗嘱或者赠与合同中确定只归一方的财产;(四)一方专用的生活用品;(五)其他应当归一方的财产。”故选A。

44. D 【解析】立有数份遗嘱,内容相抵触的,以最后的遗嘱为准。故选D。

45. B 【解析】民事法律行为有效要件包括:(1)行为人具有相应的民事行为能力;(2)意思表示真实;(3)不违反法律、行政法规的强制性规定,不违背公序良俗。十八周岁以上的公民是成年人,具有完全民事行为能力,可以独立进行民事活动,是完全民事行为能力人。十六周岁以上不满十八周岁的公民,以自己的劳动收入为主要生活来源的,视为完全民事行为能力人。本题中杨某已满16周岁,并以自己的劳动收入为主要生活来源,视为完全民事行为能力人,其自主购买艺术品的行为属于有效民事行为。故选B。

46. C 【解析】外观设计专利权的期限为15年。

47. C 【解析】法人和合伙等组织不享有隐私权,A项错误,C项正确。隐私权与名誉权是并列关系。人身权包括人格权和身份权,人格权包括生命健康权、姓名权、名誉权、隐私权等,B项错误。隐私权的客体是个人信息中的隐私性内容,D项错误。

48. B 【解析】我国宣告婚姻无效的机关是人民法院,当事人要宣告婚姻无效的,需要向人民法院提出书面的申请。故选B。

49. B 【解析】我国《民法典》第一千一百二十五条规定:“继承人有下列行为之一的,丧失继承权:(一)故意杀害被继承人;(二)为争夺遗产而杀害其他继承人;(三)遗弃被继承人,或者虐待被继承人情节严重;(四)伪造、篡改、隐匿或者销毁遗嘱,情节严重;(五)以欺诈、胁迫手段迫使或者妨碍被继承人设立、变更或者撤回遗嘱,情节严重。”甲为了早点继承其父亲的财产,雇人将其父亲杀死,丧失继承权,A项不符合题意。乙主动将父母接来身边养老而获得了全部遗产,乙履行了对父母的赡养义务,有继承权,B项符合题意。丙雇人将其弟弟杀死以获得更多遗产份额,丧失继承权,C项不符合题意。丁在其父母死后伪造了一份遗嘱,丧失继承权,D项不符合题意。故选B。

50. C 【解析】我国《民法典》第五百七十七条规定:“当事人一方不履行合同义务或者履行合同义务不符合约定的,应当承担继续履行、采取补救措施或者赔偿损失等违约责任。”ABD三项均属于承担侵权责任的方式,排除。故选C。

二、多项选择题

1. ABC 【解析】隐私是自然人的私人生活安宁和不愿为他人知晓的私密空间、私密活动、私密信息。隐私权是指自然人享有的私人生活安宁与私人信息秘密依法受到保护,不被他人非法侵扰、知悉、收集、利用和公开的一种人格权。未经公民许可,公开其姓名、肖像、住址、身份证号码和电话号码,属于侵犯隐私权,A项正确。私拆他人信件,偷看他人日记,刺探他人私人文件内容,以及将他们公开,属于侵犯隐私权,B项正确。非法跟踪他人,监视他人住所,安装窃听设备,偷拍他人私生活镜头,窥探他人室内情况,属于侵犯隐私权,C项正确。为缉拿罪犯,公安局公布犯罪分子的个人情况,是为了维护国家和公共利益,不属于侵害他人隐私权,D项错误。故选ABC。

2. BD 【解析】我国《民法典》第二百七十六条规定:“建筑区划内,规划用于停放汽车的车位、车库应当首先满足业主的需要。”该法第二百七十五条规定:“建筑区划内,规划用于停放汽车的车位、车库的归属,由当事人通过出售、附赠或者出租等方式约定。占用业主共有的道路或者其他场地用于停放汽车的车位,属于业主共有。”据此,地下停车场的所有权并不因住户购买楼上的楼房就当然取得,即地下停车场属于专有部分。B公司有权转让,C公司合法受让地下停车场,C公司作为新的所有权人,有权决定停车场的使用方式。王某等住户可以根据其与B公司的购房合同追究B公司的违约责任。故选BD。

3. AC 【解析】共同危险行为又叫准共同侵权行为,小李、小张扔石块的行为构成共同危险行为,A项正确。我国《民法典》第一千一百六十八条规定:“二人以上共同实施侵权行为,造成他人损害的,应当承担连带责任。”本题中,致伤的石头无法分辨是小李还是小张掷的,但双方都掷了一些石头,构成共同危险行为,应共同承担损害赔偿责任。由于小李与小张都是未成年人,应由其监护人承担赔偿责任。故选AC。

4. BCD 【解析】侵权责任的构成要件包括:(1)加害人实施了加害行为;(2)受害人遭受了可救济的损害;(3)加害行为和损害间有因果关系;(4)加害人对损害的发生具有过错。小雅是偷偷跑进对门李某家玩耍的,并非李某主动带入家中或是承诺代为照顾,即使是因为李某没有关门小雅才跑入其家中,但是李某不关门的行为无故意也无过失,小雅坠楼是其不可能预见到的,故小雅坠楼属于意外事件,李某无需承担侵权责任也无需承担赔偿责任,A项错误,B项正确。小雅为无民事行为能力人,吴某作为小雅的监护人有照看小雅的义务。由于吴某未尽到监护义务,他应当承担责任,C项正确。D项是民法意思自治原则的体现,正确。故选BCD。

5. ABCD 【解析】遗产分割时,应当保留胎儿的继承份额。胎儿出生后死亡的,由其继承人继承;胎儿出生时是死体的,由被继承人的继承人继承。本题中胎儿娩出时即为死体,因此仍应由被继承人的继承人继承,即由甲、乙、丙、丁继承。故选ABCD。

6. ABC 【解析】A项,赵某在婚前未把自己是同性恋的事实如实告知其配偶,但其婚姻不属于可撤销婚姻,A项说法错误。B项,刘与张的婚姻是无效婚姻,无效的婚姻自始没有法律约束力,当事人不具有夫妻的权利和义务,因此不需要被请求撤销。B项说法错误。C项"发生之日"说法错误,应是"终止之日"。D项说法正确。故选ABC。

7. ABCD 【解析】我国《民法典》第一千一百二十七条规定:"遗产按照下列顺序继承:(一)第一顺序:配偶、子女、父母;(二)第二顺序:兄弟姐妹、祖父母、外祖父母。"AB项正确。该法典第一千一百二十九条规定:"丧偶儿媳对公婆,丧偶女婿对岳父母,尽了主要赡养义务的,作为第一顺序继承人。"CD项正确。故选ABCD。

8. BCD 【解析】我国《民法典》第二十六条规定:"父母对未成年子女负有抚养、教育和保护的义务。成年子女对父母负有赡养、扶助和保护的义务。"故选BCD。

9. AD 【解析】该法条只是禁止非法公开个人信息,并非排除了所有组织和个人公开他人信息的合法性,B项错误。该法条并没有规定刑事打击的力度,C项错误。故选AD。

10. BD 【解析】我国《民法典》第六十一条规定:"依照法律或者法人章程的规定,代表法人从事民事活动的负责人,为法人的法定代表人。"我国《公司法》第十三条规定:"公司法定代表人依照公司章程的规定,由董事长、执行董事或者经理担任,并依法登记。公司法定代表人变更,应当办理变更登记。"可知,董事长并不一定是法定代表人,A项错误。我国《民法典》第六十条规定:"法人以其全部财产独立承担民事责任。"B项正确。我国《民法典》第六十二条规定:"法定代表人因执行职务造成他人损害的,由法人承担民事责任。"因限定为"因执行职务",C项错误。我国《民法典》第五十九条规定:"法人的民事权利能力和民事行为能力,从法人成立时产生,到法人终止时消灭。"D项正确,故选BD。

11. ACD 【解析】民事法律行为有效要件包括:(1)行为人具有相应的民事行为能力;(2)意思表示真实;(3)不违反法律、行政法规的强制性规定,不违背公序良俗。ACD项正确。民事法律行为可以采用书面形式、口头形式或者其他形式;法律、行政法规规定或者当事人约定采用特定形式的,应当采用特定形式。B项错误。故选ACD。

12. ABCD 【解析】我国《民法典》第五百二十九条规定:"债权人分立、合并或者变更住所没有通知债务人,致使履行债务发生困难的,债务人可以中止履行或者将标的物提存。"该法典第五百七十条规定:"有下列情形之一,难以履行债务的,债务人可以将标的物提存:(一)债权人无正当理由拒绝受领;(二)债权人下落不明;(三)债权人死亡未确定继承人、遗产管理人,或者丧失民事行为能力未确定监护人;(四)法律规定的其他情形。标的物不适于提存或者提存费用过高的,债务人依法可以拍卖或者变卖标的物,提存所得的价款。"故选ABCD。

13. ABCD 【解析】我国《民法典》第二百四十七条规定:"矿藏、水流、海域属于国家所有。"AB项正确。该法典第二百五十二条规定:"无线电频谱资源属于国家所有。"C项正确。该法典第二百五十四条规定:"国防资产属于国家所有。铁路、公路、电力设施、电信设施和油气管道等基础设施,依照法律规定为国家所有的,属于国家所有。"D项正确。故选ABCD。

14. ABCD 【解析】合理使用肖像权的行为包括:(1)在新闻报道中使用相关人物的肖像,使观众、读者了解、认识事实真相等符合社会公众利益的行为不构成侵害被曝光者的肖像权。即使新闻报道的内容失实或者不当,有可能构成侵害被曝光者名誉权或隐私权,也不会构成侵害肖像权。(2)国家机关为执行公务或为国家利益举办特定活动使用公民的肖像。(3)为记载或宣传特定公众活动使用参与者的肖像。(4)基于科研和教育目的在一定程度和一定范围内使用他人肖像的。(5)为肖像权人自身的利益使用其肖像。故选ABCD。

15. ABD 【解析】我国《民法典》第一百六十一条规定:"民事主体可以通过代理人实施民事法律行为。依照法律规定、当事人约定或者民事法律行为的性质,应当由本人亲自实施的民事法律行为,不得代理。"立遗嘱属于应当由本人亲自实施的民事法律行为,因此不得代理。ABD均是可以代理的行为,故选ABD。

16. ABD 【解析】知识产权包括著作权、专利权、商标权、发现权、发明权和其他科技成果权。肖像权属于人格权。故选ABD。

17. BCD 【解析】无因管理是指没有法定或者约定义务,为避免造成损失(损失既包括自己也包括他人,或者仅为他人),主动管理他人事务或为他人提供服务的法律事实。A项中甲没有为他人管理或者服务的意思,因此不构成无因管理。B、C、D三项均符合无因管理的构成要件。

18. AB 【解析】我国《民法典》第二十七条规定:"父母是未成年子女的监护人。未成年人的父母已经死亡或者没有监护能力的,由下列有监护能力的人按顺序担任监护人:(一)祖父母、外祖父母;(二)兄、姐;(三)其他愿意担任监护人的个人或者组织,但是须经未成年人住所地的居民委员会、村民委员会或者民政部门同意。”根据以上条款,小明的祖父母、外祖父母、成年的姐姐可担任小明的监护人,AB正确。小明经济实力雄厚的舅舅以及担任国家公务人员的姑姑如愿意担任监护人,须经小明住所地的居民委员会、村民委员会或者民政部门同意,CD错误。故选AB。

19. ACD 【解析】小明是限制民事行为能力人。无民事行为能力人或者限制民事行为能力人在幼儿园、学校或者其他教育机构学习、生活期间,受到幼儿园、学校或者其他教育机构以外的第三人人身损害的,由第三人承担侵权责任;幼儿园、学校或者其他教育机构未尽到管理职责的,承担相应的补充责任。幼儿园、学校或者其他教育机构承担补充责任后,可以向第三人追偿。由此可见,学校对第三人在教育机构造成人身损害的侵权责任适用过错责任原则并承担补充责任,即学校有过错有责任,无过错无责任,B项说法正确,AD项说法错误。C项的处理属于过错推定原则,即根据法律规定推定行为人有过错,行为人不能证明自己没有过错的,应当承担侵权责任,不适用于本题中受到学校以外第三人损害的情况,排除。故选ACD。

20. BD 【解析】王某、张某没有参加创作,不享有著作权;对于改编,没有独创性的成果,不享有改编的著作权。对于音乐等可以单独使用的作品,作者有权单独行使其著作权。

21. CD 【解析】我国《民法典》第一千一百四十四条规定:“遗嘱继承或者遗赠附有义务的,继承人或者受遗赠人应当履行义务。没有正当理由不履行义务的,经利害关系人或者有关组织请求,人民法院可以取消其接受附义务部分遗产的权利。”由此可见,遗赠可以附义务,A项错误。继承开始后,受遗赠人表示接受遗赠,并于遗产分割前死亡的,其接受遗赠的权利转移给他的继承人。丁接受遗赠的权利并不因其死亡而消灭,B项错误。该法典第一千一百二十四条规定:“继承开始后,继承人放弃继承的,应当在遗产处理前,以书面形式作出放弃继承的表示;没有表示的,视为接受继承。受遗赠人应当在知道受遗赠后六十日内,作出接受或者放弃受遗赠的表示;到期没有表示的,视为放弃受遗赠。”C项正确。该法典第八百九十七条规定:“保管期内,因保管人保管不善造成保管物毁损、灭失的,保管人应当承担赔偿责任。但是,无偿保管人证明自己没有故意或者重大过失的,不承担赔偿责任。”乙对于古画的保管是无偿的,对于古画灭失主观上不存在重大过失。因此,丁无权要求乙赔偿,D项正确。故选CD。

22. ABD 【解析】本题中,杂志社以营利为目的使用了张某的肖像,所以侵害了张某的肖像权,A项正确。张某是未婚女子,却被配以“母女情深”的文字说明,且受到熟人对她的纷纷议论,其名誉权受到了侵害,B项正确。杂志社的行为并未对张某的隐私进行侵害,C项错误。自然人因下列人格权利遭受非法侵害,向人民法院起诉请求赔偿精神损害的,人民法院应当依法予以受理:生命权、健康权、身体权;姓名权、肖像权、名誉权、荣誉权;人格尊严权、人身自由权。违反社会公共利益、社会公德侵害他人隐私或者其他人格利益,受害人以侵权为由向人民法院起诉请求赔偿精神损害的,人民法院应当依法予以受理,D项正确。

23. ACD 【解析】我国《民法典》第六百零四条规定:“标的物毁损、灭失的风险,在标的物交付之前由出卖人承担,交付之后由买受人承担,但是法律另有规定或者当事人另有约定的除外。”A项错误。该法典第六百零六条规定:“出卖人出卖交由承运人运输的在途标的物,除当事人另有约定外,毁损、灭失的风险自合同成立时起由买受人承担。”B项正确。该法典第六百零三条规定:“出卖人应当按照约定的地点交付标的物。当事人没有约定交付地点或者约定不明确,依据本法第五百一十条的规定仍不能确定的,适用下列规定:(一)标的物需要运输的,出卖人应当将标的物交付给第一承运人以运交给买受人;(二)标的物不需要运输,出卖人和买受人订立合同时知道标的物在某一地点的,出卖人应当在该地点交付标的物;不知道标的物在某一地点的,应当在出卖人订立合同时的营业地交付标的物。”该法典第六百零七条规定:“出卖人按照约定将标的物运送至买受人指定地点并交付给承运人后,标的物毁损、灭失的风险由买受人承担。当事人没有约定交付地点或者约定不明确,依据本法第六百零三条第二款第一项的规定标的物需要运输的,出卖人将标的物交付给第一承运人后,标的物毁损、灭失的风险由买受人承担。”C项错在风险应是交付给第一承运人后转移。该法典第六百一十条规定:“因标的物不符合质量要求,致使不能实现合同目的的,买受人可以拒绝接受标的物或者解除合同。买受人拒绝接受标的物或者解除合同的,标的物毁损、灭失的风险由出卖人承担。”D项错误。本题为选非题,故选ACD。

24. ABD 【解析】消费者在购买、使用商品和接受服务时享有人身、财产安全不受损害的权利。宾馆、商场、餐馆、银行、机场、车站、港口、影剧院等经营场所的经营者,应当对消费者尽到安全保障义务。小宋可以要求饭店承担责任,A、B错误。合同责任的归责原则是“无过错责任”原则,责任主体承担责任的前提并不是看主观上是否有过错,而是看有没有法律规定的免责事由,比如不可抗力,否则就要承担责任,D项错误。

25. BC 【解析】A项错误,甲医院的行为是以欺诈手段,使对方在违背真实意思的情况下实施的民事法律行为,并非无效合同,而属于可变更、可撤销合同。B项正确,甲乙双方恶意串通损害国家利益,其行为当属无效。C项正确，甲乙的约定违反公序良俗，合同无效。D项错误，乙的行为构成乘人之危，甲乙签订的买卖合同属于可变更、可撤销的合同。故选BC。

三、判断题

1. × 【解析】我国《民法典》第一百三十三条规定："民事法律行为是民事主体通过意思表示设立、变更、终止民事法律关系的行为。"相较于《民法通则》，《民法典》对"民事法律行为"的内涵作了调整，使其既包括合法的法律行为，也包括无效、可撤销和效力待定的法律行为。

2. × 【解析】不满八周岁的未成年人、不能辨认自己行为的成年人、八周岁以上的未成年人不能辨认自己行为的为无民事行为能力人，由其法定代理人代理实施民事法律行为。

3. × 【解析】民事权利能力，是指民事法律赋予民事主体从事民事活动，从而享有民事权利和承担民事义务的资格。自然人的民事行为能力，是指法律确认的自然人通过自己的行为从事民事活动，参加民事法律关系，取得民事权利和承担民事义务的能力。自然人的民事权利能力只是一种资格，要想以自己的行为独立参加民事法律关系，还应当具有民事行为能力。自然人具有权利能力是具有行为能力的前提，具有行为能力则是独立实现权利能力内容的必要条件。二者并不等同，行为能力也非权利能力的前提。

4. × 【解析】《遗嘱公证细则》第二条规定："遗嘱是遗嘱人生前在法律允许的范围内，按照法律规定的方式处分其个人财产或者处理其他事务，并在其死亡时发生效力的单方法律行为。"

5. √ 【解析】本题考查诉讼时效。向人民法院请求保护民事权利的诉讼时效期间为三年。

6. √ 【解析】我国《民法典》第一千一百二十九条规定："丧偶儿媳对公婆，丧偶女婿对岳父母，尽了主要赡养义务的，作为第一顺序继承人。"

7. √ 【解析】我国《民法典》第一千一百二十七条规定："遗产按照下列顺序继承：(一)第一顺序：配偶、子女、父母；(二)第二顺序：兄弟姐妹、祖父母、外祖父母。继承开始后，由第一顺序继承人继承，第二顺序继承人不继承；没有第一顺序继承人继承的，由第二顺序继承人继承。本编所称子女，包括婚生子女、非婚生子女、养子女和有扶养关系的继子女。本编所称父母，包括生父母、养父母和有扶养关系的继父母。本编所称兄弟姐妹，包括同父母的兄弟姐妹、同父异母或者同母异父的兄弟姐妹、养兄弟姐妹、有扶养关系的继兄弟姐妹。"

8. × 【解析】未达到法定婚龄的婚姻属于无效婚姻，而非可撤销婚姻。

9. √ 【解析】我国《民法典》第十条规定："处理民事纠纷，应当依照法律；法律没有规定的，可以适用习惯，但是不得违背公序良俗。"

10. × 【解析】我国《著作权法》第十九条规定："受委托创作的作品，著作权的归属由委托人和受托人通过合同约定。合同未作明确约定或者没有订立合同的，著作权属于受托人。"因此该标志的著作权应该归乙所有。

专题四　刑　法

一、单项选择题

1. D 【解析】根据我国《刑法》第二十条第一款规定："为了使国家、公共利益、本人或者他人的人身、财产和其他权利免受正在进行的不法侵害，而采取的制止不法侵害的行为，对不法侵害人造成损害的，属于正当防卫，不负刑事责任。"如果他人尚未着手实行不法侵害，行为人预先加以打击，才属于"事先防卫"，A项错误。假想防卫是指客观上不存在不法侵害，行为人对自己臆想中的不法侵害实施的防卫行为，B项错误。根据我国《刑法》第二十条第二款规定："正当防卫明显超过必要限度造成重大损害的，应当负刑事责任，但是应当减轻或者免除处罚。"题干中没有明显超过必要限度，C项错误。甲入室盗窃属于已经着手实行盗窃犯罪行为，行为人设置防卫装置进行防卫属于正当防卫，D项正确。

2. D 【解析】我国《刑法》第二十九条规定："教唆他人犯罪的，应当按照他在共同犯罪中所起的作用处罚。教唆不满十八周岁的人犯罪的，应当从重处罚。如果被教唆的人没有犯被教唆的罪，对于教唆犯，可以从轻或者减轻处罚。"本题中，赵某教唆李某杀死王某，但李某没有杀死王某，即被教唆人李某没有犯被教唆的罪，因此教唆犯赵某可以从轻或者减轻处罚。故选D。

3. C 【解析】不作为是指在能够履行自己应尽义务的情况下，不履行该义务。成立不作为犯罪必须具备以下客观要件：(1)行为人具有某种特定的义务。义务的来源通常包括：法律明文规定的义务；职务或业务上要求的义务；法律地位或者法律行为引起的义务；先行行为造成的义务。(2)行为人能够履行特定义务。(3)行为人不履行特定义务，造成或可能造成危害结果。据此，A项中县卫生局副局长刘某虽身为国家机关工作人员，但对阻止犯罪行为并不具有法律或职务上的义务，不成立犯罪。同理，D项中路人也不构成不作为犯罪。B项，甲携6岁的侄子乙外出，由于这一先行行为，甲对乙便负有救助的义务，甲构成不作为犯罪。故ABD三项表述均有误。

4. D 【解析】我国《刑法》第五条规定："刑罚的轻重，应当与犯罪分子所犯罪行和承担的刑事责任相适应。"

5. A 【解析】我国《刑法》第二十条规定："为了使国家、公共利益、本人或者他人的人身、财产和其他权利免受正在进行的不法侵害，而采取的制止不法侵害的行为，对不法侵害人造成损害的，属于正当防卫，不负刑事责任。正当防卫明显超过必要限度造成重大损害的，应当负刑事责任，但是应当减轻或者免除处罚。对正在进行行凶、杀人、抢劫、强奸、绑架以及其他严重危及人身安全的暴力犯罪，采取防卫行为，造成不法侵害人伤亡的，不属于防卫过当，不负刑事责任。”甲拿擀面杖打乙，擀面杖的威力并不会严重危及乙的人身安全，但是乙却掏出猎枪将甲打死，乙的行为明显超过必要限度造成了重大损害，因此乙的行为属于防卫过当，应当负刑事责任，A项正确。菜刀严重危及人身安全，乙加以还击，属于正当防卫，B项错误。对正在进行行凶、杀人的暴力犯罪，采取防卫行为，造成不法侵害人伤亡的，不属于防卫过当，不负刑事责任，C项错误。乙虽然拿枪打甲，但甲及时逃跑了，因此乙的行为并没有造成重大损害，不属于防卫过当，D项错误。故选A。

6. D 【解析】贾某撞伤田某，但无法预见到田某因医生失职而死亡。贾某撞伤田某并送其至医院的行为对于田某的死亡没有直接因果关系，属于意外事件。

7. B 【解析】因事实认识错误，不可能达到既遂的未遂称为不能犯的未遂。其中对于犯罪对象的认识错误所导致的未遂是对象不能犯的未遂。甲误认为乙是妇女而意图强奸，发现乙是男人后逃跑，符合对象不能犯的未遂的特征，属于强奸未遂。B选项正确。

8. D 【解析】我国《刑法》第十七条之一规定：“已满七十五周岁的人故意犯罪的，可以从轻或者减轻处罚；过失犯罪的，应当从轻或者减轻处罚。”故选D。

9. C 【解析】我国《刑法》第十七条规定：“已满十六周岁的人犯罪，应当负刑事责任。已满十四周岁不满十六周岁的人，犯故意杀人、故意伤害致人重伤或者死亡、强奸、抢劫、贩卖毒品、放火、爆炸、投放危险物质罪的，应当负刑事责任。已满十二周岁不满十四周岁的人，犯故意杀人、故意伤害罪，致人死亡或者以特别残忍手段致人重伤造成严重残疾，情节恶劣，经最高人民检察院核准追诉的，应当负刑事责任。对依照前三款规定追究刑事责任的不满十八周岁的人，应当从轻或者减轻处罚。因不满十六周岁不予刑事处罚的，责令其父母或者其他监护人加以管教；在必要的时候，依法进行专门矫治教育。”并非所有的未成年人犯罪都要承担刑事责任，故A项错误。我国法律并未将校园欺凌规定为加重处罚情节，故B项错误。年满十四周岁不满十六周岁的人，仅对如上所述八种行为负刑事责任，故D项错误。已满十六周岁的人犯罪，应当负刑事责任，故C项正确。

10. A 【解析】徇私枉法罪是指司法工作人员徇私枉法、徇情枉法，对明知是无罪的人而使他受追诉，对明知是有罪的人而故意包庇不使他受追诉或者在刑事审判活动中故意违背事实和法律作枉法裁判的行为。

11. D 【解析】不作为的危害行为，是指消极的行为，即行为人消极地不履行法律义务而危害社会的行为。从表现形式看，不作为是消极的行动；从违反法律规范的性质来看，不作为直接违反了某种命令性规范。选项A属于作为的过失致人死亡行为，选项B属于作为的故意杀人行为，选项C的行为也是作为行为。选项D中丁的行为属于拒绝履行抚养义务，构成遗弃罪，属于不作为。

12. B 【解析】甲知道其配偶收受他人财物而不作相反意思表示，而且实际为他人谋取了利益，则可以认定行为人具有受贿的放任故意或概括故意，其行为构成受贿罪的既遂。

13. B 【解析】犯罪客体是指刑法所保护而被犯罪行为所侵害的社会关系，A项正确。本案的犯罪客体是李某私人财物的所有权，而金项链是本案的犯罪对象，B项错误。犯罪客体是犯罪构成的必要要件。没有一个犯罪是没有犯罪客体的，一个行为不侵犯任何客体，不侵犯任何社会关系，就意味着不具有社会危害性，也就不能构成犯罪，C项正确。财产权是指以财产利益为内容，直接体现财产利益的民事权利。本案中犯罪客体是李某的私人财物所有权，属于财产权，D项正确。本题为选非题，故选B。

14. B 【解析】我国《刑法》第二百六十七条第二款规定，对于携带凶器抢夺的行为，依照本法第二百六十三条的规定定罪处罚。而第二百六十三条规定的是抢劫罪。

15. D 【解析】经企业领导集体研究决定并实施的盗窃电力的行为，可以成立单位犯罪，既处罚作出该决定的单位领导和直接实施盗窃行为的责任人员，也应对单位判处罚金，D项错误。ABC说法正确，本题为选非题，故选D。

16. A 【解析】我国《刑法》第二十四条规定：“在犯罪过程中，自动放弃犯罪或者自动有效地防止犯罪结果发生的，是犯罪中止。对于中止犯，没有造成损害的，应当免除处罚；造成损害的，应当减轻处罚。”本案中，张某心生同情叫救护车送李某去医院，但李某因毒性重未能抢救过来导致死亡，张某的行为未能有效阻止李某的死亡，因此，张某的行为不构成犯罪中止，构成故意杀人罪既遂，依法应当承担刑事责任。故选A。

17. C 【解析】本题中陈某以非法占有为目的，虚构事实，骗取他人钱款，其行为构成诈骗罪。诈骗罪以侵犯公私财产为目的，招摇撞骗罪不以骗取某种利益为要件，侵犯的主要是国民对国家机关的公共信赖。故选C。

18. D 【解析】不法侵害人已被制服，此时不法侵害已经结束，已经不存在防卫的时间条件，应成立故意犯罪，A项正确。在财产性违法犯罪的情况下，行为虽然已经既遂，但在现场还来得及挽回损失的，应当认为不法侵害尚未结束，可以实行正当防卫，B项正确。不法侵害应是人实施的不法侵害。在饲养人唆使其饲养的动物侵害他人的情况下，动物是饲养人进行不法侵害的工具，这种侵害属于不法侵害。如果是动物对人的自发侵害，因为没有行为人实施，所以并不存在不法侵害的问题，C项正确。不法侵害不限于故意的不法侵害，也存在过失的不法侵害，此时也可以进行正当防卫，D项错误，故选D。

19. A 【解析】我国《刑法》第三十四条规定："附加刑也可以独立适用。"A项错误。该法第三十五条规定："对于犯罪的外国人，可以独立适用或者附加适用驱逐出境。"B项正确。该法第六十七条规定："犯罪以后自动投案，如实供述自己的罪行的，是自首。对于自首的犯罪分子，可以从轻或者减轻处罚。其中，犯罪较轻的，可以免除处罚。"C项正确。该法第三十三条规定："主刑的种类如下：(一)管制；(二)拘役；(三)有期徒刑；(四)无期徒刑；(五)死刑。"D项正确。本题为选非题，故选A。

20. C 【解析】本题中虽然抢劫罪既遂，但财产并未完全被控制，被害人完全来得及挽回损失，应当认为不法侵害尚未结束，可以实行正当防卫。所以甲在乙逃走时驾车将其撞伤并夺回财物的行为可以认定为正当防卫。故选C。

21. B 【解析】我国《刑法》第八十七条规定："犯罪经过下列期限不再追诉：(一)法定最高刑为不满五年有期徒刑的，经过五年；(二)法定最高刑为五年以上不满十年有期徒刑的，经过十年；(三)法定最高刑为十年以上有期徒刑的，经过十五年；(四)法定最高刑为无期徒刑、死刑的，经过二十年。如果二十年以后认为必须追诉的，须报请最高人民检察院核准。"A项错误，B项正确。我国《刑法》第八十八条规定："在人民检察院、公安机关、国家安全机关立案侦查或者在人民法院受理案件以后，逃避侦查或者审判的，不受追诉期限的限制。被害人在追诉期限内提出控告，人民法院、人民检察院、公安机关应当立案而不予立案的，不受追诉期限的限制。"C、D两项错误。故正确答案为B。

22. B 【解析】为了使国家、公共利益、本人或者他人的人身、财产和其他权利免受正在发生的危险，不得已采取的紧急避险行为，造成损害的，不负刑事责任。紧急避险的本质是避免现实危险，保护较大合法利益。关于权衡权益的大小，一般来说，人身权利大于财产权利，人身权利中的生命权重于其他人身权利。本题中，甲的生命权重于丙的财产权以及身体权，属于紧急避险。故选B。

23. A 【解析】我国《刑法》第二百六十九条对转化的抢劫罪作了规定："犯盗窃、诈骗、抢夺罪，为窝藏赃物、抗拒抓捕或者毁灭罪证而当场使用暴力或者以暴力相威胁的，依照本法第二百六十三条的规定定罪处罚。"第二百六十三条规定的是抢劫罪。虽然最初甲某是公然抢夺，属于抢夺罪，但因为后来甲某使用暴力相威胁，抢夺罪转化为抢劫罪。故选A。

24. C 【解析】我国《刑法》第九十三条规定："国有公司、企业、事业单位、人民团体中从事公务的人员和国家机关、国有公司、企业、事业单位委派到非国有公司、企业、事业单位、社会团体从事公务的人员，以及其他依照法律从事公务的人员，以国家工作人员论。"

25. D 【解析】我国《刑法》第八十一条规定："对累犯以及因故意杀人、强奸、抢劫、绑架、放火、爆炸、投放危险物质或者有组织的暴力性犯罪被判处十年以上有期徒刑、无期徒刑的犯罪分子，不得假释。"A项错误。该法第六十五条规定："被判处有期徒刑以上刑罚的犯罪分子，刑罚执行完毕或者赦免以后，在五年以内再犯应当判处有期徒刑以上刑罚之罪的，是累犯，应当从重处罚，但是过失犯罪和不满十八周岁的人犯罪的除外。前款规定的期限，对于被假释的犯罪分子，从假释期满之日起计算。"因此，被假释的人在考验期内再犯新罪不构成累犯，B项错误。一般累犯的构成并非只要求后罪主观条件是故意，C项错误。该法第六十六条规定："危害国家安全犯罪、恐怖活动犯罪、黑社会性质的组织犯罪的犯罪分子，在刑罚执行完毕或者赦免以后，在任何时候再犯上述任一类罪的，都以累犯论处。"D项正确。故选D。

26. B 【解析】我国《刑法》第四百零六条规定："国家机关工作人员在签订、履行合同过程中，因严重不负责任被诈骗，致使国家利益遭受重大损失的，处三年以下有期徒刑或者拘役；致使国家利益遭受特别重大损失的，处三年以上七年以下有期徒刑。"本题中，王某的行为构成了国家机关工作人员签订、履行合同失职被骗罪。

27. A 【解析】我国《刑法》第二十条规定："对正在进行行凶、杀人、抢劫、强奸、绑架以及其他严重危及人身安全的暴力犯罪，采取防卫行为，造成不法侵害人伤亡的，不属于防卫过当，不负刑事责任。"本题中，窃贼用匕首刺向李某的行为属于严重危及人身安全的暴力行为，符合正当防卫的条件。故选A。

28. C 【解析】刑罚分为主刑和附加刑。主刑是基本的刑罚方法，只能独立适用，对一个犯罪人只能处一种主刑，A项正确。附加刑又称从刑，既可以独立适用也可以附加于主刑适用，对一个犯罪人可以适用一个附加刑，也可以适用数个附加刑，C项错误，D项正确。对于犯罪的外国人，可以独立适用或者附加适用驱逐出境，B项正确。故选C。

29. B 【解析】已满14周岁不满16周岁的人，犯故意杀人、故意伤害致人重伤或者死亡、强奸、抢劫、贩卖毒品、放火、爆炸、投放危险物质罪的，应当负刑事责任。题中甲在15周岁时曾盗窃他人财物的行为不负刑事责任。已满16周岁的人犯罪，应当负刑事责任，但已满14周岁不满18周岁的人犯罪，应当从轻或者减轻处罚。故选B。

30. B 【解析】我国《刑法》第七十八条规定："被判处管制、拘役、有期徒刑、无期徒刑的犯罪分子，在执行期间，如果认真遵守监规，接受教育改造，确有悔改表现的，或者有立功表现的，可以减刑；有下列重大立功表现之一的,应当减刑:(一)阻止他人重大犯罪活动的……”因此,阻止他人重大犯罪活动的,属于重大立功表现之一,应当减刑,A项正确。该法第七十八条规定:“减刑以后实际执行的刑期不能少于下列期限:……(二)判处无期徒刑的,不能少于十三年……”B项错误。该法第八十条规定:“无期徒刑减为有期徒刑的刑期,从裁定减刑之日起计算。”C项正确。该法第七十九条规定:“对于犯罪分子的减刑,由执行机关向中级以上人民法院提出减刑建议书。人民法院应当组成合议庭进行审理,对确有悔改或者立功事实的,裁定予以减刑。非经法定程序不得减刑。”D项正确。本题为选非题,故选B

31. B 【解析】A项侵占的不是公司的财物;B项刘某私自出卖公司材料,数额较大,而且全归为己有,属于职务侵占罪;C项数额过小;D项赵某的目的不是据为己有。故选B。

32. C 【解析】根据我国《刑法》第六十九条和第七十条,判决宣告以后,刑罚执行完毕以前,发现被判刑的犯罪分子在判决宣告以前还有其他罪没有判决的,应当对新发现的罪作出判决,把前后两个判决所判处的刑罚,在总和刑期以下、数刑中最高刑期以上,酌情决定执行的刑期,但是有期徒刑总和刑期不满三十五年的,最高不能超过二十年,总和刑期在三十五年以上的,最高不能超过二十五年。已经执行的刑期,应当计算在新判决决定的刑期以内。因此在本案中刘某还需执行的最长刑期可能为:7年+5年-3年=9年,故选C。

33. D 【解析】材料中甲已经实施了故意杀人行为,B、C两项错误。我国《刑法》第二十四条规定:“在犯罪过程中,自动放弃犯罪或者自动有效地防止犯罪结果发生的是犯罪中止。”材料中受害人最后死亡,因而甲的行为不是犯罪中止,A项错误。故选D。

34. B 【解析】我国《刑法》第二十七条规定:“在共同犯罪中起次要或者辅助作用的,是从犯。”

35. D 【解析】教唆犯,是指以劝说、利诱、授意、怂恿、收买、威胁等方法,将自己的犯罪意图灌输给本来没有犯罪意图的人,致使其按教唆人的犯罪意图实施犯罪。李某的儿子在李某的示意下放火,故李某为教唆犯,D项正确。故选D。

36. B 【解析】我国《刑法》第二十四条规定:“在犯罪过程中,自动放弃犯罪或者自动有效地防止犯罪结果发生的,是犯罪中止。”甲主动到乙家中说明事实,并将混有砒霜的中药丢弃,构成犯罪中止。故选B。

37. C 【解析】甲过失致乙死亡,成立过失致人死亡罪,又发现稻草动了一下,以为乙没死,即产生杀人的故意,于是拾起一块石头猛砸乙的头部,构成故意杀人罪的对象不能犯的未遂。

38. A 【解析】本案中“乙转而辱骂张某并将其踢倒在地,并掏出身上的水果刀欲刺张某,张某起身逃跑,乙随后紧追”,可见乙对张某实施了不法侵害,符合正当防卫的起因条件和时间条件。“张某的长子甲见状,随手从门口拿起扁担朝乙的颈部打了一下,将乙打昏在地上”,可见甲为维护他人的合法权益针对不法侵害人本人实施打击,符合正当防卫的对象条件和防卫目的的要求。虽然将乙打昏在地,但从侵害行为和防卫行为的强度对比来看,甲并未超出必要限度。所以甲的行为是正当防卫。而张某在乙失去侵害能力时,却侵害乙的生命权,不符合正当防卫的时间条件——不法侵害正在进行。张某拿起地上的石头转身回来朝乙的头部猛砸数下致乙死亡的行为构成故意杀人罪。

39. B 【解析】盗窃罪是指以非法占有为目的,盗窃公私财物数额较大或者多次盗窃、入户盗窃、携带凶器盗窃、扒窃公私财物的行为。钟某有非法占有真烟的故意,并有趁店主不备用假烟与店主真烟调换的秘密窃取行为,构成盗窃罪。故选B。

40. A 【解析】甲积极追求丁的死亡,因此是直接故意;甲对戊的死亡采取的是一种放任的态度,既不积极追求,也不设法避免,所以是间接故意。

41. C 【解析】为了犯罪,准备工具、制造条件的,是犯罪预备。已经着手实行犯罪,由于犯罪分子意志以外的原因而未得逞的,是犯罪未遂。区分犯罪预备与犯罪未遂的关键在于确认是否着手实行犯罪。本案中,甲为了谋杀丙而准备了毒药,但其共犯乙并未着手下毒,故甲构成故意杀人罪的预备。而乙在预备过程中自动放弃犯罪,构成故意杀人罪的中止。故选C。

42. B 【解析】我国《刑法》第二百六十三条规定,抢劫罪是指以非法占有为目的,对财物的所有人、保管人当场使用暴力、胁迫或其他方法,强行将公私财物抢走的行为。该法第二百六十九条规定,犯盗窃、诈骗、抢夺罪,为窝藏赃物、抗拒抓捕或者毁灭罪证而当场使用暴力或者以暴力相威胁的,依照本法第二百六十三条的规定定罪处罚。乙到水库偷鱼,为摆脱追赶而把甲刺伤,属于犯盗窃罪为抗拒抓捕而当场使用暴力的行为,转化为抢劫罪。故选B。

43. A 【解析】《刑法修正案(十一)》在广泛听取社会群众、法律专家和人大代表意见的基础上,把抢夺方向盘的行为单独入刑,在刑法第一百三十三条之一后增加一条,作为第一百三十三条之二。《刑法》第一百三十三条之二规定:“对行驶中的公共交通工具的驾驶人员使用暴力或者抢控驾驶操纵装置,干扰公共交通工具正常行驶,危及公共安全的,处一年以下有期徒刑、拘役或者管制,并处或者单处罚金。前款规定的驾驶人员在行驶的公共交通工具上擅离职守,与他人互殴或者殴打他人,危及公共安全的,依照前款的规定处罚。有前两款行为,同时构成其他犯罪的,依照处罚较重的规定定罪处罚。”甲在公交车行驶途中抢夺方向盘,危害多人的生命、健康和公私财产的安全,并造成了严重后果，甲的行为构成妨害安全驾驶罪，A项正确。交通肇事罪，是指违反道路交通管理法规，发生重大交通事故，致人重伤、死亡或者使公私财产遭受重大损失，依法被追究刑事责任的犯罪行为。本罪主观方面表现为过失，包括疏忽大意的过失和过于自信的过失。甲抢夺方向盘时的主观方面是故意，不构成交通肇事罪，B项错误。《中华人民共和国刑法》第二百九十三条规定："有下列寻衅滋事行为之一，破坏社会秩序的，处五年以下有期徒刑、拘役或者管制：(一)随意殴打他人，情节恶劣的；(二)追逐、拦截、辱骂、恐吓他人，情节恶劣的；(三)强拿硬要或者任意损毁、占用公私财物，情节严重的；(四)在公共场所起哄闹事，造成公共场所秩序严重混乱的。纠集他人多次实施前款行为，严重破坏社会秩序的，处五年以上十年以下有期徒刑，可以并处罚金。"本罪侵犯的客体是公共秩序，所谓公共秩序包括公共场所秩序和生活中人们应当遵守的共同准则。甲的行为危害不特定多人的生命、健康和公私财产的安全，不构成寻衅滋事罪，C项错误。根据我国《刑法》第一百三十三条之一的规定，在道路上驾驶机动车，有下列情形之一的，处拘役，并处罚金：追逐竞驶，情节恶劣的；醉酒驾驶机动车的；从事校车业务或者旅客运输，严重超过额定乘员载客，或者严重超过规定时速行驶的；违反危险化学品安全管理规定运输危险化学品，危及公共安全的。甲抢夺方向盘的行为不构成危险驾驶罪，D项错误。故正确答案为A。

44. D 【解析】我国《刑法》第六条规定："凡在中华人民共和国领域内犯罪的，除法律有特别规定的以外，都适用本法。凡在中华人民共和国船舶或者航空器内犯罪的，也适用本法。"故A、B两项均为属地管辖原则；C项适用保护原则；D项适用属人管辖原则。

45. B 【解析】寻衅滋事罪是指肆意挑衅，随意殴打、骚扰他人或任意损毁、占用公私财物，或者在公共场所起哄闹事，严重破坏社会秩序的行为。王某为逼迫李某偿还高利贷，实施了喷写威胁字幅、印发宣传纸、使用菜刀恐吓讨要行为，并不是"肆意""随意""任意""起哄闹事"，因此不构成寻衅滋事罪，A项错误。敲诈勒索罪是指以非法占有为目的，对被害人使用恐吓、威胁或要挟的方法，非法占用被害人公私财物的行为。王某为逼迫李某偿还高利贷(利率超出规定不受法律保护)，以非法占有为目的，实施了喷写威胁字幅、印发宣传纸、使用菜刀恐吓讨要行为，构成敲诈勒索罪，B项正确。发放高利贷属于民间借贷行为，不属于刑法分则的罪名，C项错误。毁坏公私财物不属于刑法分则的罪名，D项错误。故选B。

46. C 【解析】我国《刑法》第五十四条规定："剥夺政治权利是剥夺下列权利：(一)选举权和被选举权；(二)言论、出版、集会、结社、游行、示威的自由；(三)担任国家机关职务的权利；(四)担任国有公司、企业、事业单位和人民团体领导职务的权利。"故选C。

47. D 【解析】在公共场所或者公共交通工具上盗窃他人随身携带的财物的，应当认定为扒窃。甲盗窃的是金店柜台里的项链，乙的行为属于"入户盗窃"，丙盗窃的包不属于"随身携带"财物，都不是"扒窃"。丁在长途汽车(公共交通工具)上盗窃被害人随身钱包，属于盗窃"随身携带"的财物，属于"扒窃"行为。

48. A 【解析】我国《刑法》第十七条规定："对依照前三款规定追究刑事责任的不满十八周岁的人，应当从轻或者减轻处罚。""前三款"指的是对于已满十二周岁不满十四周岁、已满十四周岁不满十六周岁以及已满十六周岁的未成年人犯罪的处罚原则，故本题选A。

49. C 【解析】犯罪客观方面的必要要件只有危害行为，而犯罪的时间、地点和方法都是客观方面的选择要件；犯罪主观方面的必要要件只有犯罪故意和犯罪过失，犯罪目的只存在于直接故意犯罪之中，是主观方面的选择要件；在犯罪客体中，并非所有的犯罪都有犯罪对象，犯罪对象也只是犯罪构成的选择要件。故选C。

50. C 【解析】我国《刑法》第十七条规定："已满十六周岁的人犯罪，应当负刑事责任。已满十四周岁不满十六周岁的人，犯故意杀人、故意伤害致人重伤或者死亡、强奸、抢劫、贩卖毒品、放火、爆炸、投放危险物质罪的，应当负刑事责任。已满十二周岁不满十四周岁的人，犯故意杀人、故意伤害罪，致人死亡或者以特别残忍手段致人重伤造成严重残疾，情节恶劣，经最高人民检察院核准追诉的，应当负刑事责任。对依照前三款规定追究刑事责任的不满十八周岁的人，应当从轻或者减轻处罚。因不满十六周岁不予刑事处罚的，责令其父母或者其他监护人加以管教；在必要的时候，依法进行专门矫治教育。"可见，我国《刑法》规定的完全刑事责任年龄为16周岁。

51. D 【解析】我国《刑法》第六条规定："凡在中华人民共和国领域内犯罪的，除法律有特别规定的以外，都适用本法。凡在中华人民共和国船舶或者航空器内犯罪的，也适用本法。"根据这一规定，在我国船舶上犯罪就被认为是在我国领域内犯罪，根据属地管辖的原则，应当适用我国刑法。故选D。

52. D 【解析】相约自杀是指二人以上相互约定自愿共同自杀的行为。相约实施自杀行为，其中一方死亡，另一方自杀未逞，未逞一方不负刑事责任。如果相约自杀，由其中一方杀死对方，继而自杀未逞的，应以故意杀人罪论处，但量刑时可以从轻处罚。故选D。

53. A 【解析】根据我国《刑法》第十七条规定，已满十六周岁的人犯罪，应当负刑事责任。已满十四周岁不满十六周岁的人，犯故意杀人、故意伤害致人重伤或者死亡、强奸、抢劫、贩卖毒品、放火、爆炸、投放危险物质罪的，应当负刑事责任。本题中小强15岁，应当对选项中的抢劫、放火、投毒负刑事责任，故本题选A。

方法技巧：已满十四周岁不满十六周岁的人应承担刑事责任的8种罪行可简记为："烧杀奸抢，商贩抱头。"（烧：放火；杀：故意杀人；奸：强奸；抢：抢劫；商：故意伤害致人重伤或者死亡；贩：贩卖毒品；抱：爆炸；头：投放危险物质）牢记此口诀可以迅速锁定错误项。

54. D 【解析】我国《刑法》第二十四条规定："在犯罪过程中，自动放弃犯罪或者自动有效地防止犯罪结果发生的，是犯罪中止。对于中止犯，没有造成损害的，应当免除处罚；造成损害的，应当减轻处罚。"自动放弃犯罪的中止应发生在犯罪过程中，即犯罪活动开始实施至该犯罪构成要件完备为止的动态过程之中。从行为人开始犯罪预备行为，一直到犯罪既遂之前的一段时期内是自动放弃犯罪的有效时区。如已经达到既遂程度或者由于意志以外的原因而使犯罪进入终局的，尽管行为人出于悔过心理而自动恢复原状的，也不能再视为中止，只是行为人的悔罪表现。如盗窃、抢夺、贪污犯罪既遂之后主动返赃的，便不能再认定为犯罪中止。同样，行为人在尚未实施犯罪预备行为之前，即自动放弃犯罪意图的，也不能认定为犯罪中止。

55. B 【解析】正当防卫，是指为了保护国家、公共利益，本人或者他人的人身、财产和其他权利免受正在进行的不法侵害，采取对不法侵害人造成损害的方法，制止不法侵害的行为。甲在住宅内安装的防卫装置制止了乙的不法侵害，并且没有超过必要限度，成立正当防卫。

56. D 【解析】我国《刑法》第二十条规定："为了使国家、公共利益、本人或者他人的人身、财产和其他权利免受正在进行的不法侵害，而采取的制止不法侵害的行为，对不法侵害人造成损害的，属于正当防卫，不负刑事责任。正当防卫明显超过必要限度造成重大损害的，应当负刑事责任，但是应当减轻或者免除处罚。对正在进行行凶、杀人、抢劫、强奸、绑架以及其他严重危及人身安全的暴力犯罪，采取防卫行为，造成不法侵害人伤亡的，不属于防卫过当，不负刑事责任。"乙拿出砍刀砍向甲，严重危及甲的人身安全，故甲的行为属于特殊防卫，不负刑事责任。

57. B 【解析】盗窃罪是以非法占有为目的，盗窃公私财物数额较大或者多次盗窃、入户盗窃、携带凶器盗窃、扒窃公私财物的行为。在本案中，李某因其本身特殊的身份，利用职务上的便利实施该犯罪行为，不以盗窃罪认定，A项错误。职务侵占罪是指公司、企业或者其他单位的人员，利用职务上的便利，将本单位财物非法占为己有，数额较大的行为。李某是宾馆领班，利用职务便利，将公司财产非法占为己有，属于职务侵占罪，B项正确。非法经营罪是指未经许可经营专营、专卖物品或其他限制买卖的物品，买卖进出口许可证、进出口原产地证明以及其他法律、行政法规规定的经营许可证或者批准文件，以及从事其他非法经营活动，扰乱市场秩序，情节严重的行为。C项错误。国家工作人员利用职务上的便利，挪用公款归个人使用，进行非法活动的，或者挪用公款数额较大、进行营利活动的，或者挪用公款数额较大、超过三个月未还的，是挪用公款罪。D项错误。故正确答案为B。

58. A 【解析】甲某的身份不属于国家工作人员，不符合受贿罪的主体特征，不成立受贿罪。非国家工作人员受贿罪是指公司、企业或者其他单位的工作人员，利用职务上的便利，索取他人财物或者非法收受他人财物，为他人谋取利益，数额较大的行为。甲属于单位工作人员，其行为符合非国家工作人员受贿罪的特征（该罪名于2007年以前为"公司、企业人员受贿罪"），因此构成非国家工作人员受贿罪。故选A。

59. C 【解析】玩忽职守罪是指国家机关工作人员严重不负责任，不履行或者不认真履行职责，致使公共财产、国家和人民利益遭受重大损失的行为。C项中某交通局局长的行为与此相符，故选C。

60. B 【解析】我国《刑法》第六十七条规定："犯罪以后自动投案，如实供述自己的罪行的，是自首。对于自首的犯罪分子，可以从轻或者减轻处罚。其中，犯罪较轻的，可以免除处罚。被采取强制措施的犯罪嫌疑人、被告人和正在服刑的罪犯，如实供述司法机关还未掌握的本人其他罪行的，以自首论。"甲协助警方抓获大毒枭是揭发他人犯罪行为或者提供线索侦破其他案件的行为，不是对自己犯罪行为的供述，故不成立自首而成立立功，A项错误。乙因涉嫌诈骗罪被抓后，如实供述司法机关还未掌握的本人其他罪行的行为（贩毒的事实），成立特别自首，B项正确。丙犯罪以后并没有自动投案如实供述自己的罪行，不成立自首，C项错误。坦白是指犯罪分子被动归案之后，自己如实交代被指控的犯罪事实，并接受国家司法机关审查和裁判的行为。丁被动归案，不成立自首，属于坦白，D项错误。故选B。

61. B 【解析】侵犯财产罪主要是以非法占有为目的或者是以故意毁坏公私财物为目的。侵犯财产罪的主观方面只能是直接故意。故选B。

62. B 【解析】我国《刑法》第七十三条规定："拘役的缓刑考验期为原判刑期以上一年以下，但不能少于二个月。"

63. B 【解析】我国《刑法》第七十四条规定："对于累犯和犯罪集团的首要分子，不适用缓刑。"A项正确。该法第七十二条规定："对于被判处拘役、三年以下有期徒刑的犯罪分子，同时符合下列条件的，可以宣告缓刑，对其中不满十八周岁的人、怀孕的妇女和已满七十五周岁的人，应当宣告缓刑：(一)犯罪情节较轻；(二)有悔罪表现；(三)没有再犯罪的危险；(四)宣告缓刑对所居住社区没有重大不良影响。"由于刑法中各种减轻、免除处罚规定的存在，数罪并罚和故意杀人罪最后的宣告刑都有可能为三年以下,所以两者都有能够适用缓刑的可能,CD项正确。刑法中并未明确规定危害国家安全的犯罪分子不可适用缓刑,B项错误。故选B。

64. A 【解析】《最高人民法院关于处理自首和立功具体应用法律若干问题的解释》第一条规定,并非出于犯罪嫌疑人主动,而是经亲友规劝、陪同投案的;公安机关通知犯罪嫌疑人的亲友,或者亲友主动报案后,将犯罪嫌疑人送去投案的,也应当视为自动投案,A项正确。该解释第一条还规定,共同犯罪案件中的犯罪嫌疑人,除如实供述自己的罪行,还应当供述所知的同案犯,主犯则应当供述所知其他同案犯的共同犯罪事实,才能认定为自首。B项中未供述同案犯乙,C项中未供述本人罪行,均不成立自首。依据该解释第一条的规定,犯罪嫌疑人自动投案后又逃跑的,不能认定为自首。D项中甲出走不知所踪,属于自动投案后又逃跑的情况,也不能认定为自首。故选A。

65. A 【解析】诈骗罪是指以非法占有为目的,用虚构事实或者隐瞒真相的方法,骗取数额较大的公私财物的行为。张某的行为以非法占有为目的,利用系统漏洞骗取公司邮费,已构成诈骗罪,A项正确。违规出具金融票证罪是指银行或者其他金融机构的工作人员违反规定,为他人出具信用证或者其他保函、票据、存单、资信证明,情节严重的行为。张某并非银行及金融机构工作人员,不符合条件,B项错误。逃汇罪,是指公司、企业或者个人,违反国家规定,擅自将外汇存放境外,或者将境内的外汇非法转移到境外,情节严重的行为,C项错误。盗窃罪是指以非法占有为目的,盗窃公私财物数额较大或者多次盗窃、入户盗窃、携带凶器盗窃、扒窃公私财物的行为,D项错误。故正确答案为A。

66. C 【解析】违法阻却事由是指客观上实施了不法行为,但这种行为基于实质判断并没有客观上的违法行为,反而是有利于社会的情形。A项属于职业行为,不符合题意。B项属于正当防卫,不符合题意。C项甲构成故意杀人罪,符合题意。D项属于紧急避险,不符合题意。故选C。

67. B 【解析】我国《刑法》第六条规定:"凡在中华人民共和国领域内犯罪的,除法律有特别规定的以外,都适用本法。凡在中华人民共和国船舶或者航空器内犯罪的,也适用本法。"故选B。

68. C 【解析】对于单处附加刑的,不能适用减刑。累犯可以减刑,但不得适用缓刑,也不得假释。故选C。

69. A 【解析】我国《刑法》第二十一条规定:"为了使国家、公共利益、本人或者他人的人身、财产和其他权利免受发生的危险,不得已采取的紧急避险行为,造成损害的,不负刑事责任。紧急避险超过必要限度造成不应有的损害的,应当负刑事责任,但是应当减轻或者免除处罚。"故选A。

70. D 【解析】故意杀人罪是指故意非法剥夺他人生命的行为。甲雇佣乙杀胡某,具有非法剥夺他人生命的故意,乙误将王某杀死,属于对象错误,但仍实施了杀人的实行行为,并造成王某死亡,乙构成故意杀人既遂;甲和乙属于共同犯罪,共同犯罪中一人既遂全部既遂,因此甲也构成故意杀人罪既遂,A项错误,D项正确。我国《刑法》第二百三十三条规定了过失致人死亡罪,并未规定过失杀人罪,过失致人死亡罪的主观方面是过失,甲雇佣乙杀人,乙为了非法利益而杀人,二人的主观方面是故意,不属于过失,BC项错误。故选D。

二、多项选择题

1. ABCD 【解析】我国《刑法》第二十五条规定:"二人以上共同过失犯罪,不以共同犯罪论处;应当负刑事责任的,按照他们所犯的罪分别处罚。"A项正确。该法第二十六条规定:"对组织、领导犯罪集团的首要分子,按照集团所犯的全部罪行处罚。"B项正确。一般地,若事前通谋,事后按照约定对犯罪分子犯罪所得赃物予以窝藏、转移、收购、代为销售或者以其他方法掩饰、隐瞒的,应按犯罪分子所实施的特定犯罪的共同犯罪处理,C项正确。在共同犯罪中,实行过限行为,由实行该种行为的人独自承担刑事责任,其他共同犯罪人对此不负刑事责任,D项正确。故选ABCD。

2. AB 【解析】根据我国《刑法》第二百三十四条规定,故意伤害他人身体的,处三年以下有期徒刑、拘役或者管制。李某故意伤害刘某致其轻伤二级的行为符合故意伤害罪标准,因而应予刑罚处罚,A项正确。在量刑起点的基础上,可以根据伤亡后果、伤残等级、手段的残忍程度等其他影响犯罪构成的犯罪事实增加刑罚量,确定基准刑。李某持钢筋棍殴打刘某,致使刘某遭受身体伤害,手段恶劣,应予从重处罚,B项正确。根据我国《刑法》第六十七条规定,犯罪以后自动投案,如实供述自己的罪行的,是自首。本题中,李某被依法传唤至公安机关,而非自动投案,因而不属于自首,C项错误。李某与刘某斗殴造成刘某身体受到伤害,双方相互斗殴,对损害结果均有过错,D项错误。故正确答案为AB。

3. ABCD 【解析】我国《刑法》第六条规定:"凡在中华人民共和国领域内犯罪的,除法律有特别规定的以外,都适用本法。凡在中华人民共和国船舶或者航空器内犯罪的,也适用本法。犯罪的行为或者结果有一项发生在中华人民共和国领域内的,就认为是在中华人民共和国领域内犯罪。"根据这一规定,本题中,选项A和D,分别是犯罪结果和犯罪行为在我国领域内发生,因而被认为是在我国领域内犯罪,应适用我国刑法;选项B是在我国领空内犯罪,也是在我国领域内犯罪,应适用我国刑法;选项C是在我国航空器内犯罪,也被认为是在我国领域内犯罪,应适用我国刑法,故选ABCD。

4. CD 【解析】我国《刑法》第五十九条规定:"没收财产是没收犯罪分子个人所有财产的一部或者全部。没收全部财产的,应当对犯罪分子个人及其扶养的家属保留必需的生活费用。在判处没收财产的时候,不得没收属于犯罪分子家属所有或者应有的财产。"根据刑法这一规定,没收财产的范围仅限于犯罪分子个人所有的合法财产。该法第六十四条规定:"犯罪分子违法所得的一切财物,应当予以追缴或者责令退赔;对被害人的合法财产,应当及时返还;违禁品和供犯罪所用的本人财物,应当予以没收。没收的财物和罚金,一律上缴国库,不得挪用和自行处理。"根据这一规定,选项AB属于犯罪所得和犯罪工具,不属于没收财产的范围,而应当予以没收或者追缴。故本题答案是CD。

5. ABC 【解析】我国《刑法》明文规定了三个基本原则:罪刑法定原则、法律面前人人平等原则、罪责刑相适应原则。故选ABC。

6. ABCD 【解析】我国《刑法》第七十五条规定:"被宣告缓刑的犯罪分子,应当遵守下列规定:(一)遵守法律、行政法规,服从监督;(二)按照考察机关的规定报告自己的活动情况;(三)遵守考察机关关于会客的规定;(四)离开所居住的市、县或者迁居,应当报经考察机关批准。"故正确答案为ABCD。

7. ACD 【解析】我国《刑法》第四十八条规定,死刑只适用于罪行极其严重的犯罪分子。死刑除依法由最高人民法院判决的以外,都应当报请最高人民法院核准。死刑缓期执行的,可以由高级人民法院判决或者核准。D项说法错误。该法第四十九条规定,犯罪的时候不满十八周岁的人和审判的时候怀孕的妇女,不适用死刑。审判的时候年满七十五周岁以上的人不适用死刑,但以特别残忍手段致人死亡的除外。根据此法条,AC项说法错误,B选项说法正确,故选ACD。

8. AD 【解析】犯罪构成要件包括犯罪客体、犯罪客观方面、犯罪主体、犯罪主观方面。罪过是犯罪主观方面的必备要素,危害行为是犯罪客观方面的必备要素,A、D两项正确。犯罪动机属于犯罪主观方面,但并不是必备要素,危害结果属于犯罪客观方面,是结果犯的必备要素,但行为犯、举动犯不以此为必备要件,因此不选B、C项。故选AD。

9. ACD 【解析】根据我国《刑法》的规定,对于中止犯,应当免除或者减轻处罚,B项错误。ACD项属于刑法规定的可以适用从轻或者减轻处罚的法定情节。

10. ACD 【解析】为了犯罪,准备工具、制造条件的,是犯罪预备;已经着手实行犯罪,由于犯罪分子意志以外的原因而未得逞的,是犯罪未遂。在犯罪过程中,自动放弃犯罪或者自动有效地防止犯罪结果发生的,是犯罪中止。由定义可知,三者均只存在于直接故意犯罪过程中,A项正确。三者均不以危害结果为构成要件,B项错误。三者均属于犯罪行为,具有社会危害性和应受刑罚惩罚性,C、D两项正确。故选ACD。

11. ABD 【解析】共同参加犯罪如果没有共同的犯罪故意不构成共同犯罪,A项错误。犯罪集团要求组成较为固定的组织,B项错误。对主犯和从犯是按照行为人在犯罪中的作用进行的划分,而教唆犯和胁从犯是按照行为人犯罪行为的性质进行的分类,D项错误。故选ABD。

12. ABD 【解析】我国《刑法》第五十四条规定:"剥夺政治权利是剥夺下列权利:(一)选举权和被选举权;(二)言论、出版、集会、结社、游行、示威自由的权利;(三)担任国家机关职务的权利;(四)担任国有公司、企业、事业单位和人民团体领导职务的权利。"故答案选ABD。

13. ACD 【解析】我国《刑法》第四十二条规定,拘役的期限,为一个月以上六个月以下。该法第六十九条规定,数罪并罚,拘役最高不能超过一年。可见,十四个月已经超出合法的拘役期限,B项错误。ACD正确,故选ACD。

14. ABC 【解析】我国《刑法》第十七条规定:"已满十四周岁不满十六周岁的人,犯故意杀人、故意伤害致人重伤或者死亡、强奸、抢劫、贩卖毒品、放火、爆炸、投放危险物质罪的,应当负刑事责任。"故选ABC。

15. ABD 【解析】盗窃罪是指以非法占有为目的,秘密窃取公私财物,数额较大的,或者多次盗窃公私财物的行为。但盗窃技术成果等商业秘密的,以侵犯商业秘密罪论处。故选ABD。

16. ABCD 【解析】公安机关有权依照人民法院的判决,负责以下刑罚的执行:(1)余刑不足三个月的有期徒刑;(2)管制、拘役、剥夺政治权利;(3)驱逐出境。

17. ABCD 【解析】根据我国《刑法》第一百四十一条的规定,构成生产假药罪不以"足以严重危害人体健康"为要件,故A项表述错误;根据该法第二百三十二条的规定,构成故意杀人罪并不以"造成严重后果"为要件,故B项表述错误;根据该法第二百三十四条之一的规定,构成组织他人出卖人体器官罪并不以"从中牟利"为要件,故C项表述错误;根据该法第二百三十四条的规定,构成故意伤害罪不以"造成严重后果"为要件,故D项表述错误。

18. ABC 【解析】刑罚的主刑包括:管制、拘役、有期徒刑、无期徒刑、死刑;附加刑包括:罚金、剥夺政治权利、没收财产。对于犯罪的外国人,可以独立适用或者附加适用驱逐出境。故选ABC。

方法技巧:刑罚的主刑和附加刑可简记为口诀:主刑管拘有无死,附加罚剥没收逐。

19. BC 【解析】抢劫罪与故意杀人罪的界限:在行为人实施抢劫行为的过程中,如果使用暴力方法造成被害人重伤或者死亡的,仍然应当认定为抢劫罪。行为人为劫取财物而预谋故意杀人,或者在劫取财物过程中,为制服被害人反抗而故意杀人的,以抢劫罪定罪处罚。如果是出于报复或者其他目的伤害或者杀死被害人,然后顺手牵羊拿走财物的,应当以故意伤害罪、故意杀人罪和盗窃罪数罪并罚。但是,如果行为人在抢劫行为实施完毕以后,为了灭口或者其他目的又杀死被害人的,应当以抢劫罪和故意杀人罪并罚。A项,杀死仇人的行为单独构成故意杀人罪,与后续取钱的行为应当数罪并罚;B项和C项,都是使用暴力抢劫公私财物,其暴力行为致人死亡,属于抢劫罪一罪;D项,抢劫既遂之后防止受害人报案,应当以抢劫罪和故意杀人罪数罪并罚。故本题选BC。

20. AC 【解析】正当防卫明显超过必要限度造成重大损害的,应当负刑事责任,但是应当减轻或者免除处罚,A项正确。已满十四周岁不满十八周岁的人犯罪,应当从轻或者减轻处罚,B项错误。紧急避险超过必要限度造成不应有的损害的,应当负刑事责任,但是应当减轻或者免除处罚,C项正确。又聋又哑的人或者盲人犯罪,可以从轻、减轻或者免除处罚,D项错误。

21. ABCD 【解析】甲将乙的哥哥当作乙进行打击,甲的行为属于对象认识错误。按照法定符合说,甲基于伤害乙的故意伤害了乙的哥哥,成立故意伤害罪;按照具体符合说,甲对乙成立故意伤害(未遂)罪,对乙哥哥成立过失致人重伤罪。故选ABCD。

22. ACD 【解析】犯组织、领导、参加恐怖组织罪并实施杀人、爆炸、绑架等犯罪的,依照数罪并罚的规定处罚;投保人、受益人故意造成被保险人死亡同时构成其他犯罪的,依照数罪并罚的规定处罚;以暴力、威胁方法抗拒缉私的,以走私罪和防害公务罪数罪并罚,A、C、D三项正确。拐卖妇女过程中奸淫被拐卖妇女的,仍按照拐卖妇女罪从重处罚,B项错误。故选ACD。

23. ABC 【解析】侵犯财产罪是指故意非法地将公共财产和公民私有财产据为己有,或者故意毁坏公私财物的行为,包括:抢劫罪,盗窃罪,聚众哄抢罪,侵占罪,职务侵占罪等。挪用公款罪属于贪污贿赂罪,排除。故选ABC。

24. ABCD 【解析】犯罪分子在司法机关控制之下,如实交代办案机关未掌握的不同犯罪罪行,属于自首;交代同种罪行,但由于司法机关并无掌握原来犯罪成立事实,在此范围以外的同种罪行仍应作为司法机关未掌握的犯罪,属于自首;单位犯罪在C、D两种情形下,属于主动投案自首的情形。故选ABCD。

25. AC 【解析】二者主体不同:贪污罪的主体是国家工作人员和受委托管理、经营国有财产的人员;职务侵占罪的主体是贪污罪犯罪主体之外的公司、企业或者其他单位的人员,A项正确。二者行为对象不同,贪污罪的对象是公共财物;职务侵占罪的对象是本单位的财产,C项正确。二者行为方式都是利用职务便利,B项错误。二者行为效果是把财产据为己有,D项错误。故选AC。

26. AD 【解析】共同犯罪,是指二人以上共同故意犯罪。要成立共同犯罪,必须有两个以上的行为人、共同的故意和共同的行为。共同故意犯罪不仅是共同实施故意犯罪行为,共同实施犯罪预备行为也构成共同犯罪。本题中,“甲与乙共谋次日共同杀丙”,这就表明甲与乙在犯罪预备阶段有共同的故意和共同的行为,因此甲和乙是故意杀人的共犯,排除B项。在共同犯罪中,共同的行为意味着各个共同犯罪人的行为都是共同犯罪行为的一个有机组成部分,不能将单个行为人的犯罪行为和共同犯罪行为割裂开。如果共同犯罪中的一个行为人的犯罪行为达到了既遂状态,也就意味着所有共同行为人的犯罪行为也达到了既遂状态。本题中,甲和乙共同实施了犯罪预备行为;在犯罪实施阶段,甲由于意志以外的原因没有参与,乙继续在甲和乙的共同故意的支配下实施了故意杀人的行为,并达到了既遂状态,甲作为共同犯罪人,其行为自然也达到了既遂状态,排除C项。故选AD。

27. ABD 【解析】行为人负有实施某种积极行为的特定义务是构成不作为犯罪的前提。特定义务不是普通的道德上的义务。如果不存在这种特定义务,则根本不可能构成刑法的不作为犯罪。特定义务一般有三个来源:(1)法律明文规定的特定义务。(2)职务上或业务上要求履行的义务。(3)行为人的先行行为产生的义务。所以,本题的正确答案是ABD。

28. ABCD 【解析】正当防卫的时间条件,是指可以实施正当防卫的时间。理论上认为正当防卫的时间条件是不法侵害已经开始并且尚未结束。法律基于正当防卫的立法目的是制止不法侵害、防止合法利益受到损害,故对防卫时间加以严格限定。不法侵害尚未结束,是指不法侵害行为或其导致的危害状态尚在继续中,防卫人可以用防卫手段予以制止或排除。在实践中,不法侵害已经完结、不法侵害人自动中止侵害、不法侵害人已被制服、不法侵害人已经丧失继续侵害的能力被认为是不法侵害已经终止,所以,本题答案是ABCD。

29. BCD 【解析】我国《刑法》第三十条规定:“公司、企业、事业单位、机关、团体实施的危害社会的行为,法律规定为单位犯罪的,应当负刑事责任。”A项说法错误。该法第三十一条规定:“单位犯罪的,对单位判处罚金,并对其直接负责的主管人员和其他直接责任人员判处刑罚。本法分则和其他法律另有规定的,依照规定。”B项说法正确。单位犯罪是指公司、企业、事业单位以及机关、团体等社会组织,为了给本单位牟取非法利益,或者为了维护本单位的局部利益,经单位集体研究或经单位负责人决定,而故意实施的危害社会的行为,以及不履行法律义务,过失实施的严重危害社会的行为。因此,单位犯罪的本质特征是为了单位的利益,C项说法正确。《最高人民法院关于审理单位犯罪案件具体应用法律有关问题的解释》第一条规定:“刑法第三十条规定的‘公司、企业、事业单位’,既包括国有、集体所有的公司、企业、事业单位,也包括依法设立的合资经营、合作经营企业和具有法人资格的独资、私营等公司、企业、事业单位。"因此,没有法人资格的私营企业犯罪的,不以单位犯罪论处,以个人犯罪论处,D项说法正确。

30. ABCD 【解析】根据我国《刑法》的规定,未经许可经营法律、行政法规规定的专营、专卖物品或者其他限制买卖的物品,扰乱市场秩序,情节严重的行为构成非法经营罪。甲未获烟草专卖许可而销售香烟,构成非法经营罪,A项正确。根据《刑法》规定,销售明知是假冒注册商标的商品,销售金额数额较大的行为,构成销售假冒注册商标的商品罪,甲销售明知是假冒注册商标的商品,销售金额120万元,触犯了销售假冒注册商标的商品罪,B项正确。销售者以假充真,销售金额五万元以上的行为构成销售伪劣产品罪。甲明知是假烟而销售,销售金额120万元,触犯了销售伪劣产品罪,C项正确。但是,甲只实施了一个行为,即没有专卖许可,擅自购进明知是假冒他人注册商标的香烟,销售金额120万元。这实际上是数个罪过支配之下实施的一个行为,属于触犯了数个罪名的想象竞合犯,应当按照想象竞合犯"从一重处断"的原则从一重罪定罪处罚,所以,本题的正确答案是ABCD。

31. AC 【解析】我国《刑法》第二百零二条规定:"以暴力、威胁方法拒不缴纳税款的,处三年以下有期徒刑或者拘役,并处拒缴税款一倍以上五倍以下罚金;情节严重的,处三年以上七年以下有期徒刑,并处拒缴税款一倍以上五倍以下罚金。"根据这一规定,暴力和威胁方法是抗税罪法定的行为方式。故选AC。

32. AB 【解析】我国《刑法》第二十条规定:"为了使国家、公共利益、本人或者他人的人身、财产和其他权利免受正在进行的不法侵害,而采取的制止不法侵害的行为,对不法侵害人造成损害的,属于正当防卫,不负刑事责任。正当防卫明显超过必要限度造成重大损害的,应当负刑事责任,但是应当减轻或者免除处罚。对正在进行行凶、杀人、抢劫、强奸、绑架以及其他严重危及人身安全的暴力犯罪,采取防卫行为,造成不法侵害人伤亡的,不属于防卫过当,不负刑事责任。"甲持菜刀砍人,乙、丙的人身安全受到不法侵害,进而持警棍等的反击行为属于正当防卫,不负刑事责任,A项正确,D项错误。我国《刑事诉讼法》第十六条规定:"有下列情形之一的,不追究刑事责任,已经追究的,应当撤销案件,或者不起诉,或者终止审理,或者宣告无罪:(一)情节显著轻微、危害不大,不认为是犯罪的;(二)犯罪已过追诉时效期限的;(三)经特赦令免除刑罚的;(四)依照刑法告诉才处理的犯罪,没有告诉或者撤回告诉的;(五)犯罪嫌疑人、被告人死亡的;(六)其他法律规定免予追究刑事责任的。"乙、丙的行为构成正当防卫,不构成犯罪,不承担刑事责任,检察院在审查起诉阶段可以作出不起诉决定,B项正确。我国《民法典》第一百八十一条规定:"因正当防卫造成损害的,不承担民事责任。正当防卫超过必要的限度,造成不应有的损害的,正当防卫人应当承担适当的民事责任。"本题中,乙、丙的防卫行为没有超过必要限度,不应承担赔偿责任,C项错误。故选AB。

33. ABD 【解析】共同犯罪是指二人以上共同故意犯罪,甲教唆乙抢夺行人手机,二人构成抢夺罪的共同犯罪,A项正确。我国《刑法》第二十九条规定:"教唆他人犯罪的,应当按照他在共同犯罪中所起的作用处罚。教唆不满十八周岁的人犯罪的,应当从重处罚。"B项正确。该法第二百六十九条规定:"犯盗窃、诈骗、抢夺罪,为窝藏赃物、抗拒抓捕或者毁灭罪证而当场使用暴力或者以暴力相威胁的,依照本法第二百六十三条的规定定罪处罚。"该法第二百六十三条是抢劫罪的规定,C项错误。该法第十七条规定,已满十二周岁不满十八周岁的人犯罪,应当从轻或者减轻处罚。D项正确。故选ABD。

34. BC 【解析】我国《刑法》规定:"犯盗窃、诈骗、抢夺罪,为窝藏赃物、抗拒抓捕或者毁灭罪证而当场使用暴力或者以暴力相威胁的,依照本法第二百六十三条的规定定罪处罚。"我国《刑法》第二百六十三条是抢劫罪的规定。本题中,乙在盗窃中为抗拒抓捕而当场使用暴力致使丙死亡,根据我国《刑法》的规定,乙应当以抢劫罪定罪处罚。甲教唆乙实施盗窃罪,乙的盗窃罪转化为抢劫罪,所以,甲乙在盗窃的范围内构成共犯,乙的盗窃行为转化为抢劫,并非被教唆的人没有犯被教唆的罪。甲构成盗窃罪,而乙构成抢劫罪。故选BC。

35. CD 【解析】根据我国《刑法》第六条规定,凡在中华人民共和国领域内犯罪的,除法律有特别规定的以外,都适用本法。本题中外国游客A的行为发生在我国,所以适用我国刑法进行管辖。根据我国《刑法》第二百六十四条和《最高人民法院、最高人民检察院关于办理盗窃刑事案件适用法律若干问题的解释》的规定,本题中的外国游客A盗窃价值5000元的手机,已经触犯我国刑法中的盗窃罪,法院可根据刑事诉讼法对其作出相应的刑罚处罚。故本题选CD。

三、判断题

1. × 【解析】已满十四周岁不满十六周岁的人犯故意杀人、故意伤害致人重伤或者死亡、强奸、抢劫、贩卖毒品、放火、爆炸、投放危险物质罪的,应当负刑事责任。

2. × 【解析】拘役指短期内剥夺犯罪人的人身自由,由公安机关就近执行的刑罚方法。

3. × 【解析】根据我国《刑法》规定,被判处无期徒刑的犯罪分子,应当附加剥夺政治权利终身。

4. √ 【解析】在犯罪过程中,自动放弃犯罪或者自动有效地防止犯罪结果发生的,是犯罪中止。所谓犯罪过程,就是从犯罪预备开始到犯罪既遂以前的全过程。即在犯罪预备阶段也可以成立中止。

5. × 【解析】附加刑既可以附加主刑适用,也可以独立适用。

6. × 【解析】盗窃罪和侵占罪的主要区别是主体不同。

7. × 【解析】贪污罪的主体是国家工作人员或者受委托管理、经营国有财产的人员。因此,贪污罪的主体包括:(1)国家工作人员;(2)受委托管理、经营国有财产的人员;(3)不具有上述特殊身份的一般公民与上述人员勾结、伙同贪污的,以贪污罪的共犯论处。

8. × 【解析】我国《刑法》第十八条第二款规定:“间歇性的精神病人在精神正常的时候犯罪,应当负刑事责任。”

9. √ 【解析】应当预见自己的行为可能发生危害社会的结果,因为疏忽大意而没有预见,或者已经预见而轻信能够避免,以致发生这种结果的,是过失犯罪。过失犯罪的过失分为疏忽大意的过失和过于自信的过失。

10. √ 【解析】我国《刑法》第五十四条规定:“剥夺政治权利是剥夺下列权利:(一)选举权和被选举权;(二)言论、出版、集会、结社、游行、示威自由的权利;(三)担任国家机关职务的权利;(四)担任国有公司、企业、事业单位和人民团体领导职务的权利。”

11. × 【解析】渎职罪包括滥用职权罪、玩忽职守罪、徇私枉法罪等。二者不能等同。

12. × 【解析】我国《刑法》第二十三条规定:“已经着手实行犯罪,由于犯罪分子意志以外的原因而未得逞的,是犯罪未遂。”该法第二十四条规定:“在犯罪过程中,自动放弃犯罪或者自动有效地防止犯罪结果发生的,是犯罪中止。”题干的表述是犯罪未遂,而非犯罪中止。

13. √ 【解析】我国《刑法》第三百四十七条规定:“走私、贩卖、运输、制造毒品,无论数量多少,都应当追究刑事责任,予以刑事处罚。”

14. × 【解析】紧急避险损害的客体是第三者的合法权益,本题中损害的是加害者张某的健康,不是第三者的合法权益,故不构成紧急避险。正当防卫是对正在进行不法侵害行为的人采取的制止不法侵害的行为。张某持刀追杀李某的行为,属于正在进行的不法侵害行为,熊某打伤张某是为了制止其不法侵害的行为,因而应属于正当防卫。

15. × 【解析】犯罪客体是犯罪构成的要件之一,指刑事法律所保护而被犯罪行为所侵害的社会关系。一般来说,犯罪行为所直接作用的具体物或具体人是犯罪对象。

16. × 【解析】我国《治安管理处罚法》第七十二条规定:“吸食、注射毒品的,处十日以上十五日以下拘留,可以并处两千元以下罚款;情节较轻的,处五日以下拘留或者五百元以下罚款。”吸食毒品在我国《刑法》中无相应罪名。所以,吸食毒品是违法行为,不是犯罪行为。

17. × 【解析】没收财产,是指没收犯罪分子个人所有财产的一部或者全部。(1)没收全部财产的,应当对犯罪分子个人及其扶养的家属保留必需的生活费用。(2)在判处没收财产的时候,不得没收属于犯罪分子家属所有或者应有的财产。(3)没收财产以前犯罪分子所负的正当债务,需要以没收的财产偿还的,经债权人请求,应当偿还。

18. × 【解析】死缓是死刑的一种形式。我国《刑法》明确规定审判时怀孕的妇女不适用死刑。

19. √ 【解析】根据我国《刑法》第六十七条规定,犯罪以后自动投案,如实供述自己的罪行的,是自首。自首分为一般自首和特别自首,一般自首的成立须同时具备自动投案和如实供述自己的罪行两个条件;特别自首是指被采取强制措施的犯罪嫌疑人、被告人和正在服刑的罪犯,如实供述司法机关还未掌握的本人其他罪行的情形。题干中表述的是自首的成立大体上需要满足的条件,故正确。

20. × 【解析】我国《刑法》第二十九条规定:“教唆他人犯罪的,应当按照他在共同犯罪中所起的作用处罚。教唆不满十八周岁的人犯罪的,应当从重处罚。”

21. √ 【解析】我国《刑法》第一百二十八条规定:“违反枪支管理规定,非法持有、私藏枪支、弹药的,处三年以下有期徒刑、拘役或者管制;情节严重的,处三年以上七年以下有期徒刑。依法配备公务用枪的人员,非法出租、出借枪支的,依照前款的规定处罚。”本题中甲已构成非法出借枪支罪。

22. × 【解析】共同实行犯的实行行为共同引起危害结果发生,他们的实行行为与危害结果之间均有因果联系,共同实行犯有共同的犯罪故意,甲、乙二人没有共同的犯罪故意,故不构成盗窃罪共犯。

23. √ 【解析】玩忽职守罪是渎职罪中的一种,我国《刑法》规定只能由过失构成。

24. × 【解析】紧急避险不能超过必要的限度,所造成的损害必须小于所保护的利益。

25. × 【解析】我国《刑法》规定的主刑包括:管制、拘役、有期徒刑、无期徒刑、死刑五种。

26. × 【解析】我国《刑法》规定,已满12周岁不满18周岁的人犯罪应当从轻或者减轻处罚。

27. × 【解析】我国《刑法》第十二条第一款规定:“中华人民共和国成立以后本法施行以前的行为,如果当时的法律不认为是犯罪的,适用当时的法律;如果当时的法律认为是犯罪的,依照本法总则第四章第八节的规定应当追诉的,按照当时的法律追究刑事责任,但是如果本法不认为是犯罪或者处刑较轻的,适用本法。”可见在刑法的溯及问题上,目前我国采用的是从旧兼从轻原则。

28. × 【解析】对于被判处死刑、无期徒刑的犯罪分子应当剥夺政治权利终身。

29. √ 【解析】对犯罪分子,适用刑罚不仅仅在于惩罚,而是为了改造他们,也可以对社会上企图进行破坏活动的不稳定分子起到震慑和警示的作用，促进他们消除犯罪的念头，还可以提高人民群众的警惕性和增强法治观念，鼓舞他们同犯罪行为作斗争。可见，适用刑罚最终是为了预防犯罪和减少犯罪。

30. × 【解析】判处死刑缓期执行的，在死刑缓期执行期间，如果没有故意犯罪，二年期满以后，减为无期徒刑。

31. √ 【解析】我国《刑法》第七十四条规定："对于累犯和犯罪集团的首要分子，不适用缓刑。"

32. × 【解析】贪污贿赂罪在客观方面表现为侵害国家廉政制度情节严重的行为。其中，多数为国家工作人员利用职务之便贪污、受贿、挪用公款，也有的是与国家工作人员职务密切相关，如拒不说明巨额财产来源、隐瞒境外存款，还有的是与国家工作人员受贿具有对向性的行贿、介绍贿赂的行为。行为方式除巨额财产来源不明罪、隐瞒境外存款罪表现为不作为之外，其他犯罪通常表现为作为。题干所述罪名中，挪用公款罪和巨额财产来源不明罪均属于贪污贿赂罪。

33. × 【解析】我国《刑法》第六条规定："凡在中华人民共和国领域内犯罪的，除法律有特别规定的以外，都适用本法。"该法第十一条规定："享有外交特权和豁免权的外国人的刑事责任，通过外交途径解决。"

34. √ 【解析】法无明文规定不定罪，这是罪刑法定原则的体现。

35. √ 【解析】我国《刑法》第六十八条规定："犯罪分子有揭发他人犯罪行为，查证属实的，或者提供重要线索，从而得以侦破其他案件等立功表现的，可以从轻或者减轻处罚；有重大立功表现的，可以减轻或者免除处罚。"

36. √ 【解析】我国《刑法》第三百八十四条规定："国家工作人员利用职务上的便利，挪用公款归个人使用，进行非法活动的，或者挪用公款数额较大、进行营利活动的，或者挪用公款数额较大、超过三个月未还的，是挪用公款罪……挪用用于救灾、抢险、防汛、优抚、扶贫、移民、救济款物归个人使用的，从重处罚。"根据《最高人民法院、最高人民检察院关于办理贪污贿赂刑事案件适用法律若干问题的解释》第六条的规定，挪用公款归个人使用，进行营利活动或者超过三个月未还，数额在五万元以上的，应当认定为刑法第三百八十四条第一款规定的"数额较大"。

37. √ 【解析】假冒注册商标罪的法定构成条件包括：(1)该罪的犯罪主体为一般主体，即任何企业、事业单位或者个人假冒他人注册商标，情节达到犯罪标准的即构成该罪。(2)该罪侵犯的客体为他人合法注册的商标专用权，以及国家商标管理秩序。(3)该罪主观方面为故意，且以营利为目的，过失不构成该罪。(4)该罪的客观方面为行为人实施了刑法所禁止的假冒商标行为，且情节严重。

38. √ 【解析】我国《刑法》第七十九条规定："对于犯罪分子的减刑，由执行机关向中级以上人民法院提出减刑建议书。人民法院应当组成合议庭进行审理，对确有悔改或者立功事实的，裁定予以减刑。非经法定程序不得减刑。"

专题五　行政法

一、单项选择题

1. A 【解析】行政法的程序正当原则，是当代行政法的主要原则之一。依法不执行行政拘留处罚体现的是行政法中依法行政的基本原则，而不是程序正当原则。故选A。

2. C 【解析】我国《治安管理处罚法》第四十九条规定："盗窃、诈骗、哄抢、抢夺、敲诈勒索或者故意损毁公私财物的，处五日以上十日以下拘留，可以并处五百元以下罚款；情节较重的，处十日以上十五日以下拘留，可以并处一千元以下罚款。"谢某盗窃公私财物，违反了《治安管理处罚法》，属于违法行为，A项错误。该法第十九条规定："违反治安管理有下列情形之一的，减轻处罚或者不予处罚：(一)情节特别轻微的；(二)主动消除或者减轻违法后果，并取得被侵害人谅解的；(三)出于他人胁迫或者诱骗的；(四)主动投案，向公安机关如实陈述自己的违法行为的；(五)有立功表现的。"谢某无免除处罚情形，不应该免除处罚，B项错误。该法第二十一条规定："违反治安管理行为人有下列情形之一，依照本法应当给予行政拘留处罚的，不执行行政拘留处罚：(一)已满十四周岁不满十六周岁的；(二)已满十六周岁不满十八周岁，初次违反治安管理的；(三)七十周岁以上的；(四)怀孕或者哺乳自己不满一周岁婴儿的。"谢某已满七十周岁，应当不执行行政拘留，C项正确。根据该法第四十九条和第二十一条规定，谢某的行为可以裁决拘留并处罚款，但不应当执行行政拘留，D项错误。故选C。

3. D 【解析】行政合同又称行政契约，是指行政主体为了实现特定的行政管理目标，与其他行政主体或者行政相对人之间基于意思表示一致而达成的协议。故选D。

4. A 【解析】行政强制措施，是指行政机关在行政管理过程中，为制止违法行为、防止证据损毁、避免危害发生、控制危险扩大等情形，依法对公民的人身自由实施暂时性限制，或者对公民、法人或者其他组织的财物实施暂时性控制的行为。题干里国家市场监管总局责令该企业召回其已上市销售的不合格汽车的行为属于行政强制措施。

5. B 【解析】我国《行政复议法》第六条规定："有下列情形之一的，公民、法人或者其他组织可以依照本法申请行政复议：(一)对行政机关作出的警告、罚款、没收违法所得、没收非法财物、责令停产停业、暂扣或者吊销许可证、暂扣或者吊销执照、行政拘留等行政处罚决定不服的；(二)对行政机关作出的限制人身自由或者查封、扣押、冻结财产等行政强制措施决定不服的;(三)对行政机关作出的有关许可证、执照、资质证、资格证等证书变更、中止、撤销的决定不服的;(四)对行政机关作出的关于确认土地、矿藏、水流、森林、山岭、草原、荒地、滩涂、海域等自然资源的所有权或者使用权的决定不服的;(五)认为行政机关侵犯合法的经营自主权的;(六)认为行政机关变更或者废止农业承包合同,侵犯其合法权益的;(七)认为行政机关违法集资、征收财物、摊派费用或者违法要求履行其他义务的;(八)认为符合法定条件,申请行政机关颁发许可证、执照、资质证、资格证等证书,或者申请行政机关审批、登记有关事项,行政机关没有依法办理的;(九)申请行政机关履行保护人身权利、财产权利、受教育权利的法定职责,行政机关没有依法履行的;(十)申请行政机关依法发放抚恤金、社会保险金或者最低生活保障费,行政机关没有依法发放的;(十一)认为行政机关的其他具体行政行为侵犯其合法权益的。"ACD项是可以提出行政复议的,B项是一种行政指导,不属于提起行政复议的范围。故选B。

6. C 【解析】我国《民事诉讼法》第一百三十四条规定:"人民法院审理民事案件,除涉及国家秘密、个人隐私或者法律另有规定的以外,应当公开进行。离婚案件,涉及商业秘密的案件,当事人申请不公开审理的,可以不公开审理。"C项的案件涉及个人隐私,不得公开审理,故选C。

7. B 【解析】我国《国家赔偿法》第三十二条规定:"国家赔偿以支付赔偿金为主要方式。能够返还财产或者恢复原状的,予以返还财产或者恢复原状。"故选B。

8. C 【解析】我国《行政处罚法》第九条规定:"行政处罚的种类:(一)警告、通报批评;(二)罚款、没收违法所得、没收非法财物;(三)暂扣许可证件、降低资质等级、吊销许可证件;(四)限制开展生产经营活动、责令停产停业、责令关闭、限制从业;(五)行政拘留;(六)法律、行政法规规定的其他行政处罚。"

易错警示:罚金与行政罚款是不同的。罚金是刑罚方法,它只能由法院依照刑法的规定对构成犯罪的人或单位适用;罚款是行政处罚,它由公安机关等有关的行政机关对只有一般违法行为(未构成犯罪)的人或单位适用。判处罚金,应当根据犯罪情节决定罚金数额。

9. A 【解析】行政给付是指行政主体依照有关法律、法规,向符合条件的申请人提供物质利益或者赋予其与物质利益有关的权益的具体行政行为。行政给付主要包括:抚恤金、特定人员离退休金、社会救济福利金、自然灾害救济金及救济物资。刘某家属收到政府的抚恤金,属于行政给付,A项正确。行政奖励是指行政主体为了表彰先进、激励后进,充分调动和激发人们的积极性和创造性,依照法定条件和程序,对为国家、人民和社会作出突出贡献或者模范地遵纪守法的行政相对人,给予物质的或精神的奖励的具体行政行为。它主要是给予受奖人某种荣誉,发给奖金或者各种奖品,予以晋级或者晋职等方式,B项错误。行政赔偿是指国家行政机关及其工作人员在行使职权的过程中侵犯公民、法人或其他组织的合法权益并造成损害,由国家承担赔偿责任的制度,C项错误。行政补偿是指国家行政机关及其工作人员在管理国家和社会公共事务的过程中,因合法的行政行为给公民、法人或其他组织的合法权益造成了损失,由国家依法予以补偿的制度,D项错误。故选A。

10. D 【解析】县人大常委会属于立法机关,县人民法院和县人民检察院属于司法机关,县司法局属于行政机关。故选D。

11. C 【解析】我国《行政复议法》第十二条规定:"对县级以上地方各级人民政府工作部门的具体行政行为不服的,由申请人选择,可以向该部门的本级人民政府申请行政复议,也可以向上一级主管部门申请行政复议。对海关、金融、国税、外汇管理等实行垂直领导的行政机关和国家安全机关的具体行政行为不服的,向上一级主管部门申请行政复议。"故选C。

12. C 【解析】我国《公职人员政务处分法》第十一条规定:"公职人员有下列情形之一的,可以从轻或者减轻给予政务处分:(一)主动交代本人应当受到政务处分的违法行为的;(二)配合调查,如实说明本人违法事实的;(三)检举他人违纪违法行为,经查证属实的;(四)主动采取措施,有效避免、挽回损失或者消除不良影响的;(五)在共同违法行为中起次要或者辅助作用的;(六)主动上交或者退赔违法所得的;(七)法律、法规规定的其他从轻或者减轻情节。"故ABD三项不符合题目要求。根据我国《公职人员政务处分法》第十四条规定,公职人员因犯罪被单处罚金,或者犯罪情节轻微,人民检察院依法作出不起诉决定或者人民法院依法免予刑事处罚的,予以撤职;造成不良影响的,予以开除。据此,该情形不属于可以从轻或减轻给予政务处分的情形,C项符合题目要求。本题为选非题,故正确答案为C。

13. A 【解析】行政机关应当自受理行政许可申请之日起二十日内作出行政许可决定;如二十日内不能作出决定的,可以延长十日,并告知申请人。

14. C 【解析】行政许可,是指行政机关根据公民、法人或者其他组织的申请,经依法审查,准予其从事特定活动的行为。实施行政许可的结果是,相对人获得了从事特定活动的权利或者资格。C项"申请上级教育主管部门拨款"不符合行政许可的涵义,应是行政审批。

15. C 【解析】表明身份是指执行公务的人员在进行调查或作出行政处理行为时,应当向相对人出示履行职权的证明,表明其有权从事该项活动。对于执行公务的人员不表明身份的,相对人有权拒绝其任何要求。表明身份制度不仅有利于防止假冒、诈骗活动,更有利于防止执行公务人员滥用职权、超越职权。

16. C 【解析】行政确认行为是指行政主体所具有的确认或否定相对方的法律地位或权利义务的单方法律行为。A项错误。行政征收行为是指行政主体凭借国家行政权,根据国家和社会公共利益的需要,依法向行政相对人强制性征集一定数额金钱和实物的行政行为。B项错误。具体行政行为是指行政机关行使行政权力,对特定的公民、法人或其他组织作出的有关其权利义务的单方行为。题干中武汉市政府是针对特定的具体事项作出的单方行为,是具体行政行为,C项正确。抽象行政行为是指行政机关在进行行政管理中,针对不特定的人和事制定普遍适用的规范性文件的活动。D项错误。故正确答案为C。

17. B 【解析】该款规定中的行为包含行政机关对不动产所有权和使用权的行政确认,对行政机关作出的相关决定不服的可以提起行政诉讼。此种行政确认不属于依职权的行政确认,需要以行政相对人的申请为条件。ACD项错误,B项正确。故选B。

18. A 【解析】我国《国家赔偿法》第三十二条规定:“国家赔偿以支付赔偿金为主要方式。能够返还财产或者恢复原状的,予以返还财产或者恢复原状。”故选A。

19. B 【解析】我国《行政复议法实施条例》第五十条规定:“有下列情形之一的,行政复议机关可以按照自愿、合法的原则进行调解:(一)公民、法人或者其他组织对行政机关行使法律、法规规定的自由裁量权作出的具体行政行为不服申请行政复议的;(二)当事人之间的行政赔偿或者行政补偿纠纷。”因此,B项中,市政府与村民之间因为补偿面积和数额有争议,复议机关可以调解,ACD项不属于行政复议机关可以调解的范围。故选B。

20. C 【解析】行政征收,是指行政主体为了实现国家行政管理职能,根据国家和社会公共利益的需要,向行政相对人强制、无偿地征集一定数额金钱或者实物的具体行政行为。它主要包括:税收征收,资源费征收,建设资金征收等。

21. C 【解析】我国《治安管理处罚法》第一百零二条规定,被处罚人对治安管理处罚决定不服的,可以依法申请行政复议或者提起行政诉讼。故选C。

22. B 【解析】行政处罚是指行政主体依照法定职权和程序,对违反行政法规范但尚未构成犯罪的相对人,给予行政制裁的具体行政行为。我国《刑法》第三十三条规定:“主刑的种类如下:(一)管制;(二)拘役;(三)有期徒刑;(四)无期徒刑;(五)死刑。”甲某入室抢劫,构成抢劫罪,判处有期徒刑属于刑事处罚,A项错误。我国《治安管理处罚法》第十条规定:“治安管理处罚的种类分为:(一)警告;(二)罚款;(三)行政拘留;(四)吊销公安机关发放的许可证。对违反治安管理的外国人,可以附加适用限期出境或者驱逐出境。”乙某被公安机关行政拘留15日属于行政处罚,B项正确。我国《民法典》第一百七十九条规定:“承担民事责任的方式主要有:(一)停止侵害;(二)排除妨碍;(三)消除危险;(四)返还财产;(五)恢复原状;(六)修理、重作、更换;(七)继续履行;(八)赔偿损失;(九)支付违约金;(十)消除影响、恢复名誉;(十一)赔礼道歉。”丙某向丁某支付了违约金属于承担民事责任的方式,C项错误。我国《刑事诉讼法》第六十六条规定:“人民法院、人民检察院和公安机关根据案件情况,对犯罪嫌疑人、被告人可以拘传、取保候审或者监视居住。”戊某被取保候审属于刑事强制措施,D项错误。故选B。

23. A 【解析】我国《国家赔偿法》第四条规定:“行政机关及其工作人员在行使行政职权时有下列侵犯财产权情形之一的,受害人有取得赔偿的权利:(一)违法实施罚款、吊销许可证和执照、责令停产停业、没收财物等行政处罚的;(二)违法对财产采取查封、扣押、冻结等行政强制措施的;(三)违法征收、征用财产的;(四)造成财产损害的其他违法行为。”故选A。

24. C 【解析】我国《行政许可法》第二十条规定:“行政许可的设定机关应当定期对其设定的行政许可进行评价。”但行政处罚法没有就此作出规定,A项错误。根据相关法律规定,可以设定行政许可的规范性文件包括:法律、行政法规、地方性法规、省级地方性规章,除此之外,其他规范文件一律不得设定行政许可。在法律、法规对处罚已作规定的情况下,规章只应在法律、法规规定的范围内作出具体规定;法律、法规未作规定的,规章可以设定警告或一定数量的罚款这两种行政处罚。据此可以排除BD项。故选C。

25. D 【解析】我国《行政许可法》第五条规定:“设定和实施行政许可,应当遵循公开、公平、公正、非歧视的原则。有关行政许可的规定应当公布;未经公布的,不得作为实施行政许可的依据。”AB项正确。该法第十八条规定:“设定行政许可,应当规定行政许可的实施机关、条件、程序、期限。”C项正确。该法第二十六条规定:“行政许可需要行政机关内设的多个机构办理的,该行政机关应当确定一个机构统一受理行政许可申请,统一送达行政许可决定。”D项错误。本题为选非题,故选D。

26. C 【解析】基层群众自治组织包括村委会和居委会,A项错误。街道办事处的法律地位相当于乡级人民政府,B项错误。根据《中华人民共和国地方各级人民代表大会和地方各级人民政府组织法》第六十八条规定,市辖区、不设区的市的人民政府,经上一级人民政府批准,可以设立若干街道办事处,作为它的派出机关。据此,批准设立街道办事处的机关是上一级人民政府,即设区的市的人民政府,C项正确。市辖区、不设区的市的街道办事处在性质上属于派出行政机关,D项错误。故正确答案为C。

27. A 【解析】我国《行政复议法》第十一条规定:“申请人

申请行政复议,可以书面申请,也可以口头申请;口头申请的,行政复议机关应当当场记录申请人的基本情况、行政复议请求、申请行政复议的主要事实、理由和时间。”故选A。

28. B 【解析】行政给付是指行政主体对公民在年老、疾病或丧失劳动能力等情况或其他特殊情况下,依照有关法律、法规规定,赋予其一定物质权益或与物质有关的权益的具体行政行为。它包括补助、安置、抚恤、优待等。

29. D 【解析】我国《行政复议法》第十二条规定:“对海关、金融、国税、外汇管理等实行垂直领导的行政机关和国家安全机关的具体行政行为不服的,向上一级主管部门申请行政复议。”

30. C 【解析】我国《行政许可法》第三十二条规定:“行政机关对申请人提出的行政许可申请,应当根据下列情况分别作出处理:(一)申请事项依法不需要取得行政许可的,应当即时告知申请人不受理;(二)申请事项依法不属于本行政机关职权范围的,应当即时作出不予受理的决定,并告知申请人向有关行政机关申请;(三)申请材料存在可以当场更正的错误的,应当允许申请人当场更正;(四)申请材料不齐全或者不符合法定形式的,应当当场或者在五日内一次告知申请人需要补正的全部内容,逾期不告知的,自收到申请材料之日起即为受理;(五)申请事项属于本行政机关职权范围,申请材料齐全、符合法定形式,或者申请人按照本行政机关的要求提交全部补正申请材料的,应当受理行政许可申请。行政机关受理或者不予受理行政许可申请,应当出具加盖本行政机关专用印章和注明日期的书面凭证。”可见,ABD项正确。C项错误,可以当场更正的错误应当允许申请人当场更正,而不是由工作人员决定是否允许当场更正。

31. C 【解析】我国《国家赔偿法》第二十一条规定:“行使侦查、检察、审判职权的机关以及看守所、监狱管理机关及其工作人员在行使职权时侵犯公民、法人和其他组织的合法权益造成损害的,该机关为赔偿义务机关。”故本案中应当由人民法院赔偿。故选C。

32. B 【解析】我国《行政复议法》第七条规定:“公民、法人或者其他组织认为行政机关的具体行政行为所依据的下列规定不合法,在对具体行政行为申请行政复议时,可以一并向行政复议机关提出对该规定的审查申请:(一)国务院部门的规定;(二)县级以上地方各级人民政府及其工作部门的规定;(三)乡、镇人民政府的规定。前款所列规定不含国务院部、委员会规章和地方人民政府规章。规章的审查依照法律、行政法规办理。”可见,丁某不能单独提出对收费文件的审查。

33. A 【解析】我国《行政强制法》第三十五条规定:“行政机关作出强制执行决定前,应当事先催告当事人履行义务。催告应当以书面形式作出,并载明下列事项:(一)履行义务的期限;(二)履行义务的方式;(三)涉及金钱给付的,应当有明确的金额和给付方式;(四)当事人依法享有的陈述权和申辩权。”A项错误,本题为选非题,故选A。

34. D 【解析】我国《行政许可法》第五十八条规定:“行政机关实施行政许可和对行政许可事项进行监督检查,不得收取任何费用。但是,法律、行政法规另有规定的,依照其规定。”故选D。

35. B 【解析】我国《行政复议法》第九条规定:“公民、法人或者其他组织认为具体行政行为侵犯其合法权益的,可以自知道该具体行政行为之日起六十日内提出行政复议申请;但是法律规定的申请期限超过六十日的除外。”故选B。

36. D 【解析】我国《行政复议法》第十四条规定:“对国务院部门或者省、自治区、直辖市人民政府的具体行政行为不服的,向作出该具体行政行为的国务院部门或者省、自治区、直辖市人民政府申请行政复议。对行政复议决定不服的,可以向人民法院提起行政诉讼;也可以向国务院申请裁决,国务院依照本法的规定作出最终裁决。”题目中对某省的具体行政行为不服,应向某省政府提出复议。对行政复议决定不服的,可以向人民法院提起行政诉讼。

37. C 【解析】我国《治安管理处罚法》第二十一条规定:“违反治安管理行为人有下列情形之一,依照本法应当给予行政拘留处罚的,不执行行政拘留处罚:(一)已满十四周岁不满十六周岁的;(二)已满十六周岁不满十八周岁,初次违反治安管理的;(三)七十周岁以上的;(四)怀孕或者哺乳自己不满一周岁婴儿的。”甲72岁,可以对其作出行政拘留的决定,但不能执行该决定。A、B、D三项错误,C项正确。

38. A 【解析】我国《行政诉讼法》第二十六条规定:“经复议的案件,复议机关决定维持原行政行为的,作出原行政行为的行政机关和复议机关是共同被告;复议机关改变原行政行为的,复议机关是被告。”本题中市公安局改变了区公安分局的处罚决定,其行政复议决定行为对相对人王某的权益产生了影响,因此应由市公安局作被告,王某的起诉符合条件,法院应决定受理此案,BCD项错误。故选A。

39. D 【解析】我国《行政许可法》第三十八条规定:“申请人的申请符合法定条件、标准的,行政机关应当依法作出准予行政许可的书面决定。行政机关依法作出不予行政许可的书面决定的,应当说明理由,并告知申请人享有依法申请行政复议或者提起行政诉讼的权利。”故选D。

40. B 【解析】行政许可申请应以书面形式提出,不能以口头形式提出,A项错误。我国《行政许可法》第三十二条规定:“行政机关受理或者不予受理行政许可申请,应当出具加盖本行政机关专用印章和注明日期的书面凭证。”B项正确。该法第四十七条规定:“申请人、利害关系人不承担行政机关组织听证的费用。”据此可知,听证费用不应由陈某承担,C项错误。该法第三十八条规定:“行政机关依法作出不予行政许可的书面决定的,应当说明理由,并告知申请人享有依法申请行政复议或者提起行政诉讼的权利。”据此可知,行政机关不予行政许可,应当作出书面决定,不能口头告知,D项错误。故选B。

41. B 【解析】责任政府原则是指行政机关和国家公务员违法行政必须承担法律责任的原则。职权法定原则是指行政机关的任何职权的取得和行使,都必须依据法律规定,否则不得行使。法律优先原则是指法律位阶高于行政法规、行政规章和行政命令,一切行政法规、行政规章和行政命令皆不得与法律相抵触。这三项原则均是依法行政原则的子原则。而合理行政原则,是指行政机关作出的行政行为内容要客观、适度、符合理性。它是与依法行政原则并列的行政基本原则,旨在控制自由裁量权的运用,故选B。

42. A 【解析】我国《行政复议法》第十三条规定:“对地方各级人民政府的具体行政行为不服的,向上一级地方人民政府申请行政复议。”故选A。

43. C 【解析】执法又称行政执法,是国家行政部门依据法律、法规、规章管理国家公共事务的行为。它不同于检察院、法院的司法活动。故选C。

44. A 【解析】我国《公务员法》第八十八条规定:“公务员有下列情形之一的,予以辞退:(一)在年度考核中,连续两年被确定为不称职的;(二)不胜任现职工作,又不接受其他安排的;(三)因所在机关调整、撤销、合并或者缩减编制员额需要调整工作,本人拒绝合理安排的;(四)不履行公务员义务,不遵守法律和公务员纪律,经教育仍无转变,不适合继续在机关工作,又不宜给予开除处分的;(五)旷工或者因公外出、请假期满无正当理由逾期不归连续超过十五天,或者一年内累计超过三十天的。”A项违反上述规定,故选A。

45. C 【解析】根据我国《行政复议法》第十五条规定,对县级以上地方人民政府依法设立的派出机关的具体行政行为不服的,向设立该派出机关的人民政府申请行政复议。故选C。

二、多项选择题

1. ABD 【解析】行政复议参加人包括行政复议申请人、被申请人、第三人以及行政复议代理人。故选ABD。

2. AD 【解析】我国《行政许可法》第十四条规定:“必要时,国务院可以采用发布决定的方式设定行政许可。”B项错误。该法第十六条规定:“法规、规章对实施上位法设定的行政许可作出的具体规定,不得增设行政许可。”C项错误。AD项说法正确,故选AD。

3. ABCD 【解析】行政程序的基本原则包括程序合法原则,相对方参与原则,效率原则,程序公正原则和信赖保护原则。故选ABCD。

4. AC 【解析】一般许可是指只要符合法定的条件,就可向主管行政机关提出申请,对申请人并无特殊限制的许可。如驾驶许可、营业许可等。特殊许可,是指除符合一般条件外,还对申请人予以特别限制的许可。如持枪许可、烟草专卖许可等。另外,按照许可书面文件形式可划分为:独立证书许可和附文件的许可。独立证书许可是指单独的许可证便足以表明持有人被许可的活动范围、方式、时间等,无须其他文件加以补充说明的行政许可;附文件的许可,指必须附加文件予以说明被许可的活动内容、范围、方式、时间等的行政许可。例如商标许可证还要附商标设计图样。从以上分析可知驾驶执照属于一般许可和独立证书许可。故选AC。

5. BCD 【解析】行政行为是指行政主体行使行政职权,做出的能够产生行政法律效果的行为。政府机关盖办公楼与建筑商发生的行为并不属于行政行为,只是一方为政府机关的民事行为。故选BCD。

6. ABCD 【解析】我国《治安管理处罚法》第十条规定,治安管理处罚的种类分为:警告;罚款;行政拘留;吊销公安机关发放的许可证。故选ABCD。

7. ABCD 【解析】行政行为无效的条件有:①行政行为具有特别重大的违法情形或具有明显的违法情形。②行政主体不明确或明显超越相应行政主体职权的行政行为。③行政主体受胁迫作出的行政行为。④行政行为的实施将导致犯罪。⑤没有可能实施的行政行为。

8. ABC 【解析】我国《行政许可法》第六条规定:“实施行政许可,应当遵循便民的原则,提高办事效率,提供优质服务。”第二十七条规定:“行政机关实施行政许可,不得向申请人提出购买指定商品、接受有偿服务等不正当要求。行政机关工作人员办理行政许可,不得索取或者收受申请人的财物,不得谋取其他利益。”故选ABC。

9. ABD 【解析】行政法的调整对象是行政关系。行政关系是指行政主体行使行政职能和接受行政法制监督而与行政相对人、行政法制监督主体发生的各种关系,以及行政主体内部发生的各种关系。行政关系以行政职权为核心,只有与行政职权的行使直接或间接发生联系的社会关系才是行政关系。A项不属于行政关系,B、D属于民事关系。

10. ABC 【解析】我国《行政许可法》第十九条规定:“起草法律草案、法规草案和省、自治区、直辖市人民政府规章草案,拟设定行政许可的,起草单位应当采取听证会、论证会等形式听取意见,并向制定机关说明设定该行政许可的必要性、对经济和社会可能产生的影响以及听取和采纳意见的情况。”故选ABC。

11. CD 【解析】特别行政法是指规范各专门行政职能部门如教育、民政、卫生、统计、邮政、财政、海关、人事、土地、交通等方面的行政管理活动的法律、法规。故选CD。

12. ABD 【解析】在年度考核中,连续两年被确定为不称职的,予以辞退。A项中李某考核不称职并非连续两年,A项错误。新录用的公务员试用期为一年,即转正必须经过一年,B项错误。公务员辞职或者被辞退,离职前应当办理公务交接手续,必要时按照规定接受审计,C项正确。申诉期间不停止人事处理的执行,D项错误。故选ABD。

13. AC 【解析】行政行为以其对象是否特定为标准,分为抽象行政行为和具体行政行为。抽象行政行为是指行政主体在行使职权过程中,以一般管理事项为对象,制定和发布具有普遍效力的行为规范的行政行为,如行政规范性文件等。具体行政行为是指国家行政机关和行政机关工作人员、法律法规授权的组织、行政机关委托的组织或者个人在行政管理活动中行使行政职权,针对特定的公民、法人或者其他组织,就特定的具体事项,作出的有关该公民、法人或者其他组织权利义务的单方行为。简而言之,即指行政机关行使行政权力,对特定的公民、法人和其他组织作出的有关其权利义务的单方行为。具体行政行为的表现形式包括:行政征收、行政征用、行政给付、行政奖励、行政裁决、行政处罚、行政确认、行政许可等。行政处罚为可诉行政行为。题干中的行政拘留属于行政处罚的一种,故选AC。

14. BD 【解析】行政给付一般是指行政主体依照有关法律、法规,向符合条件的申请人提供物质利益或者赋予其与物质利益有关的权益的具体行政行为。根据我国有关行政给付的法律、法规的规定,我国的行政给付形式主要包括抚恤金、生活补助费、安置、救济、优待、社会福利。所以B、D项属于行政给付,A项属于征地补偿,C项属于社会慈善活动,都不属于行政给付。故选BD。

15. ACD 【解析】我国《国家赔偿法》第三十五条规定:“有本法第三条或者第十七条规定情形之一,致人精神损害的,应当在侵权行为影响的范围内,为受害人消除影响,恢复名誉,赔礼道歉;造成严重后果的,应当支付相应的精神损害抚慰金。”A项正确。根据《最高人民法院关于民事、行政诉讼中司法赔偿若干问题的解释》第十二条规定,责令停产停业期间的房租、水电费属于国家赔偿范围,C项正确。我国《国家赔偿法》第三十四条规定:“侵犯公民生命健康权的,赔偿金按照下列规定计算:(一)造成身体伤害的,应当支付医疗费、护理费,以及赔偿因误工减少的收入。减少的收入每日的赔偿金按照国家上年度职工日平均工资计算,最高额为国家上年度职工年平均工资的五倍……”D项正确。国家赔偿以直接损失为赔偿原则,被拘留期间因无法开展正常业务导致的利润损失不属于直接损失,所以不属于国家赔偿范围,B项错误。故选ACD。

16. AB 【解析】我国《行政复议法》第二十一条规定:“行政复议期间具体行政行为不停止执行;但是,有下列情形之一的,可以停止执行:(一)被申请人认为需要停止执行的;(二)行政复议机关认为需要停止执行的;(三)申请人申请停止执行,行政复议机关认为其要求合理,决定停止执行的;(四)法律规定停止执行的。”AB项符合上述规定。C项错误,根据上述第三项的规定,申请人申请停止执行,行政复议机关认为其要求合理的,可以决定停止执行。D项错误,不符合上述规定。故选AB。

17. AD 【解析】行政复议,是指公民、法人或者其他组织认为行政机关作出的具体行政行为侵害其合法权益时,当事人向行政机关提出复议申请,相关行政机关按照行政复议的程序进行合法性和适当性审查,并作出行政复议的决定。行政复议是依申请的行政行为。由于涉及行政相对人,是一种外部行政行为。

18. BD 【解析】行为罚亦称能力罚,是行政主体对违反行政法律规范的行政相对方所采取的限制或剥夺其特定行为能力或资格的一种处罚措施。行为罚包括责令停产停业,暂扣或吊销许可证、执照两种形式。

19. ABD 【解析】行政行为无效的法律后果:(1)被确认无效的行政行为自始不发生法律效力;(2)行政相对人可以不受无效行政行为的拘束,可以抵抗和不服从,并有权提出异议;(3)有权国家机关可以在任何时候审查并宣布相应行政行为的无效,而不受时效的限制;(4)行政主体因该无效行政行为取得的利益均应返还相对人,并对由此给相对人带来的损失承担赔偿责任。C项说法错误,ABD项正确。

20. ABCD 【解析】我国《行政复议法》第二十八条规定,具体行政行为有下列情形之一的,决定撤销、变更或者确认该具体行政行为违法;决定撤销或者确认该具体行政行为违法的,可以责令被申请人在一定期限内重新作出具体行政行为:主要事实不清、证据不足的;适用依据错误的;违反法定程序的;超越或者滥用职权的;具体行政行为明显不当的。故选ABCD。

三、判断题

1. √ 【解析】我国《行政处罚法》第三十条规定:“不满十四周岁的未成年人有违法行为的,不予行政处罚,责令监护人加以管教;已满十四周岁不满十八周岁的未成年人有违法行为的,应当从轻或者减轻行政处罚。”

2. × 【解析】行政复议的被申请人为行政机关和法律法规授权的组织,不包括受委托的组织。行政委托是行政机关在其职权职责范围内依法将其行政职权或行政事项委托给有关行政机关、社会组织或者个人,受委托者以委托机关的名义实施管理行为和行使职权,并由委托机关承担法律责任。行政委托由于不发生职权职责、法律后果及行政主体资格的转移,因此,对受委托组织的行政行为不服的,被申请人为委托机关。

3. × 【解析】我国《行政复议法》第二十一条规定:“行政

复议期间具体行政行为不停止执行;但是,有下列情形之一的,可以停止执行:(一)被申请人认为需要停止执行的;(二)行政复议机关认为需要停止执行的;(三)申请人申请停止执行,行政复议机关认为其要求合理,决定停止执行的;(四)法律规定停止执行的。”

4. × 【解析】我国《国家赔偿法》第八条规定:“经复议机关复议的,最初造成侵权行为的行政机关为赔偿义务机关,但复议机关的复议决定加重损害的,复议机关对加重的部分履行赔偿义务。”

5. × 【解析】行政处罚是指对有违反行政法律规范行为的行政相对人的制裁。行政相对人是指行政管理法律关系中与行政主体相对应的另一方当事人,即其权益受行政主体的行政行为影响的个人、组织。

6. × 【解析】行政自由裁量权是国家赋予行政机关在法律法规规定的幅度和范围内所享有的有一定选择余地的处置权力。自由裁量不是按照个人观点行事,而是按照法律行事。

7. √ 【解析】行政行为的特征之一是具有公定力。公定力指行政行为一经成立,不论是否合法,即具有被推定为合法而要求所有机关、组织或者个人对其表示尊重的一种法律效力。

8. √ 【解析】行政责任是指行政法主体违反行政法律法规依法应承担的行政法律后果,包括行政处罚和行政处分。行政责任是一种独立的责任,不能被其他的法律责任取代,同样也不能取代其他的法律责任。

9. √ 【解析】从行政许可的性质、功能和适用条件的角度来说,行政许可大体可以划分为五类:普通许可、特许、认可、核准、登记。

10. √ 【解析】我国《行政处罚法》第三十六条规定:“违法行为在二年内未被发现的,不再给予行政处罚;涉及公民生命健康安全、金融安全且有危害后果的,上述期限延长至五年。法律另有规定的除外。前款规定的期限,从违法行为发生之日起计算;违法行为有连续或者继续状态的,从行为终了之日起计算。”

专题六 诉讼法及其他法律法规

一、单项选择题

1. A 【解析】我国《监察法》第十三条规定:“派驻或者派出的监察机构、监察专员根据授权,按照管理权限依法对公职人员进行监督,提出监察建议,依法对公职人员进行调查、处置。”

2. A 【解析】我国《产品质量法》第四十条规定,售出的产品有下列情形之一的,销售者应当负责修理、更换、退货;给购买产品的消费者造成损失的,销售者应当赔偿损失:不具备产品应当具备的使用性能而事先未作说明的;不符合在产品或者其包装上注明采用的产品标准的;不符合以产品说明、实物样品等方式表明的质量状况的。该法第四十三条规定,因产品存在缺陷造成人身、他人财产损害时,受害人可以向产品的生产者要求赔偿,也可以向产品的销售者要求赔偿。本题中不存在因产品缺陷造成人身、他人的财产损害的情况,只涉及销售者的修理、更换、退货义务。

3. A 【解析】我国《刑事诉讼法》第三十四条规定:“犯罪嫌疑人自被侦查机关第一次讯问或者采取强制措施之日起,有权委托辩护人;在侦查期间,只能委托律师作为辩护人。被告人有权随时委托辩护人。”A项错误。该法第三十三条规定:“正在被执行刑罚或者依法被剥夺、限制人身自由的人,不得担任辩护人。”B项正确。该法第三十九条规定:“危害国家安全犯罪、恐怖活动犯罪案件,在侦查期间辩护律师会见在押的犯罪嫌疑人,应当经侦查机关许可。”C项正确。该法第四十五条规定:“在审判过程中,被告人可以拒绝辩护人继续为他辩护,也可以另行委托辩护人辩护。”D项正确。本题为选非题,故选A。

4. D 【解析】根据我国《刑事诉讼法》第十九条规定,人民检察院在对诉讼活动实行法律监督中发现的司法工作人员利用职权实施的非法拘禁、刑讯逼供、非法搜查等侵犯公民权利、损害司法公正的犯罪,可以由人民检察院立案侦查。据此,刑事警察甲涉嫌刑讯逼供罪应由检察院立案侦查,监狱干警丙涉嫌私放在押人员罪应由检察院立案侦查,A、C两项错误。刑事案件一般由公安机关立案侦查。行政执法人员乙涉嫌重婚罪应由公安机关立案侦查,B项错误。我国《监察法》第十一条规定:“监察委员会依照本法和有关法律规定履行监督、调查、处置职责:(一)对公职人员开展廉政教育,对其依法履职、秉公用权、廉洁从政从业以及道德操守情况进行监督检查;(二)对涉嫌贪污贿赂、滥用职权、玩忽职守、权力寻租、利益输送、徇私舞弊以及浪费国家资财等职务违法和职务犯罪进行调查;(三)对违法的公职人员依法作出政务处分决定;对履行职责不力、失职失责的领导人员进行问责;对涉嫌职务犯罪的,将调查结果移送人民检察院依法审查、提起公诉;向监察对象所在单位提出监察建议。”法官丁涉嫌巨额财产来源不明罪,应由监察机关调查。D项正确。

5. C 【解析】法人是指具有独立的民事权利能力和民事行为能力,能够享有民事权利和承担民事义务的组织。法人具有组织的独立性、财产的独立性和责任承担的独立性。行政机关法人包括国务院及其职能机构和地方各级政府及其职能部门。但各职能机构的所属部门及其派出机构,不是法人。某部委法规司为该部委的所属部门,不是法人,A项错误。我国《商业银行法》第十七条规定,商业银行的组织形式、组织机构适用《中华人民共和国公司法》的规定。我国《公司法》第十四条规定,公司可以设立分公司。设立分公司,应当向公司登记机关申请登记,领取营业执照。分公司不具有法人资格,其民事责任由公司承担。公司可以设立子公司,子公司具有法人资格，依法独立承担民事责任。可知，北京分行和上海分公司不是法人，BD项错误。故选C。

6. C 【解析】我国《行政诉讼法》第十三条规定："人民法院不受理公民、法人或者其他组织对下列事项提起的诉讼：(一)国防、外交等国家行为；(二)行政法规、规章或者行政机关制定、发布的具有普遍约束力的决定、命令；(三)行政机关对行政机关工作人员的奖惩、任免等决定；(四)法律规定由行政机关最终裁决的行政行为。"某政府部门以张某试用期不合格为由取消其公务员录用资格，属于内部行政行为，不能提起行政诉讼，A项错误。某社保局给李某记大过的处分，属于内部行政行为，不能提起行政诉讼，B项错误。该法第十二条规定："人民法院受理公民、法人或者其他组织提起的下列诉讼：……(六)申请行政机关履行保护人身权、财产权等合法权益的法定职责，行政机关拒绝履行或者不予答复的……"王某去当地派出所报案，派出所不予理会，可以提起行政诉讼，C项正确。某财政局对工作人员田某提出的辞职申请不批准，属于内部行政行为，不能提起行政诉讼，D项错误。故选C。

7. C 【解析】当事人一方人数众多在起诉时不确定的，由当事人推选代表人，当事人推选不出的，可以由人民法院提出人选与当事人协商，协商不成的，也可以由人民法院在起诉的当事人中指定代表人。据此可知，人民法院提出诉讼代表人人选与当事人协商不成的，可由人民法院在起诉的当事人中指定代表人。故选C。

8. D 【解析】我国《民事诉讼法》第三十六条规定："人民法院发现受理的案件不属于本院管辖的，应当移送有管辖权的人民法院，受移送的人民法院应当受理。受移送的人民法院认为受移送的案件依照规定不属于本院管辖的，应当报请上级人民法院指定管辖，不得再自行移送。"该法第三十七条规定："人民法院之间因管辖权发生争议，由争议双方协商解决；协商解决不了的，报请它们的共同上级人民法院指定管辖。"故选D。

9. B 【解析】物证是指证明案件真实情况的一切物品和痕迹。书证是指以其记载的内容和反映的思想来证明案件真实情况的书面材料和其他物质材料。存折本身所在的地点、存折的物质属性、外部特征不能证明管某行窃的事实，故存折不属于物证，AC项错误。要想证明管某的盗窃事实，必须看存折上打印的内容，如持有人的姓名、流水时间、金额等信息，即存折记载的内容，因此存折属于书证，B项正确，D项错误。故选B。

10. B 【解析】我国《行政诉讼法》第三十四条规定："被告对作出的具体行政行为负有举证责任，应当提供作出该具体行政行为的证据和所依据的规范性文件。"故选B。

11. D 【解析】我国《行政诉讼法》第二条规定："公民、法人或者其他组织认为行政机关和行政机关工作人员的行政行为侵犯其合法权益，有权依照本法向人民法院提起诉讼。"因此，行政诉讼所要解决的是行政主体和行政相对人之间发生的争议。故选D。

12. C 【解析】控告是指被害人就其人身权利、财产权利、遭受不法侵害的事实及犯罪嫌疑人的有关情况，向公安机关、司法机关揭露告发，要求依法追究其刑事责任的诉讼行为。赵某是隔壁村的村民，只是无意间听说了此事，而其本身并非被害人，故其行为不属于控告，A项错误。"告诉"不是立案材料的来源，B项错误。举报是指单位和个人(第三人而非被害人)对其发现的犯罪事实或者犯罪嫌疑人向公安机关、司法机关告发揭露的行为。赵某是第三人而非被害人，且犯罪嫌疑人及其犯罪事实明确，故属于举报，C项正确。报案是指单位和个人以及被害人发现有犯罪事实发生，但尚不知犯罪嫌疑人为何人时，向公安机关、司法机关告发的行为。犯罪嫌疑人是明确的，故赵某的行为不属于报案，D项错误。故选C。

13. A 【解析】人民法院审理行政案件涉及行政诉讼法中的一个基本原则，就是不适用调解原则。如果适用调解，有可能出现行政机关利用掌握的职权作出不利于提起诉讼的公民、法人或者其他组织的调解结果，不适用调解的原则更有利于起诉人，保障起诉人的合法权利。

14. A 【解析】我国《民事诉讼法》第四十四条规定："审判人员有下列情形之一的，应当自行回避，当事人有权用口头或者书面方式申请他们回避：(一)是本案当事人或者当事人、诉讼代理人近亲属的；(二)与本案有利害关系的；(三)与本案当事人、诉讼代理人有其他关系，可能影响对案件公正审理的。审判人员接受当事人、诉讼代理人请客送礼，或者违反规定会见当事人、诉讼代理人的，当事人有权要求他们回避。审判人员有前款规定的行为的，应当依法追究法律责任。前三款规定，适用于书记员、翻译人员、鉴定人、勘验人。"故选A。

15. D 【解析】我国《民事诉讼法》第三十三条规定："下列案件，由本条规定的人民法院专属管辖：(一)因不动产纠纷提起的诉讼，由不动产所在地人民法院管辖……"故选D。

16. A 【解析】我国《行政诉讼法》第十九条规定："对限制人身自由的行政强制措施不服提起的诉讼，由被告所在地或者原告所在地人民法院管辖。"该法第十五条规定："中级人民法院管辖下列第一审行政案件：(一)对国务院部门或者县级以上地方人民政府所作的行政行为提起诉讼的案件；(二)海关处理的案件；(三)本辖区内重大、复杂的案件；(四)其他法律规定由中级人民法院管辖的案件。"故选A。

17. D 【解析】本题考查行政诉讼法知识。我国《行政诉讼法》第十二条规定，人民法院受理公民、法人或者其他组织提起的下列诉讼：(1)对行政拘留、暂扣或者吊销许可证和执照、责令停产停业、没收违法所得、没收非法财物、罚款、警告等行政处罚不服的……(5)对征收、征用决定及其补偿决定不服的……(9)认为行政机关违法集资、摊派费用或者违法要求履行其他义务的……第十三条规定,人民法院不受理公民、法人或者其他组织对下列事项提起的诉讼:……(2)行政法规、规章或者行政机关制定、发布的具有普遍约束力的决定、命令……故本题选D。

18. C 【解析】我国《行政复议法》第十三条规定:“对地方各级人民政府的具体行政行为不服的,向上一级地方人民政府申请行政复议。”李某对县政府的行为不服,应当向县政府的上一级市政府申请行政复议,A项错误。我国《行政诉讼法》第四十四条规定:“对属于人民法院受案范围的行政案件,公民、法人或者其他组织可以先向行政机关申请复议,对复议决定不服的,再向人民法院提起诉讼;也可以直接向人民法院提起诉讼。”李某无须先行政复议,可以直接提起行政诉讼,B项错误。我国《行政诉讼法》第十五条规定:“中级人民法院管辖下列第一审行政案件:(一)对国务院部门或者县级以上地方人民政府所作的行政行为提起诉讼的案件;(二)海关处理的案件;(三)本辖区内重大、复杂的案件;(四)其他法律规定由中级人民法院管辖的案件。”县政府的行政行为符合中级人民法院管辖的第一审案件情形,C项正确。我国《行政诉讼法》第二十九条规定:“公民、法人或者其他组织同被诉行政行为有利害关系但没有提起诉讼,或者同案件处理结果有利害关系的,可以作为第三人申请参加诉讼,或者由人民法院通知参加诉讼。”行政诉讼第三人一般是原告、被告之外的行政相对人。乡政府不是行政相对人,和被诉行为无利害关系,所以不应当作为行政诉讼第三人,D项错误。故选C。

19. A 【解析】民事诉讼是指人民法院在双方当事人和其他诉讼参与人参加下,审理和解决民事案件的活动,以及由这些活动所发生的诉讼关系。A项属于行政争议,应适用《行政诉讼法》审理。故选A。

20. B 【解析】因租赁、借用等情形机动车所有人与使用人不是同一人时,发生交通事故后属于该机动车一方责任的,保险赔偿不足部分,由机动车使用人承担赔偿责任。故选B。

21. C 【解析】我国《刑事诉讼法》第二百条规定:“在被告人最后陈述后,审判长宣布休庭,合议庭进行评议,根据已经查明的事实、证据和有关的法律规定,分别作出以下判决:(一)案件事实清楚,证据确实、充分,依据法律认定被告人有罪的,应当作出有罪判决;(二)依据法律认定被告人无罪的,应当作出无罪判决;(三)证据不足,不能认定被告人有罪的,应当作出证据不足、指控的犯罪不能成立的无罪判决。”本题属于应当作出证据不足、指控的犯罪不能成立的无罪判决的情形。故选C。

22. A 【解析】我国《行政诉讼法》第六十三条规定:“人民法院审理行政案件,以法律和行政法规、地方性法规为依据。地方性法规适用于本行政区域内发生的行政案件。人民法院审理民族自治地方的行政案件,并以该民族自治地方的自治条例和单行条例为依据。人民法院审理行政案件,参照规章。”故选A。

23. A 【解析】我国《民事诉讼法》第一百三十四条规定:“人民法院审理民事案件,除涉及国家秘密、个人隐私或者法律另有规定的以外,应当公开进行。离婚案件,涉及商业秘密的案件,当事人申请不公开审理的,可以不公开审理。”A项错误,BD项正确。《最高人民法院关于严格执行公开审判制度的若干规定》规定:“人民法院进行审判活动,必须坚持依法公开审判制度,做到公开开庭,公开举证、质证,公开宣判。”C项正确。本题为选非题,故选A。

24. B 【解析】我国《劳动合同法》第十条规定:“建立劳动关系,应当订立书面劳动合同。已建立劳动关系,未同时订立书面劳动合同的,应当自用工之日起一个月内订立书面劳动合同。用人单位与劳动者在用工前订立劳动合同的,劳动关系自用工之日起建立。”故选B。

25. D 【解析】我国《食品安全法》第六十七条规定:“专供婴幼儿和其他特定人群的主辅食品,其标签还应当标明主要营养成分及其含量。”故选D。

26. C 【解析】我国《个人所得税法》第四条规定:“下列各项个人所得,免征个人所得税:(一)省级人民政府、国务院部委和中国人民解放军以上单位,以及外国组织、国际组织颁发的科学、教育、技术、文化、卫生、体育、环境保护等方面的奖金;(二)国债和国家发行的金融债券利息;(三)按照国家统一规定发给的补贴、津贴;(四)福利费、抚恤金、救济金;(五)保险赔款;(六)军人的转业费、复员费、退役金;(七)按照国家统一规定发给干部、职工的安家费、退职费、基本养老金或者退休费、离休费、离休生活补助费;(八)依照有关法律规定应予免税的各国驻华使馆、领事馆的外交代表、领事官员和其他人员的所得;(九)中国政府参加的国际公约、签订的协议中规定免税的所得;(十)国务院规定的其他免税所得。前款第十项免税规定,由国务院报全国人民代表大会常务委员会备案。”C项正确,保险赔款免纳个人所得税,故选C。

27. A 【解析】我国《反不正当竞争法》第十条规定:“经营者进行有奖销售不得存在下列情形:(一)所设奖的种类、兑奖条件、奖金金额或者奖品等有奖销售信息不明确,影响兑奖;(二)采用谎称有奖或者故意让内定人员中奖的欺骗方式进行有奖销售;(三)抽奖式的有奖销售,最高奖的金额超过五万元。”故选A。

28. B 【解析】我国《劳动合同法》第十九条规定:“劳动合同期限三个月以上不满一年的,试用期不得超过一个月;劳动合同期限一年以上不满三年的,试用期不得超过二个月;三年以上固定期限和无固定期限的劳动合同,试用期不得超过六个月。”故选B。

29. C 【解析】我国《社会保险法》第三十三条规定:“职工应当参加工伤保险,由用人单位缴纳工伤保险费,职工不缴纳工伤保险费。”因此,甲无须缴纳工伤保险费用,故选C。

30. C 【解析】我国《民事诉讼法》第六十二条规定:“离婚案件有诉讼代理人的,本人除不能表达意思的以外,仍应出庭;确因特殊情况无法出庭的,必须向人民法院提交书面意见。”甲无特殊情况下须出庭参加诉讼,A项错误。该法第五十八条规定:“下列人员可以被委托为诉讼代理人:(一)律师、基层法律服务工作者;(二)当事人的近亲属或者工作人员;(三)当事人所在社区、单位以及有关社会团体推荐的公民。”丙可以不是专职律师,B项错误。该法第八十五条规定:“送达诉讼文书,应当直接送交受送达人……受送达人有诉讼代理人的,可以送交其代理人签收。”丙是甲的诉讼代理人,法院可以向丙送达法律文书,C项正确。该法第五十九条规定:“委托他人代为诉讼,必须向人民法院提交由委托人签名或者盖章的授权委托书。授权委托书必须记明委托事项和权限。诉讼代理人代为承认、放弃、变更诉讼请求,进行和解,提起反诉或者上诉,必须有委托人的特别授权。”丙代替甲提起上诉,必须有甲的特别授权,D项错误。故选C。

31. C 【解析】根据我国《著作权法》第二十三条规定,自然人的作品,其发表权的保护期为作者终生及其死亡后五十年,截止于作者死亡后第五十年的12月31日;如果是合作作品,截止于最后死亡的作者死亡后第五十年的12月31日。

32. C 【解析】根据我国《劳动合同法》第十条规定,已建立劳动关系,未同时订立书面劳动合同的,应当自用工之日起一个月内订立书面劳动合同。A项错误。根据该法第十九条规定,劳动合同期限一年以上不满三年的,试用期不得超过二个月。B项错误。根据该法第三十五条规定,用人单位与劳动者协商一致,可以变更劳动合同约定的内容。变更劳动合同,应当采用书面形式。C项正确。该法第二十七条规定:“劳动合同部分无效,不影响其他部分效力的,其他部分仍然有效。”D项错误。故选C。

易错警示:劳动合同中的试用期期限是易混淆的知识点。考生在做题时,需注意不同的劳动合同期限对应不同期限的试用期。(1)劳动合同期限3个月以上不满1年的,试用期不得超过1个月;(2)劳动合同期限1年以上不满3年的,试用期不得超过2个月;(3)3年以上固定期限和无固定期限的劳动合同,试用期不得超过6个月。

33. B 【解析】我国《国歌法》第十五条规定:“在公共场合,故意篡改国歌歌词、曲谱,以歪曲、贬损方式奏唱国歌,或者以其他方式侮辱国歌的,由公安机关处以警告或者十五日以下拘留;构成犯罪的,依法追究刑事责任。”因此,在公共场合,以歪曲、贬损方式奏唱国歌的行为,不一定属于犯罪行为,也可能是一般违法行为,B项错误。本题为选非题,故选B。

34. D 【解析】我国《公司法》第二十七条规定,股东可以用货币出资,也可以用实物、知识产权、土地使用权等可以用货币估价并可以依法转让的非货币财产作价出资;但是,法律、行政法规规定不得作为出资的财产除外。故本题选D。

35. C 【解析】我国《刑事诉讼法》第二百四十四条规定:“第二审的判决、裁定和最高人民法院的判决、裁定,都是终审的判决、裁定。”该法第二百五十条规定:“最高人民法院复核死刑案件,应当作出核准或者不核准死刑的裁定。对于不核准死刑的,最高人民法院可以发回重新审判或者予以改判。”经过两级法院所作的裁判并非均为生效裁判,死刑复核案件就是一个例外情况,A项错误。该法第二百三十条规定:“不服判决的上诉和抗诉的期限为十日,不服裁定的上诉和抗诉的期限为五日,从接到判决书、裁定书的第二日起算。”在法律规定期限内,被告人、自诉人和他们的法定代理人没有提出上诉、地方各级人民检察院没有提出抗诉的,一审判决、裁定生效。因此,一个刑事案件并非只有经过两级法院审理才能生效,B项错误。该法第二百五十二条规定:“当事人及其法定代理人、近亲属,对已经发生法律效力的判决、裁定,可以向人民法院或者人民检察院提出申诉,但是不能停止判决、裁定的执行。”一个案件经过两级法院审判后对所作的裁判可以申诉,而不是上诉。两审终审制是一个案件经过两级法院审判终结审判的制度。对于第二审法院的终审判决、裁定,当事人不得上诉,人民检察院不得按照上诉审程序提出抗诉,C项正确,D项错误。故选C。

36. A 【解析】我国《监察法》第二十五条规定:“查封、扣押的财物、文件经查明与案件无关的,应当在查明后三日内解除查封、扣押,予以退还。”故选A。

37. A 【解析】我国《民事诉讼法》第四十四条规定:“审判人员有下列情形之一的,应当自行回避,当事人有权用口头或者书面方式申请他们回避:(一)是本案当事人或者当事人、诉讼代理人近亲属的;(二)与本案有利害关系的;(三)与本案当事人、诉讼代理人有其他关系,可能影响对案件公正审理的。审判人员接受当事人、诉讼代理人请客送礼,或者违反规定会见当事人、诉讼代理人的,当事人有权要求他们回避。审判人员有前款规定的行为的,应当依法追究法律责任。前三款规定,适用于书记员、翻译人员、鉴定人、勘验人。”故选A。

38. A 【解析】我国《刑事诉讼法》第十六条第四项规定,依照刑法告诉才处理的犯罪(即自诉案件),没有告诉或者撤回告诉的,法院应当终止审理,A项正确。该法第一百六十三条规定,在侦查过程中,发现不应对犯罪嫌疑人追究刑事责任的,应当撤销案件。该法第一百六十四条规定,人民检察院对直接受理的案件的侦查适用本章规定。因此,检察院在侦查中不认为是犯罪,应当撤销案件,而非作出不起诉处理,B项错误。《最高人民法院关于适用〈中华人民共和国刑事诉讼法〉的解释》第二百四十一条第八项规定,犯罪已过追诉时效期限且不是必须追诉,或者经特赦令免除刑罚的,应当裁定终止审理。因此,合议庭认为辩护人关于犯罪已过追诉时效的辩护意见成立,应当裁定终止审理,而非做出无罪判决,C项错误。该解释第二百四十一条第二项规定,起诉指控的事实清楚,证据确实、充分,指控的罪名与审理认定的罪名不一致的,应当按照审理认定的罪名作出有罪判决。因此,法院在审判过程中发现案件的罪名与检察院起诉罪名不符,应当按照审理认定的罪名作出有罪判决,而非可以改变罪名自行判决,D项错误。故选A。

39. D 【解析】我国《消费者权益保护法》第九条规定:“消费者享有自主选择商品或者服务的权利。消费者有权自主选择提供商品或者服务的经营者,自主选择商品品种或者服务方式,自主决定购买或者不购买任何一种商品、接受或者不接受任何一项服务。消费者在自主选择商品或者服务时,有权进行比较、鉴别和挑选。”店主强迫李军购买风衣的行为,侵犯了李军的商品自主选择权。

40. C 【解析】我国《监察法》第十五条规定:“监察机关对下列公职人员和有关人员进行监察:(一)中国共产党机关、人民代表大会及其常务委员会机关、人民政府、监察委员会、人民法院、人民检察院、中国人民政治协商会议各级委员会机关、民主党派机关和工商业联合会机关的公务员,以及参照《中华人民共和国公务员法》管理的人员;(二)法律、法规授权或者受国家机关依法委托管理公共事务的组织中从事公务的人员;(三)国有企业管理人员;(四)公办的教育、科研、文化、医疗卫生、体育等单位中从事管理的人员;(五)基层群众性自治组织中从事管理的人员;(六)其他依法履行公职的人员。”农民专业合作社的理事长不属于我国《监察法》的监督对象。本题为选非题,故选C。

41. A 【解析】我国《刑事诉讼法》第一百二十四条规定:“侦查人员询问证人,可以在现场进行,也可以到证人所在单位、住处或者证人提出的地点进行,在必要的时候,可以通知证人到人民检察院或者公安机关提供证言。”对于证人适用的是通知,传唤只适用于当事人,A项错误。该法第一百二十三条规定:“侦查人员在讯问犯罪嫌疑人的时候,可以对讯问过程进行录音或者录像;对于可能判处无期徒刑、死刑的案件或者其他重大犯罪案件,应当对讯问过程进行录音或者录像。”B项正确。该法第一百一十八条规定:“讯问犯罪嫌疑人必须由人民检察院或者公安机关的侦查人员负责进行。讯问的时候,侦查人员不得少于二人。”C项正确。《人民检察院办理未成年人刑事案件的规定》第十七条规定:“讯问未成年犯罪嫌疑人,应当通知法定代理人到场,告知法定代理人依法享有的诉讼权利和应当履行的义务。”D项正确。本题为选非题,故选A。

42. A 【解析】我国《国旗法》第五条规定:“下列场所或者机构所在地,应当每日升挂国旗:(一)北京天安门广场、新华门;(二)中国共产党中央委员会,全国人民代表大会常务委员会,国务院,中央军事委员会,中国共产党中央纪律检查委员会、国家监察委员会,最高人民法院,最高人民检察院;中国人民政治协商会议全国委员会;(三)外交部;(四)出境入境的机场、港口、火车站和其他边境口岸,边防海防哨所。”所以出境入境的机场、港口和最高人民法院、检察院应当每日升挂国旗,①正确,②正确。我国《国旗法》第六条规定:“下列机构所在地应当在工作日升挂国旗:……(八)中国人民政治协商会议地方各级委员会……学校除寒假、暑假和休息日外,应当每日升挂国旗。有条件的幼儿园参照学校的规定升挂国旗。”③错误,④错误。故正确答案为A。

43. C 【解析】扫码打赏只是面馆的建议,消费者有选择的自由。因此,该行为并没有侵犯消费者的合法权益,也不属于不合法的变相收费,AD项错误。消费者无此义务,B项错误。赠与行为是指赠与人将自己的财产无偿给予受赠人,而受赠人愿意接受他人的赠与。本题中,如果消费者自愿扫码打赏,便是将自己的财产赠与服务员,因此在法律上属于赠与行为,C项正确。故选C。

44. A 【解析】我国《刑事诉讼法》第二十九条规定:“审判人员、检察人员、侦查人员有下列情形之一的,应当自行回避,当事人及其法定代理人也有权要求他们回避:(一)是本案的当事人或者是当事人的近亲属的;(二)本人或者他的近亲属和本案有利害关系的;(三)担任过本案的证人、鉴定人、辩护人、诉讼代理人的;(四)与本案当事人有其他关系,可能影响公正处理案件的。”因此,在案件办理过程中甲不能申请回避的是有关作证人员。本题为选非题,故选A。

45. A 【解析】我国《刑事诉讼法》第二百六十四条规定:“对被判处死刑缓期二年执行、无期徒刑、有期徒刑的罪犯,由公安机关依法将该罪犯送交监狱执行刑罚。对被判处有期徒刑的罪犯,在被交付执行刑罚前,剩余刑期在三个月以下的,由看守所代为执行。对被判处拘役的罪犯,由公安机关执行。”甲在被交付执行前剩余刑期为五个月应由监狱执行,故选A。

二、多项选择题

1. ABCD 【解析】我国《社会保险法》第十条规定:“职工

应当参加基本养老保险，由用人单位和职工共同缴纳基本养老保险费。无雇工的个体工商户、未在用人单位参加基本养老保险的非全日制从业人员以及其他灵活就业人员可以参加基本养老保险，由个人缴纳基本养老保险费。公务员和参照公务员法管理的工作人员养老保险的办法由国务院规定。”AB项正确。该法第十一条规定：“基本养老保险实行社会统筹与个人账户相结合。基本养老保险基金由用人单位和个人缴费以及政府补贴等组成。”CD项正确。故选ABCD。

2. ABCD 【解析】我国《行政诉讼法》第十五条规定：“中级人民法院管辖下列第一审行政案件：(一)对国务院部门或者县级以上地方人民政府所作的行政行为提起诉讼的案件；(二)海关处理的案件；(三)本辖区内重大、复杂的案件；(四)其他法律规定由中级人民法院管辖的案件。”此法条中的“县级以上”包括县级。D项，市辖区人民政府属于县级地方人民政府。故选ABCD。

3. ACD 【解析】在刑事诉讼中，公安机关负责对刑事案件的侦查、拘留、执行逮捕、审讯和部分刑罚的执行。

4. ABD 【解析】我国《行政诉讼法》第七十条规定：“行政行为有下列情形之一的，人民法院判决撤销或者部分撤销，并可以判决被告重新作出行政行为：(一)主要证据不足的；(二)适用法律、法规错误的；(三)违反法定程序的；(四)超越职权的；(五)滥用职权的；(六)明显不当的。”故选ABD。

5. CD 【解析】拘传，是指公安机关、人民检察院和人民法院强制犯罪嫌疑人、被告人到案接受讯问的一种强制方法。对未被羁押的犯罪嫌疑人和被告人，根据案件情况应予拘传的，或者经过传唤没有正当理由不到案的，可以拘传。

6. ABD 【解析】我国的刑事强制措施包括：拘传、取保候审、监视居住、拘留、逮捕五种。

7. BCD 【解析】我国《商标法》第五十七条规定：“有下列行为之一的，均属侵犯注册商标专用权：(一)未经商标注册人的许可，在同一种商品上使用与其注册商标相同的商标的；(二)未经商标注册人的许可，在同一种商品上使用与其注册商标近似的商标，或者在类似商品上使用与其注册商标相同或者近似的商标，容易导致混淆的；(三)销售侵犯注册商标专用权的商品的；(四)伪造、擅自制造他人注册商标标识或者销售伪造、擅自制造的注册商标标识的；(五)未经商标注册人同意，更换其注册商标并将该更换商标的商品又投入市场的；(六)故意为侵犯他人商标专用权行为提供便利条件，帮助他人实施侵犯商标专用权行为的；(七)给他人的注册商标专用权造成其他损害的。”BCD项构成侵权行为。A项将注册商标用于不同种类的商品，不构成侵权。故选BCD。

8. ABC 【解析】我国《商标法》第二十五条规定：“商标注册申请人自其商标在外国第一次提出商标注册申请之日起六个月内，又在中国就相同商品以同一商标提出商标注册申请的，依照该外国同中国签订的协议或者共同参加的国际条约，或者按照相互承认优先权的原则，可以享有优先权。”故选ABC。

9. ACD 【解析】现代企业制度的形式有：业主制、合伙制和公司制。

10. ABD 【解析】我国《最高人民法院关于适用〈中华人民共和国行政诉讼法〉的解释》第四十三条规定：“有下列情形之一的，属于行政诉讼法第四十三条第三款规定的‘以非法手段取得的证据’：(一)严重违反法定程序收集的证据材料；(二)以违反法律强制性规定的手段获取且侵害他人合法权益的证据材料；(三)以利诱、欺诈、胁迫、暴力等手段获取的证据材料。”故正确答案为ABD。

11. AD 【解析】我国《公司法》第九十一条规定：“发起人、认股人缴纳股款或者交付抵作股款的出资后，除未按期募足股份、发起人未按期召开创立大会或者创立大会决议不设立公司的情形外，不得抽回其股本。”故选AD。

12. ABD 【解析】我国《道路交通安全法》第三十五条规定，机动车、非机动车实行右侧通行，A项正确。该法第三十八条规定，车辆、行人应当按照交通信号通行；遇有交通警察现场指挥时，应当按照交通警察的指挥通行；在没有交通信号的道路上，应当在确保安全、畅通的原则下通行，B项正确。根据该法第四十三条的规定，与对面来车有会车可能的，不得超车，C项错误。该法第五十四条规定，洒水车、清扫车等机动车应当按照安全作业标准作业；在不影响其他车辆通行的情况下，可以不受车辆分道行驶的限制，但是不得逆向行驶。D项正确，故选ABD。

13. BD 【解析】有限责任公司属于“人资两合公司”，其运作不仅是资本的结合，而且还是股东之间的信任关系，在这一点上，可以认为它是基于合伙企业和股份有限公司之间的；股份有限公司完全是合资公司，是股东的资本结合，不基于股东间的信任关系。有限责任公司的股东向股东以外的人转让出资有限制，需要经过全体股东过半数同意；而股份有限公司的股东向股东以外的人转让出资没有限制，可以自由转让。故选BD。

14. ABD 【解析】我国《产品质量法》第二条规定：“在中华人民共和国境内从事产品生产、销售活动，必须遵守本法。本法所称产品是指经过加工、制作，用于销售的产品。建设工程不适用本法规定；但是，建设工程使用的建筑材料、建筑构配件和设备，属于前款规定的产品范围的，适用本法规定。”南京长江大桥属于建设工程，不适用我国《产品质量法》，C项错误。故选ABD。

15. ABCD 【解析】我国《著作权法》第三条规定：“本法所称的作品，是指文学、艺术和科学领域内具有独创性并能以一定形式表现的智力成果，包括：(一)文字作品；(二)口述作品；(三)音乐、戏剧、曲艺、舞蹈、杂技艺术作品；(四)美术、建筑作品；(五)摄影作品；(六)视听作品；(七)工程设计图、产品设计图、地图、示意图等图形作品和模型作品；(八)计算机软件；(九)符合作品特征的其他智力成果。”故选ABCD。

16. ACD 【解析】我国《农村土地承包法》第四十七条规定：“受让方通过流转取得的土地经营权，经承包方书面同意并向发包方备案，可以向金融机构融资担保。”B项错误。ACD说法正确，故选ACD。

17. BC 【解析】行政机关根据法律的授权对平等主体之间民事争议作出裁决后，当事人在法定期限内不起诉又不履行，作出裁决的行政机关在申请执行的期限内未申请人民法院强制执行的，生效具体行政行为确定的权利人或者其继承人、权利承受人在90日内可以申请人民法院强制执行。我国《行政复议法》第八条规定：“不服行政机关作出的行政处分或者其他人事处理决定的，依照有关法律、行政法规的规定提出申诉。不服行政机关对民事纠纷作出的调解或者其他处理，依法申请仲裁或者向人民法院提起诉讼。”本题中，已经过了民事诉讼起诉的法定期间，同时甲村并不是不服行政机关作出的调解，甲村不可以向乙村提起民事诉讼，故D项错误。故选BC。

18. ABC 【解析】来源不明的材料属于传来证据，传来证据是指来源于他人转述或传抄等间接途径的第二手事实材料，运用传来证据时，必须证明原件确曾存在过或者此刻仍然存在，来源不明的材料无法得知该材料的真实性，不能作为证据使用，A项正确。证据的三个特征是指：证据的客观性，证据的关联性，证据的合法性，B项正确。在刑事诉讼中，凡是表现为物品、痕迹和以其内容具有证据价值的书面文件，即以实物作为表现形式的证据，是实物证据。物证、书证属于实物证据，C项正确。我国《刑事诉讼法》第五十条规定：“证据包括：(一)物证；(二)书证；(三)证人证言；(四)被害人陈述；(五)犯罪嫌疑人、被告人供述和辩解；(六)鉴定意见；(七)勘验、检查、辨认、侦查实验等笔录；(八)视听资料、电子数据。”犯罪嫌疑人的无罪辩解属于证据，D项错误。故选ABC。

19. ABC 【解析】我国《劳动法》第二条规定：“在中华人民共和国境内的企业、个体经济组织(以下统称用人单位)和与之形成劳动关系的劳动者，适用本法。国家机关、事业组织、社会团体和与之建立劳动合同关系的劳动者，依照本法执行。”故选ABC。

20. ABCD 【解析】我国《民事诉讼法》第五十八条规定：“当事人、法定代理人可以委托一至二人作为诉讼代理人。下列人员可以被委托为诉讼代理人：(一)律师、基层法律服务工作者；(二)当事人的近亲属或者工作人员；(三)当事人所在社区、单位以及有关社会团体推荐的公民。”故选ABCD。

21. AB 【解析】我国《民事诉讼法》第一百六十九条规定：“第二审人民法院对上诉案件，应当组成合议庭，开庭审理。经过阅卷、调查和询问当事人，对没有提出新的事实、证据或者理由，合议庭认为不需要开庭审理的，可以不开庭审理。第二审人民法院审理上诉案件，可以在本院进行，也可以到案件发生地或者原审人民法院所在地进行。”A项错误。人民陪审员只能参与第一审案件的审理，B项错误。CD项说法正确，本题为选非题，故选AB。

22. ABC 【解析】我国《民事诉讼法》第一百条规定：“人民法院对于可能因当事人一方的行为或者其他原因，使判决难以执行或者造成当事人其他损害的案件，根据对方当事人的申请，可以裁定对其财产进行保全、责令其作出一定行为或者禁止其作出一定行为；当事人没有提出申请的，人民法院在必要时也可以裁定采取保全措施。”该法第一百零六条规定：“人民法院对下列案件，根据当事人的申请，可以裁定先予执行：(一)追索赡养费、扶养费、抚育费、抚恤金、医疗费用的；(二)追索劳动报酬的；(三)因情况紧急需要先予执行的。”AB项正确。简易程序适用于事实清楚，权利、义务关系明确，争议不大的简单民事案件。本案法院可以适用简易程序进行审理，C项正确。该法第一百零二条规定：“保全限于请求的范围，或者与本案有关的财物。”工人只能申请法院保全被拖欠工资的财产，不能禁止甲企业转移财产，D项错误。故选ABC。

23. ABD 【解析】我国《刑事诉讼法》第十二条规定：“未经人民法院依法判决，对任何人都不得确定有罪。”因此，我国的刑事诉讼法按照案件所处的阶段严格区分了对涉嫌犯罪的公民的称呼，在审判之前称其为“犯罪嫌疑人”，进入审判阶段则称其为“被告人”。故选ABD。

24. ABCD 【解析】我国《行政诉讼法》第四十九条规定：“提起诉讼应当符合下列条件：(一)原告是符合本法第二十五条规定的公民、法人或者其他组织；(二)有明确的被告；(三)有具体的诉讼请求和事实根据；(四)属于人民法院受案范围和受诉人民法院管辖。”该法第二十五条规定：“行政行为的相对人以及其他与行政行为有利害关系的公民、法人或者其他组织，有权提起诉讼。”故选ABCD。

25. ACD 【解析】我国《民事诉讼法》第二十六条规定：“因公司设立、确认股东资格、分配利润、解散等纠纷提起的诉讼，由公司住所地人民法院管辖。”A项错误。该法第三十八条规定：“上级人民法院有权审理下级人民法院管辖的第一审民事案件；确有必要将本院管辖的第一审民事案件交下级人民法院审理的，应当报请其上级人民法院批准。下级人民法院对它所管辖的第一审民事案件，认为需要由上级人民法院审理的，可以报请上级人民法院审理。”B项正确，D项错误。该法第三十四条规定：“合同或者其他财产权益纠纷的当事人可以书面协议选择被告住所地、合同履行地、合同签订地、原告住所地、标的物所在地等与争议有实际联系的地点的人民法院管辖,但不得违反本法对级别管辖和专属管辖的规定。"C项错误。本题为选非题,故选ACD。

26. ABCD 【解析】我国《劳动合同法》第四十四条规定:"有下列情形之一的,劳动合同终止:(一)劳动合同期满的;(二)劳动者开始依法享受基本养老保险待遇的;(三)劳动者死亡,或者被人民法院宣告死亡或者宣告失踪的;(四)用人单位被依法宣告破产的;(五)用人单位被吊销营业执照、责令关闭、撤销或者用人单位决定提前解散的;(六)法律、行政法规规定的其他情形。"故选ABCD。

27. ABCD 【解析】我国《劳动法》第十六条规定:"劳动合同是劳动者与用人单位确立劳动关系、明确双方权利和义务的协议。"A项正确。该法第十八条规定:"无效的劳动合同,从订立的时候起,就没有法律约束力。确认劳动合同部分无效的,如果不影响其余部分的效力,其余部分仍然有效。"B项正确。该法第十三条规定:"妇女享有与男子平等的就业权利。在录用职工时,除国家规定的不适合妇女的工种或者岗位外,不得以性别为由拒绝录用妇女或者提高对妇女的录用标准。"C项正确。该法第十五条规定:"禁止用人单位招用未满十六周岁的未成年人。"D项正确。故选ABCD。

28. ABCD 【解析】我国《公司法》第六十八条规定:"国有独资公司设经理,由董事会聘任或者解聘。"A项正确。该法第六十七条规定:"董事会成员中应当有公司职工代表。"该法第七十条规定:"国有独资公司监事会成员不得少于五人,其中职工代表的比例不得低于三分之一,具体比例由公司章程规定。"B项正确。该法第六十九条规定:"国有独资公司的董事长、副董事长、董事、高级管理人员,未经国有资产监督管理机构同意,不得在其他有限责任公司、股份有限公司或者其他经济组织兼职。"C项正确。该法第六十五条规定:"国有独资公司章程由国有资产监督管理机构制定,或者由董事会制订报国有资产监督管理机构批准。"D项正确。故选ABCD。

29. AD 【解析】我国《劳动合同法》第二十五条规定:"除本法第二十二条和第二十三条规定的情形外,用人单位不得与劳动者约定由劳动者承担违约金。"该法第二十二条规定:"用人单位为劳动者提供专项培训费用,对其进行专业技术培训的,可以与该劳动者订立协议,约定服务期。劳动者违反服务期约定的,应当按照约定向用人单位支付违约金……"该法第二十三条规定:"用人单位与劳动者可以在劳动合同中约定保守用人单位的商业秘密和与知识产权相关的保密事项。对负有保密义务的劳动者,用人单位可以在劳动合同或者保密协议中与劳动者约定竞业限制条款,并约定在解除或者终止劳动合同后,在竞业限制期限内按月给予劳动者经济补偿。劳动者违反竞业限制约定的,应当按照约定向用人单位支付违约金。"故本题选AD。

30. CD 【解析】我国《合伙企业法》第三条规定:"国有独资公司、国有企业、上市公司以及公益性的事业单位、社会团体不得成为普通合伙人。"故选CD。

31. AB 【解析】消费者受尊重权,是指消费者在购买、使用商品和接受服务时,享有其人格尊严、民族风俗习惯得到尊重的权利,C项错误。消费者的知情权,是指消费者享有知悉其购买、使用的商品或者接受的服务的真实情况的权利,D项错误。AB项符合题意,故选AB。

32. BCD 【解析】我国《保险法》第十二条规定:"人身保险是以人的寿命和身体为保险标的的保险。"故B、C项错误。该法第三十三条规定:"投保人不得为无民事行为能力人投保以死亡为给付保险金条件的人身保险,保险人也不得承保。父母为其未成年子女投保的人身保险,不受前款规定限制。但是,因被保险人死亡给付的保险金总和不得超过国务院保险监督管理机构规定的限额。"并非所有的监护人都是父母,也并非所有的无民事行为能力人都是未成年人,故D项错误。本题为选非题,故选BCD。

33. ABCD 【解析】我国《消费者权益保护法》第三十三条第二款规定:"有关行政部门发现并认定经营者提供的商品或者服务存在缺陷,有危及人身、财产安全危险的,应当立即责令经营者采取停止销售、警示、召回、无害化处理、销毁、停止生产或者服务等措施。"故选ABCD。

34. ABCD 【解析】我国《居民身份证法》第三条规定:"公民身份号码是每个公民唯一的、终身不变的身份代码。"A项正确。该法第十五条规定:"任何组织或者个人不得扣押居民身份证,但是,公安机关依照《中华人民共和国刑事诉讼法》执行监视居住强制措施的情形除外。"B项正确。该法第十一条规定:"居民身份证丢失的,应当申请补领。"C项正确。该法第五条规定:"未满十六周岁的公民,自愿申请领取居民身份证的,发给有效期五年的居民身份证。"D项正确。故选ABCD。

35. ABCD 【解析】我国《反不正当竞争法》第六条规定:"经营者不得实施下列混淆行为,引人误认为是他人商品或者与他人存在特定联系:……(四)其他足以引人误认为是他人商品或者与他人存在特定联系的混淆行为。"A项正确。该法第七条规定:"经营者不得采用财物或者其他手段贿赂下列单位或者个人,以谋取交易机会或者竞争优势:……"B项正确。该法第九条规定:"经营者不得实施下列侵犯商业秘密的行为:……"C项正确。该法第十一条规定:"经营者不得编造、传播虚假信息或者误导性信息,损害竞争对手的商业信誉、商品声誉。"D项正确。故选ABCD。

三、判断题

1. × 【解析】行政诉讼是人民法院对行政行为的合法性进行审查的司法活动,一般不审查合理性,只有涉及行政处罚才审查合理性。

2. √ 【解析】提前介入是指刑事案件在侦查阶段,尚未按法定程序进入到检察环节,而检察机关应侦查机关要求或认为必要,参与侦查机关正在侦查中的一些案件方面的相关工作、发表意见,指派人员在侦查尚未终结时即开展刑检工作。本题中,对社会影响较大的绑架杀人案,检察院提前介入侦查,体现了检察院依法对刑事诉讼实行法律监督的原则。

3. √ 【解析】根据我国《烈士褒扬条例》第二十四条规定,男年满60周岁、女年满55周岁的孤老烈士遗属本人自愿的,可以在光荣院、敬老院集中供养。

4. √ 【解析】我国《行政诉讼法》第三十四条规定:"被告对作出的行政行为负有举证责任,应当提供作出该行政行为的证据和所依据的规范性文件。"

5. × 【解析】根据我国《劳动争议调解仲裁法》第五条规定,发生劳动争议,当事人不愿协商、协商不成或者达成和解协议后不履行的,可以向调解组织申请调解;不愿调解、调解不成或者达成调解协议后不履行的,可以向劳动争议仲裁委员会申请仲裁;对仲裁裁决不服的,除本法另有规定的外,可以向人民法院提起诉讼。由此可见,仲裁是诉讼的必经前置程序。

6. × 【解析】人民法院依法对行政案件独立行使审判权,不受行政机关、社会团体和个人的干涉。

7. × 【解析】我国《刑事诉讼法》第二百零二条规定:"宣告判决,一律公开进行。"我国《民事诉讼法》第一百四十八条规定:"人民法院对公开审理或者不公开审理的案件,一律公开宣告判决。"

8. × 【解析】根据我国《行政诉讼法》的规定,除非法律、法规规定必须先申请行政复议的,行政争议当事人可以自由选择申请行政复议还是提起行政诉讼。其中,对于侵犯已经依法取得的自然资源的所有权或者使用权的具体行政行为,必须首先申请行政复议。由此可见,并不是所有的行政行为都可以既能申请行政复议,又能提起行政诉讼的。

9. × 【解析】刑事强制工作,即依据《刑事诉讼法》对犯罪嫌疑人所采取的拘传、取保候审、监视居住、拘留和逮捕的工作。

10. × 【解析】审判监督程序,又称再审程序,是指人民法院、人民检察院对已经发生法律效力的判决和裁定,发现在认定事实上或者在适用法律上确有错误,依职权提起并由人民法院对案件进行重新审判的一种诉讼程序。上级人民检察院对下级人民法院已经发生法律效力的判决和裁定,如果发现确有错误,有权按照审判监督程序向同级人民法院提出抗诉。

11. × 【解析】公司可以设立子公司,子公司具有法人资格,依法独立承担民事责任。

12. × 【解析】有限责任公司的股东以其出资额为限对公司承担责任,公司以其全部资产对公司的债务承担责任。

13. √ 【解析】一人有限责任公司,是指只有一个自然人股东或者一个法人股东的有限责任公司。

14. × 【解析】我国《消费者权益保护法》第二十五条规定:"经营者采用网络、电视、电话、邮购等方式销售商品,消费者有权自收到商品之日起七日内退货,且无需说明理由,但下列商品除外:(一)消费者定作的;(二)鲜活易腐的;(三)在线下载或者消费者拆封的音像制品、计算机软件等数字化商品;(四)交付的报纸、期刊。除前款所列商品外,其他根据商品性质并经消费者在购买时确认不宜退货的商品,不适用无理由退货。"

15. √ 【解析】根据我国《票据法》的规定,持票人对支票出票人的权利,自出票日起六个月。

16. √ 【解析】我国《民事诉讼法》第二百六十三条规定:"外国人、无国籍人、外国企业和组织在人民法院起诉、应诉,需要委托律师代理诉讼的,必须委托中华人民共和国的律师。"

17. × 【解析】我国《劳动法》第七十七条规定:"用人单位与劳动者发生劳动争议,当事人可以依法申请调解、仲裁、提起诉讼,也可以协商解决。"

18. √ 【解析】根据我国《就业促进法》第二十七条规定,用人单位录用女职工,不得在劳动合同中规定限制女职工结婚、生育的内容。

19. × 【解析】我国《公司法》第一百九十五条规定:"外国公司在中国境内设立的分支机构不具有中国法人资格。外国公司对其分支机构在中国境内进行经营活动承担民事责任。"可见,外国公司分支机构有权在我国境内从事经营活动,但是由外国公司承担民事责任。

20. × 【解析】我国《电子商务法》第十四条规定:"电子商务经营者销售商品或者提供服务应当依法出具纸质发票或者电子发票等购货凭证或者服务单据。电子发票与纸质发票具有同等法律效力。"

21. × 【解析】我国《行政复议法》第二条规定:"公民、法人或者其他组织认为具体行政行为侵犯其合法权益,向行政机关提出行政复议申请,行政机关受理行政复议申请、作出行政复议决定,适用本法。"可见,针对具体行政行为才可以申请复议,并非公安机关所有的行政行为都是具体行政行为,所以并不是只要认为公安机关的行政行为侵犯其合法利益都可以申请行政复议。

22. √ 【解析】我国《水污染防治法》第三条规定:"水污染防治应当坚持预防为主、防治结合、综合治理的原则,优先保护饮用水水源,严格控制工业污染、城镇生活污染,防治农业面源污染,积极推进生态治理工程建设,预防、控制和减少水环境污染和生态破坏。”

23. × 【解析】我国《行政处罚法》第十八条规定:“限制人身自由的行政处罚权只能由公安机关和法律规定的其他机关行使。”

易错警示:此条是2021年《行政处罚法》修改的内容之一。修改前的《行政处罚法》第十六条规定:“国务院或者经国务院授权的省、自治区、直辖市人民政府可以决定一个行政机关行使有关行政机关的行政处罚权,但限制人身自由的行政处罚权只能由公安机关行使。”考生备考应关注最新法律规定。

24. × 【解析】吊销违法者的经营许可证是行政处罚。

25. × 【解析】我国《行政诉讼法》第三十五条规定:“在诉讼过程中,被告及其诉讼代理人不得自行向原告、第三人和证人收集证据。”

26. √ 【解析】根据我国《道路交通安全法》第三十六条规定,根据道路条件和通行需要,道路划分为机动车道、非机动车道和人行道的,机动车、非机动车、行人实行分道通行。没有划分机动车道、非机动车道和人行道的,机动车在道路中间通行,非机动车和行人在道路两侧通行。

27. √ 【解析】我国《监察法》第三条规定,各级监察委员会是行使国家监察职能的专责机关,依照本法对所有行使公权力的公职人员进行监察,调查职务违法和职务犯罪,开展廉政建设和反腐败工作,维护宪法和法律的尊严。

28. × 【解析】公务员的职务应当对应相应的级别。公务员职务与级别的对应关系,由国务院规定。

29. × 【解析】在监视居住期间,不可中断对案件的侦查、起诉和审理。

30. × 【解析】被监视居住的犯罪嫌疑人、被告人不得离开住处或指定的居所,行动受限制。

第五部分　人文与科技

专题一　历史素养

一、单项选择题

1. A 【解析】牧野之战是周灭商的一次关键性战役。

2. B 【解析】齐桓公是春秋时期第一个霸主。

3. B 【解析】卧薪尝胆讲的是越王勾践为了使自己不忘记以前所受的耻辱,激励自己的斗志,以图将来报仇雪恨,回国后励精图治,艰苦奋斗,最终东山再起,一举灭吴。现在常用来形容一个人忍辱负重,发愤图强。故选B。

4. C 【解析】商鞅在实施变法前为了取得人们的信任,在国都市场南门立下一根木杆,招募百姓有能够搬到北门的就赏给十镒黄金。百姓对此感到惊讶,没有人敢去搬木杆。他就又宣布命令说:“有能够搬过去的就赏给五十镒黄金。”有一个人将木杆搬到北门,商鞅立即赏给他五十镒黄金,以表明没有欺诈。最终,商鞅制定的法令得以在秦国顺利施行。“徙木立信”指通过某种手段树立典型,而使公众信服的行为。

5. B 【解析】中国古代的监察制度主要由御史监察系统和谏官言谏系统两大部分构成。都察院是明清时期官署名,由前代的御史台发展而来,主掌监察、弹劾及建议,故A项不符合题意。宋代时,枢密使是枢密院的最高长官,负责统率全国军政,无监察职能,故B项符合题意。御史大夫自秦代开始设置,是皇帝的耳目,职责为“纠察官邪,肃正朝纲”,监察的主要方式为运用弹劾手段;谏官职责为“讽议左右,以匡人君”,监察方式是谏诤封驳,审核诏令章奏。御史大夫对下纠察百官言行违失,谏官对上纠正皇帝决策失误,C、D两项不符合题意。本题为选非题,故选B。

6. C 【解析】公元前209年,陈胜、吴广在大泽乡发动起义,此次起义是中国历史上第一次大规模的农民起义。

7. C 【解析】在工商业方面,汉文帝时开放原来归国家所有的山林川泽,从而促进了农民的副业生产和与国计民生有重大关系的盐铁生产事业的发展。汉景帝时恢复与匈奴等周边民族通关市,发展边境贸易,C项不属于此时期采取的政策。本题为选非题,故选C。

8. C 【解析】张骞出使西域开通了中西交往的通道,加强了西汉与西域各国的经济文化交流。丝绸之路不仅起着中国与西域乃至欧洲物质交流的作用,也起着文化交流的作用,而文化交流则具有更深远的历史意义。丝绸之路促进了中西经济文化的交流,所以它的开辟具有划时代的意义。故选C。

9. C 【解析】蔡伦改进了造纸术,并不是发明了造纸术,C项说法错误。

10. C 【解析】200年,曹操以少量兵力于官渡打败袁绍大军,史称官渡之战。官渡之战奠定了曹操统一北方的基础。

11. C 【解析】208年,孙权、刘备于赤壁以少胜多战胜曹操,史称赤壁之战。赤壁之战奠定了三国鼎立形成的基础。

12. A 【解析】唐玄宗统治后期,朝政日益腐败。755年,节度使安禄山发动安史之乱。持续八年的安史之乱使农业生产受到极大破坏,唐朝由强盛转向衰弱。

13. A 【解析】1260年,成吉思汗的孙子忽必烈在开平继承蒙古汗位,1271年定国号为大元,忽必烈是元世祖。

14. B 【解析】为对全国实行有效的统治,元世祖在中央设中书省,地方设行中书省(简称行省)。我国省级行政区的设立,始于元朝。

15. C 【解析】B项“使中国土特产滞销”不符合史实;A、C两项都是禁海闭关政策的后果,对于中国社会发展来说,妨碍东西方文化的交流是最严重的后果,故选C。

16. C 【解析】第一次鸦片战争是中国近代史的开端。

17. A 【解析】1840年6月，英国挑起鸦片战争，迫使清政府于1842年签订了中国近代史上第一个不平等条约，即中英《南京条约》。

18. B 【解析】洋务运动的口号是“自强”“求富”。19世纪60年代为“自强”阶段，重点兴办军事工业。19世纪70年代到90年代为“求富”阶段，重点兴办民用工业。

19. D 【解析】《海国图志》是一部介绍西方国家的科学技术和世界地理历史知识的综合性图书。全书详细叙述了世界各地和各国的历史政治、风土人情，主张学习西方国家的科学技术，提出“师夷长技以制夷”的中心思想，是一部具有划时代意义的巨著。

20. D 【解析】1895年，李鸿章等与伊藤博文、陆奥宗光在日本的马关进行谈判，签订《马关条约》。

21. C 【解析】《辛丑条约》的签订使中国完全陷入半殖民地半封建社会的深渊。

22. A 【解析】辛亥革命是1911年10月10日在武昌爆发的。故选A。

23. B 【解析】五四运动在中国近代史上具有划时代的重要意义，是中国新民主主义革命的开端。

24. A 【解析】五四运动以前的历次革命运动都以失败告终，究其根本原因，是没有先进的领导阶级和科学的理论指导思想。农民运动不能取得胜利，是由于他们不代表先进的生产力；资产阶级革命运动失败是由于其两面性，一方面具有革命性，但另一方面有先天的软弱性，不能发动最广大的人民群众。中国的无产阶级作为先进的阶级，以马克思主义理论为指导，带领广大的人民群众最终取得了革命的胜利。

25. D 【解析】南昌起义打响了武装反抗国民党反动派的第一枪，它是中国共产党创建军队、独立领导武装斗争的开始。

26. A 【解析】1927年10月，毛泽东率领部队到反动势力统治比较薄弱的井冈山地区建立了中国第一个农村革命根据地——井冈山革命根据地。

27. B 【解析】“卢沟桥事变”是第二次世界大战亚洲区域战事的开始，B项错误。ACD说法正确，本题为选非题，故选B。

28. A 【解析】九一八事变是中国人民抗日战争的起点，揭开了世界反法西斯战争的序幕。题干中“1933年该馆出版了新的历史教科书，书名冠以‘复兴’二字”，而九一八事变发生的时间为1931年，发生在该馆出版新的历史教科书之前，而“复兴”二字也紧扣当时反侵略的时代背景，故与之相关，A项正确。西安事变发生的时间为1936年，B项错误。卢沟桥事变发生的时间为1937年，C项错误。南京大屠杀发生的时间为1937年，D项错误。故选A。

29. B 【解析】西安事变的和平解决，成为扭转时局的关键，标志着十年内战局面基本结束，国共合作的抗日民族统一战线初步形成。

30. B 【解析】1948年9月至1949年1月，人民解放军连续组织了规模空前的辽沈、淮海和平津三大战役。三大战役奠定了解放战争胜利的基础。

31. D 【解析】1954年9月，第一届全国人民代表大会在北京召开。大会通过了《中华人民共和国宪法》，这部宪法是我国第一部社会主义性质的宪法。

32. B 【解析】1956年底，三大改造基本完成。三大改造把生产资料私有制转变成了社会主义公有制，这标志着社会主义制度在我国基本建立。

33. B 【解析】1971年10月25日晚，联合国大会结束了“恢复中华人民共和国在联合国组织中的合法权利问题”的辩论并通过表决恢复了中华人民共和国在联合国组织中的合法权利。

34. B 【解析】中共十一届三中全会是新中国成立以来党的历史上具有深远意义的转折。它完成了党的思想路线、政治路线和组织路线的拨乱反正，是改革开放的开端。从此，中国历史进入社会主义现代化建设的新时期。

35. A 【解析】摆脱了西班牙的统治之后，荷兰发展成为17世纪航海和贸易强国，被誉为“海上马车夫”。1602年，荷兰成立了具有国家职能、向东方进行殖民掠夺和垄断东方贸易的荷兰东印度公司。1619年，荷兰攻占爪哇岛上的雅加达，自此以后，荷兰就把它作为侵略印度尼西亚的中心据点，A项正确。

36. B 【解析】文艺复兴运动的核心是人文主义。人文主义提出以人为中心而不是以神为中心，肯定人的价值和尊严；主张人生的目的是追求现实生活中的幸福，倡导个性解放，反对愚昧迷信的神学思想，认为人是现实生活的创造者和主人。B项正确。

37. B 【解析】古印度雅利安人在从原始社会向奴隶制国家过渡的过程中，逐渐形成了严格的等级制度，即种姓制度。全体社会成员分为四个等级：第一等级是婆罗门；第二等级是刹帝利；第三等级是吠舍，供养婆罗门和刹帝利奴隶主统治阶级；第四等级是首陀罗，被压在最底层，只能受奴隶主阶级的剥削和奴役。

38. D 【解析】伊斯兰教的经典《古兰经》，不仅是伊斯兰教的宗教经典，也是伊斯兰国家有关政治、经济、法律、社会道德规范的根本依据。

39. B 【解析】新航路开辟以后，从欧洲到亚洲、美洲和非洲等地的交通往来日益密切，世界开始连成一个整体，欧洲大西洋沿岸工商业经济繁荣起来，促进了资本主义的产生和发展。

40. B 【解析】葡萄牙航海家达·伽马是从欧洲绕好望角到印度的航海路线的开拓者。

41. B 【解析】1776年7月4日，大陆会议发表《独立宣言》，宣告北美脱离英国而独立，标志着美利坚合众国的诞生。后来，7月4日被定为美国国庆日。

42. D 【解析】1789年8月26日,法国制宪议会通过了《人权宣言》。它宣称"在权利方面,人们生来是而且始终是自由平等的",自由、财产、安全和反抗压迫是"人和自然的不可动摇的权利"。它规定了资产阶级社会的自由、平等、天赋人权等基本原则,提出法律面前人人平等,国家的主权属于人民,公民有言论、出版自由,还宣布私有财产是神圣不可侵犯的权利。D项表述不正确,当选。

43. A 【解析】英国资产阶级革命推翻了封建君主专制统治,为英国资本主义经济发展和资本主义政治、经济制度的建立开辟了道路,英国从此进入了资本主义社会。

44. C 【解析】明治维新是日本历史的重要转折点,它使日本走上了发展资本主义的道路,摆脱了民族危机,逐渐成为亚洲强国。

45. B 【解析】文艺复兴最先在意大利兴起,后扩展到西欧各国,是于16世纪在欧洲盛行的一场思想文化运动,它带来一段科学与艺术革命时期,揭开了近代欧洲历史的序幕,被认为是中古时代和近代的分界,B项正确。

46. A 【解析】开罗会议由中华民国、英国、美国三国首脑在埃及开罗会晤召开,商讨反攻日本的战略及战后国际局势的安排,制定盟军合作反攻缅甸的战略及援华方案,会后公布《开罗宣言》,要求日本无条件投降,归还一切侵占的土地,塑造战后东亚的新局势,达成中、英、美三国联手反攻日本的目的,A项正确。德黑兰会议的主要议题是讨论美英开辟西欧第二战场,东西线配合对德作战问题,B项错误。雅尔塔会议是美国、英国和苏联三国之间举行的一次关于制定战后世界新秩序和列强利益分配问题的关键性首脑会议,C项错误。波茨坦会议是美、英、苏三国在柏林近郊的波茨坦举行战时第三次会晤。它的背景是德国法西斯无条件投降,欧洲反法西斯战争胜利结束,但在远东对日作战还在激烈进行。它的目的是商讨对战后德国的处置问题和解决战后欧洲问题的安排,以及争取苏联尽早对日作战,D项错误。故选A。

47. B 【解析】达尔文和法拉第是活跃于19世纪的科学家,拉瓦锡是18世纪的科学家,均排除,故只有B项正确。牛顿的经典力学,打破了神主宰世界的迷信,以纯粹的规律来支配世界,这激发了人们对于人类理性的追求。这种对于理性的追求与痴迷,正是启蒙运动得以发起的思想上的重要原因。牛顿的那个时代,被人们称为"理性主义"时代,为启蒙运动准备了先决条件。

48. A 【解析】1947年3月12日,美国总统杜鲁门在致国会的关于援助希腊和土耳其的咨文中,提出以"遏制共产主义"作为国家政治意识形态和对外政策的指导思想。后这一指导思想被称之为杜鲁门主义,杜鲁门主义的出台是"冷战"正式开始的重要标志,A项正确。马歇尔计划是第二次世界大战结束后,美国对被战争破坏的西欧各国,进行经济援助、协助重建的计划,对欧洲国家的发展和世界政治格局产生了深远的影响,B项错误。1949年北约的建立标志着美国称霸世界的全球扩张战略部署初步形成,C项错误。1955年苏联与东欧七国建立华沙条约组织,标志着两大政治军事集团对峙局面形成,也标志着两极格局正式形成,D项错误。故选A。

49. D 【解析】党对军队绝对领导的根本原则和制度,发端于南昌起义,奠基于三湾改编,定型于古田会议,是人民军队完全区别于一切旧军队的政治特质和根本优势。ABC三项正确。党的三大于1923年6月12日至20日在广州召开,会议决定全体共产党员以个人名义加入国民党,以建立各民主阶级的统一战线,同时保持共产党在组织上、政治上的独立性。党的三大与党对军队绝对领导这一根本原则和制度的形成无关。本题为选非题,故正确答案为D。

50. B 【解析】资产阶级维新派与武昌起义没有关系。排除①。

51. C 【解析】材料中体现的是"汉化"的内容,只有C项北魏孝文帝改革与此相关。

52. B 【解析】从材料中"门下当行驳正"可知,唐朝的门下省负责审核政令。

53. D 【解析】统治阶级推行的政治制度,其根本目的是维护其统治,巩固其统治秩序。

54. D 【解析】秦朝实现了国家的大一统,排除①②。

55. B 【解析】北伐战争中,湖北和湖南是主要战场,在这里北伐军消灭了吴佩孚的主力部队。

56. C 【解析】党的一大宣告中国共产党正式成立,A项说法正确。中国共产党第一次全国代表大会于1921年7月23日,在上海法租界望志路106号(今兴业路76号)正式开幕。最后一天的会议转移到浙江嘉兴南湖的游船上举行。B项说法正确、C项说法错误。中共一大讨论并通过了中国共产党的第一个纲领和决议。D项说法正确。本题为选非题,故正确答案为C。

57. D 【解析】1921年9月27日,在中国共产党的领导下,浙江萧山县衙前村农民大会召开,中国第一个新型农民组织宣告成立。

58. B 【解析】中国共产党的领导是中国革命取得胜利的根本保证。没有共产党,就没有新中国。

59. B 【解析】根据"三三制"的规定,在政权机构和民意机关的人员名额分配上,代表工人阶级和贫农的共产党员、代表和联系广大小资产阶级的非党左派进步分子和代表中等资产阶级、开明绅士的中间分子各占三分之一,B项正确。

60. C 【解析】1953年12月31日,周恩来同志在同印度政府代表团谈话时,提出了国家之间的和平共处五项原则。

61. C 【解析】俄国十月革命以前,马克思主义尚未传播到国内，排除③。

62. C 【解析】1924年，中国国民党在广州举行第一次全国代表大会，标志着国共两党革命统一战线正式建立，第一次国共合作正式形成。

63. D 【解析】鸦片战争发生在1840年6月至1842年8月；义和团运动发生在1899年至1900年9月7日；武昌起义发生在1911年10月10日，A项正确。虎门销烟发生在1839年6月；洋务运动发生在19世纪60到90年代；辛亥革命发生在1911年至1912年初，B项正确。甲午战争发生在1894年；五四运动发生在1919年5月4日；中国人民抗日战争发生在1931年至1945年，C项正确。中国共产党成立于1921年7月；清末新政发生在1901年至1911年；解放战争发生在1945年8月至1949年9月，D项错误。本题为选非题，故选D。

64. A 【解析】北宋建都汴京，即今河南开封。故选A。

65. C 【解析】19世纪末，面对着列强的侵略和民族危机的进一步加深，资产阶级维新派登上历史舞台，宣传维新变法理论，C项正确。"师夷长技以制夷"是19世纪四五十年代地主阶级抵抗派的思想，A项错误。"中学为体，西学为用"是洋务派的思想，B项错误。"星星之火，可以燎原"是20世纪二三十年代中国共产党的思想，D项错误。

66. B 【解析】汉阳兵工厂是晚清时期洋务运动的代表人物张之洞到湖北后主持创办的军工制造企业。

67. C 【解析】交子，是发行于北宋的货币，曾作为官方法定的货币流通，称作"官交子"。"交子"是我国最早由政府正式发行的纸币，也被认为是世界上最早的纸币。

68. D 【解析】炎黄子孙是中华民族的自称，"炎"指炎帝，"黄"指黄帝。

69. A 【解析】郡县制是中国古代继宗法血缘分封制度之后出现的以郡统县的两级地方行政制度，是中央垂直管理下官员由中央直接任免的流官任期制，标志着官僚政治取代血缘政治。

70. A 【解析】"商鞅变法"发生在战国时期而非春秋时期，A项错误。BCD对应正确，本题为选非题，故选A。

71. B 【解析】1405到1433年，郑和率领船队远航西太平洋和印度洋拜访了30多个国家和地区，目前已知最远到达非洲东海岸和红海沿岸。故选B。

72. D 【解析】传统的丝绸之路，起自中国古代都城长安，经中亚国家、阿富汗、伊朗、伊拉克、叙利亚等到达地中海，以罗马为终点，全长6440公里。这条路被认为是联结亚欧大陆的古代东西方文明的交汇之路，而丝绸则是最具代表性的货物。

73. D 【解析】1937年7月7日，日军在北平西南卢沟桥附近演习时，借口士兵"失踪"，炮轰宛平城，这就是震惊中外的"七七事变"，又称"卢沟桥事变"。它是日本帝国主义全面侵华战争的开始，也是中华民族进行全面抗战的起点，其地点不是在东北，而是在华北。故选D。

74. C 【解析】1941年3月，八路军三五九旅在南泥湾开展了著名的大生产运动。南泥湾精神是延安精神的重要组成部分。

75. B 【解析】古田会议解决了如何把一支以农民为主要成分的军队建设成为中共领导下的新型人民军队的问题。它所确立的着重从思想上建党和从政治上建军、"党指挥枪"的原则，为后来的"农村包围城市，武装夺取政权"道路思想的形成、发展和成功实践奠定了基础。古田会议因此成为中国共产党和人民军队建设史上的重要里程碑。

76. D 【解析】ABC项错误，它们均发生于抗日战争的防御阶段。D项正确，百团大战是在抗日战争相持阶段，八路军在华北地区发动的一次规模最大、持续时间最长的战役。

77. C 【解析】"穿草鞋背土枪，反围剿斗志旺，毛委员和我们在一起，天天打胜仗"反映的是在反"围剿"时期，毛泽东带领广大人民群众在农村开展轰轰烈烈的土地革命运动。

78. D 【解析】题干强调"国际社会主义运动在20世纪20年代之前的发展特点"，所指的时间为1920年之前。1921年7月23日，中国共产党第一次全国代表大会在上海召开，宣告了中国共产党的诞生，A项错误。1871年爆发的巴黎公社革命，是推翻资产阶级统治、建立由人民当家作主政权的第一次伟大尝试。巴黎公社的建立符合"由理论到实践"的特点，B项错误。《共产党宣言》的发表符合"由空想到科学"的特点，C项错误。习近平主席在《学习马克思主义基本理论是共产党人的必修课》的讲话中指出："1917年11月，列宁领导十月革命取得成功，在资本主义最薄弱的链条上打开了一个缺口，建立了世界上第一个社会主义国家，实现了社会主义从理论到实践的伟大飞跃。"十月革命的胜利符合"由理想到现实"的特点，D项正确。故选D。

79. A 【解析】罗斯福第一次"炉边谈话"主要讲的是如何挽救金融危局。罗斯福耐心地解释了银行暂停营业的举措，并以通俗的比喻来劝大家把钱存进银行。

80. D 【解析】A项错误，存在主义是20世纪流行于西方的哲学思潮。B项错误，玛雅文化在5000年前出现在墨西哥和中美洲危地马拉的太平洋海岸，以秘鲁为中心的是印加文明。C项错误，第一次工业革命的主要标志是蒸汽机的广泛应用，第二次工业革命的主要标志是电力和内燃机的应用。D项正确，启蒙运动发生在十八世纪的欧洲，最初产生在英国，而后发展到法国、德国与俄国。法国是启蒙运动的中心，法国的启蒙运动与其他国家相比，声势最大，战斗性最强，影响最深远，堪称西欧各国启蒙运动的典范。故选D。

81. C 【解析】甲骨文是中国已发现的古代文字中时代最

早、体系较为完整的文字,又称契文、龟甲文或龟甲兽骨文。甲骨文主要发现于殷墟。殷墟是著名的殷商时代遗址,在今河南安阳一带。在商代,甲骨就是国王占卜时的用具,所以甲骨文又称"卜辞",反映了商王的活动。C项错误,当选。

82. B 【解析】清光绪二十一年(1895年),康有为率梁启超等数千名举人联名上书光绪帝,反对在甲午战争中败于日本的清政府签订丧权辱国的《马关条约》。公车上书被认为是维新派登上历史舞台的标志,也被认为是中国群众的政治运动的开端,揭开了戊戌变法的序幕,B项正确。

83. C 【解析】铁器的使用和牛耕的推广促使了奴隶制的瓦解,而周王室的统治正是奴隶制政权,不可能对它起到强化作用。

84. D 【解析】在入主中原的众多民族中,以五个所谓的"骑马民族"(匈奴、鲜卑、羯、氐、羌)为主,统称"五胡"。故选D。

85. D 【解析】为接受汉族文化,加强对黄河流域的控制,孝文帝于494年迁都洛阳,改革鲜卑旧俗,着汉服,学说汉话,采汉姓,提倡与汉族通婚。

86. B 【解析】选项中涉及的四个朝代的顺序依次为:秦朝、西晋、隋朝、元朝。

方法技巧:考生可以使用历史朝代歌帮助记忆朝代顺序:夏商与西周,东周分两段。春秋和战国,一统秦两汉。三分魏蜀吴,二晋前后延。南北朝并立,隋唐五代传。宋元明清后,王朝至此完。

87. D 【解析】1927年八七会议上,毛泽东第一次明确提出了"枪杆子里面出政权"的著名论断,确定实行土地革命和武装反抗国民党反动派的总方针;1949年在西柏坡召开的七届二中全会上,毛泽东指出,在全国胜利的局面下,党的工作重心必须由农村转移到城市,总的任务是迅速恢复和发展生产;1978年十一届三中全会后,党和政府全面进行拨乱反正工作,开启了改革开放历史新时期。1935年遵义会议挽救了党,挽救了红军,挽救了中国革命,是中国共产党生死攸关的转折点,但与题干中涉及的三次转折无关,D项符合题意。

88. D 【解析】郑和下西洋发生于明朝时期,D项说法错误,当选。

89. C 【解析】材料强调政府官员反对人民从事种茶等商业活动,并非官府垄断茶业利润,A选项错误;材料中种茶卖出、市场买菜的现象反映农副产品商品化、货币流通在该地区较为普遍,B选项错误;材料说明了地方政府官员强迫人民从事耕织,保障农业生产,不鼓励从事商业活动,C项正确;材料论述主体是政府官员与人民,未涉及商人地位变化,D选项错误。综上,本题选C。

90. C 【解析】抗日战争的胜利是自1840年以来中国抵御外敌入侵取得的第一次胜利,从此中华民族站起来了,由百年的屈辱走向振兴。故选C。

91. D 【解析】西安事变主要是为了逼蒋抗日,其和平解决使国共十年对峙局面结束,开始由分裂走向合作。

92. D 【解析】从1950年冬到1953年春,新解放区分期分批开展了土地改革运动,彻底摧毁了封建剥削的土地所有制。

93. B 【解析】过渡时期总路线的实质是改变生产资料的资本主义私有制为生产资料的社会主义公有制。

94. D 【解析】中共七大总结了中国共产党领导中国民主革命的24年的历史经验;制定了"建立一个新民主主义的中国"的政治路线;确立了毛泽东思想在全党的指导地位。

95. D 【解析】1949年,党的七届二中全会在西柏坡举行。会议全面系统地总结了全国解放战争以来的革命斗争经验;会议批准毛泽东关于以八项条件作为与南京政府进行和平谈判的基础的声明;会议强调城市工作的中心任务是恢复和发展生产事业。故选D。

96. B 【解析】长平之战是战国时期规模最大、战斗最激烈、影响最深远的一次大战。纸上谈兵,出自只会空谈兵书、不知变通的赵军主将赵括在长平之战中使赵军惨败的典故。故选B。

97. A 【解析】A项正确,在社会主义改造的过程中,不仅强调社会主义制度改造,同时也进行技术的革命,这种改造形式主张制度建设和技术改造同时并举,同时进行。B项错误,"积极引导,逐步过渡"是对农业和手工业改造的方针。CD项错误,"和平赎买"是针对民族资本主义工商业的改造方式。故选A。

98. A 【解析】八七会议是1927年中国共产党在汉口召开的紧急会议,确定了开展土地革命和武装推翻国民党反动统治的总方针。"工农武装割据"思想的基本内容是:在中国共产党的领导下,以武装斗争为主要形式,以土地革命为中心内容,以革命根据地为战略阵地的三者的密切结合。二者的不同点在于革命根据地的建设,故选A。

99. C 【解析】发扬五四精神的时代价值在于坚定理想信念,助力实现中华民族的伟大复兴,激发人们的爱国情感,激励中国人民奋勇前进,C正确。

100. C 【解析】九品中正制,又称九品官人法,是魏晋南北朝时期主要的选官制度。

二、多项选择题

1. ABC 【解析】我国奴隶社会确立和发展的时期是夏、商、西周。故选ABC。

2. ABD 【解析】焚书坑儒是指秦始皇焚毁书籍、坑杀"犯禁者四百六十余人"的事,A项正确。秦始皇命令李斯等人对文字进行整理,统一各国文字,称为"书同文",从秦朝开始,中国统一了文字,B项正确。摊丁入亩是清朝政府将历代相沿的丁银并入田赋征收的一种赋税制度,标志着中国实行两千多年人头税(丁税)的废除,C项错误。郡县制是古代中央集权制在地方政权上的体现,它起源于春秋战国时期,再经过秦始皇的改革,正式成为了秦汉以后的地方政治体制,D项正确。故选ABD。

3. AB 【解析】玄武门之变是唐太宗李世民在玄武门附近发动的一次政变。安史之乱是唐代玄宗末年至代宗初年由安禄山与史思明发动的战争,是同唐朝争夺统治权的内战,是唐由盛而衰的转折点,AB项同朝代。靖康之变是指靖康二年金朝南下攻取北宋首都东京,掳走徽、钦二帝,导致北宋灭亡的历史事件。靖难之役是明朝统治阶级内部争夺帝位的战争。故选AB。

4. BD 【解析】李渊为唐朝开国皇帝,三国的建国顺序是魏蜀吴。

5. ABC 【解析】王莽篡汉导致西汉灭亡,A项说法错误。牧野之战又称"武王伐纣",是周武王联军与商朝军队在牧野进行的决战,最后周武王大胜,商朝灭亡,B项说法错误。淝水之战中东晋战胜北方少数民族政权前秦,导致北方重新走向分裂,C项说法错误。D项说法正确。故选ABC。

6. AD 【解析】西汉和唐朝分别是通过秦末农民战争和隋末农民战争建立起来的,而西晋政权是司马氏取代魏政权建立的,隋朝是外戚杨坚代周称帝建立的。

7. BC 【解析】黄花岗起义、武昌起义是同盟会领导的。南昌起义是中国共产党领导的,金田起义是洪秀全领导的。故选BC。

8. ABD 【解析】《民报》是同盟会的机关报,1905年创刊于东京,孙中山为其撰写发刊词,提出了"三民主义",即民族主义、民权主义、民生主义。故选ABD。

9. ACD 【解析】契丹族建立的是辽,其他三项对应均正确。故选ACD。

10. AC 【解析】新文化运动是一次"反传统、反孔教、反文言"的思想文化革新、文学革命运动。它的口号是"德先生"和"赛先生",即民主、科学。故选AC。

11. BD 【解析】AC项错误,管仲改革和商鞅变法发生在春秋战国时期,其实质是推动国家由奴隶制向封建制过渡,而非封建社会内部的调整。故选BD。

12. AC 【解析】A项正确,贞观之治指唐太宗在位期间的治世。B项错误,陈桥兵变是由宋太祖赵匡胤发动的取代后周,建立宋朝的兵变事件。C项正确,安史之乱发生于唐玄宗末年至唐代宗初年期间。D项错误,靖康之变发生于宋钦宗靖康年间。故选AC。

13. ACD 【解析】B项错误,淝水之战发生于公元383年,是东晋十六国时期北方的统一政权前秦向南方东晋发起侵略吞并的决定性战役。官渡之战、赤壁之战和夷陵之战是东汉末年的三大战役。故选ACD。

14. BC 【解析】A项错误,洋务运动是近代中国第一次大规模地模仿、学习西方工业化的运动,没有学习西方的政治制度。D项错误,新文化运动是由陈独秀、李大钊、鲁迅、胡适、蔡元培、钱玄同等一些受过西方教育(当时称为新式教育)的人发起的一次"反传统、反孔教、反文言"的思想文化革新、文学革命运动,没有学习西方的政治制度。BC项正确,戊戌变法是晚清时期以康有为、梁启超为代表的维新派人士通过光绪帝进行的倡导学习西方,提倡科学文化,改革政治、教育制度,发展农、工、商业等的资产阶级改良运动。辛亥革命以反对君主专制制度、建立资产阶级共和国为目标,是一次比较完全意义上的资产阶级民主革命。BC项均学习了西方政治制度,故选BC。

15. ACD 【解析】B项错误,同盟会成立大会是在日本东京召开的。故选ACD。

16. BCD 【解析】参加中国共产党第一次全国代表大会的代表有:上海的李达、李汉俊,北京的张国焘、刘仁静,长沙的毛泽东、何叔衡,武汉的董必武、陈潭秋,济南的王尽美、邓恩铭,广州的陈公博,旅日的周佛海;包惠僧受陈独秀派遣,出席了大会。陈独秀本人未参加党的一大,A项错误。故选BCD。

17. ABD 【解析】C项错误,1927年8月1日,周恩来、贺龙、叶挺、朱德、刘伯承等人率领革命军在南昌发动起义,南昌起义打响了武装反抗国民党统治的第一枪,这次起义毛泽东没有参加。故选ABD。

18. ACD 【解析】八七会议在中国共产党历史上是一个转折点,它给正处在思想混乱和组织涣散中的中国共产党指明了新的出路,为挽救党和革命作出了巨大贡献。这是由大革命失败到土地革命战争兴起的历史性转变,A正确。中共十一届三中全会做出了把全党的工作中心转移到社会主义现代化建设上来的决策,是新中国成立以来党的历史转折点,C正确。遵义会议是中国共产党历史上开始独立自主地解决中国革命和革命战争的重大问题的会议,实际确立了毛泽东在中共中央和红军的领导地位,在极端危急的关头挽救了党,挽救了红军,挽救了中国革命,是党的历史上一个生死攸关的转折点,D正确。B项错误,中共一大的召开标志着中国共产党的正式成立,是开天辟地的大事变,而非党的转折点。故选ACD。

19. ABC 【解析】世界上第一部系统的法医学著作,是成书于宋朝的《洗冤集录》,A项正确。宋朝海外贸易分为官府经营和私商经营两种方式,其中,民营外贸又占大宗,B项正确。北宋时期手工业蓬勃发展,在北宋时兴起,后来发展成为著名瓷都的是景德镇,C项正确。世界上最早的纸币交子出现于北宋前期,D项错误。故正确答案为ABC。

20. D 【解析】从夏朝开始,共有13个朝代在洛阳建都,累计建都史达千余年,它是我国建都时间最长、建都朝代较多的城市。

三、判断题

1. × 【解析】商鞅变法的措施中,有利于直接提高军队战斗力的是奖励军功。

2. × 【解析】贞观之治是唐朝初年唐太宗在位期间出现的政治清明，经济复苏，文化繁荣的治世局面。光武中兴指的是东汉光武帝刘秀统治时期出现的治世。

3. √ 【解析】1947年1月12日，刘胡兰被国民党军和地主武装抓捕并杀害。1947年3月下旬，毛泽东听闻刘胡兰英勇就义的事迹深受感动，挥笔写下了"生的伟大，死的光荣"8个大字。

4. × 【解析】百团大战是抗日战争时期，八路军在华北敌后发动的一次大规模进攻和反"扫荡"战役，由于参战兵力达105个团，故称"百团大战"。淮海战役是解放战争时期解放军对国民党军进行的战略性进攻战役。故百团大战并不是淮海战役。

5. × 【解析】《马关条约》把我国台湾割让给日本。

6. √ 【解析】1853年，太平天国定都天京，标志着太平天国建立了与清王朝对峙的政权。

7. × 【解析】洋务运动是由封建地主阶级发动的。

8. × 【解析】清政府和英国签订《南京条约》的时间是1842年。

9. √ 【解析】2018年5月2日，习近平总书记在北京大学师生座谈会上指出："从五四运动到中国特色社会主义进入新时代，中华民族迎来了从站起来、富起来到强起来的伟大飞跃。这在中华民族发展史上、在人类社会发展史上都是划时代的。"

10. × 【解析】在解放区开展土地改革运动是在内战爆发之后，故不是为避免内战、实现和平建国采取的措施。

11. √ 【解析】1868年，日本明治天皇政府进行近代化政治改革，建立君主立宪政体。这次改革使日本摆脱了民族危机，走上了资本主义道路，是日本近代化的开端。

12. √ 【解析】1775年4月19日，美国独立战争在莱克星顿打响第一枪。这场战争从1775年至1783年，持续8年之久，最终以英国在北美殖民统治的破产和北美殖民地的独立而告终。

13. × 【解析】瓦特的贡献是改良了蒸汽机，"铁路机车之父"是史蒂芬森。

14. √ 【解析】古巴比伦王国是世界四大文明古国之一。它发源于两河流域，约在公元前3000年开始出现城邦。公元前18世纪中叶，古巴比伦国王汉谟拉比统一两河流域，建立了中央集权专制制度和等级制度。《汉谟拉比法典》是人类历史上第一部比较完备的成文法典。

15. × 【解析】英国君主立宪制确立的标志是《权利法案》的颁布。

16. √ 【解析】卢沟桥事变以后，中国开始了全国性的抗日战争。为了进一步贯彻党的抗日民族统一战线的策略，确定党在抗战时期的纲领、路线和政策，1937年8月下旬，中共中央在陕北洛川召开政治局扩大会议，制定了动员全民族一切力量，争取抗战胜利的人民战争路线(即全面抗战路线)，通过了抗日救国的十大纲领。这是在全国性抗战刚刚爆发的历史转折关头召开的一次重要会议。

17. √ 【解析】小篆是春秋战国时期使用的文字，秦始皇统一中国后，推行"书同文，车同轨"、统一度量衡等政策，在秦国原来使用的大篆籀文的基础上，进行简化，取消其他六国的异体字，创制了统一文字的汉字书写形式。小篆字体规整匀称，字体有所简化，象形程度进一步降低。

18. √ 【解析】抗美援朝是新中国成立后中国人民同世界上最强大的敌人进行军事较量并取得胜利的一次保家卫国战争，大大提高了新中国的国际地位。

19. √ 【解析】第一次世界大战是在19世纪末至20世纪初，新旧殖民主义矛盾激化、各帝国主义经济发展不平衡，秩序划分不对等的背景下，为重新瓜分世界和争夺全球霸权而爆发的一场世界级帝国主义战争。一战结束后，俄罗斯帝国、奥匈帝国、德意志帝国、奥斯曼帝国四大帝国瓦解，在此基础上出现了一系列新兴国家，导致欧洲国家数量骤增。

20. √ 【解析】太平洋上的珍珠港是交通的主要枢纽，具有重要的战略地位。偷袭珍珠港是指二战时期由日本政府策划的一起偷袭美国太平洋海军舰队基地——珍珠港的军事事件，它成为第二次世界大战中太平洋战争爆发的导火索。

专题二　文学与艺术素养

一、单项选择题

1. C 【解析】《论语》《孟子》《大学》《中庸》合称"四书"，是儒家经典代表作；《荀子》是战国后期儒家学派的重要著作；《老子》是道家经典著作。

2. C 【解析】这个观点是荀子提出的，体现了荀子哲学观中尊重自然规律的思想。

3. D 【解析】陶渊明是我国古代田园诗派的创始人，王维将山水田园诗派发展到新的高度。

4. C 【解析】A项，金陵是南京的古称。B项，六代即六朝。六朝皆以建康(今南京)为京师，所以后世许多文献皆以六朝或南朝来代指南京，并常会用南京来指六朝时期的人事物。C项，"姑苏城外寒山寺，夜半钟声到客船"出自唐代诗人张继的《枫桥夜泊》，意思是诗人夜晚住宿在枫桥的船上，夜深之时忽然听到远处传来了姑苏城外寒山寺的敲钟声。姑苏是苏州的别称，因城西南有姑苏山而得名，描写的不是南京。D项，建康是南京在六朝时期的名称。本题为选非题，故选C。

5. C 【解析】苏轼，字子瞻，号东坡居士，北宋文学家、书法家、画家。苏轼为豪放派词人的代表，与题干中"音律谐婉"的表述不符，A项错误。辛弃疾，字幼安，号稼轩，南宋豪放派词人，与题干叙述不符，B项错误。柳永，北宋著名词人，婉约派代表人物，代表作有《雨霖铃》《八声甘州》等。柳永是第一个创作大量长调慢词的词人,对于词调的发展有相当大的贡献。语言通俗、情景交融、善于铺叙是柳永词的主要特点。陈振孙评价柳永:“其词格固不高,而音律谐婉,语意妥帖,承平气象,形容曲尽。”C项正确。李清照,号易安居士,宋代女词人,婉约词派代表。李清照所作的词,前期多写其悠闲生活,后期多悲叹身世,情调感伤,与题干叙述不符,D项错误。故正确答案为C。

6. A 【解析】楹联从古代诗文辞赋中的对偶句逐渐演化、发展而来,是写在纸、布上或刻在竹子、木头、柱子上的对偶语句,A项正确。

7. D 【解析】A项中“故人”,B项中“知己”,C项中“西辞”均饱含送别之情。D项出自陆游的《游山西村》,描述豁然开朗的景色,与送别无关。故选D。

8. B 【解析】王维与孟浩然均为盛唐时期杰出的山水田园派诗人,高适、岑参、王昌龄为边塞诗代表,B项不正确。故选B。

易错警示:“李杜”和“小李杜”是考生容易混淆的考点。“李杜”是指李白和杜甫,“小李杜”是指李商隐和杜牧,他们分别代表着盛唐气象和晚唐高峰。

9. D 【解析】端午节又称端阳节、龙舟节、重午节、龙节、正阳节、天中节等,节期在农历五月初五,是中国民间的传统节日。端午节的习俗有吃粽子,挂艾草与菖蒲,拜神祭祖等。从诗句中可提取出粽子和艾草等信息,D项正确。

10. B 【解析】儒家的“德治”“民贵君轻”和“仁政”思想,是针对统治者提出的,是其在政治上的主张,A、C两项错误。儒家宣扬“忠孝仁义”和“礼义廉耻”,强调个人不能逾越礼制,要有社会责任担当,对解决日常生活中各种问题有很大的作用,符合题干表述,B项正确。儒家的“有教无类”和“温故知新”,是其在文化教育方面的主张和贡献,D项错误。故正确答案为B。

11. D 【解析】“枫叶四弦秋,枨触天涯迁谪恨;浔阳千尺水,勾留江上别离情”是九江白居易祠中的对联。上联是对《琵琶行》诗意的浓缩,下联写的是白居易离开九江时,当地人民对其深厚的感情。本题为选非题,故选D。

12. C 【解析】这句诗出自艾青的《我爱这土地》。这首诗写于1938年,当时日本侵略军连续攻占了华北、华东、华南的广大地区,所到之处疯狂肆虐,妄图摧毁中国人民的抵抗意志。中国人民奋起抵抗,进行了不屈不挠的斗争。诗人在国土沦丧、民族危亡的关头,满怀对祖国的挚爱和对侵略者的仇恨,写下了这首慷慨激昂的诗。

13. B 【解析】《人间喜剧》展示了19世纪法国社会的面貌,其社会历史内容可以归纳为贵族衰亡、资产者发迹、金钱罪恶三大主题。本书被誉为“资本主义社会的百科全书”,B项正确。

14. A 【解析】《左传》是我国第一部记事详备的编年体史书,《史记》是我国第一部纪传体通史,《论语》是儒家经典著作,《国语》是我国第一部国别体史书。

15. C 【解析】西班牙文学家塞万提斯的主要作品《堂吉诃德》描写堂吉诃德和侍从桑乔·潘萨的冒险经历,揭露封建势力的丑恶,讽刺骑士制度和骑士文学,是欧洲最早的现实主义长篇小说。故选C。

16. B 【解析】高尔基是无产阶级伟大作家,主要作品有自传体三部曲《童年》《在人间》《我的大学》,长篇小说《母亲》,散文诗《海燕》等。列宁称他为“无产阶级艺术的最杰出代表”,称《母亲》是一部“非常及时的书”。故选B。

17. C 【解析】“明月松间照,清泉石上流”出自唐代诗人王维的《山居秋暝》,此诗描绘了秋雨初晴后傍晚时分山村的旖旎风光和山居村民的淳朴风尚,表现了诗人寄情山水田园并对隐居生活怡然自得的满足心情,以自然美来表现人格美和社会美。C项正确,当选。

18. A 【解析】书院是唐宋至明清时期出现的一种独立的教育机构,是私人或官府所设的聚徒讲授、研究学问的场所。A项说法错误,当选。

19. D 【解析】“吾爱孟夫子,风流天下闻”出自李白《赠孟浩然》,“孟夫子”指的是孟浩然,A项错误。“江流石不转,遗恨失吞吴”出自杜甫的《八阵图》,这是作者初到夔州时作的一首咏怀诸葛亮的诗,B项错误。“但使龙城飞将在,不教胡马度阴山”中的“飞将”指西汉名将李广,C项错误。故本题选D。

20. C 【解析】杜康酒历史悠久,三国时曹操就有“何以解忧,唯有杜康”的名句。

21. C 【解析】①“醉貌如霜叶,虽红不是春”出自唐代诗人白居易的《醉中对红叶》,诗句描写的是秋天。②“千山鸟飞绝,万径人踪灭”出自唐代诗人柳宗元的《江雪》,诗句描写的是冬天。③“柳色早黄浅,水文新绿微”出自唐代诗人白居易的《立春日酬钱员外曲江同行见赠》,诗句描写的是春天。④“荷风送香气,竹露滴清响”出自唐代诗人孟浩然的《夏日南亭怀辛大》,诗句描写的是夏天。故按春夏秋冬的顺序排列,正确的是③④①②,故选C。

22. B 【解析】岳阳楼位于湖南省岳阳市。鹳雀楼的旧址在山西省永济市境内古蒲州城外西南的黄河岸边。滕王阁位于江西南昌市沿江路赣江边。黄鹤楼的原址在湖北武昌蛇山黄鹤矶头。因此,除了鹳雀楼之外,其他都在长江以南。

23. C 【解析】六艺是指中国古代儒家要求学生掌握的六种基本才能,即“礼”,礼节;“乐”,音乐;“射”,射箭技术;“御”,驾驭马车的技术;“书”,书法(书写,识字,文字);“数”,算法(计数)。故选C。

24. B 【解析】这句话出自《孟子·离娄下》,这是孟子对君臣关系的论述。在君臣关系中,君是主导的方面;君主对臣下的态度不同,臣下对君主也会有不同的态度。

现在引用时,泛指领导者与人民的关系。故选B。

25. C 【解析】文字的统一,是华夏文化的重大发展。"书同文"对于文化的传播具有积极意义,对我国文化艺术的发展也具有深远的影响。故选C。

26. B 【解析】《西游记》中的"西天"是古代中国对印度的称谓。印度古称天竺,在中国西南方向,故称"西天"。

27. D 【解析】"一桥"指武汉长江大桥,该桥为长江上第一座由中国人自己建造的桥梁,是五十年代重大工程之一,于1955年开工,1957年建成通车。故选D。

28. A 【解析】"金乌海底初飞来,朱辉散射青霞开"的意思是承载着金乌的太阳从海底升起,红光照射,青霞披开。其中,"金乌"是太阳的别名,是中国古代神话传说中的神鸟之一,A项正确。"仲宣楼头春色深,青眼高歌望吾子"的意思是仲宣楼那边已经是春末,我以钦佩的眼光看着你,放声高歌。其中,"青眼"是指对人喜爱、重视或尊重,而白眼则是指"轻视",B项错误。"庄生晓梦迷蝴蝶,望帝春心托杜鹃"的意思是庄周翩翩起舞睡梦中化为蝴蝶,望帝把自己的幽恨托身于杜鹃。其中,"望帝"一般是指传说中的古蜀国国王杜宇,C项错误。"春城无处不飞花,寒食东风御柳斜"的意思是暮春时节,长安城处处柳絮飞舞、落红无数,寒食节的东风吹拂着皇家花园的柳枝。其中,"寒食"是指寒食节。中元节,是道教节日名称,民间世俗称为七月半,佛教称为盂兰盆节。D项错误。故正确答案为A。

29. B 【解析】喜寿是七十七岁的雅称。因"喜"字的草书近似竖写的"七十七",故得此名。故选B。

30. D 【解析】龙门石窟、莫高窟、云冈石窟、麦积山石窟并称中国四大石窟。莫高窟是世界上现存规模最大,历史最长久,内容最丰富、保存最完好的佛教石窟艺术宝库。故选D。

31. B 【解析】天一阁位于浙江省宁波市,是中国现存最早的私家藏书楼,也是亚洲现有最古老的图书馆,A项不符合题意;黄鹤楼位于湖北省武汉市长江南岸的武昌蛇山峰岭之上,C项不符合题意;岳阳楼位于湖南岳阳西门城头,紧靠洞庭湖畔,D项不符合题意;滕王阁坐落在江西省南昌市赣江东岸,B项符合题意。

32. D 【解析】拙政园是江南园林的代表,也是苏州园林中面积最大的古典山水园林。拙政园屡换园主,为私园,并不是皇家园林。

33. B 【解析】变脸是运用在川剧艺术中塑造人物的一种特技,是揭示剧中人物内心思想感情的一种浪漫主义手法。故选B。

34. B 【解析】这句诗的意思是兵士们身披铠甲,远离家乡,吃尽苦头,时间已很久了。家中的妻子恐怕在离别之后就一直在流泪哭泣。"玉箸"在此诗中喻指眼泪,形容思妇流下的眼泪多。故选B。

35. C 【解析】莎士比亚是英国戏剧家,A项错误。我国现代第一篇白话小说是鲁迅创作的《狂人日记》,B项错误。《新月集》着力描绘的是一个个天真可爱的儿童,《飞鸟集》的内容多为极其常见的事物,比如小草、飞鸟等,D项错误。故选C。

36. A 【解析】顾恺之作画,意在传神,其"迁想妙得""以形写神"等论点为中国传统绘画的发展奠定了基础。故选A。

37. B 【解析】曹禺是中国现代话剧的奠基人,他的著名作品有《雷雨》《日出》《原野》《北京人》等。

38. A 【解析】柳宗元是唐朝人,B项错误;《祭十二郎文》是韩愈的作品,且欧阳修是宋朝人,C项错误;《醉翁亭记》是欧阳修的作品,D项错误。故选A。

39. D 【解析】楷书四大家分别是:唐朝的欧阳询、唐朝的颜真卿、唐朝的柳公权、南宋晚期至元朝初期的赵孟頫。故选D。

40. A 【解析】《橘颂》的作者是屈原,是一首咏物抒情诗,A项正确。《蜀道难》是唐代诗人李白的代表作品,B项错误。《新婚别》是唐代诗人杜甫创作的"三吏三别"之一,C项错误。《山居秋暝》是唐代诗人王维的作品,D项错误。故选A。

41. B 【解析】花旦,多为天真活泼的年轻女性;正旦,又叫青衣,多为端庄稳重的中青年妇女;彩旦是戏曲中扮演女性的丑角;刀马旦,多为女将或女元帅。

42. C 【解析】《十面埋伏》最初是琵琶曲,《梅花三弄》最初是笛曲,《平沙落雁》和《高山流水》都是古琴曲。

43. C 【解析】由于科举制将读书和做官紧密结合起来,科举制使封建社会普通下层的老百姓也可以通过参加科举考试获得参与国家政权的机会,这提高了平民参政的积极性,所以"可以培植全国人民对政治之兴味"。科举取士把选拔人才和任命官员的权力,从地方豪门士族手里集中到中央政府,官员选拔规范化、制度化,考试成绩取代了门第出身,加强了中央集权,即"可以团结全国各地域于一个中央之统治"。故选C。

44. B 【解析】"冬九九"又称"数九",是我国冬季的一种民间节气,反映了中国冬季气温变化的大概情况。"冬九九"一般从冬至那天开始,到惊蛰结束,每九天算成一段,一直到九九八十一天结束。

45. B 【解析】"一口道尽千古事,双手挥舞百万兵"是说皮影艺人唱尽人间悲欢、尘世离合,随着艺人手的摆动,幕幔上影人演绎着金戈铁马的交兵,神魔鬼怪的出神入化、千变万幻的场面;"三尺生绢做戏台,全凭十指逞诙谐"说明了皮影戏的呈现形式(生绢挂起来成为白色幕布,即舞台)和表演手法(幕布后艺人通过手指控制剪影做出各种动作)。故选B。

46. D 【解析】我国古代四大美女中,沉鱼代指西施,落雁代指王昭君,闭月代指貂蝉,羞花代指杨玉环。故选D。

47. A 【解析】箜篌是中国古代传统弹弦乐器(又称拨弦乐器),有卧箜篌、竖箜篌、凤首箜篌三种形制。

48. B 【解析】比拟是把人当物写或把物当人来写的一种修辞方法，前者称之为拟物，后者称之为拟人。“做人既不可翘尾巴，也不可夹着尾巴”是把人当作物来写，运用的手法是比拟中的拟物。故选B。

49. B 【解析】汉乐府诗《孔雀东南飞》和北朝民歌《木兰诗》合称为“乐府双璧”，以其深刻的社会思想意义和极高的艺术成就，为历代文人所推崇。

50. A 【解析】朱熹是宋代理学的集大成者，“存天理灭人欲”是朱熹理学思想的重要观点之一，A项正确。“无知无欲”是老子的思想观点之一，出自《道德经》，B项错误。“仁者爱人”出自《孟子》，C项错误。“心性本净”是佛学术语，D项错误。故选A。

51. C 【解析】A项出自龚自珍的《己亥杂诗》，意为我奉劝天帝（这里是指朝廷）能重新振作精神，破格使用人才。作者采取对天公拟人化的方法，用“劝”与天公对话，强烈表达作者忧国忧民的情怀和希望有救国救民的人才出现的希冀。B项出自郑燮（郑板桥）的《竹石》，意为经历无数磨难和打击身骨仍坚劲，任凭你刮酷暑的东南风，还是严冬的西北风。表面写竹，其实是写人，诗中的劲竹象征了诗人面对种种艰难困苦，宁折不弯，决不向任何恶势力屈服的品格，和不肯与黑暗社会同流合污的铮铮傲骨。这首诗常被用来形容革命者在斗争中的坚定立场和受到敌人打击决不动摇的品格。C项出自郑燮的《潍县署中画竹呈年伯包大中丞括》，意为我们虽然只是州县里的小官吏，但百姓的每一件小事都在牵动着我们的感情，体现诗人关心百姓疾苦。D项出自诸葛亮《诫子书》，意为不追求名利，生活简单朴素，才能显示出自己的志趣；不追求热闹，心境安宁清静，才能达到远大目标。故本题选C。

52. A 【解析】晏殊的《浣溪沙》：“一曲新词酒一杯，去年天气旧亭台。夕阳西下几时回？无可奈何花落去，似曾相识燕归来。小园香径独徘徊。”

53. D 【解析】四书是指《论语》《孟子》《大学》《中庸》。

54. D 【解析】“扬州八怪”是清代中期活跃于扬州地区的一批风格相近的书画家总称，也常称其为“扬州画派”。“扬州八怪”并非指八个固定的人，“八”是约数。较为公认有：金农、郑燮（郑板桥）、黄慎、李鱓、李方膺、汪士慎、罗聘、高翔等。扬州八怪之首金农是钱塘（今浙江杭州）人，郑燮（郑板桥）是江苏兴化人，黄慎是福建宁化人，均非出生于扬州地区。题干的说法“出生于扬州地区”有误，应为“活跃于扬州地区”，D项错误。本题为选非题，故选D。

55. D 【解析】纸上谈兵出自《史记·廉颇蔺相如列传》，指战国时期赵括没有实战经验，只会纸上谈兵，最终失败而身首异处，后泛指空谈理论不能解决问题，A项正确。暗度陈仓出自《史记·高祖本纪》，汉人韩信登坛拜将后，将出兵攻打项羽，表面上公开派人修筑栈道，暗中却由陈仓出兵，进而平定三秦。后比喻出其不意、从旁突击的战略或暗中进行的活动，B项正确。乐不思蜀出自《三国志·蜀书·后主传》，原义指蜀后主刘禅甘心为虏不思复国，后比喻在新环境中得到乐趣，不再想回到原来环境中去，C项正确。指鹿为马出自《史记·秦始皇本纪》，赵高想要篡权，怕各位大臣不听从他，就先设下圈套设法试探。赵高带来一只鹿献给秦二世，说这是一匹马，后比喻故意颠倒黑白，混淆是非，D项错误。本题为选非题，故选D。

56. B 【解析】“掩耳盗铃”和“胸有成竹”与科举考试无关，“名落孙山”意味着榜上无名、科考失利，“金榜题名”与“蟾宫折桂”都有科考得中之意。

57. D 【解析】院试录取后称生员，即秀才，A项错误。乡试考中的称举人，第一名称解元，B项错误。会试是由礼部主持的全国考试，又称礼闱，考中的称贡士，第一名称会元，C项错误。殿试由皇帝亲自主持。贡士在殿试中均不落榜，只是由皇帝重新安排名次。殿试录取分三甲：一甲三名，赐进士及第，第一名称状元，第二名称榜眼，第三名称探花，合称“三鼎甲”。二甲赐进士出身，三甲赐同进士出身。一、二、三甲统称进士，D项正确。

58. A 【解析】垂髫，古时汉族儿童不束发，头发下垂，因此以“垂髫”指儿童。襁褓：不满周岁。孩提：两至三岁。始龀：七八岁小童。及笄：女子十五岁。“笄”是古代妇女束发用的簪子，束发贯之以笄，表示已经成年。题干和B、C、D项均属于儿童的代称，而A项属于成年女子的代称，年纪大于儿童。故选A。

59. B 【解析】《呐喊》是挪威画家爱德华·蒙克创作的绘画作品。

60. A 【解析】《富春山居图》是元代黄公望的作品，以浙江富春江为背景，全图用墨淡雅，山和水的布置疏密得当，墨色浓淡干湿并用，极富于变化，是黄公望的代表作，被称为“中国十大传世名画”之一。

61. B 【解析】《韩熙载夜宴图》是五代十国时期南唐画家顾闳中的绘画作品，A项错误。《千里江山图》是典型的北宋宫廷画作，其作者为王希孟，现收藏于北京故宫博物院，B项正确。《富春山居图》于清代顺治年间遭火焚，断为两段，前半卷被另行装裱，重新定名为《剩山图》，现藏于浙江省博物馆，被誉为浙江博物馆的“镇馆之宝”；后半卷《富春山居图》，现藏于台北故宫博物院，C项错误。《洛神赋图》是东晋顾恺之的画作，被认为是第一幅改编自文学作品的画作，改编自建安文学代表人物曹植写的《洛神赋》。建安文学的代表作家主要是曹操、曹丕、曹植三父子以及建安七子。D项错误。故正确答案为B。

62. A 【解析】米开朗琪罗是意大利文艺复兴时期伟大的绘画家、雕塑家、建筑师和诗人，文艺复兴时期雕塑艺术最高峰的代表。《大卫》是米开朗琪罗为故乡佛罗伦萨创作的，表现的是建功立业以前的大卫，一个充满愤怒和力量的年轻人。这种力量是人文主义者向往的自由的人所具有的巨大潜力。也正是因为这一点,这件作品成为文艺复兴时期的英雄象征之一。A项正确。

63. B 【解析】《朝花夕拾》是鲁迅的散文集;《子夜》是茅盾的长篇小说;《激流》三部曲是巴金的小说;《白洋淀纪事》是孙犁的代表作。故选B。

64. B 【解析】汤显祖是中国明代戏曲家、文学家,其戏剧作品《还魂记》《紫钗记》《南柯记》和《邯郸记》合称"临川四梦"。汤显祖被誉为"东方的莎士比亚"。故选B。

65. C 【解析】756年8月,杜甫前往灵武投奔肃宗,途中为叛军所俘,后困居长安。这首诗作于次年3月。诗人当时为安史叛军所俘,身陷长安。杜甫眼见山河依旧而国破家亡,春回大地却满城荒凉,在此身历逆境、思家情切之际,不禁触景伤情,发出深重的忧伤和感慨。故选C。

66. D 【解析】A项诗句出自《春夜喜雨》,作者是杜甫;B项诗句出自《游子吟》,作者是孟郊;C项诗句出自《月下独酌》,作者是李白;D项诗句出自《登幽州台歌》,作者是陈子昂。故选D。

67. B 【解析】题干所列诗句出自唐代诗人白居易的《钱塘湖春行》,钱塘湖指杭州西湖。故选B。

68. B 【解析】A项错误,这句诗出自唐代诗人杜甫的《登岳阳楼》,描写的是洞庭湖浩瀚无边的景象。B项正确,这句诗出自唐代诗人王之涣的《登鹳雀楼》,这里描述的楼就是鹳雀楼,这句话意指要想看到无穷无尽的美丽景色,应当再登上一层楼。C项错误,这句诗出自唐代诗人王勃的《滕王阁序》,"落霞与孤鹜齐飞,秋水共长天一色"是全文中写景最精妙的句子。D项错误,这句诗出自唐代诗人崔颢的《黄鹤楼》,描述的是黄鹤楼。故正确答案为B。

69. D 【解析】巴尔扎克是19世纪上半叶法国批判现实主义文学的杰出代表,其主要作品有《人间喜剧》和《欧也妮·葛朗台》,A项错误。《伪君子》是莫里哀的作品,B项错误。被称为"短篇小说巨匠"的是法国作家莫泊桑,而非都德,C项错误。故选D。

70. A 【解析】欧·亨利,美国短篇小说家。他的主要作品为《麦琪的礼物》《警察与赞美诗》《最后一片藤叶》等,被誉为"美国生活幽默的百科全书"。故选A。

71. D 【解析】《周总理,你在哪里》为抒情诗,A项错误。《藤野先生》选自《朝花夕拾》,B项错误。马克·吐温是美国人,C项错误。故选D。

72. C 【解析】茅盾的代表作包括短篇小说《林家铺子》,长篇小说《子夜》。C项说法不正确,当选。

73. B 【解析】汤显祖是中国明代末期戏曲剧作家、文学家,B项表述不正确。

74. D 【解析】"五经"指儒家经典著作《诗经》《尚书》《礼记》《周易》《春秋》。《论语》是"四书"之一,不属于"五经"。

易错警示:"四书""五经"是易混淆的知识点,考生需要牢固记忆并作出准确区分。四书五经,泛指儒家经典著作。"四书"指《论语》《孟子》《大学》《中庸》。"五经"指《诗经》《尚书》《礼记》《周易》《春秋》。

75. C 【解析】拜占庭建筑是一种建筑的艺术形式,以基督教为背景,具有鲜明的宗教色彩,其突出特点是屋顶的圆形,A项错误。罗马式建筑主要通过拱券结构来获得宽阔的内部空间,B项错误。哥特式建筑的特点是高耸挺拔,辉煌壮丽,整个建筑庄严和谐。从外面仰望教堂,高峻的形体加上顶部耸立的钟塔和尖塔,使人感到一种向蓝天升腾的雄姿,如巴黎圣母院、科隆大教堂、米兰大教堂,C项正确。古希腊建筑的结构属梁柱体系,早期主要建筑都用石料。古希腊建筑是欧洲建筑的先河,如帕特农神庙,D项错误。故选C。

二、多项选择题

1. BC 【解析】苏轼、辛弃疾为豪放派的代表,李煜、柳永为婉约派的代表。

2. BCD 【解析】《醒世恒言》作者是明朝的冯梦龙;《儒林外史》是由清代吴敬梓创作的长篇小说;《红楼梦》是我国古代四大名著之一,成书于清乾隆年间;《聊斋志异》是中国清代著名小说家蒲松龄的著作。故选BCD。

3. CD 【解析】"仁"的思想最早来自孔子,A项说法错误。六大古都没有上海,B项说法错误。故选CD。

4. ABD 【解析】对宋词进行全面革新的词人是柳永,C项排除。故选ABD。

5. BD 【解析】盛唐边塞诗的代表诗人是高适和岑参。

6. ABD 【解析】白马寺位于河南省洛阳市,被称为"中国第一古刹",A项正确。灵隐寺又名云林寺,位于浙江省杭州市,被誉为江南禅宗"五山"之一,B项正确。少林寺位于河南省登封市,因坐落于嵩山腹地少室山茂密丛林之中,故名"少林寺",现为世界文化遗产,C项错误。寒山寺位于苏州市姑苏区,D项正确。故选ABD。

7. BC 【解析】在中国古代的历法中,子、丑、寅、卯、辰、巳、午、未、申、酉、戌、亥叫作"十二地支";鼠、牛、虎、兔、龙、蛇、马、羊、猴、鸡、狗、猪叫作"十二生肖"。两者按固定的顺序互相配合,组成子鼠、丑牛、寅虎、卯兔、辰龙、巳蛇、午马、未羊、申猴、酉鸡、戌狗、亥猪,用于记时。本题为选非题,答案为BC。

8. ABCD 【解析】《老人与海》中具有象征意义的物象有大海、马林鱼、鲨鱼和狮子等。故选ABCD。

9. ACD 【解析】望日指月亮圆的那一天,通常指农历每月十五。朔又称新月,指农历每月初一,A项正确。古时以"泰山"喻岳父,"泰水"喻岳母,B项错误。刻漏是中国古代汉族科学家发明的计时器。漏是指带孔的壶,刻是指附有刻度的浮箭,C项正确。山南水北谓之阳,山北水南谓之阴,D项正确。故选ACD。

10. ACD 【解析】B项为法国作家雨果的代表作。

11. ABC 【解析】但丁是意大利伟大诗人、文艺复兴的先驱。恩格斯称他是“中世纪的最后一位诗人,同时又是新时代的最初一位诗人”。他的主要作品为叙事长诗《神曲》,由《地狱》《炼狱》《天堂》三部分组成。

12. BCD 【解析】莎士比亚的四大悲剧是《麦克白》《李尔王》《哈姆雷特》《奥赛罗》;四大喜剧是《皆大欢喜》《仲夏夜之梦》《第十二夜》《威尼斯商人》。故选BCD。

13. ABD 【解析】文艺复兴“美术三杰”是指达·芬奇、米开朗琪罗和拉斐尔。

14. ABD 【解析】《战争与和平》是列夫·托尔斯泰的作品。故选ABD。

15. AB 【解析】韩非子和李斯都是法家代表人物,荀子是儒家代表人物,庄周是道家代表人物。故选AB。

16. CD 【解析】汉赋四大家是指司马相如、扬雄、班固、张衡。

17. AB 【解析】“天下有义则治,无义则乱”是墨家思想,“人法地,地法天,天法道,道法自然”是道家思想。AB项正确,故选AB。

18. ABC 【解析】古典主义音乐流派三位最著名的作曲家是海顿、莫扎特和贝多芬。

19. BCD 【解析】“宁可枝头抱香死,何曾吹落北风中”描写的是菊花,出自宋代郑思肖的《寒菊》,A项错误。“忽然一夜清香发,散作乾坤万里春”出自元代王冕的《白梅》,B项正确。“雪满山中高士卧,月明林下美人来”出自高启的《咏梅九首》,C项正确。“疏影横斜水清浅,暗香浮动月黄昏”出自宋代林逋的《山园小梅·其一》,D项正确。故选BCD。

20. ACD 【解析】《诗经》是中国古代诗歌的开端,是我国最早的一部诗歌总集,A叙述正确。“词”在宋代最为繁荣兴盛,B说法不正确。《左传》全称《春秋左氏传》,是中国第一部叙事详细的编年史著作,相传是春秋末年鲁国史官左丘明根据鲁国国史《春秋》编成,C说法正确。《史记》是中国历史上第一部纪传体通史,是二十四史的“前四史”之首,被鲁迅称为“史家之绝唱,无韵之离骚”,D说法正确。故选ACD。

21. AB 【解析】悬梁刺股说的是头悬梁、锥刺股两个故事,其中头悬梁的主人公是东汉著名的政治家、纵横家孙敬;锥刺股的主人公是战国时期著名的纵横家、外交家和谋略家苏秦。指鹿为马的主人公为秦朝的赵高。

22. BD 【解析】《子夜》的作者是茅盾,《泯灭》的作者是梁晓声,AC排除。故选BD。

23. ABCD 【解析】选项中的作者都获得过茅盾文学奖:第二届刘心武《钟鼓楼》,第三届霍达《穆斯林的葬礼》和路遥《平凡的世界》,第七届贾平凹《秦腔》。故选ABCD。

24. ABD 【解析】C项《秋收》的作者是茅盾,其余三项均是老舍的作品。故选ABD。

25. ABD 【解析】科举考试中,称乡试、会试、殿试的第一名为解元、会元、状元,合称“三元”。接连在乡试、会试、殿试中考中了第一名,称“连中三元”。故选ABD。

26. AB 【解析】唐宋八大家是唐代柳宗元、韩愈和宋代欧阳修、苏洵、苏轼、苏辙、王安石、曾巩八位散文家的合称。故选AB。

27. ABCD 【解析】王阳明是明代著名的思想家、文学家、哲学家和军事家,陆王心学之集大成者,精通儒家、道家、佛家,A错误。“令爱”多用于称呼对方的女儿,称呼对方妻子用“令正”,B错误。“机关算尽太聪明,反误了卿卿性命”是用来暗示王熙凤的命运的,C错误。“闻一言以贯万物,谓之知道”意为听到一句话就可以用来贯通万物的,叫懂得事物的规律。这里的“道”与现代企业经营管理中的“道”意思不一样,D错误。故选ABCD。

28. AB 【解析】C项错误,新中国第一位获得“人民艺术家”称号的作家是老舍。D项错误,巴金的长篇小说《激流三部曲》包括《家》《春》《秋》。故选AB。

29. ABC 【解析】清明是二十四节气之一,在仲春与暮春之交。清明节气在时间和天气物候特点上为清明节俗的形成提供了重要条件,被看作清明节的源流之一。因此,四个选项中只有清明节与二十四节气有关。本题为选非题,故选ABC。

30. ABD 【解析】法国的莫泊桑,俄国的契诃夫和美国欧·亨利并称为“世界三大短篇小说巨匠”。

31. ABD 【解析】《诗经》著名篇目有《关雎》《伐檀》《硕鼠》《七月》。《诗经》是我国第一部诗歌总集,共收录自西周初期至春秋中叶约五百年间的诗歌305篇,分为“风”“雅”“颂”三大类,开创了我国文学现实主义传统。C项错误,排除。故选ABD。

32. BC 【解析】《论语》是儒家经典,但是孔子并没有参与该书的创作,这部书是孔子死后由他的弟子完成的,A项错误。被称为我国古典小说“四大奇书”的是《三国演义》《水浒传》《西游记》和《金瓶梅》,这四部小说均为明朝时期的作品,D项错误。其余两项的说法均正确,故选BC。

33. BCD 【解析】《史记》是中国历史上第一部纪传体通史,A项错误。B、C、D三项均正确,当选。

34. ABC 【解析】苏格拉底认为放弃对人自身的探讨而去研究自然是愚蠢行为,他的哲学追求主要集中在认识人自己这一命题上,使哲学真正成为一门研究“人”的学问。D项错误,故选ABC。

35. AB 【解析】李贺的诗作想象极为丰富,多引用神话传说,托古寓今,因此被后人誉为“诗鬼”。贺知章的诗作豪放旷达,人称“诗狂”。CD项对应错误,AB项对应正确。

36. ABC 【解析】元曲有严格的格律定律,每一曲牌的字句、字数、平仄等都有固定的格式要求,但是并不死板,允许在定格中加衬字,部分曲牌还可增字,与律诗绝句和宋词相比,有较大的灵活性,D项错误。故选ABC。

37. ACD 【解析】“旗亭画壁”是一则故事，记载于唐代文人薛用弱的《集异记》中。唐玄宗开元年间，诗风日盛，不分朝野，无论官民，都喜欢吟诗唱曲。开元二十五年，同为著名边塞诗人的王之涣、王昌龄、高适都在东都洛阳游学，他们互相倾慕对方。这个故事发生在三人小聚唱和的时候，表现了盛唐诗人放达争衡、知己相契的精神风貌。故本题选ACD。

38. ABD 【解析】律诗共八句，分四联：一二句为首联，三四句为颔联，五六句为颈联，七八句为尾联，偶句押平声韵，中间两联的上下两句要讲究对仗。C项说法错误，排除。故选ABD。

39. ABC 【解析】A项正确，《永乐大典》被《不列颠百科全书》称为“世界有史以来最大的百科全书”。B项正确，《四库全书》由乾隆皇帝主持，纪昀参与编撰，分为经(儒家经典)、史(史书)、子(诸子百家)、集(文集)四部。C项正确，北宋的司马光主编的《资治通鉴》是我国第一部编年体通史。D项错误，《说文解字》的作者是许慎。故选ABC。

40. ABCD 【解析】路遥的主要作品有《人生》《平凡的世界》《惊心动魄的一幕》《在困难的日子里》《黄叶在秋风中飘落》《你怎么也想不到》等。

41. BD 【解析】《太阳照在桑干河上》是丁玲的著名长篇小说，A项错误。《小二黑结婚》是赵树理创作的著名短篇小说，B项正确。《暴风骤雨》是周立波创作的长篇小说，C项错误。《李家庄的变迁》是赵树理创作的长篇小说，D项正确。故选BD。

42. ABC 【解析】关于戏剧的代表作，应该是京剧《玉堂春》《四郎探母》；黄梅戏《天仙配》《女驸马》；越剧《红楼梦》《梁山伯与祝英台》；豫剧《花木兰》。故选ABC。

43. ABC 【解析】“晚清四大谴责小说”分别为李宝嘉的《官场现形记》、吴沃尧的《二十年目睹之怪现状》、刘鹗的《老残游记》以及曾朴的《孽海花》。

44. ACD 【解析】世界文学作品中四大吝啬鬼分别是巴尔扎克《欧也妮·葛朗台》中的葛朗台，莎士比亚《威尼斯商人》中的夏洛克，果戈理《死魂灵》中的泼留希金，莫里哀《悭吝人》中的阿巴贡。

45. CD 【解析】巳时是上午9点到中午11点，A项错误；午时是中午11点到下午1点，B项错误；CD项正确，故选CD。

三、判断题

1. √ 【解析】新乐府运动是一场诗歌革新运动，由唐代诗人白居易、元稹、张籍、李绅等所倡导，主张恢复古代的采诗制度，发扬《诗经》和汉魏乐府讽喻时事的传统，使诗歌起到“补察时政，泄导人情”的作用，强调以自创的新的乐府题目咏写时事。

2. √ 【解析】反映四季变化的节气有立春、春分、立夏、夏至、立秋、秋分、立冬、冬至8个节气。其中立春、立夏、立秋、立冬齐称“四立”，表示四季开始的意思。

3. × 【解析】冬至吃饺子是为了纪念“医圣”张仲景冬至舍药。

4. √ 【解析】“莫道不消魂，帘卷西风，人比黄花瘦”出自宋代著名女词人李清照的《醉花阴》。这首词是词人婚后所作，抒发的是重阳佳节思念丈夫的心情。

5. × 【解析】“樯橹灰飞烟灭”出自苏轼的《念奴娇·赤壁怀古》，描述的是赤壁之战。

6. × 【解析】“道高一尺，魔高一丈”出自吴承恩的《西游记》。

7. √ 【解析】刎颈之交，比喻可以同生死、共患难的朋友，出自《史记·廉颇蔺相如列传》。

8. × 【解析】杜甫的诗被人称为“诗史”，而不是“史诗”。

9. √ 【解析】处暑是二十四节气中的第十四个节气。“处”是终止的意思，处暑表示炎热的酷暑结束。

10. × 【解析】《故都的秋》是中国现代著名小说家、散文家、诗人、革命烈士郁达夫的散文。

11. × 【解析】国子监的掌管人员为祭酒、司业，教学人员为教授、博士。

12. × 【解析】我国京剧脸谱色彩丰富，红色代表忠勇侠义，白色代表阴险狡诈，黑色代表忠耿正直。

13. × 【解析】李煜为南唐后主，不是南宋君主。

14. × 【解析】《登高》为唐代诗人杜甫的作品；《琵琶行》为唐代诗人白居易的作品。

15. × 【解析】“净”俗称花脸，又叫花面，一般都是男性角色。

16. √ 【解析】诗句出自唐代杜甫《登岳阳楼》，“亲朋无一字，老病有孤舟”一句为诗作颈联。这是一首即景抒情之作，前两联写登岳阳楼所见，用凝练的语言将洞庭湖水势浩瀚无际的磅礴气势和宏伟壮丽的形象真实地描画出来，勾勒出一幅气象万千的画面。颈联表现出自己政治生活坎坷，漂泊天涯，怀才不遇的心情。尾联抒写出诗人眼睁睁看着国家离散而又无可奈何，空有一腔热忱却报国无门的凄伤。这首诗意蕴丰厚，抒情虽低沉抑郁，却吞吐自然，显得雄浑大气，气度超然。

17. × 【解析】契诃夫与莫泊桑和欧·亨利并称为“世界三大短篇小说家”。而列宁曾称列夫·托尔斯泰为“俄国革命的一面镜子”。

18. × 【解析】在我国古代，“总角”指八九岁至十三四岁的儿童、少年，“豆蔻年华”专指女孩子十三四岁时。因此，二者的用法不同。

19. × 【解析】“三魂七魄”实际上是中国道教和中医对于人的灵魂说法，出自晋朝葛洪所著《抱朴子·地真》。

20. × 【解析】欧阳修是宋代文学家，“楷书四大家”包括唐代欧阳询(欧体)、唐代颜真卿(颜体)、唐代柳公权(柳体)、南宋晚期至元朝初期赵孟頫(赵体)。

方法技巧：书法家与其称号是常考内容。具有代表性的书法家与其称号还有：(1)魏晋时期的王羲之，被称为“书圣”，其代表作包括《兰亭序》《黄庭经》等。(2)“初唐四大家”指欧阳询、虞世南、褚遂良、薛稷；盛唐时期的颜真卿与中晚唐时期的柳公权，合称“颜筋柳骨”；张旭和怀素并称为“颠张狂素”。(3)“宋四家”指苏轼、黄庭坚、米芾、蔡襄。

21. × 【解析】“江山社稷”中的社指土地神，稷指五谷神。

22. × 【解析】被称为“旧时代的葬歌”的是老舍的话剧剧本《茶馆》，《王昭君》是曹禺的代表作。

23. × 【解析】《琵琶记》是元末戏曲作家高明创作的一部南戏，被誉为“传奇之祖”。《窦娥冤》是元代戏曲家关汉卿的杂剧代表作。

24. × 【解析】陶渊明是东晋末期南朝宋初期诗人、文学家、辞赋家、散文家。

25. × 【解析】富春山居图是黄公望为师弟郑樗(无用师)所绘，几经易手，并因“焚画殉葬”而身首两段，前半卷剩山图现收藏于浙江省博物馆，后半卷无用师卷现藏于台北故宫博物院。

26. √ 【解析】《汉书》，又称《前汉书》，是中国第一部纪传体断代史，“二十四史”之一，由东汉时期史学家班固编撰。《汉书》是继《史记》之后中国古代又一部重要史书，与《史记》《后汉书》《三国志》并称为“前四史”。

27. √ 【解析】“韩柳”是对中唐散文家韩愈、柳宗元的并称，他们二人是唐朝古文运动的倡导者。

28. √ 【解析】“一年好景君须记，最是橙黄橘绿时”出自北宋文学家苏轼创作的七言绝句《赠刘景文》，是他送给好友刘景文的一首勉励诗。这句诗的意思是：一年中最好的景致你一定要记住，那就是在橙子金黄、橘子青绿的秋末冬初时节啊。

29. × 【解析】《双城记》是英国作家查尔斯·狄更斯所著的一部以法国大革命为背景的长篇历史小说。

30. √ 【解析】“说”是古代的一种议论文体裁。例如，《马说》这篇文章以马为喻，谈的是人才问题。

专题三　科技成就与高新科技

一、单项选择题

1. C 【解析】我国古代四大发明包括造纸术、活字印刷术、指南针和火药。本题为选非题，故选C。

2. B 【解析】广义相对论是描述物质间引力相互作用的理论，这一理论首次把引力场解释成时空的弯曲。广义相对论预言了引力波的存在，现已被直接观测所证实，B项正确。故选B。

3. D 【解析】2019年12月17日，经中央军委批准，中国第一艘国产航母命名为“中国人民解放军海军山东舰”，舷号为“17”，D项正确。A项，辽宁舰是我国的第一艘航空母舰。故选D。

4. B 【解析】1969年7月20日，美国“阿波罗”11号宇宙飞船安全着陆月球。几个小时后，宇航员阿姆斯特朗率先登上月球，在月球上首次留下人类的足迹。故选B。

5. B 【解析】“神舟十二号”载人飞船入轨后，采用自主快速交会对接模式对接于天和核心舱的前向端口，与天和核心舱、天舟二号货运飞船形成组合体。航天员进驻核心舱，执行天地同步作息制度进行工作生活。

6. C 【解析】1698年托马斯·塞维利和1712年托马斯·纽科门制造了早期的工业蒸汽机，第一次工业革命期间，瓦特改良了蒸汽机。1807年，美国机械工程师富尔顿设计出蒸汽机带动车轮拨水的“克莱蒙特”轮船。瓦特制成的改良型蒸汽机和富尔顿制造第一艘蒸汽轮船均是第一次工业革命的成果。1879年10月21日，爱迪生制作了世界上第一只有实用价值的电灯。1895年，马可尼在自家的花园里成功地进行了无线电波传递实验，次年获得了专利。电灯和无线电报均是第二次工业革命的成果。故选C。

7. A 【解析】煤炭、石油和天然气均属于不可再生的能源，风能是取之不尽用之不竭的可再生能源。故选A。

8. A 【解析】这件“外衣”学名是“低吸收—低发射热控涂层”。它是一种喷涂在航天器外表面的热控制材料。它可以通过它自身对太阳辐照的低吸收强反射能力，大大减少飞船受太阳长时间辐照的内部温度升温现象，再通过它自身的极低的红外发射特性，在飞船处于背阳面时期减少辐射漏热，大大减缓舱内温度下降速率，起到保温效果。

9. C 【解析】英国物理学家牛顿是经典物理学理论体系的创立者。

10. C 【解析】伽利略以系统的实验和观察推翻了以亚里士多德为代表的纯思辨的传统的自然观，开创了以实验事实为根据并具有严密逻辑体系的近代科学，被称为“近代科学之父”。

11. B 【解析】哥白尼的主要贡献是创立了科学的“日心说”，写出了“自然科学独立宣言”——《天体运行论》。

12. D 【解析】祖冲之在世界数学史上第一次将圆周率的数值精确到小数点后七位，比欧洲早1000多年。

13. A 【解析】阿基米德的主要著作《论浮体》是古代第一部流体静力学著作，阿基米德也因此被认为是流体静力学的创始人。

14. B 【解析】轨道舱配备了航天员在轨生活支持设备、交会对接敏感器等关键设备，为自主快速交会对接做好充分准备；返回舱是飞船发射和返回过程中航天员所乘坐的舱段，是飞船的“大脑”；推进舱则装配推进系统、电源等设备，为飞船提供动力，并在飞行过程中进行姿态轨道的控制。

15. B 【解析】袁隆平，杂交水稻育种专家，被誉为“杂交水稻之父”。

16. A 【解析】随着航天器种类和数量的增多，航天器的跟踪和控制任务越来越重，数据传输量也越来越大，单靠地面测控站难以胜任。为及时有效地完成对航天器的管理和数据收集工作，中继卫星应运而生。

17. B 【解析】食品添加剂是为改善食品品质和色、香、味以及为防腐和加工工艺的需要而加入食品中的化学合成或天然物质。可见，B项说法有误。

18. C 【解析】《国务院关于推进物联网有序健康发展的指导意见》指出，经过多年发展，我国在物联网技术研发、标准研制、产业培育和行业应用等方面已初步具备一定基础，但也存在关键核心技术有待突破、产业基础薄弱、网络信息安全存在潜在隐患、一些地方出现盲目建设现象等问题。故选C。

19. D 【解析】在索契冬奥会的越野滑雪、速度滑冰等赛场上都能见到异频雷达技术，其中在速度滑冰的比赛当中用它计时的准确性能精细到千分之一秒。相比以往，这些计时器不仅能够记录下选手们行进的速度，同时能提供加速度、重力的分析。在它的帮助下，主办方还能追踪到选手们在赛道上的具体位置。故选D。

20. B 【解析】智慧城市是新一代信息技术变革的产物，技术的推动起到了非常大的作用，特别是以物联网为代表的新一代信息技术。

21. D 【解析】中国航天事业的三个里程碑：人造地球卫星上天，载人航天飞行，月球探测工程。这三个里程碑分别以"东方红一号"卫星发射成功、"神舟五号"载人飞船上天、"嫦娥一号"月球探测器发射为重要标志。故选D。

22. B 【解析】《九章算术》是我国东汉时期编订的一部数学经典著作。

23. D 【解析】《授时历》是元朝天文学家郭守敬主持编定的，不属于两汉时期的天文学成就。本题为选非题，故选D。

24. D 【解析】我国现存的第一部完整的农学著作是北魏农学家贾思勰所著的《齐民要术》。

25. C 【解析】中国旅游日（5月19日）源自《徐霞客游记》的首篇《游天台山记》的开篇之日（公元1613年5月19日）。《徐霞客游记》是明代地理学家徐霞客创作的一部散文游记。沈括是北宋科学家，著有被称为"中国科学史上的里程碑"的《梦溪笔谈》。周达观是元代地理学家，他写成了现存唯一一本详细记录吴哥王朝风土人情的著作《真腊风土记》。裴秀是魏晋时期地图学家，开创了中国古代地图绘制学。故选C。

26. A 【解析】微电子技术是建立在以集成电路为核心的各种半导体器件基础上的高新电子技术，它是现代信息技术的基石。

27. C 【解析】IT的英文是Information Technology，即信息技术。

28. A 【解析】多媒体化指多媒体计算机和超文本技术相结合，形成了集文本、图像、声音于一体的超媒体技术。远程面试中求职招聘双方在此系统中可进行人与人、面对面的语音即时交流及影像的在线审视，该过程运用了图像、声音于一体的超媒体技术。由此可见，远程面试体现出了信息技术发展趋势的多媒体化，A项正确。

29. A 【解析】科学家利用电脑操作证明了多个数学定理，操作主体是科学家，而非人工智能，A项错误。BCD项说法正确，本题为选非题，故选A。

30. C 【解析】联合国开发计划署把新能源分为以下三大类：大中型水电；新可再生能源，包括小水电、太阳能、风能、现代生物质能、地热能、海洋能；传统生物质能。

31. C 【解析】物联网空调是通过传感设备，按约定的协议，直接对空调终端进行信息交换和通信，以实现智能化识别、跟踪、监控和管理的一种网络空调。

32. A 【解析】A项中的电能属于二级能源，它主要来自其他形式能量的转换。

33. D 【解析】当前第三代移动通信技术（3G）已经全面落伍，4G已在全球广泛实施，5G正在铺设，6G正在研发，D项错误。ABC说法正确，本题为选非题，故选D。

34. B 【解析】B项错误，云计算的服务器是真实的物理服务器，不是虚拟系统。

35. B 【解析】B项错误，北斗系统由空间段、地面段和用户段三部分组成。空间段由若干地球静止轨道卫星、倾斜地球同步轨道卫星和中圆地球轨道卫星三种轨道卫星组成混合导航星座。因此，"都是静止轨道卫星"表述错误。

36. C 【解析】①错误，水力发电工程投资大、建设周期长，但水力发电效率高，机组启动快。②正确，水力发电不使用燃料，因此不会产生污染环境的废气和废渣。③正确，水力发电对水本身没有污染，因此用于发电的水也可以用于灌溉和水产养殖等其他方面。故选C。

37. D 【解析】D项错误，光纤通信速度快，既可用于超远距离通信，也可用于近距离通信。

38. C 【解析】500米口径球面射电望远镜被誉为"中国天眼"，由我国天文学家南仁东于1994年提出构想，历时22年建成，于2016年9月25日落成启用。2020年1月11日，500米口径球面射电望远镜通过国家验收，并正式开放运行。它是具有我国自主知识产权、世界最大单口径、最灵敏的射电望远镜。

39. D 【解析】隐形飞机之所以能够"隐形"，是因为它采用吸波材料做外壳，并配以红外线过滤器、消声装置及电子干扰装置等，使雷达、红外线或其他探测系统难以发现，但不一定能够进行超音速飞行。故选D。

40. D 【解析】1969年7月20日，美国的"阿波罗11号"飞船成功在月球着陆，阿姆斯特朗在月球表面留下了人类的第一个脚印，阿姆斯特朗当时用"这是我个人的一小步，却是人类迈出的一大步"描述了自己的登月感受。

41. D 【解析】光导纤维简称光纤，是一种由玻璃或塑料制成的纤维，能够传导光波和各种光信号，可作为光传导工具,传输原理是“光的全反射”。光导纤维能使光像电流一样沿着导线传输,但是传导的不是电信号,而是光信号,因此,光导纤维不能导电,A项错误,D项正确。光导纤维的主要成分是二氧化硅,而玻璃的主要成分除了二氧化硅还有硅酸钠和硅酸钙等,二者有相同的成分,但不完全一样,B项错误。光导纤维不具有耐碱性,C项错误。故本题选D。

42. B 【解析】太阳能是由太阳内部氢原子发生核聚变释放出巨大核能而产生的,B项错误。ACD项说法正确,本题为选非题,故选B。

43. C 【解析】空间技术是21世纪技术的外向延伸,它的两个标志是航天飞机和永久太空站。

44. A 【解析】潮汐能是可再生能源,A项错误。BCD项说法正确,本题为选非题,故选A。

45. D 【解析】西昌卫星发射中心始建于1970年,酒泉卫星发射中心始建于1958年,太原卫星发射中心始建于1967年,文昌航天发射场在2014年建成。故选D。

46. B 【解析】都江堰位于四川省成都市都江堰市城西,坐落在成都平原西部的岷江上,是全世界迄今为止,年代最久、唯一留存、仍在一直使用、以无坝引水为特征的宏大水利工程。

47. C 【解析】磁悬浮列车是由无接触的磁力支撑、磁力导向和线性驱动系统组成的新型交通工具。

48. D 【解析】首先引入“场”的概念的物理学家是法拉第,A项对应正确。英国科学家麦克斯韦预言了电磁波的存在,B项对应正确。在“斜面实验”发现和验证自由落体定律的基础上,伽利略发现了“惯性运动”,C项对应正确。牛顿在1687年发表的《自然哲学的数学原理》中提出了万有引力定律。阿基米德提出了杠杆原理、浮力定律,D项对应不正确。本题为选非题,故正确答案为D。

49. A 【解析】纳米是一种长度单位,1纳米等于1米的十亿分之一,A项正确。纳米技术跟食物无关,B项错误。空气中的粉尘,是指悬浮在空气中的固体微粒。国际标准化组织规定,粒径小于75微米的固体悬浮物定义为粉尘,1微米相当于1米的一百万分之一,C项错误。纳米科技现在已经包括纳米生物学、纳米电子学、纳米材料学、纳米机械学、纳米化学等学科,有广阔的应用前景,但是选项中纳米科技无所不能的表述过于绝对,D项错误。故正确答案为A。

50. B 【解析】互联网数据中心是电信部门利用已有的互联网通信线路、带宽资源,建立标准化的电信专业级机房环境,为企业、政府提供服务器托管、租用以及相关增值等方面的全方位服务。所以,大数据、物联网等产业的高速发展,需要互联网数据中心提供服务支持,互联网数据中心是我国的战略性基础设施。故选B。

51. D 【解析】实时控制是指在系统规定的时间间隔内,调节或强制被控制对象完成预定动作或响应的过程控制。数据处理是对各种形式的数据进行收集、存储、加工和传输等活动的总称。故选D。

52. D 【解析】天地往返、出舱行走与交会对接被称为载人航天中最重要的三大基本技术。

53. B 【解析】高分子材料也称为聚合物材料,是以高分子化合物为基体,再配有其他添加剂(助剂)所构成的材料。高分子材料按特性分为橡胶、纤维、塑料、高分子胶粘剂、高分子涂料和高分子基复合材料等。A项,棉麻是纤维,属于高分子材料,排除。B项,陶瓷材料是指用天然或合成化合物经过成形和高温烧结制成的一类无机非金属材料,不属于高分子材料,当选。C项,塑料属于高分子材料,排除。D项,橡胶属于高分子纤维,排除。故选B。

54. D 【解析】李冶,金元时期的数学家。李冶在数学上的主要贡献是天元术(设未知数并列方程的方法)。李冶与杨辉、秦九韶、朱世杰并称为“宋元数学四大家”。

55. C 【解析】智能手机人脸识别需要先采集人脸图像,再对人脸图像预处理,然后再进行人脸图像特征值的匹配,最后控制手机屏幕锁开启。

56. C 【解析】虚拟现实技术又称灵境技术,是以沉浸性、交互性和构想性为基本特征的计算机高级人机界面。C项正确。A项是信息高速公路的主要目标,排除。B项指的是光导纤维,排除。信息科学是合成虚拟现实的基本前提,D项错误。故选C。

57. D 【解析】《黄帝内经》分《灵枢》《素问》两部分,是中国最早的医学典籍,也是传统医学四大经典著作之一,A项错误。元代朱世杰的《四元玉鉴》是宋元数学高潮的一部代表作,在中国古代数学史上有着重要地位,B项错误。东汉张仲景的《伤寒杂病论》是中国传统医学著作之一,系统地分析了伤寒的原因、症状、发展阶段和处理方法,创造性地确立了对伤寒病的“六经分类”的辨证施治原则,奠定了理、法、方、药的理论基础,C项错误。《齐民要术》杰出农学家贾思勰所著的一部综合性农学著作,是中国现存最早的一部完整的农书,D项正确。

二、多项选择题

1. BCD 【解析】“神舟十二号”飞行乘组由航天员聂海胜、刘伯明和汤洪波三人组成,聂海胜担任指令长。备份航天员为翟志刚、王亚平、叶光富。其中,聂海胜参加过“神舟六号”和“神舟十号”载人飞行任务,刘伯明参加过“神舟七号”载人飞行任务,汤洪波是首次飞行。

2. ABCD 【解析】海洋能包括潮汐能、温差能、盐差能、海流能和波浪能等。

3. ACD 【解析】常规能源是指技术上比较成熟且已被大规模利用的能源,而新能源通常是指尚未大规模利用、正在积极研究开发的能源。因此,煤、石油、天然气以及大中型水电都被看作常规能源,而太阳能、风能、生物质能、地热能、潮汐能以及核能、氢能等被看作新能源。故正确答案为ACD。

4. ACD 【解析】一次能源可分为可再生能源和不可再生能源。电能属于二次能源。

方法技巧：能源的类别是常考知识点，考生可用表格对常见能源所属类别进行区分。

<table>
<tr><th colspan="2">类别</th><th>常规能源</th><th>新能源</th></tr>
<tr><td rowspan="2">一次能源</td><td>可再生能源</td><td>水能</td><td>太阳能，风能，地热能，海洋能，生物质能</td></tr>
<tr><td>不可再生能源</td><td>煤，石油，天然气</td><td>核能</td></tr>
<tr><td>二次能源</td><td colspan="3">汽油，柴油，煤气，沼气，火电，水电，核电，太阳能发电</td></tr>
</table>

5. AD 【解析】现代信息技术，是借助以微电子学为基础的计算机技术和电信技术的结合而形成的手段，对声音的、图像的、文字的、数字的和各种传感信号的信息进行获取、加工、处理、储存、传播和使用的技术。它包括微电子技术、光电子技术、计算机技术、通信技术、网络技术、感测技术、控制技术、显示技术等。故本题选AD。

6. ABC 【解析】"药圣"指明代医药学家李时珍。张仲景是东汉时期著名医学家，被后人尊称为"医圣"，著有《伤寒杂病论》。D项错误，可排除。ABC项正确，当选。

7. ABC 【解析】相比4G网络，5G网络具有以下特点：高速度，泛在网，低功耗，低时延，超大网络容量，ABC项正确。5G网络是低功耗而不是无能耗，D项错误。故选ABC。

8. AB 【解析】1810年，英国人史蒂芬孙发明了火车。1825年英国建成了世界上第一条铁路。所以选项A的场景在19世纪50年代的英国是可能见到的。第一次工业革命发明和改进了蒸汽机，人类开始大规模燃烧矿物燃料。而且，一种新型的生产组织形式——工厂出现了。所以选项B中的场景是可能看见的。19世纪50年代，霓虹灯和电脑还没有发明，它们不可能出现在19世纪50年代的电影中。

9. ABD 【解析】成书于七、八世纪的唐代道教作品《真元妙道要略》中记载着"以硫磺、雄黄合硝石，并密烧之""焰起，烧手面及屋宇"，这里的"密"应是蜜的误写，因为蜜在加热状态下会发生碳化反应。根据以上记载，我们可以看到火药配方的是硫磺、硝石和木炭。在历史上，雄黄也曾经被用作制作火药的原料，A项正确。火药在唐朝末年开始运用于军事，到宋代才出现突火枪、火箭、火炮等军事武器，C项说法错误。BD项说法正确。故选ABD。

10. BCD 【解析】19世纪自然科学的三大发现是细胞学说，能量守恒与转化定律，生物进化论。

11. BCD 【解析】人工智能不是人的智能，却能像人那样思考，也可能超过人的智能，A项错误。故选BCD。

12. ABC 【解析】VR(Virtual Reality，虚拟现实)可以让用户沉浸于由计算机生成的三维虚拟环境，并与现实环境相隔绝。AR(Augmented Reality，增强现实)是在真实环境中增添或者移除由计算机实时生成的可以交互的虚拟物体或信息。D错误，故选ABC。

易错警示：虚拟现实(VR)，创造了整个虚拟世界，把你和现实世界隔离开，其核心问题是图形计算和沉浸感。增强现实(AR)，是把虚拟事物叠加到现实世界图像的最顶层，其核心问题是图像识别和跟踪。

13. AB 【解析】核聚变是轻原子核结合成较重原子核并放出巨大能量的一种核反应形式。A项正确，太阳能是太阳内部核聚变反应所释放出的辐射能。B项正确，氢弹是利用原子弹爆炸的能量点燃氢的同位素氘(D)、氚(T)等质量较轻的原子的原子核发生核聚变反应瞬时释放出巨大能量的核武器。CD项错误，核电站和原子弹都利用的是核裂变反应。故选AB。

14. ABCD 【解析】高新技术包括六大技术领域是信息技术、生物技术、新材料技术、新能源技术、空间技术和海洋技术。

15. ABD 【解析】利用卫星，在全球范围内进行实时定位、导航的系统，称为全球定位系统，简称GPS。GPS可以提供车辆定位、防盗、反劫、行驶路线监控及呼叫指挥等功能。要实现以上所有功能必须具备GPS终端、传输网络和监控平台三个要素。

16. AB 【解析】C项错误，莫尔斯发明的是电报，发明电话的是贝尔。D项错误，留声机是发明家爱迪生发明的。AB项正确，当选。

17. AC 【解析】BD项错误，长征系列是我国的航天运载工具，天宫系列是我国组建的空间实验室。故选AC。

18. ABD 【解析】马克思在《经济学手稿》中提到，印刷术、火药和指南针是预告资产阶级社会到来的三大伟大发明。

19. ACD 【解析】碳纤维是一种高强度、高模量、耐高温的无机高分子纤维，具有抗疲劳、耐腐蚀、导电性和导热性良好的优点，但耐冲击性较差，B项错误。ACD项说法正确，故选ACD。

20. BCD 【解析】B项错误，地心说最初由米利都学派形成初步理念，后由古希腊学者欧多克斯提出，然后经亚里士多德、托勒密进一步发展而逐渐建立和完善起来。哥白尼提出的是"日心说"。C项错误，牛顿提出万有引力。D项错误，浮力原理的提出者是阿基米德。

21. AD 【解析】一次能源是指自然界中以原有形式存在的、未经加工的能源。它包括化石燃料、水能、风能、地热能等。新型能源是指传统能源之外的各种能源形式，指刚开始开发利用或正在积极研究、有待推广的能源，如太阳能、地热能、风能、海洋能、生物质能和核能等。地热能属于一次能源和新型能源。

22. BD 【解析】健康码能够灵活地进行颜色变换,需要多方面的技术支持:(1)大数据技术。数据的采集、储存、分析以及整合,都离不开大数据技术。(2)定位技术。一方面是卫星定位,GPS、北斗导航系统等定位系统,都会对我们的手机进行定位;另一方面,正常情况下手机会被多个无线基站的信号覆盖,并对这些来自不同基站的信号进行收集,从而计算出基站与手机之间的距离,定位手机所在位置。(3)健康码是一个二维码,是基于给定的数据通过信息技术的处理而生成的。故选BD。

23. AC 【解析】"嫦娥一号"是我国首颗绕月人造卫星,A选项正确。我国首颗望远镜卫星为"慧眼号",B选项错误。2013年12月,"嫦娥三号"探测器自主着陆月球,使中国成为继美国、苏联之后第三个实现月球软着陆的国家,C选项正确。"风云"系列是气象卫星,D选项错误。故选AC。

24. ABC 【解析】化石能源所包含的天然资源有煤炭、石油和天然气,ABC项正确。地热能是由地壳抽取的天然热能,这种能量来自地球内部的熔岩,并以热力形式存在,是引致火山爆发及地震的能量。化石能源属于不可再生能源,地热能属于可再生能源,D项错误。故选ABC。

25. BCD 【解析】高层楼宇灭火系统,是通过发射灭火弹的方式来消灭高层建筑火灾的特种消防装备。它利用了航天发射技术、控制技术和信息处理技术,能够精确、快速、高效地扑灭高层楼宇火灾。

26. AC 【解析】电话机是美国人贝尔于1876年发明的;柴油内燃机于1897年研制成功;1886年被称为汽车元年;1893年尼古拉·特斯拉首次公开展示了无线电通信,1901年马可尼进行了横跨大西洋的无线电通信。由此可知,1889年出现了电话和汽车,故选AC。

27. ABCD 【解析】三维打印,即快速成型技术的一种,它是一种以数字模型文件为基础,运用粉末状金属或塑料等可粘合材料,通过逐层打印的方式来构造物体的技术。该技术在珠宝、鞋类、工业设计、建筑、工程和施工、汽车、航空航天、牙科和医疗产业、教育、地理信息系统、土木工程、枪支以及其他领域都有所应用。

28. ACD 【解析】5G的频段高于4G,因而5G的基站密度也应当更大,需要的基站数量也更多。故B项说法错误,排除。ACD项说法正确,故选ACD。

29. ABC 【解析】目前,5G网络的理论下行速度为10Gbit/s,比现在的4G网络要快100倍。故D项说法错误。

30. AC 【解析】云计算引入了全新的以用户为中心的理念,具有节省成本、高可用性、易扩展等众多优点。故选AC。

三、判断题

1. × 【解析】GSM也是数字蜂窝网络。因此,5G移动网络与早期的2G、3G和4G移动网络一样,都是数字蜂窝网络。

2. √ 【解析】目前,唯一达到工业应用、可以大规模替代化石燃料的新能源,就是核能。

3. × 【解析】"三网融合"是指电信网、广播电视网、互联网相互渗透、互相兼容、并逐步整合成为全世界统一的信息通信网络,其中互联网是其核心部分。

4. √ 【解析】利用算盘可以进行乘方和开平方运算。

5. × 【解析】2020年11月10日,我国"奋斗者"号在马里亚纳海沟成功坐底,创造了10909米中国载人深潜新纪录,标志着我国在大深度载人深潜领域达到世界领先水平,使我国成为世界上第二个实现万米载人深潜的国家。

6. √ 【解析】狭义相对论是爱因斯坦在1905年发表的题为《论动体的电动力学》一文中提出的区别于牛顿时空观的新的平直时空理论。"狭义"表示它只适用于惯性参考系。这个理论的出发点是两条基本假设:狭义相对性原理和光速不变原理。

7. √ 【解析】射频识别技术作为物联网的关键技术之一,是一种用于信息采集的非接触式自动识别技术,它通过射频信号及其传输特性,自动识别移动或静止的目标对象并获取相关数据,实现对标签的信息获取。

8. × 【解析】太阳能是一种清洁能源,是由太阳内部的氢原子发生氢氦聚变释放出巨大核能而产生的能量。

9. √ 【解析】《齐民要术》大约成书于北魏末年,是中国杰出农学家贾思勰所著的一部综合性农学著作,是中国现存最早的一部完整的农书。

10. √ 【解析】"两弹一星"是指核弹、导弹和人造卫星。

11. × 【解析】全球定位系统由空间部分、地面控制系统和用户设备部分组成。

12. √ 【解析】生物质能是自然界中有生命的植物提供的能量。这些植物以生物质作为媒介储存太阳能。生物质能属于再生能源,是唯一一种可再生的碳源。

13. √ 【解析】清洁能源包括核能和可再生能源。太阳能、生物能、地热能都属于可再生能源。

14. × 【解析】诺贝尔一生拥有355项专利发明,其中炸药是最为著名的一项。一般认为,电灯是爱迪生发明的。

15. × 【解析】电池的发明人是伏特。

16. × 【解析】"医圣"张仲景的代表著作是《伤寒杂病论》,《千金方》是唐代医学家"药王"孙思邈的著作。

17. × 【解析】北宋沈括的《梦溪笔谈》是以笔记体裁形式写成的科学典籍。《梦溪笔谈》在磁学方面研究成果尤为卓著,最早记载了人工磁化的一种简便方法,即"以磁石磨针锋"造指南针。

18. × 【解析】新材料技术的标志是材料设计和超导技术。

19. × 【解析】"灵台"是现存最早的天文台遗址,在今天的河南洛阳。

20. √ 【解析】核能是安全、洁净的能源,属于不可再生能源和清洁能源。这一技术能够造福人类,但是如果处理不当也会产生严重的污染,一旦发生核泄漏就会对周边的人和其他生物造成伤害,这说明科技革命是一把“双刃剑”。

专题四 生活常识

一、单项选择题

1. A 【解析】DNA的全称是脱氧核糖核酸。

2. C 【解析】分子生物学的研究表明,DNA是染色体的主要化学成分,同时也是基因组成的材料,被称为“遗传微粒”,是遗传信息的载体。故选C。

3. D 【解析】鼠疫的主要传播途径有:(1)鼠蚤叮咬传播;(2)呼吸道感染;(3)经皮肤传播;(4)消化道感染。D项错误,ABC项说法正确,本题为选非题,故选D。

4. D 【解析】病毒是由一个核酸分子(DNA或RNA)与蛋白质构成的非细胞形态的靠寄生生活的生命体,它并不一定都对人类有害。

5. D 【解析】小脑损伤常常会导致小脑性共济失调,不同部位及不同传入、传出神经纤维损伤,常见的功能障碍主要有以下几个方面:姿势和步态异常,协调障碍,言语障碍等。D项错误,ABC项说法正确,本题为选非题,故选D。

6. D 【解析】常见的物体状态表示符号为:固态——s(solid);液态——l(liquid);气态——g(gas);溶液——aq(aqua)。本题为选非题,故正确答案为D。

7. D 【解析】化学变化是指相互接触的分子间发生原子或电子的转换或转移,生成新的分子并伴有能量的变化的过程。物理变化,指物质的状态虽然发生了变化,但一般说来物质本身的组成成分却没有改变。“粉身碎骨浑不怕”反应的是物理变化;“要留清白在人间”体现的是化学变化,即$CaCO_3$在高温的作用下生成了CaO(白色固体)和CO_2的过程,有新物质生成,属于化学变化,A项不符合题意。“泽中有火”是对石油蒸气在湖泊池沼水面上起火现象的描述,石油蒸气是指沼气,即甲烷气体,有新物质生成,属于化学变化,B项不符合题意。“曾青得铁则化为铜”是铁和硫酸铜反应生成铜硫酸亚铁,铜附着在铁的表面,有新物质生成,属于化学变化,C项不符合题意。雾属于胶体分散系,可见光通过时会出现丁达尔效应,没有新物质的产生,不属于化学变化,D项符合题意。本题为选非题,故正确答案为D。

8. A 【解析】减弱噪音的方法,一是减弱噪音源,二是切断或尽力阻断噪音传播途径。B、C、D三项都是阻断噪音传播途径的方法。A项安装空调不能减弱噪音,当选。

9. B 【解析】食盐的主要成分是钠,高钠饮食是高血压的主要诱因。钠在体内可以引起体液和人体血容量增加,这样会引起人体血压升高,加重心脏负担,B项正确。

10. B 【解析】凝华是指物质从气态不经过液态而直接变成固态的现象,形成原因一般是急剧降温。家里的白炽灯的钨丝受热会发生升华现象,钨蒸气遇到较冷的灯泡玻璃时便在灯泡壁上发生凝华,所以用久了的白炽灯泡会发黑。

11. C 【解析】人体的骨骼里含有较多的磷化钙。人死后,躯体里的磷由磷酸根状态转化为磷化氢。磷化氢是一种气体物质,燃点很低,在常温下与空气接触便会燃烧,产生常说的“鬼火”现象。

12. C 【解析】蔬菜富含人体需要的维生素、矿物质及消化系统必需的粗纤维等。在我们食用的蔬菜中,豆菜类含有较多的维生素C和矿物质;根茎类含淀粉甚多;叶菜类一般含淀粉较少,含纤维较多,含有铁、钾、维生素以及胡萝卜素等;花菜类含维生素A、B、C和丰富的矿物质。综上,本题选C。

13. A 【解析】根据元素在人体内的含量不同,可将元素分为常量元素和微量元素两大类。凡是占人体总重量的万分之一以上的元素,如碳、氢、钾、氮、钙、磷、镁、钠等,称为常量元素;凡是占人体总重量的万分之一以下的元素,如铁、锌、铜、锰、铬、硒、钼、钴、氟等,称为微量元素。故正确答案为A。

14. D 【解析】酸碱中和反应是酸和碱互相交换成分,生成盐和水的反应。皮蛋在制作过程中加入“碱水”而略带苦涩味,食醋的醋酸能够中和皮蛋的一部分碱性,发生酸碱中和反应,A项不符合题意;蚊子的唾液中含有甲酸,肥皂中的碱可以中和掉甲酸,发生了酸碱中和反应,B项不符合题意;复方氢氧化铝片为复方制剂,主要成分氢氧化铝为碱性,可以中和掉过多的胃酸,发生酸碱中和反应,达到治疗作用,C不符合题意;水垢的主要成分是碳酸钙等碳酸盐,醋里面的醋酸会与其发生反应,产生溶于水的物质、矿物质和二氧化碳气体,该过程不涉及酸碱中和反应,D项符合题意。本题为选非题,故正确答案为D。

15. B 【解析】抗生素是指由微生物或高等动植物在生活过程中所产生的具有抗病原体或其他活性的一类次级代谢产物,是一种能干扰其他生活细胞发育功能的化学物质。抗生素的生产主要靠微生物发酵法,A项说法正确。抗生素主要用于治疗各种细菌感染或致病微生物感染类疾病,即抗生素能杀死致病的细菌,不能杀死病毒,B项说法错误。英国细菌学家弗莱明首先发现了世界上第一种抗生素——青霉素,C项说法正确。链霉素是一种氨基糖苷类抗生素,是从灰链霉菌的培养液中提取的,它可作用于结核杆菌核糖体,起到干扰结核杆菌蛋白质合成的作用,从而杀灭或者抑制结核杆菌的生长,D项说法正确。综上,本题选B。

16. B 【解析】鳄鱼肾脏的排泄功能很不完善,体内多余的盐分要靠一种特殊的盐腺来排泄,而鳄鱼的盐腺正好位于眼睛附近。

17. B 【解析】崴脚后不能进行按摩、拉伸、热敷。如果进行按摩、热敷,就容易使毛细血管扩张,血流量增加,炎症和肿胀加重,对损伤愈合不利。如果进行拉伸,本来轻微断裂的韧带可能变成严重断裂,B项错误。ACD说法正确,本题为选非题,故选B。

18. A 【解析】超导体是指在某一温度下,电阻为零的导体。

19. C 【解析】冰雪消融是由固态冰变为液态水,发生的是熔化现象,A错误。草叶上出现露水是空气中水蒸气遇冷液化形成的,是液化现象,B错误。积雪减少是升华现象,D错误。

20. C 【解析】泡沫灭火器不能扑救B类火灾中的水溶性可燃、易燃液体的火灾,如醇、酯、醚、酮等物质火灾。二氧化碳或者干粉灭火器适用于易燃、可燃液体、气体及带电设备的初起火灾,AD项错误。泡沫灭火器不能扑救带电设备及C类和D类火灾,但可以用二氧化碳灭火器或者干粉灭火器,B项错误。泡沫灭火器适用于扑救一般B类火灾,如油制品、油脂等火灾,也可适用于A类火灾,C项正确。

21. B 【解析】用湿毛巾捂住口鼻可以防止有害气体和粉尘进入呼吸道,所以逃生时应该用湿毛巾捂住口鼻,蹲下靠近地面或沿墙壁跑离着火区域。

22. D 【解析】A项错误,地震发生时不要使用电梯;如果地震时刚好在电梯里,需赶紧按下所有楼层按钮使电梯停下,尽快离开。BC项错误,地震发生时,大地剧烈晃动,人往往无法稳定行走,而且家具、门窗玻璃、天花板、吊灯、吊柜等可能掉落砸伤人,此时若盲目行动,受伤概率很大。D项正确,地震来临时,应先就近避险,保护好头部,如把靠垫举在头顶,蹲到坚固的桌子下面,待晃动停止、确认安全后再撤离到安全地带。故选D。

23. A 【解析】在帮助低温症患者时,可以使用热水袋装些温水,升高患者的体温。但只能用热水袋对头颈、胸部、腹部加热,不能对四肢加热。对四肢加热会使低温的血液回流到心脏、大脑,使身体核心温度下降,甚至致命,A项错误。BCD项说法正确,本题为选非题,故选A。

24. B 【解析】B项错误,人体主要通过调节产热和散热来维持体温的恒定,当外界温度低时,机体产热多,散热也多;当外界温度高时,机体产热少,散热也少,所以正常人的体温是相对恒定的。

25. C 【解析】C项错误,甲亢症是一种由多种原因引起的甲状腺激素分泌过多所致的常见内分泌疾病。它的主要临床表现为多食、消瘦、畏热、多汗、心悸、激动等高代谢症候群,神经和血管兴奋增强,以及不同程度的甲状腺肿大和眼突、手颤、颈部血管杂音等特征,严重的可出现甲亢危相、昏迷,甚至危及生命。

26. D 【解析】D项错误,测电笔是用来判别火线与零线的工具。使用时,将笔尖接触火线,手接触笔尾的金属体,氖管便发光;若笔尖接触的是零线,氖管便不发光。故选D。

27. C 【解析】一旦发现火灾,千万不能打开门窗,否则冷热气体对流会使烟火扑面而来。C项错误。ABD说法正确,本题为选非题,故选C。

28. A 【解析】B项错误,将牙膏或酱油涂抹在烫伤部位容易导致伤口的热气受到牙膏等物质的遮盖,可能往皮下组织深部扩散,造成更深一层的烫伤。C项错误,按照2018版心肺复苏指南的建议,对成年人实施心肺复苏时胸外心脏按压的频率为100~120次/分钟。D项错误,烧伤后口渴时不能给伤员饮白开水。烧伤后,在体液丢失的同时,体液中的钠盐也跟着一起丧失,如果单纯给病人喝白开水,会导致血液内氯化钠浓度进一步下降,细胞外液渗透压降低,引起细胞内水肿,发生脑水肿或肺水肿,形成所谓的水中毒,进而危及伤员生命。故本题选A。

29. A 【解析】对于感冒初期的人而言,通过运动出汗,把少量毒素排出去后,身体机能有所恢复,抵抗力也有所增强。而对于中重度感冒的人而言,运动时,体内产热速度加快,代谢增强,势必造成体温过高,进而使体内调节能力失常,中枢神经过度兴奋,心肺负担加重,氧气和营养消耗过度,这些都会使人体抵抗力也会进一步减弱,加重感冒。因此,感冒后是否应运动出汗以加快身体恢复需要视情况而定,A项错误。BCD项说法正确,本题为选非题,故选A。

30. C 【解析】油的沸点为200℃以上,远高于水的沸点,A项错误。铜片因为热胀冷缩,当温度达到一定程度,膨胀弯曲,就会断开通电,B项错误。铁轨下铺枕木主要是防止地面不平导致翻车,如果将铁轨直接铺设在路面上,压强太大容易造成地面凹陷,极易发生翻车。铺设枕木之后可以增大地面的受力面积从而减小压强,D项错误。C项对应正确,故选C。

31. D 【解析】D项,钛通常不被用来制作钢化玻璃,钢化玻璃的主要成分为二氧化硅以及其他氧化物。

32. B 【解析】小肠是食物消化和营养吸收的主要器官。小肠黏膜等结构有利于营养物质的消化和吸收,而切除部分小肠直接影响了食物的消化和营养的吸收。

33. B 【解析】B项,在潮湿的天气打开门窗通风透气,会让室外湿气进入室内,导致室内空气更为潮湿,衣物更易受潮发霉。B项符合题意,当选。

34. D 【解析】ABC项错误,白蜡的燃点低、水的比热容高和橡胶的耐磨性佳均体现的是物质的物理性质。D项正确,茶叶中富含氨基酸及纤维素、脂肪酶等,能对脂肪产生分解作用,茶叶的除脂效果好体现的是化学性质。故选D。

35. D 【解析】茶叶中含有茶碱。发烧时如果喝茶,由于茶碱的作用,会使体温上升更快,并影响和降低药物的作用,从而加重病情。D项符合题意,当选。

36. C 【解析】"落叶归根"是说叶子落到树的根部,这是因为凋落的叶子受到重力的作用，而重力的方向是竖直向下的，A项不符合题意。“青出于蓝”意思是说，青色(即靛蓝)是从蓝草中提炼而成的，描述的是传统植物染料的提取过程，B项不符合题意。“囊萤”出自典故“囊萤夜读”，是指车胤用白绢做成透光的袋子，装着萤火虫照亮书本在夜晚继续学习，萤火虫的发光原理是因为在其发光器的部位存在着一种含磷的化学物质；“映雪”出自典故“孙康映雪”，指的是孙康利用半夜时地上的雪反射的月光读书，体现的光学原理是光的反射。二者包含的光学原理不一致，C项符合题意。元素的存在形式由其化学性质决定，金的化学性质稳定，不与土壤中的水及氧气等物质发生反应，在自然界中以单质的形式存在。“沙里淘金”中的“金”属于金属单质。D项不符合题意。故正确答案为C。

37. A 【解析】寒冷的冬天，温度很低，低到了水的凝固点，所以就变成冰。由液态变为固态称为凝固，A项对应不正确。铁杵成针说明力是物体对物体的作用，力的作用是相互的，铁杵在摩擦的过程中越来越小，物体形状有大变化，B项对应正确。小池水映明月是平面镜成像的原理，C项对应正确。“遥知不是雪，为有暗香来”是由于梅花香气中含有的分子在不断地运动，向四周扩散，使人们闻到梅花的香味，D项对应正确。本题为选非题，故正确答案为A。

38. A 【解析】山西老陈醋属于酿造醋，使用粮食等淀粉质为原料，经微生物制曲、糖化、发酵等阶段酿制而成，主要的成分是醋酸，即乙酸。A项正确。乙酸乙酯是无色透明液体，低毒性，有甜味，浓度较高时有刺激性气味，易挥发，常用于香料制造，可以做白酒勾兑时用的香料、人造香精，B项错误。山梨酸钾是一种无色至白色鳞片状结晶或结晶性粉末，无臭或稍有臭味，可用作食品添加剂、酸性防腐剂，C项错误。碳酸钾，白色结晶粉末，能溶于水，水溶液呈碱性，通常在制造面条、馄饨时适量加入，D项错误。故正确答案为A。

39. C 【解析】A项错误，在适宜的条件下，癌细胞能够无限增殖。B项错误，人体细胞不能合成蔗糖和葡萄糖。人体可以把蛋白质等非糖物质转化为葡萄糖，也可以将淀粉等多糖物质分解为葡萄糖，但不能自行合成葡萄糖。蔗糖是普遍存在于植物中的二糖，不存在于人体细胞内。D项错误，23对染色体共同构成了人类的基因组。对同一个体来说，细胞都含有相同的基因组，但基因的选择性表达不同，从而使得不同的细胞具有不同的功能。故选C。

40. A 【解析】A项说法错误，人们平常打点滴用的氯化钠注射液浓度是0.9%，可以当成生理盐水来使用。

41. A 【解析】A项，生物分为细胞生物和非细胞生物。其中，细胞生物分为单细胞生物和多细胞生物。可见，“由单细胞构成”不是生物的共同特征。故选A。

42. B 【解析】水银，即汞，制取过程相对容易。水银用于制作体温计的主要原因是利用水银的物理性质和化学性质，容易获得并不是主要原因。B项符合题意，当选。

43. D 【解析】D项错误，磁共振仪在工作时，会在人体周围产生一个超强磁场，向人体发射电磁波。但是电磁波对人的辐射危害极小，甚至比不上晒太阳时紫外线对人体的伤害。

44. C 【解析】C项错误，石棉指具有高抗张强度、耐化学和热侵蚀、电绝缘和具有可纺性的硅酸盐类矿物产品。它是重要的防火、绝缘和保温材料。因此石棉不仅不会促进燃烧，反而会遏制燃烧。

45. B 【解析】A项错误，氢气在氧气中燃烧产生淡蓝色火焰。C项错误，氢气不能用作人工降雨的催化剂。D项错误，稀有气体是指元素周期表上的0族元素所组成的气体，氢气不属于稀有气体。故选B。

46. D 【解析】在森林火灾中对人身造成的伤害主要来自高温、浓烟和一氧化碳，容易造成热烤中暑、烧伤、窒息或中毒。因此，一旦发现自己身处森林着火区域，应当使用沾湿的毛巾遮住口鼻，附近有水的话最好把身上的衣服浸湿，然后要判明火势大小、火苗延烧的方向，应当逆风逃生，切不可顺风逃生，D项错误。ABC说法正确，本题为选非题，故选D。

47. D 【解析】人对声音的感觉有一定的频率范围，大约每秒钟振动20次到20000次，即频率范围是20Hz~20000Hz。高于20000Hz的频率叫作超声波。可知，这个大于普通声波的参数是频率。

48. C 【解析】我国规定献血者体重男士50公斤以上，女士45公斤以上，一次献血量最高为400cc，这样可以保证每个献血者的献血量都在安全范围之内。因此成年人一次献血500cc可能会影响健康，故选C。

49. C 【解析】人作为一个导电体，冒雨骑自行车回家，容易发生触电，出现危险。C项符合题意，当选。

50. D 【解析】ABC项说法正确，户外急救时应沉着大胆，细心负责，分清轻重缓急，果断实施急救方法。其中，在做急救处理时，以患者最舒适的方式移动身体。若患者意识昏迷，需注意确保呼吸道畅通，谨防呕吐物引起的窒息死亡，让患者平躺；若撞击到头部，要水平躺下。D项说法错误，若脸色发青说明缺氧，需抬高脚部。本题为选非题，故选D。

二、多项选择题

1. AC 【解析】一世纪是一百年，一纳秒是十亿分之一秒，均为表示时间的单位。光年是长度单位，指光在真空中行走的距离，它是由时间和速度计算出来的，光行走一年的时间叫“一光年”。焦耳是能量、功、热的单位。故选AC。

2. AC 【解析】量子力学是研究原子、分子、原子核和基本粒子等微观粒子运动规律的理论。相对论是关于时空和引力的基本理论，主要由爱因斯坦创立，分为狭义相对论和广义相对论。两者共同构成了现代物理学的两大基本支柱。

3. AD 【解析】在化学电池中，根据能否用充电方式恢复电池存储电能的特性，可以分为一次电池(也称原电池)和二次电池(又名蓄电池，俗称可充电电池，可以多次重复使用)两大类。一次电池又可分为普通锌锰(普通干电池)、碱性锌锰、锌汞、锌空气、镁锰和锌银六个系列；二次电池主要有镍镉电池、镍氢电池、锂离子电池、碱锰充电电池和铅蓄电池等类型。

4. ACD 【解析】投影仪是利用凸透镜成倒立、放大、实像的原理来工作的。当凸透镜成实像时，物距越小，成的像越大，当投影片与镜头间的距离减小时，像将变大，B项错误。ACD项说法正确。

5. AB 【解析】厨余垃圾是指居民日常生活及食品加工、饮食服务、单位供餐等活动中产生的垃圾，包括丢弃不用的菜叶、剩菜、剩饭、果皮、蛋壳、茶渣、骨头等，其主要来源为家庭厨房、餐厅、饭店、食堂、市场及其他与食品加工有关的行业。变质的香肠、槟榔渣都是厨余垃圾，打碎的瓷碗属于其他垃圾，废电池属于有害垃圾。

6. ACD 【解析】试管婴儿是人的精子和卵子在体外受精，然后移植到女子体内发育成的婴儿，仍是有性生殖。克隆技术是利用生物技术由无性生殖产生与原个体有完全相同基因组的后代的技术。所以B项说法错误，排除。

7. ABD 【解析】碘易溶于有机溶剂，不溶于水，用水无法擦掉碘酒污渍。但酒精能溶解碘酒污渍，可用酒精涂在碘酒污渍处，C项错误。ABD项说法正确。

8. ACD 【解析】被子植物的个体发育是从受精卵开始的。B项错误。

9. ABC 【解析】如果身处火海，选择低洼地或坑洞躲避，甚至暂时放心休息是错误的做法，因为这样做容易被山火包围或因烟雾窒息。正确的做法是尽快地用湿毛巾捂住口鼻，准确判断风向，伺机逆风突破林火的包围圈，D项做法正确。故选ABC。

10. ACD 【解析】增大摩擦的办法有：增大压力，增大接触面的粗糙程度等。AD项能够通过增加汽车轮胎与地面之间接触面的粗糙程度来增大摩擦力，C项能够通过增大压力来增大摩擦力。

11. ABC 【解析】系安全带是为了防止车辆急停时，人由于惯性向前冲造成的伤害，A项正确。保持车距是为了防止车距过小时，由于惯性造成车辆追尾事故，B项正确。限速行驶是为了防止因车速过快而增大刹车距离造成交通事故，C项正确。靠右行驶与惯性无关，D项错误。故选ABC。

12. CD 【解析】煤气泄漏时，严禁在室内开启各种电器设备，以防电火花引发爆炸，应尽快关闭煤气阀门，打开门窗通风，A项错误。用水灭火会损坏未着火的书籍，所以不能用水灭火。书籍着火最佳灭火方法是用二氧化碳灭火器，B项错误。烫伤后，首先要用大量流动的冷水冲洗，有效地降低皮肤局部温度，阻止高温进一步损伤皮肤深层，C项正确。汽油是易挥发性物质，在加油枪和加油泵附近，新注入汽油时容易挥发，加油车辆的周围油气密度骤增，形成一个可燃气危险区。接打电话会产生射频电流，遇到金属导体后可能形成射频火花，进而引燃空气中的汽油分子，发生爆炸，D项正确。故选CD。

13. ABD 【解析】光从一种透明介质斜射入另一种透明介质时，传播方向发生偏折，这种现象叫作光的折射。ABD项所述现象都反映了光的折射。用一个带有小孔的板遮挡在屏幕与物之间，屏幕上就会形成物的倒像，我们把这样的现象叫作小孔成像。前后移动中间的板，像的大小也会随之发生变化。这种现象反映了光沿直线传播的性质，C项排除。故选ABD。

14. ABC 【解析】献血之后应该注意的事项包括：(1)禁止饮酒。体内被抽取血液之后，人容易发冷，体温会比之前有所下降。喝酒会使寒气更重，肝的解毒能力更加虚弱。(2)禁止过量运动。献血后当天不要从事高空作业、高温作业、长途驾驶车辆等活动。(3)避免熬夜。故选ABC。

15. ABD 【解析】克隆是指生物体通过体细胞进行的无性繁殖，以及由无性繁殖形成的基因型完全相同的后代个体组成的种群。可见，C项错误，故选ABD。

16. ABC 【解析】基因工程在医学方面的应用包括：基因工程制药、基因工程培养抗病毒疫苗、基因工程诊断疾病、基因工程治疗疾病。D项错误，在水果或食用植物中植入药物基因以改变生物物种，属于基因工程在农业方面的应用。故选ABC。

17. BC【解释】汽化是指物质从液态变为气态的过程，蒸发和沸腾是物质汽化的两种形式。A项正确，衣服晒干的现象属于汽化。BC项错误，灯丝变细和干冰消失都是由固态直接变成气态，是升华现象。D项正确，酒精易挥发，从液态变为气态，因此高烧病人利用酒精降温利用的是酒精的汽化。本题为选非题，故正确答案为BC。

18. ACD 【解析】B项错误，熟了的苹果从树上掉下来，是因为重力的作用，与惯性无关。

19. ACD 【解析】红、绿、蓝是光的三原色。故选ACD。

20. ABD 【解析】C项错误，水银温度计利用的是水银的热胀冷缩原理。

21. CD 【解析】热空气相对于周围空气分子密度较小，因浮力而上升。C项，氢气球会上升是由于氢气密度比空气密度小，氢气球所受的浮力大于自身重力，这没有体现温度带来的密度变化。D项，风筝之所以可以飞上天，是因为受到空气产生的升力的作用，而非由于温度带来的密度变化。故选CD。

22. AC 【解析】超重是物体所受限制力，也可称之为弹力大于物体所受重力的现象。AC项正确,电梯加速上升和航天器在加速上升阶段时,都处于超重状态。B项错误,电梯加速下降时处于失重状态。D项错误,当航天器进入轨道后,其中的人和物体处于完全失重状态。故本题选AC。

23. AD 【解析】B项错误,帕斯卡是表示压强的单位;电阻的单位是欧姆。C项错误,光年是长度单位。故选AD。

24. AB 【解析】题干中诗句的意思是:幽兰的花香弥漫了山谷中的小径,满山的竹子倒映在小溪中。A项正确,能够闻到花香,这是分子扩散运动的结果。B项正确,满山的竹子倒映在小溪中,属于光的反射。故选AB。

25. ABC 【解析】D项错误,能量不是燃烧的必要条件。只要满足可燃物、助燃物、温度达到燃点三个要素,不提供能量,也会发生燃烧。故选ABC。

26. ABC 【解析】可燃冰的主要成分为甲烷。ABC项的主要成分均为甲烷。D项错误,煤气的主要成分是一氧化碳和氢气。

27. ABCD 【解析】根据人的血型遗传规律:父母为A+B血型,子女可能有的血型为A、B、AB、O型血.

28. ACD 【解析】若在学校、商店、影剧院等人群聚集的场所遇到地震,应立即躲在课桌、椅子或坚固物品下面,待地震过后再有序地撤离,远离危险区。如在街道上遇到地震,应用手护住头部,迅速远离楼房,到街心一带。如在郊外遇到地震,要注意远离山崖、陡坡、河岸及高压线等。B项说法错误,故选ACD。

29. BCD 【解析】煤气中毒的预防措施最主要的是做好通风防护。用湿煤封火或放一盆水则更可能引起煤气中毒。这是因为一氧化碳极难溶于水,而且水分和煤在高温下会发生化学反应,生成水煤气这一混合气体,其含有大量一氧化碳,且比重大,更易在室内弥存,增加中毒危险性。A项说法错误,故选BCD。

30. ABD 【解析】水果里含有机酸,而酒的主要成分是乙醇,有机酸能与乙醇相互作用而形成酯类物质从而达到解酒的目的,A项正确。油在高温时,容易生成一种多环化合物,对人的健康有害,B项正确。吃油条可以抑制胃酸,是因为油条中含有氢氧化铝成分,它是一些胃药的主要成分,C项错误。袜子湿了以后不容易脱掉,是由于袜子与脚之间的空气被挤出去了,大气压把袜子紧压在脚上,加上水分子之间有引力,袜子和脚都沾到了水,更不易分离,D项正确。故选ABD。

三、判断题

1. × 【解析】声音的高低由振动的频率决定,频率越高,声音就越尖锐。所以,女性的发声频率通常比男性高。

2. × 【解析】基因是遗传的物质基础,是DNA分子上具有遗传信息的特定核苷酸序列的总称。基因不仅可以通过复制把遗传信息传递给下一代,还可以使遗传信息得到表达,也就是使遗传信息以一定的方式反映到蛋白质的分子结构上,从而使后代表现出与亲代相似的性状。

3. × 【解析】我们可以用塑料制成不同形状的物品,这是因为塑料具有可塑性。

4. × 【解析】垃圾肥的使用可能会使土壤发生改变,直接影响到农作物的安全性。

5. × 【解析】从工业的角度出发,相对于其他形状的井盖,圆形的井盖比较容易生产,生产工序相对比较简单,能节约大量的制造成本。从力学的角度出发,在相同的压力下,圆形的井盖相对其他形状的井盖承受力更均匀,能承载更大的重力。由于下水道的出口是圆柱孔状的,想要把整个井口完全覆盖,井盖设计成圆形的比设计成其他形状的井盖更节约原材料。相对其他形状的井盖来讲,圆形的井盖更容易搬运,更容易安装,更换也很方便。综上所述,美观并不是井盖设计成圆形的主要原因。

6. × 【解析】维生素A的功能是维持眼睛在黑暗情况下的视力,当缺乏时,则易患夜盲症。

7. × 【解析】碳酸钠,又称纯碱、苏打或碱灰。碳酸氢钠,俗称小苏打,可用作食品制作过程中的膨松剂。

8. √ 【解析】发生火灾时,进行安全疏散的正确顺序是:着火层—着火层的上层—着火层的下层。这样做的原因是已经着火的楼层,火灾可能已经或很快将威胁到人身安全,当然是第一顺序要疏散的;由于火灾发展的特点,在绝大多数情况下是向上发展的,着火层上层人员受到的威胁更大,所以第二顺序是着火层的上层;火灾发生一段时间后,也会向下蔓延,所以第三顺序是着火层的下层。

9. √ 【解析】台风来临前,停留在坚固安全房屋内防风避险,避免外出,不要在临时建筑(如围墙等)、广告牌、铁塔、大树等附近避风避雨。

10. √ 【解析】阳光中的紫外线能帮助身体合成维生素D,促进身体对钙的吸收,进而预防佝偻病。

11. × 【解析】杂交水稻技术是使用优良品种的特性进行杂交,不能与转基因混为一谈。

12. √ 【解析】病毒的发现者是巴斯德。

13. × 【解析】中国生物医学界第一个获得诺贝尔奖的是屠呦呦。

14. × 【解析】自动感应门、电视遥控器利用的是红外线。验钞机利用了紫外线的荧光效应来辨别钞票真假。

15. × 【解析】遇到洪水或城市内涝,穿上长筒雨靴在积水中行走非常危险。一旦长筒雨靴进水,就很难在积水中大步前进。遇到洪水或城市内涝需要紧急避难转移的时候,建议穿有鞋带的运动鞋,并扎紧鞋带。

专题五 计算机知识

一、单项选择题

1. C 【解析】gov(government的缩写),是政府机构的专用域名,A项错误。net是国际最广泛流行的通用域名格式,一般用于从事Internet相关的网络服务的机构或公司,是建立全球商业品牌,国际化形象的第一选择,B项错误。edu(education缩写),是教育机构专用域名,C项正确。int域名是互联网上的通用顶级域名之一,D项错误。故选C。

2. C 【解析】教务管理系统属于应用软件,C项正确。故选C。

3. C 【解析】断电后,通过ROM存储的信息不会丢失。

易错警示:只读存储器(ROM)存储的内容是固定不变的,是只能读出而不能写入的半导体存储器。随机读写存储器(RAM)是既能读出又能写入的半导体存储器。RAM和ROM相比,RAM在断电时将丢失其存储内容,而ROM所存数据稳定,断电后所存数据也不会丢失。

4. B 【解析】存储容量通常不以二进制位、字或双字来表示,因为这些表示不规范,一般约定以字节作为反映存储容量大小的基本单位。故选B。

5. A 【解析】路由器是在网络层上实现多个网络互联的设备,具有判断网络地址和选择路径,数据转发和数据过滤的功能,其作用是在复杂的网络互联环境中建立非常灵活的连接。故选A。

6. B 【解析】字节是计算机信息技术用于计量存储容量和传输容量的计量单位,1个字节等于8位二进制。一个英文字母(不分大小写)占一个字节的空间,一个中文汉字占两个字节的空间。

7. A 【解析】在Windows操作系统中,文件名最长可以使用255个字符,A项错误。BCD项说法正确,本题为选非题,故选A。

8. B 【解析】计算机的中央处理器由运算器和控制器组成。

9. D 【解析】运算器也称为算术逻辑单元,用于执行所有的算术和逻辑运算指令。

10. B 【解析】电子邮件格式为:登录名@主机名.域名。连接登录名与主机名的符号为“@”。故选B。

11. D 【解析】ROM是只读存储器,属于内存储器。

12. B 【解析】计算机的输入设备种类很多,如键盘、鼠标、扫描仪、摄像头、语音录入装置等。最常用的输入设备是键盘和鼠标。

13. A 【解析】在PowerPoint中有三种母版:幻灯片母版、讲义母版、备注母版。本题为选非题,故选A。

14. A 【解析】位(bit),也译为比特,是计算机存储的最小单位,是二进制数据中的一个位,一位表示二进制信息的0或1。

15. B 【解析】在Word的“字体”对话框中,可设定文字的间距;在Word的“段落”对话框中,可设定缩进、对齐和行距。故选B。

16. D 【解析】计算机操作系统是管理计算机硬件与软件资源的计算机程序,同时也是计算机系统的内核与基石。操作系统需要处理如管理与配置内存、决定系统资源供需的优先次序、控制输入设备与输出设备、操作网络与管理文件系统等基本事务。操作系统也提供一个让用户与系统交互的操作界面。故选D。

17. D 【解析】锁定Windows的快捷键为“Win+L”,A项错误。启动任务管理器的快捷键为“Ctrl+Shift+Esc”,B项错误。可以退出应用程序的快捷键为“ALT+F4”,C项错误。在Win7下同时运行多个程序时,使用组合键Alt+Esc”可以在打开的窗口之间按顺序切换,D项正确。故选D。

18. C 【解析】NumLock为副键盘中数字键盘的开关,在这个键的键盘指示灯关闭的情况下,小键盘的按键用来移动光标。在Excel表格中输入数据,但是显示不出数据,此时应该按NumLock切换,C项正确。

19. C 【解析】桌面图标可以删除。例如,选中需要删除的图标后,按键盘上的Delete键即可进行删除操作,A项错误。桌面图标可以改名。例如,选中需要改名的图标后,再次单击该图标即可改名,B项错误。可以为桌面图标创建快捷方式。例如,选中需要创建快捷方式的桌面图标后,右键弹出快捷菜单,选择“创建快捷方式”即可,C项正确。经过自动排列的图标不可以任意移动,D项错误。故正确答案为C。

20. C 【解析】在Excel表的单元格里,同时按下Alt+Enter可以实现单元格内换行。

21. A 【解析】使用Excel时,按住键盘Ctrl键,然后鼠标左键点需要的单元格,可以快速选定不连续的单元格进行编辑修改。在选择单元格时,同时按住Shift键,单击另一个单元格,就可以选中连续的单元格。故选A。

22. A 【解析】根据计算机网络覆盖的地理范围进行划分,计算机网络可以分为局域网、城域网和广域网。

23. D 【解析】用于求和的函数为SUM,C列表示员工的工资,8名员工的工资在2~9行,则求和函数及参数为SUM(C2:C9)。

24. C 【解析】中国的网络地理域名为cn。

25. D 【解析】防范计算机病毒,要安装杀毒软件及网络防火墙,及时更新病毒库;不随意安装来源不明的软件;不去安全性得不到保障的网站;从网络下载后及时杀毒;关闭多余端口,做到使电脑在合理的使用范围之内;不使用修改版的软件,如果一定要用,在使用前查杀病毒、木马,以确保安全,ABC项错误。经常对应用软件和数据文件进行备份,属于防范计算机病毒的措施,D项正确。故选D。

26. B 【解析】在Excel2010中,单元格地址的绝对引用是在列标和行号前加 $ 符号。故选B。

27. C 【解析】排练计时是通过模拟彩排的播放过程,将每张幻灯片放映的停留时间以及幻灯片中的动画效果的播放时间记录下来,在放映时实现自动播放。因此,要使幻灯片在放映时能够自动播放,需要为其设置排练计时。

28. B 【解析】应用软件是为满足用户不同领域、不同问题的应用需求而提供的软件。它可以拓宽计算机系统的应用领域,放大硬件的功能。因此传输公文使用专门的办公自动软件的是应用软件,B项正确。

29. A 【解析】Word2010中,Ctrl+S是保存功能,Ctrl+V是粘贴功能,Ctrl+X是剪切功能,Ctrl+W是关闭功能。故选A。

30. C 【解析】一个完整的计算机系统由计算机硬件和软件两部分组成,C项正确。

31. A 【解析】在PowerPoint中,向幻灯片中添加文本时,可以选择"插入"菜单中的文本框命令。故选A。

32. A 【解析】只读表示文件只能读取,不能修改。

33. D 【解析】母版是按照用户特定的需求对幻灯片设置统一外观,设置完毕后返回到普通编辑状态下,会应用于所有的幻灯片。

34. D 【解析】信息安全管理体系是组织在整体或特定范围内建立信息安全方针和目标以及完成这些目标所用方法的体系,它由建立信息安全的方针、原则、目标、方法、过程、核查表等要素组成。建立起信息安全管理体系后,具体的信息安全管理活动以信息安全管理体系为根据来开展。

35. D 【解析】计算机中全部信息,包括输入的原始数据、计算机程序、中间运行结果和最终运行结果都保存在存储器中。它根据控制器指定的位置存入和取出信息。所以存储器是计算机的记忆部件,D项正确。

36. D 【解析】键盘、鼠标属于输入设备。

37. B 【解析】描述计算机网络中数据通信的基本技术参数有两个:数据传输速率和误码率。表征数据传输有效性的指标用传输速率,可靠性的指标用误码率。故选B。

38. A 【解析】Alt是交替换档键,可以打开软件的菜单,按下Alt键可以激活活动窗口的菜单栏,使菜单栏的第一个菜单成为高亮条,而按下Alt键和一个字母就可以激活这个字母所代表的菜单项,A项正确。

39. D 【解析】数据存储的常用单位缩写是Bit,中文写作比特。比特是最小的表示信息量的单位,也是量度信息的单位,它只有两种进制状态,分别是0,1。八个比特组成一个字节,也就是Byte,即8bit=1Byte。1024B=1KB,1024KB=1MB,1024MB=1GB,1024GB=1TB,存储单位之间的换算单位是1024。故选D。

40. A 【解析】操作系统(Operating System,简称OS)是管理和控制计算机硬件与软件资源的计算机程序,是直接运行在"裸机"上的最基本的系统软件,任何其他软件都必须在操作系统的支持下才能运行。典型的操作系统有LinuX、Windows、IOS等。

41. D 【解析】在Windows中,若将鼠标指针移到一个窗口的边缘时,便会变为一个双向箭头,此时任意拖动鼠标可以改变窗口的宽度或高度。故选D。

42. B 【解析】A、C、D项正确,这三种做法均可以将选定文件或文件夹移动到"回收站"。"Backspace"是计算机退格键,在Word等文本编辑类程序中的作用是使光标左移一格,每按一次可删除光标前的一个字符;在Windows系统中浏览文件夹时可以按"Backspace"键返回到上一个打开的文件夹的界面,但不能删除文件和文件夹,B项错误。本题为选非题,故选B。

43. D 【解析】单击菜单栏中的"另存为(A)……",可以实现将目标文件另外保存的功能,单击之后并不会直接执行目标保存的功能,而是会弹出一个对话框,可以选择对目标文件另存的位置、对文件重新命名、改变文件类型等,选择之后点击对话框上的确定之后,才会执行另存为的功能。故选D。

44. D 【解析】状态栏位于Word文档窗口底部的水平区域,用于提供正在窗口中查看的内容的当前状态和其他上下文信息。在状态栏上右键单击可以设置状态栏显示内容,状态栏可以显示页码、字数统计、拼写和语法检查、语言等,但无法显示文档中图片的高度和宽度。本题为选非题,故选D。

45. D 【解析】"IED. Exe"其中"IED"为文件名,"Exe"为扩展名,在操作系统中扩展名是不区分大小写的,因此只有C、D项的扩展名正确,但C项未完整标记文件名,搜索结果不够准确。故选D。

二、多项选择题

1. ABD 【解析】网页并不等同于网站,网站是指在因特网上,根据一定的规则,使用HTML等工具制作的用于展示特定内容的相关网页的集合。可以通过浏览器访问网站浏览网页,获取自己需要的资讯或者享受网络服务。当万维网出现之后,图像、声音、动画、视频开始在因特网上流行起来,网站也慢慢地发展成图文并茂的样子。通过动态网页技术,用户也可以与其他用户或者网站管理者进行交流。也有一些网站提供电子邮件服务。

2. AB 【解析】RAM是内存储器,硬盘是外存储器。

3. ABC 【解析】冯·诺依曼模型规定了计算机系统由存储器、控制器、运算器、输入输出设备组成。其中,存储器和CPU构成主机。运算器和控制器合在一起称为中央处理器(CPU)。

4. AC 【解析】A项,WWW是环球信息网的缩写,简称为Web。局域网是把分布在数公里范围内的不同物理位置的计算机设备连在一起,在网络软件的支持下可以相互通讯和资源共享的网络系统,简称LAN。B项,FTP就是文件传输协议。用于互联网双向传输,控制文件下载空间在服务器复制文件从本地计算机或本地上传文件复制到服务器上的空间。C项,HTTP即超文本传输协议,是互联网上应用最为广泛的一种网络协议。所有的

WWW 文件都必须遵守这个标准。操作系统，简称OS，是管理和控制计算机硬件与软件资源的计算机程序。D项，E-mail即电子邮件。故AC对应不正确，符合题意。

5. ABCD 【解析】资源管理器的功能包括：可以快速预览文件、文件夹及其树状结构，以及整个驱动器中的内容；可直接运行程序，打开文档，管理存储器及其他外部设备等资源；也可以复制、移动、删除及修改文件和文件夹的属性。故选ABCD。

6. ACD 【解析】A项错误，"avi"是音频视频交错格式，而非图片格式。C项错误，鼠标是一种输入设备。D项错误，Windows系统中一般采用同时按下Ctrl+Shift来切换输入法。故选ACD。

7. ABD 【解析】计算机病毒是编制者在计算机程序中插入的破坏计算机功能或者数据的代码，能影响计算机使用，能自我复制的一组计算机指令或者程序代码。计算机病毒主要破坏的对象是计算机的程序和数据，故选ABD。

8. ABD 【解析】所谓防火墙，指的是一个由软件和硬件设备组合而成、在内部网和外部网之间、专用网与公共网之间的界面上构造的保护屏障。C项说法错误。故选ABD。

9. ABC 【解析】当一个文件处于打开状态时，不可以对该文件进行重命名、删除、压缩、剪切等操作，需要关闭文件后才能进行上述操作，但是可以对打开的文件进行复制和创建快捷方式等操作。故正确答案为ABC。

10. ACD 【解析】Alt＋F4主要的功能是关闭窗口，一般用于利用键盘快速退出或者结束当前正在运行的应用程序，通常应用程序会提示用户是否保存当前已变更的操作；如无提示，通常退出后修改不被保存，A项正确。Ctrl＋F4主要的功能是关闭当前窗口，但如果同时打开多个PowerPoint窗口，则不会退出应用程序，B项错误。单击"文件"菜单下的"退出"按钮，可以退出PowerPoint程序，C项正确。单击PowerPoint窗口标题栏右端的关闭按钮可以退出PowerPoint程序，D项正确。故选ACD。

三、判断题

1. √ 【解析】电脑上存储的文件名由主文件名和扩展名组成，它们之间用"."隔开，一般扩展名是不显示的。

2. √ 【解析】当计算机发现病毒或异常时，应迅速隔离、立刻断网，以防止计算机受到更多的感染，或者成为传播源，再次感染其他计算机。

3. × 【解析】打印机是一种输出设备。

4. × 【解析】计算机存储设备的存储容量单位有KB、MB、GB和TB等几种。其大小关系依次是：TB>GB>MB>KB

5. √ 【解析】计算机病毒是编制者在计算机程序中插入的破坏计算机功能或者破坏数据、影响计算机使用并且能够自我复制的一组计算机指令或者程序代码。

6. × 【解析】对记事本文档进行文本编辑时，不能设置文字颜色。

7. × 【解析】新建一个Excel表格，在默认状态下是锁定的、无隐藏的。

8. × 【解析】计算机硬件系统通常由中央处理器、存储器、输入设备和输出设备组成。

9. √ 【解析】记事本在Windows操作系统中是一个简单的文本编辑器，其存储文件的扩展名为txt，属于纯文本文档。

10. √ 【解析】使用Excel输入数据时，创建一个空白工作簿之后，便可以在工作表中输入文本、数值、日期、时间等数据。另外，用户还可以利用Excel2010中的数据有效性功能限制数据的输入。

11. × 【解析】Ctrl+Shift+Esc是最快速方便地打开任务管理器的快捷组合键之一。

12. × 【解析】同一封电子邮件能同时发送给两个人，只需要填写两个收件邮箱，用分隔符隔开即可。

13. × 【解析】删除快捷方式不会对源程序或文档产生影响。

14. √ 【解析】每个单元格由所在列标和行号来表示，以指明单元格在工作表中所处的位置。A3表示第3行A列处的单元格地址。

15. √ 【解析】在水平标尺上，有四个段落缩进滑块：首行缩进、悬挂缩进、左缩进以及右缩进。

16. √ 【解析】无线局域网(Wireless Local Area Network，即WLAN)是利用无线通信技术，在一定的局部范围内建立的网络，是计算机网络与无线通信技术相结合的产物。它以无线传输媒体为传输介质，提供传统有线局域网的功能，并能使用户实现随时、随地的网络接入。

17. √ 【解析】计算机病毒具有潜伏性，计算机病毒可能会长时间潜伏在合法的程序中，即计算机感染上病毒后，并不一定立即出现异常，只有当条件满足(定时、随机或打开该文件)时，才开始传染或激活其破坏机制并进行破坏活动。

18. × 【解析】表格信息的加工既可以通过电子表格Excel软件实现，也可以通过文字处理软件Word等软件实现。

19. × 【解析】在Word中，按Delete键可删除插入点后面的一个字符。

20. √ 【解析】可以设置任意的网站作为启用Internet Explorer时的主页。

第六部分　地理常识与道德

专题一　地理常识

一、单项选择题

1. C 【解析】太阳系中的八大行星,按照距离太阳由近及远的顺序,依次是水星、金星、地球、火星、木星、土星、天王星、海王星。故选C。

2. C 【解析】在太阳系的八大行星中,水星距离太阳最近,受到太阳的引力也最大,因此水星在运行轨道上比任何行星都跑得快,被称为飞毛腿。

3. C 【解析】中国南北跨越近50个纬度,大部分是北温带,小部分位于热带,没有寒带。C项说法错误,当选。

4. B 【解析】朝鲜于东北与我国接壤,缅甸于南面与我国接壤,印度于西南与我国接壤。故选B。

5. D 【解析】显著的季风特色、明显的大陆性气候和多样的气候类型是我国气候的三大特点,D项正确。夏季炎热干燥,冬季温和湿润,属于地中海气候特点,不是我国气候特点,A项错误。我国西北为温带大陆性气候中的温带草原气候和温带沙漠气候,B项错误。C项中表述的特点属于海洋性气候的特点,不是我国气候的特点,C项错误。

6. B 【解析】额尔齐斯河属于外流河,发源于新疆,但其最终注入的是北冰洋,我国注入印度洋的外流河为怒江和雅鲁藏布江。

7. B 【解析】我国除了青藏高原和云贵高原等地(西藏、云南),由于地势高,不易受到寒潮影响外,大部分都受其影响;由于寒潮发源地是北冰洋地区和西伯利亚北部地区,我国北部受寒潮影响大,南部逐渐减弱,广东、海南这些省份在南部,受寒潮影响较小。故选B。

8. A 【解析】在地球上看,太阳系八大行星中,金星是夜空中最亮的一颗。

9. B 【解析】我国季风区与非季风区的分界线是400mm等降水线:大兴安岭—阴山—贺兰山—巴颜喀拉山—冈底斯山。

10. D 【解析】喀斯特地貌,亦称为岩溶地貌,集中分布于广西、贵州、云南等省区,也就是我国降水丰富的西南地区,A项说法正确。《徐霞客游记》是明代地理学家徐霞客创作的一部散文游记,也是对岩溶地貌记载最早、最为详尽的地理学著作,B项说法正确。雅丹地貌是新疆罗布泊地区的一种特殊的地貌形态,是一种典型的风蚀性地貌,C项说法正确。丹霞地貌在我国分布较为广泛,但相对集中分布在东南、西南和西北三个地区,并非主要分布于青藏高原,D项说法错误。本题为选非题,故正确答案为D。

11. A 【解析】太行山脉,位于山西省与华北平原之间,山脉北起北京市西山,向南延伸至河南与山西交界地区的王屋山,西接山西高原,东临华北平原,呈东北-西南走向,绵延400余公里。它是中国地形第二阶梯的东缘,也是黄土高原的东部界线。山西,因居太行山之西而得名,简称"晋",A项正确。

12. C 【解析】珠穆朗玛峰是喜马拉雅山脉的主峰,位于我国与尼泊尔边境线上。

13. B 【解析】"大漠孤烟直,长河落日圆"描绘了一幅浩瀚沙漠中孤烟直上,黄河边上落日浑圆的景象。长江中下游是平原地区,没有沙漠,A项错误。塔里木河下游流经荒漠,B项符合题意。雅鲁藏布江流经地区峡谷分布,没有沙漠,C项错误。山东丘陵地区没有沙漠,D项错误。故选B。

14. B 【解析】云贵高原的贵州一带,年平均阴雨日数在200天以上,有"天无三日晴"之说;又因山脉绵延,河谷深切,地形崎岖,交通不便,有"地无三尺平"之说。

15. A 【解析】秦岭—淮河一线是年降水量800mm等降水量线,A项错误。BCD项说法正确,本题为选非题,故选A。

16. B 【解析】青藏高原高山大川密布,地势险峻多变,地形复杂,其平均海拔远远超过同纬度周边地区,青藏高原各处高山参差不齐,落差极大。位于北部的藏北高原是青藏高原的核心部分,海拔一般在4500米左右,很多山峰终年积雪,冰川广布。

17. A 【解析】A项说法错误,我国劳动力充足,经济发展速度快,但现在仍属于发展中国家。故选A。

18. C 【解析】柴达木盆地为高原型盆地,地处青海省西北部,海拔2600~3000米,是我国四大盆地之中地势最高的盆地。柴达木盆地不仅蕴藏丰富的盐类,而且还有丰富的石油、煤,以及多种金属矿藏,有"聚宝盆"的美称。

19. B 【解析】我国季风气候广布,全国大部分地区都可以受到夏季风的影响,所以降水受夏季风的影响较大。

20. A 【解析】日食是月球运动到太阳和地球中间时,如果三者正好处在一条直线时,月球就会挡住太阳射向地球的光,月球身后的黑影正好落到地球上,这时发生日食现象。月食是指当月球运行至地球的阴影部分时,在月球和地球之间的地区会因为太阳光被地球所遮蔽,就看到月球缺了一块。此时的太阳、地球、月球恰好(或几乎)在同一条直线上。

21. C 【解析】我国西北地区深居内陆,距离海洋较远,绝大部分地区属于温带大陆性气候,全年降水量少,冬寒夏热,温差大。由于气候干旱,西北地区难以生长大面积的森林。内蒙古高原东部分布着典型的草原,西部分布着荒漠草原。内蒙古最西部、甘肃大部和新疆各大盆地则是大片的荒漠。所以西北地区的植被覆盖由西向东依次是荒漠—荒漠草原—草原。

22. B 【解析】河西走廊位于甘肃省西北部的狭长堆积平原,是古代丝绸之路的必经之地。

23. B 【解析】我国领土的最北端在漠河以北黑龙江主航道的中心线上,最南端在中国南海南沙群岛的曾母暗沙。

24. D 【解析】雅鲁藏布江是中国最长的高原河流,也是世界上海拔最高的大河之一,位于西藏自治区境内,水能蕴藏量丰富。雅鲁藏布江发源于西藏西南部喜马拉雅山北麓的杰马央宗冰川,出中国境内后成为恒河的支流,在孟加拉国与恒河交汇,经孟加拉湾注入印度洋。

25. B 【解析】由题干知,该地区既种植小麦,又种植棉花。渭河平原地形平坦,属于温带季风性气候,适宜种植小麦和棉花。三江平原不适宜种植棉花;珠江三角洲地区主要种植水稻;柴达木盆地位于青藏高原,不适宜种植小麦和棉花。故本题选B。

26. A 【解析】A项错误,黑龙江是流经蒙古、中国、俄罗斯的国际河流。

27. A 【解析】A项正确,鄱阳湖是全世界最大的白鹤集中越冬地。B项错误,我国最早出现的种植业位于黄河、长江流域。C项错误,被誉为"天上云霞,地下鲜花"的是杭州的织锦。D项错误,东北平原是中国最大的平原,是中国重要的粮食、畜牧业生产基地,也是中国重要的煤炭、钢铁、机械、能源、化工基地。故本题选A。

28. C 【解析】青藏高原位于构造板块的边缘,地壳运动活跃,所以这里地热资源丰富;青藏高原地势高、空气稀薄,大气对太阳辐射的削弱作用微弱,到达地面的太阳辐射能十分丰富,因此是我国太阳能资源最为丰富的地区;青藏高原地区水源充足,加之地势高、落差大,因而水能资源丰富。故选C。

29. B 【解析】B项,内蒙古高原以畜牧业为主,其土地利用类型为牧草地。ACD项均为我国主要粮食产区,其土地利用类型为耕地。故选B。

30. A 【解析】A项说法错误,九寨沟地处青藏高原向四川盆地过渡地带,地质背景复杂,新构造运动强烈,发育了大规模喀斯特作用的钙华沉积,以喀斯特地貌闻名,而非丹霞地貌。

31. C 【解析】祝著节又称达努节,是隆安等地布努瑶族的传统节日,以农历五月二十九日为过节正日。布努瑶人称之为"瑶年",它是瑶族人民最隆重的传统节日。故选C。

32. C 【解析】广义上我国南北方是以秦岭—淮河一线为分界线,此线南北两方差异明显,各具特色。故选C。

33. D 【解析】ABC项对应正确,信天游是流传在我国西北地区的一种民歌形式,对应黄土高原;《草原上升起不落的太阳》对应内蒙古高原;《掀起你的盖头来》是维吾尔族歌曲,对应新疆地区。D项错误,阿里山位于我国台湾省,不是珠江三角洲地区。

34. D 【解析】罗马和洛杉矶都位于北半球,都是地中海气候,而地中海气候的特点是夏季炎热干燥,冬季温和多雨。因此,7月份的罗马和洛杉矶干燥少雨,在这两个城市举办大型室外活动可以避免降雨影响。

35. B 【解析】黄河中游经过黄土高原,携带丰富的泥沙,泥沙逐渐淤积导致河床高于背河地面,主要在下游形成地上河,A项错误。半坡遗址是新石器时代仰韶文化的聚落遗址,反映了黄河流域母系氏族公社的情况,B项正确。黄河落差大的地方,水能资源丰富。黄河上游河段,特别是龙羊峡至青铜峡河段,地形险峻,落差大,蕴藏着丰富的水能资源,已建成多座水电站,C项错误。《农政全书》的内容涉及中国明代农业生产和人民生活的各个方面,作者为明朝徐光启。主要记录了黄河上游的农业生产经验的是北魏时期贾思勰所著的《齐民要术》,D项错误。故正确答案为B。

36. B 【解析】我国陆地面积约960万平方千米,仅次于俄罗斯和加拿大,是世界上第三大国,A项说法错误。我国大陆海岸线长约1.8万千米。海岸地势平坦,多优良港湾,且大部分为终年不冻港,B项说法正确。我国从南至北呈现出热带、亚热带、暖温带、中温带、寒温带五个温度带和青藏高寒区,C项说法错误。在我国,草原多分布在北部和西部,而非中部,D项说法错误。故选B。

37. B 【解析】赛龙舟应在平静的水面上进行,安全性高,A项错误;赛骆驼为沙漠地区的一种竞技体育,C项错误;赛牦牛为青藏地区的项目,D项错误。藏北高原以畜牧业为主,赛马、飞马拾银为其竞技项目,故选B。

38. D 【解析】洞庭湖和岳阳楼在湖南,赤壁和黄鹤楼在湖北。故选D。

39. C 【解析】我国南方气候湿润,降水多,所以屋顶做成尖顶,有利于水及时地顺着屋顶斜坡流走,减少对房屋的破坏;北方气候干旱,降水少,所以使用平顶,便于收集雨水,还可以晾晒粮食。

40. C 【解析】目前中国有34个省级行政区,包括23个省、5个自治区、4个直辖市、2个特别行政区。故选C。

41. D 【解析】酸雨是指pH值小于5.6的雨雪或其他形式的降水。雨、雪等在形成和降落过程中,吸收并溶解了空气中的二氧化硫、氮氧化物等物质,形成了pH值低于5.6的酸性降水。

42. B 【解析】我国各少数民族都保留着自己的传统节日,诸如傣族的泼水节、蒙古族的那达慕大会、彝族的火把节、瑶族的达努节、壮族的歌圩、藏族的藏历年、苗族的跳花节等。

43. C 【解析】在我国长江中下游地区,每年6、7月份都会出现持续天阴有雨的气候现象,被称为"梅雨"。故选C。

44. C 【解析】华山为"五岳"中的"西岳"。嵩山为"五岳"中的"中岳"。本题为选非题,故选C。

45. B 【解析】港珠澳地区没有沙尘暴;港珠澳大桥靠近

南海,夏秋季节易受台风侵袭;凌汛是指由于下段河道结冰或冰凌积成的冰坝阻塞河道,使河道不畅而引起河水上涨的现象,港珠澳地区不会发生凌汛;港珠澳地区没有暴雪。故选B。

46. B 【解析】青藏高原是我国第一大高原,内蒙古高原是我国第二大高原;黄土高原位于我国第二级阶梯上;柴达木盆地在四大盆地中地势最高。故选B。

47. D 【解析】中国土地资源有四个基本特点:绝对数量大,人均占有少;类型复杂多样,耕地比重小;利用情况复杂,生产力地区差异明显;地区分布不均,保护和开发问题突出。

48. C 【解析】我国南方地区水资源丰富,且地形多山地丘陵,因此水能丰富,多用水力发电。

49. D 【解析】"地上河"在黄河的下游;黄河上游的刘家峡至包头河段,下游的开封至入海口河段都有凌汛;黄河下游地势平坦且河水含有大量泥沙,水能不丰富;黄河因为中段流经黄土高原,因此河流含沙量大。故选D。

50. B 【解析】在中国,几乎各省、自治区都有不同面积的喀斯特地貌的分布。西南地区石灰岩连成一片,喀斯特地貌分布最广,其中,以广西地区的面积最大。故选B。

51. D 【解析】A项错误,下联中的瓷器对应江西景德镇,而非陕西。B项错误,下联中的鹳雀楼位于山西省,而非湖北省。C项错误,上联中的"渝州"指重庆市,不属于四川省。D项对应正确,当选。

52. B 【解析】导致泥石流的原因有地形陡峭、乱砍滥伐、短时间内降水过多。持续高温不是导致泥石流的原因,故选B。

53. D 【解析】ABC项对应正确,三江平原湿地是北方沼泽湿地的典型代表,近年来湿地面积锐减;黄土高原有水土流失;西北半干旱区气候干旱,土地荒漠化严重。D项错误,华北平原不存在森林破坏问题。故选D。

54. C 【解析】我国的太阳辐射分布不均。西北地区地势高,空气稀薄,大气对太阳辐射削弱作用小,且该地区气候干旱,降水较少,都导致太阳辐射相对较多。东南地区与西北地区地势和气候相反,太阳辐射相对较少。故选C。

55. B 【解析】"日照香炉生紫烟,遥看瀑布挂前川"出自李白的诗《望庐山瀑布》,庐山瀑布位于江西省九江市。

56. B 【解析】我国的科技发展迅速,成就瞩目,但科技整体水平与发达国家相比还有很大差距。我国教育取得了可喜的成就,但与发达国家相比仍然存在较大差距,B项错误。ACD说法正确,本题为选非题,故选B。

57. B 【解析】我国道教四大名山为安徽齐云山、湖北武当山、四川青城山、江西龙虎山。B项错误,山西五台山是中国佛教四大名山之一,不是道教名山。故选B。

58. A 【解析】渤海是我国最北端的海域。黄海位于我国大陆与朝鲜半岛之间。东海位于我国大陆与台湾岛以及日本九州岛和琉球群岛之间。南海位于我国南部。我国四大海域从北到南依次为渤海、黄海、东海、南海。故选A。

59. D 【解析】A项错误,天山和阴山山脉均呈东西走向。B项错误,阿尔泰山和祁连山山脉均呈西北—东南走向。C项错误,昆仑山和秦岭均呈东西走向。D项正确,当选。

60. A 【解析】①千岛湖位于浙江省杭州市淳安县;②寒山寺位于江苏省苏州市姑苏区;③白洋淀主体位于河北省保定市;④瘦西湖位于江苏省扬州市城西北郊。因此,地理位置从南到北应该是①②④③,故选A。

二、多项选择题

1. AB 【解析】中国幅员广大,地质条件多样,矿产资源丰富。钨、锑、稀土、钼、钒和钛等矿产资源的探明储量居世界首位。

2. AC 【解析】"天门一长啸,万里清风来"出自李白的《游泰山六首》之二;"横看成岭侧成峰,远近高低各不同"描写的是庐山;"会当凌绝顶,一览众山小"出自杜甫的《望岳》,描写的是泰山;"奇峰出奇云,秀木含秀气"出自李白的《江上望皖公山》,描写的是皖公山即今天的天柱山。

3. ABCD 【解析】冲积平原是由河流沉积作用形成的平原地貌。著名的冲积平原有亚马孙平原、湄公河三角洲、尼罗河中下游地区、华北平原、长江中下游平原、成都平原等。故本题选ABCD。

4. BC 【解析】A项错误,玉门关位于甘肃敦煌。D项错误,居庸关位于北京昌平。故选BC。

5. ABC 【解析】位于我国第二阶梯上的地形区有黄土高原、内蒙古高原、云贵高原、四川盆地等。故选ABC。

6. BD 【解析】琼州海峡和渤海是我国的两大内海。

7. ABC 【解析】D项错误,我国长江中下游地区在每年6月、7月会出现梅雨天气。

8. ABD 【解析】五岳分别是中岳嵩山、东岳泰山、西岳华山、南岳衡山、北岳恒山。

9. ABD 【解析】在我国东面与我国隔海相望的国家有韩国和日本,在我国南面与我国隔海相望的国家有菲律宾、马来西亚、文莱和印度尼西亚。

10. AD 【解析】B项错误,魔鬼城(位于新疆)是风力侵蚀形成的。C项错误,云南石林是喀斯特地貌,雅丹地貌(风蚀地貌的一种典型特征)主要分布在西北地区。

11. BCD 【解析】千沟万壑、黄土分布遍布、植被稀少是黄土高原的景观特点,A项错误。BCD项说法正确,当选。

12. ABC 【解析】遵义市素有"黔北粮仓"之称,粮食产量大致占全省总量的四分之一;黔东南一年中有节日集会200多个,素有"百节之乡"的美称,有苗族的芦笙会、侗族的侗年、"三月三"歌节、水族的端节、瑶族的"盘王节"等;苗族长衫龙芦笙舞被列为第一批国家级非物质文化遗产，被誉为“东方探戈”；被称为“植物王国”“动物王国”的是云南。故选ABC。

13. AB 【解析】我国人口老龄化的进程明显加快的原因：一是经济、生活和医疗水平的提高，使人口寿命延长；二是人口自然增长率下降，年轻人口比重减小，老年人口比重增大。故选AB。

14. ABC 【解析】汉族的分布遍及全国，主要集中在东、中部。少数民族主要集中在东北、西北、西南等地区。故选ABC。

15. ACD 【解析】B项错误，我国的季风区与非季风区分界线为大兴安岭—阴山—贺兰山—巴颜喀拉山—冈底斯山，该线西北为非季风区，东南为季风区。而秦岭—淮河一线为我国地理意义上的南北分界线，为亚热带季风气候和温带季风气候的分界线。ACD正确，当选。

16. AB 【解析】黄河的主要支流有湟水、白河、黑河、洮河、清水河、大黑河、窟野河、汾河、无定河、泾河、渭河等。乌江和赤水都是长江支流。

17. BCD 【解析】长江发源于青藏高原的唐古拉山脉，流经青海、西藏、四川、云南、重庆、湖北、湖南、江西、安徽、江苏、上海等11个省、自治区、直辖市。故选BCD。

18. ACD 【解析】珠江发源于云贵高原乌蒙山系马雄山，主要支流有西江、东江、北江等，流经中国中西部六省区及越南北部，在下游从八个入海口注入南海。珠江因为水系复杂，没有统一的流向。

19. ACD 【解析】A项对应错误，诗句出自杜甫的《望岳》，描写的是东岳泰山。C项对应错误，诗句出自杜牧的《寄扬州韩绰判官》，描写的是扬州二十四桥。D项对应错误，诗句出自李白的《望庐山瀑布》，描写的是江西庐山。

20. ABD 【解析】颗粒物对人体的危害表现包括：(1)颗粒物对呼吸系统的影响：对呼吸道的刺激和腐蚀作用，呼吸道防御功能受到损害，发生支气管炎、肺气肿和支气管哮喘等呼吸道疾病；(2)颗粒物对心血管系统的影响：心律不齐，诱发血栓；(3)颗粒物的致癌作用：致突变性；(4)颗粒物对人群死亡率的影响：人群死亡率升高。ABD项正确。颗粒物不会导致体内蛋白质和酶代谢发生紊乱，C项错误。

三、判断题

1. × 【解析】自然资源总量大、种类多，但人均占有量少，开发难度大，这是我国的一个基本国情。

2. √ 【解析】我国土地资源的特点主要如下：土地资源丰富，类型多样；绝对数量大，人均占有少；土地资源分布不均，土地生产力地区差异显著；山地多、平地少、耕地比重小等。

3. × 【解析】我国水资源特点是南多北少，分布不均。

4. × 【解析】广东省是我国海岸线最长、海疆最广的省区。

5. × 【解析】吐鲁番是我国夏季气温最高的地方。

6. × 【解析】青藏高原是我国第一大高原；内蒙古高原是我国第二大高原；黄土高原是我国第三大高原；云贵高原是我国第四大高原。

7. × 【解析】珠穆朗玛峰是世界第一高峰。地球是一个扁圆的球状体，位于赤道地区的钦博拉索山是距离地心第一远的高峰。

8. × 【解析】蒙古族在每年七、八月举行“那达慕”大会。

9. × 【解析】壮族是我国人口最多的少数民族。

10. √ 【解析】次生盐碱化是指由于不合理的耕作灌溉而引起的土壤盐碱化过程，主要发生在干旱或半干旱地区地下水位较高、地下径流不畅、地下水中含有较多可溶性盐的冲积平原。华北平原是我国土壤次生盐碱化的典型地区。

11. √ 【解析】我国是世界上矿种齐全、资源基本配套的少数国家之一，已发现170多种矿产。

12. √ 【解析】我国地势西高东低，呈阶梯状分布，许多河流在流经阶梯交界处时落差大，水流湍急，水能蕴藏巨大。

13. √ 【解析】华北平原是中国第二大平原，面积广袤，地势低平，多在海拔50米以下，是典型的冲积平原。

14. × 【解析】麦积山石窟位于甘肃省天水市麦积区；龙门石窟又称“伊阙石窟”，位于河南省洛阳市。

15. × 【解析】一般认为现代海洋经济包括为开发海洋资源和依赖海洋空间而进行的生产活动，以及直接或间接开发海洋资源及空间的相关产业活动，由这样一些产业活动形成的经济集合均被视为现代海洋经济范畴。海洋经济又称蓝色经济，不是绿色经济。

16. × 【解析】我国陆上邻国有14个，但不包括泰国和柬埔寨。

17. × 【解析】旱涝灾害是我国最为常见、危害范围较广的自然灾害。

18. √ 【解析】三江源自然保护区有“中华水塔”之称，是长江、黄河、澜沧江的发源地。这里是世界海拔最高的湿地和生物多样性最为集中的地区，被科学家誉为“生态处女地”。

19. √ 【解析】鄱阳湖是长江中下游主要支流之一，是长江流域的一个过水性、吞吐型、季节性重要湖泊。是中国第一大淡水湖，也是中国第二大湖，仅次于青海湖。

20. √ 【解析】安第斯山脉位于南美洲的西岸，是世界上最长的山脉，素有“南美洲脊梁”之称。

专题二　道　德

一、单项选择题

1. D 【解析】守法是爱国规范的延伸，是公民对国家的道德责任的“底线”，故选D。

2. B 【解析】推进新时代公民道德建设，重在培养担当民族复兴大任的时代新人。

3. C 【解析】2019年11月颁布的《新时代爱国主义教育实施纲要》明确指出，坚持以维护祖国统一和民族团结为着力点，国家统一和民族团结是中华民族根本利益所在。A项是新时代爱国主义教育的鲜明主题；B项是坚持走中国特色社会主义法治道路的具体要求；D项是新时代爱国主义的基本要求。

4. D 【解析】任何社会或社会中的任何阶级，其道德建设核心总是同其道德的根本出发点和根本目的联系在一起，总是同为什么人服务联系在一起。D项正确。

5. D 【解析】文明礼貌反映一个人的素质，有时甚至可以反映国家国民的素质，是关系到人格、国格的大事。故选D。

6. C 【解析】社会公德规范包括：文明礼貌、助人为乐、爱护公物、保护环境、遵纪守法，其中遵纪守法是社会公德规范的基本要求。故选C。

7. A 【解析】现实生活中能够找到理想职业的人必定是少数的，对于多数人来说，必须面对现实，去从事社会所需要、而自己内心不太愿意干的工作。在这种情况下，如果没有"干一行，爱一行"的精神，那么人就很难干好工作，很难做到爱岗敬业，A项正确。

8. B 【解析】爱岗敬业是职业道德的基本要求之一；助人为乐是社会公德的主要内容之一；勤俭持家是家庭美德的基本规范之一，ABD这三项只是我国的道德规范，不是法律原则。我国职业道德的基本要求是爱岗敬业、诚实守信、办事公道、热情服务、奉献社会。我国民法的基本原则主要有平等原则、自愿原则、公平原则、诚实信用原则。因此，诚实守信既是我国的道德规范之一，也是我国的法律原则之一。故本题正确答案为B。

9. A 【解析】公民道德建设的核心是为人民服务。

10. C 【解析】《新时代公民道德建设实施纲要》指出：坚持马克思主义道德观、社会主义道德观，倡导共产主义道德，以为人民服务为核心，以集体主义为原则，以爱祖国、爱人民、爱劳动、爱科学、爱社会主义为基本要求，始终保持公民道德建设的社会主义方向。故选C。

11. D 【解析】公民道德建设基本要求是爱祖国、爱人民、爱劳动、爱科学、爱社会主义。故选D。

12. D 【解析】"鞠躬尽瘁，死而后已"的意思是勤勤恳恳，尽心竭力，也就是要求从业者在职业活动中做到勤勉。

13. A 【解析】公民道德建设的过程，是教育和实践相结合的过程。以活动为载体，吸引群众普遍参与，是新形势下加强公民道德建设的重要途径。故选A。

14. C 【解析】荣辱观是由世界观、人生观、价值观所决定的。不同的荣辱观，是不同的世界观、人生观、价值观的反映。荣辱观渗透在整个社会的生活中，不仅影响着社会的风气，体现着社会的价值导向，标志着社会的文明程度，而且对社会的经济发展有巨大的反作用。故选C。

15. B 【解析】爱国主义和社会主义的统一是新时期爱国主义的基本特征。故选B。

16. A 【解析】建设中国特色社会主义是新时期爱国主义的主题。故选A。

17. D 【解析】职业道德修养是指从业人员在职业活动实践中，按照职业道德基本原则和规范，在职业道德品质方面的"自我锻炼"和"自我改造"，借以形成高尚的职业道德品质和达到较高的境界。

18. A 【解析】爱岗敬业是社会主义职业道德最基本、最起码、最普通的要求。爱岗，就是热爱自己的工作岗位，热爱自己的本职工作。敬业，就是以极端负责的态度对待自己的工作。

19. D 【解析】奉献社会就是积极自觉地为社会做贡献，这是社会主义职业道德的本质特征。

20. A 【解析】"从我做起，从小事做起，从身边做起"强调要身体力行，积累善行，体现了实践躬行，积善成德的道德修养方法。故选A。

21. D 【解析】职业的相对稳定性和连续性，决定了与反映职业特征相适应的职业道德也具有相对稳定性和连续性，只要一定的职业连续存在下去，与这一职业相适应的职业道德就会延续并存在下去。例如，商业"童叟无欺"的职业道德、医务行业"救死扶伤，治病救人"的职业道德等，千百年来为从事这些行业的人们所传承和遵守。故选D。

22. D 【解析】职业道德，就是同人们的职业活动紧密联系的，体现职业特征的道德活动现象、道德意识现象和道德规范现象，是社会道德在职业生活中的具体体现，是在职业生活中处理和协调人与人、个人与社会、人与自然的关系的道德准则。不同行业的职业道德有其适用范围，各行各业有各自不同的职业道德。故选D。

23. C 【解析】社会主义职业道德是一种自律与他律相结合的行为规范。

24. D 【解析】《新时代公民道德建设实施纲要》提出：推动践行以爱岗敬业、诚实守信、办事公道、热情服务、奉献社会为主要内容的职业道德，鼓励人们在工作中做一个好建设者，ABC正确。

25. C 【解析】职业道德中的诚实守信强调言行一致，表里如一，遵守职业纪律。故选C。

26. C 【解析】职业道德具有适用范围的有限性。每种职业都担负着一种特定的职业责任和职业义务。由于各种职业的职业责任和义务不同，从而形成各自特定的职业道德的具体规范。本题为选非题，故选C。

27. C 【解析】道德的基本特征有共同性、民族性、阶级性、历史继承性、自律性，不包括实践性。

28. A 【解析】《新时代公民道德建设实施纲要》指出，要把立德树人贯穿学校教育全过程。故选A。

29. A 【解析】权利与义务关系并非物质利益范畴，因此排除④。故选A。

30. B 【解析】社会公德是维护社会公共生活正常进行的

行为规范。任何一个社会公民无论其民族、阶级和信仰是什么，只要是在公共生活中活动，其行为必须符合公共生活秩序的要求。所以，它是同一社会中各阶级、各党派、各民族、各阶层、各社会团体成员共同遵守的公共生活准则，反映了道德要求的公共性。

31. C 【解析】道德是社会物质条件的反映，是由一定的社会经济基础所决定的一种社会意识形态。马克思主义认为，道德是社会关系的产物，只有发生个人利益与他人利益和整体利益关系，而且人们自觉意识到这种关系时，才会出现道德问题。

32. A 【解析】道德是以善恶为评价标准，依靠社会舆论、传统习惯和内心信念的力量来调整人与人、人与社会以及人与自然之间相互关系的行为规范的总和。故选A。

33. A 【解析】职业良心是指从业者在履行职业义务中形成的对职业责任的主观意识和评价能力，是从业者依据自己必须履行的道德要求，对自身的行为动机进行自我检验、对行为活动进行自我鉴定、对活动结果进行自我评价的能力。

34. D 【解析】职业理想即人们对职业生活最佳目标的追求的集中表现，是人们对未来工作部门、工作种类及业绩的向往和追求，是一个人的世界观、人生观、价值观在职业活动奋斗目标上的集中表现，是形成职业态度的基础，是从业者创造职业成就和实现职业目标的精神动力。

35. C 【解析】职业理想是人们的世界观、人生观、价值观在职业活动奋斗目标上的集中表现，是形成职业态度的基础。故选C。

36. D 【解析】随着国家文明程度的提高，法制愈发健全，越来越多的国家将道德规范纳入社会法律规则之中。故选D。

37. C 【解析】道德有一定的共同性，即同一社会的不同阶级，甚至不同社会的不同阶级的道德之间，由于类似或相同的经济条件、文化背景和民族心理而存在着某类相似或相同的特性，而不是个人的认识。故选C。

38. A 【解析】越来越多的企业在选人时更加看重其道德品质，职业道德品质高的员工更有助于企业增强持久竞争力是原因之一，A项正确。不能以道德品质的高低来评判一个人职业技能水平的高低，B项错误；C、D两项没有现实的依据。

39. B 【解析】职业技能的有效发挥需要职业道德保障，职业道德对职业技能具有统领作用，职业道德对职业技能的发挥有支撑作用，职业道德对职业技能的提高具有促进作用，B项说法错误。ACD说法正确，本题为选非题，故选B。

40. D 【解析】这句话的意思是：才学是德行的资本，德行主导才学。这句话意在强调才与德关系密切，在二者关系中，德占主导地位。故选D。

41. B 【解析】爱岗敬业并不会扼杀人们对创造的热情，相反，如果热爱岗位，积极探索，还会在一定程度上激发人们的创造性，B项错误。ACD说法正确，本题为选非题，故选B。

42. D 【解析】培养一代又一代有理想、有道德、有文化、有纪律的社会主义公民是道德建设的根本任务，也是衡量道德建设成败得失的基本标准。故选D。

43. C 【解析】集体主义在人们的道德实践中，大体上可分为三个层次：一是无私奉献的最高层次。它要求人们时时处处严于律己，自觉地为他人、为社会多做贡献，不计报酬，具有共产主义的劳动态度。二是先公后私的普通层次。它要求人们在坚持社会整体利益高于个人利益的前提下，来谋取个人的正当利益，自觉做到先公后私、先人后己。三是义利兼顾的基础层次。它要求人们通过正当途径和合法手段来追求自己的物质利益。“君子爱财、取之有道”“见利思义、义然后取”都传达出了义利兼顾的观点，属于第三个层次。故选C。

44. A 【解析】“五常”即仁、义、礼、智、信，是指“人”作为社会中的独立个体，为了自身的发展和社会的进步，而应该拥有的五种最基本的品格和德行。

45. A 【解析】文明礼貌要求人们在交往中，要语气和悦、态度真挚等。

46. D 【解析】职业道德的构成要素主要包括：(1)意识性要素，包括职业理想、职业态度、职业良心、职业荣誉等方面，它反映了一定职业和从业者的一种价值目标、劳动态度、道德责任感和自尊感。(2)规范性要素，包括职业责任、职业行为准则、职业纪律等方面，它是职业活动中的道德要求的直接表达。(3)行为性要素，包括职业行为方式和生活方式、职业作风、职业技能等，它是从业人员特殊性的价值取向，是情操作风、兴趣爱好、行为方式和品质的反映和体现。D正确。

47. D 【解析】公民的道德素质是一种内在的素质。提高公民道德素质关键还是要靠公民加强自我道德修养，通过内化来实现。故选D。

48. C 【解析】当我们可能出现职业道德失范行为时，应当具备自律精神。故选C。

49. D 【解析】《新时代公民道德建设实施纲要》指出，要积极践行绿色生产生活方式。坚持人与自然和谐共生，引导人们树立尊重自然、顺应自然、保护自然的理念，树立绿水青山就是金山银山的理念。故选D。

50. B 【解析】《新时代公民道德建设实施纲要》指出：“家庭是社会的基本细胞，是道德养成的起点。”故选B。

51. B 【解析】公民道德建设是纠正道德失范的必由之路，故选B。

52. B 【解析】奉献包含两个层次，第一个层次是克己奉公、无私奉献；第二个层次是先人后己，先公后私。其中，第二个层次在当前现实生活中具有广泛的社会基础。故选B。

53. A 【解析】社会公德特指人们在生活中积累起来的、

为社会公共生活所必需的、最简单、最起码的公共生活准则。故选A。

54. D 【解析】奉献社会是人生价值的具体体现，是为人民服务和集体主义精神的最好体现，是职业道德的本质特征。奉献精神体现在爱岗敬业、诚实守信、办事公道和热情服务的各项要求之中，它是社会主义职业道德的最高要求、最终目标和最高境界。故选D。

55. D 【解析】所谓"慎独"，是指人们在独自活动、无人监督的情况下，凭着高度自觉，按照一定的道德规范行动，而不做任何有违道德信念、做人原则之事。这是进行个人道德修养的重要方法，也是评定一个人道德水准的关键性环节。

二、多项选择题

1. BCD 【解析】《新时代公民道德建设实施纲要》指出，要坚持马克思主义道德观、社会主义道德观，倡导共产主义道德，以为人民服务为核心，以集体主义为原则，以爱祖国、爱人民、爱劳动、爱科学、爱社会主义为基本要求，始终保持公民道德建设的社会主义方向。故选BCD。

2. BD 【解析】现阶段，爱国主义主要表现为献身于建设和保卫社会主义现代化的事业，献身于促进祖国统一的事业。故选BD。

3. ABCD 【解析】《新时代公民道德建设实施纲要》指出，新时代公民道德建设的重点任务包括筑牢理想信念之基、培育和践行社会主义核心价值观、传承中华传统美德、弘扬民族精神和时代精神。故选ABCD。

4. BCD 【解析】奉献社会是社会主义职业道德的基石和最高境界。今天我们讲奉献，并不是讲付出劳动不要报酬，而是讲一种精神，一种忘我的全身心投入的精神，是社会发展对每一个有劳动能力的公民的客观必然要求。奉献社会并不意味着要舍弃自己的利益。故选BCD。

5. ABCD 【解析】热情服务要做到优质服务，热情周到，遵守职业道德，向先进典型学习。故选ABCD。

6. ABD 【解析】互相猜疑、纠缠埋怨不是团结友善的要求，排除C。

7. BD 【解析】《新时代公民道德建设实施纲要》指出：推动践行以爱岗敬业、诚实守信、办事公道、热情服务、奉献社会为主要内容的职业道德，鼓励人们在工作中做一个好建设者。故选BD。

8. ACD 【解析】认真对待自己的岗位，对自己的岗位职责负责到底，无论在任何时候，都提倡爱岗敬业，A项错误。我们不能把忠于职守、爱岗敬业片面地理解为绝对地、终身地只能从事某个职业，而是选定一行就应爱一行，B项正确，C项错误。双向选择的就业方式，能使更多的人从事自己所感兴趣的工作，用人单位也能挑选自己所需要的合适人选。在社会主义市场经济条件下，双向选择的就业方式为更好地发挥人的积极性创造了条件。这一改革与社会主义职业道德基本规范要求的爱岗敬业并不矛盾，D项错误。

9. ACD 【解析】爱岗敬业的具体要求主要是：树立职业理想、强化职业责任、提高职业技能。故选ACD。

10. ACD 【解析】调节功能是道德的主要功能，即调节人与人、人与自然的关系，使个人利益与他人、社会的利益协调一致。道德的教育功能是指通过舆论、习惯、良心等教育人们，培养人们良好的个人道德意识、品质和行为，从而提高人们的精神境界和道德水平。道德的认识功能是指提高道德意识和道德判断使人们能够明确自己对家庭、他人、社会、国家等应负的责任和义务，从而正确选择自己的行为和生活。故选ACD。

11. AC 【解析】尊老爱幼、赡养老人是中华民族的传统美德。家庭美德的内容主要包括尊老爱幼、男女平等、家庭和睦、勤俭持家、邻里团结等。杨某的行为违背了传统美德和家庭美德。

12. ABCD 【解析】加强道德修养，应借鉴历史上思想家们所提出的各种积极有效的道德修养方法，结合当今社会发展的需要和当代人道德修养的实践经验，采取一些行之有效的方法进行道德修养，主要有学思并重的方法、省察克治的方法、慎独自律的方法、积善成德的方法、知行统一的方法。按照这些方法进行道德修养，并长期坚持下去，就能使人不断进步、不断完善，从而达到较高的道德境界，成为品德高尚的人。

13. ABCD 【解析】职业道德的含义包括以下八个方面：(1)职业道德是一种职业规范，受社会普遍的认可。(2)职业道德是长期以来自然形成的。(3)职业道德没有确定形式，通常体现为观念、习惯、信念等。(4)职业道德依靠文化、内心信念和习惯，通过员工的自律实现。(5)职业道德大多没有实质的约束力和强制力。(6)职业道德的主要内容是对员工义务的要求。(7)职业道德标准多元化，代表了不同企业可能具有不同的价值观。(8)职业道德承载着企业文化和凝聚力，影响深远。故选ABCD。

14. ACD 【解析】职业道德就是同人们的职业活动紧密联系的符合职业特点所要求的道德准则、道德情操、道德品质的总和。故选ACD。

15. ABC 【解析】职业道德是与人的职业角色和职业行为相联系的一种高度社会化的角色道德。它主要有以下作用：调整职业内部间的关系；调整职业之间的关系；调整职业工作者与服务对象的关系。但道德并不是万能的。故选ABC。

16. ABCD 【解析】《新时代公民道德建设实施纲要》指出：加强对道德领域热点问题的引导，以事说理、以案明德，着力增强人们的法治意识、公共意识、规则意识、责任意识。故选ABCD。

17. ABC 【解析】集体主义的主要内容有三个方面：首先，集体利益处于首要地位。其次，尊重个人正当利益。最后，强调集体利益和个人利益的辩证统一。故选ABC。

18. AD 【解析】解决共享单车的相关问题需要我们加强社会公德、个人品德教育，C与题意无关；B说法错误，应是弘扬中华传统美德。

19. ABD 【解析】在职业活动中，要做到公正公平就必须按原则办事，不徇私情，不惧权势，不计个人得失。

20. ABCD 【解析】树立良好的职业道德，对于企业来说，有利于企业提高产品和服务的质量，可以降低成本、提高劳动生产率和经济效益，有利于协调职工之间及职工与领导之间的关系，有利于企业树立良好形象，创造著名品牌。故选ABCD。

三、判断题

1. × 【解析】《新时代公民道德建设实施纲要》指出：传承中华传统美德。中华传统美德是中华文化的精髓，是道德建设的不竭源泉。可见，中华传统美德是中华传统道德中的精华，题干中“大力弘扬中华传统道德”的说法不准确。

2. × 【解析】在原始社会末期，由于生产和交换的发展，出现了农业、手工业、畜牧业等职业分工，职业道德开始萌芽。进入阶级社会以后，又出现了商业、政治、军事、教育、医疗等行业。在一定社会的经济关系基础上，这些特定的职业不但要求人们具备特定的知识和技能，而且要求人们具备特定的道德观念、情感和品质。因此并不是只有到了社会主义时期，职业道德才获得了充分发挥。

3. √ 【解析】为人民服务是公民道德建设的核心，是社会主义道德区别和优越于其他社会形态道德的显著标志。

4. × 【解析】“五爱”指爱祖国、爱人民、爱劳动、爱科学、爱社会主义。社会主义公民道德建设的核心是为人民服务，原则是集体主义。

5. √ 【解析】职业道德从一个侧面反映出人的道德素质。在一定程度上，个人道德素质的提高有助于职业道德的提高。职业道德的养成可以是自我的修养，也可以是教化。

6. × 【解析】社会公德的基本准则是文明礼貌、助人为乐、爱护公物、保护环境、遵纪守法。

7. × 【解析】社会主义职业道德规范的主要内容是爱岗敬业、诚实守信、办事公道、热情服务、奉献社会。

8. × 【解析】荣辱观是由世界观、人生观、价值观所决定的。

9. √ 【解析】随着改革开放和社会主义市场经济的发展，社会主义精神文明建设显得更为突出，加强职业道德建设，倡导和弘扬爱岗敬业精神是其中不可缺少的重要内容。

10. √ 【解析】诚实守信原则要求市场主体在市场活动中讲究信用，恪守诺言，诚实不欺，在不损害他人利益和社会利益的前提下追求自己的利益。商店出售假冒伪劣产品，损害了消费者的利益，违背诚实守信原则。

11. × 【解析】党的十八届四中全会提出，必须坚持依法治国和以德治国相结合。其中，法治属于政治建设，属于政治文明；德治属于思想建设，属于精神文明。

12. √ 【解析】《新时代公民道德建设实施纲要》指出，要把社会公德、职业道德、家庭美德、个人品德建设作为公民道德建设的着力点。

13. √ 【解析】《新时代公民道德建设实施纲要》指出：坚持马克思主义道德观、社会主义道德观，倡导共产主义道德，以为人民服务为核心，以集体主义为原则，以爱祖国、爱人民、爱劳动、爱科学、爱社会主义为基本要求，始终保持公民道德建设的社会主义方向。

14. √ 【解析】社会主义中国的国家最高利益是中国人民的利益。中华民族的最高利益是维护国家统一，各族人民团结一致，在中国共产党的正确领导下实现中华民族的伟大复兴。国家和人民的最大利益集中体现在社会主义制度上。

15. × 【解析】职业道德是指人们在职业生活中应遵循的基本道德。

16. √ 【解析】人生价值的问题是人和社会的关系问题。它包括人的社会价值和个人价值两个方面，而一个人的社会地位、荣誉，不是由他的个人价值决定的，而主要取决于他对社会所作出的贡献，取决于他是否全心全意为人民服务。

17. √ 【解析】服务的基本含义是提供解决问题、满足需要的措施。

18. × 【解析】夫妻关系是家庭关系的核心。

19. × 【解析】调节功能是教师职业道德的最基本、最主要的功能。

20. × 【解析】教师要以身作则、为人师表，这是教师职业道德区别于其他职业道德的显著标志。

主观题

一、材料分析题(参考答案)

(1)该社区坚持进行党的十九大精神和中国梦宣传教育，开展“三义”“三观”“三德”教育大讨论活动，筑牢理想信念之基。

(2)该社区采用多种形式，加强和改进思想政治工作，深化群众性精神文明创建活动，发挥了人民群众道德建设的主体作用，努力形成良好的社会风尚。

(3)该社区张榜宣传黄赌毒和封建迷信的危害，弘扬了科学精神，普及了科学知识，推动居民自觉抑制落后腐朽文化的侵蚀，弘扬了时代新风。

(4)该社区以诚信建设为重点加强道德建设，推进志愿服务，强化了社会责任意识、规则意识和奉献意识，弘扬了传统美德和志愿精神。

(5)该社区的一系列加强思想道德建设的措施，激发了居民的道德意愿、道德情感，培育了居民正确的道德判断和道德责任，提高了道德实践能力，推动了文明社区建设。

二、文章写作(写作思路)

考生要意识到此文是对热爱学生这一教师基本职业道德的重要性的再认识。

首先,考生要从教师职业道德的多样性入手,探讨教师职业道德最重要的含义,以引出"热爱学生"这一观点。

其次,点出"没有爱,就没有教育"即是对"热爱学生"这一教师职业道德的最优阐述,以印证师爱在学生成长过程中的重要作用和不可或缺的地位。考生可以用一两个具体事例来论证"没有爱,就没有教育"这一论点,这可以让文章更富生动性和吸引力。

最后,考生应以师爱的作用作结论,从而达到首尾呼应的目的。

第七部分 事业单位概况与公文基础知识

专题一 事业单位概况

一、单项选择题

1. D 【解析】我国事业单位岗位设置管理的原则包括:坚持科学合理、精简效能的原则;坚持按需设岗、竞聘上岗、按岗聘用、合同管理的原则;坚持宏观调控、分类指导、分级管理的原则;坚持岗位设置管理与人员收入分配制度改革、人员聘用制度、用人机制转换相结合的原则。D项不符合我国事业单位岗位设置管理的原则,当选。

2. B 【解析】《事业单位人事管理条例》第二十条规定:"事业单位应当根据聘用合同规定的岗位职责任务,全面考核工作人员的表现,重点考核工作绩效。考核应当听取服务对象的意见和评价。"故选B。

3. C 【解析】《事业单位岗位设置管理试行办法》第八条规定:"事业单位岗位分为管理岗位、专业技术岗位和工勤技能岗位三种类别。"故选C。

4. A 【解析】《事业单位人事管理条例》第二十九条规定:"处分分为警告、记过、降低岗位等级或者撤职、开除。受处分的期间为:警告,6个月;记过,12个月;降低岗位等级或者撤职,24个月。"故选A。

易错警示:考生在备考《事业单位人事管理条例》中规定的处分种类时,要注意同《中华人民共和国公务员法》中规定的处分区别开来。《中华人民共和国公务员法》第六十二条规定:"处分分为:警告、记过、记大过、降级、撤职、开除。"《中华人民共和国公务员法》第六十四条规定:"公务员在受处分期间不得晋升职务、职级和级别,其中受记过、记大过、降级、撤职处分的,不得晋升工资档次。受处分的期间为:警告,六个月;记过,十二个月;记大过,十八个月;降级、撤职,二十四个月。受撤职处分的,按照规定降低级别。"

5. B 【解析】根据《事业单位工作人员处分暂行规定》第二十三条规定,警告、记过、降低岗位等级或者撤职处分,按照干部人事管理权限,由事业单位或者事业单位主管部门决定。开除处分由事业单位主管部门决定,并报同级事业单位人事综合管理部门备案。对中央和地方直属事业单位工作人员的处分,按照干部人事管理权限,由本单位或者有关部门决定。

6. A 【解析】对事业单位工作人员的开除处分,由事业单位主管部门决定,并报同级事业单位人事综合管理部门备案。故选A。

7. B 【解析】根据《事业单位公开招聘人员暂行规定》第二十三条规定,事业单位对拟聘人员应在适当范围进行公示,公示期一般为7至15日。

8. A 【解析】为实现事业单位人事管理的科学化、制度化和规范化,规范事业单位招聘行为,提高人员素质,事业单位新进人员实行公开招聘制度。事业单位新进人员除国家政策性安置、按干部人事管理权限由上级任命及涉密岗位等确需使用其他方法选拔任用人员外,都要实行公开招聘。

9. C 【解析】"绩"主要考核完成工作任务的数量、质量、效率,取得成果的水平及社会效益和经济效益。而"工作能力"是属于"能"这一方面的。

10. A 【解析】《事业单位人事管理条例》是我国第一部系统规范事业单位人事管理的行政法规,确立了事业单位人事管理的基本制度,在公开招聘、聘用制度、社会保险、工资收入等方面的相关规定是事业单位改革的亮点。故选A。

11. A 【解析】《事业单位人事管理条例》第十五条规定:"事业单位工作人员连续旷工超过15个工作日,或者1年内累计旷工超过30个工作日的,事业单位可以解除聘用合同。"故选A。

12. D 【解析】《事业单位人事管理条例》第十六条规定:"事业单位工作人员年度考核不合格且不同意调整工作岗位,或者连续两年年度考核不合格的,事业单位提前30日书面通知,可以解除聘用合同。"故选D。

13. D 【解析】《事业单位人事管理条例》第二十九条规定:"处分分为警告、记过、降低岗位等级或者撤职、开除。受处分的期间为:警告,6个月;记过,12个月;降低岗位等级或者撤职,24个月。"故选D。

14. B 【解析】根据《事业单位工作人员处分暂行规定》第七条的规定,事业单位工作人员受到记过处分的,在受处分期间,不得聘用到高于现聘岗位等级的岗位,年度考核不得确定为合格及以上等次。故选B。

15. D 【解析】《事业单位人事管理条例》第十三条规定:"初次就业的工作人员与事业单位订立的聘用合同期限3年以上的,试用期为12个月。"故选D。

16. A 【解析】《事业单位人事管理条例》指出,事业单位人事管理,坚持党管干部、党管人才原则,全面准确贯彻民主、公开、竞争、择优方针。

17. A 【解析】《事业单位人事管理条例》第三十五条规

定:"事业单位及其工作人员依法参加社会保险,工作人员依法享受社会保险待遇。"故选A。

18. C 【解析】根据《事业单位人事管理条例》第二条的规定,国家对事业单位工作人员实行分级分类管理。故选C。

19. B 【解析】《事业单位人事管理条例》第二十七条规定:"奖励分为嘉奖、记功、记大功、授予荣誉称号。"故选B。

20. B 【解析】《事业单位人事管理条例》第二十一条规定:"考核分为平时考核、年度考核和聘期考核。年度考核的结果可以分为优秀、合格、基本合格和不合格等档次,聘期考核的结果可以分为合格和不合格等档次。"故选B。

21. D 【解析】事业单位改革的目标是:转变政府职能,建立新型的公共事业管理体制,即建立一个在政府宏观调控和监督下,包括政府在内的多元主体投资、多元主体承担服务,以科、教、文、卫、体等领域的公共服务社会化、市场化为基本运行方式,中央与地方相结合、集中管理与分散管理相结合的管理系统,建立中国特色的事业单位管理制度。有关部门负责人强调,分类推进事业单位改革的根本目的,是促进公益事业发展,满足人民群众公益服务需求。

22. D 【解析】事业单位与职工应当按照国家有关法律、政策和《关于加快推进事业单位人事制度改革的意见》的要求,在平等自愿、协商一致的基础上,通过签订聘用合同,明确聘用单位和受聘人员与工作有关的权利和义务。聘用合同由聘用单位的法定代表人或者其所委托的人与受聘人员以书面形式订立。故D正确。

23. C 【解析】人民法院审理事业单位人事争议案件的程序参照《中华人民共和国劳动法》的相关规定。事业单位人事争议案件由用人单位或者聘用合同履行地的基层人民法院管辖。因此,事业单位人事争议诉讼属于民事诉讼。故本题选C。

24. D 【解析】《事业单位人事管理条例》第三十二条规定:"国家建立激励与约束相结合的事业单位工资制度。事业单位工作人员工资包括基本工资、绩效工资和津贴补贴。事业单位工资分配应当结合不同行业事业单位特点,体现岗位职责、工作业绩、实际贡献等因素。"

25. B 【解析】根据《事业单位人事管理条例》第二十一条的规定,考核分为平时考核、年度考核和聘期考核。故选B。

26. D 【解析】《事业单位人事管理条例》第十五条规定:"事业单位工作人员连续旷工超过15个工作日,或者1年内累计旷工超过30个工作日的,事业单位可以解除聘用合同。"故选D。

27. D 【解析】年度考核以平时考核为基础。

28. B 【解析】四级、六级职员岗位,须分别在五级、七级职员岗位上任职满3年以上。

29. A 【解析】《事业单位人事管理条例》第三十七条规定:"事业单位工作人员与所在单位发生人事争议的,依照《中华人民共和国劳动争议调解仲裁法》等有关规定处理。"故选A。

30. D 【解析】根据《事业单位工作人员处分暂行规定》第五条规定,处分的种类为:警告;记过;降低岗位等级或者撤职;开除。其中,撤职处分适用于行政机关任命的事业单位工作人员。故本题答案为D。

31. D 【解析】《事业单位人事管理条例》第二十二条规定:"考核结果作为调整事业单位工作人员岗位、工资以及续订聘用合同的依据。"故选D。

32. C 【解析】公益性是由事业单位的社会功能和市场经济体制的要求决定的。

33. A 【解析】根据《事业单位人事管理条例》第三十二条的规定:"国家建立激励与约束相结合的事业单位工资制度。"故选A。

34. D 【解析】根据《事业单位岗位设置管理试行办法》的规定,专业技术岗位分为13个等级,包括高级岗位、中级岗位和初级岗位。故选D。

35. A 【解析】"脱钩、分类、放权、搞活"是事业单位人事制度改革的基本思路,故选A。

二、多项选择题

1. CD 【解析】文化事业单位的主要类别是:演出事业单位,包括各类艺术表演团体等;艺术创作事业单位,包括艺术创作院所、艺术中心、音像影视中心等;图书文献事业单位,包括图书馆、档案馆、文献信息中心等;文物事业单位,包括文物保护站、文物考古队(所)、博物馆、纪念馆等;群众文化事业单位,包括群众艺术馆、文化馆(站、宫)、青少年宫、俱乐部等;广播电视事业单位,包括广播电台(站)、电视台、转播台(站)等;报纸杂志事业单位,包括各类报社、杂志社等;编辑事业单位,包括各类编辑部、党史编纂室、地方志编纂室等;新闻出版事业单位,包括各类出版社、新闻中心、新闻社等;其他文化事业单位。故选CD。

2. ABC 【解析】根据《事业单位登记管理暂行条例》第十五条的规定,事业单位接受捐赠、资助,必须符合事业单位的宗旨和业务范围,必须根据与捐赠人、资助人约定的期限、方式和合法用途使用。故选ABC。

3. ABCD 【解析】《关于机关事业单位工作人员养老保险制度改革的决定》指出,改革现行机关事业单位工作人员退休保障制度,逐步建立独立于机关事业单位之外、资金来源多渠道、保障方式多层次、管理服务社会化的养老保险体系。故选ABCD。

4. BD 【解析】《事业单位人事管理条例》第二十一条规定:"考核分为平时考核、年度考核和聘期考核。年度考核的结果可以分为优秀、合格、基本合格和不合格等档次,聘期考核的结果可以分为合格和不合格等档次。"故选BD。

5. ACD 【解析】事业单位改革按照政事分开、事企分开和管办分离的要求，以促进公益事业发展为目的，以科学分类为基础，以深化体制机制改革为核心，总体设计、分类指导、因地制宜、先行试点、稳步推进，进一步增强事业单位活力，不断满足人民群众和经济社会发展对公益服务的需求。故选ACD。

6. ABC 【解析】在整个社会再生产过程中，事业单位属于非生产性部门，其各项事业财务活动，大部分反映了财政领域的分配关系，属于财政范畴。同时，要处理好各种经济关系，又必须严格执行国家方针、政策，执行财政制度和财经纪律，因此，事业财务虽属部门或单位的财务，但又是整个社会主义财政体系的一个重要组成部分。由此可推知，其具有保障性、纪律性等特点，现今事业单位的资金来源包括：财政补助收入、上级补助收入、事业收入、经营收入、附属单位上缴收入、其他收入。由此可推断其资金具有多源性，D项显然错误。故选ABC。

7. ABCD 【解析】《事业单位人事管理条例》第十条规定："事业单位内部产生岗位人选，需要竞聘上岗的，按照下列程序进行：(一)制定竞聘上岗方案；(二)在本单位公布竞聘岗位、资格条件、聘期等信息；(三)审查竞聘人员资格条件；(四)考评；(五)在本单位公示拟聘人员名单；(六)办理聘任手续。"故选ABCD。

8. ABCD 【解析】事业单位人事管理的基本原则有四个，即公开平等原则，竞争择优原则，尊重知识、尊重人才的原则，依法管理和精简原则。故选ABCD。

9. BC 【解析】《中共中央国务院关于分类推进事业单位改革的指导意见》指出，细分从事公益服务的事业单位。根据职责任务、服务对象和资源配置方式等情况，将从事公益服务的事业单位细分为两类：承担义务教育、基础性科研、公共文化、公共卫生及基层的基本医疗服务等基本公益服务，不能或不宜由市场配置资源的，划入公益一类；承担高等教育、非营利医疗等公益服务，可部分由市场配置资源的，划入公益二类。故选BC。

10. ABD 【解析】事业单位机构管理包括下列事项：(一)事业单位的布局结构；(二)事业单位的设立、调整和撤销；(三)事业单位的职责任务、名称、类别、规格、隶属关系以及内设机构的确定及调整。故选ABD。

11. ABC 【解析】竞聘上岗与公开招聘一样，需要坚持公开、公平、公正原则。

12. ACD 【解析】根据《事业单位工作人员处分暂行规定》第七条的规定，事业单位工作人员受到降低岗位等级处分的，自处分决定生效之日起降低一个以上岗位等级聘用，按照事业单位收入分配有关规定确定其工资待遇；在受处分期间，不得聘用到高于受处分后所聘岗位等级的岗位，年度考核不得确定为基本合格及以上等次。年度考核结果分为优秀、合格、基本合格和不合格等档次，因此甲只能评定为不合格。

13. ABCD 【解析】《事业单位公开招聘违纪违规行为处理规定》第十六条规定："招聘工作人员有下列行为之一的，由相关部门给予处分，并停止其继续参加当年及下一年度招聘工作：(一)擅自提前考试开始时间、推迟考试结束时间及缩短考试时间的；(二)擅自为应聘人员调换考场或者座位的；(三)未准确记录考场情况及违纪违规行为，并造成一定影响的；(四)未执行回避制度的；(五)其他一般违纪违规行为。"故选ABCD。

三、判断题

1. × 【解析】事业单位产生和存在的条件是提供公共事业产品。

2. √ 【解析】《事业单位人事管理条例》第十六条规定："事业单位工作人员年度考核不合格且不同意调整工作岗位，或者连续两年年度考核不合格的，事业单位提前30日书面通知，可以解除聘用合同。"

3. × 【解析】我国第一大社会组织是企业。

4. √ 【解析】《事业单位人事管理条例》第二十六条规定："奖励坚持精神奖励与物质奖励相结合、以精神奖励为主的原则。"

5. √ 【解析】聘用制度是明确聘用单位和受聘人员与工作有关的权利和义务的用人新机制，破除干部身份终身制，引入竞争机制，在事业单位全面建立和推行聘用制度，把聘用制度作为事业单位一项基本的用人制度，由行政依附关系向平等人事主体转变，由国家用人向单位用人转变。科学设岗是事业单位人事制度改革的基础，所以，事业单位人事改革以聘用制度和岗位管理制度为主要内容。

6. × 【解析】题干中所列的属于非政府公共机构性质的事业单位，也就是行政支持类事业单位。

7. × 【解析】事业单位普通工人实行等级工资制，在工资构成上，主要分为等级工资和津贴两部分。

8. × 【解析】事业单位一般是国家设置的带有一定的公益性质的机构，但不属于政府机构。

9. √ 【解析】《事业单位登记管理暂行条例》第二条规定："本条例所称事业单位，是指国家为了社会公益目的，由国家机关举办或者其他组织利用国有资产举办的，从事教育、科技、文化、卫生等活动的社会服务组织。事业单位依法举办的营利性经营组织，必须实行独立核算，依照国家有关公司、企业等经营组织的法律、法规登记管理。"

10. √ 【解析】聘用制度实现了由身份管理向岗位管理转变，由单纯行政管理向法制管理转变，由行政依附关系向平等人事主体转变，由国家用人向单位用人转变。

11. × 【解析】事业单位工作人员的考核由主管领导人提出考核意见，考核组织审核意见后再由单位负责人确定考核等次。

12. × 【解析】事业人员是指各级从事公益服务的事业

单位(学院、医院、图书馆等)中的工作人员。事业人员里面有专业技术人员、管理人员、工勤人员三种编制。

13. √ 【解析】《事业单位领导人员管理暂行规定》第十九条规定:"事业单位领导人员一般应当实行任期制。每个任期一般为三至五年,在同一岗位连续任职一般不超过十年。工作特殊需要的,按照干部管理权限经批准后可以适当延长任职年限。"

14. √ 【解析】《事业单位工作人员处分暂行规定》第三十三条规定:"事业单位工作人员在受处分期间有重大立功表现,按照有关规定给予个人记功以上奖励的,经批准后可以提前解除处分。"

15. √ 【解析】事业单位按照资金的来源即财政补贴方式的不同,可分为全额拨款事业单位、差额拨款单位和自收自支单位。

16. × 【解析】事业单位与职工签订聘用合同以后,发生合同解除情形时可以解聘职工。职工解聘一般需要提前书面通知受聘单位,只有发生法律规定的随时解聘合同情形,受聘人员才可以随时告知聘用单位解除聘用合同。

17. √ 【解析】在人事管理体制中需要坚持"公平、公开、公正、平等、择优"的原则;建立和完善有助于人才成长、发展的机制。同时,要根据实际需要建立起人事的职位等级、晋升、辞退、奖励、考核等相关制度。通过人事管理体制的创新实现人员自由流动,提升其工作的积极性、主动性和创造性。

18. √ 【解析】建立聘用关系的重要依据是订立聘用合同。

19. × 【解析】事业单位不以营利为目的,一般不从事生产经营活动。经费来源有的需要财政完全保证,有的可通过从事一些经批准的服务活动取得部分收入,但取得的收入只能用于事业单位的再发展,不得用于管理层和职员分红等。

20. × 【解析】事业单位是指国家为了社会公益目的,由国家机关举办或者其他组织利用国有资产举办的,从事教育、科技、文化、卫生等活动的社会服务组织。

21. √ 【解析】事业单位人员聘用合同期限与聘用单位法定代表人的任期无关,可以与其不一致。

22. √ 【解析】有下列情形之一的,不得提出解除聘用合同:(1)担任国家级、省部级重大(点)科技攻关项目、工程建设项目、技术改造项目的负责人和项目组成人员,工作任务尚未完成的;(2)被县级以上组织、人事部门选派到其他单位支援工作,时间未满的;(3)正在接受审查尚未作出结论或者结案的;(4)法律、法规、规章和政策规定不得解除聘用合同的其它情形。

23. × 【解析】《事业单位人事管理条例》第十二条规定:"事业单位与工作人员订立的聘用合同,期限一般不低于3年。"该条例第十三条规定:"初次就业的工作人员与事业单位订立的聘用合同期限3年以上的,试用期为12个月。"

24. × 【解析】聘用单位与受聘人员签订聘用合同,可以约定试用期。试用期一般不超过3个月;情况特殊的,可以延长,但最长不得超过6个月。被聘人员为大中专应届毕业生的,试用期可以延长至12个月。试用期包括在聘用合同期限内。

25. √ 【解析】事业单位是政府部门的延伸,只是它不具有行政管理的职能。事业单位不能像企业、人民团体或非营利组织那样去自行确定组织的职能,它只能由政府部门来决定。

26. √ 【解析】《事业单位领导人员管理暂行规定》第三十二条规定:"发挥党内监督、民主监督、法律监督、审计监督和舆论监督等作用,综合运用考察考核、述职述廉、民主生活会、巡视、提醒、函询、诫勉等措施,对领导班子和领导人员进行监督。严格实行干部选拔任用工作'一报告两评议'、领导干部报告个人有关事项、经济责任审计、问责和任职回避等制度。"

27. × 【解析】事业单位在组织形式、管理方式、人事制度等方面应该有别于行政机关。

28. √ 【解析】《事业单位人事管理条例》第十六条规定:"事业单位工作人员年度考核不合格且不同意调整工作岗位,或者连续两年年度考核不合格的,事业单位提前30日书面通知,可以解除聘用合同。"

29. √ 【解析】所有事业单位与职工都要按照国家有关法律、法规,在平等自愿、协商一致的基础上,通过签订聘用合同,确定单位和个人的人事关系,明确单位和个人的义务和权利。

30. √ 【解析】《事业单位人事管理条例》第十八条规定:"事业单位工作人员受到开除处分的,解除聘用合同。"

31. √ 【解析】《事业单位工作人员处分暂行规定》第二十五条第二款规定:"被调查的事业单位工作人员在违法违纪案件立案调查期间,不得解除聘用合同、出国(境)或者办理退休手续。"

32. × 【解析】考核结果可作为调整事业单位工作人员岗位、工资以及续订聘用合同的依据。

专题二　公文基础知识

一、单项选择题

1. B 【解析】复函一般以"此复""特此函复"等为结束语。A项常用于函询的结尾,C项常用于函告的结尾,D项常用于通告的结尾。故正确答案为B。

2. B 【解析】公报在写作过程中,一般有以下三种结构:(1)分段式:每段说一层意思或一项决定;(2)序号式:多用于内容复杂、问题头绪较多的公报;(3)条款式:多用于联合公报。故选B。

3. B 【解析】条例是国家权力机关或行政机关依照政策和法令制定并发布的,针对政治、经济、文化等各个领域内的某些具体事项而作出的,比较全面系统、具有长期执行效力的规范性公文。故选B。

4. C 【解析】《党政机关公文处理工作条例》规定:“初审,对收到的公文应当进行初审。初审的重点是:是否应当由本机关办理,是否符合行文规则,文种、格式是否符合要求,涉及其他地区或者部门职权范围内的事项是否已经协商、会签,是否符合公文起草的其他要求。经初审不符合规定的公文,应当及时退回来文单位并说明理由。”ABD项正确。公文印制必须确保质量和时效。涉密公文应当在符合保密要求的场所印制。C项错误。本题为选非题,故选C。

5. C 【解析】发文字号由发文机关代字、年份、发文顺序号组成。年份、发文顺序号用阿拉伯数字标注;年份应标全称,用六角括号“〔〕”括入;发文顺序号不加“第”字,不编虚位(即1不编为01),在阿拉伯数字后加“号”字。故本题选C。

易错警示: 考查公文格式的题目常常会以发文字号的格式作为考点出题,考生一定要对其准确识记。发文字号的常见错误主要有以下几种:(1)搭配虚字。如“×政字〔2021〕第5号”,其中的“字”“第”都是没有实际意义的多余字,应删掉。(2)要素颠倒。发文机关代字、年份、发文顺序号应按顺序排列,不能颠倒。(3)年份不全。六角括号“〔〕”中的年份要写全称,“〔21〕”是不规范写法,正确的写法是〔2021〕。(4)错用括号。年份必须使用六角括号“〔〕”括入,“()”“[]”“<>”都是错误用法。

6. A 【解析】决议和决定二者的不同在于:(1)内容不同。决议涉及的内容原则性、理论性较强,而决定涉及的内容相对比较具体,实践性更强。(2)形成程序不同。按规定,决议的形成必须经过会议讨论通过;而决定,虽然有时也经过会议讨论通过,但没有规定必须如此。(3)表达方式不同。决议的突出特点在于“议”,较多使用议论;决定则较多用来布置工作、提出要求,不一定要展开充分的议论。

7. C 【解析】《党政机关公文格式》规定,附件应当另面编排,并在版记之前,与公文正文一起装订。如附件与正文不能一起装订,应当在附件左上角第一行顶格编排公文的发文字号并在其后标注“附件”二字及附件顺序号,A项错误。对于加盖印章的公文,成文日期一般右空四字编排,印章用红色,不得出现空白印章,B项错误。公文应当左侧装订,不掉页,两页页码之间误差不超过4mm,裁切后的成品尺寸允许误差±2mm,四角成90°,无毛茬或缺损,C项正确。印发机关和印发日期一般用4号仿宋体字,编排在末条分隔线之上,印发机关左空一字,印发日期右空一字,用阿拉伯数字将年、月、日标全,年份应标全称,月、日不编虚位(即1不编为01),后加“印发”二字,D项错误。故选C。

8. D 【解析】公文落款处所标明的日期是成文日期,成文日期应署会议通过或者发文机关负责人签发的日期。故选D。

9. D 【解析】公报适用于公布重要决定或者重大事项,A项错误。意见适用于对重要问题提出见解和处理办法,B项错误。函适用于不相隶属机关之间商洽工作、询问和答复问题、请求批准和答复审批事项,C项错误。通告适用于在一定范围内公布应当遵守或者周知的事项,D项正确。

10. A 【解析】党政公文写作中,叙述、议论和说明是主要的表达方式。其中,说明是我们对客观事物进行解释、阐述的基本表达方式。党政公文、法规类文书和事务类文书等诸多文体中都较常用到这种表达方式,应用十分广泛。故选A。

11. B 【解析】根据《党政机关公文处理工作条例》第三十二条的规定,汇编本的密级按照编入公文的最高密级标注。故选B。

12. D 【解析】发布性通知主要用于发布法规规章,国务院办公厅发布规章属于典型的发布性通知,A项错误。做好假日旅游工作的通知属于指示性通知,指示性通知用于对下级机关布置工作、阐述政策等的通知,侧重于在宏观层面对工作进行大概的指导,B项错误。干部任免属于任免性通知,任免性通知用于任免和聘用干部,C项错误。事务性通知又称告知性通知,主要用来处理一般性行政事务或其他事务性的工作。上级机关或部门要传达或布置相关事项,要求下级机关或单位执行或办理,且办理的事项都为具体事项。市政府办公厅对供水、防汛工作进行分工属于办理具体事项,因此属于事务性通知,D项正确。故正确答案为D。

13. A 【解析】请示适用于向上级机关请求指示、批准,不能用于发布奖励性内容,A项说法错误,符合题意。命令(令)适用于公布行政法规和规章、宣布施行重大强制性措施、批准授予和晋升衔级、嘉奖有关单位和人员。决定适用于对重要事项作出决策和部署、奖惩有关单位和人员、变更或者撤销下级机关不适当的决定事项。通报适用于表彰先进、批评错误、传达重要精神和告知重要情况。BCD项不符合题意。本题为选非题,故正确答案为A。

14. A 【解析】根据《党政机关公文格式》的规定,版心内的公文格式要素划分为版头、主体、版记三部分。公文首页红色分隔线以上的部分称为版头,包括份号、密级和保密期限、紧急程度、发文机关标志、发文字号、签发人六个格式要素。版头中的红色分隔线在发文字号之下4mm处,居中与版心等宽。故选A。

15. B 【解析】公文的主体是公文最主要的部分,主要包括标题、主送机关、正文、附件说明、发文机关署名、成文日期、印章、附注和附件。故选B。

16. C 【解析】国家秘密的密级分为“绝密”“机密”“秘密”三级。“绝密”是最重要的国家秘密,泄露会使国家的安全和利益遭受特别严重的损害;“机密”是重要的国家秘密,泄露会使国家的安全和利益遭受严重的损害;

"秘密"是一般的国家秘密,泄露会使国家的安全和利益遭受损害。C正确。

17. D 【解析】请示的公文应逐级上报,因特殊情况必须越级行文时,应说明理由并抄送越过的机关,A项错误。"请示"应当一文一事,不得在"报告"中夹带请示事项,B项错误。受双重领导的机关上报公文,应根据内容写明主送机关和抄送机关,C项错误。同级机关可以联合行文,联合行文应当确有必要,联署机关不宜过多。某市公安局、网信办等部门属于同级机关,可以联合行文,D项正确。故选D。

18. D 【解析】联合行文时,发文机关标志可以并用联合发文机关名称,也可以单独用主办机关名称。如需同时标注联署发文机关名称,一般应当将主办机关名称排列在前;如有"文件"二字,应当置于发文机关名称右侧,以联署发文机关名称为准上下居中排布。D项说法不正确,当选。

19. C 【解析】《党政机关公文处理工作条例》规定,成文日期署会议通过或者发文机关负责人签发的日期。联合行文时,署最后签发机关负责人签发的日期。故选C。

20. B 【解析】《党政机关公文处理工作条例》规定,发文字号由发文机关代字、年份、发文顺序号组成。故选B。

21. C 【解析】行文方式有逐级行文、多级行文、越级行文、直接行文等多种。多级行文就是同时向若干层级的上级机关或下级机关制发公文。

22. D 【解析】《党政机关公文处理工作条例》规定:"根据紧急程度,紧急公文应当分别标注'特急''加急'。"故选D。

23. C 【解析】加急件是指内容重要且紧急,要求迅速传递、处理的或必须在规定的时限内办理完毕的公文。

24. A 【解析】批复适用于答复下级机关的请示事项,请示在前,批复随后,因此批复的行文方向往往是固定的。

25. D 【解析】文件份号,亦称"编号",公文印制份数的顺序编号,其目的是便于发文和查对等。故选D。

26. D 【解析】公告、通告都属于法定公文;事务文书是机关、团体、企事业单位处理日常事务所使用的非正式文件的统称,如计划、总结、简报、报表、记录、调查报告等。故选D。

27. D 【解析】《党政机关公文处理工作条例》第二十二条规定:"公文应当经本机关负责人审批签发。重要公文和上行文由机关主要负责人签发。党委、政府的办公厅(室)根据党委、政府授权制发的公文,由受权机关主要负责人签发或者按照有关规定签发。签发人签发公文,应当签署意见、姓名和完整日期;圈阅或者签名的,视为同意。联合发文由所有联署机关的负责人会签。"故选D。

28. B 【解析】页码一般采用四号半角宋体阿拉伯数字,编排在公文版心下边缘之下,数字左右各放一条一字线,AD项正确。一字线上距版心下边缘7mm,单页码居右空一字,双页码居左空一字。因此页码并不是居中放置的,B项错误。公文的版记页前有空白页的,空白页和版记页均不编排页码。公文的附件与正文一起装订时,页码应连续编排,C项正确。本题为选非题,故选B。

29. C 【解析】"各部门间"指的是各部门的相互关系,不是实体部门,不能作为主项与"完善有关政策"连用,应该改为"各部门要加强协调配合,完善有关政策",A项错误。B项这段话把"行政区划"和"镇街区划"并列起来是不对的,因为前面是母项,后面是子项,它们是相容的关系,可删除"镇街区划",B项错误。如果设备购置款是1000万元,则10%就是100万元,此时到底是给予100万元补助还是200万元补助,无法准确判断,应改为"对购买和使用工业机器人产品的企业,按设备购置款的10%给予最高不超过200万元的补助",D项错误。C项表达正确无误,故正确答案为C。

30. A 【解析】定稿是经过对草稿的修改和审核,经负责人签发或经会议讨论通过的正式完成稿。定稿的内容一经确定,即具备正式公文的效用,是制作正式公文文本的标准依据,不经法定责任者的认可,任何人不得修改。故选A。

31. D 【解析】《党政机关公文格式》规定,如需标注紧急程度,一般用3号黑体字,顶格编排在版心左上角;如需同时标注份号、密级和保密期限、紧急程度,按照份号、密级和保密期限、紧急程度的顺序自上而下分行排列,A项错误。《党政机关公文格式》将版心内的公文格式各要素划分为版头、主体、版记三部分。公文首页红色分隔线以上的部分称为版头;公文首页红色分隔线(不含)以下、公文末页首条分隔线(不含)以上的部分称为主体;公文末页首条分隔线以下、末条分隔线以上的部分称为版记,B项错误。《党政机关公文格式》规定了党政机关公文通用的纸张要求、排版和印制装订要求、公文格式各要素的编排规则,并给出了公文的式样。行数和字数一般每面排22行,每行排28个字,并撑满版心。特定情况可以作适当调整。行距没有具体要求,个别要素也可根据特定情况作出调整,C项错误。公文格式是公文的表现形式,公文格式的规范性是公文的权威性、严肃性和约束力在公文形式上的具体体现,D项正确。故选D。

32. B 【解析】主送机关是同级机关或不相隶属、不同级别的机关,一般只用平行文"函"。故选B。

33. A 【解析】命令(令)适用于公布行政法规和规章、宣布施行重大强制性措施、批准授予和晋升衔级、嘉奖有关单位和人员。故选A。

34. A 【解析】A项说法正确。民族自治地方的公文可以并用汉字和当地通用的少数民族文字,B项错误。有特定发文机关标志的普发性公文和电报,可以不加盖发文机关印章,C项错误。签发日期是领导签字可以上报或下发的日期;印发日期是领导签字后打印上报或印发的日期。二者不是同一概念,D项错误。故选A。

35. C 【解析】党政机关公文,是实施领导、处理公务的具有特定效力和规范格式的文书。因此,务必严把公文校核关,做到校写分离,即只要条件允许,公文起草和校核最好由不同的同志来进行。因为,公文起草人员在起草文稿过程中固有的思维模式和视觉模式已经形成,若起草好的公文文稿再让其校核,就很可能发现不了存在的问题,甚至是明显的问题。因此,C项中"由相同的人员进行"说法不对。

36. C 【解析】意见,适用于对重要问题提出见解和处理办法。A、B、D项宜使用"意见"。通知,适用于发布、传达要求下级机关执行和有关单位周知或者执行的事项。其中包括批转、转发、印发。因此,C项宜使用"通知"。本题为选非题,故正确答案为C。

37. C 【解析】《党政机关公文处理工作条例》第九条第一项规定:"份号。公文印制份数的顺序号。涉密公文应当标注份号。"但并非只有涉密公文才标注份号,A项错误。根据《党政机关公文格式》的规定,如需标注份号,一般用6位3号阿拉伯数字,顶格编排在版心左上角第一行。因此,份号不足六位时,须编写虚位,B、D两项错误。同一份文稿印制成若干份时每份公文的顺序编号即份数序号是唯一的,C项正确。

38. D 【解析】命令(令),适用于公布行政法规和规章、宣布施行重大强制性措施、批准授予和晋升衔级、嘉奖有关单位和人员。命令具有三大特点:①强制性。命令(令)是行政公文中最具有强制性特征的文种,一经发布,受令者必须无条件地绝对服从,迅速坚决地执行。②权威性。国家的各种法律、法规和行政法规,一般都是通过命令(令)的形式颁发、公布。命令(令)作为行政管理活动中最具有强制特征的指挥性下行公文,最集中且最充分地体现了发令机关的权威性。③指挥性。指挥性主要是指命令的内容具有指挥下级机关或有关人员行动的功能。法律法规是由国家制定并认可的,以命令的方式发布正体现了其极强的权威性,D项正确。A、B、C三项错误,故正确答案为D。

39. C 【解析】议决性公文指通过会议讨论并作出定论的公文。议案适用于各级人民政府按照法律程序向同级人民代表大会或者人民代表大会常务委员会提请审议的事项,即议案是提交会议讨论的事项,还未经讨论。通报适用于表彰先进、批评错误、传达重要精神和告知重要情况。通报无需会议讨论即可由有关机关作出。②③不能划归到议决性公文中。决议适用于会议讨论通过的重大决策事项,纪要适用于记载会议主要情况和议定事项,决定可通过会议讨论得出。①④⑤可以划归到议决性公文中,故正确答案为C。

40. B 【解析】原因式即在开头讲明制发文件的缘由,以揭示行文的必然性和合理性,还可昭示行文的必要性与重要性。一般用"由于""鉴于"等介词标引,A项错误。引文式即指开头先引用文件或领导讲话中的某些句子作为引言或点明主旨,B项正确。事情式即开篇简明扼要地介绍事件或情况,给人以清晰印象,C项错误。目的式即在开头交代行文的目的或意图,开宗明义,以便受文机关明确发文机关的意图,一般常用"为""为了"等介词标引,D项错误。故正确答案为B。

41. A 【解析】《党政机关公文处理工作条例》规定,发文字号由发文机关代字、年份、发文顺序号组成。联合行文时,使用主办机关的发文字号。故选A。

42. D 【解析】《党政机关公文处理工作条例》规定,报告适用于向上级机关汇报工作、反映情况,回复上级机关的询问。请示适用于向上级机关请求指示、批准。因此,请求上级单位支持解决的事项应写在请示里面,报告上级单位知晓的事项应写在报告里面,D项错误。ABC项说法正确,本题为选非题,故选D。

43. C 【解析】公文文稿签发前,应当由发文机关办公厅(室)进行审核。故选C。

44. A 【解析】通报的正文由四部分组成:(1)引言部分,主要概括通报的内容、性质、作用和意义;(2)事实部分,表扬性通报写先进事迹,批评性通报写错误事实;(3)分析及处理部分,对先进事迹的先进性或错误事实的本质进行恰如其分的分析,有的还要分析出先进事迹的经验或犯错误的原因,并且提出处理意见,如表扬性通报还可以写出给予精神或者物质奖励的决定,批评性通报写出处分决定;(4)号召或要求部分,提出根据通报的精神,要求人们如何去做或者号召为实现什么目标而奋斗。故选A。

45. B 【解析】公文拟制包括公文的起草、审核、签发等程序。故选B。

46. C 【解析】《党政机关公文处理工作条例》第十三条规定:"行文应当确有必要,讲求实效,注重针对性和可操作性。"故选C。

47. D 【解析】《党政机关公文工作处理条例》规定,请示应当一文一事。故选D。

48. C 【解析】收文办理的一般程序为签收、登记、初审、承办、传阅、催办、答复。故选C。

49. B 【解析】退文不是目的,也不是结束,而是通过退文,让拟制单位及时修改完善,重新提交符合要求的公文。因此,完成退文后必须跟踪公文的修改情况。本题为选非题,因此答案选B。

50. B 【解析】引用公文应当包括"标题"和"发文字号"两个要素,发文字号要紧跟标题之后,用括号将发文字号括起来。引用的时候应当严格依次进行,做到完整、准确、规范，不能随意增加或删减，A项错误。B项表达正确。公文正文中的日期应使用阿拉伯数字，C项错误。公文中单位的排序应按照省、市、县、乡的顺序，所以正确表述为市委、县委、乡党委，D项错误。故选B。

51. B 【解析】《党政机关公文处理工作条例》规定，党委、政府的办公厅(室)根据党委、政府授权制发的公文，由受权机关主要负责人签发或者按照有关规定签发。故选B。

52. B 【解析】《党政机关公文处理工作条例》规定，阅知性公文应当根据公文内容、要求和工作需要确定范围后分送。故选B。

53. C 【解析】阐释性批复是向下级机关、单位对有关政策的请示做出阐释相关政策的批复，A项不符合题意。指示性批复是针对下级机关、单位对有关方针、政策、规定等提出的不甚明白的问题予以指示，B项不符合题意。批准性批复是对下级机关、单位求批性请示作出的同意与不同意的答复，C项符合题意。转发性批复是对请示事项相关单位的一并批示，指示其按批示事项执行，D项不符合题意。故选C。

54. C 【解析】根据《党政机关公文处理工作条例》第三十六条规定，机关合并时，全部公文应当随之合并管理；机关撤销时，需要归档的公文经整理后按照有关规定移交档案管理部门。故选C。

55. D 【解析】规范性公文在效用方面一般均实行“不溯及既往”和“后法推翻前法”的原则，即公文效力所及只针对正式成文(生效)之后发生的有关事物。新公文形成之后，与其规定不一致的旧公文即行废止，以新公文为准。D项正确。

56. D 【解析】撰写纪要时，要对与会者的发言与议定事项归纳概括、提炼或作出必要的删减，但绝不要按主观意图，随意增添内容，甚至加以歪曲或篡改。不能有闻必录，要对发言进行概括，D项错误。ABC项说法正确，本题为选非题，故选D。

57. D 【解析】《党政机关公文格式》规定，当公文排版后所剩空白处不能容下印章或签发人签名章、成文日期时，可以采取调整行距、字距的措施解决。故选D。

58. A 【解析】公文首页红色分隔线以上的部分称为版头；公文首页红色分隔线(不含)以下、公文末页首条分隔线(不含)以上的部分称为主体；公文末页首条分隔线以下、末条分隔线以上的部分称为版记。故选A。

59. D 【解析】公开行文是指通过公开张贴或者通过报纸、电台、电视、网络等各种媒体公开向社会发布公文的行文方式。故选D。

60. A 【解析】通报适用于表彰先进、批评错误、传达重要精神和告知重要情况。故通报一般不具有较强的指挥、约束性质，A项错误。BCD项正确，本题为选非题，故选A。

61. B 【解析】公文语言的主要特点是：准确、庄重、朴实、精练、严谨、规范。公文语言的第一要求是准确。故选B。

62. C 【解析】引用公文应当包括“标题”和“发文字号”两个要素，发文字号要紧跟标题之后，用括号将发文字号括起来。引用时候应当严格依次进行，做到完整、准确、规范，不能随意增加或删减。故选C。

63. A 【解析】附件是随公文(主件)一并发出的其他文件或材料。公文如有附件，应在正文下空一行左空二字标注“附件：××××”，故选A。

64. D 【解析】公文的生效时间以公文的签发时间为准。故选D。

65. A 【解析】根据《党政机关公文处理工作条例》规定，发文办理主要程序是：复核、登记、印制、核发。故选A。

66. B 【解析】方针政策性决定适用于发布权力机关制定、修订或试行的法律文件以及由政府部门制定的行政法规，如《××市人民政府关于修改〈市商品交易市场管理规定〉的决定》，A项错误。部署指挥性决定是为部署工作或采取某种重大举措而使用的一种公文，常用它来对重大行动作出安排，如《中共中央国务院关于加快发展第三产业的决定》，B项正确。决策知照性决定是指将决定事项知照给有关单位和人员的决定，如《全国人民代表大会常务委员会关于教师节的决定》，C项错误。表彰处分性决定适用于表彰或处分有关的单位或个人，如《关于表彰2021年度先进集体和先进个人的决定》，D项错误。故正确答案为B。

67. C 【解析】如果将一篇完整的公文比作一个人，主旨是“灵魂”和“统帅”，结构是“骨架”，材料是“血肉”，语言是“细胞”。故正确答案为C。

68. C 【解析】平行文的意见具有参考和协商的功能，提出的意见供对方参考，而下行文的意见具有指示、指挥、指导的性质和功能，C项错误。ABD项说法正确，本题为选非题，故选C。

69. D 【解析】标题由发文机关名称、事由和文种组成。A项文种使用不规范，一个标题中只能包含一种文种。B项文种使用错误。C项缺少“关于”二字。故选D。

70. A 【解析】函适用于不相隶属机关之间商洽工作、询问和答复问题、请求批转和答复审批事项。××省教育厅与××县教育局是业务指导与被指导关系，此标题文种使用错误，故选A。

71. A 【解析】A项错误，批复事项必须紧扣请示的事项，有问有答，回复清楚，不能答非所问。BCD项说法正确，本题为选非题，答案为A。

72. B 【解析】正文中的名词术语的解释一般采用句内括号或句外括注的办法解决，不作为附注。故选B。

73. B 【解析】请示不得同时抄送下级机关，因为请示事项尚未获得上级批准答复，还不能付诸实施办理，一旦抄送，会带来工作上的被动。B项错误，当选。

74. A 【解析】公文的法定作者是指依据宪法和其他有关法律、章程、规定成立的并能以自己的名义行使法定的权力和担负一定的职能、义务的机关、组织或代表某个团体的个人。公文一般由秘书或业务部门人员起草，但负责撰写公文文稿的作者，只是代言人，并不是法定作者。本题为选非题，故选A。

75. C 【解析】批办是指机关负责人对文件提出处置意见。批办时应注明具体意见、承办部门、阅知范围等内容，不可只写"阅""拟同意"。故选C。

76. D 【解析】该公文标题中，"请示"与"报告"文种混用。从公文的内容看，此公文应使用"请示"文种。

77. B 【解析】请示的主送机关只能有一个，即直接上级机关。此公文的主送机关是县政府，而××镇××小学的请示的主送机关应是××镇政府，而非县政府，这属于越级行文。

78. B 【解析】请示要求一文一事，不可一文多事。该请示有请求修建地下消防栓和拟建游泳馆两个事由，不符合请示单一性的特征。

79. C 【解析】请示的结语应另起段，习惯用语一般有"当否，请批示""妥否，请批复""以上请示，请予审批"或"以上请示如无不妥，请批转各地区、各部门研究执行"等。故选C。

80. C 【解析】成文日期中的数字用阿拉伯数字将年、月、日标全，年份应标全称，月、日不编虚位（即1不编为01）。所以该公文成文时间的规范写法是"2020年12月30日"。

81. D 【解析】公文标题应具备发文机关名称、事由和文种三个要素。根据公文的主要内容可知，本题选D。

82. A 【解析】公文的主送机关编排于标题下空一行位置，居左顶格，回行时仍顶格，最后一个机关名称后标全角冒号。故本题选A。

83. A 【解析】根据题意，城市管理行政部门的目的是使相关当事人自行解决，配合整改，以便于进一步优化城市环境，"督促"最符合题意。故本题选A。

84. A 【解析】单一机关行文时，一般在成文日期之上、以成文日期为准居中编排发文机关署名。故本题选A。

85. B 【解析】根据题意可知，这份公文是×市人民政府向各区人民政府，市直各委、办、局，各开发区管委会发布的一个关于进一步优化城市环境整治提升工作的决定，是典型的下行文。故本题选B。

86. B 【解析】根据《党政机关公文处理工作条例》规定，公文标题由发文机关名称、事由和文种组成。其中，发文机关名称、事由可以省略，但是文种一定不能省。根据题干材料可知：发文机关名称是国务院办公厅，事由是关于做好优化营商环境改革举措复制推广借鉴工作，文种是通知。故选B。

87. A 【解析】由材料分析可知，该公文是国务院对各省、自治区、直辖市人民政府，国务院各部委、各直属机构的通知，属于下行文，A项正确。故选A。

88. C 【解析】这份公文的发文机关为国务院办公厅，而不是国务院张××，A项错误，C项正确。

89. B 【解析】成文日期是署会议通过或者发文机关负责人签发的日期，而不是写作日期，A项错误。2020年9月3日是发文机关负责人签发的日期，也是公文的生效日期，B项正确，C项错误。公文打印的日期为印发日期，位于版记，D项错误。故正确答案为B。

90. B 【解析】作为复制件的公文副本（如抄本、复印本等）因不能再现公文的全部特征（如无印章或无法复制的印迹或签署者的亲笔签名），公文的真实性无切实保障，因此不具备正式公文的法定效用，只能供参考、备查，B项错误。本题为选非题，故选B。

91. D 【解析】本公文是对请示的回复，请示适用于向上级机关请求指示、批准。上级机关回复的形式不可能是意见和决定，A、B两项错误。批复适用于答复下级机关请示事项。此处的上下级须有隶属关系，C项错误。国务院办公厅代国务院答复下级请示，而国务院办公厅与司法部是不相隶属机关，所以应当以函代批复，D项正确。

92. D 【解析】批复适用于答复下级机关请示事项，A项错误。公告适用于向国内外宣布重要事项或者法定事项，B项错误。"现告知如下"适用于告知性公文，C项错误。函适用于不相隶属机关之间商洽工作、询问和答复问题、请求批准和答复审批事项。国务院办公厅和司法部属于不相隶属的机关，D项正确。

93. D 【解析】公告适用于向国内外宣布重要事项或者法定事项，A项错误。函适用于不相隶属机关之间商洽工作、询问和答复问题、请求批准和答复审批事项，不相隶属机关之间的行文不具有强制性，B项错误。决定适用于对重要事项作出决策和部署、奖惩有关单位和人员、变更或者撤销下级机关不适当的决定事项，C项错误。函的写作要领要求叙事清楚，说理有节，短小精悍，注意技法。其中，短小精悍是指公函不必详叙过程，不必大发议论，要求文约意丰。D项正确。

94. B 【解析】根据《党政机关公文格式》的规定，如有附件，在正文下空一行左空二字编排'附件'二字，后标全角冒号和附件名称。如有多个附件，使用阿拉伯数字标注附件顺序号（如'附件：1. ×××××'）；附件名称后不加标点符号。附件名称较长需回行时，应当与上一行附件名称的首字对齐。A、C、D三项错误，B项正确。

二、多项选择题

1. ACD 【解析】报送机关不属于公文的基本组成部分。

2. ABCD 【解析】公文行文关系通常可分为隶属关系、业务指导关系、平行关系、不相隶属关系四种。

3. AC 【解析】公文法定效力的大小取决于两方面：一是制发机关地位的高低和职权范围的大小，公文的权威性和行政约束力，来自它的制发机关的权威和合法地位；

二是公文内容的重要程度。公文的法定效力具有一定的时间性，被称为公文的时效，它与公文法定效力的大小无关。公文的体例格式指公文的种类、名称、格式以及办理程序等，这些也与公文的法定效力无关。故选AC。

4. BCD 【解析】在不相隶属的机关或部门之间不可以发请示和报告，一般使用的是函，A项错误。BCD项说法正确，当选。

5. BD 【解析】会议报告是会议文书的一种，属于通用公文；起诉书是人民检察院依照法定的诉讼程序，代表国家向人民法院对被告人提起公诉的法律文书，属于专用公文；通报适用于表彰先进、批评错误、传达重要精神和告知重要情况，属于通用公文；国书是一国派遣或召回大使、公使时，由国家元首致接受国元首的正式文书，属于专用公文。故选BD。

6. AC 【解析】收文办理主要程序是：签收、登记、初审、承办、传阅、催办和答复。发文办理主要程序是：复核、登记、印制和核发。

7. ABCD 【解析】根据签发人身份、地位及工作程序的不同，公文的签发可以分为正签、代签、核签、会签等数种形式。故选ABCD。

8. BCD 【解析】《党政机关公文处理工作条例》规定，通知适用于发布、传达要求下级机关执行和有关单位周知或者执行的事项，批转、转发公文。A项属于不相隶属机关之间的商洽工作，应该用函。B、D两项属于要求下级执行的事项，C项属于要求有关单位执行的事项，都应使用通知，故选BCD。

9. ABD 【解析】《党政机关公文处理工作条例》规定，函适用于不相隶属机关之间商洽工作、询问和答复问题、请求批准和答复审批事项。C项“县教育局”和“镇教育办”属于上下级隶属关系，不应用函，这里应该用批复。ABD项应使用函。

10. BC 【解析】条例的施行应以年、月、日标清，B项错误。上行文语气一般应当谦逊，以体现对领导机关的尊重，“务必”二字语气过于强硬，C项错误。AD两项表述正确。本题为选非题，故选BC。

11. AC 【解析】根据本题可知，某教育局对某学校的回复公文应该是批复而不是通报，使用文种错误，A项符合题意。批复标题一般由发文机关、事由和文种组成，也可以省略发文机关。批复标题中的事由应与请示标题中的事由相一致。因此标题中不应出现“你校”字样，C项说法正确。故选AC。

12. ABCD 【解析】《党政机关公文处理工作条例》第十九条规定：“公文起草应当做到：(一)符合党的理论路线方针政策和国家法律法规，完整准确体现发文机关意图，并同现行有关公文相衔接。(二)一切从实际出发，分析问题实事求是，所提政策措施和办法切实可行。(三)内容简洁，主题突出，观点鲜明，结构严谨，表述准确，文字精炼。(四)文种正确，格式规范。(五)深入调查研究，充分进行论证，广泛听取意见。(六)公文涉及其他地区或者部门职权范围内的事项，起草单位必须征求相关地区或者部门意见，力求达成一致。(七)机关负责人应当主持、指导重要公文起草工作。”故选ABCD。

13. AC 【解析】《党政机关公文处理工作条例》第二十一条规定：“经审核不宜发文的公文文稿，应当退回起草单位并说明理由；符合发文条件但内容需作进一步研究和修改的，由起草单位修改后重新报送。”故选AC。

14. ABCD 【解析】《党政机关公文处理工作条例》第二十六条规定：“涉密公文应当通过机要交通、邮政机要通信、城市机要文件交换站或者收发件机关机要收发人员进行传递，通过密码电报或者符合国家保密规定的计算机信息系统进行传输。”故选ABCD。

15. ACD 【解析】《党政机关公文处理工作条例》规定，公文被撤销的，视为自始无效；公文被废止的，视为自废止之日起无效。A项正确，B项错误。该条例还规定，个人不得私自销毁、留存涉密公文。C项正确。该条例第三十七条规定：“新设立的机关应当向本级党委、政府的办公厅(室)提出发文立户申请。经审查符合条件的，列为发文单位，机关合并或者撤销时，相应进行调整。”D项正确。故选ACD。

16. AC 【解析】决议必须经会议表决通过，才能正式行文；决定则可由领导机关在法定权限内直接作出，不一定经过会议表决程序，A项正确。决定有较强的指挥性，要求认真执行；而决议既有需要贯彻执行的指挥性决议，也有大量用于统一思想、提高认识的认可性决议，B项错误。决议的涉及面往往较为宽泛，且不作具体的工作部署，有些决议还带有较强的议论色彩；决定的内容相对来说比较集中单一，多用于布置工作，提出要求，不一定要展开充分的议论，C项正确。决定与决议都是国家党政机关行使其决定权的载体，而不是权力机关，D项错误。故选AC。

17. CD 【解析】主送机关中，同类型机关之间使用顿号隔开，不同类型机关之间使用逗号隔开，A项错误。根据《党政机关公文处理工作条例》第九条第八项的规定，公文的主要受理机关，应当使用机关全称、规范化简称或者同类型机关统称。B项错误。主送机关过多时，一般按照先高后低、先外后内、党政军群的顺序排列，C项正确。《党政机关公文格式》规定：“公文首页必须显示正文。一般用3号仿宋体字，编排于主送机关名称下一行，每个自然段左空二字，回行顶格。”故主送机关名称过多导致公文首页不能显示正文时，应将主送机关名称移到版记，D项正确。故正确答案为CD。

18. AB 【解析】通报适用于表彰先进、批评错误、传达重要精神和告知重要情况。撰写通报要求：内容具有典型性，事例具有代表性；通报材料必须深入调查和反复核实；使用说明与叙述的表达方式。故选AB。

19. ABCD 【解析】讲话稿是各级领导在各种会议上发表带有宣传、指示、总结性质的讲话时使用的文稿。讲话稿撰写的要求包括主旨集中，观点明确；适于宣读，语义清晰；语言平实，表达得体；讲求实效，内容充实。

20. CD 【解析】《党政机关公文处理工作条例》第二十六条规定："涉密公文应当通过机要交通、邮政机要通信、城市机要文件交换站或者收发件机关机要收发人员进行传递，通过密码电报或者符合国家保密规定的计算机信息系统进行传输。"A项错误。根据《党政机关公文处理工作条例》规定，公文印制必须确保质量和时效。涉密公文应当在符合保密要求的场所印制。B项错误。根据《党政机关公文处理工作条例》第三十条规定，公文确定密级前，应当按照拟定的密级先行采取保密措施。确定密级后，应当按照所定密级严格管理。绝密级公文应当由专人管理。C项正确。根据《党政机关公文处理工作条例》第三十二条规定，复制、汇编机密级、秘密级公文，应当符合有关规定并经本机关负责人批准。绝密级公文一般不得复制、汇编，确有工作需要的，应当经发文机关或者其上级机关批准。复制、汇编的公文视同原件管理。D项正确。故正确答案为CD。

21. BCD 【解析】A项说法正确。单一作者的公文可以省略发文机关；两个或两个以上的机关联合制发的公文，不得省略，主办机关必须列于首位，其他协办单位按本级机关领导人签发该文的时间顺序排列；必须使用机关全称或规范化简称、统称，B项错误。联合上报的公文，由主办机关加盖印章；联合下发的公文，发文机关都应当加盖印章，C项错误。公文如有附件，在正文的最后一行下边空一行左空二字标志，D项错误。

22. ABC 【解析】公文写作的基本要求包括：符合党、国家的路线、方针、政策和法律法规；一文一事，中心明确；用语庄严、简明、通顺。D项不是公文写作的基本要求。

23. ACD 【解析】签发人只用于上报公文（上行文）。联合发文中所有的签发人均需要标出，按发文机关顺序依次排列。根据紧急程度紧急公文应当分别标注"特急""加急"。如需标注保密级和保密期限，一般用3号黑体字；顶格编排在版心左上角第二行；保密期限中的数字用阿拉伯数字标注。故选ACD。

24. ABC 【解析】根据《党政机关公文处理工作条例》第二十二条规定，签发人签发公文，应当签署意见、姓名和完整日期。故选ABC。

25. ABCD 【解析】由于公告宣布的是重要事项或者法定事项，故发文的权力被限制在高层党政机关及其职能部门的范围之内，A项正确。公告适用于向国内外宣布重要事项或者法定事项，BCD项正确。故选ABCD。

三、判断题

1. × 【解析】上行文逐级报送，是为了维护正常的领导与被领导、业务指导与被指导关系。

2. √ 【解析】公告主要用于宣布重大事项，公告的结构包括：标题、正文、落款三部分。常见的是一文一事，只限于宣布事件的内容。

3. × 【解析】按照国家有关规定，公文中的数字应该统一使用阿拉伯数字，但也有例外。

4. × 【解析】公文是由法定作者制成和发布的。所谓法定的作者，是指依法成立并能以自己的名义行使权利和担负义务的组织和机构，这些组织和机构在法定的职权和业务范围内发布和使用公文，其在发布和使用公文时必须签署机构和组织的名称或法定代理人的名称。

5. √ 【解析】公文的签发人代表的是机关的意志，经其签发后，文件即为有效文件，不经其同意而改动文件内容是非法的。

6. × 【解析】议案的发文机关是各级人民政府，是国家权力机关的执行机关；主送机关是同级人民代表大会或人民代表大会常务委员会，属于国家权力机关，对其执行机关负有领导职能。所以议案的主送机关只能是同级人民代表大会或人民代表大会常务委员会，其他并列机关都不能成为主送机关。

7. × 【解析】公文不是文学作品，应该"言尽意止"，否则会因表意模糊使执行者产生不必要的误解。

8. × 【解析】判定受文机关中主送与抄送机关的标准是工作责任的性质，对公文负主要办理或者答复责任的是主送机关，只需了解公文的内容不需要承担答复责任的是抄送机关。

9. × 【解析】销毁公文时应由专人（两人或多人）监销，直至公文被完全毁灭。销毁密件时应由专人押运公文将其护送至销毁地点。除特殊情况外，任何个人不得私自销毁公文，不能将待销公文作为废纸处理。

10. × 【解析】加急件是指内容重要且紧急，要求迅速传递、处理的或必须在规定的时限内办理完毕的公文。特急件是指内容特别重要且特别紧急，必须以最快的速度优先传递、处理的公文。

11. × 【解析】通报用于表彰先进、批评错误、传达重要精神或情况。

12. × 【解析】决定适用于对重要事项作出决策和部署、奖惩有关单位和人员、变更或者撤销下级机关不适当的决定事项。因此，对重大行动作出安排应使用决定。

13. × 【解析】所有的公文中，命令（令）最具权威性和强制性。

14. √ 【解析】决定要概括写明收文机关名称，属于没有特定收文对象的决定，则不需写主送机关。

15. × 【解析】在各单位的对外发文中，使用频率最高、应用范围最广的是通知。

16. √ 【解析】批复是一种下行文，是上级机关答复下级机关某一请示时使用的公文。批复一般是专门就某一事、某一问题的答复，内容都比较单一，而且是先有来自下级的请示，才有上级的批复。

17. √ 【解析】公文办理包括收文办理、发文办理和整理归档。

18. √ 【解析】根据公文内容的重要程度，公文的密级可分为绝密公文、机密公文和秘密公文三级。绝密公文的最高保密期限为30年，机密公文的最高保密期限为20年，秘密公文的最高保密期限为10年。

19. × 【解析】公文落款处所标明的日期是指成文日期。《党政机关公文处理工作条例》规定，成文日期署会议通过或者发文机关负责人签发的日期。联合行文时，署最后签发机关负责人签发的日期。公文落款处的日期可能是发文机关负责人签发的日期，也可能是会议通过的日期。

20. × 【解析】批复内容若涉及其他部门，起草时应同有关部门商量或会签，取得一致意见后方可答复，但不能相互推诿或推卸责任。

21. √ 【解析】《党政机关公文工作处理条例》规定，涉及多个部门职权范围内的事务，部门之间未协商一致的，不得向下行文；擅自行文的，上级机关应当责令其纠正或者撤销。

22. × 【解析】《党政机关公文处理工作条例》第三十条规定："公文确定密级前，应当按照拟定的密级先行采取保密措施。确定密级后，应当按照所定密级严格管理。绝密级公文应当由专人管理。公文的密级需要变更或者解除的，由原确定密级的机关或者其上级机关决定。"

23. × 【解析】《党政机关公文处理工作条例》第十九条规定："公文起草应当做到：(一)符合党的理论路线方针政策和国家法律法规，完整准确体现发文机关意图，并同现行有关公文相衔接。(二)一切从实际出发，分析问题实事求是，所提政策措施和办法切实可行。(三)内容简洁，主题突出，观点鲜明，结构严谨，表述准确，文字精炼。(四)文种正确，格式规范。(五)深入调查研究，充分进行论证，广泛听取意见。(六)公文涉及其他地区或者部门职权范围内的事项，起草单位必须征求相关地区或者部门意见，力求达成一致。(七)机关负责人应当主持、指导重要公文起草工作。"

24. × 【解析】准确、简明、严谨、庄重是公文语言的要求。

25. √ 【解析】《党政机关公文工作处理条例》规定，发文字号由发文机关代字、年份、发文顺序号组成。联合行文时，使用主办机关的发文字号。

26. × 【解析】并非所有的公文都需要编制份数序号。涉密公文应当标注份号，用以掌握每份公文的流向。

27. √ 【解析】《党政机关公文工作处理条例》规定，复制、汇编机密级、秘密级公文，应当符合有关规定并经本机关负责人批准。绝密级公文一般不得复制、汇编，确有工作需要的，应当经发文机关或者其上级机关批准。

28. × 【解析】《党政机关公文处理工作条例》第三十三条规定："公文的撤销和废止，由发文机关、上级机关或者权力机关根据职权范围和有关法律法规决定。公文被撤销的，视为自始无效；公文被废止的，视为自废止之日起失效。"

29. × 【解析】上行文都应在公文首页标注签发人。

30. × 【解析】上下级机关不可以联合行文。

31. √ 【解析】一般情况下，下级机关不得越级行文请示问题，也不得越级抄送文件。因特殊情况必须越级行文的，应当抄送被越过的上级机关。

32. × 【解析】通报用于表彰先进、批评错误、传达重要精神或情况，是进行思想教育、传达重要信息时常用的一种公文。通报不属于上行文。

33. × 【解析】《党政机关公文处理工作条例》规定，通告适用于在一定范围内公布应当遵守或者周知的事项。通报适用于表彰先进、批评错误、传达重要精神和告知重要情况。

34. × 【解析】《党政机关公文处理工作条例》第十七条规定："同级党政机关、党政机关与其他同级机关必要时可以联合行文。属于党委、政府各自职权范围内的工作，不得联合行文。党委、政府的部门依据职权可以相互行文。部门内设机构除办公厅(室)外不得对外正式行文。"

35. × 【解析】根据《党政机关公文处理工作条例》第九条规定，上行文应当标注签发人姓名。故表述错误。

36. √ 【解析】根据《党政机关公文处理工作条例》第九条规定，附注是公文印发传达范围等需要说明的事项。

37. × 【解析】根据《党政机关公文处理工作条例》第九条规定，主送机关是公文的主要受理机关，即要求主办答复这份文件给对方单位。抄送机关是除主送机关外需要执行或者知晓公文内容的其他机关。故表述错误。

38. √ 【解析】盖章是表示发文机关对公文生效负责的凭证，应按GB9704|88"国家标准"规范执行，端正、清晰地盖在成文日期上，做到上不压正文，下压成文日期年月日4～7个字，俗称"齐年盖月"。

39. × 【解析】根据《党政机关公文格式》，如需标注紧急程度，一般用3号黑体字，顶格编排在版心左上角；如需同时标注份号、密级和保密期限、紧急程度，按照份号、密级和保密期限、紧急程度的顺序自上而下分行排列。故表述错误。

40. × 【解析】《党政机关公文处理工作条例》规定，成文日期署会议通过或者发文机关负责人签发的日期。联合行文时，署最后签发机关负责人签发的日期。印发日期又称发文日期，是指公文的印制和发出日期。公文只有签发了才能印发，所以印发日期于成文日期之后形成，可以一样，但不可早于成文日期。

41. × 【解析】“妥否，请批复”这一结语常见于请示中，常用的还有：“妥否，请批示”“如可行，请批转有关单位执行”等。而“以上报告，请审阅”这一结语常见于报告中。

42. × 【解析】根据《党政机关公文处理工作条例》第十五条规定，受双重领导的机关向一个上级机关行文，必要时抄送另一个上级机关。所以受双重领导的机关向一个上级机关行文，只在必要时抄送另一个上级机关，而不是必须抄送。

43. √ 【解析】《党政机关公文处理工作条例》规定，公告适用于向国内外宣布重要事项或者法定事项。若需向外国有关部门和人士对我国领导人任职或其他重大政治活动的祝贺表示答谢应选用公告。

公文改错

1.【参考答案】

(1)标题：只用“会议通知”，去掉“梁溪县卫生局”和书名号。

(2)正文每段开头应该居左空两格。

(3)“关于对食品加工行业的卫生状况进行一次全面大检查的通知”是一个文件的名称，应该加上书名号，即《关于对食品加工行业的卫生状况进行一次全面大检查的通知》。

(4)报到日期应改为：10月24日14:00—17:00。

(5)“二”里的内容应改成“二、与会人员：全县各食品加工单位负责人1名，各乡、镇及县工商联代表1名。”

(6)“三”里的内容应改为“三、费用报销：伙食费个人自理，住宿费各相关单位按有关财政规定补助。”

(7)发文机关和发文日期格式不对，应该居右。

2.【参考答案】

(1)标题文种不正确，应使用通知。

(2)缺少主送机关，应在正文前加：各会员及相关单位。

(3)时间交代不清，应注明时间从14时28分至14时31分。

(4)第二段删去，与通知精神无关，应一文一事。

(5)没有发文机关与发文日期。

3.【参考答案】

(1)“××市人民政府公文【紧急】”改为“××市人民政府文件【紧急】”。

(2)“(20)××市政办发20号”改为“××市政办〔2020〕20号”。

(3)标题应改为：××市人民政府关于严厉打击非法出版活动的通知。

(4)附件格式应改为：“附件：××市人民政府严厉打击非法出版活动的安排”。

(5)发文机关和发文日期格式不对，应该居右；发文日期应该用阿拉伯数字，即“2020年”。

(6)主题词应改为：关于打击非法出版物的通知。

(7)印发机关和印发日期位置互换；印发日期应该用阿拉伯数字，即“2020年”。

4.【参考答案】

(1)公文要有标题，应是“关于……的函”。

(2)“还是也指中外、中中合作企业？”中“还是”和“也”重复，应改为“是否包括中外、中中合作企业？”。

(3)删去“请代向×局长问候”，公文不能有私人事务。

(4)删去“致礼！”。

(5)落款“××市经发区管委会办公室”不妥，“经发”不是简称；另外，由于文种是函，落款应以单位的名义和开头的称呼相对应，不能以办公室代替。因此，应改为“××市经济技术开发区管委会”。

(6)发文机关和发文日期格式不对，应该居右。